法律硕士教学指导案例

非诉法律业务卷

I

全国法律专业学位研究生教育指导委员会 编

法律出版社

编写说明

为适应我国专业学位教育发展的客观需求，进一步推动专业学位培养模式改革和提高专业学位研究生教育质量，在教育部和财政部的支持下，中国专业学位教学案例中心建设工作于2013年5月正式启动。该案例中心建设工作受国务院学位委员会办公室和教育部指导，由教育部学位与研究生教育发展中心牵头，各相关专业教育指导委员会共同参与。建设法律硕士专业学位研究生教育教学案例库，是支撑并推进全国法律硕士专业学位研究生培养单位实践必修环节学位课程案例教学与保证法律硕士专业学位研究生教育质量的重要措施。2013年6月，教育部学位管理与研究生教育司批复同意全国法律专业学位研究生教育指导委员会（以下简称指导委员会）秘书处组织开展“案例库建设与案例教学推广项目”。按照规划，指导委员会和教育部学位与研究生教育发展中心共同建设“中国法律专业学位案例中心”，合作开发入库教学案例并纳入中国专业学位教学案例中心平台管理和运营。

该项目启动后，指导委员会决定由韩大元、姜晶两位副秘书长负责组织、协调项目的实施工作，并组织制定了《中国专业学位教学案例库中心法律硕士分中心建设规划》（以下简称规划），对案例库建设确立了明确的目标和阶段性任务，并对项目实施进行了总体布置。为保障项目的顺利实施，指导委员会秘书处成立了以时延安教授为牵头人的专家工作组，起草《案例编写规范》、《评审管理办法》和案例模版及使用说明书范本，开展多次编写培训，组织和协调案例申报及评审工作，负责案例中心的维护、日常管理和应用服务等相关工作。2014年至2016年，指导委员会先后三次向培养单位征集案例，组织专家评审组遴选案例，迄今共征集案例382个，其中入选案例139个。

为推动法律专业学位研究生教育教学案例在教学中的运用，切实提高实践课程的教学水平，指导委员会决定从入选案例中选择部分案例出版。该案例出版工作得到法律出版社的大力支持，并根据出版要求对入选案例进行了合理调整。

目前，“法律硕士教学指导案例丛书”已经编辑完成，我们希望这套丛书对提升我国法律专业学位研究生教育有所裨益。在此，向所有参与法律硕士专业学位研究生教育教学案例库工作的专家、学者及相关同志表示衷心地感谢！受时间和能力所限制，编辑过程难免有不足之处，敬请提出宝贵意见。

丛书编委会

2017 年 12 月

目录
Contents

1 CASE 长沙市坠下水道女孩死亡行政救助案例

| **摘　要** |

一直以来,公有公共设施致害赔偿问题颇受争议。2013 年长沙市女孩杨丽君坠入下水道死亡,其家属获得当地政府 72 万元人道主义救助金。该事件在引发了社会公众对政府城市管理行为的普遍热议和对政府行政救助金质疑的同时,也引发了对公有公共设施致害赔偿问题的反思,对于强化政府依法行政和完善我国国家赔偿问题具有重要启示意义。本案例研究主要对行政救助行为、公有公共设施致害的界定、公有公共设施致害赔偿责任等内容进行讨论。通过对案例的讨论,总结政府职能转变过程和公有公共设施致害赔偿中存在的问题并提出相关解决方案,从而实现对我国依法行政和国家赔偿制度相关理论和实践问题更为深刻的把握。

| **关键词** |

公有公共设施致害　行政救助　民事赔偿　国家赔偿

| **教学目标** |

本案例借助现实中发生的公有公共设施致害的实例,重点介绍了我国行政救助的相关内容,以及公有公共设施致害的赔偿问题中民事赔偿和行政赔偿的不同之处。通过学生对案例的阅读、分析,结合授课教师的指导,使学生对行政救助行为和公有公共设施致害赔偿的区别,以及行政主体和行政相对人在行政救助行为和行政赔偿行为中承担的工作任务和工作内容有较为熟悉的把握,从而对公有公共设施致害赔偿这一特殊问题有更为深刻的理解;同时,以案例的讲授作为切入点,引出我国国家赔偿中存在的相关理论问题(如公有公共设施致害纳入国家赔偿问题、国家赔偿归责原则问题等),并对之进行思考和检讨,为学生进一步学习提供方向。

教学案例主文

提供社会公共服务是现代政府基本职能之一,政府需要广泛地承担起生存照顾的职责,建设道路、桥梁、机场、公园、广场等公共设施供公众使用。随着我国政府公共服务职能的增强,出现了很多公有公共设施致害事件,然而在处理此类事件时,政府应该提供行政救助还是承担赔偿责任,进行民事赔偿还是提供行政赔偿等问题成为转变政府职能、建设法治政府不可回避的问题。长沙市坠下水道女孩死亡事件就是公有公共设施致害的典型案例,为课堂教学提供了生动教材,更是反思我国国家行政赔偿制度与实践的重要素材。

一、基本案情

(一)案情梗概

2013年3月22日晚9点多,长沙突降暴雨,大雨导致城市内涝,天心区涂家冲附近一片汪洋。21岁的女孩杨丽君路过天心区涂家冲华升大厦旁的赤黄路时,不幸坠入一个没有井盖的深井,随即被下水道中急流冲走,下落不明。

长沙市出动了市政、海事、地下管网专家、消防多路人员进行搜救。长沙市消防队员根据管道设计图,背着氧气瓶进入下水管道展开搜救。杨丽君的父母也赶到长沙市,长沙市天心区政府为他们提供了食宿,并安排专车接送。救援指挥部的工作人员每天告诉他们救援进展,详述搜救分工、专家资源等情况。但是连续搜救40多天,仍然没有失踪女孩的下落。

5月19日,岳阳市湘阴县樟树镇湘江岸边,渔民捕虾时发现一具女尸。当地警方马上进行了打捞。女尸已经高度腐烂,只能从黑色裤袜、黑色短裙和黄白相间的球鞋做出初步判断,这是一位年轻女性。尸体发现地相距事发下水道口约有60千米。

5月21日下午,湘阴县政府宣布,经DNA检测结果证明,“死者系3月22日在长沙坠井女孩杨丽君父母的生物学女儿”。

5月24日,杨丽君父母将女儿遗体火化,并在湘江打捞地进行了水葬,经过与当地政府协商,获得了由天心区政府相关职能部门给予的人道主义救助金72万元。

（二）热议问题

1. 为什么下水道口没有井盖？城市道路井盖的管理和维护应该由谁负责？

据长沙警方分析，发生事故的下水道距离湘江只有三四千米，可能是大雨导致地下水暴涨，从下面冲开了井盖，地面上流水又湍急，直接将井盖冲走了。当地的居民称，这里的井盖经常被冲开，很不安全。据当地媒体记者描述，出事的下水道孔正对着过街天桥的台阶，相距10多米，周围看不到任何提醒路人注意的相关标志。长沙市城管局市政处表示，下雨前已部署防雨工作，但雨水太大，有的地方设计没办法完全满足排水要求。全国发生的这类井盖事故很多，有调查显示其实加个泄水井盖防坠网就能预防此类事件的发生。事实上，杨丽君之死让井盖问题成为社会关注热点，长沙市也开展了装配防坠网的试点工作，全国其他城市和地区也开始采取相应的改进措施。

城市的道路井盖一般由市城管局市政管理处负责管理和维护。长沙市政府门户网站上对于长沙市城管局市政管理处的职能这样表述："负责制定市政维护管理规划、工作计划和改革措施，并组织实施；负责核定市政道路维护工作量和检查考核本系统各市政单位的业务工作；负责指导协调、检查督促城区市政道路维护管理的日常工作；参与城市建设和改造中涉及市政道路的规划审定、施工协调、竣工验收；负责城区以市政道路为载体的雨水管网、雨污合流管网以及除压力干管之外的污水收集管网的维护管理；承办依附于城市道路建设各种管线、杆线等设施行政许可事项和临时占用、挖掘城市道路行政许可事项及临时占用街道两侧和公共场地的行政许可事项；负责本系统市政道路维护管理方面的业务培训；负责指导协调市市政维护油料场的工作。"可见，城市道路井盖的管理和维护应该由作为市政府职能部门的市城管局负责，这既是市城管局的行政职权，也是其行政职责。

2. 政府发放人道主义救助金的行为是什么性质？

人道主义援助，又被称为人道主义救援，主要是国家或公益组织，根据人道主义原则向受助者提供物资等方面的支援，其目的是拯救受助者的生命，缓解其不幸状况，以及维护人类尊严。政府发放人道主义救助金对于高效快速解决突发事件、安抚行政相对人起着重要作用，表现了政府的人道主义关怀。

从人道主义救助金名称的理解来说，政府发放人道主义救助金这一行为应当属于行政救助这类具体行政行为。但是政府给付这类人道主义救助金的行为难免会让人产生疑惑：人道主义救助金发放的标准和程序是什么？如果政府不存在责任，如此高额人道主义救助金的发放似乎有政府随意处分纳税人的钱来承担一种道德义务之嫌。在法治国家中，行政机关的行为要受到依法行政原则的制约，而且也应当符合公平、公正原则的要求。天心区政府及其相关职能部门发放的72万元人道主义救助金的行为并没有相关法律规范的依据，不应属于行政救助行为。

教学指导手册

教学目标

本案例借助现实中发生的公有公共设施致害的实例，重点介绍了我国行政救助的相关内容，以及公有公共设施致害的赔偿问题中民事赔偿和行政赔偿的不同之处。学生通过对案例的阅读、分析，结合授课教师的指导，熟练把握行政救助行为和公有公共设施致害赔偿的区别，以及行政主体和行政相对人在行政救助行为和行政赔偿行为中承担的工作任务和工作内容，从而对公有公共设施致害赔偿这一特殊问题有更为深刻的理解；同时，以案例的讲授作为切入点，引出我国国家赔偿中存在的相关理论问题（如公有公共设施致害纳入国家赔偿问题、国家赔偿归责原则问题等），并对之进行思考和检讨，为学生进一步学习提供方向。

教学内容

1. 如何理解行政救助行为？

行政救助，又称行政给付、行政物质帮助，是指行政主体在公民年老、疾病或者丧失劳动能力的情况下，抑或在公民下岗、失业、低经济收入或者遭受天灾、人祸等特殊情况下，根据申请人的申请，依照有关法律、法规、规章或政策的规定，赋予其一定的物质权益或者与物质有关的权益的具体行政行为。行政救助行为不仅是国家职权的行使，也是与我国《宪法》第45条中关于公民获得物质帮助权相对应的国家职责的体现。

此外，我国其他法律法规也具体规定了社会救助的工作内容，包括最低生活保障、专项救助、收容救助、灾害救助以及特殊性质的救助制度等。因此，对社会贫困弱势群体实施社会救助，保障他们的生存权是法律赋予国家和政府的责任。

随着现代政府公共职能的增强，需要建立权责统一、权威高效的依法行政体制，加快建设职能科学、权责法定、执法严明、公开公正、廉洁高效、守法诚信的法治政府。在法治国家中，行政机关的行为要受到依法行政原则的制约，政府通过行使行政权提供行政救助的行为也应当依法作出，而且也应当符合行政法基本原则的要求。行政救助的对象必须是具备某些特定条件的公民和组织。同时，不同的救助形式也需具备不同的条件。这些不同的条件由不同的法律、法规分别规定。行政救助的形式较多，不同的对象依不同的法定条件得到不同形式的救助。被救助者获得的救助形式必须符合法律法规规定，否则将会影响其权益的实际取得和保护。这些法定的救助形式分别规定在不同的法律法规中，在具体实施行政救助行为时，要按具体的法律规范的规定进行。如法律规定只发给救济金的，就只能以救济金作为救助形式，不能以其他形式代之。行政救助依据不同的法律规范由不同的行政主体实施，对于哪些行政主体有权实施哪些救助形式，法律通常作了规定。只有具备某种救助权限的行政主体才能实施该种救助行为，否则，不具有法律效力。行政救助作为一种法律行为，须按一定程序实施。我国在行政救助程序方面无统一的法律规定，但在各种不同的法律、法规中，对不同的行政救助均作了规定。这些程序规定概括来看，主要有申请、审查、批准、实施等，并要求以书面形式做出。而且，实施物质行政救助时，在程序上还要求办理一定的财务手续和物品登记、交接手续。只有手续完备、程序合法的行政救助才具备法律效力。

2. 长沙女孩坠入的下水道以及路面井盖应当属于公有公共设施的范围，那么如何理解和界定公有公共设施？

公有公共设施致害，是指由于公有公共设施在设置（如设计、建造、安装等）或管理（如维护、修缮、保管、巡查等）方面存在瑕疵，缺乏通常应具有的安全性，致使使用者（利用者）的人身和财产受到损害。

（1）“公有”的含义

对于“公有”，有学者认为有广义和狭义之分。

一种观点认为，公有公共设施应从狭义上理解，即以国家所有为限，凡“所有权属国家、地方自治团体或者其他公法人所有”的公共设施都应属于国家赔偿范围。这种观点以所有权归属为准，适用上虽然较为明确，但是对于“公有”不能仅仅从所有权的角度来理解。当占有权和所有权发生了分离时该如何认定？例如，某设施为私人所有但经国家或公共团体租用或借用，或者某设施虽为国家所有但已交由私人管理，这时能否认定其为公有公共设施呢？

另一种观点认为，公有公共设施应从广义上理解，不必以国家所有为限，只要是国家在事实上处于管理的状态即可。例如，对于国家事实上管理的其他主体所有的房屋，如果因年久失修或者原来建造时就存在的欠缺，致人死伤或者财产受损，被害人即可向国家请求赔偿，这样才有利于更好地保障公民的权益。公民在使用的时候，也不必考虑该设施为何人所有。而对于在国家管理时因管理前或原来建造时存在的瑕疵致人损害的，可以在国家赔偿之后再对所有主体或相关责任人进行追偿。所以，不论权属如何，凡供公共目的使用的设施均可适用国家赔偿，相较之下这种观点较为合理。

依广义“公有”的观点，因瑕疵造成公民损害由国家承担赔偿责任的公有公共设施有以下三类:第一类是国家、地方自治团体等公法人设置并由它们管理的公共设施;第二类是国家、地方自治团体等公法人设置的,由其委托或授权私人管理的公共设施;第三类是私人设置的,但因为执行公务或实现公众利益所需供公众使用的,由国家、地方自治团体等公法人管理的公共设施。对于第一类公有公共设施致害当然应当纳入国家赔偿范围。对于第二类公有公共设施,最终责任归属应当是国家。但是根据我国现有赔偿制度可以考虑借鉴法国的补充赔偿责任规定,通过民法填补适用来解决,即委托或授权私人管理的公共设施致害时,根据相对人的选择,若要求被授权或委托主体赔偿,则由管理主体赔偿,其无清偿能力时由国家补充赔偿。若相对人直接要求委托或授权的行政主体赔偿时,则应当由国家先行赔偿,再根据管理主体的过错与否决定是否进行追偿。对于第三类公有公共设施,由于管理瑕疵造成损害,还是应当属于国家赔偿责任。因为这类公有公共设施虽然是由私人设置,但是却处于公法人管理之中。公法人的管理行为应当属于行使公权力的履职行为,由此产生瑕疵造成损害,理应属于国家赔偿。

因此,可以看出国家赔偿法意义上的公有公共设施的判定应从两个方面来考虑,即公共设施的设置管理主体和公共目的。也就是说,在公共设施的设置和管理带有公权力行使的因素时,其并不是单纯的静态的所有权,而是动态的公务活动行为;而且其是处于公共的目的,为公共利益所设置。正是由于公共目的的存在,公有公共设施的设置与管理带有公共权力行使的因素,才使公有公共设施致害问题具有行政法的形式,而不再属于传统意义上的民法问题。

(2)“公共设施”的范围

从静态上来看,公有公共设施主要是强调其有体物的属性,不包括人的行为和无体物。基于以上对公有公共设施的理解,对于公有公共设施范围的争议,主要集中在对“设施”的理解上。作为公有公共设施的这些有体物除不动产,是否还应包括动产;除人工公物,是否还应包括自然公物;除永久性设施,是否还应包括临时性设施等,这些问题都存在较大的争议。

对于公有公共设施是否仅包括不动产,大致有三种主张:限定范围最窄者,主张公共设施指供公众使用的不动产,仅以土地上之工作物为限,不包括动产在内;限定范围最宽者,主张公共设施指供公众使用的一切动产或者不动产,进而将警备车、消防车、警犬、手枪等均包括在内;折中说主张公共设施不必以动产与不动产加以区分,而应以公共使用目的为限,并非所有的不动产均为公共设施。亦非所有的动产均不为公共设施。笔者认为,公有公共设施应当为不动产,包括公路、铁路、桥梁、港埠码头、堤防、下水道、车站、机场、自来水厂、煤气供应站等。同时,这里所说的作为不动产的公共设施还应包括其附属设施,如路灯、树木、涵洞、围栏等。日本和我国台湾地区的相关规定中,有关公有公共设施致害赔偿的规定源于“民法”上的工作物所有人责任,其"立法"原意应是仅指不动产。但也有学者主张对设施做扩大的解释,并得到了判例的支持,汽车、手枪、作为教具的电刨子等动产都曾被法院确认为"营造物",甚至有人主张警犬、骑马队的马等也应包括在内。但是手枪、警犬、马匹等动产公物应当是工作人员执行公务的工具,如果发生了致害结果,以违法行使权力为理由进行赔偿更为适宜,而不应当属于公有公共设施致害的赔偿范围。

对于汽车、航空器、船舶等动产,不应当属于国家赔偿意义上的公有公共设施致害的范围。

首先,并非所有公有公共设施致害均由国家依照国家赔偿法承担公法责任,对于有特别法规定的公用企业造成的损害应依特别法或民法解决,国家不负担赔偿责任。例如,《铁路法》第58条第1款规定,因铁路行车事故及其他铁路运营事故造成人身伤亡的,铁路运输企业应当承担赔偿责任……《邮政法》第五章规定由邮政企业或分支机构按照规定承担赔偿或补偿责任。美国、德国的联邦邮政、联邦铁路也都适用特别赔偿规则。

其次,公民搭乘汽车、航空器、船舶等遭受损害分为两种情况。以汽车为例,一种是因为汽车或客运公司自身的原因损害公民利益,此时基于公民与客运公司形成运输合同关系,由客运公司承担违约责任或民事侵权责任,属于民法调整的范围而不是国家赔偿法的调整范围。另一种是因为道路维修、养护问题使公有公共设施未达到安全运营标准而发生车祸,公民因此遭受损失时,则为设置、管理者未尽安全义务,应由交通管理部门作为赔偿义务机关履行国家赔偿的义务。此时使公民致害的公有公共设施应当是公路、铁路等不动产而不是汽车等动产。

对于河流、湖泊、海滨等自然公物,有人认为因为其没有人工作用,不能称之为设施。也有人认为,日本、韩国在立法中明确列举了"河川",其应理解为包括自然公物在内。在实践中,对自然公物不能一概而论,如果是完全处于自然状态下的自然公物,如未开发的山林、港湾,就不能作为国家赔偿意义上的公共设施。只有已经过人工化,处于国家管理之下,并已提供公共使用以后,自然公物才能被视为公共设施。比如,海洋本身不是设施,但是一经开发为海滨浴场,就应为公共设施了。至于设施是否具有永久性,并不重要。一些供临时使用的设施,如临时性的道路、为特别演出搭建的临时剧场,仍然属于公共设施的范围。

3.公有公共设施致害应当承担何种赔偿责任?民事赔偿和行政赔偿有哪些区别?

民事赔偿是一方当事人因侵权行为而向遭受损害的另一方当事人承担的赔偿责任。世界多国和地区行政赔偿制度的早期阶段都借鉴民事赔偿理论(如归责原则、构成要件),适用民事赔偿的程序。虽然在国家赔偿法实施以前,行政赔偿都是

按照民事赔偿的标准和程序处理的,使民事赔偿与行政赔偿之间存在密切的联系,但是两者之间还是存在本质区别:

(1)两者的赔偿主体不同。行政赔偿的主体是国家,即国家是赔偿责任的承担者,但具体的赔偿义务由法定赔偿义务机关履行,民事赔偿的主体是民事主体,赔偿主体与赔偿义务人是一致的。

(2)两种赔偿发生的基础不同。行政赔偿发生在国家权力的运行过程中,由国家侵权行为引起;而民事赔偿则由民事侵权行为引起,发生在民事活动中,与公共权力的运行无关。

(3)两种赔偿的归责原则不同。虽然我国《国家赔偿法》2010 年修订时在总则中删除“违法”二字,但行政赔偿的归责原则主要是违法原则。而民事赔偿的归责原则主要是过错原则,即以行为人主观上的过错为承担民事赔偿责任的基本前提。此外,在民事赔偿中还确立了无过错原则和公平责任原则作为过错原则的补充。

(4)两种赔偿的程序不同。在提起行政赔偿诉讼之前,除在行政诉讼中附带提起赔偿外,请求人应先向赔偿义务机关提出赔偿请求,即实行赔偿义务的机关决定前置原则,不经该决定程序,法院不予受理。而民事赔偿中,受害人可以直接向法院提起赔偿请求,无须经过任何前置程序。

(5)证据规则不同,行政赔偿一般实行“初步证明”规则,即赔偿请求人首先要证明损害已经发生,并且该损害系国家机关及工作人员的违法行为所引起,证明责任继而转移到被告,被告即国家机关要提供证明引起损害的行为合法或从未实施该行为等有利于自己的证据;而民事赔偿诉讼中则实行“谁主张,谁举证”的证据规则。

4. 思考我国公有公共设施致害赔偿的现状和局限性

(1)公有公共设施致害的民事赔偿

公有公共设施这一表述,源于我国台湾地区的“立法”实践;在外国行政法中,与公有公共设施概念大致相对应的主要有德国、日本的“公法营造物”,法国的“公共工程”“公共建筑物”以及“公物”等,但内涵又不尽相同。

对公有公共设施致害赔偿的具体途径,各国家和地区做法不尽相同。有的将其直接纳入赔偿范围,也有的虽未明确规定,但是在其他相关法律和判例中加以确定。我国现行法律并未将公有公共设施致害纳入国家赔偿的范围,所以我国公有公共设施致害主要适用民事赔偿。

我国公有公共设施致害民事赔偿的相关规定主要分为一般法和特别法两类。一般法规定主要是《民法通则》第 126 条:“建筑物或者其他设施以及建筑物上的搁置物、悬挂物发生倒塌、脱落、坠落造成他人损害的,它的所有人或者管理人应当承担民事责任,但能够证明自己没有过错的情形除外。”对于该条内容,《最高人民法院关于审理人身损害赔偿案件适用法律若干问题的解释》第16条还做出了相关补充规定。另外,《侵权责任法》也在第十一章专门做了物件损害责任的相关规定。特别法规定主要散见于各部单行法之中。例如,我国《铁路法》第58条规定,因铁路行车事故及其他铁路运营事故造成人身伤亡的,铁路运输企业应当承担赔偿责任。《邮政法》第五章规定由邮政企业或分支机构按照规定承担赔偿或补偿责任。

(2)公有公共设施致害国家赔偿的缺位

我国《国家赔偿法》颁布于1994年,分别在2010年和2012年做过两次修改。但无论是《国家赔偿法》的制定之初,还是后面的两次修改均未将公有公共设施纳入国家赔偿的范围。

在制定《国家赔偿法》之初,已有学者提出将公有公共设施致害纳入国家赔偿范围的立法建议,并产生了较大的争议。有学者认为,公有公共设施致害应当属于民事赔偿的范围,并提出应当由受委托管理的国家机关或者公共团体承担对受害人的赔偿责任。还有学者认为,公有公共设施致害只有纳入国家赔偿范围,才能体现出国家对人民生命财产的全面保障,并进一步提出除了不可抗力这一免责事由外,无论国家机关及其工作人员是否有过错,只要公有公共设施因自身瑕疵致人损害,都应当承担国家赔偿责任。全国人大法工委在《国家赔偿法》草案中作了如下说明:“桥梁、道路等公共营造物,因设置管理欠缺发生的赔偿问题不属于违法行使职权的问题,不纳入国家赔偿的范围,受害人可以依照民法通则的有关规定,向负责管理的企业、事业单位请求赔偿。”当时《国家赔偿法》的制定如此设计,理由是多方面的。一方面是由于当时国家财力有限,需要将财力集中用于解决行政主体的权力行为赔偿问题。《国家赔偿法》制定时我国铁路、公路、航空、桥梁等绝大部分设施都属于公有公共设施,且由全民所有制企业事业单位管理。若将公有公共设施造成的赔偿定性为国家赔偿,当时国家财力难以承受。但是使用这些公共设施的企事业单位和国家机关基本都具有相应的赔偿能力。所以未将公有公共设施致害纳入国家赔偿范围以缓解国家财政压力,集中解决迫切需要解决的行政行为违反侵犯相对人权利的规制上。另一方面是由于国家赔偿有最高金额的限制,但是民法和特别法并未做出赔偿金额的限制。所以考虑公有公共设施致害适用民事法律规范对受害人权利的救济更为有利。但2010年《国家赔偿法》进行修改时,较之1994年,国家社会经济有了飞速发展,已经具备国家赔偿的承担能力。绝大多数学者也都赞同公共设施致害的国家赔偿性质,其后两次修改都未能将公共设施致害纳入《国家赔偿法》的范围,不得不说是一种遗憾。

(3)公有公共设施致害适用民事赔偿的局限性

我国民事法律规范对于公有公共设施致害的民事赔偿规范相较于《国家赔偿

法》来说较为详细。由此可见，我国现行法律将公有公共设施致害作为民事侵权行为，适用民事赔偿责任，主要采用过错责任原则。在我国目前的法律框架下，当发生公有公共设施致害的情况时，受害人只能依照民事法律规范的规定，向负责管理的企事业单位求偿。但是，公有公共设施致害赔偿适用于民事法律规范存在一定的局限性。

首先，民法调整的是平等主体之间的人身关系和财产关系。在涉及公共设施的法律关系中存在三方当事人，即所有者（国家或其他依法拥有所有权的主体）、维护者（行政机关或其特许的或法律授权的企业、事业单位、其他组织）以及利用者（公民、法人），但它们之间并不是平等的民事主体关系，不应适用等价有偿、诚实信用的民事关系原则。

其次，作为民事基本法的《民法通则》第126条规定的特殊侵权责任本身具有局限性。一是依据第126条的规定，赔偿范围仅限于建筑物或者其他设施以及建筑物上的搁置物、悬挂物，这一范围比公有公共设施的范围要小得多，难以包含所有公有公共设施的类型。二是虽然物件致害行为的表现多为“倒塌、脱落、坠落”这三类情形，但是现实中的情形非常复杂，远远不止第126条所规定的“倒塌、脱落、坠落”这三类情形。适用民事法律规范无法涵盖公有公共设施致人损害的所有情形，不利于公民合法利益的保障。

最后，在归责要件上，民法中此条是以能够证明自己没有过错作为法定免责事由的过错责任原则。如果公有公共设施的所有者或管理者举出无过错的证据即可以免除责任，这势必增加了原告在举证责任方面的负担。既然公有公共设施致害单纯适用民事赔偿而排除在国家赔偿的范围之外存在诸多缺陷，那么对于公有公共设施致害是否应当纳入国家赔偿的范围，以及哪些公有公共设施致害国家应负赔偿责任等问题的回答，离不开对公有公共设施致害进行重新定位。事实上，对于公有公共设施致害适用国家赔偿还是民事赔偿的分歧也是由于我国学者对于公有公共设施的理解不一致所造成的。

（4）公有公共设施致害应纳入国家赔偿

公有公共设施致害，是指由于公有公共设施在设置（如设计、建造、安装等）或管理（如维护、修缮、保管、巡查等）方面存在瑕疵，缺乏通常应具有的安全性，致使使用者（利用者）的人身和财产受到损害。

从公有公共设施的性质来看，公共设施的设置与管理属于公共事务管理，目的是为公众提供周到、便捷的服务。我国实行以生产资料公有制为基础的经济制度，大多数公有公共设施一般由国家行政机关的有关部门负责设置或管理，虽然有些公共设施系由企事业单位直接管理，但实际是由国家授权委托，其有关事务仍属于国家职责的范围。

公共设施的设置与管理是相关行政主体行使行政权的行政行为。行政行为不仅包括行政职权的行使也包括行政职权的履行,不仅包括行政权力的积极运用也包括行政权力的消极放弃,即行政不作为行为。公共设施致害是由于行政机关或其授权的组织在设置或管理公共设施中存在瑕疵造成的。也就是说,行政机关或其授权的组织没有积极履行职责或消极履行职责,在这个过程中是存在行政权力的运用的。因而这种旨在维护公共利益的社会关系带有浓厚的公法色彩,理应由国家赔偿法调整,而不该由民法调整。

公有公共设施设置和管理带有公权力行使的因素,国家处于事实上的管理状态,因而设置、管理公有公共设施的行政机关或特许法人、企事业单位不应承担最终的赔偿责任,其只能作为赔偿义务机关。虽然设置、管理公有公共设施已成为给付行政时代国家的义务,但国家不可能也没有必要亲自管理所有公有公共设施,很多设施多以公务特许的形式或以行政合同、行政委托的方式交由具备资格和能力的企业、事业单位或其他组织管理、维护。在涉及公有公共设施的法律关系中,所有者与维护者之间为行政特许或行政合同、行政委托关系,公民与设置管理者之间是利用关系。公有公共设施并不因设置、管理者的性质而改变其自身的性质,由此产生的赔偿责任不应由设置、管理者承担,因为设置、管理者只是被委托者,由国家选任、受国家监督而实施行为,故它们只能作为赔偿义务机关,最终的赔偿责任应由国家承担。公有公共设施致害都由设置、管理者赔偿,将使这类非营利性部门背上沉重的经济负担,而且使这类高风险部门、危险职业承担比其他部门更多的责任,这对其是不公平的。

因此,公有公共设施赔偿与《民法通则》规定的建筑物责任并不能相互等同。两者无论是适用对象、责任主体,还是理论根据、归责原则都存在较大的区别。从适用对象来看,前者的范围较广,不仅包括建筑物、搁置物、悬挂物,还包括道路、桥梁、堤坝等。从责任主体来看,前者主要是设置或者管理公有公共设施的国家机关或者其他公共团体;而后者是建筑物及其他设施的所有人或者管理人。从理论根据来看,前者受到公共服务理论的影响,强调设置或者管理公有公共设施是处于公共利益的目的,所以“公共负担人人平等”,如果公有公共设施造成损害,国家就应当予以赔偿实现公共负担平等;而后者则是基于报偿理论,主张私人利益享有者在享有利益的同时,也应当负担建筑物所产生的损害。

可见,公有公共设施致害的赔偿不应当采取民事赔偿,而应当定性为行政赔偿,纳入《国家赔偿法》的范围。

■ 教学计划

本案例可以作为专门的案例教学课进行讲授,可安排3个课时,每课时45分钟。

课堂时间安排

1. 课前计划:安排学生阅读案例及相关参考资料,熟悉整个案例流程,对案例中提出的问题进行思考。

2. 课中计划:介绍教学目的,明确讨论主题。分组讨论问题及解决对策,告知发言要求。小组代表发言,提出解决方案,并对其他小组提出的方案进行评述。教师进行引导性分析,并做最后归纳总结。

3. 课后计划:布置学生课后进一步细化了解行政救济行为和公有公共设施致害赔偿的特点和难点,了解实践中所涉及的相关法律法规。

思考题

1. 请结合我国行政管理实践,谈谈如何理解行政救助行为?
2. 如何理解和界定公有公共设施?
3. 公有公共设施致害应当承担民事赔偿责任还是行政赔偿责任一直存在争议,民事赔偿和行政赔偿有哪些区别?
4. 思考我国公有公共设施致害赔偿的现状和局限性。
5. 思考我国公有公共设施致害纳入国家赔偿的可行性。
6. 思考我国公有公共设施致害纳入国家赔偿的归责原则。
7. 思考我国公有公共设施致害国家赔偿的构成要件。

参考文献

1. 姜明安主编:《行政法与行政诉讼法》(第五版),北京大学出版社、高等教育出版社 2011 年版。
2. 胡康生:《关于〈中华人民共和国国家赔偿法(草案)〉的说明》,于 1993 年 10 月 22 日八届全国人大常委会第四次会议。
3. 江必新、梁凤云、梁清:《国家赔偿法理论与实务》(上卷),中国社会科学出版社 2010 年版。
4. 马怀德、喻文光:《共有公共设施致害的国家赔偿责任》,载《法学研究》2000 年第 2 期。
5. 袁登明:《发达国家的赔偿制度》,时事出版社 2001 年版。
6. 刘嗣元、石佑启:《国家赔偿法》,北京大学出版社 2005 年版。
7. 肖巧平、李龙刚:《论"公有公共设施"之界定》,载《时代法学》2009 年第 1 期。
8. 翁岳生编:《行政法》(下),中国法制出版社 2002 年版。
9. 曹兢辉:《国家赔偿立法与案例研究》,台北三民书局 1986 年版。
10. 梁慧星:《道路管理瑕疵的赔偿责任》,载《法学研究》1991 年第 5 期。

撰稿人 | 吕宁,湖南师范大学法学院讲师

2 CASE 中国诉美国四种产品反倾销与反补贴案

| 摘　要 |

2008年5月至9月，美国先后对来自中国的标准钢管、非公路用轮胎、薄壁矩形钢管和复合编织袋四种产品征收反倾销税和反补贴税。同年12月，中国向世贸组织争端解决机构提起申诉，要求就美国商务部针对来自中国的上述四种产品采取的双反措施进行调查。2010年10月，专家组发布调查报告，部分支持中国主张。随后中国提出上诉，2011年3月11日，世界贸易组织上诉机构发布裁决报告，中国胜诉。

| 关键词 |

反倾销　反补贴　双重救济

| 教学目标 |

着重把握两方面内容：(1) WTO对中国国有企业和国有商业银行是否为“公共机构”的认定；(2)“双反”措施与双重救济的关系。

教学案例主文

一、基本案情

I. FACTUAL ASPECTS

1.1　This dispute concerns the definitive anti - dumping and countervailing duties imposed by the United States as a result of four anti - dumping and four countervailing duty investigations conducted by the United States Department of Commerce (“USDOC”), covering four products from China: (i) Circular Welded Carbon Quality Steel Pipe (“CWP”); (ii) Certain New Pneumatic Off - the - Road Tires (“OTR”);

(iii) Light-Walled Rectangular Pipe and Tube ("LWR"); and (iv) Laminated Woven Sacks ("LWS").[1] China claims that the final USDOC determinations that led to the imposition of the duties, the orders imposing the duties themselves, and certain aspects of the conduct of the underlying investigations are inconsistent with the United States' obligations under the covered Agreements. China also challenges an alleged imposition by the United States of "double remedies" resulting from the application, in the four sets of investigations at issue, of anti-dumping duties calculated under the US non-market economy ("NME") methodology[2] simultaneously with countervailing duties on the same products. China also makes "as such" claims against the alleged U.S. failure to provide the USDOC with legal authority to avoid the imposition of double remedies in such circumstances.

A. investigations covered by this dispute

1. Circular Welded Carbon Quality Steel Pipe

(a) Countervailing duty investigation

1.2 On 5 July 2007, the USDOC initiated a countervailing duty investigation on imports of CWP from China.[3] The products covered by the investigation were certain circular welded carbon quality steel pipes as classified in tariff sub-headings 7306.30.10.00, 7306.30.50.25, 7306.30.50.32, 7306.30.50.40, 7306.30.50.55, 7306.30.50.85, 7306.30.50.90, 7306.50.10.00, 7306.50.50.50, 7306.50.50.70, 7306.19.10.10, 7306.19.10.50, 7306.19.51.10, and 7306.19.51.50 of the Harmonized Tariff Schedule of the United States ("HTSUS"), and as described more specifically in the USDOC's countervailing duty order.[4] The exporters/producers concerned were Tianjin Shuangjie Steel Pipe Group Co., Ltd. ("Shuangjie"), Weifang East Steel Pipe Co., Ltd. ("East Pipe"), and Zhejiang Kingland Pipeline and Tech-

---

[1] Hereinafter referred to as "the four sets of investigations at issue" or "the four sets of anti-dumping and countervailing duty investigations".

[2] Under Section 773(c) of the US *Tariff Act of* 1930 [19 U.S.C. 1677b(c)], normal value in anti-dumping investigations involving products from NME countries is determined on the basis of values of factors of production in countries that the USDOC has designated as market economies.

[3] Notice of Initiation of Countervailing Duty Investigation: *Circular Welded Carbon Quality Steel Pipe from the People's Republic of China* ("CWP Notice of Initiation"), Exhibit CHI-5, pp. 36668 and 36670.

[4] Circular Welded Carbon Quality Steel Pipe from the People's Republic of China: *Notice of Amended Final Affirmative Countervailing Duty Determination and Notice of Countervailing Duty Order* ("CWP Countervailing Duty Order"), Exhibit CHI-8, p. 42546.

nologies Co. , Ltd. ("Kingland").[5] The period of investigation for the purpose of the subsidy determination was 1 January to 31 December 2006.[6]

1.3 During the course of the investigation, there were communications and exchanges between the USDOC and the parties to the investigation, *inter alia*, questionnaires and responses including supplemental requests for information pertaining to new subsidy allegations, arguments, and comments.[7] On 13 November 2007, the USDOC published in the Federal Register a notice of preliminary affirmative countervailing duty determination, preliminary affirmative critical circumstances determination, and alignment of final countervailing duty determination with final anti – dumping duty determination.[8] On 5 June 2008, the USDOC published a final countervailing duty determination.[9] On 22 July 2008, the USDOC published an amended final determination and notice of countervailing duty order, finding "net subsidy rates" ranging from 29.62 per cent to 616.83 per cent, and indicating that it would direct U. S. Customs and Border Protection to require importers to post cash deposits equal to these net subsidy rates.[10]

1.4 The USDOC determined, *inter alia*, that the government provision of hot – rolled steel ("HRS") to certain producers through state – owned enterprises ("SOEs") constituted subsidies that were *de facto* specific. In addition, the USDOC found that the provision of HRS through private trading companies that had purchased HRS from state – owned producers and/or suppliers also constituted countervailable subsidies. The USDOC resorted to adverse facts available to determine the amount of SOE – produced HRS that investigated pipe producers had purchased from trading company suppliers. The USDOC determined that private prices in China could not be used as benchmarks to determine the existence and amount of benefit conferred by such subsidies and as a result

---

[5] Circular Welded Carbon Quality Steel Pipe from the People's Republic of China: *Preliminary Affirmative Countervailing Duty Determination; Preliminary Affirmative Determination of Critical Circumstances; and Alignment of Final Countervailing Duty Determination with Final Antidumping Duty Determination* ("CWP Preliminary Countervailing Duty Determination"), Exhibit CHI – 6, p. 63876.

[6] Id., p. 63881.

[7] See e. g., Exhibit CHI – 6, pp. 63876 – 63877; and *Circular Welded Carbon Quality Steel Pipe from the People's Republic of China: Final Affirmative Countervailing Duty Determination and Final Affirmative Determination of Critical Circumstances* ("CWP Final Countervailing Duty Determination"), Exhibit CHI – 7, pp. 31966 – 31967.

[8] Exhibit CHI – 6, p. 63876.

[9] Exhibit CHI – 7, p. 31969.

[10] Exhibit CHI – 8, p. 42547.

resorted to alternative benchmarks in conducting its benefit determination.

1.5 Based on adverse facts available, the USDOC also determined that China provided subsidies in the form of preferential lending by state – owned commercial banks ("SOCBs") to one investigated producer, East Pipe, and that these subsidies were*de jure* specific. In determining the existence and amount of the benefit from the loans, the USDOC considered that it would not be appropriate to use the interest rate applicable to loans issued by Chinese banks as a benchmark and instead constructed a proxy interest rate to determine the existence and amount of benefit conferred by the loans.[11]

(b) Anti – dumping investigation

1.6 In parallel to the countervailing duty investigation on CWP from China, the USDOC initiated an anti – dumping investigation with respect to the same product. The period of investigation for the dumping determination was 1 October 2006 to 31 March 2007. The USDOC treated China as an NME country for purposes of determining normal value and calculating the margins of dumping. On 5 June 2008, the USDOC published a final anti – dumping duty determination, finding dumping margins ranging from 69.20 per cent to 85.55 per cent.[12] On 22 July 2008, the USDOC published an anti – dumping duty order, indicating that it would direct U. S. Customs and Border Protection to require importers to post cash deposits equal to these dumping margins.[13]

2. Light-Walled Rectangular Pipe and Tube

(c) Countervailing duty investigation

1.7 On 24 July 2007, the USDOC initiated a countervailing duty investigation on imports of LWR from China.[14] The products covered by the investigation were certain

---

[11] *Issues and Decision Memorandum for the Final Determination in the Countervailing Duty Investigation of Circular Welded Carbon Quality Steel Pipe from the People's Republic of China*, ("CWP Countervailing Duty I&D Memo"), Exhibit CHI – 1, pp. 9 – 12, 14 – 15, 62 – 67 and 72 – 79.

[12] *Issues and Decision Memorandum for the Final Determination of Sales at Less than Fair Value* ("CWP Anti – Dumping Duty I&D Memo"), Exhibit CHI – 9, pp. 10 – 14; Notice of Final Determination of Sales at Less Than Fair Value and Affirmative Final Determination of Critical Circumstances: *Circular Welded Carbon Quality Steel Pipe from the People's Republic of China* ("CWP Final Anti – Dumping Duty Determination"), Exhibits CHI – 10, pp. 31970 – 31973.

[13] *Notice of Antidumping Duty Order: Circular Welded Carbon Quality Steel Pipe from the People's Republic of China* ("CWP Anti – Dumping Duty Order"), Exhibit CHI – 11, pp. 42548 – 42549.

[14] *Notice of Initiation of Countervailing Duty Investigation: Light – Walled Rectangular Pipe and Tube from the People's Republic of China* ("LWR Notice of Initiation"), Exhibit CHI – 18, pp. 40281 and 40283.

welded carbon – quality light – walled steel pipe and tube, of rectangular (including square) cross section, having a wall thickness of less than 4mm as classified in tariff sub – headings 7306. 61. 50. 00 and 7306. 61. 70. 60 of the HTSUS, and as described more specifically in the USDOC's countervailing duty order.[15] The exporters/producers concerned were Qingdao Xiangxing Steel Pipe Co., Ltd. ("Qingdao"); Zhangjiagang Zhongyuan Pipe-Making Co., Ltd. ("ZZPC"); and Lets Win.[16] The period of investigation for purposes of the subsidy determination was 1 January to 31 December 2006.[17]

1.8 During the course of the investigation, there were communications and exchanges between the USDOC and the parties to the investigation, *inter alia*, questionnaires and responses including supplemental requests for information pertaining to new subsidy allegations, arguments, and comments.[18] On 30 November 2007, the USDOC published in the Federal Register a notice of preliminary affirmative countervailing duty determination and alignment of final countervailing duty determination with final anti – dumping duty determination.[19] On 24 June 2008, the USDOC published a final countervailing duty determination, finding "net subsidy rates" ranging from 2. 17 per cent to 200. 58 per cent.[20] On 5 August 2008, the USDOC published a countervailing duty order, indicating that it would direct U. S. Customs and Border Protection to require importers to post cash deposits equal to these net subsidy rates.[21]

1.9 The USDOC determined, *inter alia*, that the government provision of HRS through SOEs constituted financial contributions that conferred benefits, and that such subsidies were *de facto* specific. The USDOC also determined that the provision of SOE – produced HRS through private trading companies constituted countervailable subsidies.

---

[15] *Light – Walled Rectangular Pipe and Tube from the People's Republic of China: Notice of Countervailing Duty Order* ("LWR Countervailing Duty Order"), Exhibit CHI – 21, pp. 45405 – 45406.

[16] *Light – Walled Rectangular Pipe and Tube from the People's Republic of China: Preliminary Affirmative Countervailing Duty Determination and Alignment of Final Countervailing Duty Determination with Final Antidumping Duty Determination* ("LWR Preliminary Countervailing Duty Determination"), Exhibit CHI – 19, p. 67703.

[17] Id., p. 67706.

[18] See e. g., Exhibit CHI – 19, pp. 67703 – 67704; and *Light – Walled Rectangular Pipe and Tube from the People's Republic of China: Final Affirmative Countervailing Duty Investigation Determination* ("LWR Final Countervailing Duty Determination"), Exhibit CHI – 20, p. 35643.

[19] Exhibit CHI – 19, p. 67703.

[20] Exhibit CHI – 20, p. 35642.

[21] Exhibit CHI – 21, p. 45406.

The USDOC resorted to facts available to determine the amount of SOE – produced HRS that investigated producers purchased from trading companies. The USDOC considered that private prices for HRS in China could not be used as benchmarks to determine the existence and amount of benefit conferred and, as a result, resorted to out – of – country benchmarks for the purposes of benefit determinations.[22]

(d) Anti – dumping investigation

1.10 In parallel to the countervailing duty investigation on LWR from China, the USDOC initiated an anti – dumping investigation with respect to the same product. The period of investigation for the dumping determination was 1 October 2006 to 31 March 2007. The USDOC treated China as an NME country for purposes of calculating the normal value and margins of dumping. On 24 June 2008, the USDOC published a final anti – dumping duty determination, finding dumping margins ranging from 249.12 per cent to 264.64 per cent.[23] On 5 August 2008, the USDOC published an anti – dumping duty order, indicating that it would direct U. S. Customs and Border Protection to require importers to post cash deposits equal to these dumping margins.[24]

3. Laminated Woven Sacks

(e) Countervailing duty investigation

1.11 On 25 July 2007, the USDOC initiated a countervailing duty investigation on imports of LWS from China,[25] as classified in tariff sub – headings 6305.33.0050, 6305.33.0080, 3923.21.0080, 3923.21.0095, 3923.29.0000, 3917.39.0050, 3921.90.1100, 3921.90.1500, 5903.90.2500, 4601.99.0500, 4601.99.9000, and 4602.90.000 of the HTSUS, and as described more specifically in the USDOC's coun-

---

[22] *Issues and Decision Memorandum for the Final Determination in the Countervailing Duty Investigation of Light – Walled Rectangular Pipe and Tube from the People's Republic of China* ("LWR Countervailing Duty I&D Memo"), Exhibit CHI – 2, pp. 8 – 10 and 25 – 37; and Exhibit CHI – 19, pp. 67707 – 67708.

[23] *Final Determination of Sales at Less Than Fair Value and Affirmative Determination of Critical Circumstances, in Part: Light – Walled Rectangular Pipe and Tube from the People's Republic of China* ("LWR Final Anti – Dumping Determination"), Exhibit CHI – 23, pp. 35652 – 35654.

[24] *Light – Walled Rectangular Pipe and Tube from Mexico, the People's Republic of China, and the Republic of Korea: Antidumping Duty Orders; Light – Walled Rectangular Pipe and Tube from the Republic of Korea: Notice of Amended Final Determination of Sales at Less Than Fair Value* ("LWR Anti – Dumping Duty Order"), Exhibit CHI – 24, pp. 45405 – 45406.

[25] *Laminated Woven Sacks from the People's Republic of China: Initiation of Countervailing Duty Investigation* ("LWS Notice of Initiation"), Exhibit CHI – 33, pp. 40839 – 40840.

tervailing duty order.[26] The exporters/producers concerned were Han Shing Chemical Co., Ltd. ("Han Shing Chemical"); Ningbo Yong Feng Packaging Co., Ltd. ("Ningbo"); Shangdong Qilu Plastic Fabric Group, Ltd. ("Qilu"); Shangdong Shouguang Jianyuan Chun Co., Ltd. ("SSJ"); and Zibo Aifudi Plastic Packaging Company Limited ("Aifudi").[27] The investigation concerned imports during the period from 1 January to 31 December 2006.[28]

1.12 During the course of the investigation, there were communications and exchanges between the USDOC and the parties to the investigation, *inter alia*, questionnaires and responses including supplemental requests for information pertaining to new subsidy allegations, arguments, and comments.[29] On 3 December 2007, the USDOC published in the Federal Register a notice of preliminary affirmative countervailing duty determination, preliminary affirmative critical circumstances determination, and alignment of final countervailing duty determination with final anti – dumping duty determination.[30] On 24 June 2008, the USDOC published a final countervailing duty determination, finding "net subsidy rates" ranging from 29.54 per cent to 352.82 per cent.[31] On 7 August 2008, the USDOC published a countervailing duty order, indicating that it would direct U.S. Customs and Border Protection to require importers to post cash deposits equal to these net subsidy rates.[32]

1.13 The USDOC determined, *inter alia*, that the provision of biaxial – oriented polypropylene ("BOPP") by SOEs constituted a financial contribution which conferred a benefit and that this subsidy was specific. The USDOC used an out – of – country benchmark to determine the existence and amount of the subsidy benefits and relied on

---

[26] *Laminated Woven Sacks from the People's Republic of China: Countervailing Duty Order* ("LWS Countervailing Duty Order"), Exhibit CHI – 36, pp. 45955 – 45956.

[27] *Laminated Woven Sacks from the People's Republic of China: preliminary Affirmative Countervailing Duty Determination; Preliminary Affirmative Determination of Critical Circumstances, In Part; and Alignment of Final Countervailing Duty Determination With Final Antidumping Duty Determination* ("LWS Preliminary Countervailing Duty Determination"), Exhibit CHI – 34, pp. 67893 – 67894.

[28] Id., p. 67899.

[29] See e.g., Exhibit CHI – 34, pp. 67893 – 67894 and 67905; and *Laminated Woven Sacks From the People's Republic of China: Final Affirmative Countervailing Duty Determination and Final Affirmative Determination, in Part, of Critical Circumstances* ("LWS Final Countervailing Duty Determination"), Exhibit CHI – 35, pp. 35639 – 35640.

[30] Exhibit CHI – 34, p. 67893.

[31] Exhibits CHI – 35, pp. 35639 and 35641.

[32] Exhibit CHI – 36, pp. 45955 – 45956.

adverse facts available to determine the extent of government ownership of BOPP producers in China. Also based on adverse facts available, the USDOC found that the provision of preferential loans by government policy banks and SOCBs constituted subsidies which were *de jure* specific. In determining the existence and amount of the benefit from the loans, the USDOC considered that it would not be appropriate to use the interest rate applicable to loans issued by Chinese banks as a benchmark and instead constructed a proxy interest rate to determine the existence and amount of benefit conferred by the loans. Finally, the USDOC also found that the government provision of land – use rights was a countervailable subsidy, and used out – of – country benchmarks to determine the existence and amount of the subsidy benefits.[33]

(f) Anti – dumping investigation

1.14 In parallel to the countervailing duty investigation on LWS from China, the USDOC initiated an anti – dumping investigation with respect to the same product. The period of investigation for the dumping determination was 1 October 2006 to 31 March 2007. The USDOC treated China as an NME country for purposes of determining normal value and calculating the margins of dumping. On 24 June 2008, the USDOC published a final anti – dumping duty determination, finding dumping margins ranging from 64.28 per cent to 91.73 per cent.[34] On 7 August 2008, the USDOC published an anti – dumping duty order indicating that it would direct U.S. Customs and Border Protection to require importers to post cash deposits equal to these anti – dumping margins.[35]

4. Certain New Pneumatic Off – the – Road Tires

(g) Countervailing duty investigation

1.15 On 7 August 2007, the USDOC initiated a countervailing duty investigation on imports of OTR from China.[36] The products covered were certain new pneumatic

---

[33] *Issues and Decision Memorandum for the Final Affirmative Countervailing Duty Determination: Laminated Woven Sacks from the People's Republic of China* ("LWS Countervailing Duty I&D Memo"), Exhibit CHI – 3, pp. 11 – 21, 49 – 70 and 82 – 83.

[34] *Laminated Woven Sacks from the People's Republic of China: Final Determination of Sales at Less Than Fair Value and Partial Affirmative Determination of Critical Circumstances* ("LWS Final Anti – Dumping Duty Determination"), Exhibit CHI – 38, pp. 35646 – 35648.

[35] *Notice of Antidumping Duty Order: Laminated Woven Sacks from the People's Republic of China* ("LWS Anti – Dumping Duty Order"), Exhibit CHI – 39, pp. 45941 – 45943.

[36] *Certain New Pneumatic Off – the – Road Tires From the People's Republic of China: Initiation of Countervailing Duty Investigation* ("OTR Notice of Initiation"), Exhibit CHI – 49, pp. 44122 and 44124.

off – the – road tires as classified in tariff sub – headings 4011.20.10.25, 4011.20.10.35, 4011.20.50.30, 4011.20.50.50, 4011.61.00.00, 4011.62.00.00, 4011.63.00.00, 4011.69.00.00, 4011.92.00.00, 4011.93.40.00, 4011.93.80.00, 4011.94.40.00, and 4011.94.80.00 of the HTSUS, and as described more specifically in the USDOC's countervailing duty order.[37] The exporters/producers concerned were Guizhou Tire Co., Ltd. ("GTC"); Hebei Starbright Tire Co., Ltd. ("Starbright"); and Tianjin United Tire & Rubber International Co., Ltd. ("TUTRIC").[38] The period of investigation for purposes of the subsidy determination covered 1 January to 31 December 2006.[39]

1.16 During the course of the investigation, there were communications and exchanges between the USDOC and the parties to the investigation, *inter alia*, questionnaires and responses, including supplemental requests for information pertaining to new subsidy allegations, arguments, and comments.[40] On 17 December 2007, the USDOC published in the Federal Register its preliminary affirmative countervailing duty determination.[41] On 15 July 2008, the USDOC published a final countervailing duty determination, finding "net subsidy rates" ranging from 2.45 per cent to 14.00 per cent.[42] On 4 September 2008, the USDOC published a countervailing duty order indicating that it would direct U. S. Customs and Border Protection to require importers to post cash deposits equal to these net subsidy rates.[43]

1.17 The USDOC determined, *inter alia*, that the government provision of preferential loans, through government policy banks and SOCBs, constituted a subsidy which was *de jure* specific. With respect to one investigated producer, the USDOC also found that the government provision of land – use rights constituted a countervailable

---

〔37〕 *Certain New Pneumatic Off – the – Road Tires From the People's Republic of China: Countervailing Duty Order* ("OTR Countervailing Duty Order"), Exhibit CHI – 52, pp. 51627 – 51628.

〔38〕 *Certain New Pneumatic Off – the – Road Tires From the People's Republic of China: Preliminary Affirmative Countervailing Duty Determination* ("OTR Preliminary Countervailing Duty Determination"), Exhibit CHI – 50, p. 71361.

〔39〕 Id., p. 71363.

〔40〕 See e. g., Exhibit CHI – 50, pp. 71361 and 71363 – 71376; and *Certain New Pneumatic Off – the – Road Tires From the People's Republic of China: Final Affirmative Countervailing Duty Determination and Final Negative Determination of Critical Circumstances* ("OTR Final Countervailing Duty Determination"), Exhibits CHI – 51, p. 40481.

〔41〕 Exhibit CHI – 50, pp. 71360, 71366 – 71370, 71372 – 71374 and 71376.

〔42〕 Exhibits CHI – 51, pp. 40480 and 40483.

〔43〕 Exhibit CHI – 52, p. 51629.

subsidy. With respect to both types of subsidies, the USDOC used out - of - country benchmarks to determine the existence and amount of benefit conferred. The USDOC further found that the government provision of natural and synthetic rubber through SOEs constituted a countervailable subsidy. The USDOC also found that the provision of rubber through private trading companies that had purchased rubber from state - owned producers constituted a countervailable subsidy. To determine whether the government provision of rubber, either through SOEs or private trading companies, had conferred a benefit on investigated producers, the USDOC used import prices of rubber paid by investigated producers and, where available, private prices in China as a benchmark.[44]

(h) Anti - dumping investigation

1.18 In parallel to the countervailing duty investigation on OTR from China, the USDOC initiated an anti - dumping investigation on the same product. The period of investigation for the dumping determination was 1 October 2006 to 31 March 2007. The USDOC treated China as an NME country for purposes of determining normal value and calculating the margins of dumping. On 15 July 2008, the USDOC published a final anti - dumping duty determination.[45] On 4 September 2008, the USDOC published an amended final determination and anti - dumping duty order, finding dumping margins ranging from 5.25 per cent to 210.48 per cent, indicating that it would direct U. S. Customs and Border Protection to require importers to post cash deposits equal to these dumping margins.[46]

---

[44] *Issues and Decision Memorandum for the Final Affirmative Countervailing Duty Determination*: *Certain New Pneumatic Off - the - Road Tires* (*OTR Tires*) *from the People's Republic of China* ("OTR Countervailing Duty I&D Memo"), Exhibit CHI - 4, pp. 7 - 15, 25 - 26, 80 - 83, 93 - 112, 151 - 155 and 169 - 191.

[45] *Certain New Pneumatic Off - The - Road Tires from the People's Republic of China*: *Final Affirmative Determination of Sales at Less Than Fair Value and Partial Affirmative Determination of Critical Circumstances* ("OTR Final Anti - dumping Determination"), Exhibit CHI - 54, pp. 40485 - 40491.

[46] *Certain New Pneumatic Off - the - Road Tires From the People's Republic of China*: *Notice of Amended Final Affirmative Determination of Sales at Less Than Fair Value and Antidumping Duty Order* ("OTR Anti - dumping Duty Order"), Exhibit CHI - 55, pp. 51624 and 51626.

二、双方主张

Ⅱ. PARTIES' REQUESTS FOR FINDINGS AND RECOMMENDATIONS

A. China

2.1 China requests that the Panel make the following findings:[47]

(i) The USDOC's findings that the government of China provided a financial contribution in the form of goods in the four countervailing duty determinations were inconsistent with Article 1.1 of the SCM Agreement and, as a consequence, with Articles 10 and 32.1 of the SCM Agreement and Article VI:3 of the GATT 1994;

(ii) The USDOC's findings that private trading companies provided a financial contribution in the form of goods in the LWR, CWP, and OTR countervailing duty determinations were inconsistent with Article 1.1 of the SCM Agreement and, as a consequence, with Articles 10 and 32.1 of the SCM Agreement and Article VI:3 of the GATT 1994;

(iii) The USDOC's findings of benefit in the four countervailing duty determinations in respect of the goods allegedly provided by the government of China and private trading companies were inconsistent with Article 14 of the SCM Agreement and, as a consequence, with Articles 10 and 32.1 of the SCM Agreement and Article VI:3 of the GATT 1994;

(iv) The USDOC's inclusion of only positive benefits in its calculations of whether producers in the OTR countervailing duty investigation obtained benefits from the alleged provision of goods, while excluding negative benefits in those calculations, was inconsistent with Articles 10, 14, 19.1, 19.4, and 32.1 of the SCM Agreement and Article VI:3 of the GATT 1994;

(v) The USDOC's findings of financial contribution and specificity in the OTR countervailing duty determination in respect of the alleged "policy lending" subsidy were inconsistent, respectively, with Article 1.1 and Article 2 of the SCM Agreement and, as a consequence, with Articles 10 and 32.1 of the SCM Agreement and Article VI:3 of the GATT 1994;

(vi) The USDOC's findings of benefit in the LWS, CWP, and OTR countervailing duty determinations in respect of the alleged "policy lending" subsidy were incon-

[47] China first written submission, para. 468; second written submission, para. 315.

sistent with Article 14 of the SCM Agreement and, as a consequence, with Articles 10 and 32.1 of the SCM Agreement and Article VI:3 of the GATT 1994;

(vii) The USDOC's findings of specificity and benefit in the LWS countervailing duty determination in respect of the provision of land – use rights were inconsistent, respectively, with Article 2 and Article 14 of the SCM Agreement and, as a consequence, with Articles 10 and 32.1 of the SCM Agreement and Article VI:3 of the GATT 1994;

(viii) The USDOC's finding of benefit in the OTR countervailing duty determination in respect of the provision of land – use rights wasinconsistent with Article 14 of the SCM Agreement and, as a consequence, with Articles 10 and 32.1 of the SCM Agreement and Article VI:3 of the GATT 1994;

(ix) In connection with the four sets of anti – dumping and countervailing duty determinations at issue, the USDOC's use of its NME methodology to determine normal value in the anti – dumping determinations, concurrently with a determination of subsidization and the imposition of countervailing duties on the same products, was inconsistent with Articles 10, 19.3, 19.4, and 32.1 of the SCM Agreement and with Article VI of the GATT 1994;

(x) The United States' failure to provide sufficient legal authority for the USDOC to avoid the imposition of double remedies for the same alleged acts of subsidization when it imposes anti – dumping duties determined pursuant to its NME methodology simultaneously with the imposition of countervailing duties on the same product means that US law is, in all such instances, inconsistent "as such" with Articles 10, 19.3, 19.4, and 32.1 of the SCM Agreement and with Article VI of the GATT 1994;

(xi) In each of the four sets of anti – dumping and countervailing duty determinations at issue, the USDOC's failure to extend to imports from China the same unconditional entitlement to the avoidance of a double remedy for the same alleged acts of subsidization that it extends to like products originating in the territory of other Members was inconsistent with Article I:1 of the GATT 1994;

(xii) The United States' failure to provide sufficient legal authority for the USDOC to avoid the imposition of double remedies for the same alleged acts of subsidization when it imposes anti – dumping duties determined pursuant to its NME methodology simultaneously with the imposition of countervailing duties on the same product means that, in all such instances, the United States will fail to extend to imports from China the same unconditional entitlement to the avoidance of a double remedy that it extends to like products originating in the territory of other Members, in violation of Article I:1

of the GATT 1994;

(xiii) The USDOC's failure in the four countervailing duty investigations to give the Government of China and interested parties 30 days to respond to all questionnaires used in the investigations was inconsistent with Article 12.1.1 of the SCM Agreement;

(xiv) The USDOC's failure in the LWR and CWP countervailing duty investigations to notify respondent producers of the information it required and to provide them with an ample opportunity to presentrelevant evidence prior to resorting to facts available was inconsistent with Article 12.1 and Article 12.7 of the SCM Agreement.[48]

2.2 In addition, China requests that the Panel reject the United States' requests for preliminary rulings, referred to in the next paragraph.[49]

B. United States

2.3 The United States requests that the Panel reject China's claims in their entirety.[50] In addition, the United States requests that the Panel make certain preliminary rulings: the United States requests that the Panel find that the measure identified in China's Request for the Establishment of a Panel as part of China's "as such" claims with respect to "double remedies" (i.e., "the failure of the United States to provide legal authority for the US Department of Commerce to avoid the imposition of a double remedy when it imposes anti-dumping duties determined pursuant to the US NME methodology simultaneously with the imposition of countervailing duties on the same product") as well as China's "as such" claims on double remedies themselves fall outside the Panel's terms of reference.[51]

---

[48] In its second written submission, China withdrew the request for findings and recommendations it made in its first written submission with respect to its claim against the USDOC's failure to invite China for consultations prior to its initiation of investigations into new subsidy allegations, which China had alleged was inconsistent with Article 13.1 of the SCM Agreement. China indicated that it withdrew its request in this respect "[i]n light of the United States' confirmation that it considers Article 13.2 of the SCM Agreement to impose an obligation to provide China with the opportunity to consult throughout a CVD investigation, including with respect to new subsidy allegations" (China second written submission, footnote 260).

[49] China response to the United States' request for preliminary rulings, para. 40.

[50] United States first written submission, para. 495.

[51] Id., para. 86.

教学指导手册

教学对象及目标

本案例供法律硕士案例教学使用；法学硕士研究生、法学本科（大四）也可以参酌试用。本案例主要针对 WTO《反补贴协定》对公共机构如何认定及双重救济问题进行讨论。具体要解决的问题包括：(1)《反补贴协定》第 1.1(a)(1) 条中“公共机构”的含义；(2) 对《反补贴协定》第 19.3 条的解释；(3) 对《反补贴协定》第 19.4 条以及 GATT1994 第 VI:3 条的解释。

教学内容

1.《反补贴协定》第 1.1(a)(1) 条中“公共机构”的含义

专家组把《反补贴协定》第 1.1(a)(1) 条中的“公共机构”解读为“任何为政府控制的实体”。专家组认为，政府所有权是与政府控制高度相关并具有潜在决定性意义的证据。在此基础上，专家组支持美国商务部在调查中作出的国有企业和国有商业银行构成公共机构的裁定。

上诉机构认为，“公共机构”的概念与“政府”的概念共同具有某些共同特征。《反补贴协定》第 1.1(a)(1) 条项下的公共机构必须是拥有、行使或者被授予政府职权的实体。但是，正如没有两个政府是完全一样的，公共机构的准确界限和特点因实体不同而不同，因国家不同而不同，因案例不同而不同。在面临确定某些属于第 1.1(a)(1) 条的行为是否属于公共机构的行为时，专家组或调查机关只有对相关实体的核心特点及其与狭义政府的关系进行恰当评估后才能回答这个问题。

2. 对《反补贴协定》第 19.3 条的理解

专家组分析了《反补贴协定》第 19.3 条并认定：(i) 只要征收的反补贴税金额未超出“认定存在”的补贴金额，那么征收的反补贴税金额就是“适当金额”；(ii)“征收按非市场经济方法计算的反倾销税对同时征收的反补贴税金额是否‘适当’没有影响”；以及 (iii)《反补贴协定》的起草者没有意图在第 19.3 条中讨论双重救济的问题。

上诉机构认为，《反补贴协定》第 19.3 条第一句话中的两项要求彼此呼应。因此，进口成员对来自于已经放弃相关补贴或价格承诺已被接受的来源的进口产品征收反补贴税是不恰当的。同样，由于征收"适当金额"反补贴税的要求包含根据情况调整金额的意思，不应以过于形式或死板的方式解读在非歧视基础上对所有来源的补贴产品征收反补贴税的要求。第19.3条第二句话举例说明了在何种情况下允许不区分出口商，以及在确定反补贴税率过程中何时及如何要求区别对待。

3. 对《反补贴协定》第19.4条和GATT1994第VI:3条的理解

专家组认定，《反补贴协定》第19.3条和第19.4条未涉及双重救济的问题，并援引了该条款作为其认定的上下文支持。专家组认为，上述条款明确了将第VI:5条的禁止范围限定在涉及出口补贴的情况下的意图。专家组认为，由于第VI:5条的明确禁止仅限于与出口补贴相关的可能存在的双重救济，成员不可能意图在《反补贴协定》第19.3条和第19.4条中禁止征收与国内补贴相关的双重救济，因为这两条条款字面上均未提及双重救济的问题。

上诉机构认为，尽管第19.4条有助于解释第19.3条，这并不意味着第19.4条穷尽了衡量"适当性"的所有标准。第19.4条明确可能的"适当"金额不能超过补贴金额，但既未要求反补贴税等于认定存在的补贴的全部金额，也未涉及是否可能存在反补贴税的"适当金额"少于认定存在的补贴的全部金额的情况。对此，《反补贴协定》第19.2条似乎更为相关。该条明确了应由进口成员的调查机关决定征收的反补贴税应等于或小于补贴全额，但同时表示，"如反补贴税小于补贴全额即足以消除对国内产业的损害"，则"宜"收取"该小于补贴全额的反补贴税"。因此，第19.2条鼓励调查机关将实际征收的反补贴税与需要被消除的损害相联系。

另外，上诉机构不同意专家组的观点，即"起草者"在第VI:5条中提及"双重救济"问题时所使用的明确条款更加说明"他们不可能意图就其他类型的补贴禁止使用双重救济"。相反，上诉机构注意到第VI:5条禁止同时征收反倾销税和反补贴税以补偿倾销或出口补贴所造成的相同情况。认为，"相同情况"(same situation)一词对理解第VI:5条所含禁止的根本原理至关重要，也解释了为什么在国内补贴的情况下，未包含明确的禁止条款。

课堂时间安排

1. 课程学习由三个部分组成：课前阅读，课堂讨论，课后研究。

课前阅读：要求同学们在课前阅读资料。本课程所有资料都提前发给同学们，以便同学们全面了解本课程的内容。

课堂讨论：要求以同学们发言为主，老师只是讨论的主持人。课堂讨论是课程的核心。课堂讨论的效果,不仅决定了同学们在课堂中的收获,而且影响了课前阅读和课后研究的动力。

课后研究:要求同学们对课堂讨论中所产生的问题,在课后查找资料,并且自行组织讨论,进行深入的研究,为下一次课做准备。

2. 课程安排为两次课一个专题。上述案例正文内容为一个专题学习的内容。第一次课,是交流大家阅读资料的体会,并且对部分问题进行初步讨论。课程结束前,在总结讨论内容的基础上,布置作业,明确提出课后研究以及下次讨论的内容。第二次课,围绕上次课作业中的某些问题,进行深入讨论。

思考题和实践题

1. 思考题

(1)美国采取的双反措施是否违反了 WTO《补贴与反补贴协定》第 19.4 条和 GATT1994 第 VI:3 条?

(2)美国采取的双反措施是否违反了 WTO《补贴与反补贴协定》第 19.3 条、第 10 条和第 32.1 条?

2. 实践题

(1)如果你是中方政府邀请律师团队成员之一,你会如何为律师团队提出建议?

(2)如果你是美方政府邀请律师团队成员之一,你会如何为律师团队提出建议?

参考文献

1. United States – Definitive Anti – dumping and Countervailing duties on Certain Products from China, Report of the Panel, WT/DS379/R, 22 October 2010.

2. United States – Definitive Anti – dumping and Countervailing duties on Certain Products from China, Report of the Appellate Body, WT/DS379/AB/R, 11 March 2011.

撰稿人 | 陈咏梅,西南政法大学国际法学院教授,硕士生导师

3 CASE 某某投资公司对外投资“对赌协议”的草拟和审查案例

| 摘 要 |

PE(Private Equity),即私募股权投资,是指通过私募形式对非上市公司进行的权益性投资,在交易实施过程中附带考虑了将来的退出机制,即通过上市、并购或管理层回购等方式出售所持股份以获利。PE 需要通过一系列法律文件来保障其投资利益的兑现,其中最核心的一份法律文件就是“对赌协议”。“对赌协议”签订的优劣将直接决定 PE 投资的成功与否。本案例主要希望通过对“对赌协议”的研究,使同学们了解 PE 投资的基本流程,以及相关协议和法律文件,尤其是“对赌协议”的草拟、审定和签署过程。

| 关键词 |

私募股权投资　对赌协议　合同的审查

| 教学目标 |

本案例教学应着重掌握以下几个方面内容:(1)PE 投资流程;(2)PE 投资过程中有关法律文件的起草;(3)有关合同审查流程及注意事项;(4)有关“对赌协议”的起草、审定、签署及履行事项。

教学案例主文

PE(Private Equity),即私募股权投资,是指通过私募形式对非上市企业(主要是私有企业)进行的权益性投资,在交易实施过程中附带考虑了将来的退出机制,即通过上市、并购或管理层回购等方式出售所持股份以获取回报。PE 投资这种商业模式起源于 19 世纪的美国,并在西方国家取得了巨大的成功,成为仅次于银行贷款和 IPO 之后的第三大融资手段。PE 这种投资模式在西方国家能够不断发展成为一种成熟的商业模式,当然是受到西方国家法律保护的结果。

我国大约在2002年开始引入这种商业模式。其中，以摩根斯坦利与蒙牛签订“对赌协议”案例最为经典。2004年6月，蒙牛的业绩增长远超预期，摩根斯坦利最终获得550%的回报。

而后，各地私募基金如法炮制，一哄而上，所用法律文本也均盲目地抄袭一些主要国际投资银行的文本，并美其名曰“与国际接轨”。但由于法律文本最终适用的法律为我国的国内法，其在有关投资领域，无论是在投资立法理念、原则，还是一些基本的法律规则方面均与西方国家有所区别。这时盲目抄袭、照搬西方文本存在诸多弊端。其中，最有代表性的案件是苏州工业园区海富投资有限公司（以下简称海富投资）和被投公司甘肃世恒有色资源再利用有限公司（以下简称甘肃世恒）的“对赌条款”被兰州市中级人民法院和高级人民法院均认定无效的案件。尽管最高人民法院再审时部分改变了判决，但“对赌协议”的法律风险终究显露出来。

PE是通过一系列法律文件来保障其投资成功、收益兑现的投资活动，其核心文件就是“对赌协议”。“对赌协议”无效，则意味着投资方的投资利益不能得到法律的保障，甚至投资的本金都有可能血本无归。如何保证这样一份对投资者和PE行业生死攸关的法律性文件合法有效，符合我国现行法律的要求，就成了PE界与法律界共同关注的重大问题。

“对赌协议”，即“估值调整机制”（Valuation Adjustment Mechanism），是投资者根据企业实际经营状况对投资条件加以限制，在对企业未来经营效益不确定的情况下，按企业实际经营绩效决定投资及其对价的一种投资机制。从其名称上，看不出任何违法的因素。但从其俗名“对赌协议”的“赌”字上，可以领会到协议履行的结果可能会出现当事各方利益的失衡。

我国民法和司法实践中，对于合伙经营和共同投资的一个基本理念是“共同投资，共同经营，共担风险”。“对赌协议”的各方共同参与投资，但其结果却可能会出现有一部分人收取保底收益，有一部分人单方面承担企业经营风险的利益失衡局面，这显然与我国现行的“共同投资，共同经营，共担风险”民法基本理念相违背，对应的合同条文就有可能被认定为无效。

另外，在民事赔偿原则方面，我国相关立法也与一些西方国家有所不同。比如，一些西方国家法律承认“惩罚性赔偿原则”，而我国立法并不承认“惩罚性赔偿原则”，实行的是“补偿原则”，即民事赔偿以填平守约方或受害方实际损失为限。在“对赌协议”履行过程中，如果项目方依约实现“对赌目标”，则可以获得约定的奖励；而如果项目方未能实现了“对赌目标”，投资方依约行权，项目方则可能主动选择违约，并以“补偿原则”为抗辩，只同意赔偿投资方的实际损失（同期银行贷款利息），而投资方在“对赌协议”中约定的“对赌收益”则有可能无法实现。

另外,对于"对赌协议"中相关的担保条款或协议,司法实践中各级法院也存在不同的认识,也给"对赌协议"的履行增添了不确定性,要求我们在实务操作过程中高度注意。

是否能够保证"对赌协议"的合法有效性,是PE团队决策项目是否投资的前提。"对赌协议"只有经过资深律师的严格审核,PE投资的法律风险才能防患于未然。

一、"对赌协议"范本

关于×××××××××股份有限公司之股份认购及增资协议

目　录

附件二 本次增资前标的公司股本结构
附件三 管理人员和核心业务人员名单
附件四 投资完成后义务
附件五 原股东和标的公司的陈述、保证及承诺
附件六 关联交易
附件七 重大债务
附件八 诉讼清单
附件九 知识产权清单
附表一 《保密及竞业禁止协议》

股份认购及增资协议

本增资协议书由以下各方于20××年×月×日在中国××地签订：

投资方：
甲　　方：深圳市××××创业投资管理有限公司
注册地址：广东省深圳市
法定代表人：

乙　　方：深圳市××××投资有限公司
注册地址：广东省深圳市
法定代表人：××××

丙　　方：××××投资中心（有限合伙）
注册地址：
执行事务合伙人：

原股东：
×××（自然人或法人）
住　　址：
身份证号码：
×××（自然人或法人）
住　　址：
身份证号码：
（以上为标的公司股东名册上记载的其他股东）

标的公司：×××××××股份有限公司

注册地址：
法定代表人：

鉴于：

1. ×××××××××股份有限公司是一家依中华人民共和国法律成立并合法存续的股份有限公司，注册地在中华人民共和国××市××区（见法律备忘录），现登记注册资本为人民币××××万元，总股本为××××万股，标的公司及其主要控股子公司和关联企业的详细情况见本协议附件一；

2. 标的公司现有登记股东共计×××左右，其中×××（自然人或法人）以净资产出资认购×××万元，占公司注册资本的×××%；×××以净资产出资认购×××万元，占公司注册资本的×××%；具体股东名册及其持股比例见本协议附件二，（上述××位股东以下合称为“原股东”）；

3. 标的公司及原股东一致同意标的公司以非公开形式发行新股×××万股，上述股份均为普通股，每股面值1元，标的公司新增注册资本人民币××××万元。标的公司全部新发行股份由投资方按照本协议规定的条款和条件认购。本次新股发行及增资完成后，标的公司的股本总数为××××万股，注册资本总额为××××万元。标的公司全体原股东不认购本次新发行股份。

4. 投资方同意按照本协议规定的条款和条件认购标的公司全部新发行股份，其中甲方出资××××万元认购新发行股份××××万股，占新股发行及增资完成后标的公司总股本的××%，乙方出资××××万元认购新发行股份××××万股，占新股发行及增资完成后标的公司总股本的××%，丙方出资××××万元认购新发行股份××××万股，占新股发行及增资完成后标的公司总股本的××%。

上述各方根据中华人民共和国有关法律法规的规定，经过友好协商，达成一致，特订立本协议如下条款，以供各方共同遵守。

第一条　定义

1.1　除非本协议文意另有所指，下列词语具有以下含义：

各方或协议各方	指投资方、原股东和标的公司。
标的公司或公司	指××××××××××股份有限公司。
本协议	指本《股份认购及增资协议》及各方就本《股份认购及增资协议》约定事项共同签订的补充协议和相关文件。
本次交易	指投资方认购标的公司新发行股份的行为。
工作日	指除星期六、星期日及中华人民共和国政府规定的法定节假日以外的时间。

续表

中国	指中华人民共和国,为本协议之目的,不包括香港特别行政区、澳门特别行政区及台湾地区。
元	指中华人民共和国法定货币人民币元。
尽职调查	指基于本次交易之目的,由投资方委派专业人士对标的公司在财务、法律等相关方面进行的调查。
投资完成	指投资方按照本协议第3条的约定完成总额 ××××万元的出资义务。
送达	指本协议任一方按照本协议约定的任一种送达方式将书面文件发出的行为。
投资价格	指认购标的公司新发行股份1股所对应的实际出资金额,也就是标的公司本次新发行股份的发行价格,依据本协议,投资方的投资价格为×××元。(以上内容适合于股份公司,如果标的企业为非股份公司,相应参考内容如下:指认购标的公司新增发的1元注册资本所对应的实际出资额,也就是标的公司本次增资价格,依据本协议,投资方的投资价格为××元购买1元注册资本金。)
过渡期	指本协议签署之日至投资方按照本协议约定的期限完成投资之日的期间。
净利润	是指公司经由投资方认可的具有证券从业资格的会计师事务所审计的归属于母公司所有者合并净利润(扣除少数股东权益以后的净利润,如公司发生非经常性损益,该值为报表合并净利润扣除非经常性损益前后孰低数)。
净资产	是指公司经由投资方认可的具有证券从业资格的会计师事务所审计的合并净资产。
控股子公司	指公司直接或间接持股比例达到或超过50%的所有被投资企业或公司直接或间接持股比例达到第一大股东地位的所有被投资企业,并包括通过公司章程、协议或合同约定具有实际控制权的公司。
首次公开发行股票并上市	标的公司在20××年12月31日前首次公开发行股票并于中国或者境外证券交易所挂牌上市。
权利负担	指任何担保权益、质押、抵押、留置(包括但不限于税收优先权、撤销权和代位权)、租赁、许可、债务负担、优先安排、限制性承诺、条件或任何种类的限制,包括但不限于对使用、表决、转让、收益或对其他行使所有权任何权益的任何限制。

续表

重大不利变化	指下述涉及公司业务或公司(包括其控股子公司)的任何情况、变更或影响:该情况、变更或影响单独地或与公司的其他任何情况、变更或影响共同地:(a)对业务或公司的资产、负债(包括但不限于或有责任)、经营业绩或财务状况造成或可能造成严重不利影响;(b)对公司以及其目前经营或开展业务的方式经营和开展业务的资质产生或可能产生严重不利影响。

1.2　本协议的条款标题仅为了方便阅读,不应影响对本协议条款的理解。

第二条　投资的前提条件

2.1　各方确认,投资方在本协议项下的投资义务以下列全部条件的满足为前提:

2.1.1　各方同意并正式签署本协议,包括所有附件内容。

2.1.2　标的公司按照本协议的相关条款修改章程并经标的公司所有股东正式签署,该等修改和签署业经投资方以书面形式认可;除上述标的公司章程修订之外,过渡期内,不得修订或重述标的公司章程。

2.1.3　本次交易取得政府部门(如需)、标的公司内部和其他第三方等所有相关方的同意和批准,包括但不限于标的公司董事会、股东大会决议通过本协议项下的新股发行和增资事宜,及前述修改后的章程或章程修正案。

2.1.4　标的公司及原股东已经以书面形式向投资方充分、真实、完整披露标的公司的资产、负债、权益、对外担保以及与本协议有关的全部信息。

2.1.5　过渡期内,标的公司的经营或财务状况等方面没有发生重大的不利变化(由投资方根据独立判断作出决定),未进行任何形式的利润分配。

2.1.6　过渡期内,标的公司未在任何资产或财产上设立或允许设立任何权利负担。标的公司没有以任何方式直接或者间接地处置其主要资产,也没有发生或承担任何重大债务(通常业务经营中的处置或负债除外)。

2.1.7　过渡期内,不得聘用或解聘任何关键员工,或提高或承诺提高其应付给其雇员的工资、薪水、补偿、奖金、激励报酬、退休金或其他福利且提高幅度在10%以上。

2.1.8　原股东在过渡期内不得转让其所持有的部分或全部标的公司股份或在其上设置质押等权利负担。

2.1.9　标的公司作为连续经营的实体,不存在亦不得有任何违法、违规的行为。

2.2　若本协议第2.1条的任何条件在20××年×月×日前因任何原因未能实现,则甲方或者乙方有权以书面通知的形式单方解除本协议。

第三条　新发行股份的认购

3.1　各方同意,标的公司本次全部新发行股份××××万股均由投资方认购,每股发行价格为××元,投资方总出资额为××××万元。

其中:甲方出资××××万元认购新发行股份××××万股,占新股发行及增资完成后标的公司总股本的××%,乙方出资××××万元认购新发行股份××××万股,占新股发行及增资完成后标的公司总股本的××%,丙方出资××××万元认购新发行股份××××万股,占新股发行及增资完成后标的公司总股本的××%。各方确认,本次投资方认购公司新发行股份的投资估值计算方法以公司200×年度承诺保证实现税后净利润××××万元为基础,按照摊薄前××倍市盈率计算出投资价格(包含投资方投资金额完全摊薄后的市盈率为××倍)。鉴于原股东及公司承诺,公司200×年度净利润不低于××××万元,在经投资方认可的具有证券从业资格的会计师事务所审计的公司200×年度净利润具体数额确定之前,各方同意按照200×年度净利润为××××万元计算。

3.2 投资方投资完成后,标的公司注册资本增加××××万元,即注册资本由原××××万元增至××××万元。投资方总出资额××××万元高于公司新增注册资本的××××万元全部计为标的公司的资本公积金。

3.3 增资完成后,标的公司的股本结构如下图所示:

股　　东	投资金额	所占比例(%)	备注
原股东			
甲　方			
乙方			
丙方			
合计		100.00%	

3.4 各方同意,投资方应将本协议第3.1条约定的投资金额按以下约定条件,以现金方式付至公司账户。

3.4.1 在本协议第2.1条约定的全部条件满足后,标的公司应按照本协议约定向投资方提供董事会决议、股东大会决议、修改后的公司章程或章程修正案等文件正本并获得投资方的书面认可。

3.4.2 投资方在收到上述第3.4.1款所述文件后××个工作日内支付全部出资,即××××万元,其中甲方应当支付出资××××万元,乙方应当支付出资××××万元,丙方应当支付出资××××万元。

3.5 各方同意,本协议第3.4条约定的"公司账户"指以下账户:

户　　名:×××××××股份有限公司

银行账号:

开户行:××银行××支行

3.6 各方同意,投资方按本协议第3.4条约定支付完毕全部出资款后,投资方在本协议项下的出资义务即告完成。

3.7 投资方成为公司股东后,依照法律、本协议和公司章程的规定享有所有股东权利并承担相应股东义务,公司的资本公积金、盈余公积金和未分配利润由投资方和公司原股东按本协议第3.3款确定的股份比例享有。

3.8 若部分投资方不能在上述约定时间内(以公司账户进帐时间为准)将其认缴的出资汇入公司账户,应当向标的公司和其他股东承担相应责任,但不影响其他如约履行完毕出资义务的投资方行使股东权利,其他投资方也不对其违约行为承担任何责任。

3.9 各方同意,投资方对标的公司的全部出资仅用于标的公司本轮私募融资招股文件载明的正常经营需求(主要用于:______)、补充流动资金或经公司董事会以特殊决议批准的其用用途,不得用于偿还公司或者股东债务等其他用途,也不得用于非经营性支出或者与公司主营业务不相关的其他经营性支出;不得用于委托理财、委托贷款和期货交易。

第四条 变更登记手续

4.1 各方同意,由标的公司负责委托有资质的会计师事务所对投资方的出资进行验资并出具相应的验资报告,并依据验资报告由标的公司向投资方签发并交付公司出资证明书,同时,标的公司应当在公司股东名册中分别将甲方、乙方、丙方和丁方登记为公司股东。由标的公司负责办理相应的工商登记变更手续。

4.2 原股东承诺,在投资方将出资款支付至公司账户之日起的30天内,按照本协议的约定完成相应的公司验资、工商变更登记手续(包括但不限于按本协议修改并签署的公司章程及按本协议第七条选举的董事等在工商局的变更备案)。

4.3 如果公司未按4.2条约定按时办理相关验资和工商变更手续,且逾期超过30天仍无法办理相应的工商变更登记手续(由于政府方面原因或不可抗力的因素情形除外),全部或部分投资方均有权单独或共同以书面通知的形式提出终止本协议,公司应于本协议终止后15个工作日内退还该投资方已经支付的全部出资款,并返还等同该笔款项银行同期贷款产生的利息。公司原股东对公司上述款项的返还承担连带责任。但如果投资方同意豁免的情形除外。

4.4 办理工商变更登记或备案手续所需费用由标的公司承担。

第五条 股份回购及转让

5.1 当出现以下情况时,投资方有权要求标的公司或原股东回购投资方所持有的全部公司股份:

5.1.1 不论任何主观或客观原因,标的公司不能在201×年12月31日前实现首次公开发行股票并上市,该等原因包括但不限于标的公司经营业绩方面不具备上市条件,或由于公司历史沿革方面的不规范未能实现上市目标,或由于参与公司经营的原股东存在重大过错、经营失误等原因造成公司无法上市等;

5.1.2 在201×年12月31日之前的任何时间,原股东或公司明示放弃本协议项下的标的公司上市安排或工作;

5.1.3 当公司累计新增亏损达到投资方进入时以200×年12月31日为基准日公司当期净资产的20%时；

5.1.4 原股东或标的公司实质性违反本协议及附件的相关条款。

5.2 本协议项下的股份回购价格应按以下两者较高者确定：

5.2.1 按照本协议第三条规定的投资方的全部出资额及自从实际缴纳出资日起至原股东或者公司实际支付回购价款之日按年利率10%计算的利息(复利)。

5.2.2 回购时投资方所持有股份所对应的公司经审计的净资产。

5.3 本协议项下的股份回购均应以现金形式进行,全部股份回购款应在投资方发出书面回购要求之日起2个月内全额支付给投资方。投资方之前从公司所收到的所有股息和红利可作为购买价格的一部分予以扣除。

5.4 如果公司对投资方的股份回购行为受到法律的限制,原股东应作为收购方,应以其从公司取得的分红或从其他合法渠道筹措的资金收购投资方持有的公司股份。

5.5 当出现下列任何重大事项时,投资方有权转让其所持有的全部或者部分公司股份,原股东具有按本协议第5.2条规定的股份回购价格受让该等股份的义务;但是如果任何第三方提出的购买该等股份的条件优于股份回购价格,则投资方有权决定将该等股份转让给第三方:

5.5.1 原股东和标的公司出现重大诚信问题严重损害公司利益,包括但不限于公司出现投资方不知情的大额账外现金销售收入等情形;

5.5.2 标的公司的有效资产(包括土地、房产或设备等)因行使抵押权被拍卖等原因导致所有权不再由标的公司持有或者存在此种潜在风险,并且在合理时间内(不超过三个月)未能采取有效措施解决由此给公司造成重大影响;

5.5.3 原股东所持有的标的公司之股份因行使质押权等原因,所有权发生实质性转移或者存在此种潜在风险;

5.5.4 标的公司的生产经营、业务范围发生实质性调整,并且不能得到投资方的同意;

5.5.5 其他根据一般常识性的、合理的以及理性的判断,因投资方受到不平等、不公正的对待等原因,继续持有标的公司股份将给投资方造成重大损失或无法实现投资预期的情况。

5.6 进行本协议第5.1条的审计机构由投资方负责聘请,并由投资方支付费用。

5.7 原股东在此共同连带保证:如果投资方中任何一方根据本协议第5.1条要求标的公司或原股东回购其持有的标的公司全部或者部分股份,或者根据本协议第5.5条要求转让其所持有的标的公司全部或者部分股份,原股东应促使标的公司的董事会、股东大会同意该股份的回购或转让,在相应的董事会和股东大会上投票同意,并签署一切必需签署的法律文件。

第六条 经营目标

6.1 原股东和标的公司共同承诺,公司应实现以下经营目标:

6.1.1 20××年度公司税后净利润达到××××万元；

6.1.2 投资完成后的当年度，即20××年度，标的公司实现××××万元的税前利润；

6.2 各方同意，标的公司的实际经营情况按以下方式确认：

6.2.1 由投资方认可的具有证券从业资格的会计师事务所在20××年×月×日之前，对标的公司200×年度的经营财务状况进行审计，并向投资方和标的公司出具相应的审计报告；

6.2.2 由投资方委托具有证券从业资格的会计师事务所在投资完成后的当年度届满之日起90个工作日内，对标的公司在相应期限内经营财务状况进行审计，出具审计报告，并将审计报告向标的公司全部股东提供；

6.2.3 审计报告将作为确认标的公司实际经营情况的最终依据；

6.2.4 审计费用应由标的公司支付。

6.3 鉴于本次交易是以公司20××年度净利润××××万元及包含投资人投资金额完全摊薄后××倍市盈率为作价依据，且公司和原股东承诺公司20××年度税前利润（或净利润）不低于××××万元。公司有义务尽力实现和完成最佳的经营业绩，公司管理层有义务尽职管理公司，确保公司实现该等经营目标。

如果标的公司20××年度经审计的净利润低于××××万元，则视为未完成经营指标，应以20××年度经审计的实际净利润为基础，按照××倍市盈率重新调整本次交易的投资估值，调整后标的公司所有股东所持有的股份比例保持不变，公司应以现金方式退还各投资方相应多付的投资款。此时，标的公司估值（设为“A”）＝实际完成净利润××× 倍市盈率。标的公司需将投资方多投的投资款[具体为“××××万元－A×（投资时的所占的股权比例）”]退还投资方。公司退还的投资款由投资方按照各自持股比例进行分配。【投资人可以选择1.退款；2.股权调整】

6.4 鉴于公司和原股东承诺公司20××年度税前利润不低于××××万元。公司有义务尽力实现和完成最佳的经营业绩，公司管理层有义务尽职管理公司，确保公司实现该等经营目标。

如果标的公司20××年度经审计的税前利润低于××××万元，则视为未完成经营指标，应以20××年度经审计的实际税前利润为基础，按照××××倍税前利润的倍数重新调整本次交易的投资估值，调整后标的公司所有股东所持有的股份比例保持不变，公司应以现金方式退还各投资方相应多付的投资款。此时，标的公司估值（设为“B”）＝实际完成净利润××××倍。标的公司需将投资方多投的投资款[具体为“××××万元－B×（投资时所占公司股权比例）”]退还投资方。公司退还的投资款由投资方按照持股比例进行分配。

6.5 原股东承诺对本协议第6.3条、第6.4条约定的对投资方的现金补偿义务承担连带清偿责任。如果受到法律的限制或者其他任何原因，标的公司未能或者无法履行上述义务，原股东有义务方向投资方退还上述应退还的投资款。

6.6 各方同意，依本协议第6.3条、第6.4条约定标的公司退还给投资方的投资款应在第6.2条规定的审计报告作出之日起一个月内完成，各方不得以任何理由、任何方式拖延、阻碍或拒绝该等退款。投资方有权以书面通知的形式要求标的公司或者原股东履行上述义务。

6.7 截至200×年12月31日止，公司资产负债表所列可分配利润及200×年12月31日之后至投资完成之前公司产生的利润，在投资完成前不得进行分配，由包括原股东在内的公司其他所有股东与投资方按本次增资完成后的股份比例共同享有。

6.8 如标的公司或者原股东涉及应缴纳而未缴纳的税款，由标的公司或者原股东承担。

第七条 公司治理

7.1 各方同意并保证，投资完成后，标的公司董事会成员应不超过×人，投资方有权提名1人担任标的公司董事，各方同意在相关股东大会上投票赞成上述投资方提名的人士出任公司董事。标的公司应在办理营业执照变更的同时办理董事变更手续。标的公司新董事会至少每半年召开一次董事会会议。

7.2 各方同意并保证，所有标的公司董事、监事和高级管理人员的任职资格均应当符合有关法律法规的规定，不应具有对公司后续上市构成障碍的情形。当上述任何一方提名的董事、监事辞任或者被解除职务时，由提名该名董事、监事的一方继续提名继任人选，各方并应保证在相关股东大会上投票赞成该等人士担任公司董事、监事。

7.3 原股东和标的公司同意并保证，投资完成后，标的公司的财务总监、会计师事务所和律师事务所的聘任或解聘必须取得投资方的同意或认可。

7.4 在标的公司首次公开发行股票并上市前，以下主要事项应当按照修订后的公司章程所规定的决策机制由公司董事会或者股东大会审议通过，如系董事会决议事项，则必须经标的公司董事会中至少一(1)名投资方董事的投票确认方可形成决议；如系股东大会决议事项，则须经出席股东会议的股东或股东代表所持表决权三分之二(2/3)以上，并且同时需要甲方的股东代表同意，方可形成决议：

7.4.1 增加或者减少注册资本；

7.4.2 公司合并、分立、被收购、解散、清算或者变更公司形式；

7.4.3 公司业务范围、本质和/或业务活动的重大改变；

7.4.4 并购和处置(包括购买及处置)超过×××万元的主要资产；

7.4.5 商标、专利、专有技术等知识产权的购买、出售、租赁及其他处置；

7.4.6 公司向银行单笔贷款超过××××(原则上500万元)或累计超过××××(原则上1000万元)的额外债务；

7.4.7 对外担保；

7.4.8 对外提供贷款；

7.4.9 对公司及其子公司的股东协议、备忘录及章程条款的增补、修改或删除；

7.4.10 将改变或变更任何股东的权利、义务或责任，或稀释任何股东的所有权比例的任何诉讼；

7.4.11 股息或其他分配的宣告和派发及公司股息政策的任何改变；

7.4.12 订立任何投资性的互换、期货或期权交易；

7.4.13 提起或和解金额超过××（原则上20万元）的任何重大法律诉讼、仲裁；

7.4.14 聘请或更换公司审计师；

7.4.15 设立超过××（原则上100万元）的参、控股子公司、合资企业、合伙企业或对外投资，或以转让、增资或其他形式处置上述单位的投资；

7.4.16 超过经批准的年度预算10%的资本性支出（经批准的年度预算额度外）；

7.4.17 公司上市计划；

7.4.18 公司新的融资计划；

7.4.19 聘任或解聘公司总经理、副总经理、董事会秘书或财务总监等公司高级管理人员；

7.4.20 采纳或修改标准雇佣合同或高管薪酬和福利计划；

7.4.21 制定或修订任何雇员期权计划、高管期权激励计划或方案；

7.4.22 利润分配方案；

7.4.23 其他可能对公司生产经营、业绩、资产等产生重大影响的事宜。

7.5 公司原则上不得进行任何类型的关联交易（本协议附件六中明确的关联交易除外）。如存在无法避免的关联交易，该等关联事项所涉关联股东或董事应回避表决，由非关联方股东或董事一致同意通过。

7.6 投资方享有作为股东所享有的对公司经营管理的知情权和进行监督的权利，投资方有权取得公司财务、管理、经营、市场或其他方面的信息和资料，投资方有权向公司管理层提出建议并听取管理层关于相关事项的汇报。公司应按时提供给投资方以下资料和信息：

7.6.1 每日历季度最后一日起30日内，提供月度合并管理账，含利润表、资产负债表和现金流量表；

7.6.2 每日历年度结束后45日，提供公司年度合并管理账；

7.6.3 每日历年度结束后120日，提供公司年度合并审计账；

7.6.4 在每日历/财务年度结束前至少30日，提供公司年度业务计划、年度预算和预测的财务报表；

7.6.5 在投资方收到管理账后的30日内，提供机会供投资方与公司就管理账进行讨论及审核；

7.6.6 按照投资方要求的格式提供其他统计数据、其他财务和交易信息，以便投资方被适当告知公司信息以保护自身利益。

第八条 上市前的股份转让

8.1 投资完成后至标的公司首次公开发行股票并上市前，未经投资方书面同意，【原股东（大股东及认为有必要的关键股东）】不得向公司其他股东或公司股东以外的第三方转让其所持有的部分或全部公司股份，或进行可能导致公司实际控制人发生变化的股份质押等任何其他行为。

8.2 本协议第8.1条约定的转让股份包括仅以协议方式作出约定而不办理工商变更登记的转让，或其他任何形式的股份转让或控制权转移。

8.3 原股东和公司保证，投资方持有标的公司股份期间，公司章程应对本协议第8.1、8.2条的约定作出相应的规定。

8.4 原股东经投资方书面同意向公司股东以外的第三方转让其股份时，投资方享有下列选择权：(1)按第三方给出的相同条款和条件购买原股东拟出售的股份；(2)按第三方给出的相同条款和条件，根据原股东及投资方当时的持股比例共同出售股份。投资方选择按相同条款和条件与原股东按持股比例共同出售股份给同一受让方的，原股东应保证受让方优先购买投资方的股份。

8.5 原股东经投资方同意向公司股东以外的第三方转让其股份的，原股东应保证股份受让方签署接受本协议条款的协议。

8.6 投资方享有参与公司未来权益证券的发行、购买该等权益证券及转换或交换该等权益证券的权利，以在公司首次公开发行股票并上市前维持其在公司完全摊薄后的股份比例。但这一权利不适用于公司批准的员工认购权计划、股票购买计划，或类似的福利计划或协议而做的证券发行，也不适用于作为公司购买或合并其他企业的对价而发行证券的情形。

8.7 投资方持有的标的公司的股份可在标的公司首次公开发行股票并上市后根据上市交易所上市规则的要求在禁售期满后出售全部或部分股份。

第九条 新投资者进入的限制

9.1 各方同意，本协议签署后，标的公司以任何方式引进新投资者的，应确保新投资者的投资价格不得低于本协议投资方的投资价格。

9.2 本协议拟议的投资完成后，标的公司以任何形式进行新的股权融资，投资方股东有权按所持股份比例享有优先购买权。

9.3 如新投资者根据某种协议或者安排导致其最终投资价格或者成本低于本协议投资方的投资价格或者成本，则标的公司应将其间的差价返还投资方，或由原股东无偿转让所持标的公司的部分股份给投资方，直至本协议投资方的投资价格与新投资者投资的价格相同。投资方有权以书面通知的形式要求标的公司或者原股东履行上述义务。

9.4 各方同意，投资完成后，如标的公司给予任一股东（包括引进的新投资者）的权利优于本协议投资方享有的权利的，则本协议投资方将自动享有该等权利。

第十条 竞业禁止

10.1 未经投资方书面同意，原股东不得单独设立或以任何形式（包括但不限于以股东、合伙人、董事、监事、经理、职员、代理人、顾问等身份）参与设立新的生产同类产品或与公司业务相关联其他经营实体，作为管理层的公司股东不得在其他企业兼职，无论该企业从事何种业务。

10.2 原股东和公司承诺，应促使公司主要管理人员和核心业务人员（名单见本协议附件三)与公司签订《竞业禁止协议》,该等协议条款和形式应令投资方满意并且至少包括以下内容:在任职期间内不得以任何形式从事或帮助他人从事与公司形成竞争关系的任何其他业务经营活动,在离开公司2年内不得在与公司经营业务相关的企业任职;另外还应约定在任职期间不得在其他任何公司或营利性组织中兼职。《竞业禁止协议》具体内容详见本协议附表一。

10.3 原股东同意,如果公司上述主要管理人员和技术人员违反《竞业禁止协议》,致使标的公司或投资方的利益受到损害的,除该等人员须赔偿公司及投资方损失外,原股东应就标的公司或投资方遭受的损失承担连带赔偿责任。

第十一条 知识产权的占有与使用

11.1 原股东和标的公司共同承诺并保证,除本协议另有规定之外,本协议签订之时及本协议签订之后,标的公司是公司名称、品牌、商标和专利、商品名称及品牌、网站名称、域名、专有技术、各种经营许可证等相关知识产权、许可权的唯一的、合法的所有权人。上述知识产权(见本协议附件九)均经过必要的相关政府部门的批准或备案,且所有为保护该等知识产权而采取的合法措施均经过政府部门批准或备案,并保证按时缴纳相关费用,保证其权利的持续有效性。

11.2 原股东和标的公司共同承诺并保证,本协议签订之时及本协议签订之后,任何合法进行的、与公司及其产品相关的技术和市场推广均须经过标的公司的许可和/或授权。

第十二条 清算财产的分配

12.1 原股东确认并承诺,公司进行清算时,投资方有权优于其他股东以现金方式获得其全部投资本金。在投资者获得现金或者可流通证券形式的投资本金后,公司剩余的按照法律规定可分配给股东的其他财产将根据持股比例分配给公司的其他股东。

12.2 原股东保证,投资方持有标的公司股份期间,公司章程应对本协议第12.1条的约定作出相应的规定。

12.3 原股东承诺对本协议第十二条约定的公司对投资方的清算财产分配义务承担连带责任。

第十三条 债务和或有债务

13.1 原股东及公司承诺并保证,除已向投资方披露之外,公司并未签署任何对外担保性文件,亦不存在任何其他未披露的债务。如标的公司还存在未披露的或有负债或者其他债务,全部由原股东承担。若公司先行承担并清偿上述债务,因此给公司造成损失,原股东应当在公司实际发生损失后5个工作日内,向公司全额赔偿,原股东应以其从公司取得的分红或从其他合法渠道筹措的资金履行赔偿义务。

第十四条 关联交易和同业竞争

14.1 原股东及公司确认,截至本协议签署之日,标的公司已签署且未履行完毕的关联交易如本协议附件五所列示,上述关联交易的商业条款均是公平和公允的,不存在损害公司利益或者不合理加重标的公司负担的情形。

14.2 各方同意,本协议签署后,标的公司应逐渐减少直至完全消除关联交易,确需发生的关联交易应由相关方依据市场价格,按照公平、公允的原则签署相关协议,以明确权利义务,并按照公司章程和相关制度规定履行内部决策程序。

14.3 各股东承诺,不无偿占有、使用公司财产。任何一方无偿占有、使用公司财产的,由无偿使用的股东按市场公允价(自实际占有、使用公司财产之日起至停止占有、使用之日止)的120%支付使用对价给公司。

14.4 各股东承诺,在持股期间不发生损害公司利益的关联交易行为,如发生上述行为应负责赔偿对公司造成的损害。

14.5 原股东和公司承诺,为实现首次公开发行股票及上市,标的公司及关联方目前没有,并且保证未来不会以任何形式从事或参与与标的公司主营业务构成直接或间接竞争关系的业务或活动。

14.6 各方将尽审慎之责,及时制止标的公司股东、董事、经理及其他高级管理人员违反《公司法》及公司章程的同业竞争、竞业禁止、关联交易行为,并将上述情形及时通知其他各方。对于符合公司章程并经公司权力机构决议通过的关联交易,公司应及时将定价及定价依据通知各方;涉及关联交易的表决须严格按照《公司法》及公司章程关于关联股东和关联董事回避制度相关规定执行。

第十五条 首次公开发行股票并上市

15.1 各方同意,以尽最大努力实现目标公司于200×年12月31日前完成首次公开发行股票并上市为一致目标。

15.2 原股东和标的公司同意在投资完成后,将逐步按照上市的相关法律、法规以及规范性文件的要求,对公司、子公司和有关各方在历史沿革、税务、劳动、资产、关联交易、独立性等各方面的合规性进行完善,以便保证公司在200×年12月31日前实现首次公开发行,由此产生的所有费用原则上应由相关各方独立承担,但如果上述费用的产生系由于原股东或标的公司在尽职调查中未披露事项相关或因违反本协议之原因所造成,则应由原股东承担全部该等相关费用。

15.3 原股东和标的公司在此确认,充分了解公司上市所需付出的时间、财务等方面的成本,并同意将积极配合投资方的要求实现该等上市目标。

第十六条 保证和承诺

本协议各方分别而非连带地声明、保证及承诺如下:

16.1 其为依据中国法律正式成立并有效存续的法人;或中华人民共和国公民,不具有双重国籍。

16.2 其拥有签订并履行本协议的全部、充分和权利与授权,并依据中国法律具有签订本协议的行为能力。

16.3 其保证其就本协议的签署所提供的一切文件资料均是真实、有效、完整的。

16.4 本协议的签订或履行不违反以其为一方或约束其自身或其有关资产的任何重大合同或协议。

16.5 其在本协议上签字的代表,根据有效的委托书或有效的法定代表人证明书,已获得签订本协议的充分授权。

16.6 其已就与本次交易有关的,并需为各方所了解和掌握的所有信息和资料,向相关方进行了充分、详尽、及时的披露,没有重大遗漏、误导和虚构。

16.7 其在本协议中所作的声明、保证及承诺在本协议签订之日均为真实、正确、完整,并在本协议生效时及生效后仍为真实、正确、完整。

16.8 其保证完全、适当地履行本协议的全部内容。

16.9 其保证对本协议所包含的信息承担保密义务,法律或相关监管机构/权威机构(视情况而定)要求披露的,以及向本协议相关中介机构披露的除外。

16.10 原股东和标的公司特别向投资方承诺并保证按照本协议附件四的约定在投资完成后履行所有期后义务,并就本次交易向投资方就附件五的全部内容作出承诺和保证。

第十七条 通知及送达

17.1 在本协议有效期内,因法律、法规、政策的变化,或任一方丧失履行本协议的资格和/或能力,影响本协议履行的,该方应承担在合理时间内通知其他各方的义务。

17.2 协议各方同意,与本协议有关的任何通知,以书面方式送达方为有效。书面形式包括但不限于:传真、快递、邮件、电子邮件。上述通知应被视为在下列时间送达:以传真发送,在该传真成功发送并由收件方收到之日;以快递或专人发送,在收件人收到该通知之日;以挂号邮件发出,在发出之后7个工作日;以电子邮件发出,在电子邮件成功发出之后即为送达。

17.3 通知送达下列地点或传至下列传真号码或发至下列电子信箱视为有效送达:

投资方:

甲方:深圳市××××创业投资管理有限公司

地址:深圳市福田区××××

收件人:×××

邮编:×××××

传真号码:×××××××

电子信箱:×××××

乙方:深圳市××××投资有限公司

地址:深圳市福田区××××

收件人:×××

邮编:×××××

传真号码:××××××××

电子信箱:××××××××

丙方:×××投资中心(有限合伙)

地址:×××

收件人:×××

邮编:××××××

传真号码:×××××××××

电子信箱:×××××××××

原股东:

×××

×××

×××

××等

标的公司:

×××××××××股份有限公司

地址:

收件人:

邮编:

传真号码:

电子信箱:

第十八条　违约及其责任

18.1　本协议生效后,各方应按照本协议及全部附件、附表的规定全面、适当、及时地履行其义务及约定,若本协议的任何一方违反本协议包括全部附件、附表约定的条款,均构成违约。

18.2　各方同意,除本协议另有约定之外,本协议的违约金为投资方投资总额的10%。

18.3　一旦发生违约行为,违约方应当向守约方支付违约金,并赔偿因其违约而给守约方造成的损失。

18.4　支付违约金不影响守约方要求违约方赔偿损失、继续履行协议或解除协议的权利。

18.5　未行使或延迟行使本协议或法律规定的某项权利并不构成对该项权利或其他权利的放弃。单独或部分行使本协议或法律规定的某项权利并不妨碍其进一步继续行使该项权利或其他权利。

第十九条　协议的变更、解除和终止

19.1　本协议的任何修改、变更应经协议各方另行协商,并就修改、变更事项共同签署书面协议后方可生效。

19.2　本协议在下列情况下解除:

19.2.1　经各方当事人协商一致解除。

19.2.1　任一方发生违约行为并在守约方向其发出要求更正的书面通知之日起30天内不予更正的,或发生累计两次或以上违约行为,守约方有权单方解除本协议。

19.2.3　因不可抗力,造成本协议无法履行。

19.3　提出解除协议的一方应当以书面形式通知其他各方，通知在到达其他各方时生效。

19.4　本协议被解除后，不影响守约方要求违约方支付违约金和赔偿损失的权利。

19.5　非经本协议各方协商一致并达成书面协议，任何一方不得转让其在本协议或本协议项下全部和/或部分的权利义务。

第二十条　争议解决

20.1　本协议的效力、解释及履行均适用中华人民共和国法律。

20.2　本协议各方当事人因本协议发生的任何争议，均应首先通过友好协商的方式解决，协商不成，任一方可将争议提交中国国际经济贸易仲裁委员会，按照申请仲裁时该会现行有效的仲裁规则进行仲裁，仲裁地点在北京。仲裁裁决是终局的，对各方均有约束力。

20.3　在根据本条仲裁程序进行期间，除仲裁事项之外，本协议应在所有方面保持全部效力。除仲裁事项所涉及的义务之外，各方应继续履行其在本协议项下的义务及行使其在本协议项下的权利。

第二十一条　附则

21.1　除非本协议另有规定，各方应自行支付其各自与本协议及本协议述及的文件的谈判、起草、签署和执行的有关成本和费用。有关公司增资审批、验资、审计、工商变更登记等费用由公司自行承担。

21.2　本协议未尽事宜，各方可另行签署补充文件，该补充文件与本协议是一个不可分割的整体，并与本协议具有同等法律效力。

21.3　本协议自各方签字、盖章后成立并生效。本协议用中文书写，一式×份，各方各持一份，其余由标的公司备案，各份具有同等法律效力。

（以下无正文）

（本页为签字页，无正文，协议各方签署）

投资方：

甲方：深圳市××××创业投资管理有限公司（盖章）

法定代表人/授权代表（签字）：

乙方：××市××创业投资有限公司（盖章）

法定代表人/授权代表（签字）：

丙方：×××投资中心（有限合伙）（盖章）

法定代表人/授权代表（签字）：

原股东：

××××(签字)

××××(签字)

××××(签字)

××××(签字)

标的公司:×××××股份有限公司(盖章)
法定代表人/授权代表(签字)

附件一　标的公司及其主要控股子公司和关联企业的详细情况

一、×××××××股份有限公司

1.	公司名称	×××××××股份有限公司
2.	注册地址	
3.	成立时间	19××年　月　日
4.	设立地	中国
5.	经营范围	
6.	董事	【】
7.	高管	【】
8.	注册资本	万元
9.	股东及持股比例	见附件二

二、×××××××××有限公司(子公司)

1.	公司名称	×××××××股份有限公司
2.	注册地址	
3.	成立时间	20××年　　日
4.	设立地	中国
5.	经营范围	
6.	董事	【】
7.	高管	【】
8.	注册资本	万元
9.	股东及持股比例	

三、××××××××××有限公司(子公司)

1.	公司名称	×××××××股份有限公司
2.	注册地址	
3.	成立时间	20××年 月 日
4.	设立地	中国
5.	经营范围	
6.	董事	【】
7.	高管	【】
8.	注册资本	万元
9.	股东及持股比例	

附件二　本次增资前标的公司的股本结构

股东	投资金额	所占比例
合计		100.00%

附件三　管理人员和核心业务人员名单

序号	姓　名	性别	学　历	职　务	持股数
1.					
2.					
3.					
4.					
5.					
6.					
7.					

附件四　投资完成后义务

原股东和标的公司向投资方承诺并保证，在投资完成后安排完成以下所有事宜：

1. 在投资完成后两个月内，由投资方认可的具有证券从业资格的会计师事务所完成对标的公司的审计工作并向投资方和公司提交200×年度审计报告；

2. 在投资完成后两个月内，标的公司各控股子公司以管理层股东的名义代持股份全部以合法有效并经投资方认可的方式转让至标的公司名下；

3. 标的公司及其控股子公司根据实际用工情况确定各自在岗员工，并据此重新签署劳动合同，依法缴纳各项社会保险。

4. 其他在尽职调查和风控调查发规需降低或转移风险的条款（如大股东借款，关联交易、税收、利润分配、重组等）。

附件五　原股东和标的公司的陈述、保证及承诺

原股东和标的公司在此特别向投资方，就××××股份有限公司、××××有限公司、××××有限公司、××××有限公司、北京×××科技资讯服务有限公司、（此×个公司合并称为“关键公司”，下同）分别并连带地声明、保证及承诺如下：

1. 信息披露

基于本次交易之目的，向投资方提供的全部书面文件资料和通过口头、电子等其他非书面方式提供的信息均是真实、准确、完整和有效的，没有重大遗漏或误导性陈述，其所提供的书面文件的复印件均与原件一致、副本均与正本一致。鉴于该等信息是投资方对标的公司进行投资决策所依赖的重要材料，如果出现任何虚假、隐瞒和不实，将承担一切赔偿责任。

2. 合法设立、有效存续并依法运作

关键公司有效存续，并通过历年工商年检手续，不存在任何可能导致其终止、停业、解散、清算、合并、分立或丧失法人资格的情形或法律程序。关键公司不存在违反其章程条款以及其营业执照规定的情形。原股东并承诺，公司将进一步依法建立健全法人治理结构，完善和规范公司股东大会、董事会、监事会的运作。

3. 注册资本

股东已遵守其在关键公司章程项下的实质义务。公司章程的任何一方均无未履行的进一步出资义务。所有股东应缴付的出资已全额支付并由注册会计师验证并出具验资报告，未发生任何抽逃注册资金的行为。至本协议签署日止并在本协议有效期间，公司股东所持有关键公司的股权不存在亦不会设置质押、托管、被查封或其他限制股东行使股权权利的其他情形。

4. 经营及资质

请披露截至本协议签署之日，关键公司拥有的从事业务的相关的政府（包括境内和境外）批准、许可、登记备案、认证等相关文件。关键公司在其核准的营业范围内从事经营活动，没有其他经营事项。公司已办理所有相关的政府（包括境内和境外）批准、许可、登记备案、认证等相关文件，并将维持该等文件之有效和持续，具有相应资质在其经核准的经营范围以内开展生产经营活动，公司从未违反或超越公司经核准的经营范围对外开展经营活动；同时，没有任何现实或潜在的可能导致上述政府批准、许可、登记备案和认证文件被取消、收回或失效的事由发生。

5. 遵守法律

i. 关键公司在所有实质方面均按照所有适用的中国法律及法规、政府批文和营业执照经营其业务；

ii. 关键公司没有违反其从任何中国法院、任何政府或监管机构收到的任何命令、判令或判决；

iii. 关键公司没有收到任何中国法院、任何政府或监管机构下发的有关公司未遵守任何法律或监管规定的任何命令、判令或判决；

iv. 关键公司没有受到中国政府主管部门的重大行政处罚，也没有任何正在进行的或可能发生的行政复议或行政诉讼程序；

v. 原股东承诺，在本次投资完成之前关键公司已经发生的违法违规行为，包括但不限于违反税务、工商、海关、卫生、消防、环保、安全生产、知识产权、运输等，所导致的赔偿、罚款与投资方无关；若投资方因此而遭受的损失，有权向原股东追偿。

6. 资产

关键公司财务报表中反映的公司的各项资产均为关键公司的合法财产，可由关键公司按照中国有关法律转让、出售或以其他方式处置。除已经向投资方披露的以外，关键公司对其资产享有完整、充分的所有权，在资产上不存在任何第三人的所有权、共有权、占有权、抵押权、质押权、留置权或其他担保物权，也没有被法院、仲裁机构或其他有权机构采取查封、冻结、扣押等强制措施，关于其资产也不存在任何租赁、延期付款、保留所有权、赊销或其他可能影响公司完整的所有权的安排或负担。

请披露截至本协议签署之日，关键公司目前拥护及/或使用的全部知识产权及其权利负担情况。除所作披露之外，公司目前所拥有及/或使用的知识产权合法且无任何负担，所有权利均经过相关的政府部门批准或备案，且所有为保护该等知识产权而采取的合法措施均经过政府部门批准或备案。保证按时缴纳相关费用，保证其权利的持续有效性。关键公司没有使用任何侵犯第三方知识产权的程序，也没有从事任何这样的活动。

7. 重大合同

i. 关键公司的全部重大合同均已在本协议附件七中进行披露，关键公司按通常的商业惯例并依据合同条款履行重大合同，不存在违约行为，也不存在可能导致关键公司向合同对方承担违约责任及/或赔偿责任的情形；

ii. 关键公司均没有在其经营范围之外订立任何合同或安排，或受到这些合同或安排的任何重大义务的限制，或订立了在订立时具有不寻常、承担过重义务或期限过长或具有非正常交易性质的任何合同或安排，或受到这些合同或安排的任何重大义务的限制。

8. 关联交易

标的公司与关联人士之间的交易（包括但不限于占有资金、提供融资、采购、许可、债权债务等)已经充分披露。除此之外,标的公司与关联人士不存在任何其他交易。标的公司与关联人士之间的关联交易的商业条款均是公平和公正的,不存在损害公司利益或者不合理加重标的公司负担的情形。

9. 负债

i. 除关键公司经审计的财务报表反映的债务外,关键公司不存在任何其他债务(包括已有债务及由于关键公司提供保证、抵押、质押或其他形式的担保所产生的或然债务)。若关键公司存在其他债务,原股东应自行承担该债务。如果法院判决或仲裁裁决要求公司承担未经原股东披露的债务,原股东应直接向有关债权人清偿债务,如果关键公司承担了债务,投资方及关键公司有权向原股东追索;

ii. 本协议的签订和履行将不会导致关键公司的债权人(包括但不限于贷款银行)有权宣布债务提前到期或要求提供担保或提高利息或在其他方面改变债务条件和条款。

10. 税务

i. 关键公司已经根据法律及税务机关的要求办理税务登记手续,及时、按规定办理纳税申报手续,并及时、足额缴纳税款,不存在税务的争议,也不存在任何可能招致关键公司遭受处罚的其他情形。对于关键公司应缴纳的税款或可能承担的税收责任,关键公司已经在账目中充分拨备或披露;

ii. 本协议签订以后,若关键公司因税务问题受到税务机关/财政部门的处罚(包括但不限于追缴税款及滞纳金、罚款),则原股东应承担全部责任,并在关键公司受到税务机关/财政部门处罚之日起10个工作日内将关键公司已经支付的相关款项支付给关键公司。为免生歧义,前述"税务问题"包括由于以前享受的税收优惠或返还/奖励、合同补贴及财政补贴的行为被认定为无效而导致关键公司补缴税款或退还已获得的优惠;

iii. 关键公司目前没有受到税务机构调查。

11. 报表后事项

关键公司最近一期经审计的财务报表的基准日后,关键公司没有出现任何对其资产、业务、财务、税务产生重大不利影响的事件("重大不利事件"),但为关键公司日常运营所进行的活动除外,这些重大不利事件包括但不限于:

i. 以保证、抵押、质押或任何其他方式增加其或有负债;

ii. 放弃债权或提前清偿债务;

iii. 向股东支付利润或宣告、派发股息、红利;

iv. 与任何关联方的关联交易;

v. 公司的股份被采取保全或强制执行措施,包括但不限于被查封、冻结、拍卖等;

vi. 可视为"重大不利事件"的其他情形。

12. 员工

i. 原股东披露的关键公司员工待遇情况是真实、准确、完整的,除此之外,关键公司没有对员工(包括高级管理人员)待遇的其他承诺和义务;

ii. 关键公司按时、足额支付员工工资和报酬,并按时、足额提取或支付社会保险费和其他福利；

iii. 关键公司没有为任何管理人员或员工设定任何认股计划、股份奖励计划或类似计划；

iv. 如果由于投资完成之前的员工的报酬、福利、社会保险的问题（且无论这些问题是否已披露）导致关键公司承担法律责任（包括但不限于补缴、承担罚款等），则原股东应承担全部责任，在关键公司承担责任之日起10个工作日内对关键公司已经支付的相关款项给予全额补偿和赔偿。

13. 不竞争

全体原股东以及其各自关联方在任何时候均未直接或间接地：(i)从事任何与标的公司业务相同、类似或与业务构成直接或间接竞争的活动（“竞争业务”），或向从事与竞争业务的任何企业进行新的投资（无论是通过股权还是合同方式）；(ii)为其自身或其关联方或任何第三方，劝诱或鼓动标的公司的任何员工接受其聘请，或用其他方式招聘公司的任何员工；或(iii)就任何竞争业务提供咨询、协助或资助。

14. 环境

关键公司未曾违反有关保护环境的法律或规章要求，并始终根据中国国家政府机构与地方政府发布的与保护环境有关的中国法律、法规、行业守则、方针、文件、标准行事。

15. 保险

关键公司一直为所有可以投保的资产，就惯常商业实践中投保的风险投保，且投保金额为资产的全部重置价值。关键公司一直为属于惯常投保的事件、第三方、公共责任、产品责任及其他风险足额投保，公司或公司的代表没有使保险单无效或可撤销的，或使保险公司作如此主张的作为或不作为。不存在与保险单有关的未决争议，也不存在引致该争议，或导致下期保险费率调高的情形。关键公司已取得的任何根据法律要求需要取得的保险。

16. 诉讼仲裁

截至本协议签署之日，没有发生以关键公司或原股东为被告、被申请人、被处罚人、或第三人的诉讼、仲裁或行政处罚程序，也不存在可能引起前述诉讼、仲裁或行政处罚程序的纠纷或违法行为，并且关键公司没有被采取任何司法保全措施或强制执行措施。

原股东：

×××（签字）

×××（签字）

×××（签字）

×××（签字）

其他股东签字

标的公司:×××××××××股份有限公司(盖章)

法定代表人/授权代表(签字)

附件六 关联交易

截至本协议签署之日,关键公司(指××××××股份有限公司)已签订且尚未履行完毕的关联交易如下,请按照各公司分别列明。

附件七 重大合同及重大债务

一、截至本协议签署之日,关键公司(指×××××××股份有限公司)尚未履行完毕的合同金额在[ ]万元以上的重大合同如下,请按照各公司分别列明。

二、截至本协议签署之日,关键公司(指×××××××股份有限公司)……

附件八 诉讼清单(关键公司)

序号	案由	诉讼当事人和代理人	受诉法院名称	案情简要介绍	诉讼阶段	诉讼结果预测或已生效法律文书的主要内容	其他需要说明的事项

附件九 知识产权清单

1. 商标

截至本协议签署之日,除本协议附件四规定的待转让给标的公司的商标之外,其他商标的权利人均为标的公司,但尚需办理权利人名称变更手续。标的公司将上述商标许可给集团内部成员和其他方使用。标的公司对集团内部成员的许可均未签订书面的《注册商标许可使用合同》,无确定的许可使用费定价原则;

对于集团内部成员之外的其他方的许可均签订了书面的《注册商标许可使用合同》,此等许可的性质均为排他性许可,即在合同约定的地域、期限及其他条款项下,标的公司不得再将该等商标许可给第三方使用,但目标公司自己仍然可以使用。

各注册商标专用权证书上均未记载商标存在质押及其他权利限制情况。

2. 专利和专有技术

标的公司目前拥有的专利和专有技术。

3. 域名

标的公司目前拥有×××××的域名。

附表一 《保密及竞业禁止协议》

甲方:×××××××××股份有限公司

法定代表人:

乙方:×××、×××、××、××

身份证号码:

鉴于甲方已与乙方签订《劳动合同》,乙方受甲方雇佣在甲方任职,根据现有的法律、法规规定,甲乙双方本着平等自愿、协商一致的原则签订本协议。

第一条 保密

1. 对甲方提供给乙方或乙方在受雇期间以其他方式直接或间接接触的技术信息(诸如方法、技术诀窍、公式、构成、工序、发现、机器、模型、装置、规格、发明、计算机程序、研究项目或类似项目),业务信息(诸如有关成本、利润、采购、市场、销售或客户清单等方面的信息),有关未来开发的信息(例如研究与开发或未来的营销或推销计划)以及其他任何方面的秘密或专有的信息或数据(以下简称保密资料),乙方承诺仅将该等保密资料用于完成其甲方分配的工作任务,并在甲方要求时立即将保密资料及所有复制品交还甲方。乙方进一步同意,未经甲方事先书面授权,不直接或间接向任何第三方披露、传播、公布、发表、传授、转让、交换或传送任何保密资料。

2. 所有在任何方面与甲方业务有关的记录、计算机程序、计算机储存信息、计算机软盘及其他媒介物、文档、图纸、草图、蓝图、手册、信函、笔记、笔记本、报告、备忘录、客户清单、其他文件、设备等,无论是否由乙方草拟,均属于甲方单独拥有的财产,未经甲方事先书面同意不得移出甲方场所。乙方不得擅自复制该等信息或资料。雇佣关系终止后,或根据甲方的其他要求,乙方应立即将所有有形形式的该等信息或资料及其所有复制品和节录返还甲方。乙方同意不制作或保留该等信息和资料的任何复制品,并同意在雇佣关系终止后或根据甲方的其他要求向甲方提供确认函。

3. 乙方同意在对关于甲方的业务、客户、供应商、职工、股东、董事或管理人员的任何方面的信息进行书面或口头公布之前取得甲方的书面同意。乙方认识到,甲方有权决定是否公布该等信息,而且甲方行使该权力时,无须对乙方承担任何责任。

4. 乙方在此同意就上述保密义务应由甲方向其支付的补偿金已经包括于支付给乙方的工资。

5. 乙方在本条款项下的义务在本协议届满或终止后以及甲方与乙方的雇用关系终止后继续有效。

第二条 不竞争

1. 除非得到甲方董事会的事先书面同意,乙方不得直接或间接参与、进行或牵涉进任何在任何方面与甲方业务相竞争或相似的业务。

2. 乙方向甲方承诺:

(1)在被甲方聘用期间,将以其全部的时间和精力投入甲方的业务,并尽其最大努力为甲方拓展业务、扩大利益,而不会参与任何其他(竞争或其他)业务,未经甲方事先书面同意,不得在其他任何公司或者营利性组织中以任何形式兼职。

(2)自被甲方停止聘用之日起(不论任何原因)(以下简称停聘日)二(2)年内,而无论其是为自己还是代表任何其他个人或甲方,均不得:

(a)在研究、生产、销售或维护与甲方业务相同或者与甲方业务具有竞争关系的企业或事业单位工作,也不以任何方式间接地为这些企业或事业单位工作;

(b)就甲方届时开展的任何一类的业务而言,唆使、介入或试图诱使甲方的重要顾客、客户、供货商、代理、分销商、或职工(但不包括低职位的职工)、顾问的任何个人脱离甲方或者中断与甲方的业务关系;

(c)干扰甲方供应货物或服务的持续性,或破坏上述任何供应的条件;

(d)以任何身份和方式,实施、进行、参与或牵涉进任何涉及向在中国以及任何其他由甲方在相关时间内进行此类销售或供应的区域内的顾客销售或提供产品或服务的业务或活动,并与甲方正在或在停止聘用之日二(2)年内曾经开展的业务相竞争。

(3)自停聘日起,乙方不得:

(a)以甲方的名义行事;

(b)除其所持有的甲方任何股份外,与任何甲方的业务或事务存在利益关系;或者

(c)使用或允许任何第三方使用由甲方使用的任何名称、标志或其他知识产权,或者可能与甲方之名称、标志、其他知识产权相混淆的名称或标志。

3. 双方进一步约定:

(1)在乙方遵守前述规定的前提下,甲方同意向乙方支付不竞争补偿金。该补偿金将于乙方停聘日之日起的两(2)年内按月向乙方支付。每月的不竞争补偿金金额为乙方在甲方任职的最后一个月的月收入的百分之[　　],但若不竞争补偿金的数额低于届时适用的法律、法规所允许的最低数额,则补偿金的数额应作相应调整。首期款项应于停聘日支付,其余各期应于公司每月发薪日支付。

若甲方迟延支付不竞争补偿金超过两(2)个月,乙方可在向甲方发出书面通知后终止履行在本协议第二条下的义务。

(2)如果甲方于停聘日前一(1)个月或不竞争期间内每月付款日前一(1)个月(视情况而定)向乙方提出取消不竞争补偿金的支付,则视为乙方被免予承担在停聘日后的乙方在本协议第二条下的义务。乙方无权要求甲方支付其免于承担不竞争义务期间的不竞争补偿金或任何其他补偿金。

(3)乙方违反本协议第二条,乙方因此所取得的利益将归甲方所有,且乙方应向甲方返还甲方已支付给乙方的补偿金,并向甲方赔偿数额等于甲方向乙方支付的全部补偿金的[　　]的违约赔偿金。如果所赔偿的违约赔偿金不足以弥补甲方的实际损失,则甲方将有权就其间的差额向乙方追偿。损害赔偿的支付,不得影响甲方因乙方违约而享有的其他救济权利。

第三条 其他承诺

1. 乙方向甲方声明并保证,乙方没有与其他人达成过可能妨碍乙方全面遵守本协议的条款和条件的任何协议。

2. 乙方向甲方声明并保证,乙方未曾、将不会在未经其以前工作单位书面同意的情况下将该单位的任何专有或保密信息带入到其工作中,也不会用于完成其在甲方的工作。乙方同意不向甲方披露任何以前工作单位的任何商业秘密。乙方进一步向甲方声明并保证,乙方受雇于甲方并不会导致不履行其对任何其他人的义务或披露任何其他人的任何秘密。

3. 如果根据适用法律、法规的规定,本协议需要办理批准、登记等手续方可生效或为履行乙方在本协议项下的义务需要办理批准或其他手续,则乙方承诺协助甲方办理有关手续并签署所有必要的文件。

4. 乙方承诺,如果其离职,其将告知新雇主其在劳动合同和/或本协议项下须继续履行的义务,并有义务协助甲方向其新雇主发出该等通知。

第四条 其他规定

1. 甲乙双方就本合同履行过程中发生争议,双方应首先协商解决。协商解决不成的,任何一方可在争议发生后六十(60)日内将此争议提交甲方所在地劳动争议仲裁委员会申请仲裁。任何一方如果不能接受仲裁裁决的结果,可以提交有管辖权的人民法院通过诉讼程序解决。

2. 本协议任何部分无效,本协议的其他部分仍然有效。

3. 本协议对双方及其各自的继任者和受让人均具有约束力。

4. 本协议于双方签字盖章之日起生效。本协议的有效期为乙方在甲方任职期间以及因任何原因停止在甲方任职之日起两年。

5. 所有对本协议的修改均需双方签署书面协议方可生效。

6. 本协议构成双方关于本协议主题事项的全部协议,取代以前双方之间关于本协议主题事项的全部协商和协议。

7. 本协议一式两份,甲乙双方各持一份。

甲方(盖章)　　　　　　　　　　　　乙方(签名)

法定代表人:

签约日:20××年　　月　　日

二、合同草拟和审查流程及注意要点

合同草拟和审查业务,系指律师接受当事人委托,按照当事人的要求,草拟特定的协议;或者就其送审的合同根据委托人的要求及律师的专业判断,通过检查、核对、分析等方法，就合同中存在的法律问题及其他缺陷提出意见，供委托人进行决策或商务谈判时参考的专业活动。对合同的审查包括对合同内在问题的审查和外在问题的审查两个方面：

（一）对于内在问题的审查

1.对主体合格性的审查

对于有资格限制的交易，律师应当审查相对人的营业执照、资质、许可等方面是否符合法律规定。其中：

（1）对于营业执照的审查，应注意根据其原件判断相对人的经营期限、经营范围、是否年检等信息，以判定其身份是否符合工商法规的规定。

（2）对于资质等级的判断，应审查其相关的资质证书，以确定其是否合法、有效及是否在合法的范围之内从事经营活动。

（3）对于某些特定交易内容，应审查其是否符合相关的生产许可或经营许可等相关许可制度，以确定合同是否存在效力问题。

（4）对于涉及从业人员专业资格的交易，应结合委托人的需要或合同履行的需要，审查履行合同过程中所需的特定人员是否具备相应的专业资格。

2.对内容合法性的审查

审查合同的合法性应当根据国家法律、国务院行政法规、地方性法规、各类规章、相关国际条约（如有）的规定，其中审查合同是否可能无效只能依据国家法律及国务院行政法规。此类审查工作主要包括：

（1）审查合同条款及签订合同的过程中，是否涉嫌存在合同法中所规定的合同无效、免责条款无效、可申请变更或撤销的情况。

（2）合同中的约定是否违反法律、行政法规的强制性规定。

（3）审查合同中所用的法律术语、技术术语是否规范。

（4）审查交易标的物的质量标准是否符合法律的明确规定。

（5）审查合同名称与合同内容、属性是否一致，特别是有名合同的名称与合同内容是否存在冲突。

对于某些合同，必须结合合同主体资格的审查，判断其是否违法或无效。

3.对条款实用性的审查

律师可以根据委托人的行业性质、产品特性、相对人情况等，审查合同中是否具备避免争议或明确权利义务的实用性条款。如果合同审查只是日常性的审查或委托人并无此项需要，可不进行此类审查。此类审查包括下列内容：

（1）是否根据交易所涉行业的特点界定双方各自的责任（以联建合同为例）。

（2）是否根据标的的特点设定避免争议的条款（以土地买卖为例）。

(3)是否根据违约特点设定界定责任的条款。

(4)是否根据交易相对人的情况设定实用性条款。

(5)合同中履行方式及顺序、履行地点等对委托人交易安全的影响。

(6)合同中明示的或隐含约定的管辖等条款对委托人的影响。

4. 对权益明确性的审查

在审查合同时,应注意合同中的权利义务是否明确,以避免当事人因权利义务不明而丧失权益或导致损失。此类审查包括可识别性、明确性。

(1)交易内容是否明确、具体、可识别、可履行。

(2)交易程序是否明确、具体且定有时限、义务归属。

(3)争议处理方式是否明确具体且有时限、义务归属。

(4)条款之间是否由于配合问题而存在权利义务不明确的缺陷。

(5)是否由于表述不严谨而存在权利义务不明确。

(6)权利义务及违约是否具备可识别性。

(7)附件内容是否明确、是否与合同正文冲突,如有冲突是否有解释顺序。

5. 对需求满足性的审查

实现交易目的是合同的意义所在,但如委托人未提供相应的背景或要求,则律师可以不进行此类审查。此类审查包括:

(1)判断合同条款能否达到委托人所要求的目的。

(2)判断标的、交易方式、交易期限等能否满足委托人的交易目的。

(二)对合同外在问题的审查

1. 对结构体系性的审查

建立合同结构体系的目的在于确定合同条款间的秩序,使之符合阅读的习惯,从而便于对合同的阅读、理解。对于结构体系性的审查一般仅针对委托人自行制订并用于长期使用的合同文本,除非委托人有明确要求,对于相对人提供的文本一般不进行此项审查。此类审查包括如下内容:

(1)是否将合同内容分成若干主题,以便于内容的安排及理解和使用。

(2)各主题之间是否条理清晰、划分合理、内容相互分开。

(3)各主题之间是否存在合同履行中的时间顺序或先后顺序,从而便于履行。

如果审查合同时需要,可辅助性地标注出合同的结构体系,以便后续工作的开展,确保效率及质量。

2. 对条款完备性的审查

此项审查的目的是通过对合同已经设立的各层标题,判断合同条款是否完备,检查是否缺少影响合同履行及权利义务明确的条款。

对于篇幅较大但未设立标题体系的合同,可先整理出不同层级的标题,然后进行此项审查。此类整理仅为辅助审查之用,也可用于后续的修改。

(1)判断各层级的标题体系是否合理、完整。

(2)判断最小标题下的条款是否完备、假设的可能性是否齐全。

(3)审查合同的辅助性条款是否完备,是否足以明确合同本身的秩序并能够满足解决争议等情况下履行附随义务所需。

3. 对合同严谨性的审查

在审查合同时,律师应当注意合同的思维是否严谨,以防止因合同约定不严谨而产生的缺陷,避免因约定不明确或冲突而产生的争议。主要关注点有:

(1)合同中是否由于假设不足而导致某些情况未予约定,从而导致权利义务不明确。

(2)是否存在有禁止性规定但无违约责任条款,以及类似的合同条款。

(3)是否存在由于术语或关键词不统一而造成的条款冲突,或由于表述不一致而影响权利义务的明确性。

(4)合同生效的时间是否控制得当、辅助条款是否利于合同履行或争议处理。

4. 对表述精确性的审查

文字表述是合同权利义务的载体,律师在审查合同时应当关注由于表述问题而可能存在的缺陷。对于此类缺陷,如果仅为一般审查,只要不会产生歧义、不影响权利义务的明确性,可概括性指出而不必逐项审查。

如果送审合同系委托人的文本,特别是用于长期使用的合同,则应逐项指出其缺陷。这些内容包括:

(1)语言风格是否适合合同所应具备的风格。

(2)标点符号的使用是否符合使用规范。

(3)用词、用句是否符合法律文书的特定表达方式。

(4)用词或词组的内涵外延是否精确、指代用词的指代关系是否明确。

(5)行为人是否明确、承受人是否明确,以及句间关系是否明确、流畅。

(6)合同条款中是否存在严重影响交易目的实现及合同履行的语言歧义现象。

5. 对版面美观度的审查

本项审查一般仅对委托人提交的、由委托人起草或整理后以委托人方文本形式出现的合同,尤其是准备长期反复使用的合同。对相对人提交的文本,除非委托人另有要求,一般不进行此类审查。

(1)合同排版是否整齐、美观、大方,其中采用中文版式的合同应审查是否符合中文的排版规范。

(2)全文的版式必须整齐划一,是否存在不同的排版形式混杂使用。

（3）不同层级条款序号的使用是否符合规范或习惯，各层序号是否连贯并显示出明确的层级，页码是否连续。

教学指导手册

教学对象

本案例可供法学、金融学教学使用，主要适用于民商法学硕士、金融法学硕士、法律硕士、金融学硕士（资本市场方向）的案例教学课程使用。

教学目标

本案例希望通过对真实的PE投资协议模板及合同审查流程和重点的介绍，完成以下教学目标：（1）了解和掌握PE投资流程；（2）了解和掌握PE投资中可能存在的风险；（3）掌握合同起草和修订的方式和方法；（4）重点关注“对赌协议”的履行方式和存在的风险，以及在“对赌协议”起草过程中如何尽量审查和草拟协议，防控法律风险的发生。

教学内容

1. 什么是PE投资？

PE（Private Equity），即私募股权投资，是指通过私募形式对非上市企业（主要是私有企业）进行的权益性投资，在交易实施过程中附带考虑了将来的退出机制，即通过上市、并购或管理层回购等方式出售所持股份以获取回报。PE投资这种商业模式起源于19世纪的美国，并在西方国家取得了巨大的成功，成为仅次于银行贷款和IPO之后的第三大融资手段。

我们国内引入这种商业模式是2002年。当年蒙牛为了获得摩根斯坦利的投资，与其签订“对赌协议”。2004年6月，蒙牛的业绩增长远远超出“对赌协议”约定的盈利目标。最终摩根斯坦利获得550%的回报，而蒙牛管理层获得了价值数十亿元的股票奖励。PE在国内一炮打响，蒙牛PE成功的案例成为各大商学院的教学案例，PE过程中的法律文件也成为日后国内PE投资法律文件的范本。

2. PE 投资的基本流程有哪些?

不同于资本市场中的其他投资形式,私募股权投资除为被投资企业带来投资资本,还为企业提供管理技术,参与企业管理,所以,其运作流程也是一个相对长期持久的过程。国内外私募股权投资基金运作方式基本一致,即基金公司通过非公开方式募集资金后,将资金投资于非上市企业的股权,并且参与被投资公司的经营管理活动,使被投资公司在短期内最大限度地增值,待公司上市或被收购后,通过出卖投资股权的方式收回投资和收益。每个项目的投资流程基本都是按照规定步骤完成的。从发现和确定项目开始,经历谈判和尽职调查,确定最终的合同条款、投资和完成交易,并通过后续的项目管理,直到投资退出获得收益,不同私募股权投资基金,可能在工作流程上会稍有差异,但大同小异,一般包括以下几个步骤:

(1)寻找项目:私募股权投资基金管理人往往具有广泛的人际网络关系,与实业界的高层管理人员有密切的联系,这往往成为私募股权投资项目的主要来源。

(2)初步评估:项目经理在完成项目寻找后,一般会在短期内快速完成对项目的初步判断和评估。其主要会注重以下方面事项的调查:注册资本、股权结构、所处行业情况、主要产品及竞争力、企业盈利模式、上一年度经营状况、初步融资意向和其他一些有价值的企业信息。

(3)尽职调查:通过初步评估之后,项目流程也进入了尽职调查阶段。尽职调查的目的主要有四个:核实融资企业提供的信息、发现问题、发现价值、为进一步的投资决策和风险控制提供准确的决策信息。

(4)设计投资方案:尽职调查后,项目经理应形成调研报告及投资方案建议书,在会计师和律师的协助下,与被投资企业高管层经反复磋商形成双方均能接受的投资方案。

(5)交易管理和风险防控:私募股权投资方一般不会一次性注入所有投资,而是采取分期投资方式,只有被投资企业达到事先双方设定的目标,才会将剩余资金按期投入,以降低投资风险,这就构成了对企业的一种协议监管。另外,私募股权投资方也会按照事前约定和有关公司法的规定参与企业经营管理以防控投资风险。

(6)项目退出:私募股权投资的退出,是指基金管理人将其持有的所投资企业的股权在市场上出售以收回投资并实现投资的收益。私募股权投资基金的退出是私募股权投资环节中的最后一环,该环节关系到其投资的收回以及增值的实现。私募股权投资的目的是获取高额收益,而退出渠道是否畅通是关系到私募股权投资是否成功的重要问题。因此,退出策略是"对赌协议"的核心内容。

3."对赌协议"与 PE 投资之间的关系如何?

对赌协议的主体包括投资方、融资方和融资方股东,其中投资方一般是股权投资基金即PE;融资方即目标公司,一般是国内具有良好成长性的民营企业。在极个别的案例中,例如徐工和凯雷的并购中,也出现了国有企业签订对赌条款的情况。但是,由于国有企业签订对赌条款涉及的问题比较复杂,不好操作,因此在我国主要是民营企业选择通过对赌协议的方式融资。融资方股东一般是指实现融资目标公司业绩的管理层。

从对赌协议签订涉及的核心条款来看,对赌条款通常涉及财务绩效、非财务绩效、赎回补偿、企业行为、股票发行和管理层去向共六个方面的对赌条款,具体选择何种条款由投资方和融资方协商确定。在目前的实践中,投融双方一般是以目标公司一定期间内的财务业绩作为对赌条件,如果目标公司在一定时间内实现了约定业绩增长等财务性指标,则投资方按照事先约定的价格进行第二轮注资或出让一部分股权给管理层;如果目标公司未能在约定的期间内达到约定的业绩指标,则管理层转让规定数额的股权给投资方。

4. 在当前我国法律制度和司法体制下,“对赌协议”可能存在何种法律风险?

在当前我国法律制度和司法体制下,“对赌协议”可能存在以下法律风险:

第一,《最高人民法院关于审理联营合同纠纷案件若干问题的解答》第4条关于联营合同中的保底条款问题中规定:“联营合同中的保底条款,通常是指联营一方虽向联营体投资,并参与共同经营,分享联营的盈利,但不承担联营的亏损责任,在联营体亏损时,仍要收回其出资和收取固定利润的条款。保底条款违背了联营活动中应当遵循的共负盈亏、共担风险的原则,损害了其他联营方和联营体的债权人的合法权益,因此,应当确认无效……”

根据上述规定,对于合伙经营和共同投资,我国民法的一个基本理念是“共同投资,共同经营,共担风险”。“对赌协议”的各方共同参与投资,但其结果却可能会出现有一部分人收取保底收益,有一部分人单方面承担企业经营风险的利益失衡局面,这显然与我国现行的“共同投资,共同经营,共担风险”的民法基本理念相违背,对应的合同条文如果处理不当,就有可能被认定为无效。

第二,在民事赔偿原则方面,我国相关立法实行的是“补偿原则”,即民事赔偿以填平守约方或受害方实际损失为限。这与一些西方国家有所不同。比如一些西方国家法律承认“惩罚性赔偿原则”,而我国立法并不承认“惩罚性赔偿原则”。在“对赌协议”履行过程中,如果项目方依约实现“对赌目标”,则可以获得约定的奖励;而如果项目方未能实现“对赌目标”,投资方依约行权,项目方则可能主动选择违约,并以“补偿原则”为抗辩,只同意赔偿投资方的实际损失(同期银行贷款利息),而投资方在“对赌协议”中约定的“对赌收益”则有可能无法实现。

第三,《公司法》中有关股权回购和公司减资的规定,也可能会导致项目方无法按"对赌协议"回购股权。如投资方强行要求回购,将有可能违反《公司法》中有关股权回购的强制性规定,或者因《公司法》中有关减资程序的规定,致使回购目的无法实现。

第四,《公司法》中有关股权转让的规定也是应当考虑的风险之一。《公司法》第138条规定:"股东转让其股份,应当在依法设立的证券交易场所进行或者按照国务院规定的其他方式进行。"近年来,有大量地方法院依上述规定判决未进场的非上市股份有限公司的股权交易无效。

第五,对于"对赌协议"中相关的担保条款或协议,司法实践中各级法院也存在不同的认识,给"对赌协议"的履行增添了不确定性。通常情况下,一般认为主合同无效,从合同也无效。但最近的司法实践在这方面出现了很大的变化,要求我们在实务操作过程中高度注意。

5. 如何对"对赌协议"进行审查和草拟,以防控法律风险的发生?

在合同审查中,应注意以下事项:

第一,律师在审查中应当注意,除了国家法律、国务院行政法规、国务院所属部门规章外,还存在大量的地方性法规、自治条例、单行条例及地方政府规章。这些地方性法规及各类规章未必导致合同无效,但可能导致当事人受到行政处罚或承担不利的诉讼结果,因此必须充分注意相关法律法规、规章的涉及面。

除此之外,对于无名合同的内容及合同法分则中没有明确规定的合同内容,在进行审查时应注意合同法总则以及民法通则等法律规范中的规定,并依据合同法的规定参照合同法分则中关于买卖合同的有关规定。

第二,律师在合同审查过程中应勤勉尽责,努力发现并提示委托人合同中所存在的对其不利的条款,特别是严重不利的条款或重大权益未予约定的情况、存在严重瑕疵可能导致合同或其部分条款无效的情况,避免脱离法律规定的主观判断,以维护委托人的合法权益并防止发生执业风险。但是否接受该等条款应由委托人自行决定。

第三,合同中的各类价格、质量要求、期限约定等总体上属于商务条款,应提醒委托人自行确定。但律师应当注意各类商务条款的明确性及对于委托人不利的情况,如价格所包括的对价内容,以及围绕交易目的所需关注的质量标准或特别要求、验收规范等,提醒委托人注意其中的不利因素。

第四,审查结论必须依据法律及事实,而且必须结合合同目的、其他约定全面理解合同条款的法律意义后方可作出。除非有明确的法律依据及委托人提供的基本事实作为依据,不得以主观臆断得出武断的结论,防止因此而产生执业过错。

课堂计划

本案例可以作为专门的案例教学课进行讲授，可安排 6 个课时，每课时 45 分钟。如下课堂设计，仅供参考：

课前计划：安排学生阅读案例及相关资料，尤其是最高人民法院的相关判例。熟悉 PE 投资流程及风险，对“对赌协议”中可能存在的问题在课前有全面的了解。

课中计划：介绍教学目的，明确讨论主题；分组讨论问题及解决对策，告知发言要求；小组代表发言，提出解决方案，并对其他小组提出的方案进行评述；教师进行引导分析，并做最后归纳总结。

课后计划：布置学生课后进一步了解 PE 投资的流程和风险，及“对赌协议”草拟中可能存在的各种问题。

思考题

1. 什么是私募股权投资？
2. 私募股权投资的基本流程有哪些？
3. 私募股权投资的退出机制有哪些？
4. 什么是“对赌协议”？
5. “对赌协议”与 PE 投资之间的关系如何？
6. 在苏州工业园区海富投资有限公司诉甘肃世恒有色资源再利用有限公司、香港迪亚有限公司、陆波增资纠纷一案中甘肃省高级人民法院对“对赌协议”的观点如何？请归纳总结。
7. 在苏州工业园区海富投资有限公司诉甘肃世恒有色资源再利用有限公司、香港迪亚有限公司、陆波增资纠纷一案中最高人民法院对“对赌协议”的观点如何？请归纳总结。
8. 除在苏州工业园区海富投资有限公司诉甘肃世恒有色资源再利用有限公司、香港迪亚有限公司、陆波增资纠纷一案中暴露出的法律风险，在我国当前法律制度和司法体制下，“对赌协议”还可能存在哪些法律风险？
9. 合同审查时，应注意哪些基本原则？
10. 对合同内在问题审查，应注意哪些事项？
11. 对合同外在问题审查，应注意哪些事项？
12. 我国合同法中，有关合同无效的制度是如何规定的？
13. 我国合同法对管理性规范和效力性规范的区分标准如何？
14. 为防止一份合同无效或出现无效条款，合同审查时应着重审查哪些方面？
15. 如何对“对赌协议”进行审查和草拟以防控法律风险的发生？

参考文献

1. 赵旭东:《公司法》,中国政法大学出版社 2013 年版。
2. 王云霞:《对赌协议的法律适用及风险防范》,载《西部法学评论》2013 年第 1 期。
3.《中华人民共和国最高人民法院民事判决书》(2012)民提字第 11 号。

撰稿人 | 艾茜,中央财经大学法学院教师

4 CASE 长投公司、绿城公司股权转让仲裁案

| 摘　要 |

本案例以两起真实股权转让仲裁的关联案例为蓝本,围绕股权转让案件商事仲裁的整个过程。涉及的知识点和执业技能包括:仲裁机构和仲裁员如何受理和审理商事仲裁案件,股权转让案件的证据收集、事实认定以及商事仲裁比较独特的法律适用等。两起关联案例涉及的实体问题包括:商事仲裁中除了适用一般常见的法解释学方法,更加重视契约自由、商业惯例和市场规则等极为独特的思维,还可以从法经济学、法社会学的角度,更大程度地充分发挥商事仲裁自身优势,提出或集结多元化的思路,在尽可能周延地考虑各种影响因素对各种待选方案进行总体的、边际的、替代的甄选之后,根据当事人的经济理性这一市场机制构建权利安排的最优格局,或者在有限理性、信息不对称及合约不完全等条件下进行次优的配置。涉及的事实和证据问题包括:股权转让仲裁案件的证据收集、协议效力和先履行抗辩权证据认定等。

| 关键词 |

股权转让　商事仲裁　法解释学　法经济学　法社会学　特定方法论

| 教学目标 |

着重把握三方面内容:(1)仲裁委员会决定对商事仲裁申请案件立案后,应从事哪些法律活动;(2)商事仲裁员被选定后,应如何从事各项法律活动;(3)以股权转让案件为例,除了法解释学思路,如何从法经济学、法社会学的多维视角,紧密结合商事仲裁的特征,提出处理案件的思路、基本步骤、事实认定和法律分析之间的基本框架。

教学案例主文

一、引言

中国的仲裁法已颁行二十载，这部曾经一度被海外评论为与国际做法接轨最为密切的法律，为不断走向成熟的中国市场经济改革立下功勋。不过一向视为“朝阳产业”的仲裁，在中国至今仍然面临区域之间仲裁业务发展不平衡、仲裁业务份额与诉讼不成比例等棘手难题。除了当事人残留的长期仰赖官府的惰性思维，尚不习惯也不善于运用更多社会力量消化矛盾；同时，源于缺少仲裁文化的积淀而固守滞后的封闭式仲裁思路，也使不少仲裁拘泥于以两造对垒的模式解决争端，导致原本旨在强调“消化和共容”的仲裁过程反而加剧了对立，仲裁裁判反而激化了情绪。相应地，以往这种“正面对抗式”的中国仲裁也在相当程度上被矮化为“第二法院”。

变化正在发生。上海仲裁委遴选近年所受理具有典型指导意义的数十起股权转让商事仲裁案件为样本进行分析，[1]所涉覆盖了股权转让纠纷的主要类型。初步分析可以发现，无论是集中于非上市公司股权转让中指向人合性的“其他股东同意权”、股权善意取得、违反章程转让的认定，还是股权转让实践中适用跨度最大、问题最为突出的出资不到位和抽逃出资之类瑕疵出资股权转让的补充清偿责任承担及主体锁定，抑或关涉外资企业股权转让行政审批与合同效力、国有股权转让未执行入场交易规则，股权转让缴纳税收等强制性规则“禁区”，以及扩展到家室股权的资格和权利行使、尚未完成过户情形下的股东身份确认、颇多争议的“隐名股东”股权转让后代持与涉嫌非法经营、非法集资区分的难题破解，已实际上程度不同地以直接或间接方式体现了当权利的边界基本清晰之后，商事仲裁可以充分发挥自身优势而集结多元化思路，在尽可能周延地考虑各种影响因素对各种待选方案进行总体的、边际的、替代的甄选之后，根据当事人的经济理性这一市场机制构建权利安排的最优格局，或者在有限理性、信息不对称及合约不完全等条件下进行帕累托次优的配置。

毫无疑问，原本即应迥异于法院裁判的商事仲裁之特定方法论正在当下中国悄然回归原位。但是，相对更多剑拔弩张的法院裁判侧重于使用已比较圆熟的法

---

〔1〕 仲裁区别于法院判决，仲裁的案件多是商业案件，涉及商业秘密以及当事人不愿公开的内部信息，因此仲裁仅面向涉案当事双方，对外仅承担公证裁判义务，没有公开义务。鉴于商事仲裁案件的保密性特征，以下案情概要及当事人名称均加以虚化，隐去被遴选的股权转让系列案号和案名；同时，为便于掌握两起关联案件的整体原貌，拟将内容和争点进行合并梳理。

教义学方法,[2]以及更进一步面对疑难案件时所选择的繁芜曲折又极为精致的法解释学路径,更为强调灵活、快捷、兼容,以及更多遵循商业惯例和市场游戏规则的商事仲裁,在中国由于是把事先设计好的仲裁制度植入一个社会转型、变迁发展的过程中,因而具有"先天的植入性",使仲裁与现实的对接和融合变得极为关键。问题在于,商事仲裁作为受理案件类型对应的"专家裁判"方式,是从专业领域内临时遴选仲裁者,其专业知识结构及所在领域内的复杂思维能力一般会超越法官,本应公信力更高,只是源于在商事仲裁方法论上缺乏梳理和研究而流于简陋乃至粗糙,导致不少商事仲裁的合法性与正当性及两者的协同仍存在不少问题。仲裁的过程和裁决非此即彼地要么呈现为一个缺少合法性的"纯粹专家意见",要么干脆回到趋同于法官裁判的法教义学老路,让仲裁需要更多借助正当性化解冲突的特定功能折损耗殆,尤其是后者情况比较明显。[3] 因此,并非"第二法院"的商事仲裁方法论亟待进一步正本清源。

为了更为彻底地澄清和解决这一问题,拟以上海仲裁委甄选的两起比较典型的股权转让仲裁关联案件为切入点,在明确案件涉及当事人权利边界的基础上,立足于作为仲裁优势所在的多元化思路,以法解释学为出发点,延展到法经济学以及法社会学进路作深度的剖析,仔细探讨不同进路的成本效益及利弊得失,并试图把个案意义中所蕴含的商事仲裁之特定方法论借助于"推及效应"进行比较系统地分

---

〔2〕 根据阿列克西的总结,法教义学(Juristiche Dogmatic)包括三个层面的内涵:对现行有效法律的描述;对法律之概念—体系的研究;提出解决法律案件的建议,抑或可以概括为:描述—经验的维度;逻辑—分析的维度;规范—实践的维度。参见[德]阿列克西:《法律论证理论》,舒国滢译,中国法制出版社 2002 年版,第 311 页。

〔3〕 比如,公司章程对股权转让限制的效力问题。2005 年《公司法》修订时废止了对股东以外第三人的股权转让由股东会决议的内容,但又在第 72 条增加了第 4 款规定,即"公司章程对股权转让另有规定的,从其规定",似乎又回到了 1993 年《公司法》第 22 条规定的由公司章程载明股东出资转让条件的窠臼。为了解决这一形式上的悖论,一方面,如果采用体系解释方法,就会认为如果将新公司法第 72 条全部四款内容构成股权转让的规范体系的话,那么第 4 款的目的在于对前三款规定的股权转让"程序"另有规定,而不包括股权处分权的实体性权利,亦即通过限缩性解释让章程不能强制股东转让股权。(参见安建主编:《中华人民共和国公司法释义》,法律出版社 2005 年版,第 109 页。)另一方面,如果转而沿着法经济学和法社会学进路,则会发现公司发起人承担了与公司治理安排和资本结构息息相关的代理成本,因此发起人拥有正确的激励来拟定让股东和发起人利益最大化的章程条款,即适用绝对的合同自由,包括限制股权转让的实体性规定。不过,由于发起人和股权受让人获取信息的能力不同,许多股权受让人难以全面了解章程初始订立(根据合同机制)及章程修订后(根据资本多数决机制)的诸多要求,因此当发起人股东转让股权可能会让善意受让人支付高昂代价。沿着这一逻辑,新公司法第 72 条第 4 款的强制性规则代表的是,国家设定了不变的质量标准以对抗信息不对称的风险,旨在保护的是股权受让人根据自身利益来评估信息的能力。这样章程中限制股权转让的实体性规定是否有效,则就要视受让人是否有足够的能力知晓信息进行评判,至少股东受让和非股东受让就应作出区别认定。(Jerrey N. Gordon, The Mandatory Structure of Corporate Law, Vol. 89 *Columbia Law Review*, 1989, p. 1549.)

析和讲授。

二、案情概要

该案申请人为长投公司，被申请人为绿城公司，双方均为“目标公司”股东。2009年5月8日，双方签订股权转让协议，约定长投公司将持有的目标公司股权全部转让给绿城公司，转让对价2.26亿元人民币，并约定了各自的权利和义务。

产生争议的，是以上股权转让协议中有关部分转让价款支付条件的约定。主要包括：

1. 鉴于目标公司投资建设的平阳高速项目中A、B、C三条连接支线涉及向政府缴纳补偿费用的问题，至今尚未与政府部门达成共识，协议约定转让方长投公司应承担上述费用，由受让方绿城公司代为偿还，并在转让对价中暂扣1500万元。根据政府文件或协议，若该费用实际发生额高于1500万元，差额部分由转让方承担；若低于1500万元，则差额部分退还给转让方。

2. 长投公司负责配合解除目标公司与某石油公司之间关于加油站经营权转让的合同，并于股权转让协议生效后一周内提供给目标公司，绿城公司应在目标公司认可后5日内支付1%价款。

3. 长投公司配合目标工作完成在建工程竣工验收工作，绿城公司在竣工验收完成之日起5日内支付10%价款。

4. 长投公司负责取得目标公司投资建设的平阳高速所需的房地产权证，以及将原件正式交付目标公司，绿城公司应在目标公司认可后5日内支付1%价款。

5. 自股权转让协议生效后两周内，长投公司负责清理目标公司的劳动用工，协商解除目标公司与超编人员的劳动关系，使用工人数符合政府相关规定，绿城公司应在目标公司认可完成这一事项后5日内支付0.5%价款。

以上股权转让协议签订后，股权转让方长投公司依约将原持有的股权变更登记在绿城公司名下，作为股权受让方的绿城公司支付了1.49亿元，剩余款项尚未支付。

三、双方请辩

2011年7月11日，长投公司根据股权转让协议约定的仲裁条款，向上海市仲裁委提交仲裁申请称，申请人长投公司已依约履行股权变更登记义务，被申请人绿城公司支付部分款项后，以长投公司没有依约先期履行部分条款为由，不再支付剩余款项。

申请人长投公司认为，尚未履行的部分条款属于违法及应予撤销的条款，因此请求绿城公司继续支付股权转让价款。具体理由为：(1)债的产生有合同之债、不当得利、无因管理和侵权行为,而在本案中,目标公司与当地政府就三条连接支线不存在以上任何一种债的关系,所以原协议有关绿城公司暂扣1500万元用以抵冲补偿费的约定不成立。(2)依据《合同法》第93、94条规定,加油站经营权解除合同的主体只能是合同当事人即目标公司与某石油公司,长投公司无权解除而仅负有提供移交资料这一配合义务,绿城公司以经营合同没有解除为由拒付于法无据。(3)长投公司对在建工程的竣工验收只负有配合义务,不影响对绿城公司依约付款。(4)依据《土地管理法实施条例》第5条和《房地产管理法》第61条规定,申请办理房地产权证的主体应是实际使用人。因此,股权转让协议约定由“转让方负责取得目标公司投资建设的平阳高速所需的房地产权证”违法,应为无效。(5)依据《劳动合同法》第36、37条规定,协商或单方面解除劳动关系的主体只能是用工单位和劳动者,股权转让协议约定由“转让方负责清理目标公司的劳动用工”属于无效条款。退一步讲,目标公司拒不采纳长投公司提出的超编人员的裁员方案,反而与超编人员签订劳动合同,致使超编人员的问题没有解决,反证了长投公司已经尽到清理义务。

被申请人绿城公司辩称,股权转让协议是双方充分协商后签订的,是双方真实意思表示,所涉条款均合法有效,且长投公司只是在仲裁事实和理由中简单提及协议的有关条款“违法及应予撤销”,并没有明确在仲裁请求中单独对协议条款提出撤销或确认无效,因此仲裁庭不应予以认定。基于此,绿城公司认为在协议约定的股权转让对价支付条件中,因长投公司未能先履行绝大部分约定义务,绿城公司享有先履行抗辩权,有权不付相关款项:(1)绿城公司暂扣三条连接支线补偿款1500万元有充分事实和法律依据。该三条连接支线建设作为平阳高速建设的辅助工程,已报政府批准,是长投公司遗留下来的重大未完成义务;该义务已在股权转让义务中明确,且长投公司在协议签订后甚至还向绿城公司申请过支付100万元补偿费。根据政府会议纪要,仅其中B支线就缺口补偿费1800万元,为此政府曾明确向目标公司催索。所以,当长投公司不能举证三条连接支线不应支付或应少付补偿费时,绿地公司有权暂扣相应对价。(2)长投公司解除与某石油公司加油站经营合同的纠纷另案处理尚未审结,申请人仍有继续配合义务,亦未达到付款条件。(3)竣工验收是一个客观的、必须逐步实施的过程。本案中目标公司档案验收及其必需的土地证、环保验收、竣工审计、质量鉴定至今未完成,既有基建验收程序规定的工程运行检验期间问题,也有政府验收延迟问题,更有长投公司未完成工作及前期管理混乱造成的竣工资料不全、工程施工存在诸多问题等因素,使绿城公司难以付款。(4)长投公司至今尚未交付作为竣工验收必要条件的房地产权证,导致目标公司资产仍有瑕疵,不符合协议约定的对应付款条件。(5)长投公司在协议约定的生效时间两周后才提出用工定编方案,且自此又无任何实际行动,没有清理任何超编人员。相反,绿城公司接手目标公司后,本以承担央企社会责任角度,不得不继续与大部分超编人员保留劳动关系,致使长投公司所承诺义务客观上已无法完成,依此绿城公司有权拒付相应对价。

四、审件的延续

面对以上争议,第一次仲裁裁决作出后,2013 年 7 月 19 日,长投公司再次依据 2009 年 5 月 8 日股权转让协议,认为其在首次仲裁裁决后继续履行股权转让协议业已达到约定付款条件,遂以第一次仲裁涉及的第(1)~(3)项内容提起新的仲裁。对此,第二次另行组成的仲裁庭认为:

1. 对于 1500 万元暂扣款涉及的 A、B、C 三条连接支线,经查其中 A、B 已列入平阳高速的建设和验收范围,C 尚处不确定状态而暂不认定,根据诸多间接证据综合认定 B 支线实际补偿金为 800 万元,遂裁决低于 1500 万元的差额 700 万元,依约应由绿城公司退还给长投公司。

2. 涉及加油站经营权的合同争议另案终审未能实现解除的目的,丧失了支付该对应股权转让对价的条件,但为了及时彻底解决这一争议,又酌情裁决绿城公司减半支付。

3. 既然竣工验收业已完成,绿城公司即应依据股权转让协议支付相应对价,以所谓 1500 万元暂扣款尚不足以解决连接支线补偿,需从其他股权转让款中弥补的理由不能成立。

教学指导手册

教学对象及目标

本案例供法律硕士案例教学使用,法学本科(大四)、所有专业方向的法学硕士也可参酌使用。

本案例主要针对商事仲裁的独特程序和特定方法论,以及股权转让案件的常见认定问题进行讲授,涉及的问题包括:(1)仲裁委员会决定对商事仲裁申请案件决定立案后,应从事哪些法律活动;(2)商事仲裁员被选定后,应如何从事各项法律活动;(3)以股权转让案件为例,除了法解释学思路,如何从法经济学的二维视角,紧密结合商事仲裁的特征,提出处理案件的思路、基本步骤、事实认定和法律分析之间的基本框架。

教学内容

1. 仲裁机构决定受理商事仲裁案件后，依次应按什么程序推动案件的审理？

(1)仲裁机构受理案件后，应向申请人和被申请人寄发受理通知书及附件、受理案件仲裁机构的《仲裁规则》和《仲裁员名册》等。

(2)依据《仲裁规则》的规定组织仲裁庭，一般由双方当事人从《仲裁员名册》中各选定一名仲裁员作为仲裁庭的组成人员；双方还可以共同推选出一名首席仲裁员；当未推选出首席仲裁员的，由《仲裁规则》规定的仲裁机构负责人指定一名仲裁员为首席仲裁员。

(3)仲裁庭审阅申请人提交的仲裁申请书、证据材料和被申请人的答辩材料后，择日开庭或组织调解。

(4)仲裁裁决中可以就因本案而发生的律师费用进行裁决。

(5)仲裁案件实行“一裁终局”。除非出现法定事由，否则法院不能撤销仲裁裁决及要求重新仲裁。

2. 一般案件的争议焦点应当如何归纳？商事仲裁的争议归纳还应具有哪些独特性？

(1)两次仲裁庭归纳的争议焦点涉及股权转让协议的效力，以及先履行抗辩权的行使是否恰当。实际上，恰如其分地评判这两个问题，必须先弄清楚更为重要、更为本质的争议，即契约中选择仲裁而不是诉讼作为纠纷解决方式的当事人，签订股权转让协议时的付款条件和履行顺位约定，其根本定位到底是倾向“法律防卫意义上向后看”的权利义务合法性分配，抑或出于股权转让这一同质性目标所对应的相对平等化意识，只是为消化可能发生的对立性紧张提供正当性资源的“共识备忘意义上向前看”。

(2)面对协议规定得事无巨细、极尽完备的条款，一旦商事仲裁事项完全落入约定范围内，仲裁庭是否可以完全根据约定进行仲裁，即在没有法律乃至惯例适用的情况下根据“友谊仲裁”原则进行自由处分。[4] 此时，审理争议的仲裁员所需做

---

[4] 友谊仲裁又称“友好仲裁”，是商事仲裁中比较常见的仲裁方式，是指仲裁庭可以依据它所认为公正与善意或衡平与善良标准对案件作出有约束力的仲裁裁决，而无须适用任何法律。该方式最早见之于1907年《关于和平解决国际争端的日内瓦公约》，后被广泛适用于解决国际商事争议。目前，这种做法已被许多国际公约、国际常设仲裁机构仲裁规则以及许多国家尤其是大陆法系国家所接受。

的就是力图根据协议的措词确定当事人实际表达的意愿并付诸实施。基于这一立场，仲裁庭所应做的就是努力让当事人约定的合同目的得以实施，毕竟这才能体现商事仲裁对当事人意思自治的“包容性”尊重和执行。

相应延伸的问题是，商事仲裁领域内当事人之间的纠纷本为私权事项，诉之司法终究是公权介入，而商事仲裁作为最为成熟的ADR，所依赖的主要是“掌握公平的权威力量”。[5] 因此，对于具有专业知识作为权威符号的仲裁员来说，一般不会出现因外行人断案而产生令双方当事人匪夷所思的结果；同时，这种天然地对案件结果的相对稳定预期，又反过来让仲裁员拥有了更多主导权。假如让他们只能像“第二法院”的法官那样被动接受当事人的证据与争辩，然后只能挑选其一，往往是比较痛苦的，他们可能另有想法或知道双方争辩都不对或不是真相。那么，商事仲裁之特定方法论是否可以允许仲裁员在当事人请求范围内，较之法院更大程度上运用公平合理原则，异于当事人请辩提出自己的另一种想法，让仲裁员在这种情形下更像一个“案件管理者”。[6] 当然，作为“商事仲裁程序的超级主人”，除了以当事人同意加以制衡，仲裁员还必须遵守最低的准则或原则，比如起码的自然公正以及避免不必要的延误与浪费等。

3.围绕归纳的案件争议焦点，商事仲裁庭应如何展开事实认定和法律适用？

以前文股权转让案件为例。对于股权转让协议部分条款的效力，仲裁庭认为，如果协议条款存在两种合理的解释，一种是让协议难以执行或违法，另一种反之，就应采用使之能执行且合法的方式加以解释。借此，仲裁庭提出股权转让方长投公司承担办理房地产权证义务的约定，需还原签约时的原意进行“目的解释”，亦即目标公司只是承担配合义务，以保证长投公司完成申请流程，如作为土地使用者向政府部门提出申请，并按要求提供各项所需的文件和委托手续等；长投公司则应承

〔5〕 中国凉山彝族的法律生活中，存在一种“民间法官”德古。德古并不是国家司法人员，其办理案件是依靠所享有的崇高权威，尤其是对国内外法制史上极为罕见规模宏大而又详密的彝族习惯法的熟知。德古的威望极高，甚至若有人自称“德古”，便会被认为是自不量力而遭到耻笑。德古处理案件没有公权力的保障，但经德古处理的案子极少反悔。现代仲裁机构在主要依靠专业知识权威的力量而不是国家公权力处理案件这一点上，与德古是相通的。

〔6〕 以仲裁程序的随机性为例。1996年以前英国法律规定仲裁应以“对抗制”进行，而根据1996年生效的《英国仲裁法》第34条规定，仲裁程序已完全放任，目的是让仲裁员能够在当事人同意下拥有更多主导权，即“对抗制”“询问制”或“混合制”均可。除了缘于国际仲裁的惯常做法，毕竟国际仲裁涉及不同法系当事人的特定性，所以《联合国示范法》(UNTITRAL Model Law)第19条早予认可，更为深刻的意义是，对于具有专业知识的仲裁员而言，只有在仲裁程序允准一定程度的询问制的做法，仲裁员才能主动去向双方当事人提出自己的另一种想法。

担主要义务，如申请资料的准备和递交、与政府部门的沟通和协调、房地产权证的颁发和接收等。所以，《房地产管理法》第 61 条并未限定办证主体，《土地管理法实施条例》第 5 条也只是规定了申请土地证应以“土地使用者”名义提出，并未强制规定整个申请过程应全部由土地使用者办理。因此，以上目的解释不违反任何强制性规定。同理，约定让转让方长投公司解除加油站经营合同，对于长投公司是一项配合性义务，即使其并非经营权转让合同的主体，无法直接行使解除权，但法律并不禁止作为目标公司的配合方参与到上述合同解除的过程之中；约定并非劳动合同主体的长投公司作为责任方，参与劳动用工的清理，同样不违反禁止性规定。据此，仲裁庭认定以上协议约定合法有效。

4. 面对以上第一个争议焦点，仲裁庭的法律解释方法的独特性何在？

当案件中出现压倒性的正当性理由，商事仲裁即应转向对合同解释的“可循性”(predictability)特质。商事仲裁不同于法院，除了恪守法律的肯定性(certainty)，所援引或解释的规则还须印刻上对权利、责任的可循性，以让商业人士及其法务顾问知道怎样在草拟与谈判时考虑交易风险并有所应对，比如，股权转让中的付款担保、风险投保和条文表述上的谨慎注意等。针对商事仲裁来说，对合同的解释能做到可循性，乃是来自长期无数先例累积而成的特定游戏规则，它们也只能做到可循性，而不应一味仿照法院那样做到无可挑剔的肯定性。恰是这一区别对商事仲裁具有重要意义，否则商事仲裁时刻像个“第二法院”那样以坚守法律适用的肯定性为第一要务，就会大为削弱仲裁的优势及赋予商法适用的灵活性。

诚然，让商事仲裁解释合同具有可循性的优选方案，应根据文字和措辞给予客观和一般性解释。正如本案中股权转让方长投公司认为，股权转让协议约定的许多付款条件系要求目标公司完成，但此时已由受让方绿城公司而非出让方实际控制，因此约定继续让出让方申请土地权证、解除加油站经营合同和清理用工超编，不符合相关法律规定而应认定无效。不过这一观点虽然表面上公平合理，但从另一角度分析则结论完全相反。因为可能会出现受让方基于交易信息不对称、履约环境不熟悉、决策有限理性等原因，过度承担股权转让约定对价之外的额外成本而产生极大损失，本案中解除加油站经营合同另案历经法院两审复又申请再审均未成功，以及受让方基于转让方怠于履行义务而不得不承担起清理用工超编的义务，即为明证。一旦如此，实际上就使股权转让协议失去了可循性，受让方在事先没有对上述约定有替代履行预期的情况下，约定条款被认定无效后不知道该做什么，就会导致打一场甚至几场昂贵漫长的仲裁或诉讼官司。很显然，这种情况下的仲裁员就不能僵硬地局限于以往的文义解释，而是需要依赖多元化路径进行公平合理的“结构解释”。简单地说，就是找出双方以文字所表达的订约意图、所能享有的权利、作出过的承诺与要承担的责任。正是基于这一考虑,上述案件中的仲裁庭认为,“推定合同的每一条款具有的意思与意义并且不违法,这是还原双方当事人订立合同当初之目的方式,当初双方肯定不是希望将无意义的条款或违法的条款加入到合同中”。可以说,这种还原订约意图的正当性认定不仅恢复了股权转让协议的可循性,而且正是商事仲裁特定的内部解释合约的一个主要规则。

5. 商事仲裁独特的法律解释方法的理论依据和现实意义分别是什么?

(1)理论依据:从法学方法论的理论上看,根据法与实践理性的外部证立规则,法律解释的一般顺位从文义解释依次推向目的解释、衡量解释和体系解释。那么,何以该案仲裁可以改变顺位径行选择“目的解释”来认定协议条款的效力?答案很简单,因为出现了能够压过文义解释的正当性理由。

(2)现实意义:许多商事仲裁案件中的当事人从事交易时会普遍认为,即使由律师参与或草拟的协议早已假设文字是有法律的定义,也仍然难以摆脱涉及交易因素的不确定性,纠缠于合约文字无休止的分歧、条款而陷入的循环论证以及可循性理由的无穷倒退等极为复杂的因素,客观上会对交易过程产生潜移默化的影响。所以,通常情况下如果不是最终依照“明希豪森方式”那样依赖于某个特殊理由来武断结束论证的链条,终究无法走出困境而致使商业交易或谈判本身失去意义。〔7〕因此,商事仲裁独有的大尺度柔韧性使仲裁员可以也应当尽量支持这种生意上的协议有效,以让协议产生“可循性”,而不是一味埋首于法律适用的“肯定性”去挑骨头,甚至只是出于不太肯定而归于无效。可以与之印证的是,在最近的三十年,传统解释合约的做法有了很大改变,现在的侧重点是在订约时的背景/语境与合约的本质等方面,比文书合约中的条文/文字更加重要。另外,传统做法必须是条文/文字有了含糊才接受外来证据,但现在即使是条文/文字毫不含糊,也要考虑背景/语境与合约的本质。

以上的商业协议可循性论证,使商事仲裁即使面对的并非疑难案件,也能更为灵活地根据订约背景/语境,直接运用目的解释以及衡量解释、体系解释等结构解

〔7〕“明希豪森三重困境”的提出说明了一件事情,即我们传统认为知识的“确定性”上出现了断裂。它包括以下含义:(1)无限倒退(无穷地递归)。即A命题需要B命题支持和证明,B命题又需要C命题支持,C命题需要D命题支持,无限后退。由于理论上任何运动的东西都需要被另一个东西推动,这种论证方式的确定性需要建立在一个能够证明其他命题而本身又是不证自明的公理之上,而在人文社会领域这种不证自明的命题又不存在,所以,必然陷入一种无限倒退的境地,以至无法确立任何论证的根基。(2)循环论证。即用B证明A,用C证明B,用A证明C,命题之间互相证明。(3)武断地终止论证。在论证过程中,将某个特殊的理由和依据(例如,某个教条、道德或宗教信条等)作为不证自明的东西,断然地终止论证。如果不能走出这个困境,论证的说服力就会大打折扣。

释的方法。这一独特方法甚至已被直接冠以"商业解释"之名,其目标就是尽量令协议有效而不是无效。

6. 面对以上第二个争议焦点,协议中约定的顺序履行问题从证据上应当如何认定?

因两起案件的股权转让协议系争条款均明确规定了债务履行的先后顺序,双方应依约适当履行。第一起仲裁庭依此支持了作为股权受让方的被申请人绿城公司第(1)~(4)项观点,而对于第(5)项则支持了申请人长投公司的请求。

针对1500万元连接支线的补偿款问题,两起关联仲裁案件中的解释有一个递进过程。在第一起仲裁的裁决中,仲裁庭认为"虽然申请人辩称该笔费用不应属于法律意义上的补偿款,但在申请人不愿意支付该笔费用,而政府又发函催讨的情况下,此种状态属于股权转让协议约定的尚未与政府部门达成一致意见,补偿费用数额也尚未确定的情形",进而认定"申请人并未完全履行其义务,被申请人享有先履行抗辩权,有权暂扣1500万元费用"。仲裁庭排除了双方约定向政府缴纳补偿费在债法中的法律地位认定,实际上是以潜在方式认为政府提出的就连接支线进行补偿已是一种商业惯例,暗含了商事习惯做法上不言自明的默示地位,更何况本案中又有股权转让协议专门针对此的付款条件约定,以及之后长投公司要求绿城公司实际支付100万元补偿费的事实加以佐证。

面对同一问题,第二起仲裁裁决中涉及C连接支线补偿金的分析比较精彩:一是连接支线已正式列入平阳高速建设和验收范围,作为补偿费是否纳入本案处理的标志,以此排除了未在此范围内的C线;二是对C线补偿金数额上的争议,已向政府缴纳的款项到底是已全部付完,抑或停工不再建设,还是有待商定后继续支付,存在多种可能;三是鉴于以上两点,认定绿城公司不能以一个不确定状态暂扣股权转让价款,但又不妨碍待补偿金确认后,绿城公司另行主张。对于C线未纳入平阳高速建设范围,第一次仲裁就已知晓而未予认定,相隔两年后第二次仲裁又何以作了"悬挂"认定而让绿城公司支付转让对价呢?仲裁庭的履约认定关键在于,本案中包括A、B两条连接支线在内的平阳高速已作为一个整体通过竣工验收,建设依据和验收范围并未包含C线;同时也并无证据表明,C线的补偿金协议已经签署或必然会签署;另外即便是面对C线的前期付款,也存在多种解释可能,所以最终认定绿城公司无权继续暂扣款项入情合理。

7. 商事仲裁中对于市场规则、商业惯例和契约自由的尊重是如何体现的?

(1)面对该案第二个争议焦点,仲裁庭援用了一个重要并经常遇到的极为独特的商事仲裁解释规则,即"凭借清晰的文字去排除对法律地位的认定"。通常法律地位被视为公平合理,但当商业协议约定的事情与之相悖,只要不是违背作为“禁区”的法律强制性规定,仲裁员就可以根据对商业惯例的判断,适当排除对法律地位的认定。当然,越是约定与法相悖而不合理的事情,越就要阐释清楚且只能有一种说得过去的解释,而不能滥用这种商事仲裁上的独特方法论而恣意妄为。

(2)比较复杂的商业协议往往未约定所有承诺/责任的履约标准、[8]履约时间、[9]履约对价,[10]使商事仲裁更为灵活运用商业习惯上涉及合理标准、时间和对价的默示这一方法论上的特定解释规则变得尤为重要。此时的仲裁员只能根据当事人已达成的协议条文本身与协议签订及履行时的背景和环境,默示该协议的履行标准、时间和对价。当然这会带来相当的不确定,毕竟即使是亲自签约的协议各方对什么是“合理性”的理解,也时常会有出入,付诸仲裁后更是如此;让仲裁员进行裁决又须经过一个昂贵与缓慢的过程,正如本案中只有事隔数年后,认定条件逐步成熟才能作出相对合理的判断那样;加上即使违反了支付的合理时间,法律的救济也只会是利息的损失。所以,对一些重要的履约标准、时间和对价,以商业上的默示作为依据并不理想。

8.先履行抗辩权的举证责任移转是如何体现的?商事仲裁的举证责任移转又有什么特定性?

(1)原本两起仲裁都涉及以目标公司竣工验收作为股权受让方绿城公司支付相应价款的前提条件及先履行抗辩权的恰当行使。一方面,第一起仲裁庭采纳了绿城公司提出竣工验收未完成时,可以拒付约定的相应价款;另一方面,当竣工验收完成后,第二起仲裁庭又不赞同绿城公司把拒付理由扩展到连接支线补偿款尚有缺口(即使这一事实能够成立)另一事项。可以说,仲裁庭对于协议中的这一约定只是简单地以竣工验收时间作为付款符号,而不去判断长投公司在竣工验收中是否已尽义务,符合商事仲裁的特定方法论。因为协议中约定的这一付款条件是要求目标公司完成一定事项,而此时已由受让方而非转让方实际控制目标公司,所

---

[8] 比如,货物买卖中默示卖方出售的货物之上应没有债务与抵押;制造合同中默示被制造的商品应合理符合其用途;食药化妆品的产品保质期默示的是开封后实际使用的时间;等等。

[9] 比如,信用证是国际货物买卖支付的主要做法。对买方必须开出信用证的期限,通常买卖合同都会有明示条文规定,例如约定在买卖合同达成后的7天或14天。但如果双方没有在合同中明示约定开出信用证的期限,商法就必须作出默示的期限,例如CIF/CFR买卖合同中总会有一段付运期,买方应在付运期之前开妥信用证,毕竟何时付运是卖方的选择,此时买方提出只在卖方付运后要去结汇时才开妥,就是不符合商业惯例的。

[10] 比如,保单就常会有规定保费是稍后约定(premium to be arranged)或救助合约的救助奖金是要由仲裁员来决定。当然,这并不影响已发生效力的保单或救助合约,只是保费是要根据合理价格,除非双方能稍后同意。

以被要求的转让方长投公司协助或合作已不是该协议履行下所必须,商事仲裁也就不应强行要求一定这样做,只是依照协议双方约定的付款符号作出简单的判断即可。正是基于这一倾向,第二起仲裁庭不允许在竣工验收的付款符号出现后,绿城公司又扩展到另一事项行使所谓"先履行抗辩乃至不安抗辩权"。

(2)现实的合同约定和履行中,双方必须给予协助或合作以让对方顺利履约的情形时有发生。法院通常会根据约定或合理性,适用《合同法》第67条规定的顺序履行抗辩权,即后履行一方可一时中止自己债务的履行,对抗先履行一方的履行请求,以此保护自己的期限利益、顺序利益;在先履行一方采取了补救措施、变违约为适当履行的情况下,顺序履行抗辩权消失,后履行一方须履行其债务。然而,商事仲裁面对这种情形判断先履行权是否存在的程度会有所不同,除非协议详尽约定先履行一方的义务,否则应判断这一协助或合作义务是否是该合约的履行所"必须"(necessary)。[11] 只有在必须的情况下先履行抗辩权才能成立,所以光靠合理或不合理的判断是不足够的。

其实,除了本文所引案件的"约定付款符号式"情形,实际中还会经常遇到没有约定但需要对方合作才能履行的情形。这种要求会各种各样,包括金钱上加价或减价,或是提供一些文件或资料,或是延误一方要求对方合作去延长销约期或其他期限,甚至是做合约不要求或与合约不符的事情等,同时被要求的一方又往往对自己的法律地位不了解(如可否拒绝),加上怕事或一厢情愿地去合作,就会贸然答应,但事后又反悔而造成可能是禁止翻供的行为或是毁约。商事仲裁方法很重要的一点就是上述被要求的一方应了解对方提供的协助或合作要求,是否为该协议履行下所必需。

9. 基于商业案件的特殊性,商事仲裁中是否可以借入法经济学的二维思维?

以上对两起仲裁的法解释学分析及归纳的仲裁之特定方法论,能够明显发现脱胎和茁壮于行政体制内的中国商事仲裁"去公权化"色彩渐次增强,越来越重视契约自治、商业惯例和市场规则。它们之所以需要遵循,是由于它们"提供了维持重复博弈均衡的合适的规则"。从更加本质的意义上说,这些规则不是像法律的肯

---

〔11〕 涉及一起油脂买卖的案件中,由于买方没有准时开出准确的信用证,结果买卖合约被卖方取消。买方声称卖方有一个法律责任协助买方去完成信用证的条文与解决问题,因为在该案中的买卖合约有许多不明朗的地方,比如有关信用证的最后有效期。买方也声称这种协助/合作在国际贸易是十分普遍的做法,并提供专家意见。但裁决者拒绝默示卖方需要协助买方开出信用证,认为没有这个必须性,而且默示这种责任会带来严重的后果。参见 Siporex Trade S. A. v. Banque Indosuez (1986) 2 Lloyd's Rep. 146。

定性那样，需要基于“目的论功利主义”，以立法者作为理想观察者，其偏好就是所有人平均的或加总的偏好，其效用函数就可以作为整个社会的福利函数，法院应是这一思路的最忠实执行机构。与之不同，同依赖于一套公理概括出来的先验“共同善”相比，商事仲裁因为需要更多地考虑商业交易中的当事人乃至更多的实际利益相关方及相应的责任承担，因此更注重只要有可能，就可以从最基本的概念出发来为社会构造一个福利函数，就像冯·诺依曼和摩根斯坦从个人对彩票的偏好出发构造了个人效用函数一样。但是，这种“非目的论方法”必须克服如何进行效用的情景比较及相应进行法经济学意义上的利益衡量这一难题。以下将继续结合上述股权转让仲裁案例，深入讨论法经济学的权衡问题。

10. 商事仲裁案件中如何运用法经济学方法论进行成本和效益的分析及权衡？

以上两起股权转让关联仲裁案件中，双方签订时都应明知因控制权转移而产生部分协议约定义务的实际履行主体变更，可能会引起法解释学意义上的效力认定困难；同样，1500万元暂扣款难以归入法律的债之类别，也会让协议的履行一旦产生争议后出现不确定。那么，为何双方当初仍然签订这样一份协议呢？通常在带有竞争性的市场交易中，任何市场参与主体在追求商业利益最大化时，一般均会考虑交易本身的合法性，并注意规避法律风险。然而，由于市场竞争中商业主体会面临各种转瞬即逝的机会，因而股权交易双方常常会在协议中作出一些“特别设计”。法律对此有不少强制性规定，比如不违反股权转让的先买权规则。只要“特别设计”不违反法律强制性规定，协议不应轻易被认定无效。毕竟公司创新成本极其高昂，投资者通常又会对创新作出负面的揣测，对公司的股权支付过低的价格。所以，法律的强制性规定正是从整体上以传递有利于公司创新的信号为导向。比如，法定股权拍卖会对“其他股东”相对于“股东以外的第三人”采取“跟价法”，就是充分保证了先买权的实现。上面两起关联仲裁案件中，双方约定控制权转移后的目标公司仍需转让方尽配合义务，不仅是转让方借此抬高转让价格的策略，也是受让方支付被高估的股权转让价格后，又试图借此降低机会主义上的实际成本。当该约定被认定无效后，就从根本上阻断了商业计算的正当性链条，甚至严重影响到受让方收购的PE倍数构成。同时，转让方又无须承担为提高自己股权转让受益而鼓吹泡沫所带来的全部损失，衍生出“赢者通吃”的法经济学达尔文主义。其结果必是违背常理甚至陷入荒谬，极为不利于商事问题的恰当处置，进而从根本上削弱目标公司借助于资本优化配置而产生的持续创新驱动力。

因此，商事仲裁相对于法院而言，更应“回到科斯”坚守法经济学有关冲突权利有效配置的原创性思想，不宜过分以法律的肯定性这种“有形之手”不当干预，悍然把商人在利益最大化目标引导下的合法自愿交易认定无效,以否定市场竞争"无形之手"的结果,否则就有越俎代庖甚至恣意裁断之嫌。无疑法律体系的目标之一就是建立起清晰的权利界限,使权利能在此基础上通过市场进行转让与重新组合。但进入交易成本并非为零的真实世界后,商事仲裁的效用就会立即体现出来,它需要建立起一个可循性的资源优化配置规则王国,把个人拥有的权利以及他们的责任和特权加以更优的配置。正是这种市场交易出现的时间和谈判成本博弈后的纳什均衡,便于长久地让当事人在经济理性引导之下通过自愿交易实现权利和资源配置最优化,而非总是通过法律直接或强制配置权利和资源。就像两起仲裁案件中那样,受让方和转让方在股权转让协议中的特别设计,就是从利于目标公司发展与创新这一权益分配原则,抛弃"如果市场交易成本过高,那么权利应赋予那些最珍视它们的人"的波斯纳法经济学一根筋思维。假如无法一一对应补偿受损方的损失,则可以借助于约定控制权转让、股权附条件支付以及面向利益第三方政府的连接支线补偿款暂扣1500万元等多元化方式,予以间接的补偿和平衡。因为涉及权利和义务配置,即使是商业交易中的"针锋相对战略",不仅包含着"他人如何待你,你也如何待人"的一次性博弈均衡,而且它也支持协议达成后在实际履行中又可以"不间断合作"作为不确定次数重复囚徒困境的一个纳什均衡。

11. 商事仲裁基于法经济学方法论的特定规则是什么?

商事仲裁的法经济学视角规则之一,就是当权利边界不清楚时,仲裁员们不能像法院那样,"模拟市场交易机制配置权利和资源,即将权利赋予那些最珍视它们的人",因为这象征着一种公权力对商事私权领域的坚硬干预。商事仲裁只能是在尽可能周延地考量各种因素对不同待选方案的影响和反复权衡后,以及秉持张五常所谓"局限条件下之合约选择"的审慎:假如这样的决策损害既定的合法权利,那么应当花费尽可能少的代价;假如这样的变化别无选择,也要尽可能补偿受害方的损失;假如无法补偿或者不能实际补偿,则尽可能减少这样的干预行为。

可见,独特的商事仲裁领域中涉及《合同法》第52条关于以合法形式掩盖非法目的的合同无效之规定,只能适用于形式合法、目的非法的交易合同,不能扩及形式非法、目的合法的交易合同。本案中股权转让方原来长期掌控目的公司形成了相当的信息优势,当受让方考虑到交易的"信息不对称",在股权变更前后短期内难以改变的情况下,约定中提出即使在控制权转移后受让方仍应尽配合义务。面对这种商业上的考量,需要商事仲裁员们对股权转让的实际情况拥有更为精深的理解。比如,为了恢复股权转让双方不对称的信息交易平衡,本案双方在协议中采取的这种"私力救济"意义上的约定,就是博弈构建出了基于转让对价、方式和间接补偿的最优交易方案。所以不宜轻易认定交易或合同无效,以免阻碍交易自由且不利于维护正常稳定的交易秩序。可见,传统的法解释学与新兴的法经济学分析方法具有殊途同归、相映成趣的功效,不会出现南辕北辙的情况,除非哪个环节出现了问题,或者出现了逻辑推理错误。

12. 商事仲裁中法经济学方法的"简单"运用,应如何把握权衡的边界?

沿着以上的科斯而非波斯纳的法经济学路线,还可以进一步深入分析两起关联仲裁案件中的另外两个涉及运用法经济学方法边界的问题:

两起仲裁的第2项都涉及转让方长投公司负责另行解除加油站经营权合同问题。第一起案件仲裁期间,因另案处理加油站经营权合同尚未审结,故而仲裁裁决绿城公司可以行使先履行抗辩权;第二起案件仲裁期间,另案终审判决该合同不能解除后,绿城公司提出再审旋又撤回。对此,长投公司以对方不正当放弃司法救济的最后手段为由,认为绿城公司阻止了条件成就,即应视为条件已成就;绿城公司则认为出现了导致再审已无实际意义的情况,故而撤回再审申请,同时提出不应支付所对应的股权转让价款。仲裁庭认为长投公司理由不成立,但又基于加油站合同难以解除,权衡裁定绿城公司应减半支付原约定的相应股权转让对价。

这是一种比较少见的情况,即双方约定了需要其中一方花很大费用和精力才能做到的事情,或者不太可能做到的事情。商事仲裁一般应避免对此加以解释,因为这并不合理。其实这样的问题如果越复杂,就越不容易得到订约双方异口同声的同意。而双方竟然在协议中加以约定,从法经济学意义来看,它从本质上就是一种"一次性博弈"中的纳什均衡体现。需要承认的是,方法论上一次性囚徒困境与不确定期限的重复囚徒困境不同。后者的博弈双方会在每个博弈回合中引入随机因素,并且一直博弈下去直到概率趋于零为止,中间会出现多个纳什均衡。而本案股权转让协议的约定目标原本期待的是借助一次性博弈达到纳什均衡。但是,又在超出涉及股权转让协议的囚徒困境博弈规则之外,加入了转让方应承担解除加油站经营权合同的承诺,这一与完成股权转让并不直接相关的新的变量,让博弈变得更加复杂起来,甚至涉及尼格尔·霍华德的"元博弈"理论,[12]出于篇幅所限,下面拟以杰维斯、卡森和冯·丹米等对于"猎鹿博弈"的讨论,[13]简要分析当两起仲裁关联案件中的股权转让双方加入这一并不直接相关的新的因素,产生了就此按确定方式行动的"偏好"后,到底又如何改变了在一次性博弈中的理性合作

---

〔12〕 N. Howard, *Paradoxes of Rationality, Theory of Metagames and Political Behavior*, MIT Press, Cambridge, Mass., 1971, p. 35.

〔13〕 H. Carlsson and E. Van Damme, *Equilibrium Selection in Stag Hunt Games*, Center Discussion Paper, Tilburg University, 1991. R. Jervis, Cooperation under the Security Dilemma, Vol. 30, *World Politics*, 1978, pp. 167-214.

过程。

根据“猎鹿博弈”的逻辑，该案涉及的博弈合作目的是解除目标公司与某石油公司已签订的加油站经营权合同。对此，除非股权转让双方长投公司和绿城公司都尽一分力，否则就必定不能实现目标。如果双方约定分头执行解除加油站合同，他们都有可能在尝试艰难后放弃这个计划，就像本案中的长投公司另案诉讼两审败诉，绿城公司申请再审后又撤回那样。可以设想一下绿城公司历经签约后较长时间对目标公司逐渐熟悉，已初步具备了不需要长投公司协助而另外寻找其他路径解决这一问题的可能，何况又能以此行使先履行抗辩权而提出不予支付对应的股权转让价款。在这种情况下，如果双方都想继续履行解除经营权合同，彼此反而都会成为对方的妨碍。

显而易见，商事仲裁中往往会发现履行这样一个约定并没有当初达成约定那样容易。比如，面对解除加油站经营权，股权转让双方订约时试图借助各自优势共同努力实现的合作均衡，应该是订约时就放弃这一合作计划所致均衡的“帕累托改进”，因为相比之下双方肯定更愿意看到前一种结果。但一旦协作失败，那么选择合作战略的一方在博弈结束时会一无所获，因此订约时相互选择合作与共同选择放弃相比是稳定的均衡。当然，选择不合作战略的一方至少会得到部分价款，而不论对手如何选择。就像本案中转让方可以宁愿放弃适当降低股权转让对价，而绝不承诺另案解除经营权合同，就不会产生一旦不能解除合同后失去约定的全部相应对价的风险。

从这个角度来看，第二起仲裁庭颇为令人意外地裁决受让方减半支付约定对价，违背了市场规则决定了的博弈精练均衡原理。因为，从商事仲裁的这一裁决进行逻辑倒推，转让方长投公司实际上在订约时产生了两个“决策结”：一是针对解除加油站经营权问题，与其选择“不合作战略”，不如选择“合作战略”，反正最终的博弈不会是一无所获的囚徒博弈，如此已让作为受让方的绿城公司毫无防线可言；二是当长投公司进一步精细地认识到，采取合作战略支付的成本与约定获得股权转让对价之比的效益，从概率上又低于采取不合作战略所能得到的支付，[14]同样也会选择适度降低转让对价，弱化对方要求解除经营权合同这一“显性偏好”。

13. 商事仲裁中法经济学方法的“复杂”运用，又应如何把握权衡的边界？

面对第一起仲裁第 5 项涉及超编人员清理的处置，仲裁庭认为，虽然长投公司存在迟延履行的违约行为，但绿城公司理应敦促继续履行，而不是“继续与大部分超编人员保留劳动关系”，致使长投公司“所承诺的工作在客观上已根本无法完

---

〔14〕 D. Gauthier, *Morals by Agreement*, Oxford: Clarendon Press, 1986, p. 157.

成”,剥夺了请求支付股权转让对价的权利,因而裁决绿城公司应支付相应价款。当然,此处又增添了更多的随机变量,让问题呈现得更为复杂。新增的随机变量之一就是,收购完成后目标公司的内部结构以及外在形式都会随之发生变化,在影响员工方面,除了本案中约定的超编裁员,还会存在对未裁人员减少福利、降低薪酬、更换岗位等降低就业条件的可能,因而需要配套进行心理契约、关键员工挽留以及薪酬上的改进措施等,否则就会引发比较严重的并购后风险,[15]因此应充分予以加大权重评估。新增的第二个随机变量是,《劳动合同法》对“裁员”问题有比较强硬的裁员条件和程序规定,依此规模性裁员非经长期消化而难以短时间内一蹴而就。第三个新出现的随机变量为转让方长投公司还存在迟延履行的违约行为。

这三个新增的随机变量是如何发生作用的呢?“讨价还价”可以较好说明这一问题。本案中长投公司在决定出售目标公司时,只要不是漫天要价,绿城公司就会买下。绿城公司的保留价格 a 元是其愿为被收购对象支付的最高价格,这一出价使其在买与不买之间没有差异。同样,长投公司的保留价格 e 元是其愿出售目标公司的最低价。当 $a<e$,他们无法就这一交易达成共识,因为这时目标公司对长投公司比对绿地公司更有价值。但当 $a\geqslant e$ 时,双方达成股权转让共识就可带来 a 元 - e 元的剩余。因此,双方会在这部分剩余空间中进行讨价还价的磋商,新增的三个随机变量即是在这样的磋商中被功效放大或缩小。在订约时的一次性博弈中,针对清理超编用工这一棘手难题,双方都会以特定方式向对方发出表达自己意思的信号。比如,约定转让方的清理承诺及受让方的比例对价,以此消弭可能会使对方都付出代价的“双输”局面。但是,该案订约后实际履行中的三个随机变量都以各自的方式发生了作用,其显性结果是转让方迟延履行违约而让裁员久拖不决时,受让方不

---

〔15〕 比如,1994 年德国宝马汽车公司以 8 亿英镑把罗孚汽车集团招至麾下,从而使得最后一个保留在英国人手中的汽车品牌就此流失,独立的英国汽车工业将不复存在。在收购完成进入整合期的几年里,由于两国文化差异,在工厂改造方面英国工人不认同宝马的管理模式和方法,加之英磅价值的猛涨,导致 8 万多名英国工人冲上街头,制造了一场大骚乱。宝马公司无力回天,于 2000 年以区区 10 英镑的象征性价格将罗孚部分品牌卖给了英国的凤凰财团,而自己只保留了 MNI 品牌。短短的 6 年时间,宝马公司在罗孚身上损失了大约 40 亿美元。在宝马收购罗孚案中,虽然存在其他一系列风险因素,但在公司整合阶段,劳动关系处理的缺陷无疑是导致收购最终失败的主导因素。这样的例子屡见不鲜。又如,在 TCL 并购 THOMSON 的过程中遭遇的巨额索赔。面对 2005 年、2006 年每年接近 20 亿元的亏损,TCL 不得不实施欧洲业务的重组计划,核心内容之一便是裁撤冗员。然而在法国,裁员远非想象的那么容易。TCL 总裁李东升认为,把大部分人解雇,给他们解雇补偿,再留下其中一部分人,是很简单的事情。但是在潜规则上法律不允许他这样做。在法国,如果是企业要聘用其中一部分人,必须要优先聘用那些难找到工作的人,这就意味着企业必须要聘用那些最没有竞争力的人。在法国,政府要求企业要保护弱者,因此老弱病残都不可以裁,只能先裁年富力强的、最有价值的人员,而他们恰恰是当时四面楚歌的 TCL 翻盘最重要的筹码。最终,TCL 将所有人全部解聘,然后再将有用的员工返聘回来。而在此一过程中,TCL 支付了高达 2.7 亿欧元的费用,而其中绝大部分是给员工的安置费用,平均裁员成本超过每人 10 万欧元。

得不与大部分超编员工续约，因而拒绝支付相应对价。其中无疑存在转让方的犹豫乃至放弃，同样不能排除受让方主动续约的其他动机。不过有一点是共通的，就是他们都想借此扩张原约定的利益，只不过欲望之剑如此锋利以至于在这个问题上都砍伤了自己。正是基于这一点，仲裁庭认定双方都存在过错。

问题在于，本案仲裁庭在认定过错后的责任分担上，随着新增的随机变量出现，肯定意识到了难以模拟现实的多重均衡博弈，并以此还原剩余空间中的讨价还价真实过程，所以简单选择了恪守原来一次性囚徒博弈规则，断然认定受让方不应与超编用工续约而使转让方继续履行不能。其背后的逻辑就是：即使对方有错，你也不能把事情做绝，断了对方继续履行的可能。可以说，协议约定转让方在控制权转移后仍负责清理超编员工问题，恰恰是商业活动中常见的"廉价磋商"导致合同不完备现象的体现。换句话说，订约时双方实际上是用"掷硬币"来解决这一博弈合作问题，即以清理超编用工是否完成来决定受让方是否应付款。毫无疑问，硬币落下之后每个参与人的最优选择，当然是遵守诺言。但是如果受让方的利益在硬币落下之时受到损失，其为什么不能拒绝这个协议并要求再次掷硬币？落实到案件里，就是在转让方违约尚未完成这一义务时，受让方何以不能替代履行，以及替代的边界在哪里？

虽然没有任何理由支持合同可以随意变更，而是应当像本案仲裁认定的那样，"受让方正确的做法应是让转让方继续履约"。但是，实际状况的不稳定性又产生了一定条件下应当允许违约责任替代的规则。涉及这一点的法经济学考量，两大法系都持一致态度，我国《合同法》第110条也规定了违约责任替代的三种情形。[16]本案中转让方在约定期满后除了提交一份裁员名单之外，长期未作任何进一步的安排，甚至在受让方迫于压力不得不与超编员工续签的整个期间也未提出过异议，这已不是迟延履行，而是订约后发生了未预料到的意外情势而不能履行，抑或是权衡后认为履行成本超过所获收益的不愿履行。面对前一种情况，受让方替代履约无可厚非。即使在第二种情况下，转让方无论是单独就实际履行与否进行成本对比，还是其衡量了受让方被迫续签后的损失比较，都肯定会指向"违约比履约更有效"这一结论。也就是说，没有人因违约而亏损，却至少有一人能得利。只有在这样的条件下，因为强制履行费用过高而"替代履行的边界"才能被确定。然而在这种情况下，该案仲裁的言下之意却是"强制让转让方在合理期后仍应承担一项其实不能或根本不愿意承担的已经承诺的义务"，这就武断干预了"违约的自由"本

---

〔16〕《合同法》第110条规定："当事人一方不履行非金钱债务或者履行非金钱债务不符合约定的，对方可以要求履行……"同时该条规定了三种除外情形：一是法律上或者事实上不能履行；二是债务的标的不适于强制履行或者履行费用过高；三是债权人在合理期限内未要求履行。

质,[17]甚至反而让转让方因“投机取巧”的违约过错而获得额外的回报。

由此反观商事仲裁法经济学的边界,其为之努力的乃应是由允诺之作成而产生的合理预期,说到底它是为尽可能增加经济价值和财富而设计的。这里法律的强制,应被理解为是为促使将来价值最大化的行为创造动因。因为商事仲裁较之法院裁判而言,更加需要机变地尊重不同当事人在整个法律过程中的意愿,以确保当事人期待从契约中获得利益,并因而使价值更高。所以,如果一个人不愿意承担一项已经承诺的义务,那么强制执行该义务便是不合理的;如果一方当事人发现另一笔交易即使在支付了这笔交易的赔偿金的情况下,仍可赚取更多的利益,则该当事人有违约之自由;如果关于契约期待利益的最初判断是错误的,而且一方当事人会因为完结这笔交易而遭受损失,那么在损害赔偿少于履行费用的情况下,应当认定他可以自由地违约,而且应该违约。

14. 借入法社会学的三维方法后,商事仲裁的特定方法论又会有什么新视角?

从法社会学的方法论意义上,商事仲裁更加关注市场规则、契约自治和商业惯例;同时商事仲裁员的专家身份也更容易让其获得“一阶观察”的盲点和潜在结构,以及避免陷入法官作为传统的“二阶观察”中观察者的绝对先验和法教义误区。前文分析足以明显看出,无论是法解释学还是法经济学角度,商事仲裁事实上更接近于卢曼的系统功能主义,[18]催生了仲裁员们在系统同它们的“环境”之间所展开的观察多阶化与观察视野交叉化之特定方法论思路。换句话说,商事仲裁已不像法院那样每一次观察都受制于所挑选的“区别”(如合法或非法),因为这种“观察只能看到那些借由区别之助所能看到的事物”。伴随着交易形态日趋复杂化、商事领域的私法形式性要求与当事人的实质要求之间正在不断产生冲突,受制于“合法与非法”区别之助的法官二阶观察,已难以贴合当事人的主观期待。商事仲裁就是在面对具体的商事纠纷时,能更灵活出于可循性等考虑选择远离法律的肯定性,形成方法论上的特定多元自由主义。因为在很多情况下相对于法律上的权利主张,当事人选择商事仲裁而不是诉讼,就是更加看重相互之间长期形成的信赖关系。甚至可援引施米特所说,以后商事仲裁的“自由主义问题的命运取决于多元主义的程度”。

当然正如罗尔斯所言,自由主义首先要回应的问题是“在多元主义的现实情况下如何维护社会的稳定”。同理,商事仲裁的二阶观察毕竟不是“一阶观察”,可以

---

〔17〕 参见[美]科宾:《科宾论合同》(上册),中国大百科全书出版社1997年版,第1页。

〔18〕 参见高宣扬:《鲁曼社会系统理论与现代性》,中国人民大学出版社2005年版,第13页。

根据实际情况拥有无限想象的空间。因为二阶观察的另一功能,仍在于尽可能有助于法律系统保持裁决的前后一致性,以及借此缩减日常生活世界的复杂性。因此探讨商事仲裁之特定方法论接下去还需研究的是,认真考量法律外部环境"效率要素"结构之角色,需知这些结构是某一特定法律出现的重大变数,否则往往不能一针见血地指出问题的真正症结所在。

15. 根据商事仲裁的特定方法论,当下中国影响股权转让案件处理的法经济学和法社会学要素主要包括哪些?

并非"第二法院"的商事仲裁,随着中国市场经济发育的成熟度不断提升,已越来越彰显出极为深远的现实意义。从微观上来看,它绝不是对抗性解决争议,因为那会使双方当事人大伤元气,无疑不是最佳选择。商事仲裁是以独特的专业知识及权威所附随的公信力产生一种特定方法,营造适合解决纠纷的氛围;以最大限度地维护当事人利益而又未必局限于仲裁请求的是非黑白,来启发当事人冷静地权衡利弊,而不是不惜代价的争财斗气。转从更为宏观的视野分析,商事仲裁更是在已发生的冲突解决中促进资金、技术、人员、信息等生产要素和商品快速自由流动,以寻求资源最有利配置的绝佳方式。

以股权转让为例,近年来中国海外并购在国外正面对国际化人才准备不足、海外企业工会被低估、权力圈管理模式差异、国外劳动法律不熟悉、核心员工的留任、购买核心技术难以及民族沙文主义等一系列棘手难题;同样,中国很多中小企业的并购在国内也受到相当多的垄断集团控制,以及面临中国式股权分置改革、过多外商投资审批许可、国有股权交易入场制度等限制,以至于难以顺利实现自己的价值诉求。可以说,中国并购市场已到了一个非常严峻的时刻。而商事仲裁不仅在解决国际贸易争端方面有着悠久的历史和独特的作用,[19]而且其在权利界定清晰后的多元自由主义风格越来越能把法律外部环境"效率要素"吸引进入法律内部,让人感觉到比诉讼具有更大利益,这种效率及成本背后的商事仲裁之特定方法论已成为左右当事人选择解决纠纷战略的核心竞争力,乃至于构造成一个"完全竞争市场"的替代性纠纷解决版图。

---

〔19〕 目前,国际商事仲裁已成为解决国际贸易纠纷的主要方式,正在日趋统一化。各国关于仲裁的国内立法以及由此所确立的仲裁制度日益趋同,特别是联合国 1958 年《承认及执行外国仲裁裁决公约》的实践,使仲裁被国际社会广泛接受。商事仲裁裁决在 140 多个国家之间得到相互承认和执行。

课堂时间安排

本案例可以作为专门的案例教学课来进行，整个案例的课堂安排 6 个课时，每课时 45 分钟。

如下课堂设计，仅供参考。

课前计划：安排学生阅读案例及相关参考资料，对案例所涉及的问题进行思考，撰写实践题答案。

课中计划：介绍教学目的，明确讨论主题；分组讨论，回答各项思考题，讨论实践题的撰写要点；小组代表提出撰写要点，学生讨论和分析；教师归纳总结。

课后计划：布置学生进一步思考商事仲裁员们在仲裁程序中的职能，以及基于不同维度的特定方法论。

思考题和实践题

1. 思考题

——仲裁特定性、程序和流程

(1) 比较于法院诉讼，替代性的仲裁方式一般包括什么特定性？

(2) 仲裁机构受理案件后，所应组织和推动的庭前程序包括什么必要环节？

(3) 两起商事仲裁案件的争议焦点经过梳理、归纳及合并后，主要应当包括哪些？

——商事仲裁的法解释学方法

(4) 法解释学的方法主要包括哪些？它们的优先适用顺序是什么，以及什么时候可以出现顺序适用的例外？

(5) 根据现行合同法规定，约定条款无效或可撤销的情形分别是什么？

(6) 根据现行相关法律规定，股权转让协议主要包括哪些法律上的强制性规定？

(7) 根据现行房地产管理法和土地管理法实施条例的相关规定，本案中的申请办理平阳高速土地证的法定主体应该是谁？其他主体对此又应承担什么样的义务？

(8) 仲裁庭在认定股权转让协议是否有效时，为何在理由阐释中要进行“应当尽量令协议有效而不是无效”这样的表述，它反映了商事仲裁的什么特定性？

(9) 根据现行合同法规定，顺位履行或称先履行抗辩的基本规则是什么，其与不安抗辩有什么区别？

(10) 申请人认为双方约定受让方绿城公司暂扣 1500 万元，用以代位支付待发生的向政府缴纳的平阳高速三条连接支线的补偿费用，不符合债产生的任何一种形式，应当认定无效。那么，仲裁庭又是依据什么加以考量和认定的？

(11) 商事仲裁对契约自由、市场规则和商业惯例的尊重这一特定性在本案中是如何体现出来的？

(12)涉及先履行抗辩权适用恰当与否过程中的举证责任移转法律依据是什么?

——商事仲裁的法经济学方法

(13)科斯和波斯纳的法经济学思想有什么不同?法经济学方法更多强调"回到科斯"的深刻含义是什么?

(14)以博弈论中常见的"猎鹿逻辑"为主线,就本案股权转让协议涉及"转让方负责解除与某石油公司的加油站经营权合同"的约定,分析股权转让双方在签约时及履行中,分别是如何渗入了法经济学的考量的?

(15)涉及协议中"转让方负责解除目标公司超编劳动用工"的约定条款,仲裁庭认为,劳动权虽然长投公司存在迟延履行的违约行为,但绿城公司理应敦促继续履行,而不是"继续与大部分超编人员保留劳动关系",致使长投公司"所承诺的工作在客观上已根本无法完成",剥夺了请求支付股权转让对价的权利,因而裁决绿城公司应支付相应价款。根据法经济学原理,仲裁庭的这一认定是否适当?可能会产生什么样的连锁性反应?

——商事仲裁的法社会学方法

(16)从法社会学角度,法律外部因素是以什么样的视角和方式影响商事仲裁的法律适用?

(17)根据当下中国面临的股权转让问题,国内外影响股权转让案件审理的因素主要包括哪些?

2. 实践题

(1)如果你是当事人的代理律师,接受申请人或被申请人的委托后,在两起仲裁案件中应分别从事哪些法律工作,请拟定相应的代理工作计划。

(2)如果你已被指定担任第一起或第二起仲裁案件的首席仲裁员后,请择一拟定开庭提纲。

(3)请为两起关联仲裁案件中的申请人或被申请人择一拟定代理词。

(4)请为以商事仲裁员身份,为第一起仲裁案件撰写仲裁裁决书。

参考文献

1. 杨良宜:《合约的解释》,法律出版社 2007 年版。

2. [英]肯·宾默尔:《博弈论与社会契约》,王小卫、钱勇译,韦森审订,上海财经大学出版社 2003 年版。

3. [美]罗伯塔·罗曼诺:《公司法基础》(第二版),北京大学出版社 2013 年版。

4. [美]罗纳德·科斯:《论生产的制度结构》,盛洪、陈郁译校,三联书店上海分店、上海人民出版社 1994 年版。

5. 吴建斌:《上海外滩"地王"案的二维解析》,载《法学》2013 年第 7 期。

6. [美]迈克尔·贝勒斯:《法律的原则》,中国大百科全书出版社 1996 年版。

7. 顾祝轩:《民法系统论思维》,法律出版社 2012 年版。

8. [加]大卫·戴岑豪斯:《合法性与正当性:魏玛时代的施米特、凯尔森与海勒》,刘毅译,商务印书馆 2013 年版。
9. 洪镰德:《法律社会学》,台湾扬智文化事业股份有限公司 2001 年版。

撰稿人｜杨力,上海交通大学凯原法学院教授

5 CASE 三一重工海外投资分析

| 摘　要 |

本案例以时间为轴线，以三一重工所经历的公开发行上市、海外投资（欧洲及美国）、海外诉讼（美国）为蓝本和对象，主要研究讨论中国企业海外投资（包括投资并购以及绿地投资）的相关法律实操问题、程序、公司治理和法律风险，以及海外投资在投资地遭遇法律和政策风险与阻碍时的应对策略和方法，以及寻求中国所加入的国际性组织如世界贸易组织（WTO）所提供的救济途径。通过对案例的学习，总结海外投资流程，识别海外投资和国际贸易风险并寻求解决对策，并通过分析投资阻碍和投资风险寻求WTO救济。其中，三一重工诉美国外国投资委员会（CFIUS）和美国总统奥巴马案，是中国企业首次对美国政府和总统提起诉讼并获得胜利，对中国企业海外投资和践行“走出去”战略具有重要的参考意义。

| 关键词 |

公司上市　国际投资　海外诉讼　海外并购　WTO争端解决

| 教学目标 |

本案例以三一重工海外投资为例，重点介绍了中国企业在海外进行投资的具体流程，以及国内法律法规对海外投资的相关规制和美国对外国投资的准入规制和监管制度，并着重分析了投资行为在海外受诉或受阻时可以寻求的救济手段。通过对案例的阅读、分析，综合授课教师的指导，使学生对中国企业海外投资的全部流程和诉讼风险以及可寻求的救济手段有一个较为熟悉的掌握，从而对中国企业海外投资行为有一个全面而深入的认识。其中，对WTO争端解决适用的分析也涉及较多的理论问题，由此引发学生的进一步思考，并为学生自主调查研究相关理论问题提供方向。

教学案例主文

一、事实概述

2012年7月，湖南三一重工股份有限公司（以下简称三一重工）集团关联公司罗尔斯公司（Ralls）在美国经营的风电项目被美国外国投资委员会（Committee on Foreign Investment in the United States，CFIUS）以“威胁美国国家安全”为由直接禁止；9月28日，美国总统奥巴马以同样理由签发了该风电项目的总统行政命令，并要求罗尔斯公司在行政命令生效之日起90日内撤出全部投资。

罗尔斯公司于2012年9月12日起诉CFIUS；2012年10月1日，罗尔斯公司又向美国哥伦比亚特区联邦地方分区法院递交诉状，将美国总统奥巴马追加为被告，指控其违反了美国宪法保护财产所有权的规定和相关法定程序。在罗尔斯公司追加美国总统奥巴马为被告前，尚未有任何法人就相关一类裁决起诉过美国总统。

罗尔斯公司为中国三一集团关联公司，其实际控制人为三一集团两位副总裁——段大为和吴佳梁。美国东部时间2014年7月15日，美国哥伦比亚特区联邦上诉法院由汉得逊大法官、布朗大法官和维金斯大法官组成的合议庭就三一集团在美关联公司罗尔斯公司因俄勒冈州风电项目被禁止诉CFIUS和奥巴马总统案做出判决。在一份长达47页的判决中，合议庭推翻相应地方分区法院杰克逊法官批准美国政府相关动议的判决，一致裁定：（1）三一集团在美关联公司罗尔斯公司在BC项目中具有受宪法程序正义保护的财产权。（2）奥巴马总统下达的禁止罗尔斯公司俄勒冈州BC风电项目的总统令违反程序正义，剥夺了罗尔斯公司在BC项目中受宪法保护的财产权。美国政府需要向罗尔斯公司提供相应的程序正义，包括CFIUS和总统做出相关决定所依赖的非保密信息和在了解相关信息后回应的机会。（3）CFIUS就BC项目针对三一各公司下达的各项命令，不因奥巴马总统令的下达而自动规避法院的审查。初审法院应就罗尔斯公司对CFIUS各项命令的挑战和诉求立案并进行实质审查。

2003年7月3日，经中国证监会批准，湖南三一重工股份有限公司（三一重工）在上海证券交易所挂牌上市，三一重工成为中国工程机械行业第一只民营企业股。三一重工此次发行A股6000万股，于2003年6月18日开始以每股15.56元的发行价正式向二级市场配售。此次募集资金到位后，三一重工投资64109万元用于智能型振动式压路机、高等级沥青路面施工成套设备、全液压履带式推土机、吊管机和路面铁刨机等的开发和生产，并补充流动资金25880.44万元。

2007年9月12日，三一重工与美国佐治亚州政府签署投资6000万美元建设工程机械研发制造基地的投资备忘录，公司计划在美国佐治亚州桃树城投资6000万美元，并征地1600亩建设三一美国研发、制造中心。这是中国在美国投资建厂的第一家机械制造企业，也是湖南省在美国的最大一笔投资。

2012年1月20日，三一重工第四届董事会第十六次会议审议通过《关于收购德国普茨迈斯特公司的议案》，三一重工及中信产业投资基金（香港）顾问有限公司共出资3.6亿欧元，收购德国普茨迈斯特控股有限公司100%股权，其中三一德国出资3.24亿欧元（折合人民币26.54亿元），拥有90%股权，在德国时间2012年4月16日，完成德国普茨迈斯特公司股权转让的交割手续。早在2009年，三一重工与北威州（德国）政府签订投资协议，由三一重工投资1亿欧元在北威州建设研发制造基地。

2012年3月，三一重工与奥地利帕尔菲格公司签署协议，成立两家合资公司，全面进军随车吊市场。2013年9月30日，三一重工与奥地利帕尔菲格集团在北京达成协议，计划通过相互持股10%股权的方式进一步加强其战略合作伙伴关系。此时，三一帕尔菲格的随车起重机产品上市已有一年，其销量一举跃居国内随车起重机行业第四名，市场占有率已超过4%。2013年12月10日，三一重工与奥地利帕尔菲格集团正式签订战略合作协议，三一重工将以约1.08亿欧元认购帕尔菲格约10%的股份，帕尔菲格同样投资1.10亿欧元于三一汽车起重机械有限公司，获得三一起重板块业务10%的股权。2014年5月15日，三一重工发布公告称，公司已和奥地利帕尔菲格公司正式完成了股权交割，实现交叉持股。公司通过间接全资子公司SANY Germany GmbH持有帕尔菲格10%的股份，该部分股份已经在奥地利萨尔茨堡地方法院注册登记，并获准在维也纳证券交易所上市流通。帕尔菲格通过其全资子公司Palfinger SLS Holding Pte Ltd.持有三一汽车起重机械有限公司10%的股权，此次增资已获中国商务部、外汇管理局和工商部门的批准。

二、案例分析

（一）三一重工诉CFIUS和美国总统

2014年7月15日，美国哥伦比亚特区联邦巡回上诉法院裁定，中国三一重工集团在美国的关联公司罗尔斯公司在起诉美国总统奥巴马和CFIUS一案中胜诉。这是中国企业首次对美国政府和总统提起诉讼并获得胜利。

1. 案情陈述

2012年2月，三一重工通过其两名高管在美国设立的关联公司罗尔斯公司与另外一家美企业——TERNA US 签订协议,收购后者位于美国俄勒冈州西南 12 英里处的 4 个 10 兆风力发电项目,分别是 Pine City 风力发电厂、Mule Hollow 风力发电厂、High Plateau 风力发电厂和 Lower Ridge 风力发电厂。4 个项目合称"奶油湾项目"(Butter Creek)。在被罗尔斯公司收购之前,该 4 个项目已备好风力生产所需设备,并办理了相关手续,包括取得地役权,达成供电协议、并网协议,办理项目建设必要的政府审批手续。这 4 个项目中有一处(Lower Ridge)在美国海军的限飞空域之内,其余项目距离军事管制区不足 7 英里。美国海军在此进行低空轰炸和电子战训练,以及试验无人驾驶飞机。为了防止冲突和避免妨碍低空训练,美国海军督促罗尔斯公司将 Lower Ridge 项目搬走,罗尔斯公司照办,但搬迁后仍处于限飞空域之内。

2012 年 6 月 14 日,罗尔斯公司收到通知称其风电项目受到 CFIUS 的关注。据此,6 月 28 日,罗尔斯公司向 CFIUS 递交一份 25 页的项目交易相关报告进行披露,说明收购交易不存在威胁或损害美国国家安全的情形,并且参加听证会。7 月 25 日,CFIUS 认定罗尔斯公司的项目收购行为对会美国国家安全造成威胁,并发布临时禁令,要求罗尔斯公司:(1)立即停止项目建设和运营;(2)移走全部物资设备;(3)禁止任何人进入相关项目场地。8 月 2 日,CFIUS 进一步要求,在没有获得美国政府许可的情况下,罗尔斯公司不得出售风电场及建设风场所需设备。在沟通无果之后,罗尔斯公司不得不选择司法救济。

2. 联邦地区法院判决

9 月 12 日,罗尔斯公司向美国哥伦比亚特区联邦地区法院(联邦地区法院)提起诉讼,将 CFIUS 诉诸法庭。9 月 28 日,奥巴马总统依据《国防产品法》第 721 条的授权以该项目"涉嫌威胁美国国家安全"为由,签发总统禁令。鉴于此,罗尔斯公司将奥巴马本人也追加为被告。同年 11 月 28 日,联邦地区法院法官举行首次听证会。2013 年 2 月 22 日,联邦地方法院法官埃米·杰克逊做出裁决,认为法院对罗尔斯公司就奥巴马以"国家安全"名义要求其停止项目计划的命令提起的诉讼没有管辖权,但法院受理了罗尔斯公司所主张的应获知奥巴马和 CFIUS 中止该项目的具体原因和理由的正当权利,即愿意审查 CFIUS 的做法是否侵犯了罗尔斯公司根据美国宪法赋予的权利。

2013 年 10 月 16 日,联邦地方法院作出初审判决:美国政府禁止俄勒冈奶油湾风电场项目没有违反美国宪法。对此,三一重工及其关联公司罗尔斯公司不服,并立即提出上诉。

3. 联邦上诉法院判决

2014 年 7 月 15 日,联邦上诉法院做出判决,认为 CFIUS 在程序上违反了罗尔斯公司根据宪法享有的权利。

联邦上诉法院由汉得逊大法官、布朗大法官和维金斯大法官组成合议庭,就罗尔斯公司因俄勒冈州风电项目被禁止诉CFIUS和奥巴马总统案进行审理。在长达47页的判决书中,合议庭推翻联邦地区法院的认定。在管辖权方面,联邦上诉法院不同意其没有管辖权的意见。法院认为,根据最高法院的实践,只有在有“明确而且有说服力的”证据证明国会明确禁止司法机关进行合宪审查时,司法机关才失去管辖权。在外国投资安全审查方面,尽管相关法律规定CFIUS和美国总统的审查决定不受司法审查,但它并不能排斥法院就其是否侵犯了公民或法人根据美国宪法第五修正案所享有的权利进行审查。被上诉人还提出,对外国投资的安全审查属于外交和国家安全事务,因此应当免受司法审查。对此,法院不予认可。

联邦巡回法院同意地区法院的结论,认为罗尔斯公司根据所在州法律合法获得财产。但是,联邦法院并不认为罗尔斯公司根据州法取得的财产权仅受宪法保护。在上诉法院法官看来,在交易安全时,罗尔斯公司根据州法律已经完全取得了财产权。此外,初审法院认为,罗尔斯公司没有在交易完成之前主动申请CFIUS批准,因此已经豁免了其财产保护权。对此,联邦巡回法院同样不予认可:法律只是规定交易方可以进行主动披露,而披露可以在事前或在事后进行。关于正当程序,初审法院认为,在审查过程中,CFIUS通知罗尔斯公司,给予其机会提供相关证据,并举行了听证会,因此已经构成了正当程序。上诉法院认为,正当程序至少应当通知利害关系人对其采取的官方行动,让其接触据以采取行动的非保密信息,并给予其机会对该证据进行反驳。然而,在本案中,总统令没有经过正当程序便剥夺了罗尔斯公司依据宪法所享有的财产权。

联邦巡回上诉法院认为,奥巴马总统下达的禁止罗尔斯公司俄勒冈州奶油湾风电项目的总统令违反程序正义,剥夺了罗尔斯公司在涉诉风电项目中受宪法保护的财产权。据此,法院指出,美国政府需要向罗尔斯公司履行程序正义,包括向其披露CFIUS或奥巴马总统做出相关决定所依据的非保密信息,并给予其在了解相关信息后回应的机会。同时,初审法院应就罗尔斯公司对CFIUS各项命令质疑和相关诉讼请求进行实质审查。

从联邦巡回法院的判决来看,其只是解决了两个程序问题:其一,CFIUS和美国总统剥夺罗尔斯公司根据宪法第五修正案享有的权利之决定违反程序正义;其二,关于其他实体问题,应当发回初审法院审理。因此联邦地区法院需要按照上诉法院的判决重新根据罗尔斯公司的请求进行实质性审查。

4. 美国外资准入规制

虽然美国一直有鼓励外商直接投资的传统,但外国投资在美国并非绝对自由,外国投资仍受到不同程度的限制,经历了从申报、劝阻到强制性国家安全管制的过程。

美国外国投资委员会(Committee on Foreign Investment in the United States,

CFIUS)是美国管理外国投资的专管部门,审查外国在美国投资对国家安全的影响。该委员会主席为财政部长,委员会成员包括美国16个政府部门和机构的代表,包括国防部、国务院、商务部及国土安全部。从1993年开始,CFIUS的构成不断扩大,其职责也从评估和监督外国投资对美国的影响转变为通过完全审查来确保美国国家安全。具体包括如下程序:

(1)申报或通报程序。外国企业在美投资的国家安全审查申报并非强制,交易方可以自行选择是否申报。可以在交易完成之后申报,也可以在交易期间进行申报。

(2)初审程序。在收到交易通知后,CFIUS在30日内决定该交易基于国家安全考虑是否应当进行全面调查。每个机构成员将进行独立的审查。任一机构或几个机构认为该交易可能损害美国国家安全,CFIUS将立刻召集各机构的高级官员举行会议,三个或以上机构同意,则立即通知总统和交易各方开始对该交易进行为期45日的调查;或无须调查的,书面通知交易各方审查已结束。

(3)调查程序。CFIUS在调查启动后45日内完成向总统提交的调查报告,并建议总统对该交易采取何种行动。经调查没有损害国家安全情形的,书面通知交易各方审查结束。

(4)总统决定。总统在15日内做出是否同意交易的决定。总统有权对CFIUS同意的交易采取暂停或禁止措施。

5. 罗尔斯公司收购案被否决的原因

对国家安全造成威胁是罗尔斯公司收购交易被否决的最直接原因。奥巴马总统的行政命令认定,有可信的证据表明罗尔斯公司的收购威胁了美国国家安全。该行政命令中所指的可信证据,系指罗尔斯公司所收购的4座风力发电厂所在地邻近美国海军的训练场所,同时,风力发电厂均使用了由三一重工制造的风电设备和设施。该类收购交易客观上确实会对美国的国家安全造成潜在威胁,也可能构成美国《国防生产法》第721节修正案中"外国人的商业行为对美国应对国家安全能力的影响"之情形。

本案中美国的国家安全审查是否属于WTO管辖?适用WTO的哪些条约?违反了WTO协议项下哪些义务?

1. WTO争端解决机制的管辖范围

根据《关于争端解决规则与程序的谅解》(Understanding on Rules and Procedures Governing the Settlement of Disputes, DSU)的规定,管辖范围包括两层含义:首先是DSU所管理的协定范围,其次是DSU所管辖的案件性质。DSU第1.1条规定,WTO争端解决机制应当适用于WTO的适用协定(covered agreements)。第3.1条规定,DSU是根据

GATT1947 第 22 条和第 23 条进一步解释而得出的规则和程序，而 GATT 第 22 条和第 23 条是 DSU 管辖权的来源和依据。根据 GATT 第 23 条，当出现下列两种情形时，WTO 成员可通过 DSB 进行救济：(1) WTO 成员在 WTO 协定项下的利益正在丧失或减损，或者(2) WTO 协定任何目标的实现正在受到阻碍。上述丧失/减损/阻碍必须由下列原因所致：(1) 被申诉方对其 WTO 义务违反，即违法之诉；或(2)被申诉方采取任何措施，不论该措施是否与关贸做那个协定相冲突，即非违法之诉；或(3)存在其他情况。

在 WTO 争端解决机制中，违法之诉是一种运用得非常广泛的申诉模式，其适用范围也包括诸多协定，包括 DSU 第 1.1 条中规定的所有协定，即建立世界贸易组织协定(Marrakesh Agreement Establishing the World Trade Organization, WTO Agreement)、多边贸易协定(Multilateral Trade Agreements)、复边贸易协定(Plurilateral Trade Agreements)。然而，非违法之诉在 WTO 争端解决实践中很少适用，专家组也指出“尽管非违法之诉是 GATT/WTO 争端解决机制中一个重要并被广泛接受的概念，且已经被教科书记载有 50 年，但是在实践中只有 8 个案件在实质上设计到非法之诉”。根据 DSU 第 26 条的规定，非违法之诉可以适用于货物贸易领域、服务贸易领域，但由于被申诉方所采取的措施并未违反 WTO 协议的规定，争端解决机构可以建议相关成员作出调整，但此调整行为不具有强制约束力。在知识产权领域的适用方面，TRIPS 第 64 条第 2 款规定，自《建立世界贸易组织协定》生效之日起的五年内(此期限已经在 1999 年 12 月 31 日结束)，非法质素不能在 TRIPS 协定中适用。五年过渡期结束后，非法之诉能否在 TRIPS 协定中适用，由 TRIPS 理事会做出决定是否适用。但截止到 2009 年第七届部长级会议，仍决定继续延期违法之诉在 TRIPS 协定中的适用。综上所述，通过非违法之诉不太可能将国家安全审查纳入 WTO 的管辖权之下。因此，判断国家安全审查是否可由 WTO 管辖，只能从违法之诉的角度探索。

从 WTO 违法之诉的角度观察奥巴马对罗尔斯公司所发出的总统令，需检测以下几个方面：(1) 该行为是否使中国在 WTO 协定项下的利益正在丧失或减损，或 WTO 协定任何目标的实现正在受到阻碍；(2)这种丧失/减损/阻碍是否因美国未能履行其在 WTO 协定项下的义务所造成。因此，需要进一步观察国家安全审查应适用哪些 WTO 协定。

2. 国家安全审查适用的协定

国家安全审查措施审查的是外国投资者在本国的投资，WTO 中涉及投资的协定主要包括：《与贸易有关的投资措施协定》(Agreement on Trade - Related Investment Measures, TRIMs)、《服务贸易总协定》(General Agreement on Trade in Service, GATS)、《补贴与反补贴措施》(Agreement on Subsidies and Countervailing Measures, SCMs)、《与贸易有关的知识产权协定》(Agreement on Trade - Related Aspects of Intellectual Property Rights, TRIPS)。美国对三一重工采取的措施当中均不涉及服务贸易、补贴和知识产权的问题，因此不能适用 GATS, SCMs 和 TRIPS。

TRIMs 第 1 条明确指出:"本协议仅适用于与货物贸易有关的投资措施。而且该协定并不适用于所有与货物贸易有关的投资措施,而是适用于那些可能对贸易产生限制或扭曲作用的投资措施。"这说明 TRIMs 所规范的投资措施严格限于与货物贸易有关的投资措施。第 2 条则规定,如果一项与货物贸易有关的投资措施与 1994 年 GATT 第 3 条(关于国民待遇的规定)或第 11 条(关于取消数量限制的规定)不符,则 WTO 成员就不得实施。这说明,TRIMs 只管辖违反了 1994 年 GATT 第 3 条或第 11 条规定并对货物贸易产生扭曲作用的投资措施。此外,TRIMs 第 3 条作出了例外规定,即"GATT1994 项下的所有例外均应酌情适用于本协定的规定"。专家组在以往案例中通过三个步骤判断涉案措施是否符合 TRIMs:第一步,是否为"投资措施";第二步,是否与贸易有关;第三步,是否构成第 3 条的例外。

按照上述步骤分析三一重工案。

首先,关于"投资措施",一般是指东道国政府为管理外国投资所采取的措施。这些措施通常直接影响到投资者的投资或与投资有关的活动。根据 TRIMs 解释性清单,所涉措施包括以下两种:第一,国内法或行政命令项下的强制性或可予强制执行的措施。这显然应是指政府根据法律法令要求投资者采取的措施,即属于履行要求措施。例如,东道国法律要求投资者购买一定数量的当地产品的做法,即当地成分要求。第二,为取得某种好处所必需的措施,即并不强制要求投资者为某种行为,但若想获得政府给予的某种优惠或好处,如享受关税优惠待遇,则必须采取的措施,通常称之为投资鼓励措施。奥巴马发布禁止罗尔斯公司收购交易的总统令符合第一种措施,即成员国行政命令项下的强制性或可强制执行的措施。

在实践中,对与"投资措施"的解释更为宽泛,有时也不限于与外国投资有关的措施。例如,DSB 受理的印度尼西亚影响汽车工业的某些措施一案,专家小组认为,这里使用的投资措施并不仅仅限于特指与外国投资有关的措施。印度尼西亚采取的国产化要求及与此相关的国内税收和补贴措施也属于"投资措施"。虽然 TRIMs 不关注这种国内税收和补贴政策,但关注国产化要求。印度尼西亚于 1993 年和 1996 年汽车计划中所规定的措施,其目的在于鼓励发展在印度尼西亚当地生产汽车成品和零部件的能力。这些措施对相关行业的投资具有重大的影响,因此符合对"投资措施"所作的合理解释。因此,TRIMs 并未明确排斥任何措施不属于"投资措施",只要与"投资"相关即可。国家安全审查,即对外国投资准入进行限制,亦可以解释为"投资措施"。

其次,关于"与贸易有关",TRIMs 仅适用于与货物贸易相关的投资措施,由于贸易与投资的关联性,投资措施可能总会对贸易产生某种影响,但投资措施对贸易的作用和影响毕竟有直接与间接之分。如果不根据影响的程度加以区别,那么所有的投资措施都可以说是与贸易有关的,因此,“与贸易有关”应指对贸易有直接作用和影响的投资措施。所谓的直接影响,是指这些投资措施直接关系或影响到货物的进出口。例如,在上述印度尼西亚汽车工业国产化措施案中,专家小组就认为,印度尼西亚关于国产化率的要求,是“与贸易有关的”,因为根据解释,这些要求总是鼓励多用国货,少用进口产品,从而影响到贸易。然而要把国家安全审查措施解释为与货物贸易由直接管辖,是存在较高难度的。

最后,关于例外规定。GATT1994 项下的所有例外均应酌情适用于 TRIMs。GATT1994 第 20 条和第 21 条分别规定了一般例外和安全例外。GATT1994 第 20 条是为成员在特定情形下违反 GATT 其他条款的国内措施免责。GATT1994 第 21 条所规定的安全例外均指关系“国家根本安全利益”的例外。可见,美国对三一重工的国家安全审查并不构成例外情形。

虽然对美国的国家安全审查措施单独适用 TRIMs 存在很大困难,但就三一重工案来看,并不意味着中国政府作为投资无法通过 WTO 对中国投资者提供保护。通常国家安全审查措施都不是单一措施,而是多个相互关联的措施所构成的整体。CFIUS 认定罗尔斯的项目收购行为对美国国家安全造成威胁,发布临时禁令,禁止罗尔斯公司任何相关人员进入项目场地,只有经 CFIUS 同意的美国公民方可进入设备区域移除设备,这意味着三一重工只能聘请美国公民进行搬运、拆卸等工作。因此,可以从某项法律或禁令的具体措施入手,判断某项措施是否属于 WTO 争议管辖范围。但是根据 CFIUS 的职能,作为国家安全审查的主体部分——禁止收购交易则属于成员国国家主权保留领域,无法在 WTO 中寻求救济。

(二)三一重工首次在美投资

1. 项目概述

2006 年,三一重工美国有限公司成立,初始资本投资为 3000 万美元。三一美国有限公司是三一重工有限公司在美国的全资子公司,注重于重工业设备的研发、生产、销售和服务。

根据三一重工 2007 年重大事项公告,2007 年 9 月 12 日,三一重工将与美国佐治亚州政府签署投资 6000 万美元建设工程机械研发制造基地的投资备忘录,并计划在美国佐治亚州桃树城投资 6000 万美元,并征地 1600 亩建设三一美国研发、制造中心,将通过在美国建设生产基地,进一步辐射加拿大、墨西哥市场。经董事会审议批准,并经发改、商务、外汇等相关部门批准后,该项决议得以实施。

截至 2007 年,三一重工的主要产品混凝土机械的毛利率约 40%,盈利水平较高,在美设立生产基地仍然主要生产混凝土机器。2007 年上半年混凝土机械产品实现收入29.36亿元,同比增长92.41%。此前,三一重工的出口市场主要集中在中东、印度和东南亚地区。2007年,由于受到次贷风波的冲击,美国房地产业情况并不乐观,因此三一重工正好利用较低的投资成本立即扩产项目,在扩产完成后,房地产业业正好开始复苏。

2010年7月,三一美国公司一期工程在桃树城正式动工,开始运作大型建设项目,建立全新的装配工厂和公司总部。

2. 国际直接投资

国际直接投资是指伴有企业经营管理权和控制权的投资。投资者在海外直接经营企业,并对企业的经营管理有较大的控制权。三一重工在美国新建企业、厂房属于绿地投资,这种方式有一个显著的优点,即投资者能在较大程度上把握风险,掌握项目策划的主动性。此外,新建方式可以利用机器、设备、原材料、技术、工业产权等作为资本投入,弥补外汇资金的不足,缩短了生产与销售在时间和空间上的距离,减少了货运成本,能够及时通过市场反馈信息,更好地提供售后服务,能保护商标、专利、专有技术等秘密性和限制使用,能跨越目标国所设置的各种贸易障碍,能获得东道政府制定的优惠政策。

(1)我国非国有企业对外投资的法律规制

第一,审批制度。2004年,国务院先后颁布了两个行政法规,即《行政许可决定》和《国务院关于投资体制改革决定》国发〔2004〕20号,为境外投资管理体制转变提供了法律依据和推动力量。其中,《行政许可决定》对境外投资管理部门进行了职能划分:

首先,国家发展和改革委员会负责"境外资源开发类和大额用汇投资项目审批"和"企业境外投资用汇数额审批(不涉及用汇来源,是否购汇以及购汇多少的管理)"。

其次,商务部负责"国内企业再境外开办企业(金融企业除外)核准"。

最后,国家外汇管理局负责"境外投资外汇资金(资产)来源与汇出审核、登记"。

《体制改革决定》确认并落实了企业的自主权,规定"中方投资3000万美元及以上资源开发类境外项目由国家发展和改革委员会核准。中方投资用汇额1000万美元及以上的非资源类境外投资项目由国家发展和改革委员会核准"。除上述项目外,中央管理企业投资项目报国家发改委、商务部备案;其他企业投资的项目由地方政府按照有关法规办法核准。我国对外投资实现了从过去个案审批到规范审批的转变,下放了审批权限,简化了审批程序,例如将原来的项目建议书和可行性报告两次审批改为只核准项目申请报告。

此外,相关部委还颁布了一系列规章予以配套,如商务部和国家统计局联合颁布的《对外直接投资统计制度》、商务部《境外投资开办企业核准工作细则》及其解读、《关于规范境外中资企业及机构冠名有关事项的通知》等。

第二，外汇管理制度。针对对外投资的外汇管理，我国也经历了从早期的严格管制逐步放宽的转变。根据2002年《关于清理境外投资汇回利润保证金有关问题的通知》，自2002年11月15日起不再收取境外投资汇回利润保证金，并且规定对已收取的保证金进行清理、退还。2003年《关于简化境外投资外汇资金来源审查有关问题的通知》为落实取消境外投资外汇风险审查和汇回利润保证金两项行政审批的后续监管工作，进一步简化境外投资外汇资金来源审查手续，投资主体开展境外投资前应报所辖地外汇分局(外汇管理部)进行外汇资金来源审查。全部以实物投资的项目、援外项目和经国务院批准的战略性投资项目免除该项审查。2006年《关于调整部分境外投资外汇管理政政策的通知》规定，自2006年7月1日起，外汇局不再对各分局核定境外投资购汇额度。2008年颁布的《中华人民共和国外汇管理条例》进一步简化了对境外直接投资的外汇审批程序。

第三，税收管理制度。我国现行的海外投资税收管理制度主要包括《企业所得税法》《企业所得税法实施条例》以及相关法规和出口退税制度组成。

新企业所得税法从2008年1月1日已经开始施行，由于这次税法调整的内容较多，对企业的经营决策必然造成较大的影响。新税法按照国际惯例，将纳税人分为居民企业和非居民企业。居民企业应承担全面纳税义务，就其源于境内外的所得纳税；非居民企业只负责就源于本国的所得纳税。对于税法居民纳税人的认定，采用了注册地标准和实际控制管理地标准相结合的双重标准，即在境外成立的企业如果实际管理地在境内，也属于我国的境内纳税人，对其全球所得进行纳税。

《企业所得税法》规定对中国居民企业从其直接或间接控制的外国企业分得的股息、红利等权益性投资收益，可纳入税收抵免的范围。对旧税法精神进行了延续，同时又进行了发展，新引入了间接抵免的规定，即在旧税法的基础上，按照国际惯例对境外所得已交税款抵免的方式分类为直接抵免和间接抵免。此方法有利于进一步拓宽企业境外投资的方式和领域。首先允许抵免的公司必须是居民企业能对其控制，包括直接和间接控制，目前直接控制是指居民企业直接持有外国企业20%以上股份；间接控制，是指居民企业以间接持股方式持有外国企业20%以上股份，具体认定办法尚待规定。另外，抵免方式上类同于直接抵免，如抵免限额的计算，但是对于超过限额的已纳税款不允许递延抵免，即没有5年的期限概念。

2005年国家税务总局开始提供税收争端处理服务，对在于中国签订税收协定的国家投资的企业，如果认为缔约国所采取措施已经或者将会导致不符合税收协定规定的征税行为，可向国家税收总局提出申请，由国家税务总局与缔约国主管税务部门协商解决，为境外投资企业开辟了一条有效处理国际税务争端的途径。国家税务总局2007年3月还制定了《关于做好中国企业境外投资税收服务与管理工作的意见》，要求各级税务机关从完善政策、规范管理、优化服务、加强合作方面进一步为促进企业境外投资创造环境。

若为某非国有企业策划海外投资项目，根据现行的法律法规的规定，非国有企业在境外投资开办企业的具体流程什么？

1. 确立投资项目。企业在发展投资之前仔细研究拟投资国的投资环境、市场情况、融资渠道、当地的文化风俗等，制作周全的投资项目。

2. 相关文件报送及审查、核准。企业将(1)投资项目申请书(主要内容包括开办企业的名称、注册资本、投资金额、经营范围、经营期限、组织形式、股权结构等)；(2)境外企业章程及相关协议或合同；(3)外汇主管部门出具的境外投资外汇资金来源审查意见(需购汇或从境内汇出外汇的)；(4)国内企业营业执照以及法律法规要求具备的相关资格或资质证明提交省级商务主管部门(注：中央企业径向商务部提出申请)。省级商务主管部门收到材料进行形式审查，受理后征求我国驻外使(领)馆经济商务参赞处(室)的意见，自受理之日起15个工作日内做出是否核准决定；需报商务部核准的受理之日起5个工作日内进行初审，初审后将本部门初步审查意见、我驻外经济商务参赞处(室)意见、企业提交的全部材料上报商务部。

3. 企业获得批准证书之后，凭批准证书办理外汇、银行、海关、外事等相关事宜。到对外投资企业开设地的工商行政管理部门办理企业登记注册手续，在当地注册后，应将注册文件报商务部备案，并向我驻外经济商务参赞处(室)报到、备案。

(2)东道国外资准入规制

对于外国投资者赴美从事绿地投资，美联邦政府不设外资审查程序，地方政府依据项目性质、地点，可能会要求投资者申请特定许可，例如，与环保有关的空气排放许可。许可类型、名称也因所在州、郡不同而异，具体可通过咨询各州商务、投资主管部门获取。

基本流程

一般而言，中国企业赴美新设制造类项目的基本流程如下：

第一，制定战略：根据企业发展规划和战略制定海外建厂的部署规划，经过国别筛选比较，确定在美国投资。

第二，项目调研及选址：根据项目规模、复杂程度，组织本公司自有团队或聘请专业咨询机构，对项目进行全面调查分析，为项目立项提供详实依据。一般项目调研需比较目标市场容量、综合成本、地域优势、配套设施、优惠政策、劳工关系、同业竞争、投资风险等，随后遴选出若干备选厂址。公司派出团赴美实地考察，确定最终厂址。为增进双方了解,可视情邀请美方赴本公司考察。

第三,履行国内审批手续(参见上文)。根据中国商务部《境外投资管理办法》、国家发展改革委《境外投资项目核准暂行管理办法》等规定,完成相应境外投资核准手续。

第四,项目公司注册及实施工作:中国企业成立赴美投资项目筹建组,在项目调研报告基础上,组织设计单位、国际工程咨询评估机构、国外法律、财务、环评等咨询公司开始实际运作前期项目。

一是公司设立。聘请项目所在地专业律师,依照所在州、郡的法律规定起草公司成立文件,向州务卿办公室提交设立申请,在获得州务卿签署的公司成立证书后,项目公司即正式成立。

二是购买土地。首先,对拟定选址进行考察,一般可通过地产中介公司与土地所有人签订土地购买意向协议,并按协议条款支付定金或保证金,以锁定目标地块。其次,启动边界测定、地质初勘、环评申请。

三是申请环评等许可。具体许可随各州以及项目性质不同而变化。

四是争取优惠政策。在中国企业赴美投资考察前期阶段,应与项目所在州、郡、社区政府部门接洽,争取对方在税收、扶持基金、本地员工培训等方面的优惠政策。需要注意的是,只有满足特定条件的投资者和项目才有可能享受到优惠政策。在联邦层面,美政府也为投资者提供激励方案。

五是配套公共设施洽谈。与当地供电、输电企业、供排水单位、其余生产要素供应商(如天然气、工业气体等)、物流交通运营商(如铁路、公路、航空、港口等)就选址周边配套设施、接入方案进行协商落实。

第五,及时向中国驻外使领馆报到(参见上文):根据中国商务部《境外投资管理办法》规定,在国内企业完成在美投资后,应及时向中国驻外使领馆经商机构报到、备案。

(3)赴美绿地投资中的法律风险控制

中国投资者赴美绿地投资中的主要挑战为风险控制,中国企业对美国市场环境、法律体系等不熟悉,投资者在经营过程中面临的法律风险主要来自于东道国的准入制度、监管政策和规则、环境保护、知识产权、劳资、合同管理、税务体制和外汇管制等方面。对东道国的政治、法律、文化、习俗以及交易规则不熟悉导致的操作失误会导致违约风险。一旦境外企业发生风险,也往往波及境内母公司及投资者,造成更大范围和更深层面的经营困难。

第一,经营许可风险。绿地投资通常需要获得投资目的国的相关政府审批,这一过程可能耗时很长,从而影响企业的投资计划及盈利机会。例如,在美国加利福尼亚州新设制造类项目要符合“加州环境质量法”(CEQA),获取“环境影响报告”;

在得克萨斯州，则需要向得克萨斯州环境质量委员会（TCEQ）递交申请，经过为期18个月的评审，获取空气排放许可。

第二，绿地投资的建设周期长，投资数额大，在这一过程中，无论是建设方或政府均可能违反合同，导致项目成本增加。

如何化解在美绿地投资的法律风险？

首先，为降低风险，也可以考虑与美国本土企业共同新建合资公司，加快融入本土进程，更快获取投资美国经验。

其次，投资者在对新建项目进行决策前，需要对东道国的政治、法律、文化、监管制度和规则等方面进行仔细的调查和分析，在美国进行绿地投资，尤其应当注意环境影响评价分析，全面分析投资项目的环境影响风险，通过对环境经济效益的分析，衡量新建项目未来可行的经济效益。环境影响评价简称环评，具有判断功能、预测功能、选择功能与导向功能，包括选址、规模、工艺、污染治理与控制方案等。投资者应当做出详尽的事前调查，从而对投资项目涉及的环境安全及其结果达到预见，避免违反当地环保法律法规。

此外，企业也可以聘请当地的专业机构，例如公司事务律师、环评律师、财务顾问、环评咨询公司、公关公司、行业顾问等。通过当地咨询公司及顾问开展政治、经济、法律、市场、原材料等宏观、微观领域调研，确定投资地址。与投资银行或会计师事务所一同制作商业计划书。若有能力还可将财税、保险、人力资源、公关、物流等事务外包给相应专业机构办理。

撰稿人｜胡天龙，中国人民大学法学院副教授

6 CASE 特变电工沈阳变压器集团有限公司并购上海中发超高压电器有限公司案

| 摘 要 |

本案例研究主要讨论公司并购中的并购动因、并购方案、并购整合等问题，通过对案例的学习，了解公司并购的背景原因，理解并购方案的选择及相关主要流程，探索公司并购后的整合对于公司并购的意义和作用，并在此基础上掌握并购协议等基本法律文件的制作要点，从而对公司并购这一非诉讼法律业务有更为深刻的把握。

| 关键词 |

公司并购　并购动因　整合

| 教学目标 |

本案例借助实践中发生的公司并购实例，重点介绍了我国公司并购的背景动因、涉及的主要内容及并购后的整合问题，通过对案例的阅读、分析，结合授课教师的指导，使学生掌握公司并购的动因、方案选择、协议内容、整合考虑等内容，从而更为深刻的理解公司并购这一较为复杂的非诉讼法律业务；同时，以案例的讲授作为切入点，引出公司并购过程中存在的相关基础理论问题（如公司并购的种类及特点、公司并购后的整合问题等），从而对之进行思考与检讨。

教学案例主文

特变电工沈阳变压器集团有限公司，是中国变压器行业的“发源地”，是世界单厂容量最大的变压器研制企业，曾先后多次获得世界节能输电的创新领跑工程。2011 年，基于市场需求及自身的发展需要，公司领导层决定延长自己的产业链，股权并购上海中发超高压电器有限公司，做全输变电产业型企业。特变电工沈阳变压器集团有限公司股权并购上海中发超高压电器有限公司的典型案例，为课堂教学提供了生动教材,更是了解和学习公司并购的重要素材。

本次公司并购所涉相关主体如下:(1)并购项目承担方:特变电工沈阳变压器集团有限公司;(2)并购目标公司:上海中发超高压电器有限公司;(3)参与并购项目的专业机构:辽宁英泰律师事务所参与并购项目的法律咨询;上海银信汇业资产评估有限公司参与并购项目的资产评估;沈阳工业大学电气工程学院参与并购项目的技术支持。

一、并购项目承担方概况

(一)并购项目承担方简介

并购项目承担方:特变电工沈阳变压器集团有限公司;

所属行业:装备制造业;

注册资本:人民币壹拾亿零捌佰万元整;

企业性质:民营企业;

主导产品:变压器、电抗器;

公司成立日期:2003 年 11 月 11 日

住所:辽宁省沈阳经济技术开发区开发大路 32 号

法定代表人:叶军

经营范围包括:变压器、电抗器的设计、制造、销售、安装、维修服务;自营和代理各类商品和技术的进出口(但国家限定公司经营或禁止进出口的商品和技术除外);经营本企业的进料加工和“三来一补”业务;承包境外与出口自产设备相关的工程和境内国际招标工程;上述境外工程所需的设备、材料出口;对外派遣实施上述境外工程所需的劳务人员;输配电及控制设备制造,输配电及控制设备技术开发、咨询服务、成果转让。

(二)并购项目承担方的行业地位

特变电工沈阳变压器集团有限公司是中国变压器行业的“发源地”,成立于 1938 年,是我国行业技术、标准、人才培养的摇篮,是世界单厂容量最大的变压器研制企业。公司曾先后为世界首条商业运行的 1000kV 特高压交流、世界首条及世界传输容量最大的 ±800kV 特高压直流、百万千瓦大型水电、火电、核电及可再生能源基地等世界节能输电的创新领跑工程。“十一五”期间,实现了 103 项变压器研制技术的自主突破,28 项世界首创,75 项国产首台套,三次荣获“国家科学技术进步一等奖”。

(三)并购项目承担方的经营概况

特变电工沈阳变压器集团有限公司主要从事变压器、电抗器的设计、制造、销售、安装、维修业务,公司为变压器行业内的龙头企业,目前主要承担我国特高压交直流输变电产品的设计、生产,成功完成了特高压交流1000kV变压器、1000kV可控电抗器和特高压直流±800kV换流变压器基础研究和项目攻关工作,通过了项目实施,形成了适合特高压输变电设备的专有技术,拥有自主知识产权。特变电工沈阳变压器集团有限公司销售收入年均增长47.44%;利税年均增长59.10%;产值年均增长45.50%;产量年均增长20.10%,2010年公司实现销售收入51亿元,利润总额5.2亿元。

(四)并购项目承担方近三年的财务概况

特变电工沈阳变压器集团有限公司近三年的财务状况可用表1反映:

表1　特变电工近三年的财务状况　　单位:万元

年份	资产总额	负债率	销售收入	利润	税金	研发投入	出口创汇(万美元)	行业排名(按销售收入)
2009	639182	62%	408377	59499	32546	24185	3004	1
2010	682682	49%	509931	52003	47000	36770	5577	1
2011	750950	65%	500000	50000	18500	36800	5600	1

二、目标公司概况

(一)目标公司简介

目标公司:上海中发超高压电器有限公司;

所属行业:装备制造业;

注册资本:人民币壹亿元整;

企业性质:民营企业;

主导产品:GIS、HGIS、GCB设备;

公司成立日期:2004年5月25日;

住所:上海市奉贤区金汇镇浦星公路1288号;

法定代表人:高建慎

经营范围包括:高压、超高压及特高压输配电及智能控制设备、变压器、电抗器、断路器、组合电器、隔离开关、互感器及其配件的开发、设计、制作、销售、施工、维修服务、从事货物及技术进出口业务,房地产开发及物业管理与经营(经营涉及行政许可的,凭许可证件经营)。

员工人数:144人,其中科研人员16人,占公司员工总数的11.11%。

(二)目标公司的生产经营概况

上海中发超高压电器有限公司不进行生产经营活动,目前其拥有上海中发依帕超高压电器有限公司75%的股权和50亩土地。上海中发依帕超高压电器有限公司是进行高压开关生产、销售的公司,其股权结构为上海中发超高压电器有限公司持股75%;日本AE帕瓦株式会社持股22.2%;日本日立高新株式会社持股2.8%。

上海中发依帕超高压电器有限公司的厂房设计产能为126kV产品300间隔/年,252kV产品200间隔/年,550kV产品50间隔/年,产值约为10亿元。目前生产能力为126kV产品150间隔/年,252kV产品100间隔/年,550kV产品20间隔/年,产值约为5亿元。

(三)目标公司的行业地位

目标公司控股的上海中发依帕超高压电器有限公司是进行高压开关生产、销售的实体企业,专业从事126kV至550kV六氟化硫断路器(GCB)、六氟化硫复合电器(H—GIS)、气体绝缘金属封闭开关设备(GIS)的开发、设计、制造和销售,是目前国内仅有的一家中方绝对控股的与世界一流高压开关企业合资的公司。

上海中发依帕超高压电器有限公司园区占地15万平方米,有先进的10万级大型净化装配间,高水平的大型装配、屏蔽试验室,可以进行550kV开关装置研究、试验的高压实验室,1000kV工频试验变压器以及3000kV冲击电压发生装置等全套设备。其技术来自日本AE帕瓦株式会社,引进技术涵盖了126kV－245kV－550kV三个电压等级的GCB、GIS、H－GIS三个系列的9种产品。上海中发依帕超高压电器有限公司与日方在已引进的技术上保持同步,同时可根据公司发展需要协商引进其他技术。目前其制作的252kV和550kV样机,已通过国际著名卡玛试验站的试验,并取得认证证书;而日方已具备了800kV、1100kV的技术,存在继续引进的技术基础。

(四)目标公司的资产概况

截至2010年12月31日,上海中发超高压电器有限公司的资产总额为48764万元,负债率为65%,销售收入15474万元,利润1.57万元,税金99万元。

(五)目标公司的股权结构

上海中发超高压电器有限公司的股权结构为两个法人股和一个自然人股。其中法人股为上海中发电气(集团)股份有限公司持股比15%和中发电气股份有限公司持股50%,自然人股为高建慎个人持股35%,高建慎为上海中发超高压电器有限公司的法定代表人。

(六)目标公司的不动产情况

上海中发超高压电器有限公司有一块50亩的工业用地的土地使用权,其控股的上海中发依帕超高压电器有限公司占地92354.3平方米(138.6亩)(注:土地证为150亩,可用面积138.6亩,合资部分为100亩),现有办公楼及生产厂房一幢,辅助用房一幢,仓库一幢,厂区尚有43846平方米空地。

表2 上海中发依帕超高压电器有限公司厂房情况

序号	名称	规格	数量	备注
1	辅助厂房	9000平方米	1	部件装配、零件仓库、机加工、产品装箱
2	灭弧室装配大厅	1500平方米	1	10万等级,层高24米
3	试验屏蔽大厅	2000平方米	1	100万等级,层高24米
4	总装配厂房	5500平方米	1	100万等级,层高24米
5	立体仓库(规划)	1500平方米	1	零件调配自动化

(七)目标公司的工艺流程

目标公司控股的上海中发依帕超高压电器有限公司的产品生产按照以下工艺流程进行:零部件进厂检查—清洗烘干—表面处理(对筒体等零件)—入库—分装—烘干—总装—调试—试验测量—工频、局放试验—简易包扎—存栈。

三、并购动因

(一)市场需求的内在推动

特变电工沈阳变压器集团有限公司成立于1988年,其发展历史与中国电力的发展密不可分。我国自改革开放以来,由于经济的快速发展、工业总量的不断增加和人民生后水平的不断提高,对电力的需求也在日益增长。在1980年至1990年的十年间,我国用电量由3006亿千瓦时上升到6230亿千瓦时,年均增长率为7.6%。

在1990~2000年,我国用电量年均增长率更是达到了8.1%。

"十五"期间,我国电力需求快速上升,2002年以来,我国电力消费年增长率均在10%以上。2005年,全社会用电量达24689亿千瓦时,比2000年增加了11094亿千瓦小时,年均增长率为12.7%。

随着我国经济的发展,全社会用电量年增长率逐年递增。2003年以来,虽然我国全社会用电量增幅有所下滑,但仍然保持在10%以上,呈高速增长态势。为了保证我国持续增长的用电需求,国家采取了两项措施:一是大力加强电厂建设,二是建设覆盖全国的输电网络。这种建设大潮在国家电业局拆分为国家电网和南方电网以及五大发电集团——华能集团、大唐集团、华电集团、国电集团、中电投集团以后尤为迅猛。随着电厂、电网的大规模建设,发电机、变压器、电缆等大型电气设备的需求量也日益猛增。由于变压器生产的人员流动较快、生产工艺要求不高、技术水平相对较低,大量技术难关一一被攻破,以特变电工、西变国际和保变天威为代表的几十家变压器设备提供商迅速发展,不论是技术还是生产能力都得到极大的提升。

2008年的世界经济危机也严重影响到了变压器行业,由于基建项目的大量下马和前期变压器行业整体的野蛮生长,国内变压器开始出现产能过剩的情况,历次投标都成为"血拼",行业的整体利润不断下滑。在这种行业背景和市场现状下,特变电工沈阳变压器集团有限公司要生存就必须改变原来的经营思路,大力调整产业结构,开拓思路将企业做大做强,否则将会丧失公司多年来在变压器和新能源行业所取得的领军地位。

为了缓解和转变上述不利局面,特变电工沈阳变压器集团有限公司除了降低产品成本、扩大销售队伍和投入、扩大产品的市场占有率、积极开拓国际市场外,还需要延长自己的产业链,做全输变电产业型企业。

(二)跨行业发展的便捷途径

变压器和高压开关是输变电行业两种最主要的设备,是整个输变电设施的核心装置,是与变压器关系最紧密、最容易拓展的行业,尤其是随着输变电产业的发展、智能电网的实施以及减少土地占用的刚性要求,高压开关产品更是具有广阔的发展空间,因此高压开关是特变电工沈阳变压器集团有限公司延长自己的产业链、做全输变电产业型企业的最佳选择。另外,特变电工沈阳变压器集团有限公司作为目前国内最著名的变压器供应商,要想成为如ABB、西门子、东芝这样世界级的电力设备供应商,除了继续做大做强变压器产业外,也需要尽快进入高压开关领域,实现特变电工在输变电产业的全面发展。

特变电工沈阳变压器集团有限公司没有接触过高压开关的生产,也没有任何高压开关的生产经验,对这一行业较为陌生,此时并购从事高压开关生产的企业就是进入这一行业最为便捷和快速的途径，其不仅可以越过行业陷阱和壁垒，而且可以直接承接被并购公司的相关硬件设施及人员、技术等，直接获得此行业的管理经验。

在这种思维的指导下，特变电工沈阳变压器集团有限公司及其子公司开始在全球范围内寻找合适的企业进行并购。

(三)目标公司的技术吸引

上海中发依帕超高压电器有限公司在高压开关生产上拥有领先的技术。除控股股东上海中发超高压电器有限公司外，上海中发依帕超高压电器有限公司的另两个股东分别为日本 AE 帕瓦株式会社和日本日立高新株式会社。日本 AE 帕瓦株式会社是由“日立制作所”“富士电机”“明电舍”三家日本公司合资组建的企业，其主要从事送变电、配电设备及机器的研究、开发、设计、制造、销售、安装及维修服务业务。三家日本公司均始建于 20 世纪初期，均为世界著名的电力电器公司。日本日立高新株式会社是“日立制作所”控股的高新技术和贸易公司。作为“日立制作所”的直属商社，日本日立高新株式会社自创立以来，精心致力于日立集团及国内外一流厂家的合作，现已发展为以电子产品为中心，横跨科学系统到产业系统和工业原料领域，在日本国内和国外均有其庞大的销售网络，用户遍及全球并以其完善的服务享誉盛名的著名公司。

上海中发依帕超高压电器有限公司日方股东签订了技术协议，约定双方在技术上保持同步、无偿互用，同时可以根据公司发展需要提出其他技术转让。

1. 目标公司引进的技术产品

按照技术协议约定，上海中发依帕超高压电器有限公司已经从日方股东引进以下系列产品：126kV GIS、H－GIS、GCB 全系列产品——额定电压：126/145kV；额定短路开断电流：40kA；额定电流：2000A/3150A；252kV GIS、H－GIS、GCB 全系列产品——额定电压：252kV；额定短路开断电流：50kA；额定电流：3150A/4000A；550kV GIS、H－GIS、GCB 全系列产品——额定电压：550kV；额定短路开断电流：63kA；额定电流：4000A/5000A/6300A。

其中，126kV GIS 产品已处于运行状态，已有山西开发区户外 110 站、解放户内 110 站、临江环保户内 110 站等变电站投入运行；252kV GIS 产品已处于运行状态，已有上海电力青浦 220 站、东汽多晶硅 220 站、南京供电局沿泰 220 站等变电站投入运行，正在安装的重庆供电局北碚户外 220 站；252kV H－GIS 处于生产阶段已承接云南云铝 252 H－GIS 工程订单；550kV GCB 产品处于运行状态，已有包头北 550 GCB 投运；550kV GIS、H－GIS 已完成型式试验，处于销售阶段。

2. 目标公司的技术研发中心

按照技术协议的约定，上海中发依帕超高压电器有限公司的产品研发与日本

AE帕瓦公司保持同步更新,公司设立的重点研发规划750～1100kV高压开关设备生产的技术中心已于2008年4月获得上海市奉贤区企业技术中心的认定。

3. 目标公司的自主知识产权

同时,上海中发依帕超高压电器有限公司还拥有多项实用新型专利,具体如下:

(1)2005年12月:220kV六氟化硫罐式断路器获实用新型专利证书。

(2)2005年12月:220kV六氟化硫组合电器用断路器系统获实用新型专利证书。

(3)2005年12月:550kV六氟化硫组合电器用断路器系统获实用新型专利证书。

(4)2009年5月:具有自动伴热装置的户外高压SF6罐式断路器获实用新型专利证书。

(5)2009年6月:上海市自主创新产品220kV GIS SF6气体绝缘开关设备。

(四)目标公司的销售优势

上海中发依帕超高压电器有限公司在高压开关领域经营多年,除了积累了大量的生产技术外,还培养出了一批能力很强的销售队伍,并与两网、五场等主要的电器设备需求商建立了良好的合作关系,并购就可以直接获得其现有的全部客户资源和市场份额。

表3　上海中发依帕超高压电器有限公司2010年前十名主要客户

单位:万元

序号	客户名称	项目名称	合同金额	备注
1	上海电力公司	马陆、大场、青浦变电站252kVGIS	4596.5	国网
2	江苏省电力公司	沿泰、南徐变电站252kVGIS	4450	国网
3	华中电网公司	重庆北碚变电站252kVGIS	4448.8	国网
4	海南电网公司	海口大英山项目126/252kVGIS	2678	南网
5	云南铝业集团	昆明涌鑫金属加工项目252kVHGIS	2485	
6	华电集团公司	黄石西塞山电厂252kVGIS	2393	发电
7	太原太钢	太钢袁家村铁矿项目126/252kVGIS	2336.2	
8	北京市电力公司	西北旺输变电工程252kVGIS	1898.2	国网
9	天津市电力公司	天津空港252kVGIS	1413.36	
10	保定供电公司	保定涞水变电站新建工程252kVGIS	1298.4	国网

(五)目标公司的地区客户

华东地区经过多年的发展,已经形成了合理的产业布局和完善的配套服务,成为极具发展潜力和投资前景的制造业集聚区和密集区,我国有1/4的开关企业均在华东地区,该地区开关总产值占全国总产值的50%以上,这也使华东地区形成了完善的开关配套产业,能够及时提供质优价廉的筒件、液压机构、机械装置等开关配件,大幅降低产品成本,提升企业竞争力。

另外,华东地区具有良好的装备制造业基础,拥有大批高素质的劳工队伍,完善的基础性配套服务,如技术、人才、金融、贸易、通信、交通、物流等。其中上海、江苏地区更是吸引了大量开关行业的高级技术人才,为并购后公司的发展提供了人才培养和技术支持,同时华东地区良好的发展环境也有利于面向全国甚至海外招纳人才,促进企业的快速发展。

四、并购方案的选择

鉴于特变电工沈阳变压器(集团)有限公司是要进入高压开关这一新的领域,因此对于特变电工沈阳变压器(集团)有限公司来说,其需要的不仅仅是高压开关企业的某一具体资产,而是整个企业。在此情况下,特变电工沈阳变压器(集团)有限公司宜采用股权并购的并购方式。

由于上海中发依帕超高压电器有限公司的另两个股东为日方企业,因此考虑到优先购买权等因素直接收购困难较大,而上海中发依帕超高压电器有限公司的控股股东为上海中发超高压电器有限公司,通过控股上海中发超高压电器有限公司,就可以最终实现对上海中发依帕超高压电器有限公司的实际控制,因此特变电工沈阳变压器(集团)有限公司将本次股权并购的目标公司锁定为上海中发超高压电器有限公司。

五、并购经过

(一)并购标的

并购标的为上海中发电气(集团)股份有限公司持有的上海中发超高压电器有限公司15%的股权;中发电气股份有限公司持有的上海中发超高压电器有限公司18%的股权和高建慎个人持有的上海中发超高压电器有限公司18%的股权。

(二)并购对价

1. 并购对价:人民币8160万元。

2. 定价依据:该股权的定价依据为沪银信汇业评报字(2011)第269号评估报

告,该评估报告认定经用基础法评估上海中发超高压电器有限公司于评估基准日2011年3月31日的全部股东权益评估值为175821963.60元。51%股权价格应为89669201.436元,但经过各方协商确定并购对价为:人民币8160万元。

3. 支付方式:银行转账。

4. 并购款的接受机构:上海中发电气(集团)股份有限公司的2400万股权的接受机构为上海中发电气(集团)股份有限公司和上海中发依帕超高压电器有限公司;中发电气股份有限公司的2880万股权转让款的接受机构为中发电气股份有限公司和上海中发依帕超高压电器有限公司;高建慎的2880万股权转让款的接受机构为上海跨越金属材料有限公司和上海中发依帕超高压电器有限公司。

5. 并购资金来源:8160万股权转让款为特变电工沈阳变压器(集团)有限公司自筹。

(三)并购合同的签署

2011年6月15日,特变电工沈阳变压器(集团)有限公司董事长叶军与上海中发电气(集团)股份有限公司董事长陈双华、中发电气股份有限公司董事长陈双华和高建慎在上海市签订了特变电工沈阳变压器(集团)有限公司以2400万元收购上海中发电气(集团)股份有限公司持有的上海中发超高压电器有限公司15%的股权;以2880万元收购中发电气股份有限公司持有的上海中发超高压电器有限公司18%的股权;以2880万元收购高建慎持有的上海中发超高压电器有限公司18%的股权,以达到特变电工沈变集团通过收购中发超高压51%的股权,最终实现对中发依帕的实际控制目的为主要内容的股权转让协议书。

(四)并购完成时间

并购款的支付时间为2011年5月5日、2011年6月16日和2011年8月19日。产权交割时间为2011年7月4日。

(五)股权变更时间和股权变更确认机构及方式

股权变更时间为2011年7月4日;股权变更确认机构为上海市工商行政管理局奉贤分局;股权变更确认方式为审批。

六、并购后的整合

(一)并购后公司的基本情况

并购后的上海中发电气(集团)股份有限公司更名为特变电工中发(上海)超高

压电器有限公司，其原股东同意由控股股东特变电工沈阳变压器集团有限公司进行经营。新公司设董事会，董事会由全体董事组成，其成员为5人。其中特变电工沈阳变压器集团有限公司委派3名董事，中发电气股份有限公司及高建慎共同委派2名董事。董事每届任期3年，任期届满可以连选连任。董事会设董事长1名，董事长由特变电工沈阳变压器集团有限公司委派。特变电工沈阳变压器集团有限公司间接控股的上海中发依帕超高压电器有限公司更名为特变电工中发依帕公司，公司设董事会，董事会由全体董事组成，其成员为5人。其中特变电工沈阳变压器集团有限公司委派2名董事；中发电气股份有限公司、高建慎等其他三方共同委派1名董事；日方公司（两个）共同委派2名董事。董事每届任期3年，董事任期届满可以连选连任。董事会设董事长1名，董事长由特变电工沈阳变压器集团有限公司委派。总经理、副总经理、财务总监，由董事会聘任或解聘。

新公司发展理念为：坚持以客户为中心，以市场为导向，以科技发展为主题，坚持以创新求变为指导思想，积极调整公司的产品结构、市场结构及组织架构；坚持以科技兴企为重点，加强原始创新、集成创新、引进消化吸收再创新，攀登开关产业技术创新的制高点；坚持以人为本的发展理念，发展为了员工、发展依靠员工，以最大限度调动员工的积极性、能动性，实现人企共赢。

新公司经营思路及指导方针为：抓管理——引入特变电工沈阳变压器集团有限公司文化，招聘管理及专业技术人员，调整组织机构及高层分工，组建人力、管理、技术、销售团队；抓技术——完善产品资质，消化吸收引进技术，实施系列产品开发，完善产品资质证书，建立研究开发体系，奠定合资公司的技术基础；抓市场——建立销售体系，尽快实现9个品种的首台生产，努力实现销售目标；降成本——完善生产体系，积极推进国产化，降低产品成本。

（二）并购后公司的生产经营情况及主要财务指标

新公司成立后主要是生产110～1100kV电压等级高压开关，达产后，年生产能力2200间隔，含税产值为202000万元。以下是其主要财务指标：

表4 并购后公司项目达产后生产能力估算 单位：万元

额定电压		2011年	2012年	2013年	2014年	2015年	平均售价
126VGIS	数量	60	480	600	1200	1200	40
	销售额	2400	19200	24000	48000	48000	
252 kVGIS	数量	80	240	360	720	900	100
	销售额	8000	24000	36000	72000	90000	

续表

额定电压		2011 年	2012 年	2013 年	2014 年	2015 年	平均售价
550 kVGIS	数量	0	15	30	30	30	400
	销售额	0	7500	15000	15000	15000	
500 kVGCB	数量	0	20	20	20	50	250
	销售额	0	5000	5000	5000	12500	
800kVG CB/HGIS	数量	0	0	0	2	10	650
	销售额	0	0	0	1300	6500	
1100 kVHGIS	数量	0	0	0	3	10	3000
	销售额	0	0	0	9000	30000	
合计	数量	140	755	1010	1975	2200	/
	销售额	10400	55700	80000	150300	202000	

表 5　并购后公司制作成本预测

区分	2011 年	2012 年	2013 年	2014 年	2015 年
销售额(万元)	14600	55700	80000	150300	202000
材料费(万元)	11972	41775	58400	105210	137360
人工费(万元)	876	3342	4800	9018	12120
折旧费(万元)	345	445	445	445	500
制造经费(万元)	789	3899	5600	10521	14140
总制成本(%)	8	8	8	7	7
制造成本占(%)	85	84	78	73	73
人均人工(万)	4	10	11	17	20
人员数(人)	220	320	420	520	620

表 6　并购后公司公司达产指标

项目		2011 年	2012 年	2013 年	2014 年	2015 年
销售额(万元)		14600	55700	80000	150300	202000

续表

项目		2011 年	2012 年	2013 年	2014 年	2015 年
销售成本	材料费(万元)	11680	38433	53600	97695	127260
	人工费(万元)	876	3342	4800	9018	12120
	折旧费(万元)	345	445	445	445	500
	制造费(万元)	789	3899	5600	10521	14140
	小计(万元)	13690	46119	64445	117679	154020
销售总利润	金额(万元)	910	9581	15555	32621	47980
	比率(%)	6	17	19	22	24
销售税金及附加	金额(万元)	292	1114	2400	4509	6060
销售费用	金额(万元)	1100	3960	4752	8554	11120
财务费用	金额(万元)	1074	1536	1536	1404	1074
管理费用	金额(万元)	760	1900	2660	3990	993
税前利润	金额(万元)	-2316	1071	4207	14164	28733
	比率(%)		2	5	9	14
所得税费(15%)	金额(万元)		161	631	2125	4310
税后利润	金额(万元)		910	3576	12040	24423

(三)并购后企业经营情况预测

以科学发展观和十八字经营方针为指引,坚持“四特”精神,坚持“走出去”发展战略。强化质量、工艺、流程管理,提升技术能力。寻求海外基地建设,大力开拓国际市场,建立快速反应的服务机制,提升适应国际市场的能力。抓紧研究开关领域的新技术、新产品,迎接低碳经济的到来。力争 2015 年实现销售收入 10 亿元、“十二五”末期必保达到 20 亿元的企业规模。

1. 市场发展战略

特变电工沈阳变压器有限公司经过 20 多年的快速发展,已经形成了覆盖全球的完善的销售网络,同时在生产能力、产品质量和售后服务等各方面均得到了用户的一致好评,形成了良好的品牌影响力。特变电工变压器产品与并购后新公司的高压开关产品的销售对象完全一致,因此,完善的销售网络和广泛的人脉关系可以为合资公司所用,降低销售成本。新公司可借助特变电工销售团队和销售网络,采用代理销售与直销销售相结合的方式,一方面,继续保持并做大原有的代理销售渠道;另一方面,依托特变电工沈阳变压器集团有限公司完整的销售体系,建立和培养自己的销售团队。最终形成以直销为主、代理为辅的营销模式。

“十二五”期间,公司将通过持续的市场结构调整和产品结构调整,形成以两大电网、五大电源为主导,核电、轨道交通、石油石化为支撑,其他非电力市场为重要补充的市场结构。抓住特高压智能电网及新疆大开发等市场机遇,围绕市场需求开发产品,加强营销队伍建设和市场细分,进行市场结构和产品结构的调整,抓好基础管理工作,制定具备竞争力的营销政策,做好重点领域、重大项目的开拓。

2. 科技发展战略

以市场需求为导向,产学研结合的技术创新体系为突破口,以获取自主知识产权为重点,不断提升开关产业的核心技术竞争力。加大科研费用投入,年度科研费用投入不低于全年销售收入的5%。营造有利于推动自主创新的良好环境,加大自主创新力度,及时对技术体制进行创新改革,为公司科学发展提供强有力的基础保障。加强技术创新。

3. 人才发展战略

为满足“十二五”经营发展的人力资源需要,公司将加快人才队伍结构调整,逐步构建金字塔尖人才团队。确保在2013年年底实现金字塔尖核心人才占10%、骨干员工占20%的调整目标。

改善激励机制,要对激励机制进行创新,包括提供有竞争力的薪酬水平、年金制度、股权激励等更大范围的激励创新,促进创造和分享的融合,达到人企共赢。

教学指导手册

教学目标

本案例可供法学教学使用,主要适用于民商法学硕士、法律硕士的案例教学课程使用。

本案例借助实践中发生的公司并购实例,重点介绍了我国公司并购的背景动因、涉及的主要内容及并购后的整合问题,通过对案例的阅读、分析,结合授课教师的指导,使学生掌握公司并购的动因、方案选择、协议内容、整合考虑等内容,从而深刻地理解公司并购这一较为复杂的非诉讼法律业务;同时,以案例的讲授作为切入点，引出公司并购过程中存在的相关基础理论问题（如公司并购的种类及特点、公司并购后的整合问题等），从而对之进行思考与检讨。

教学内容

1. 公司并购的基本知识

表7 我国2013年十大并购事件（以时间先后排序）

日期	交易金额	并购方	被并购方
2013.1	19.97亿港元（约16.03亿元人民币）	王府井百货	春天百货39.53股权
2013.3	42亿美元（255亿元人民币）	中国石油天然气股份有限公司	意大利石油集团埃尼东非天然气区块20%的权益
2013.4	5.86亿美元（35.6亿元人民币）	阿里巴巴集团	新浪微博，占稀释摊薄后总股份的约18%
2013.5	60亿美元（364.8亿元人民币）	国家电网公司	新加坡电力公司子公司澳大利亚Jemena公司60%的股权和澳大利亚新能源澳洲网络19.1%的股份
2013.5	71亿美元（432亿元人民币）	双汇国际控股有限公司	美国史密斯菲尔德食品公司
2013.7	17.8亿美元（108亿元人民币）	清华紫光	展讯通信
2013.8	18.5亿美元（112.5亿元人民币）	百度	91无线
2013.8	31亿美元（188亿元人民币）	中石化	阿帕奇集团的埃及油气业务33%的权益
2013.10	116.44亿港元（93.15亿元人民币）	越秀集团	创兴银行75%股权
2013.11	30亿元人民币	顺风光电	无锡尚德

回看2013年我国的十大并购案例，公司并购已成为很多企业加强自身发展的选择，并购指代什么？其与公司合并是何关系？公司为什么要进行并购，公司并购对于其发展有何意义和作用？资产并购与股权并购的特点对于并购方案的选择有何作用？这些对于认识并理解公司并购有极其重要的作用。

(1)公司并购的意义

第一,通过企业并购实现经济结构调整。企业并购可以使优势企业淘汰劣势企业,效益好、管理佳的企业淘汰效益差、管理落后的企业,促使资金合理分配,生产要素得以充分流动,增强了优势企业的实力,促进了规模经济的形成,实现了产业结构的调整和升级。

第二,通过企业并购提高经济效益。企业并购是企业将其资产在全球范围内优化配置的重要方式,是提高企业自身经济效益的有效措施。企业间的横向并购可以扩大市场占有率,从而实现规模经济;企业之间的纵向并购可以使交易行为内部化,减少交易壁垒,节省交易费用。

第三,通过企业并购实现资本和生产的集中。企业并购的过程就是生产要素及经济资源的重组过程,一方面能够促进经济资源向更高效益的领域转移,实现生产和资本的集中;另一方面能够使并购后的企业实现优势互补,增强企业的资金、技术、人才、市场优势,增强市场竞争力。

第四,通过企业并购优化管理理念。企业并购可以使并购企业的先进文化输入目标企业,将目标企业的管理方式、组织结构按照精简高效的原则重新组合,并对目标企业实行统一的监督、控制、激励,实现双方管理文化上的整合。

(2)公司并购的含义及分类

公司并购,英文表述 Mergers and Acquisitions,简称 M&A,其包括兼并和收购双层含义。国际上习惯将兼并和收购合在一起使用,统称为 M&A,在我国称为并购。兼并是指企业通过现金方式购买被兼并企业或以承担被兼并企业的全部债权债务等为前提,取得被兼并企业全部产权,剥夺被兼并企业的法人资格,以实现生产要素的优化组合。收购是指企业通过现金或股票取得被收购企业部分或全部所有权的投资行为。企业之间的兼并与收购,是企业法人在平等自愿、等价有偿基础上,以一定的经济方式取得其他法人产权的行为,是企业进行资本运作和经营的一种主要形式,但两者之间也有区别,对于被兼并企业而言,其主体资格将灭失,于本质上属于公司合并中的吸收合并,而对于企业收购而言,收购方和被收购方都是继续存续的。

以不同的标准,可以对公司并购做不同的分类:

第一,以并购双方的关系不同,可将公司并购分为横向并购和纵向并购。前者是指生产或经营同一或相似产品的企业间的兼并,其目的是迅速扩大生产规模,提高规模效益和市场占有率,如两个啤酒厂之间的并购;后者是指生产经营同一产品不同生产阶段或者具有纵向协作关系的企业之间的并购,其目的是使交易行为内部化,以减少市场风险,节省交易费用。

第二,以是否得到目标公司的同意为标准,可将公司并购分为善意收购和敌意收购。前者是指收购行为得到了目标公司的同意,收购双方友好进行的收购活动;后者是指收购方在未经目标公司同意下所进行的收购活动,强烈对抗性是其显著特点。

第三,以是否通过证券交易所完成收购为标准,可将公司并购分为协议并购和公开并购。前者是指不通过证券交易所,由并购方直接与目标企业取得联系,通过谈判、协商达成协议,据以实现公司并购的方式;后者是指并购方通过证券交易所向目标公司所有股东发出收购要约,据以实现并购的方式。

第四,以并购的方式不同,可以将公司并购分为股权并购和资产并购。前者是指并购方通过协议购买目标企业的股权或者认购目标企业增资的方式,成为目标企业股东,进而达到参与、控制目标企业的目的;后者是指并购方通过协议购买目标企业资产且运营该资产,或购买目标企业资产并以该资产投资设立企业以运营该资产。

(3)股权并购与资产并购

以并购方式为标准,将公司并购分为股权并购和资产并购是最常见、最主要的并购方式。

股权并购是指并购方通过协议购买目标企业的股权或者认购目标企业增资的方式,成为目标企业股东,进而达到参与、控制目标企业目的的并购方式。简言之,股权并购就是通过取得目标企业的股权而控制公司。资产并购是指并购方通过协议购买目标企业资产且运营该资产,或购买目标企业资产并以该资产投资设立企业以运营该资产,从而获得目标公司的利润创造能力,实现与股权并购类似的效果的并购方式,即通过取得并运营目标企业的资产。

股权并购与资产并购是现今公司并购的两大方式,二者之间既有联系又有区别,了解两者的相互关系,对于公司并购方式的选择至关重要(见表8)。

表8 股权并购与资本并购

对比项目	股权并购	资本并购
交易主体	交易主体是并购方和目标公司的股东,权利和义务只在并购方和目标企业的股东之间发生,但定向增资这一情况除外。	资产并购的交易主体是并购方和目标公司,双方之间的权利和义务通常不会影响目标企业的股东。
交易性质	交易性质实质为股权转让或定向增资,并购方通过上述并购行为成为目标公司的股东,并获得了在目标企业的股东权。	资产并购的性质为一般的资产买卖,仅涉及买卖双方的合同权利和义务,不涉及目标公司股权的变更。
并购对象	并购标的是目标企业的股权,是目标企业股东层面的变动,并不影响目标企业资产的运营。	并购的标的是目标企业的资产,如专利技术、厂房、土地使用权等,并不影响目标企业股权结构和企业性质的变化。

续表

对比项目	股权并购	资本并购
操作方式	通常程序相对简单,需要进行工商等变更登记,不涉及资产的评估,不需办理资产过户手续,节省费用和时间。	通常程序相对复杂,需要就每项资产要进行产权转移,耗费的时间更多。
调查程序	需要对企业从主体资格到企业各项资产、负债、用工、税务、保险、资质等各个环节进行详尽的尽职调查,进而争取最大限度地防范并购风险。	一般仅涉及对该项交易资产的产权调查,无须对企业进行尽职调查。
审批程序	因目标企业性质不同相关政府部门的监管态度也有所不同。 ①一般性股权并购,通常情况下只需要到工商部门办理变更登记。 ②如果由于股权并购达到国务院规定的垄断标准,股权并购可能还需要经过省级或者国家反垄断审查机构的审批。 ③涉及外资并购的,还需要商务部门、发改委部门等多个部门的审批。 ④ 涉及国有股权并购的,还需要经过国有资产管理部门的审批或备案。 ⑤涉及上市公司股权的,股权并购还需要经过证监会的审批。	因目标资产性质不同相关政府部门的监管态度也有所不同。 ①对于一般性资产的并购,通常不需要相关政府部门的审批或登记。 ②对于国有资产并购,需要经过资产评估,并经国有资产管理部门的审批或备案。 ③对于上市公司重大资产并购的,须报证监会批准并予以披露。 ④如转让的资产属于曾享受进口设备减免税优惠待遇且仍在海关监管期内的机器设备,须在转让之前过海关批准并补缴相应税款。
审批风险	如外国投资者购买目标企业的股权,则需要经过政府一定的审批手续。	如外国投资者购买目标企业的产权,除知识产权外一般很少涉及政府审批。
规避限制	能逾越特定行业进入的限制,规避资产并购中关于资产移转(如专利等无形资产)的限制。	对于某些资产,如知识产权的转让会有限制。

续表

对比项目	股权并购	资本并购
交易风险	股权并购后,并购方须承担目标企业存在的各种法律风险,存在不可控的负债风险,如负债、法律纠纷,相关税费未缴的风险,法定证照未取得的风险,环保未达标的风险,财务资料不齐全的风险等。	资产并购后,并购方仅需承担所购买资产存在的风险,如质量风险、权利风险,而无需承担目标企业存在的风险。
税负因素	股权并购情况下目标公司并未有额外收入,因此目标公司在此情况下不存在营业税和企业所得税的问题,但目标企业的股东可能因股权转让所得而需要缴纳个人或企业所得税。 通常来说,股权并购较之于资产并购比较节省税收。	资产并购情况下目标公司因有收入,因此存在需要缴纳营业税和企业所得税的问题,对于并购方也会因所购买资产的不同而须缴纳不同的税种,如增值税、营业税、所得税、契税和印花税等。 通常来说,资产病故所支出的税费较多。
交易效果	如并购的股权存在质押,在未获得质权人同意下,无法完成股权并购交易。	资产并构需要承担所购买资产的权利瑕疵和质量瑕疵。
第三方权益影响	会对同企业未放弃优先购买权的其他股东、股权的质权人或以股权出资设立的公司产生影响。	会对资产的他物权人或公司的债权人产生影响。

需要说明的是,在税费承担上,股权并购只是涉及的税种少于资产并购,股权并购的税费负担要少于资产并购这一结论也是基于此得出的通常结论,但于具体并购中还是要予以准确计算,而不能用通常结论适用于每一具体并购。

2. 公司并购的基本流程

公司并购是一个较为复杂的事项,由一系列程序完成。在此过程中不仅有并购方与目标公司,还有律师事务所、注册会计师事务所等中介机构的介入,如为上市公司还涉及证券、外汇等其他机构。

具体来说,公司并购一般按照以下基本流程进行:

(1)确立并购目标。并购方进行并购并不是一时兴起,而是出于公司长远发展、合理布局的考虑。并购的动因可能在于目标公司的营销网络、行业领域、无形资产等,但无论出于何种考虑,并购方都是基于自身发展需求寻找并确立其并购目标。

(2)谈判。在确立并购目标后,并购方首先要与目标公司接触,了解目标公司关于公司并购的意向,如果目标公司有意并购,则双方进入对并购细节的谈判中。由于最终能否成功并购并不确定,因此双方在谈判之初就要对谈判中可能涉及的商业秘密签订保密协议。

(3)签订并购意向书。在并购方与目标公司经过谈判初步达成并购合意后,双方签订并购意向书。意向书是对并购双方并购意向的一个体现,并不涉及并购双方的具体权利义务。

(4)对目标公司进行尽职调查。在签署并购意向书之后,并购方须对目标公司予以尽职调查,以防并购风险。尽职调查的主要内容有:①拟投资目标公司主体资格的合法性;②目标公司的资产及财务情况;③目标公司的债权债务情况;④重要交易合同的真实性及合法性;⑤知识产权等无形资产情况;⑥目标公司的管理人员与普通员工的管理用工情况;⑦目标公司治理结构及规章制度;⑧目标公司的诉讼或仲裁情况等。

(5)签署并购协议并完成权利转让登记。在对目标公司进行调查后,并购方会根据尽职调查的情况考虑是否继续进行并购工作,如继续并购,则双方基于尽职调查的结果就并购的细节进行进一步磋商,并在双方达成一致的基础上签署并购协议并按要求完成资产或股权的转让登记。转让中如涉及特殊性质的资产或股权,还须经过特别的审批程序。

3. 国有产权转让的相关法律问题

公司并购中的目标公司如涉及国有资产或国有股权,则由于国有资产及国有股权在使用、管理等事项上的特殊性,因此有关国有产权转让有其特殊规定。应思考国有产权转让有哪些特殊规定,其在程序及内容上的特殊性是为了解决哪些问题或预防哪些风险?还可以在哪些方面予以完善?

(1)国有产权的转让流程

国有产权转让首先要在其内部进行可行性研究、制定转让方案并通过内部审议,在得到管理部门批准后进行清产核资、资产评估与财务审计,在确定受让方之后签订国有产权转让(收购)合同,支付对价并进行权利转让登记。

(2)国有产权的转让类型

根据产权转让方式的不同,可以将国有产权转让分为通过证券交易系统或产权交易机构的转让和通过协议转让两种。

为了保证国有产权转让中的公平公正,防止国有资产流失,通过证券交易系统或产权交易机构是国有产权转让的主要方式。对于国有产权的协议转让,同样需要将转让信息予以公开,由国有产权方选择受让方、确定受让价、签订转让协议并报国务院国有资产监督管理机构审核批准。核准后,受让方支付转让价格,双方办理变更登记完成权利变更。

(3)国有产权转让中的职工安置问题

第一,职工安置方案的主要内容。不同于一般的公司并购,国有产权转让一定会涉及国有企业的职工安置问题,如该方案不能经过企业职工代表大会和劳动保障行政部门的审核同意,则国有产权转让不能继续进行。

职工安置方案的内容主要包括:劳动关系的变更、对国有企业职工的经济补偿、拖欠职工债务的处理方案以及社会保险续接手续等。

第二,职工安置中的注意事项。国有产权转让中的职工安置方案需要注意以下关键问题:一是职工安置方案必须在内部决策程序中经过企业职工代表大会的审议通过;二是职工安置方案的内容应在产权转让合同中予以体现,如以合同附件的形式;三是职工安置方案须经过劳动保障行政部门的审核同意;四是职工安置方案中须有优先安置国有企业职工的内容。

(4)国有产权转让中的债务处理问题

国有产权转让中如涉及国有企业债务的承担问题,首先不得遗漏、隐匿或逃避债务,在确定债务的基础上,与债权人就债务承担及清偿的具体措施进行协商并予以明确,并对债务清偿方案提出行之有效的保障措施,以保证国有产权转让的顺利进行。

4. 外资企业并购的相关法律问题

不同于内资企业间的并购,外国投资者并购境内非外商投资企业在并购程序、内容、要求上均有所不同,应思考外资企业并购有哪些特殊规定?其在程序及内容上的特殊性是为了解决哪些问题或预防哪些风险?相较于美国政府的外资安全审查制度,我国的外资并购审查还可以在哪些方面予以完善?

(1)外资企业并购的含义及特点

外资企业并购是指外国投资者购买境内非外商投资企业股东的股权或认购境内非外商投资企业的增资,使该境内企业变更为外商投资企业,其中外国投资者不包括在中国境内设立的外商投资企业。

外资企业并购具有并购方是外国投资者、被并购企业是中国境内的企业且并购交易应当按照中国法律进行三大特点。

(2)外资企业并购中的行政审批

外国投资者并购境内企业,无论被并购的境内企业的经营范围如何,其并购均需要经过审批机关的审批。

根据2006年商务部、国务院国有资产监督管理委员会、国家税务总局、国家工商行政管理总局、中国证券监督管理委员会、国家外汇管理局六部委发布的《外国投资者并购境内企业暂行规定》(以下简称2006年六部委10号文)的规定，商务部和省级对外贸易经济主管部门分别作为外资企业并购中中央和地方审批机关，负责审查批准我国的外资企业并购事项。

审批程序上，商务部和国家工商行政管理总局如认为外国投资者的并购行为没有涉嫌垄断，则在收到全部报送文件30日内依法决定批准或不批准；如认为并购行为涉嫌垄断，则自收到报送的全部文件之日起90日内，共同或经协商单独召集有关部门、机构、企业以及其他利害关系方举行听证会，并依法决定批准或不批准。

(3)外资企业并购中的外汇登记

外国投资者于我国境内进行外资企业并购，需要按照我国外汇管理局的要求，在我国开立外国投资者专用账户，并予以外汇登记。

(4)外资企业并购中的反垄断审查

第一，外资企业并购的反垄断审查标准。外资企业并购中有下列情形之一的，外国投资者应就所涉情形向商务部和国家工商行政管理总局报告：一是并购一方当事人当年在中国市场营业额超过15亿元人民币；二是一年内并购国内关联行业的企业累计超过10个；三是并购一方当事人在中国的市场占有率已经达到20%；四是并购导致并购一方当事人在中国的市场占有率达到25%；五是境外并购一方当事人直接或间接参股境内相关行业的外商投资企业将超过15家。

第二，外资企业并购中的垄断行为豁免。外资企业并购中，虽然需要对外资并购行为予以反垄断审查，但对下列外资并购中的垄断行为是予以豁免的：一是具有一定自然垄断性质的公用公益事业；二是知识产权领域；三是特定时期和特定情况下的垄断行为和联合行为；四是企业之间为技术进步与经济发展而实行的协作，对中小企业的联合行为，发展对外贸易中的国内企业之间的协调行为。

第三，外资企业并购中的反垄断审查豁免申请

有下列情况之一的并购，并购一方当事人可以向商务部和国家工商行政管理总局申请审查豁免：一是可以改善市场公平竞争条件的；二是重组亏损企业并保障就业的；三是引进先进技术和管理人才并能提高企业国际竞争力的；四是可以改善环境的。

(5)外资企业并购中的注意事项

如外资企业并购为股权并购，则其目标企业只限于境内非外商投资的股权式结构的公司，若目标企业是有限责任公司，外国投资者不但要与目标企业拟出让股权的股东进行谈判，还必须征得目标企业其他股东的一致同意。

如外资企业并购为资产并购，则外国投资者可以采用设立外商投资企业，再以该外商投资企业的名义购买目标企业的资产的方式，或者由外国投资者直接购买

目标企业的资产,然后以该资产作为出资设立外商投资企业的另一种方式。

课堂计划

本案例可以作为专门的案例教学课进行讲授,整个案例可安排6个课时,每课时45分钟。

如下课堂设计,仅供参考:

1. 课前计划:(1)将学生分为若干小组,每组6~8人为宜,方便小组讨论。(2)查找阅读比较有影响力的公司并购事件的背景、掌握《公司法》、2010年《国务院关于促进企业兼并重组的意见》、2003年《最高人民法院关于审理与企业改制相关的民事纠纷案件若干问题的规定》、2001年《最高人民法院关于人民法院在审理企业破产和改制案件中切实防止债务人逃废债务的紧急通知》、2011年《国家工商行政管理总局关于做好公司合并分立登记支持企业兼并重组的意见》等规范性文件。(3)安排学生阅读案例及相关参考资料,熟悉整个案例流程,对案例中提出的问题的进行思考。

2. 课中计划:分组讨论问题及解决对策,并由小组代表确认发言,提出解决方案,并对其他小组提出的方案进行评述和补充。教师进行引导性分析,并做最后归纳总结。

3. 课后计划:布置学生课后进一步深化认知公司并购的背景原因,掌握并购方案的考虑要素,并会制作基本的并购协议。

思考题

1. 特变电工沈阳变压器集团有限公司为何决定通过并购实现产业结构的调整?
2. 特变电工沈阳变压器集团有限公司在作出并购决定后,为何选择股权并购这一并购模式,而没有选择资产并购?股权并购与资产并购在投资者考量的侧重点上有何不同?
3. 确定股权并购,寻找适宜并购的目标公司,如特变电工沈阳变压器集团有限公司采用直接收购上海中发依帕超高压电器有限公司的股权这一方式,可能会出现哪些阻碍,这些障碍是否可以解决,通过什么方式解决?
4. 如特变电工沈阳变压器集团有限公司采用收购上海中发依帕超高压电器有限公司中日方股东股权的方式,则其是否属于外资企业并购范畴?在并购中需要格外注意哪些风险?
5. 特变电工沈阳变压器集团有限公司最终将并购目标公司确定为上海中发超高压电器有限责任公司的原因是什么?
6. 在锁定并购目标后,特变电工沈阳变压器集团有限公司委托辽宁英泰律师事务所进行并购中的法律工作,则律师事务所的具体工作有哪些?应如何安排?

7. 辽宁英泰律师事务所接受委托后,在进行尽职调查工作中,发现目标公司存在以下问题:(1)缺少现代企业管理理念,企业经营混乱;(2)质量事故频发,人才大量流失,严重影响产品销售;(3)供应商产品质量差,供应链建设滞后;(4)营销模式仅仅依靠分销商渠道,未能建立起直销渠道,营销力量薄弱;(5)企业规模小,经营难以为继;(6)企业处于亏损状态。思考律师对于上述目标公司存在的问题应如何制作尽职调查报告,是否会影响本次公司并购的进行?
8. 在并购方案的选择上,直接购买股权与增资扩股两种方式,通常投资人的选择倾向是什么?原因是什么?在增资扩股这种方式下,需要格外注意哪些问题?
9. 并购后的公司整合对于并购的意义及作用?在整合中需要关注哪些方面?

撰稿人 | 周琳,沈阳师范大学法学院讲师
杨骥,北京康达律师事务所沈阳分所律师

7 CASE 美国诉中国影响电子支付服务若干措施案

| 摘 要 |

2010年9月,美国就中国关于电子支付服务的六类措施诉诸世贸组织。本案中美双方争论的焦点在于电子支付服务是否属于支付和汇划服务,中国是否就电子支付服务做出了具体承诺。经过近两年的审理,专家组最终裁定,争议服务属于中国《服务贸易具体承诺减让表》7B(d)项所指"所有支付和汇划服务"范围,判定争议措施中的香港/澳门要求违反了《服务贸易总协定》第16条第2款关于市场准入的规定,争议措施中的发卡机构要求、收单机构要求和终端机构要求违反了《服务贸易总协定》第17条第3款关于国民待遇的规定。本案是世贸组织争端解决机构审理的首个涉及金融服务的案件,也是中国入世10年来最为复杂的案件。专家组的裁决对《服务贸易总协定》具体规则的适用和各成员服务贸易具体承诺减让表相关概念的澄清,对世贸组织成员金融服务市场准入与国民待遇义务的履行,以及其后世贸组织相关案件的审理,都将产生重大影响。

| 关键词 |

电子支付服务　服务贸易总协定　具体承诺减让表　市场准入　国民待遇

| 教学目标 |

本案例教学以"中国影响电子支付服务若干措施案"为蓝本,通过对中美双方的主张及专家组报告的分析与研讨,学习《服务贸易总协定》关于市场准入与国民待遇的相关规定和中国在《服务贸易具体承诺减让表》中所作的具体承诺,要求掌握以下三方面问题:(1)世贸组织争端解决机制的运行机制;(2)本案专家组审理案件的思路与方法;(3)争议措施的合规性。

教学案例主文

一、案件基本情况

2010年9月15日,美国认为,中国将中国银联(以下简称银联)列为其国内唯一电子支付服务提供商的行为违反了中国加入世贸组织时在服务贸易总协定项下所作出的相关承诺,并就此在世贸组织争端解决机制框架下向中国提出磋商请求。

2011年2月11日,中美双方磋商失败,美国要求世贸组织争端解决机构根据《关于争端解决规则与程序的谅解》第6条的标准职权范围设立专家组。2011年3月25日,争端解决机构决定设立专家组,专家组的职权范围为:根据争端各方引用的适用协定的有关规定,审查美国在WT/DS413/2号文件中提交争端解决机构的事项,并提出裁定以协助争端解决机构提出建议或作出该协定规定的裁决。2011年7月4日,世贸组织秘书处总干事指定由Virachai Plasai先生任主席、Elaine Feldman女士与Martin Redrado先生为成员组成专家组审理此案,澳大利亚、厄瓜多尔、欧盟、危地马拉、印度、日本和韩国作为第三方参与了专家组程序。

2012年7月16日,专家组公布了裁决报告。[1] 在裁决报告中,专家组支持了美国的部分主张,裁定中国采取的部分措施违反了其在《服务贸易具体承诺减让表》(以下简称减让表)中所作的承诺。中国与美国没有对专家组报告提起上诉。2012年8月31日,世贸组织争端解决机构通过了对"影响电子支付服务若干措施案"专家组报告。2013年7月23日,中国宣布其已完全履行专家组报告的裁决及相关建议,但美国并不认为如此。同年8月19日,中国与美国通知世贸组织争端解决机构,双方已依世贸组织《关于争端解决规则与程序的谅解》第21条、第22条就履行专家组报告达成一致,整个贸易争端解决程序就此完结。

中美之间关于电子支付服务的贸易纠纷起源于维萨(VISA)与银联的利益纠葛。银联是2002年由八十多家中国国内金融机构共同发起设立的股份制金融机构,是中国大陆境内唯一获准进行跨行人民币交易清算服务的银行卡组织,和维萨、万事达等国际卡组织一样,其主要工作是对各家银行发行的银行卡,在刷卡消费和跨行取款时进行清算。按中国相关法律规定,维萨、万事达等国际卡组织在中国不能直接发行人民币卡,只能与中资银行合作发行双币卡,而此类持卡人在国内刷卡必须走中国银联的清算通道,在境外虽可选择非银联通道,但选择银联通道可

---

〔1〕 WTO, China - Certain Measures Affecting Electronic Payment Services, DS413/R, July 16, 2012.

节省消费金额1% ~2% 的货币兑换费。维萨最初为了进入中国支付卡市场与银联形成了合作关系,希望通过对银联的扶持分享中国银行卡的利益。由于当时中国的支付卡市场刚刚起步,各种设施和规则还不完善,维萨与中国银联保持了良好的合作关系,在银联成立三个月后,银联即成为维萨的收单机构,还共同发行了带有"银联""维萨"标志的双币卡。双方形成了不成文的默契,银联主"内"(中国国内市场),维萨主"外"(中国以外市场),维萨的主要盈利来源于消费者在中国境外的刷卡消费。但是维萨很快发现,在跨境资本流动并未完全开放的情况下,其无法进入中国本币支付卡清算市场,而中国本币支付卡市场正蓬勃发展,利益丰厚。根据银联的数据,2002 年银行卡跨行交易金额为 1791 亿元,而 2012 年银行卡跨行交易金额为 21.8 万亿元,在十年间增长了约 120 倍。银联积极拓展海外市场后,随着银联在海外市场大量铺设网络和终端设备,选择银联结算的双币卡日渐增多,银联的境外市场不断壮大,这是维萨不愿意看到的。2012 年,银联卡使用范围扩大到境外 141 个国家和地区,覆盖全球主要区域和重要国家。受益于银联卡境外使用范围的扩大以及用卡服务的日益完备,全年银联卡境外交易金额同比增长 30%。[2]

由于中国境内的支付清算市场并不开放,维萨只能收取中国卡的境外结算费用,然而由于境外市场的份额不断被银联分走,维萨感到利益受损。2008 年北京奥运会期间,双方矛盾激化。2010 年 6 月,维萨在向全球会员银行的发函中明确要求,从当年 8 月 1 日起,凡是在中国大陆境外受理带维萨标识的双币种信用卡时,不论是刷卡消费还是自动柜员机取现,都不得走中国银联的清算通道,否则维萨将重罚收单银行,第一次将罚款 5 万美元,如果收单银行再犯,每月将罚款 2.5 万美元,两家机构的关系从僵化步入反目。[3] 维萨同时要求美国贸易代表采取行动,以迫使中国开放银行卡市场。

二、美国针对中国的具体指控

美国认为,中国有关规范性文件涉及的电子支付服务的 6 个方面的措施,设置了市场准入限制与要求,违反了《服务贸易总协定》第 16 条关于市场准入的规定,给予其他成员的电子支付服务提供者的待遇低于给予中国此类服务提供者的待遇,违反了《服务贸易总协定》第 17 条关于国民待遇的规定。[4]

---

〔2〕 中国银联网站:http://corporate.unionpay.com/infonewsCenter/infoCompanyNews/file_99034529.html,2015 年 7 月 14 日访问。

〔3〕 徐思佳:《银联 VISA 恩仇录》,载《中华工商时报》2010 年 6 月 11 日,A01 版。

〔4〕 Executive Summary of the First Written Submission of the United States, in Report of the Panel (Addendum) of China - Certain Measures Affecting Electronic Payment Services, WT/DS413/R/Add.1, pp. A-2~A-10, July 16, 2012.

美国指控中国采取和维持的相关措施具体包括:(1)唯一提供者要求,只允许银联在中国为人民币支付卡交易提供电子支付服务,而其他服务提供者只能为外币支付卡交易提供服务。(2)终端设备要求,要求中国境内所有商户的支付卡处理设备、所有的自动柜员机及所有的销售点终端能够受理所有带“银联”标识的银行卡。(3)收单机构要求,要求收单机构必须张贴“银联”标识,成为银联的成员,遵守统一的商业标准和技术规范,且使用或提供的终端设备必须能够受理标注“银联”标识的支付卡等。(4)发卡机构要求,要求发卡机构在中国发行的银行卡须标注“银联”标识,成为银联的会员,在中国发行的银行卡必须满足统一的商业规范和技术标准。(5)跨地区/银行要求,要求所有银行或银行内部涉及支付卡交易的行为必须通过银联处理,禁止非银联的支付卡进行跨区域、跨银行或银行内部的交易。(6)香港/澳门要求,不允许银联以外的电子支付服务提供者为在中国大陆发行而在香港、澳门使用的人民币支付卡交易,或在香港、澳门发行而在大陆使用的人民币支付卡交易提供清算服务。

为了证明其指控成立,美国首先对该案涉及的“电子支付服务”作出了自己的界定。美国声称,“电子支付服务”是指处理涉及支付卡的交易及处理并促进交易参与机构之间的资金转让的服务。电子支付服务提供者直接或间接提供通常包括下列内容:(1)促进、管理和促成交易信息和支付流程以及提供系统完整性、稳定性和降低金融风险的处理设备、网络、规则和程序。(2)处理和协调批准或拒绝一项交易,通过批准使购买得以完成或资金得以支付或交换。(3)参与实体之间的交易信息传递。(4)计算、测定并报告相关机构所有被授权交易的净资金头寸。(5)各参与机构间拥有的净支付转移的促进、管理和/或其他方式的参与。

美国认为,电子支付服务处于所有支付卡交易的中心,没有这些服务,交易便无法完成。电子支付服务提供了一种高效、及时、可靠的方法,促进购买产品或服务的支付卡持卡人的资金向提供产品或服务的个人或商户转移。电子支付服务提供者接收、查验和传输各方需要进行交易的信息以及管理、促进和促成参与实体之间的资金转移。电子支付服务提供者形成的规则和程序为支付系统提供了稳定性和完整性,使该支付系统可以高效处理涉及卡片支付的机构之间的净资金流。电子支付服务提供者也向其客户提供了特定的保证,确保电子支付服务的完整性,例如包括户未能承兑支付卡或发卡方或收单方未能履行资金提供义务等。美国认为,促进、管理和促成交易信息和支付流以及提供系统完整性、稳定性和降低金融风险的处理设备、网络、规则和程序都是电子支付服务的关键构成部分。

美国认为,中国加入世贸组织时,就电子支付服务作出了市场准入和国民待遇承诺,但中国通过采取一系列措施限制了市场准入,并且没有提供国民待遇。具体而言,在减让表中,中国对《服务贸易总协定》第16条和第17条作出了承诺。其中承诺开放的“银行服务”如下：“a. 接收公众存款和其他应付公众资金；b. 所有类型的贷款，包括消费信贷、抵押信贷、商业交易的代理和融资；c. 金融租赁；d. 所有支付和汇划服务，包括信用卡、赊账卡和借记卡、旅行支票和银行汇票（包括进出口结算）；e. 担保和承诺；f. 自行或代客外汇交易。”承诺开放的“其他金融服务”如下：“k. 提供和传送金融信息、金融数据处理以及其他金融服务提供者有关的软件；l. 就（a）至（k）项所列所有活动进行咨询、中介和其他附属服务，包括资信调查和分析、投资和证券研究和建议、关于收购的建议和关于公司重组和战略的建议。”

美国认为，电子支付服务属于中国上述承诺中的 d 项，这意味着中国对电子支付服务作出了开放市场的承诺，但中国对其他成员中试图向中国提供电子支付服务的提供者加设了市场准入限制和要求。通过这些及其他相关强化性要求和限制，中国给予其他成员电子支付服务提供者的待遇要低于其给予中国的此类服务提供者的待遇。

美国提出，银联是中国允许在其境内为以人民币计价并以人民币支付的支付卡交易提供电子支付服务的唯一实体。中国要求由银联来处理所有中国大陆发行的支付卡发生于澳门或香港地区的人民币交易，以及任何发生于中国大陆且使用香港或澳门发行的人民币支付卡的人民币交易。美国认为，此类措施与中国在《服务贸易总协定》第 16 条第 1 款项下的义务不一致，对其他成员的服务和服务提供者给予了低于减让表所规定的待遇，且中国正在维持或采取《服务贸易总协定》第 16 条第 2 款明确列举的禁止实施的措施；上述措施与中国在《服务贸易总协定》第 17 条项下的义务也不一致，对其他成员的服务和服务提供者给予的待遇低于其给予本国同类服务和服务提供者的待遇。此外，中国还要求其境内所有商户的支付卡处理设备、所有的自动柜员机及所有的销售点终端需与中国银联系统相兼容并且能够受理银联支付卡，要求所有的收单机构标注银联标识并且能够受理所有带有银联标识的支付卡。中国进一步要求，所有在中国境内发行的以人民币计价并支付的支付卡（包括“双币种”卡）标注银联标识。这意味着发卡行必须接入银联系统，并且必须为此向银联支付费用。这些措施并没有对非银联支付卡或用非银联支付卡进行的交易作出相似的要求。美国因此认为，这些措施与中国在《服务贸易总协定》第 16 条第 1 款项下的义务不一致，且中国正在维持和采取《服务贸易总协定》第 16 条第 2 款所规定的措施，这些措施与《服务贸易协定》第 17 条项下的中方义务也不一致。

三、中国针对指控所作的辩驳

针对美国的上述指控，中国认为，专家组应当完全驳回美国的主张，因为美国没能证明中国对争议措施在服务贸易具体承诺减让表中就跨境提供和商业存在两种模式做出了市场准入和国民待遇的具体承诺。[5]

为证明美国指控的错误性,中国首先对美国为"电子支付服务"所作的定义进行了驳斥,认为本案中争议服务不属于"银行及其他金融服务",而是银行间支付信用卡网络运营商提供的网络服务,即为银行服务提供的服务。中国指出,美国对电子支付服务所作的描述有几个值得注意的地方:第一,它不包括支付卡的发行或支付卡交易的收购,也就是说它不包括典型的由银行或其他金融机构提供的支付卡服务;第二,美国的描述似乎专用于四方支付卡模式,因为它把"系统内"多个金融机构的参与考虑在内,如其在引用"参与机构"时;第三,美国所说的"系统"的五个要素中至少有三个是和银行间支付卡交易的清算和结算有关,其中第三和第四个要素与清算有关,第五个要素与结算有关。中国认为,此次争端中涉及的服务是中国所描述的网络服务,从根本上讲,这些服务与电信和数据处理基础设施相关,通过它们,网络运营商为银行和其他金融机构提供授权、清算和结算服务,这些清算、结算服务是"电子支付服务"的核心内容。

在阐明电子支付服务不是银行服务而是为银行服务提供的服务后,中国进一步指出,美国未能证明中国就此争议措施做出了市场准入和国民待遇相关具体承诺。中国认为,争端中的清算和结算服务可归类在金融服务附件第 14 条之下,这在中国的承诺表中不受约束。金融服务附件的第五部分罗列了 16 种不同的金融服务,它们都在"金融服务"的定义范围之内。中国没有在金融服务附件第 14 条下做出市场准入和国民待遇的承诺,如果做出了这种承诺,中国承诺表上一定会有分部门 j,而实际上中国的减让表在承诺顺序中跳过了此分部门,直接从 f 跳到 k,也没在其他地方提及"为金融资产提供清算和结算服务"。银行间支付卡交易包括现金的清算和结算以及拥有收取现金的契约权利,所以也包括附件第 14 条中的金融资产的清算和结算。银行间支付卡交易导致收单行反对开证行以现金形式支付交易总额而提出声索,银行间支付卡网络运营商为这些现金声索提供清算和结算服务。不管他人是否把这些清算和结算服务和现金或获得现金的权利联系起来,这些服务都是金融服务附件第 14 条所指行为,因为它们涉及金融资产的清算和结算。由于金融服务附件第 14 条包括了对支付卡交易的清算和结算服务,专家组有必要对美国声称这些服务被分部门 d 所包含的声明进行审查。提供更综合的描述的标题或分部门比起描述的最具体但可能涉及争端商品和服务的更值得选择,这是个固定的分类规则。和 d 分部门相比,金融服务附件第 14 条对争端中的清算和结算服务给出了更确切的描述,欲将分部门 d 解释为被清算和结算服务所包含的基础,这

---

〔5〕 Executive Summary of the First Written Submission of China, in Report of the Panel (Addendum) of China - Certain Measures Affecting Electronic Payment Services, WT/DS413/R/Add.1, pp. A-11 ~ A-19, July 16, 2012.

与事实不符。

中国在书面答辩中还指出，退一步讲，即使一些或所有争议服务都可归属于分部门 d，美国也未能证明中国就服务贸易模式 和模式三做出了相关的市场准入和国民待遇承诺。美国把案件的中心聚焦在一个主张上，就是争议中的服务都归属于分部门 d，而美国却未能证明此主张。即使一些或所有争议服务可归属于分部门 d，美国也没有证明中国在跨境提供和商业存在模式提供服务中做出了提供市场准入和国民待遇原则相关的承诺。[6] 中国认为，中国没有对跨境提供模式就分部门 d 做出市场准入的承诺。中国在分部门 a 到 f 的市场准入条目一栏中提到，跨境提供模式除了以下情况，不受约束，条目中再次逐字重申减让表中“其他金融服务”对分部门 k 和 l 的定义。减让表对这部分内容的意思表达得十分清楚，中国没有对分部门 a 至 f（其中包括分部门 d）就模式一即跨境提供做出任何市场准入承诺。而在分部门 d，中国就模式三即商业存在做出了市场准入和国民待遇的具体承诺，但适用对象仅限于外国金融机构。美国针对模式三的主张建立在单一的前提下，即所有市场准入和国民待遇限制都写在分部门 d 中，“将在中国加入世贸组织五年后消除”，美国没有提供任何支持这一结论的解释，而只是纯粹的断言，完全经不起中国在模式三中市场准入和国民待遇实际承诺内容的检验。例如，在“客户”这一条目下，分部门 a 中收录的中国市场准入原则写道“加入后 5 年内，允许外国金融机构向所有中国客户提供服务”，这是对中国市场准入承诺“在分部门 a 到 f 下，唯一将被允许提供服务的是‘外国金融机构’”的限制性解读，由此断定中国没有在分部门 a 到 f 中做出为“非外国金融机构”实体提供市场准入的承诺。通过其明示条款，这种限制性解读在 5 年过渡期后还在使用，直到今天也依然在使用。中国承诺允许 2006 年 12 月 11 日之前存在的外国金融机构为所有中国客户提供服务，事实上，这个日期也是承诺生效的日期。自该日起，中国承诺在分部门 a 到 f 下，允许外国金融机构为所有中国客户提供服务，但中国没有承诺允许非外国金融机构提供上述服务。中国完全遵守了其在分部门 d 中做出的承诺，在加入世贸组织之前就允许外国金融机构参与本国支付卡收购服务业务，也颁布了一系列措施使得外国金融机构得以进入支付卡发行服务市场，这些都与中国的承诺相一致。外国金融机构在中国发行支付卡、收购支付卡交易，与中国的金融机构享有相同的地位。美国没有做出任何努力来证明其所说的，不管是一般而言，还是其在陈述中所称的特定的服务提供者“电子支付服务提供者”是外国金融机构。由于未能证明“电子支付服务提供者”是外国金融机构，美国必然也不能证明中国模式三的承诺与此次争议服务

---

[6] 依《服务贸易总协定》第 1 条的规定，国际服务贸易包括四种模式：模式一，跨境提供；模式二，境外消费；模式三，商业存在；模式四，自然人存在。各成员在加入世贸组织时，分四种模式分别对市场准入与国民待遇作出具体承诺。

以及服务提供者相关联,也没有排除它声称享有的市场准入与国民待遇资格。因此,根据《服务贸易总协定》第16条和第17条,专家组应该否决美国的违规的、甚至其认为争端中的服务归属于d界别分组的错误主张。

四、专家组的裁决

经过一年多的审理,专家组就上述争议措施做出了如下裁决:(1)认定中国存在发卡机构要求、收单机构要求、终端机构要求及香港/澳门要求,否认存在唯一提供者要求和跨地区/银行要求;(2)认定争议服务均属于中国服务贸易具体承诺减让表中第7条金融服务中B款"银行业及其他金融服务业"中d项"所有支付和汇划服务"的范围,中国应给予外国电子支付服务提供商市场准入和国民待遇;(3)驳回美国关于外国电子支付服务提供商可以通过跨境提供模式提供服务的主张,认定中国没有就电子支付服务作出该模式项下的具体承诺;(4)裁定争议措施中的香港/澳门要求以银联垄断的形式限制了服务提供者的数量,从而违反了《服务贸易总协定》第16条第2款关于市场准入的规定;(5)裁定争议措施中的发卡机构要求、收单机构要求和终端机构要求改变了竞争条件,有利于银联,对其他成员的服务提供者给予了较为不利的待遇,从而违反了《服务贸易总协定》第17条第3款关于国民待遇的规定。

专家组认为,中国的法律文件要求在中国发行的银行卡标注银联标识,并进一步要求发卡机构成为银联网络的成员,并且其在中国所发银行卡达到统一的商业要求和技术标准。中国要求作为全国银行卡银行间处理网络成员的所有终端(ATM、商户处理设备和POS机)都能够接受标注银联标识的所有银行卡。中国要求收单机构标注银联标识,成为银联网络的成员,并且能够接受银联标识的所有银行卡。此外,中国的某些文件授权银联而不是其他的电子支付服务提供商处理某些人民币银行卡交易的结算,这些交易涉及在中国发行、在香港或澳门地区使用的人民币银行卡,或者在香港或澳门地区发行而在此两地或内地使用的人民币银行卡。但专家组并不认为,对于在中国国内发生的所有人民币银行卡交易存在一项普遍的规定,要求必须使用银联或者将银联作为电子支付服务的唯一提供者,也不认为中国对于跨地区或跨行的交易禁止使用非银联卡。因此,对美国所指控的六种措施,由于专家组没有认定中国采取了唯一提供者要求和跨地区/银行要求,因而不再审查这两种措施是否违反了《服务贸易总协定》,而只就中国采取的发卡机构要求、终端设备要求、收单机构要求和香港/澳门要求是否违反了《服务贸易总协定》第16条和第17条的规定进行审查。

对于中国在入世承诺书中是否就电子支付服务做出了具体承诺,专家组综合运用了多种条约解释方法,包括文意解释、上下文、目的与宗旨和补充解释等方法,对中国服务贸易具体承诺减让表中第 7 条金融服务中 B 款“银行业及其他金融服务业”中 d 项“所有支付和汇划服务”进行了全面分析，最后同意美国的观点，即 d 项包括作为支付和汇划基本要件的所有服务，进而认定中国对此作出了具体承诺，裁定香港/澳门要求违反了《服务贸易总协定》第 16 条第 2 款市场准入的规定，发卡机构要求、收单机构要求和终端机构要求违反了《服务贸易总协定》第 17 条第 3 款国民待遇的规定。

教学指导手册

教学目标

本案例教学以“中国影响电子支付服务若干措施案”为蓝本，通过对中美双方的主张及专家组报告的分析与研讨，学习《服务贸易总协定》关于市场准入与国民待遇的相关规定和中国在《服务贸易具体承诺减让表》中所作的具体承诺，最终要求学生掌握以下三方面问题：(1)世贸组织争端解决机制的运行机制；(2)本案专家组审理案件的思路与方法；(3)争议措施的合规性。

教学内容

1. 何为“电子支付服务”？

本案中，虽然中美双方争论的焦点是中国采取的争议措施是否违反了中国加入世贸组织时在《服务贸易具体承诺减让表》中所作的承诺，但其实双方争论的最基本、最核心的问题是如何界定“电子支付服务”，即争议措施是否属于中国《服务贸易具体承诺减让表》中 7B(d) 中所指的服务。这是中国的核心败诉点。

美国认为，“电子支付服务”是指处理涉及支付卡的交易及处理并促进交易参与机构之间的资金转让的服务，是支付卡交易的基本要件，且电子支付服务是集成的、不可分的服务，没有这些服务，交易就无法完成，属于中国承诺的银行及其他金融服务中的“所有支付和汇划服务”；而中国则认为，“电子支付服务”是网络运营商为银行和其他金融机构提供的授权、清算、结算等服务，是为银行和其他金融服务提供服务的服务，因此，电子支付服务不属于中国承诺的银行和其他金融服务中的“所有支付和汇划服务”。

专家组在对比分析了中美双方的观点后，得出了自己的结论：“电子支付服务”

是指处理涉及支付卡的交易及处理并促进交易参与机构之间的资金转让的服务；电子支付服务提供者直接或间接提供通常包括下列内容：

(1)处理设备、网络以及促进、处理和实现交易信息和支付款项流动并提供系统完整、稳定和金融风险降低的规则和程序。

(2)批准或拒绝某项交易的流程和协调,核准后通常都会允许完成某项购买或现金的支付或兑换。

(3)在参与机构之间传递交易信息。

(4)计算、测定并报告相关机构所有被授权交易的净资金头寸。

(5)促进、处理和/或其他方式参与交易机构间的净支付款项转让。

专家组支持美国的主张,对“电子支付服务”做出了一个重要的定性,即此类服务属于“集成服务”。专家组认为,由上述定义可以看出,电子支付服务是一个系统,由多种要素组成,而只有这些要素联合起来,支付卡交易才能实现。也就是说,这个系统的各个要素是不能单独处理支付卡交易的,而必须集成为一个整体。例如,如果没有电子支付服务所提供的整套系统,发卡机构就无法单独发行一种为商户所广泛接受的银行卡,而收单机构也无法向商户提供一种能够处理如此大量持卡人的服务。也就是说,电子支付服务是与其他金融服务集成的,是不可分割的。

由于本案中中美双方对争议服务包括四方模式没有争议,因此专家组在上述定义的基础上,分析了争议服务除包括四方模式外,是否还包括三方模式的问题。〔7〕在本案中,美国认为电子支付服务既涉及四方模式,也涉及三方模式,而中国则认为电子支付服务只涉及四方模式,不包括三方模式。在此问题上,专家组支持美国的主张,认为运行三方模式的电子支付服务提供者基本上提供了上文提及的“系统”的所有要素,尤其是三方模式电子支付服务提供者提供了促进、管理和促成交易信息和支付流和提供系统完整性、稳定性和降低金融风险的处理设备、网络、规则和程序;批准或拒绝一项交易的流程和协调工作,通过批准使购买得以完成或资金得以支付或交换;参与实体之间的交易信息的转移;所有已获授权的交易的相关机构的净财务状况的计算、确定和报告(如持卡人的总体债务状况);各交易参与机构间对支付转移的促进、管理和/或其他方式的参与。专家组认为,在三方模式中,系统第四和第五要素的提供通常涉及商户个人(如持卡人和商户)而非“机构”,但这不能改变所提供的电子支付服务的特点,这种区别并不意味着三方模式不含在所考虑的广义的“系统”之内。这一结论对中国会产生重大影响:既然电子

---

〔7〕　支付卡交易有三方模式与四方模式的区别。三方模式是一种闭环模式,在整个交易中只涉及三方当事人,即持卡人、特约商户、发卡机构/收单机构,在三方模式中,发卡机构与收单机构为同一机构;四方模式是一种开环模式,在整个交易中涉及四方当事人,即持卡人、特约商户、发卡机构和收单机构,在四方模式中,发卡机构与收单机构为不同机构。

支付服务包括三方模式，那么本案的结论就不仅适用于银联、维萨和万事达这样的四方模式的服务，而且适用于美国运通这样的三方模式的服务；如果本案的结论是中国应当开放市场，那么中国对像美国运通此类的服务也应当开放市场。

专家组的裁定是有理由的，但也存在一些问题。中国具体承诺减让表的上下文确实更有利于美国，减让表中的"credit cards, including import and export settlement"以及《服务贸易总协定》的金融服务附件中的"negotiable instruments"等描述确实比较不利于中国的主张，这说明电子支付可能更类似于信用卡，应当划入"支付服务"，而不是类似于证券等可转让票据的"清算和结算服务"。但专家组在银行服务业问题上排除了营业主体的要求（金融机构），认为服务分类不能只依据服务提供者的所有权结构或法律形式变化而发生变更。减让表上有两处显示主体要求的描述：一处是"银行服务"，另一处是"金融机构"。如果按照专家组的理由和例证（邮局吸收存款），这些显示"主体资格"内涵的要求在法律上是没有意义的，从事的服务性质决定了企业性质。专家组在划分服务类别时的"必要或必需"理论可能争议更大。服务业是高度创新、不断细化分工的产业，如果 A 服务（货币清算结算）是现 B 服务（支付）的前提条件（必要且必需），那么 A 服务就是 B 服务吗？如果某个产业中，"数据库服务"是"数据处理"的前提条件，两者不可分，那么此数据库服务就变成了数据处理服务吗？在争端解决过程中，中国主张电子支付实际上由若干服务构成，至少包括电信、交易授权、数据处理、清算和结算服务，但此主张却未能被专家组接纳。专家组似乎认为，某个由多项服务构成的服务混合体，只要其中某项要素服务是业务核心，那么整个混合体（包括若干明确的其他服务）都可以归入那个核心业务的服务部门，这在某种程度上似乎降低了在现有服务部门基础上继续分化而出现新服务部门的可能性。

2. 如何解释服务贸易具体承诺减让表？

对世贸组织多边贸易协定进行解释是世贸组织争端解决机构必然面临的一个问题，专家组与上诉机构解释的质量对案件的裁决往往会带来决定性的影响。正如上诉机构在 1996 年日本酒类税案裁决报告中所言："世贸组织规则是可以依赖的，可以理解的，也是可以强制执行的……但世贸组织规则并没有严格或宽松到不给推理留下余地，本着这点对之作出解释，就能为多边贸易体制提供整体服务，并为它提供保障和可预见性。"[8]《服务贸易具体承诺减让表》是世贸组织成员履行其《服务贸易总协定》项下的有关义务以及承诺开放其国内服务部门或分部门的具

---

〔8〕 WTO, Japan - Taxes on Alcoholic Beverages, WT/DS8/AB/R, WT/DS10/AB/R, WT/DS11/AB/R, October 4, 1996, para. 6.21.

体表现形式,是判断成员是否履行相关义务的前提。在争端解决过程中,专家组、上诉机构对减让表的解释至关重要,不仅决定了个案的裁决结果,也为今后各成员理解、使用、修改各自的《服务贸易具体承诺减让表》提供了重要的借鉴。

在本案中,专家组遵循《关于争端解决规则与程序的谅解》确定的解释规则及之前相关判例所确定的解释方法,对争议措施进行了具体解释。专家组指出,依照《关于争端解决规则与程序的谅解》第3.2条的规定,专家组应依照解释国际公法的习惯规则澄清这些协定的现有规定,而普遍接受的观点是,《维也纳条约法公约》第31条、第32条写入的规则就是这样的习惯规则。依照该公约第31条、第32条,解释条约的方法主要包括通常含义解释、上下文解释、目的与宗旨解释和补充解释等方法。专家组还指出,《服务贸易总协定》第20.3条规定,世贸组织成员的"具体承诺减让表应附在本协定之后,并应成为本协定的组成部分"。与《关于争端解决规则与程序的谅解》第3.2条相一致,减让表亦应根据"解释国际公法的习惯规则"进行解释。在美国赌博案中,上诉机构确认,"像解释任何其他条约文本的任务一样,确认《服务贸易总协定》减让表中承诺的含义涉及对成员共同意愿的确认。……我们认为,必须根据《维也纳公约》第31条和(在适当的情况下)第32条规定的规则确定美国减让表的含义"。[9] 因此,本案专家组在解释本争端适用协定相关规定方面也应适用上述原则。

对于本案,专家组首先考察了中国减让表第7条B款d项的通常含义。该项承诺表述为:"d.所有支付和汇划服务,包括信用卡、赊账卡和借记卡、旅行支票和银行汇票(包括进出口结算)。"专家组首先通过查阅《节本牛津英语词典》,对"支付"与"汇划"这两个词,以及与"汇划"相关的"金钱""转移"两个词的字典含义进行审查,认为:当把"支付""金钱"和"转移"放在一起时,这一短语指的是将普遍接受的兑换工具从一人或一处迁移到另一人或另一处,而迁移的金钱是为了满足提供货物或服务的价款或清偿债务。接着,由于本案的核心争议是"支付服务"及"汇划服务"的范围,所以专家组还将上述词语与"服务"结合起来进行审查。专家组认为,提供"支付服务"与为货物或服务进行付款的行为是两种不同的概念,"支付服务"应当由卖方或是非买方提供,并且提供"支付服务"的主体本身并不会产生"支付"行为,而是使得付款与收款双方之间的钱款支付行为得以顺利完成;类似地,"汇划服务"也是如此。因此,专家组支持了美方的观点,认为"支付及汇划服务"的提供者提供的是一项辅助支付及汇划的服务,即"支付及汇划服务"包含那些"'协助'、'管理'付款行为及资金转移行为的服务"。另外,根据条约的有效解释原则,"支付

[9] WTO, United States – Measures affecting the cross – border supply of gambling and betting services, WT/DS285/AB/R, April 20, 2005, para. 160.

及汇划服务”前面的“所有”一词也必须被赋予一定的含义,该处的“所有”一词表明了承诺方即中国试图让该项承诺能够尽可能地全面覆盖“支付及汇划服务”的所有范围的意图。综上所述,专家组认定,“支付及汇划服务”包含那些“‘协助’、‘管理’付款行为及资金转移行为的服务”。此外,“所有”一词意在尽可能地全面覆盖“支付及汇划服务”的所有范围。

接下来,专家组审查了d项的上下文。根据《维也纳条约法公约》第31.2条的规定,参考上诉机构在美国赌博案中的做法,专家组认为确定d项的上下文需要考虑以下因素:(1)子部门d的其余部分;(2)涉争章节的标题;(3)涉争章节中的市场准入、国民待遇及其他承诺;(4)《服务贸易总协定》的结构;(5)《服务贸易总协定》关于金融服务的附件;(6)其他世贸组织成员的减让表。对于d项的剩余部分,即“包括信用卡、赊账卡和贷记卡、旅行支票和银行汇票(包括进出口结算)”,专家组认为这是一项例示清单,确认“所有支付和汇划服务”是指那些对处理和完成支付卡交易极其重要的服务;关于中国减让表的其他部分,主要是减让表第7条B款的副标题“银行服务如下所列”,专家组认为,该副标题只表明所涉服务通常由银行提供,或过去通常由银行提供,一些服务也可由其他类型的金融实体提供。将d项置于“银行服务如下所列”副标题下,并不妨害将d项解释为涵盖对处理和完成支付卡交易来说极其重要的服务;至于《关于金融服务的附件》下(xiv)项“金融资产的结算和清算服务”,专家组将“金融资产”解释为具备投资属性、授予所有权并可产生投资回报的金融工具,不包括支付卡交易,从而否决了中国关于争议服务落入(xiv)项的主张;关于《服务贸易总协定》的结构,专家组认为将由不同服务组合而成的一项服务(集成服务)归类在一个部门下,并不抵触相互排斥原则(principle of mutual exclusivity),假若这些不同的服务组合之后,构成一项独特的服务,并“需依其形态提供和消费”;关于其他世贸组织成员的减让表,专家组指出,在美国赌博案中,上诉机构也意识到其他成员的承诺表由于其独有的内在逻辑而并不具有较大的参考价值。专家组注意到,中国援引的其他成员的承诺表使用了不同的名称来描述提供减让表d项服务的提供者,中国也未针对这些不同名称的准确内涵提交证据或提出抗辩。因此,专家组并不能肯定中国援引的这些减让表表明“所有支付和汇划服务”只能由“银行和其他金融机构”提供。故世贸组织其他成员的减让表所提供的内容并没有表现出与前文考察其他上下文而作出的解释有任何矛盾。

专家组在考虑目的及宗旨时,首先注意到《服务贸易总协定》前言中所列的重要目的之一,即“建立一个服务贸易原则和规则的多边框架,以期在透明和逐步自由化的条件下扩大此类贸易”。专家组考虑到,美国赌博案上诉机构认为,《服务贸易总协定》前言中所含的透明度目的要求成员准确清晰地制定总协定的减让表,使其能够容易地为其他世贸组织成员及服务提供者和使用者所理解。专家组还注意到中国出版物与视听产品案上诉机构的观点，即不得利用对《服务贸易总协定》的目的及宗旨的审查，去支持对世贸组织成员做出的具体承诺范围进行限制的解释。因此专家组认为，前文作出的认定中国减让表第7条B款d项包含了争议服务即电子支付服务的解释与《服务贸易总协定》及世贸组织协定的目的及宗旨相符。

综上，专家组的结论是，争议服务，即涉及支付卡交易的电子支付服务，落入中国减让表第7条B款d项服务部门。并且，由于根据《维也纳条约法公约》第31条解释所得结论并无模糊或不合理之处，专家组决定不再根据公约第32条“解释之补充资料”继续进行解释。

3. 中美双方的举证责任如何配置？

举证责任被称为法律对愚昧无知的回应，它弥补了诉讼中可能发生的不确定性，使司法机构在缺乏相关信息的情况下做出确定的裁决。举证责任规则在争端解决机制中的重要性不言而喻，它既关系到争端当事方实体权利的实现，又关系到判决的最终结果。作为争端解决机构，无论是原来的关贸总协定工作组，抑或是如今的世贸组织的专家组和上诉机构，已经向复杂化和司法化的方向发展，事实证明的必要性成为世贸组织争端解决程序中一个日益重要的因素，专家组或上诉机构能够根据“毫无争议的事实”断案已经成为历史，取而代之的是书面陈述和听证会。因此，申诉方与被申诉方如何承担举证责任，对贸易争端的处理会产生直接、重大的影响。

就世贸组织争端解决机制而言，举证责任的分配因违反之诉与非违反之诉而存在巨大差别。对违反之诉案件，《关于争端解决规则与程序的谅解》第3.8条规定，如发生违反在适用协定项下所承担义务的情况，则该行为被视为初步构成利益丧失或减损案件。这通常意味着一种推定，即违反规则对适用协定的其他成员造成不利影响时，应由被起诉的成员自行决定是否反驳此类指控。这一条款包含了两层含义：首先，它确立了“表面证据确凿的案件”，即申诉方的申诉只需要达到“表面证据确凿”，举证责任随之转移至被申诉方；其次，它确立了对“利益丧失或减损”的推定，免除了申诉方证明利益丧失或减损的结果以及违法行为与利益丧失与减损之间的因果关系，避免了申诉方对预期利益的丧失举证不能的情况，从而降低了申诉方举证责任的证明标准，并且赋予专家组在判断举证责任是否得到满足方面非常大的自由裁量权。对非违反之诉案件，《关于争端解决规则与程序的谅解》第26.1(a)条在总结关贸总协定争端解决实践经验的基础上明确规定，在非违反之诉中，申诉方承担举证责任，需提供“详细的正当理由”，以支持其所主张的非违反之诉。极重的举证负担使非违反之诉的胜诉率维持在较低的水平。事实上，在一些非违反之诉中,争端解决机构就是以证据不足裁定非违反之诉不成立,如日本胶卷案。

由于美国指控中国违反了《服务贸易总协定》第16条与第17条而损害了其相关贸易利益,本案属于违反之诉案件,因此专家组依谅解第3.8条及世贸组织争端解决相关实践,确定了中美双方的举证责任。专家组认为,世贸组织争端解决机制中的举证责任的一般规则是,主张另一成员违反了一项适用协定的一方必须主张和证明其请求。此外,主张一项事实的任何一方,无论是申诉方还是被申诉方,都需负责提供证据,这符合大陆法、普通法和大多数法域中的证据规则,那就是举证责任在于主张一项特定请求或抗辩的一方,无论是申诉方还是被申诉方。如果一方举出了足够证据以推定其所主张的为真实的,则举证责任转移至对方,除非能举出足够证据反驳该推断,否则该方败诉。同样,在世贸组织争端解决机制中,一旦申诉方确立了案件的表面证据,举证责任则转移至被申诉方,被申诉方必须反过来反驳或否认被指控的不符点。表面证据确凿案件必须基于申诉方对每一项请求而提出的证据和法律论据,所需证据的数量和类型各案件有别。本案专家组认为,一般来说,特定案件中的申诉方最初承担举证责任证明某项措施与世贸组织适用协定规定不一致,以建立表面证据确凿案件。因此,在此争端中,美国承担最初举证责任,证明中国的措施不符合《服务贸易总协定》第16条和第17条的规定,以建立表面证据确凿案件。

从专家组的上述论断来看,专家组首先确认,本争议案件属于违反之诉,应适用违反之诉的举证规则,因此要求作为申诉方的美国承担最初的举证责任,证明中国采取的争议措施违反了《服务贸易总协定》的相关规定。但由于违反之诉属于"表面证据确凿"的案件,美国的举证责任较轻,只需达到"表面证据确凿",且只需证明被申诉方行为违反了世贸组织适用协定的规定,无须证明其利益丧失或减损,也不必证明利益丧失或减损与争议措施之间存在因果关系,举证责任随之转移至中国,中国需提出充分证据驳斥美国的指控,举证责任繁重。本案中,美国充分利用了表面证据确凿案件的举证规则,只证明中国采取的争议措施违反了中国在减让表中所做的具体承诺。美国向专家组提交了中国的19份法律文件,证明为扶持银联的发展所采取的相关措施,提出了唯一提供者要求、终端设备要求、收单机构要求、发卡机构要求和跨地区/银行要求,违背了中国在减让表中所作的具体承诺,违反了《服务贸易总协定》第16条、第17条市场准入和国民待遇的相关规定。本案中国之所以最终败诉,最根本的原因在于中国未能充分举证,驳倒美国认为电子支付服务属于中国减让表第7条B款d项范畴的观点,从而使专家组接纳了美国主张的电子支付服务属于"银行及其他金融服务"且为集成性服务的观点。

4. 如何解决GATS第16条市场准入与第17条国民待遇适用时的模糊性？

《服务贸易总协定》第16条市场准入和第17条国民待遇是《服务贸易总协定》的两个核心条款，彼此间关系密切，共同关乎世贸组织成员服务贸易市场的开放程度与水平。然而，市场准入与国民待遇两个条款相互之间却存在一定的模糊性。从一般意义来说，《服务贸易总协定》第16条主要是为了制约成员方通过国内法律、法规、政策等来妨碍国内外服务或服务提供者市场准入的数量限制措施，而第17条主要针对成员方各种对国内外服务或服务提供者区别对待的歧视性措施。从表面上看，两者似乎分工较为明确，如果一成员方采用措施属于数量限制措施时，可用市场准入规则来追究该成员方的责任，如果该措施属歧视性措施，则可依国民待遇原则追究其责任。但是，现实情况是部分数量限制措施同时也有歧视性的特点。比如，《服务贸易总协定》第16条第2款f项禁止的措施，即“以限制外国股权最高百分比或限制单个或总体外国投资总额的方式限制外国资本的参与”表面上看是数量限制措施，但是却具有歧视性的特征。同时，从条款本身来看，《服务贸易总协定》第16条市场准入禁止的措施本身也包括非数量限制性的措施，如《服务贸易总协定》第16条第2款e项禁止的措施，即“限制或要求服务提供者通过特定的法人实体或合营企业”。因此，《服务贸易总协定》第16条和第17条的界限较为模糊，尤其是那些歧视性的数量限制措施应由哪一条来调整并不清楚。

为了解决这一问题，《服务贸易总协定》第20条第2款规定，与市场准入和国民待遇不一致的措施应列入市场准入的有关栏目。在这种情况下，所列内容被视为同时对国民待遇规定了条件与资格。尽管在这一规定中，表面上消除了有关歧视性数量限制措施进行列表所引起的重叠，但同时也产生了一些问题：一方面，这种列表方法引起了市场准入和国民待遇的矛盾；另一方面，这使各国承诺表在有关市场准入和国民待遇的规定上存在差异。

本案中，专家组在分析香港/澳门要求是否违反了国民待遇规定时，即对此问题进行了阐述。中国认为，在减让表中，模式一市场准入栏目写的是“不作承诺”，而国民待遇栏目写的是“不受限制”，因此中国有权采取第16条第2款所指的限制性措施，包括不符合国民待遇的歧视性措施。专家组支持了中国的观点，认为第16条第2款中的义务可以延伸到属于第17条范围的措施。具体到市场准入模式一的“不作承诺”，可以理解为中国能够采取第16条第2款的任何措施，包括第17条所说的歧视性措施。

专家组承认，对第16条和第17条范围的分析带来了明显的模糊性，一方面，国民待遇承诺覆盖了“所有影响服务提供的措施”，似乎也包括了“不作承诺”的市场准入的内容；另一方面，中国“不作承诺”的市场准入内容似乎也包括了歧视性的、属于完全国民待遇承诺的内容。专家组认为，问题并非出在第16条和第17条范围之间的模糊,而是出在“不作承诺”和“不受限制”这两个词具体运用到中国减让表中与市场准入和国民待遇义务都抵触的措施时所缺乏的清晰性。

专家组指出,其实这个问题已经规定在《服务贸易总协定》第 20 条第 2 款中:“与第 16 条和第 17 条都不一致的措施应列入与第 16 条有关的栏目。在这种情况下,所列内容将被视为也对第 17 条规定了条件或资格。”也就是说,当一项措施既不符合第 16 条,也不符合第 17 条的时候,就应列入市场准入栏目。这样,当市场准入栏目有限制时,也适用于第 17 条。换句话说,与两个条款都抵触的措施,对该措施的歧视性和非歧视性都施加了限制。或者更为简单地说,当市场准入栏目与国民待遇栏目相抵触时,市场准入栏目优先。具体到中国减让表,市场准入栏目的“不作承诺”包含了不符合第 16 条和第 17 条这两个条款的措施,加上第 17 条的“不受限制”,就意味着不管是否具有歧视性,中国可以自由采取第 16 条第 2 款的所有限制措施,即“(a)无论以数量配额、垄断者、排他性服务提供者的形式,还是以经济需求测试要求的形式,限制服务提供者的数量;(b)以数量配额或经济需求测试要求的形式限制服务交易或资产总值;(c)以配额或经济需求测试要求的形式,限制服务业务总数或以指定数量单位表示的服务产出总量;(d)以数量配额或经济需求测试要求的形式,限制特定服务部门或服务提供者可雇用的、提供具体服务所必需且直接有关的自然人总数;(e)限制或要求服务提供者通过特定类型法律实体或合营企业提供服务的措施;以及(f)以限制外国股权最高百分比或限制单个或总体外国投资总额的方式限制外国资本的参与”。例如,国家给予某个公司行业垄断地位,外国公司不得进入这个行业,这显然是歧视性的,不符合国民待遇原则(如果这个国家减让表的国民待遇栏目写的是“不受限制”,但是由于减让表的市场准入栏目写的是“不作承诺”,所以这种措施是被允许的)。因此,本案专家组认为,“香港/澳门要求”并未违反模式一的国民待遇承诺,因为这种要求就是属于第 16 条第 2 款 a 项的限制。

5. 中国采取的争议措施是否违反了市场准入承诺?

美国认为,中国对电子支付服务做出了模式一和模式三的承诺,即不对外国电子支付服务提供商的数量设定任何限制,但中国却通过实施美国所指控的六项措施,建立并维持了一个垄断结构,使只要银行卡在中国发行并使用,那么对于在中国发生的所有人民币银行卡交易,银联就是一个排他性的电子支付服务提供者。美国还认为,这些措施也不适用于减让表中所规定的限制、条件和资质。因此,美国认为中国采取的相关六大措施不符合《服务贸易总协定》第 16 条。中国则反驳说,美国没有证明中国作出了模式一和模式三的承诺,中国还认为,即使专家组认定中国作出了某些承诺,美国也没有证明这些措施以垄断或排他性服务提供者的形式对外国服务提供者的数量设立了限制。由此可见,中美双方的争议在于中国是否作出了相关承诺以及有关措施是否违反了《服务贸易总协定》第16条。

专家组决定根据先例所确定的两步骤法,先确定中国是否就模式一和模式三做出了承诺,再审查其是否违反了第16条。

针对美国认为中国就电子支付服务作出了模式一的承诺,专家组认为,从措辞来看,中国仅就两个连字符"—"所描述的服务作出了承诺。专家组发现,此处的措辞与k项和l项几乎完全相同,唯一的区别仅为,此处的服务提供者"suppliers"为英语复数,而k项为英语单数"supplier"。k项和l项的模式一承诺为"没有限制(none)"。专家组研究了第一个连字符中的"其他(other)"和第二个连字符中的"附属(auxiliary)"两个字的含义,认为这两类服务是指a项至f项之外的服务。也就是说,此处的承诺不包括d项,即本案所涉电子支付服务没有包含在d项之中。专家组进一步指出,k项和l项属于条款解释的上下文,其措辞与模式一承诺的措辞相同,由此印证了模式一承诺所指向的是k项和l项的服务。因此专家组认定,对于d项,中国没有作出模式一的市场准入承诺,即中国没有就电子支付服务作出跨境提供的市场准入承诺。

关于模式三,中美双方意见一致,即中国在适用于外国金融机构的d项和模式三方面作出了市场准入的具体承诺。但在这些承诺是否限于外国金融机构,以及电子支付服务提供者是否属于外国金融机构方面,双方存在分歧。专家组通过研究"外国金融机构"的含义以及减让表的上下文认定,中国承诺中的"外国金融机构"在银行业务方面包含提供a项至f项金融服务的外国公司。因此,"外国金融机构"包含外国银行、外国金融公司以及其他外国非金融机构,包括电子支付服务提供者。专家组认为,认定了其他成员的电子支付服务提供者属于"外国金融机构",就没有必要继续审查中国是否作出了适用于非外国金融机构的外国服务提供者的d项和模式三的承诺。

随后,专家组决定审查中国现有的关于外国金融机构通过模式三提供服务的市场准入承诺。专家组认为,美国所提出的问题是在中国为国内人民币支付卡交易提供电子支付服务。因此,对于模式三承诺,其他成员的电子支付服务提供者的相关业务是当地货币(人民币)业务。模式三承诺明确提到了本币业务,即在一段时间的过渡期后,外国金融机构可以向所有中国企业和自然人提供服务,而没有地域限制和限制所有权、经营及外国金融机构法律形式的任何非审慎性措施。电子支付服务提供者所服务的企业和自然人包括发卡机构、收单机构、商户、个人或公司持卡人。重要的是,模式三没有通过排他性或独家服务提供者的形式限制服务提供者的数量,但具体提到了市场准入承诺之于外国金融机构从事本币业务的资质要求。基于上述分析,专家组认定,对于包括其他成员电子支付服务提供者的外国金融机构所提供的d项下的服务,中国作出了模式三承诺。该承诺没有服务提供者数量方面的限制,但有资质限制。因此,中国应当允许其他成员的电子支付服务提供者以商业存在形式进入其市场,以便在满足资质要求的条件下在中国从事本币业务。

在此基础上,专家组开始审查中国采取的争议措施是否违反了《服务贸易总协定》第16条。专家组称,在美国所提出的六种措施中,由于专家组没有认定中国采取了唯一提供者要求和跨地区/银行要求,因此不再审查这两种措施是否违反《服务贸易总协定》第16条,而只审查发卡机构要求、终端要求、收单机构要求和香港/澳门要求是否违反了总协定第16条。专家组指出,由于上面已经认定中国没有作出模式一的承诺,所以上述四种要求都没有违反总协定第16条。由于中国作出了模式三的承诺,所以专家组将审查四种要求是否违反了总协定第16条。专家组认为:(1)对于发卡机构要求,法律文件并未表明作为银联成员的发卡机构不能在中国加入其他的网络,或者满足银联统一商业要求和技术标准的银行卡不得同时满足其他网络的要求;对于终端要求,法律文件并未表明这种终端不能同时接受标注其他电子支付服务提供者标识的银行卡,这一要求并未阻碍接受通过银行间的、非银联的网络处理的银行卡;对于收单机构要求,法律文件并未表明收单机构不能接受通过银行间的、非银联的网络处理的银行卡。从性质上看,这些要求并没有对电子支付服务的提供实施数量限制,因此专家组无法认定这些措施违反了总协定第16条第2款a项。(2)对于香港/澳门要求,专家组认为这些要求以银联垄断的形式限制了服务提供者的数量,甚至对于达到了模式三条件的其他世贸组织成员的电子支付服务提供者也有此项限制,因此此项措施违反了总协定第16条第2款a项。

6. 中国采取的争议措施是否违反了国民待遇原则?

美国认为,中国采取的六大争议措施不符合《服务贸易总协定》第17条,使给予外国电子支付服务提供者的待遇低于银联。而中国反驳说,其国民待遇承诺与本案的服务和服务提供者无关,中国认为美国没有证明其他成员的电子支付服务提供者属于减让表中的"外国金融机构";关于模式一承诺,中国认为美国不适当地将第16条和第17条的主张建立在同样的基础上,因为中国是保留了采取市场准入限制权利的,包括第16条第2款可以视为歧视性的限制。中国认为,这种权利不能由于完全同样的要求被判定不符合第17条而被取消,因为这样就会抵消其在作出市场准入模式一承诺时使用"不作承诺"一词所留下的选择空间。

专家组认为,根据先例所确定的三步骤法,要证明中国违反第17条,美国必须证明以下三个方面内容:

(1)在相关服务部门和服务提供方式方面,中国作出了国民待遇承诺。

(2)中国的措施为"影响服务提供的措施"。

(3)这些措施对其他成员的服务或服务提供者所给予的待遇,较为不利于给予中国同类服务和服务提供者的待遇。

专家组指出,其审查仅涉及发卡机构要求、终端要求和收单机构要求。对于美国所提出的六种措施中的其他措施,专家组由于没有认定中国采取了唯一提供者要求和跨地区/银行要求,因此就不再审查这两种措施是否违反了《服务贸易总协定》第17条;对于香港/澳门要求,因已经认定在模式三方面违反了总协定第16条,因此对于该措施在模式三方面是否违反了第17条,根据司法经济原则决定不再审查,但专家组会审查该措施是否违反了模式一的国民待遇承诺。

专家组经过详细分析,对于三步骤法中的前两个步骤都作出了肯定回答,即在相关服务部门和服务方式方面,中国作出了国民待遇承诺,且中国的措施为"影响服务提供的措施"。专家组重点分析了在发卡机构要求、终端要求和收单机构要求这三项措施方面,中国是否提供了较为不利的待遇。

关于发卡机构要求,专家组认为,首先,中国要求商业银行在中国发行并能够在跨行人民币交易中使用的人民币银行卡和双币卡,必须在卡的正面标注银联标识,对其他世贸组织成员的任何电子支付服务提供者来说,要想让中国的商业银行在自己的网络内发行银行卡,就不得不在银行卡的显著位置标注银联标识,而银联正是其他电子支付服务提供者的竞争对手。因此,标注银联标识的要求改变了竞争条件,有利于银联,根据总协定第17条第3款,这就是对其他成员的服务提供者给予了较为不利的待遇。其次,中国的发卡机构必须接入银联网络,标注银联标识的银行卡也必须与银联互联互通,其结果是确保所有发卡用于国内跨行人民币交易的商业银行都是银联的成员,并且确保商业银行的所有银行卡,不论是银联卡还是非银联卡,都能够在银联网络中处理。不仅如此,发卡机构的银行卡要想与其他成员服务提供者的网络互联互通,还必须与银联网络互联互通,而银联品牌的银行卡则不必与其他服务提供者的网络互联互通。因此,互联互通要求改变了竞争条件,有利于银联,根据总协定第17条第3款,这就是对其他成员的服务提供者给予了较为不利的待遇。

关于终端要求,专家组认为,中国要求作为全国银行卡银行间处理网络成员的所有终端(ATM、商户处理设备和POS机)都能够接受标注银联标识的所有银行卡,这就保证了所有标注银联标识的银行卡能够被商业银行和商业终端设备接受,并通过银联网络处理。然而此要求并未排除这种终端同时接受标注其他电子支付服务提供者标识的银行卡,也就是并未阻碍接受通过银行间的、非银联的网络处理的银行卡,其结果是,其他成员的服务提供者可以进入必须接受标注银联标识银行卡的终端,这些终端随后也通过其网络处理交易。但这些服务提供者可能无法进入所有终端,因为与银联标识卡不同的是,商业银行、收单机构和商户可以拒绝其进入;即使达到同等进入水平,这些服务提供者也必须花费比银联更多的时间和精力,而进入银行商户终端的水平,恰恰是对发卡机构和银行卡使用者的吸引力及其竞争地位的重要决定性因素。因此,终端要求改变了竞争条件,有利于银联,根据总协定第 17 条第 3 款,这就是对其他成员的服务提供者给予了较为不利的待遇。

关于收单机构要求,专家组认为,中国要求收单机构标注银联标识,成为银联网络的成员,并且能够接受标注银联标识的所有银行卡,但并未要求收单机构不能接受通过银行间的、非银联的网络处理的银行卡,收单机构的要求改变了竞争条件,有利于银联,根据总协定第 17 条第 3 款,这就是对其他成员的服务提供者给予了较为不利的待遇。

通过上述分析,专家组最终得出结论认为,中国采取的争议措施中的发卡机构要求、终端要求和收单机构要求违反了《服务贸易总协定》第 17 条国民待遇条款。

预期效果

1. 通过本案例的教学活动,使学生能较好地理解专家组程序的运作机制,了解在违反之诉中申诉方与被申诉方举证责任的配置原则,了解“解释”在世贸组织争端处理中的重要性及“判例”在争端解决中的地位与影响。

2. 通过本案例的教学活动,使学生能明确本案中中国在哪些问题上败诉,败诉的原因是什么,中国是否可以通过更充分的举证、更严格的论证来改变专家组对电子支付服务的定义与归类。

教学计划与课堂时间安排

本案例教学由课前阅读、课堂讨论、课后总结三个部分组成。

1. 在课前一周将所有教学资料发给学生,由学生预读,并查阅相关参考文献,依照思考题的要求进行分析,拟写讨论提纲。

2. 本案例教学的课堂教学时数为 6 课时,每课时 45 分钟。(1)用 1 ~ 2 课时指导学生进一步熟悉案情,掌握本案例的核心问题与关键环节;(2)用 3 ~ 5 课时引导学生进行讨论,鼓励学生就重要问题充分发表自己的看法;(3)用 1 个课时由任课教师对讨论进行总结,并引导学生进一步思考、分析焦点问题,布置课后作业。

3. 课堂教学结束后,要求学生就布置的课后作业及课堂讨论时产生的问题,进一步查阅参考资料,结合实践题的要求,撰写专题总结。

思考题和实践题

1. 思考题

(1)世贸组织争端解决程序包括哪些？具有什么特点？

(2)如何设立专家组？如何确定专家组职权？如何做出专家组报告？

(3)世贸组织争端解决机制应如何解释世贸组织多边贸易协定？本案中专家组运用了哪些解释方法？效果如何？

(4)本案专家组具体运用了什么方法,来认定中国被诉措施是否违反了市场准入与国民待遇的具体承诺？

(5)何谓"表面证据确凿的案件"？结合本案专家组对争议措施是否违反国民待遇的分析,说明此类案件中争议双方的举证责任有何差异？

(6)何谓司法经济原则？这一原则在本案中体现在哪些方面？本案专家组为何要遵循此一原则？

(7)什么是"电子支付服务"？如何评价美国、中国、专家组对"电子支付服务"所作的解释？

(8)《服务贸易总协定》第16条与第17条之间在适用时会产生什么问题？第20条所确立的规则能否解决问题？是否科学？

(9)《服务贸易总协定》确立了何种市场准入规则？中国采取的争议措施是否违反了《服务贸易总协定》第16条第2款关于市场准入的规定？

(10)《服务贸易总协定》确立了何种国民待遇规则？中国采取的争议措施是否违反了《服务贸易总协定》第17条第3款关于国民待遇的规定？

(11)中国为什么会败诉？你认为败诉点主要是哪些？

(12)本案中中美双方为何没有对专家组的裁决提起上诉？

2. 实践题

(1)如果你是中国政府邀请的律师团队成员,你会为本案的解决提出什么建议？

(2)如果你是美国政府邀请的律师团队成员,你会为本案的解决提出什么建议？

参考文献

1. 商务部条约法律司、上海WTO事务咨询中心:《中国:影响电子支付服务的若干措施案(DS413号)》,上海人民出版社2014年版。

2. 吕微平:《WTO争端解决机制的正当程序研究——以专家组证据规则和评审标准为视角》,法律出版社2014年版。

3. 葛壮志:《WTO争端解决机制法律和实践问题研究》,法律出版社2013年版。

4. 陈欣:《WTO争端解决中的法律解释——司法克制主义vs司法能动主义》,北京大学出版社2010年版。

5. 杨国华:《“中国电子支付服务案”详解》,载《世贸组织动态与研究》2013 年第 2 期。
6. 李晓玲:《WTO 成员减让表之服务部门的解释方法——基于中国电子支付服务案的研究》,载《国际经贸探索》2015 年第 2 期。

撰稿人｜钟立国,广东财经大学法学院教授

8 CASE 工大软件公司从主板到新三板的资本运营

摘 要

本案例以时间发展为线索，通过三个模块介绍了工大软件公司（831698）从成立至今，在资本市场上经历的资产重组、借壳上市、分立退出，以及新三板挂牌成功的发展历程。重点讨论了作为一家国企，在历经改制和多次股权变动过程中牵涉到的诸多法律问题，主要包括公司治理、股权转让、资产重组、增资减资、公司分立，以及间接上市再退出，再到登陆新三板的具体流程。通过对案例的学习和分析，总结公司资本运作的社会效益法律风险，了解中国资本市场法制变迁，为相关公司在资本市场的活动提供参考。

关键词

借壳上市　资产置换　公司分立　公司改制　新三板挂牌

教学目标

通过案例公司从主板到新三板资本运营的事实，向学生讲述站在企业视角，从企业证券及法律顾问的职责出发，如何为企业提供全方位法律服务。要求掌握：(1)企业在资产重组、借壳上市过程中的法律规范及具体操作流程；(2)企业采取分立方式成功从资本市场退出的目的、方法及意义；(3)企业新三板挂牌要符合哪些条件，企业挂牌具体流程及挂牌过程中特别要注意的法律问题。

教学案例主文

哈尔滨工业大学软件工程股份有限公司（以下简称工大软件）成立于1995年3月，成立时公司名称为哈尔滨工业大学软件工程有限公司，成立时注册资本为200万元，公司以软件开发、服务、系统集成、智能设备设计制造为主营业务。通过近20年的辛勤耕耘和创新发展，公司业务覆盖了以税务行业、社保行业、网络安全为主的业务领域。2015 年 1 月 12 日,公司在全国中小企业股份转让系统成功挂牌转让,股份代码 831698。过去的 20 年,在中国资本市场从发展到规范的过程中,该公司也经历了在资本市场从 2001 年资产重组,主板借壳上市,到 2009 年分立退出,再到 2015 年成功登陆新三板的资本运营之路。

一、资产重组,实现主板借壳上市

工大软件成立于 1995 年 3 月,成立时公司名称为哈尔滨工业大学软件工程有限公司,成立时注册资本为 200 万元,初始股东为哈尔滨工业大学下属的两家全资国有企业,分别是哈尔滨工业大学经济技术实业公司和哈尔滨工业大学计算机技术服务公司,工大软件初始设立时的股权结构如下:

工大软件初始设立时的股权结构

单位:万元,%

序号	股东名称	出资额	出资比例
1	哈尔滨工业大学经济技术实业公司	120.00	60.00
2	哈尔滨工业大学计算机技术服务公司	80.00	40.00
合计		200.00	100.00

其中,哈尔滨工业大学经济技术实业公司持有的工大软件股权于 1997 年 6 月划转给哈尔滨工业大学八达集团公司(以下简称八达集团)。

经过 1998 年和 2001 年两次增资,截至 2001 年 7 月,工大软件注册资本增加至 8000 万元,股权结构如下:

两次增资后的股权结构

单位:万元,%

序号	股东名称	出资额	出资比例
1	八达集团	7820.00	97.75
2	哈尔滨工业大学计算机技术服务公司	180.00	2.25
合计		8000.00	100.00

为了实现公司在主板市场间接上市,2001 年 8 月 20 日,工大软件的第一大股东八达集团与当时沪市上市公司宁波首创科技股份有限公司(以下简称首创科技)的第一大股东北京经济发展投资公司签订了国有法人股转让协议,根据转让协议并经财政部财企〔2001〕628 号文件批准,八达集团协议受让北京经济发展投资公司持有的首创科技 16.65% 的股份,八达集团成为首创科技的第一大股东。

2001 年 11 月 19 日,八达集团与首创科技签署《资产置换协议》。八达集团将持有的工大软件 97.75% 的股权与首创科技所拥有的北京高登大厦的部分物业进行置换。此次股权资产置换履行的有关程序如下:

(一)置换双方分别委托资产评估机构对置换资产进行评估并出具评估报告

1. 2001 年 10 月 31 日,中发国际资产评估有限责任公司出具《宁波首创科技股份有限公司资产置换项目资产评估报告书》(〔2001〕中发评报字第 064 号),对高登大厦用于置换的部分物业进行评估,经评估的价值为 141041815.35 元。

2. 2001 年 11 月 2 日,黑龙江龙源资产评估有限公司出具《哈尔滨工业大学八达集团公司拟进行股权转让项目资产评估报告书》(黑龙源评报字〔2001〕第 22 号),对八达集团持有的工大软件股权进行评估,经评估的价值为 144835165.39 元。

(二)置换双方分别履行审批程序

1. 2001 年 11 月 2 日,首创科技第三届董事会九次会议,原则同意《关于资产置换的议案》。

2. 2001 年 12 月 6 日,工大首创 2001 年第一次临时股东大会批准关于资产置换的提案。

3. 2001 年 11 月 6 日,哈工大向八达集团出具《关于同意哈尔滨工业大学八达集团公司与宁波首创科技股份有限公司进行资产置换的批复》(校八达〔2001〕722 号),同意八达集团以持有的工大软件 97.75% 股权经评估后与首创科技所拥有的北京高登大厦经评估后的部分资产进行置换。

4. 2001 年 11 月 8 日,工大软件股东会同意八达集团将所持有的工大软件 97.75% 股权,按照由具有证券从业资格的黑龙江龙源资产评估有限公司对工大软件的整体评估金额的 97.75% 转让给首创科技。

本次股权转让完成后,工大软件的股权结构如下:

股权转让后的股权结构

单位:万元,%

序号	股东名称	出资额	出资比例
1	首创科技	7820.00	97.75
2	哈尔滨工业大学计算机技术服务公司	180.00	2.25
合计		8000.00	100.00

(三)资产置换点评

本次资产置换完成,上市公司首创科技更名为工大首创,从八达集团先受让上市公司股权,取得上市公司控制权,再通过资产置换向上市公司置入工大软件股权,实现了工大软件借壳上市的资本运作成功。由于当时资产置换双方均为国有或国有控股企业,本次资产置换除了按照上市公司治理机制履行决策程序外,还履行了国有资产处置的评估立项、评估结果备案、主管部门批复等一系列审批手续,确保资产置换行为合法合规。在资产置换完成后的八年里,工大软件一直作为上市公司工大首创(SH600857)的优质经营性资产,为上市公司的收入和利润贡献了半壁江山。

二、公司分立　退出上市公司

由于八达集团于2008年完成校办企业改制,哈工大将八达集团的70%的股权通过挂牌转让给深圳九策投资公司,上市公司工大首创及其子公司工大软件的实际控制人也随之发生转变,哈工大让出了实际控制人地位。根据工大首创的经营需要,工大首创拟在保留工大软件所拥有的商业地产科技大厦的基础上将工大软件的经营业务剥离出上市公司,导致工大软件在2009年10月完成了公司的分立、减资,随后通过股权转让退出上市公司。有关工大软件分立、减资和退出上市公司的主要流程如下:

(一)分立、减资

2009年9月14日,立信会计师事务所有限公司出具审计报告[信会师报字(2009)第24382号],对工大软件进行审计,审计期间/时点为2008年年度、2009年1~8月/2008年12月31日、2009年8月31日。

2009年10月9日,工大软件2009年第三次股东会议做出决议,根据公司发展需要,全体股东一致同意将公司分立为工大软件和哈尔滨八达置业有限公司(以下简称八达置业),分立后的工大软件注册资本2700万元,八达置业注册资本5300万元。

2009年10月14日,工大软件与八达置业签署《哈尔滨工业大学软件工程有限公司分立协议》,协议约定工大软件注册资本从原来8000万元减少到2700万元,分立后新成立的八达置业注册资本为5300万元。原工大软件的持股股东和持股比例在分立后的两家新公司中保持不变;工大软件对分立前原公司的债权债务全权负责和继承,八达置业对分立前的工大有限的债务承担连带责任。

2009年10月23日,浙江素豪律师事务所出具《关于哈尔滨工业大学软件工程有限公司派生分立的法律意见书》[浙豪律(2009)证字第1023-1号],其结论意见是:本次工大软件派生分立的意思表示明确、真实,行为程序合法、有效;工大软件与八达置业可持《股东会决议》、各自修(制)订的公司章程、审计报告及《分立协议》,向所在地的工商行政管理部门进行注册登记之申请。

2009年10月22日,黑龙江立信会计师事务所有限公司出具验资报告[黑立信会验字双(2009)第012号],对上述减资进行审验。

2009年10月27日,工大软件完成了本次分立、减资的工商变更登记。本次分立、减资完成后,工大软件的股权结构如下:

分立、减资后的股权结构

单位:万元,%

序号	股东名称	出资额	出资比例
1	工大首创	2639.25	97.75
2	八达集团(为哈工大于2004年将哈尔滨工业大学计算机技术服务公司持有的工大软件2.25%划转给八达集团取得)	60.75	2.25
	合计	2700.00	100.00

(二)退出上市公司

2009年11月6日,立信会计师事务所有限公司出具审计报告[信会师报字(2009)第24546号],对工大软件进行审计,截至2009年10月31日,工大软件净资产账面价值47283678.95元。

2009年11月18日,上海银信汇业资产评估有限公司出具《哈尔滨工业大学软件工程有限公司企业价值评估报告》(沪银信汇业评报字〔2009A〕第129号),对工大软件进行评估,评估基准日为2009年10月31日,工大软件于评估基准日全部股东权益的评估价值为61262343.07元。据此计算,97.75%股权对应评估价值为59883940.35元。

2009年11月25日,工大软件2009年第四次股东会议做出决议,同意工大首创将其持有的工大软件的全部股权转让给哈尔滨八达投资有限公司(以下简称八达投资),转让价款为6080.05万元,其他股东放弃优先受让权。同日,工大首创与八达投资签署《股权转让协议书》。

2009年11月26日,工大首创第六届董事会第十二次会议同意工大首创将持有的工大软件97.75%的股权,参考市场评估价以6080.05万元全部转让给八达投资。

2009年12月14日,工大首创2009年第二次临时股东大会审议通过了《公司关于转让哈尔滨工业大学软件工程有限公司97.75%股权的提案》。

2009年12月15日,工大软件完成了本次股权转让的工商变更登记。本次股权转让完成后,工大有限的股权结构如下:

股权转让后的股权结构

单位:万元,%

序号	股东名称	出资额	出资比例
1	八达投资	2639.25	97.75
2	八达集团	60.75	2.25
合计		2700.00	100.00

(三)分立、减资和退出上市公司履行程序的点评

实施分立减资时,由于八达集团完成了校办企业改制,其70%的股权通过挂牌转让的方式转让给深圳九策投资公司,此时,上市公司工大首创及其子公司工大软件已经由国有控股公司转变为非国有控股公司,其分立、减资、股权转让等事项只需按照《公司法》《公司登记管理条例》的要求及上市公司治理机制履行董事会、股东会的审批程序即可,不再需要履行国有资产处置程序。更重要的是,通过最简便的程序,既实现了资产分离,又从容退出上市公司,同时又节约了税金,可谓一石三鸟,堪称公司分立妙用之典范。

三、改制增资　登陆新三板

(一)改制

自2009年12月工大软件退出上市公司后,经过二次创业,奋力拼搏,公司经营状况得到明显改善,期间进行了两次现金及盈余公积转增资本,到2011年6月,公司注册资本增加至5010万元,公司开始筹备直接登陆资本市场的工作。

2011年11月7日,工大软件2011年第六次临时股东会作出决议,由工大软件现有股东作为发起人,以经北京兴华会计师事务所有限责任公司审计的工大软件截至2011年6月30日账面净资产6806.70万元,扣除向股东分配利润550万元,股东投入的净资产为6256.70万元,按1:0.80074212575的折股比例,折成公司股本5010万元,每股面值1元,余额1246.70万元计入资本公积,工大软件整体变更为股份公司。

2011年11月22日,公司召开创立大会,审议通过了《哈尔滨工业大学软件工程股份有限公司筹备情况报告》《哈尔滨工业大学软件工程股份有限公司章程》《发起人股东以资产抵作股款的作价报告》等议案,并选举产生了股份公司第一届董事会、监事会成员。

改制方案点评:

1. 按净审计后的净资产折股,而不是按评估值调账折股,目的是使整体变更为

股份有限公司后,有限责任公司时期的经营业绩可以连续计算,符合上市条件中的经营业绩要求。

2.资产评估的目的不在于调整账面价值,而是在于确定折股总数没有超过净资产额,符合《公司法》第96条规定。

3.审计和评估机构均为有证券从业资格的中介机构,便于公司未来申请上市时符合中介机构资质要求。

(二)增资

2011年11月25日,工大软件一届二次董事会做出决议,为了激励核心员工,公司董事会决定向公司高管持股的公司及内部核心员工发行新股1990万股,定价参考经北京国融兴华资产评估有限责任公司的评估结果,分红后每股净资产评估值为1.4864元/股,确定本次增发价格为1.6元/股。2011年12月20日,该公司2011年第二次股东大会审议通过了上述增资方案。增资完成后,公司注册资本增加至7000万元,股东人数由7人增加至170人。

2011年12月26日,哈尔滨中隆会计师事务所有限公司出具验资报告[哈中隆会验字(2011)第2013号],对本次增资进行审验。

2011年12月28日,工大软件完成了本次增资的工商变更登记。本次增资完成后,公司的股权结构如下:

2011年增资完成后的股权结构

单位:万股,%

序号	股东名称/姓名	持股数量	持股比例
1	哈尔滨八达投资有限公司	4897.24	69.96
2	哈尔滨通源投资管理有限公司	421.90	6.03
3~170	168名核心员工	1680.86	24.01
	合计	7000.00	100.00

2014年7月10日,为了进一步激励员工,工大软件第一届第九次董事会作出决议,决定向符合认购条件的公司在职员工发行新股1250万股;定价参考经北京兴华审计的截至2013年12月31日的每股净资产扣除2013年度分红后的每股净资产1.66元/股为基础,增发价格为2元/股。

2014年7月25日,工大软件2014年第二次临时股东大会审议通过了《关于公司增资扩股的议案》,公司注册资本由7000万元增加至8250万元。

上述增资业经哈尔滨中隆会计师事务所有限公司验证,并于2014年7月25日出具“哈中隆会验字(2014)第2003号”验资报告。

2014 年 7 月 31 日，公司完成了此次增资的工商变更登记，注册资本 8250 万元，公司股东人数增加至 194 人，本次增资完成后，公司的股权结构如下：

2014 年增资完成后的股权结构

单位：万股，%

序号	股东名称/姓名	持股数量	持股比例
1	哈尔滨八达投资有限公司	4897.24	59.36
2	哈尔滨通源投资管理有限公司	402.90	4.88
3～194	192 名核心员工	2949.86	35.76
合计		8250.00	100.00

增资点评：

1. 公司处于软件及电子信息行业，自主研发能力和技术创新能力是公司在激烈的市场竞争中不断发展的重要保证，核心技术、市场营销、经营管理人员的流失可能会对公司的持续发展造成重大不利影响，公司采取核心人员持股的方式，有利于稳定核心人员，激励年轻员工迅速成长成为业务骨干。

2. 两次面向核心员工增资，股东人数接近又未超过 200 人，其目的是符合《非上市公众公司监督管理办法》第 36 条“股东人数未超过 200 人的公司申请其股票公开转让，中国证监会豁免核准，由全国中小企业股份转让系统进行审查”的规定，既尽量扩大激励员工的范围，又简化申请挂牌程序。

(三)登陆新三板

工大软件退出上市公司后，一直为再次登陆资本市场成为公众公司做准备，但由于 2012 年至 2014 年国内资本市场出现波动，IPO 政策也多次出现了 IPO 排队、堰塞、暂停、重启、管理层控制发行节奏等情况，公司上市进程受到影响。与此同时，2012 年 11 月，“十八大报告”明确提出加快发展多层次资本市场的要求，2013 年 1 月，在原中关村代办股份转让系统(老三板)基础上，全国中小企业股份转让系统有限责任公司该在北京成立，2013 年 6 月，国务院常务会议决定，加快发展多层次资本市场，将中小企业股份转让系统试点从北京中关村、上海张江、天津滨海和武汉东湖四个高新区的企业扩大至全国，鼓励创新、创业型中小企业融资发展。2014 年 1 月 24 日，全国中小企业股份转让系统(新三板)首批全国企业集体挂牌仪式在京举行，随后新三板得到了迅速发展。鉴于主板市场 IPO 发发停停和新三板迅猛扩张的形势，2014 年 6 月，工大软件决定启动挂牌新三板的工作。

2014 年 6 月，和主办券商、律师、会计师等相关中介机构研究申请挂牌新三板的可行性和具体操作方案,签署业务约定书等委托协议。

2014年7~9月,主办券商、律师、会计师中介机构完成了对公司的尽职调查工作,形成了《主办券商尽职调查报告》《主办券商推荐报告》《法律意见书》《审计报告》等文件,确定该公司符合挂牌新三板的条件和要求。

2014年8月,该公司召开董事会和股东大会,审议通过申请挂牌的相关决议。

2014年9月30日,该公司制作相关文件并向全国中小企业股份转让系统提交挂牌申请。

2014年11月20日至12月20日,全国中小企业股份转让系统先后出具了四次反馈意见,公司及中介机构及时回复四次反馈意见

2014年12月24日,全国中小企业股份转让系统出具同意公司挂牌的函。

2014年12月26日至2015年1月8日,工大软件首次信息披露文件上网披露,并办理初始股份登记手续及挂牌手续

2015年1月12日,公司正式在全国中小企业股份转让系统(新三板)开始挂牌转让。

新三板挂牌申报情况点评:

1.由于工大软件成立时间比较长,在近20年的历史沿革中经历了多次股权划转、事业单位非经营资产出资、国有资产转让等情况,难免会涉及审批手续不齐备的瑕疵,为确保复杂的历史沿革不留下权属纠纷隐患,公司于筹备挂牌期间取得了工业和信息化部出具的《关于确认哈尔滨工业大学软件工程股份有限公司设立、股权划转、增资及股权转让事项的函》工信厅财函〔2014〕615号作为兜底。

2.工大软件的企业名称含有哈尔滨工业大学全称的字样,股转系统第四次反馈意见中也专门问及此事,该公司自设立之日起就开始使用学校名称,并在2011年改制时取得了哈尔滨工业大学资产经营有限责任公司《关于同意哈尔滨工业大学软件工程股份有限公司冠用校名的批复》,同意冠名中使用学校全称。同时,该公司还在筹备挂牌期间取得了哈尔滨工业大学出具证明文件,证明哈尔滨工业大学"知悉并同意哈尔滨工业大学软件工程股份有限公司使用'哈尔滨工业大学'字样作为该公司名称中的字号使用,我校不因该公司使用上述字样收取费用,亦不追究该公司任何法律责任"。2014年7月10日,哈尔滨市工商行政管理局开发区分局亦出具证明文件,证明公司不存在根据法律、法规及公司章程需要终止的情形。[1]

四、结尾

从2015年年初挂牌至今,公司运营稳健,社会效益良好。2016年5月27日,为

〔1〕 叶菁菁:《工大软件(831698):军工院校哈工大的资本运作成果》,载《清大益迅》2015年4月2日。

进一步落实《国务院关于全国中小企业股份转让系统有关问题的决定》和《中国证监会关于进一步推进全国中小企业股份转让系统发展的若干意见》精神，全国中小企业股份转让系统有限责任公司制定了《全国中小企业股份转让系统挂牌公司分层管理办法（试行）》，从2016年6月27日起，全国股转公司正式对挂牌公司实施分层管理，案例公司顺利进入创新层。对于工大软件公司这类经营规范、公众形象和社会效益良好的公司，未来实现转板，打通资本市场通道指日可待。

教学指导手册

教学目标

本案例供法律硕士案例教学使用，法学本科（大四），所有专业方向法学硕士也可以参考使用。

本案例主要通过案例公司从主板到新三板资本运营的事实，向学生讲述站在企业视角，从企业证券及法律顾问的职责出发，如何为企业提供全方位法律服务。要求学生掌握：(1)企业在资产重组，借壳上市过程中的法律规范及具体操作流程；(2)企业采取分立方式成功从资本市场退出的目的、方法及意义(3)企业新三板挂牌要符合哪些条件，企业挂牌具体流程及挂牌过程中特别要注意的法律问题。

教学内容

一、资产重组，实现主板借壳上市

案例公司在2001年通过资产重组的方式实现了借壳上市，虽然时隔15年，《公司法》《证券法》等法律先后修订，但监管环境和思路总体未变。以现行法律为蓝本，总体上看，企业借壳上市主要有以下四方面流程：

（一）准备阶段

1. 拟定收购的上市公司（壳公司）标准，初选壳对象。

2. 聘请财务顾问等中介机构。

3. 股权转让双方经洽谈就壳公司股权收购、资产置换及职工安置方案达成原则性意向并签署保密协议。

4. 对壳公司及收购人的尽职调查。

5. 收购方、壳公司完成财务报告审计。

6. 完成对收购方拟置入资产、上市公司拟置出资产的评估。

7. 确定收购及资产置换最终方案。

8. 起草《股份转让协议》。

9. 起草《资产置换协议》。

10. 收购方董事会、股东会审议通过收购及资产置换方案决议。

11. 出让方董事会、股东会审议通过出让股份决议。

12. 出让方向结算公司提出拟转让股份查询及临时保管申请。

（二）协议签订及报批阶段

1. 收购方与出让方签订《股份转让协议》、收购方与上市公司签订《资产置换协议》。

2. 收购方签署《收购报告书》并于2个工作日内，报送证券主管部门并摘要公告。

3. 出让方签署《权益变动报告书》并于3个工作日内公告。

4. 壳公司刊登关于收购的提示性公告并通知召开就本次收购的临时董事会。

5. 收购方签署并报送证监会《豁免要约收购申请报告》（同时准备《要约收购报告书》备用并做好融资安排，如不获豁免，则履行要约收购义务）。

6. 出让方向各上级国资主管部门报送国有股转让申请文件。

7. 壳公司召开董事会并签署《董事会报告书》，并在指定证券报纸刊登。

8. 壳公司签署《重大资产置换报告书（草案）》及摘要，并报送证监会，向交易所申请停牌至发审委出具审核意见。

（三）收购及重组实施阶段

1. 证监会审核通过重大资产重组方案，在指定证券报纸全文刊登《重大资产置换报告书》，有关补充披露或修改的内容应做出特别提示（审核期约为报送文件后3个月内）。

2. 证监会对《收购报告书》审核无异议，在指定证券报纸刊登全文（审核期约为上述批文后1个月内）。

3. 国有股权转让获得国资委批准（审核期约为报送文件后3～6个月内）。

4. 证监会同意豁免要约收购（或国资委批文后）。

5. 转让双方向交易所申请股份转让确认。

6. 实施重大资产置换。

7. 办理股权过户。

8. 刊登完成资产置换、股权过户公告。

（四）收购后整理阶段

1. 召开壳公司董事会、监事会、股东大会、改组董事会、监事会、高管人员。

2. 按照《关于拟发行上市企业改制情况调查的通知》，向壳公司所在地证监局报送规范运作情况报告。

3. 聘请具有主承销商资格的证券公司进行辅导，并通过壳公司所在地证监局检查验收。

4. 申请发行新股或证券。

二、公司分立　退出上市公司

本案中，目标公司以资产重组的方式进入资本市场，又由于股权变动以及公司改制要求准备退出上市公司，采取分立的方式实则是一着巧妙的避税方式。关于公司分立，《公司法》有详细规定，这里不重点论述，下面具体阐述该分立方式在实质上的利弊。

案例中，根据上市公司整体要求，拟将软件公司从上市公司中剥离，但要求将软件公司资产科技大厦留在上市公司。根据要求设计了具体方案：方案一是将科技大厦直接出售给上市公司，将交纳营业税、契税、土地增值税、企业所得税；方案二是将科技大厦投资入股后将股权出售，将交纳契税、企业所得税。如按照方案二来执行，应该交纳的税收计算如下：

税种	纳税基础 （房地产交易中心认定价格）	税率	税金（元）
契税	100016965	5%	5000848.25
企业所得税	利润 48007172.07 （100016965－52009792.93）	15%	7201075.81
合计			12201924.06

比较上述两个方案，方案二比方案一能够节省营业税和土地增值税，但仍然要缴纳 1220 万元税金。

但事实上，公司既没有采纳方案一，也没有采纳方案二，而是采取了第三个方案，即通过公司分立的形式，既实现了资产分离，又从容退出上市公司，同时又节约了税金，可谓一石三鸟，堪称公司分立妙用之典范。具体如下：

（一）工大软件现状

以 2009 年 6 月 30 日未经审计报表为准，工大软件总资产 19931 万元，负债总额 4495 万元，股东权益 15436 万元；包含三家子公司的合并报表数据反映总资产

21970 万元，负债总额 4700 万元，股东权益总额 17270 万元。

在上市公司范围内，合理、合法、合规地降低工大软件净资产规模，预计降低到 5700 万元以内。上市公司将其持有的工大软件的 97.75% 股权转让给八达投资。

（二）具体内容

采用公司分立的方式，将工大软件分立为两个公司：新工大软件和物业公司，如图：

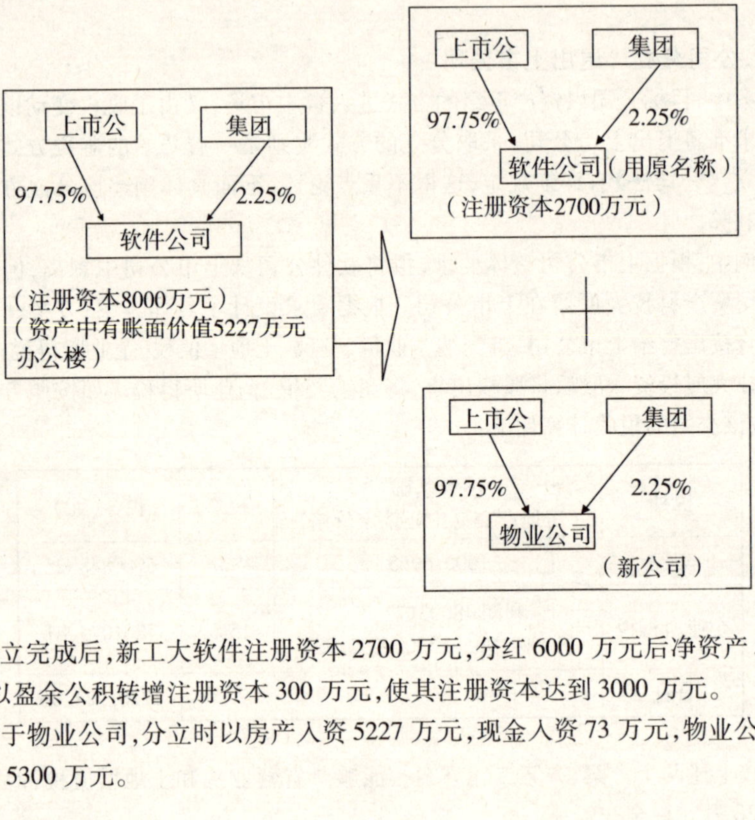

分立完成后，新工大软件注册资本 2700 万元，分红 6000 万元后净资产 5700 万元，再以盈余公积转增注册资本 300 万元，使其注册资本达到 3000 万元。

对于物业公司，分立时以房产入资 5227 万元，现金入资 73 万元，物业公司注册资本为 5300 万元。

（三）涉及事项

1. 将科技大厦产权更名至物业公司名下。经过多次咨询，操作时，需要在市房地产交易中心、市财政局、开发区工商局等部门间履行手续。

2. 进行公司分立的会计处理。公司分立应当采用类似于同一控制下的企业合并的“权益结合法”的会计处理。被分立公司及分立公司按照原账面价值记账，不产生增值。即工大软件公司将分立出去的房产 5227 万元及现金 73 万元冲减自身的实收资本 5300 万元。这样，新工大软件的注册资本将是 2700 万元。

3. 办理公司分立的工商登记手续。这一过程包括原工大软件减资为新的工大软件和物业公司的工商登记。具体程序包括:(1)工大软件公司形成相关事项的股东会决议;(2)登报公告;(3)核准物业公司名称;(4)再次登报公告相关利益人;(5)45 日后评估、分割资产负债、验资;(6)完成减资及新设登记等。

4. 本方案节税效果显著。分立过程中房屋产权变更可以节省契税、企业所得税等支出 1220 万元。

三、改制增资　登陆新三板

在此阶段,学生通过对案例的学习,重点把握两个方面的问题:

(一)企业在新三板挂牌的实质标准

《全国中小企业股份转让系统业务规则(试行)》规定了六项挂牌条件,全国中小企业股份转让系统有限责任公司按照"可把控、可举证、可识别"的原则,对《全国中小企业股份转让系统业务规则(试行)》规定的六项挂牌条件进行细化,形成的基本标准如下:

1. 依法设立且存续满两年。

依法设立,是指公司依据《公司法》等法律、法规及规章的规定向公司登记机关申请登记,并已取得《企业法人营业执照》。

(1)公司设立的主体、程序合法、合规。

第一,国有企业需提供相应的国有资产监督管理机构或国务院、地方政府授权的其他部门、机构关于国有股权设置的批复文件。

第二,外商投资企业须提供商务主管部门出具的设立批复文件。

第三,《公司法》修改(2006 年 1 月 1 日)前设立的股份公司,须取得国务院授权部门或者省级人民政府的批准文件。

(2)公司股东的出资合法、合规,出资方式及比例应符合《公司法》相关规定。

第一,以实物、知识产权、土地使用权等非货币财产出资的,应当评估作价,核实财产,明确权属,财产权转移手续办理完毕。

第二,以国有资产出资的,应遵守有关国有资产评估的规定。

第三,公司注册资本缴足,不存在出资不实情形。

存续两年,是指存续两个完整的会计年度。即 1 月 1 日起至 12 月 31 日止。有限责任公司按原账面净资产值折股整体变更为股份有限公司的,存续时间可以从有限责任公司成立之日起计算。整体变更不应改变历史成本计价原则,不应根据资产评估结果进行账务调整,应以改制基准日经审计的净资产额为依据折合为股份有限公司股本。申报财务报表最近一期截止日不得早于改制基准日。

2. 业务明确，具有持续经营能力。

业务明确，是指公司能够明确、具体地阐述其经营的业务、产品或服务、用途及其商业模式等信息。

公司可同时经营一种或多种业务，每种业务应具有相应的关键资源要素，该要素组成应具有投入、处理和产出能力，能够与商业合同、收入或成本费用等相匹配。

(1)公司业务如需主管部门审批，应取得相应的资质、许可或特许经营权等。

(2)公司业务须遵守法律、行政法规和规章的规定，符合国家产业政策以及环保、质量、安全等要求。

持续经营能力，是指公司基于报告期内的生产经营状况，在可预见的将来，有能力按照既定目标持续经营下去。

(1)公司业务在报告期内应有持续的营运记录，不应仅存在偶发性交易或事项。营运记录包括现金流量、营业收入、交易客户、研发费用支出等。

(2)公司应按照《企业会计准则》的规定编制并披露报告期内的财务报表，公司不存在《中国注册会计师审计准则第 1324 号——持续经营》中列举的影响其持续经营能力的相关事项，并由具有证券期货相关业务资格的会计师事务所出具标准无保留意见的审计报告。

财务报表被出具带强调事项段的无保留审计意见的，应全文披露审计报告正文以及董事会、监事会和注册会计师对强调事项的详细说明，并披露董事会和监事会对审计报告涉及事项的处理情况，说明该事项对公司的影响是否重大、影响是否已经消除、违反公允性的事项是否已予纠正。

(3)公司不存在依据《公司法》第 181 条规定解散的情形，或法院依法受理重整、和解或者破产申请。

3. 公司治理机制健全，合法规范经营。

(1)公司治理机制健全，是指公司按规定建立股东大会、董事会、监事会和高级管理层(以下简称“三会一层”)组成的公司治理架构，制定相应的公司治理制度，并能证明有效运行，保护股东权益。

第一，公司依法建立“三会一层”，并按照《公司法》《非上市公众公司监督管理办法》及《非上市公众公司监管指引第 3 号——章程必备条款》等规定建立公司治理制度。

第二，公司“三会一层”应按照公司治理制度进行规范运作。在报告期内的有限公司阶段应遵守《公司法》的相关规定。

第三，公司董事会应对报告期内公司治理机制执行情况进行讨论、评估。

(2)合法合规经营，是指公司及其控股股东、实际控制人、董事、监事、高级管理人员须依法开展经营活动，经营行为合法、合规，不存在重大违法违规行为。

第一，公司的重大违法违规行为是指公司最近 24 个月内因违犯国家法律、行政法规、规章的行为，受到刑事处罚或适用重大违法违规情形的行政处罚。一是行政处罚是指经济管理部门对涉及公司经营活动的违法违规行为给予的行政处罚。二是重大违法违规情形是指，凡被行政处罚的实施机关给予没收违法所得、没收非法财物以上行政处罚的行为，属于重大违法违规情形，但处罚机关依法认定不属于的除外；被行政处罚的实施机关给予罚款的行为，除主办券商和律师能依法合理说明或处罚机关认定该行为不属于重大违法违规行为的外，都视为重大违法违规情形。三是公司最近24个月内不存在涉嫌犯罪被司法机关立案侦查，尚未有明确结论意见的情形。

第二，控股股东、实际控制人合法合规，最近24个月内不存在涉及以下情形的重大违法违规行为：一是控股股东、实际控制人受刑事处罚；二是受到与公司规范经营相关的行政处罚，且情节严重；情节严重的界定参照前述规定；三是涉嫌犯罪被司法机关立案侦查，尚未有明确结论意见。

第三，现任董事、监事和高级管理人员应具备和遵守《公司法》规定的任职资格和义务，不应存在最近24个月内受到中国证监会行政处罚或者被采取证券市场禁入措施的情形。

(3)公司报告期内不应存在股东包括控股股东、实际控制人及其关联方占用公司资金、资产或其他资源的情形。如有，应在申请挂牌前予以归还或规范。

(4)公司应设有独立财务部门进行独立的财务会计核算，相关会计政策能如实反映企业财务状况、经营成果和现金流量。

4. 股权明晰，股票发行和转让行为合法合规。

(1)股权明晰，是指公司的股权结构清晰，权属分明，真实确定，合法合规，股东特别是控股股东、实际控制人及其关联股东或实际支配的股东持有公司的股份不存在权属争议或潜在纠纷。

第一，公司的股东不存在国家法律、法规、规章及规范性文件规定不适宜担任股东的情形。

第二，申请挂牌前存在国有股权转让的情形，应遵守国资管理规定。

第三，申请挂牌前外商投资企业的股权转让应遵守商务部门的规定。

(2)股票发行和转让合法合规，是指公司的股票发行和转让依法履行必要内部决议、外部审批(如有)程序，股票转让须符合限售的规定。

第一，公司股票发行和转让行为合法合规，不存在下列情形：一是最近36个月内未经法定机关核准，擅自公开或者变相公开发行过证券；二是违法行为虽然发生在36个月前，目前仍处于持续状态，但《非上市公众公司监督管理办法》实施前形成的股东超200人的股份有限公司经中国证监会确认的除外。

第二，公司股票限售安排应符合《公司法》和《全国中小企业股份转让系统业务规则(试行)》的有关规定。

(3)在区域股权市场及其他交易市场进行权益转让的公司,申请股票在全国股份转让系统挂牌前的发行和转让等行为应合法合规。

(4)公司的控股子公司或纳入合并报表的其他企业的发行和转让行为需符合本指引的规定。

5.主办券商推荐并持续督导。

(1)公司须经主办券商推荐,双方签署了《推荐挂牌并持续督导协议》。

(2)主办券商应完成尽职调查和内核程序,对公司是否符合挂牌条件发表独立意见,并出具推荐报告。

主办券商内核机构根据项目小组的申请召开内核会议。每次会议须7名以上内核机构成员出席,其中律师、注册会计师和行业专家至少各1名。内核会议应对是否同意推荐申请挂牌公司股票挂牌进行表决。表决应采取记名投票方式,每人一票,2/3以上赞成且指定注册会计师、律师和行业专家均为赞成票为通过。主办券商应根据内核意见,决定是否向全国股份转让系统公司推荐申请挂牌公司股票挂牌。决定推荐的,应出具推荐报告。

6.全国股份转让系统公司要求的其他条件。

(二)企业在新三板挂牌的具体流程

企业从决定进入新三板、到最终成功挂牌,中间需要经历决策改制、材料制作、反馈审核和登记挂牌四个阶段

1.决策改制阶段

决策改制阶段的主要工作为企业下定改制挂牌的决心,选聘中介机构,中介结构尽职调查,选定改制基准日、整体变更为股份公司。

根据挂牌上市规则,股份公司需要依法设立且存续满两年。

(1)依法设立,是指公司依据《公司法》等法律、法规及规章的规定向公司登记机关申请登记,并已取得《企业法人营业执照》。

(2)存续两年是指存续两个完整的会计年度。

(3)有限责任公司按原账面净资产值折股整体变更为股份有限公司的,存续时间可以从有限责任公司成立之日起计算。整体变更不应改变历史成本计价原则,不应根据资产评估结果进行账务调整,应以改制基准日经审计的净资产额为依据折合为股份有限公司股本。申报财务报表最近一期截止日不得早于改制基准日。

有限公司整体变更股份公司的基本流程:

整体变更后设立的股份公司应达到以下基本要求:(1)形成清晰的业务发展战略目标;(2)突出主营业务,形成核心竞争力和持续发展的能力;(3)避免同业竞争,减少和规范关联交易;(4)产权关系清晰,不存在法律障碍;(5)建立公司治理的基

础,股东大会、董事会、监事会以及经理层规范运作;(6)具有完整的业务体系和直接面向市场独立经营的能力,做到资产完整、人员独立、财务独立、机构独立、业务独立;(7)建立健全财务会计制度,会计核算符合《企业会计准则》等法规、规章的要求;(8)建立健全有效的内部控制制度,能够保证财务报告的可靠性、生产经营的合法性和营运的效率与效果。

此外,企业申请新三板挂牌,还需要根据《公司法》《非上市公众公司监督管理办法》《全国中小企业股份转让系统业务规则(试行)》《非上市公众公司监管指引第3号——章程必备条款》等相关法律、法规及规则对股份公司的相关要求,会在后续工作中落实。

2. 材料制作阶段

材料制作阶段的主要工作包括:(1)申请挂牌公司董事会、股东大会决议通过新三板挂牌的相关决议和方案;(2)制作挂牌申请文件;(3)主办券商内核;(4)主办券商推荐等主要流程。主要工作由券商牵头,公司、会计师、律师配合完成。

3. 反馈审核阶段

反馈审核阶段的工作主要是交易所与证监会的审核阶段,45~60日;中介结构会根据情况进行反馈。反馈审查的工作流程如下:

(1)全国股份转让系统公司接收材料。

全国股份转让系统公司设接收申请材料的服务窗口。申请挂牌公开转让、股票发行的股份公司(以下简称申请人)通过窗口向全国股份转让系统公司提交挂牌(或股票发行)申请材料。申请材料应符合《全国中小企业股份转让系统业务规则(试行)》《全国中小企业股份转让系统挂牌申请文件内容与格式指引(试行)》等有关规定的要求。

全国股份转让系统公司对申请材料的齐备性、完整性进行检查:需要申请人补正申请材料的,按规定提出补正要求;申请材料形式要件齐备,符合条件的,全国股份转让系统公司出具接收确认单。

(2)全国股份转让系统公司审查反馈。

对于审查中需要申请人补充披露、解释说明或中介机构进一步核查落实的主要问题,审查人员撰写书面反馈意见,由窗口告知、送达申请人及主办券商。

申请人应当在反馈意见要求的时间内向窗口提交反馈回复意见;如需延期回复,应提交申请,但最长不得超过30个工作日。

(3)全国股份转让系统公司出具审查意见。

申请材料和回复意见审查完毕后,全国股份转让系统公司出具同意或不同意挂牌或股票发行(包括股份公司申请挂牌同时发行、挂牌公司申请股票发行)的审查意见,窗口将审查意见送达申请人及相关单位。

4. 登记挂牌阶段

登记挂牌阶段主要是挂牌上市审核通过后的工作,主要工作包括:(1)分配股票代码;(2)办理股份登记存管;(3)公司挂牌敲钟。这些工作都会由券商带领企业完成。

预期效果:通过本案例的学习,学生可以对《公司法》《证券法》及其相关法律、法规有进一步的了解,对我国资本市场的发展有更深刻的认识,对企业主板上市和新三板挂牌有清晰的区分,并且能够结合实例对相关实务进行规划和操作,并能够制作相关法律文件。

■ 教学计划

本案例分为三个模块,每个模块安排2个学时,分专题进行。

■ 课堂时间安排

本案例可以作为专门的案例教学课来进行,整个案例课的课堂安排6个课时,每课时45分钟。

课前计划:安排学生阅读案例及相关资料,对案例所涉及问题进行思考,撰写实践题法律文件。

课中计划:介绍教学目的,明确讨论主题;分组讨论,回答各项思考题,讨论实践题的撰写要点;小组代表总结汇报讨论结果,教师归纳总结。

课后计划:布置学生进一步思考新三板市场未来的发展及其要注意的法律问题,整理和修改法律文书。

■ 思考题和实践题

1. 思考题

(1)股份有限公司设立的条件和程序是什么?公司从有限公司转为股份公司要注意哪些问题?

(2)现行法律制度对公司治理的要求是什么?新三板公司有无特殊之处?

(3)公司上市的实体条件和程序要求历史上经历了哪些变化?

(4)公司上市的方法是否唯一?案例公司为什么选择借壳上市?

(5)公司借壳上市要遵守的方法和程序是什么?现行法律对此是否限制?

(6)结合本案例谈谈公司借壳上市的利弊分析。

(7)在公司的历次股权转让过程中是否存在瑕疵?在挂牌改制阶段怎样补救才能为公司解

除法律隐患?

(8)简述公司退出上市的法律条件及其程序。

(9)简述公司分立的方式及其程序。工大软件为什么选择用这种方式退出?

(10)简述结合本案谈公司在运营过程中的法律规避。

(11)简述新三板制度在我国的发展进程。

(12)简述新三板对中小企业和资本市场的积极效应。

(13)新三板挂牌企业中股份代持是否允许?如果出现如何解决?

(14)新三板挂牌企业中无形资产出资存在哪些问题?应该如何解决?

(15)新三板企业在信息披露方面和主板市场有何不同?

(16)亏损公司是否可以改制并在新三板挂牌转让?

(17)未成年人可否成为公司股东问题,如何操作?

(18)简述公司成立两年的时间如何计算,举例说明。

(19)简述关联交易的认定的及其处理。

(20)简述外商投资企业改制为股份有限公司的关注要点。

(21)什么是重大违法违规?作为律师怎样认定违法违规的标准?

2. 实践题

(1)撰写公司从有限责任公司改制为股份有限公司的工作提纲。

(2)起草公司在资产重组过程中股权转让和资产置换协议。

(3)请对公司股东会、董事会、监事会规范运作发表法律意见。

(4)请对公司同业竞争和关联交易发表法律意见。

(5)任选一次公司股权变更起草工作计划。

(6)制作新三板挂牌法律意见书提纲。

参考文献

1. 范健:《商法》(第4版),北京大学出版社2012年版。
2. 栾兆安、张培川:《企业设立与登记全程操作法律指南》,法律出版社2014年版。
3. 孙建波、姚玭:《新三板挂牌指南与投资价值分析》,中国金融出版社2014年版。
4. 林安霁:《新三板市场的发展模式与对策研究》,载《经济体制改革》2012年第5期。
5. 杨育生:《科技型中小企业借助新三板融资的实证研究》,载《河南工业大学学报》(社会科学版)2013年第4期。
6. 叶菁菁:《工大软件(831698):军工院校哈工大的资本运作成果》,载《清大益迅》2015年4月2日。
7. 全国中小企业股份转让系统:http://www.neeq.com.cn/index。

撰稿人 | 张辉,哈尔滨商业大学法学院副教授

9 CASE 某某公司注册商标许可使用合同的草拟和审查案例

| 摘　要 |

注册商标许可使用，是指依照法定程序，注册商标的商标权人授权他人在其生产的商品或提供的服务上使用注册商标的行为。注册商标许可使用是商标权人将商标付诸商业使用，进而实现并不断提升商标价值的重要途径。注册商标许可使用的核心法律文件是注册商标许可使用合同，该合同签订的质量将直接决定注册商标权人因商标许可使用而承担的法律风险及经营风险。本案例主要希望通过对商标许可使用的研究，让同学们了解商标许可使用的基本实现过程，相关的合同文书、法律文件以及法定程序，尤其是商标许可使用合同的草拟、审核及签署。

| 关键词 |

商标许可使用　商标许可使用合同　合同审查

| 教学目标 |

本案例教学着重让学生掌握以下几个方面的内容：(1) 商标许可使用的法定程序；(2) 与商标许可使用有关的法律法规及司法解释的规定；(3) 商标许可使用合同审查中的注意事项；(4) 商标许可使用合同的草拟、审定、签署及履行情况跟踪。

教学案例主文

一、引言

注册商标许可使用，是指依照法定程序，注册商标的商标权人授权他人在其生产的商品或提供的服务上使用注册商标的行为。通过商标许可使用，商标权人在不同地域和不同类别的商品或服务领域实现商标的价值，而自己只需要做好产品的质量控制。因此，拥有成熟品牌的企业通过商标控制市场，而不是通过生产控制市场。商标许可使用已经成为市场运转中一个不能忽视的主要经营模式。

但对商标权人和被许可人而言,商标许可使用也存在潜在的巨大风险。许可人如果不能有效控制被许可人的产品质量,商标信誉会受损。而商标权如果存在权利瑕疵、许可人不能对商标实施有效管理导致商标价值降低,被许可人的经营则受到威胁。

我国商标许可使用制度自1982年在《商标法》中得以确立,迄今已有30多年的历史。但是,商标许可使用及相关问题的理论研究、实践操作并未得到充分的重视。2006年爆发的“达娃之争”事件,已经呈现了商标许可使用与合资经营、合作经营等可能存在的复杂关系,但该事件中的阴阳合同问题使人们忽视了对其中商标许可使用问题的思考。及至2012年,广药集团和加多宝集团的“王老吉”商标纠纷案件,才引起了人们对商标许可使用问题的真正关注和热烈讨论。“王老吉”商标许可使用合同的条款不完备及合同续签过程出现的各种问题,不仅直接导致了商标许可使用合同纠纷,还产生了红罐包装装潢1号案及2号案和一系列虚假宣传不正当竞争案等后续案件。2013年诉至法院的东阳市上蒋火腿厂与浙江雪舫工贸有限公司“雪舫蒋”商标侵权案,则反映了商标许可使用合同实际履行中可能出现的一些突出问题。2014年诉至法院的上海帕弗洛文化用品有限公司与上海艺想文化用品有限公司、毕加索国际企业股份有限公司商标使用许可合同纠纷案,又一次将人们的关注点聚焦在商标许可使用中各方主体间非常复杂的利益关系,以及合同效力认定及法律后果处理等诸多难题。法律法规对商标许可使用的规定过于简单;而实践中重使用轻风险的做法,又导致市场对相关问题的回应不充分。因此,关于商标许可使用的风险防控现状是立法规范不足,市场应对薄弱。在立法尚未做出,甚至不可能做出具体而微的可操作性规定的情况下,市场补足功能必须加强,这也就凸显了商标许可使用合同草拟、审查以及签订的重要意义。

本案例针对知识产权法课程中的商标许可使用问题,希望通过对商标许可使用的研究,让同学们了解商标许可使用的基本实现过程,相关的合同文书、法律文件以及法定程序,尤其是商标许可使用合同的草拟、审核及签署。通过草拟和签订理想的商标许可使用合同,约束许可方和被许可方的行为,防止或减少商标许可使用中的经营风险和法律风险,避免发生不必要的纠纷,降低双方的涉诉成本以及有关机关由此而承担的行政成本和司法成本。

因特许经营除商标许可使用外,还涉及生产流程控制甚至员工培训等问题,情况比较复杂,不属于本案例探讨的典型情况。

二、商标许可使用合同范本

注册商标许可使用合同

目　　录

合同编号：

注册商标许可使用合同

许可人(以下简称甲方)：________________

法定代表人：________________

住所地：________________

邮政编码：________________

联系电话：________________

被许可人(以下简称乙方)：________________

法定代表人：____

住所地：____

邮政编码：____

联系电话：____

鉴于甲方拥有一定价值并经____国家/地区核准注册的商标，鉴于乙方希望在__国家/地区使用这一商标，根据《中华人民共和国合同法》《中华人民共和国商标法》等法律法规的规定，双方经友好协商，达成如下协议，共同信守履行。

第一条 定义

为避免双方理解上的分歧，双方对本合同及相关附件中所涉及的有关名词和术语，特作如下确认：

1.1"注册商标"指经__________国家/地区商标行政管理机关核准注册的，甲方许可乙方使用的甲方注册商标，即第2.1款之商标。

1.2"许可人"指在__________国家/地区通过注册、受让等合法方式取得并享有注册商标专用权的商标权利人，即甲方。

1.3"被许可人"指需要在__________国家/地区合法许可使用人商标的自然人(法人)(其他组织)，即乙方。

1.4"商标使用"指根据__________国家或地区法律规定，在商品或服务之上对商标的标注、使用、宣传、展示等活动。

1.5其他需要说明的名词和术语：____。

第二条 许可范围

2.1许可使用商标：(注册商标详细信息及商标注册证复印件，详见附件一)

(1)许可使用商标名称：____

(2)许可使用商标注册号：____

(3)许可使用商标注册国家/地区：____

(4)许可使用商标图样：____

(5)许可使用商标核准注册日：____

(6)许可使用商标续展日期：____

2.2许可使用商标类别：____

许可使用商品：____

2.3许可使用方式：

合同双方约定，乙方仅限于以下述第__________种方式使用第2.1款所述商标。

(1)__________________国家/地区法律规定的商标使用方式；

(2)用于商品、商品包装或者容器之上；

(3)用于商品(或服务)交易文书之上；

(4)将商标用于广告宣传、展览以及其他商业活动中；

(5)合同约定其他使用方式:________________________________

2.4 许可使用类型:

合同双方约定,甲方以下述第________种类型,许可乙方使用本合同第 2.1 款之商标;本合同生效后,乙方________(可以/不可以)将因甲方许可而取得的商标使用权利再许可给第三方使用。

(1)独占许可使用,是指甲方在约定的期间、地域和以约定的方式,将商标仅许可给乙方使用,甲方不得使用也不得另行许可他人使用该商标。

(2)排他许可使用,是指甲方在约定的期间、地域和以约定的方式,将商标仅许可乙方使用,甲方依约定可以使用该商标,但不得另行许可他人使用。

(3)普通许可使用,是指甲方在约定的期间、地域和以约定的方式,将商标许可乙方使用,甲方可自行使用,也可另行许可他人使用该商标。

2.5 许可期限:

自本许可合同生效之日起,至________年____月____日止。

2.6 许可地域:

乙方只得在____________________国家/地区使用本合同 2.1 款之商标。

乙方承诺不在其他国家/地区直接或间接使用或授权使用这一商标,且不在知情的情况下向有意或有可能在其他国家/地区出售协议下商品的第三者销售使用该商标的商品。

2.7 交付资料:

甲方应在本合同生效之日起______日内,将本合同 2.1 款所述商标的注册证及其他商标资料之复印件交付给乙方。

甲方交付的资料清单:____。

第三条　许可费用

合同双方约定,商标许可使用费按以下第________种计费方式计算,计价货币单位为________。

1. 自本合同签订之日起______________日内,乙方向甲方一次性支付商标许可使用费____________________元整。

2. 商标许可使用费用按年支付,每年费用为____,具体支付日期为合同有效期内每年的____月____日。

3. 商标许可使用费用按年支付,第一年的许可使用费为________,从第二年开始,许可使用费每年递增______,具体支付日期为合同有效期内每年的____月____日。

4. 按甲方向乙方提供商标标识的数量计费,许可使用费计算方式为:____________________________________。

5. 按乙方使用本合同 2.1 款所述商标的产品销售额计费,许可使用费计算方式为:____。

6. 合同双方约定其他计费方式:____。

第四条 费用支付

4.1 本合同第三条规定的许可使用费，乙方应通过________________________（银行转账/现金支付/其他）等方法，于合同约定的支付日期（________年____月____日）前支付给甲方。

合同双方就许可使用支付方式的特殊约定为：______________________________。

4.2 甲方有义务为乙方支付许可使用费提供便利，并应向乙方开具相关票据。

4.3 合同双方约定，乙方以无过错方式使用本合同2.1款之商标而被罚款或向第三方支付赔偿的，该罚款或赔偿金由甲方承担，乙方有权从上述支付的费用中直接扣除。

第五条 税费承担

5.1 现行法律对执行本合同的相关税费有明确规定的从其规定；现行法律未规定具体承担方的，税费承担方式为________________。

第六条 商标制作

6.1 许可使用商标的产品在初次投放市场之前，任何许可使用商标的包装装潢、广告和文字材料发表之前，乙方应将这种产品的样品、包装装潢的样本或广告和文字材料的样本送交甲方认可。

6.2 除合同双方约定乙方使用商标由甲方提供标识外，乙方需制作商标的，在本合同有效期内，视同甲方已授权乙方制作。甲方有义务提供相关证明文件以便乙方制作其需要的商标标识；乙方应按照《中华人民共和国商标法》《商标印制管理办法》以及甲方对商标标志管理的规定进行许可商标标识印制、标注和使用，不得任意改变许可商标的文字、图形或者其组合。

6.3 在本合同有效期内，甲方可随时要求乙方向甲方提交许可使用商标的产品的样品、包装装潢样品、宣传广告样本。如果存在问题，甲方有权要求乙方停止销售产品，限期改正；若乙方无正当理由拒不配合，则甲方有权解除合同。

第七条 商品质量

7.1 乙方在使用本合同第二条之商标的商品上，应标明乙方名称和商品产地。

乙方承诺使用本合同第二条之商标的商品符合较高标准，包括但不限于国家有关该产品卫生、质量、计量、环保、包装、行业标准及法定说明文字的要求；且不会因商品质量影响甲方及商标本身的声誉。

7.2 乙方使用本合同第二条之商标的商品应当满足以下商品质量标准：__________________；技术标准：__________________。

7.3 在本合同有效期内，甲方或其授权代表有权在合理时间检查使用本合同第二条约定之商标的商品质量，乙方应采取必要措施以满足甲方的质量标准和要求。

如乙方的做法或销售不符合上述要求，应在接到甲方或其授权代表的通知后，立即采取补救措施。

7.4 合同双方可为保证乙方商品质量作如下约定：________________________。

7.5 若乙方生产或销售的标注许可商标的产品,发生产品质量责任,或非因本合同许可商标本身的问题产生的其他责任,则由乙方自行承担。若甲方因此而涉讼的,相关费用及损失由乙方承担。

第八条 保证与承诺

8.1 甲方保证事项:

(1)甲方保证是本合同第二条约定之商标在________国家/地区的合法注册人,并保证有权授予乙方在________国家/地区使用。

(2)甲方保证本合同第二条约定之商标未被质押。

(3)甲方保证本合同履行过程中发生第三方指控乙方使用本合同第二条之商标构成侵权的,负责与第三方交涉,乙方对此予以配合。

(4)甲方保证因第三方指控商标侵权所引起的法律和经济上的责任由甲方承担。

(5)甲方保证对第三方的商标侵权或不正当竞争行为及时采取法律行动,除非乙方为独占许可使用的被许可人,否则乙方不得单独对第三方提起诉讼或主张权利。无论如何,针对第三人提起的许可商标的侵权诉讼权利和赔偿收益,乙方不能单独享有。

(6)甲方若为法人或其他组织的,则承诺签署本合同及履行本合同项下义务:(有关甲方经营具体信息及营业执照复印件,详见附件二)

i. 不会违反其营业执照、成立协议、章程或类似组织文件的任何规定;

ii. 不会违反任何相关法律或任何政府授权或批准;

iii. 不会违反甲方作为当事人一方的其他任何合同;

iv. 不存在将影响甲方履行本合同义务的能力的,已经发生且尚未了结的诉讼、仲裁或其他司法或行政程序。

8.2 乙方承诺事项:

(1)乙方承诺在许可地域范围内,向甲方提供必要的协助,以维护甲方对本合同第二条约定之商标拥有的权利。

(2)乙方承诺不改变本合同第二条约定之商标的文字、图形或其组合,不超越许可使用商品范围和地域使用该商标。

(3)乙方承诺未经甲方书面同意,因许可行为而授予乙方的权利,乙方不进行转让、质押。

(4)乙方若为法人或其他组织的,则承诺签署本合同及履行本合同项下义务:(有关乙方经营具体信息及营业执照复印件,详见附件三)

i. 不会违反其营业执照、成立协议、章程或类似组织文件的任何规定;

ii. 不会违反任何相关法律或任何政府授权或批准;

iii. 不会违反乙方作为当事人一方的其他任何合同;

iv. 不存在将影响乙方履行本合同义务的能力的,已经发生且尚未了结的诉讼、仲裁或其他司法或行政程序。

第九条 合同变更

9.1 甲方或乙方为自然人的,在商标许可使用期限内,任何一方死亡的,其继承者应在合理期限内书面通知对方,本合同由其继承者继续履行。

甲方或乙方为法人或其他组织的,任何一方发生企业分割或合并的,本合同由其承继者继续履行。没有承继者的,本合同自动终止。

9.2 合同履行过程中的其他事项的变更、修改,都须经双方协商同意并签署书面文件。

第十条 合同终止

10.1 在合同期满前____天内,或收到解除合同通知的____天以内,乙方应向甲方出具书面报告以说明手中和正在加工中的商品的数量和种类。

10.2 除____情况外,乙方可将已生产出和正在加工的商品进行必要的处理或销售。

10.3 甲方有权进行实地盘查以确认存货情况和报告的准确。若乙方拒绝甲方的核查,将失去处理存货的权利。

10.4 合同终止或期满后,乙方不得再使用该商标或与之近似的商标。

第十一条 违约责任

合同双方约定,任何一方违反本合同约定义务,应按以下约定承担违约责任:

11.1 甲方违约责任:

(1)甲方违反本合同8.1款之权利保证,以至于损害乙方签订本合同时之预期目的的,乙方有权解除合同,并可要求甲方支付合同约定许可使用费的____%作为赔偿。

(2)甲方违反本合同2.4款关于独占或排他许可使用的约定,乙方有权要求甲方返还____%的许可使用费;甲方该违约行为损害乙方签订本合同时之预期目的的,乙方有权解除合同。

(3)甲方应承担的其他违约责任:____
________________。

11.2 乙方违约责任:

(1)乙方违反本合同第三条之约定,逾期不支付许可使用费的,每逾期______日向甲方支付许可使用费的______%作为违约金。逾期______日的,甲方有权解除合同。

(2)乙方违反本合同第二条的约定,擅自扩大被许可使用商标的使用范围或使用商品的,甲方有权要求乙方停止侵害行为,并可要求乙方增加支付______%的许可使用费;乙方在接到甲方书面通知__________日后仍未停止的,甲方有权解除合同。

(3)乙方应承担的其他违约责任:____
________________。

第十二条 争议解决

12.1 因本协议引起的或与本协议有关的任何争议,应通过友好协商解决,如果双方不能协商解决,同意采取以下第____种方式解决:

(1)向有管辖权的____________法院起诉。

(2)提交____________仲裁委员会仲裁,根据该委员会现行规则仲裁,仲裁结果是终局的,对双方均有约束力。

第十三条 保密事项

13.1 双方对合同洽谈及履行过程中获悉到对方的商业秘密和相关秘密信息,有保密的义务。因一方泄密致使对方经济利益受损的,该方负赔偿责任。

13.2 合同未正式生效前、合同提前解除或履行完毕终止时,各方仍需对本合同洽谈和履行过程中所产生的保密事项保密,保密时间双方约定为________。

13.3 司法机关以及其他国家机构依照法律规定,要求合同一方提供上述商业秘密的,提供方应事先通知合同另一方,并书面提示相关机构注意保密。

第十四条 许可备案

14.1 商标许可行为需要办理备案手续,双方应在法定期限内办理,相关费用承担方式为________。

第十五条 不可抗力

15.1 因不可抗力或者其他意外事件,或者使得本合同的履行不可能、不必要或者无意义的,任一方均可以解除本合同。

15.2 遭受不可抗力、意外事件的一方全部或部分不能履行本合同、解除或迟延履行本合同的,应将事件情况在____日内,以书面形式通知另一方并向另一方提交相应的证明。

第十六条 合同维护

16.1 合同双方约定,在本合同有效期内,甲方指定________为甲方联系人,联系电话________;乙方指定______为乙方联系人,联系电话________。

16.2 联系人的职责是负责双方的沟通和协调,其他职责____

16.3 任何一方变更联系人的,应及时以书面形式通知另一方。未及时通知或联系人未履行职责而影响本合同的履行或造成损失的,责任方应承担相应责任。

16.4 本合同仅仅在双方之间产生合同关系。本合同任何条款均不得被解释为:在合同双方之间形成了合伙关系、合作经营关系或其他导致共同责任的关系;或者使乙方成为甲方的代理人。

第十七条 合同附件

与履行本合同有关的附件,经双方确认后,为本合同的组成部分。

第十八条 合同生效

本合同自双方或双方法定代表人、授权代表签字、盖章之日起生效。

第十九条 合同份数

本合同一式____份,其中甲方正本____份,副本____份;乙方正本____份,副本____份;用于备案____份。本合同正副本具有同等法律效力。

第二十条 其他约定

甲方:(签章)

法定代表人或授权代表人:

签订日期:

乙方:(签章)

法定代表人或授权代表人:

签订日期:

附件一 许可使用商标的注册信息

1. 信息列表

序号	列项	内容	备注
1	注册人名称		
2	注册号		
3	申请日期		
4	国际分类号		
5	商品/服务名称		
6	类似群		
7	初审公告号及日期		
8	注册公告号及日期		
9	国际注册日期		
10	后期指定日期		
11	优先权日期		
12	专用期限		
13	商标类型		
14	商标转让情况		
15	商标许可使用备案情况		
16	商标续展情况		
17	其他信息		
18	商标图样		

2. 许可使用商标注册证复印件

附件二　甲方经营信息及营业执照复印件

1. 甲方主要经营信息列表

序号	列项	内容	备注
1	名称		
2	类型		
3	住所		
4	成立时间	年　月　日	
5	经营范围		
6	法定代表人/投资人或执行事务合伙人姓名		
7	注册资本	万元	
8	设立地		
9	营业期限		
10	登记/发照机关		
11	注册号		

2. 甲方营业执照复印件

附件三　乙方经营信息及营业执照复印件

1. 乙方主要经营信息列表

序号	列项	内容	备注
1	名称		
2	类型		
3	住所		
4	成立时间	年　月　日	
5	经营范围		
6	法定代表人/投资人或执行事务合伙人姓名		

续表

序号	列项	内容	备注
7	注册资本	万元	
8	设立地		
9	营业期限		
10	登记/发照机关		
11	注册号		

2. 乙方营业执照复印件

三、商标许可使用合同草拟和审查的原则、流程及注意要点

商标许可使用合同的草拟及审查是知识产权律师和法律顾问从事的一项最为普遍的业务。作为受托人,律师或法律顾问需要根据委托当事人的具体要求,按照法律法规的规定,草拟特定的协议,或者运用专业法律知识,对当事人提供的特定商标许可使用协议进行甄别、判断,提出完善合同具体条款的意见。

(一)商标许可使用合同草拟和审查遵循的一般原则

在草拟和审查商标许可使用合同时,需要遵循如下原则:

1. 合同目标实现原则。首先,合同有效是通过商标许可使用实现经营目标的前提,在合同磋商、签订过程中,双方当事人也投入了大量的精力、时间等成本,因此,保证合同有效,是作为律师或法律顾问的受托人草拟和审查商标许可使用合同的第一要务。其次,受托人要从合同的总体内容判断,商标许可使用合同能否实现委托人所预设的经营目标。

2. 可预期与灵活性兼顾原则。一方面,商标许可使用合同条款确定的是合同双方当事人的权利义务关系,其用语表述必须意思明确、没有歧义,以保证合同法律后果的可预期性。另一方面,合同内容必须体现一定的灵活性,合同主体发生生老病死、关停并转,或遇有不可抗力等情况时,合同都应该为此预留适当的应对空间。因此,受托人要设计灵活的合同变更与解除等条款,以应对合同履行过程中变化了的不可控因素。

3. 内容与形式并重原则。商标许可使用合同的草拟和审查需要注意内容和形式两个方面,在保证合同内容确定、有效,不违反法律法规的强制性规定的同时,也要注重合同的形式之美。

4. 一般性与特殊性统一原则。在草拟和审查商标许可使用合同时,除关注合同

的一般性问题外，还需要特别留意商标许可使用合同中的特殊性问题。

5. 法律风险与商业风险共防原则。双方当事人签订商标许可使用合同的目的是实现特定的经营目标，这一经营目标的确定和路径选择主要是经营管理问题，在选择合作对象和合作方式时，双方当事人对其中的商业风险都有预估。受托人则要从法律效果的角度保障经营目标通过合同的履行而顺利实现，消解商业风险，防范和避免法律风险。

(二)商标许可使用合同草拟和审查的流程及注意要点

1. 商标许可使用合同主体的审查

对于合同主体，主要审查其权利能力、行为能力和履约能力。关于企业法人和其他组织，审查重点是：(1)是否拥有合法、有效的《营业执照》，是否有效年检；(2)经营范围、经营方式及其是否与合同相适应；(3)对于建筑、医药、食品、化妆品等特殊行业，要重点审查合同主体是否具备法律或法规规定的必须具备的资质或经营许可；(4)关于履约能力，主要审查企业或组织的资信能力、业绩、从业人员、曾经参与的有影响的项目等。

商标许可使用合同的主体审查，还要着重关注：(1)许可方是否为合同许可使用的注册商标的注册人或有授权许可资格的其他权利人；(2)被许可人的生产能力、销售渠道或许可人选择合作对象时考虑的其他经营资质或能力问题。

2. 商标许可使用合同实质条款的审查

对于商标许可使用合同实质内容，重点审查合同条款有无遗漏，各条款内容是否具体、明确、切实可行，既要防范合同条款不全、彼此冲突、规定过于简单、抽象、原则等现象，也要尽量避免使用意思不确定、模棱两可的用语。

(1)内容是否完备。根据我国《合同法》的有关规定，一般情况下，合同成立和生效必须具备主要条款，如当事人的名称或者姓名和住所、标的、数量及质量、价款或者报酬、履行期限、地点和方式、违约责任以及解决争议的方法。

商标许可使用合同实质条款的确定还要考虑合同本身的特殊性，着重关注许可方式、许可使用的期间、商标许可使用的范围及具体要求、许可费的计算方式及支付、许可期间结束后库存产品的处理以及商标商誉的回归或分配处置方式等。

(2)意思是否确定。意思确定有几个方面的要求：第一，各条款内容的意思指向单一，无理解上的歧义；第二，条款之间不存在冲突或前后矛盾的现象，逻辑衔接合理；第三，条文用语表述明确，尽量避免使用"合理的""及时""按时""适当的"等需要进一步解释、容易带来争议的表述。

3. 影响商标许可使用合同效力因素的审查

关于商标许可使用合同效力，首先审查合同的订立是否出于双方真实意思表示，是否存在重大误解、显失公平以及以欺诈、胁迫的手段或者乘人之危，使对方在违背真实意思的情况下订立合同的情况。其次，重点审查合同内容是否损害国家、集体或第三人的利益，是否存在以合法形式掩盖非法目的的情形，合同是否损害社会公共利益，违反法律、行政法规的强制性规定。

商标许可使用合同也可以规定应对全部无效或部分无效的具体措施。

审查影响商标许可使用合同效力及效力范围的因素，还要对照我国《商标法》《商标法实施条例》的具体规定。

4. 商标许可使用合同内容合目的性审查

当事人选择订立商标许可使用合同都有特定的目的，受托人要根据委托人披露的有关该经营目的的信息，通过合同条款，帮助委托人确定该目的能否通过商标许可使用合同的履行实现。具体到商标许可使用合同，受托人要判断：合同能否为许可人带来稳定的使用费收入、扩大市场影响力、提高商标的价值等；合同能否使被许可人实现生产能力的提升、开拓成熟的商品流通渠道、获得稳定的经营利润等。

5. 商标许可使用合同报备等手续的审查

对于商标许可使用合同成立或生效，法律法规或当事人约定设有特殊条件或手续要求的，审查的重点是这些条件能否满足，手续能否完成。

(1)合同如需经有关部门批准、登记或备案的，是否约定了由哪一方当事人负责办理批准、登记或备案手续；根据我国《商标法》的规定，商标许可使用合同非经备案，不得对抗善意第三人，因此，商标许可使用合同应该按照法律法规的规定，约定备案手续的完成。

(2)合同如需经公证后方能生效的，审查合同是否经过公证机关公证。

(3)合同如附期限或条件，审查期限和条件的规定是否合法。

(4)合同如约定有担保的，审查是否履行了有关担保手续。

6. 商标许可使用合同形式性问题的审查

审查商标许可使用合同的形式性问题，主要有以下几个方面内容：

(1)合同的排版设计是否美观。

(2)合同的字体、字号、数字等的运用是否有规律，前后一致。

(3)合同的层次安排是否合理。

(4)合同的法律用语、技术用语表述是否规范。

(5)作为合同组成部分的附件是否齐全。

(6)合同是否预留了双方当事人签字或盖章的空间。

教学指导手册

教学目标

本案例希望通过对商标许可使用合同真实范本及合同审查流程与注意要点的介绍,完成下列教学目标:

1. 了解和掌握商标许可使用的作用及商标许可使用的实现流程。
2. 了解商标许可使用中存在的风险。
3. 掌握商标许可使用合同的草拟和审查方法。
4. 了解和掌握如何避免及防控商标许可使用中风险的发生。

教学内容

1. 什么是商标许可使用?

注册商标许可使用,是指依照法定程序,注册商标的商标权人授权他人在其生产的商品或提供的服务上使用注册商标的行为。商标权人通过商标许可使用延展了手臂,不必通过异地建厂生产而仅以商标为媒介便可扩张其市场影响力。质言之,商标许可使用增强了商标注册人影响市场的规模和强度。

与商标转让不同,商标许可使用并不转移商标所有权。除独占许可使用外,商标权人自己可以继续使用商标,甚至还可以同时再许可第三人等使用商标。商标权人也可以通过商标许可使用划定商标使用的商品种类、地域、时间等。

在商标权人自己不能或不想使用商标的情况下,将商标许可他人使用还能保持商标的有效注册,防止发生商标连续三年不使用而被撤销的情况。

2. 商标许可使用的现实意义是什么?

商标许可使用对许可方和被许可方的意义都很重大。商标权人除考虑市场分区、商品种类区分的安排、防止“撤三”等事由外,通常情况下,商标权人主要想借助被许可人的力量开拓新的市场。许可人选择合作的被许可人在开拓新市场方面可能有很多得天独厚的优势,如更熟悉当地市场、在产品设计方面具有优势、具备充分的生产能力、能够接触或控制更理想的流通渠道等。被许可人则可以通过商标许可使用,借助商标的品牌号召力,实现生产能力提升、摸索生产经验、建立成熟的流通渠道、获得预期的商业利润。如果合作成功,商标许可人和被许可人都能够从商标许可使用中获益,实现双赢:商标的价值攀升,商标权人的商誉增强;被许可人获得利润,企业生产和销售能力不断提高。正所谓一流企业通过品牌控制市场,二流企业通过生产控制市场,三流企业则受市场控制。

3. 商标许可使用实现的流程有哪些?

商标许可使用实现的核心法律文件是商标许可使用合同,但商标许可使用目的的实现涉及商标许可使用的各个阶段,前伸可至合同签订前,延续至合同履行完毕后。在一些必要的环节,作为受托人的律师或法律顾问,都需要或多或少地参与。

(1)确定合作伙伴与合作模式

许可人和被许可人选择特定的商业合作伙伴、确定适于自己商业发展规划的合作模式,这首先是一个经营策略的选择,选择中需要考虑的主要是商业风险。而合作方式和对象确定后,就需要通过合作协议约束合作双方的行为,合同当事人此时就会更多地关注如何通过合同条款保证经营目标实现,并通过具体条款的约束来减少甚至消除商业风险。

因此,委托人需要将选择特定的合作伙伴以及具体的合作模式的理由,向受托方披露,以便受托方律师或法律顾问综合判断合同条款的内容与经营目标实现之间的关系。

在此阶段,受托人需要配合委托人对合同对方当事人的有关情况进行调查,如工商登记信息、企业年检信息、税务资信、商标注册信息、企业资产等情况的调查。

(2)设计、草拟和审查商标许可使用合同

根据委托人设定的经营目标、选择的合作伙伴和确定的合作模式,受托人设计、草拟和审查商标许可使用合同。在这个阶段,受托人需要对委托人的经营方向及企业发展策略有一个比较全面的把握,至少要掌握与商标许可有关的经营现状与规划。因此,此阶段,需要委托人和受托人通力协作。

设计、草拟和审查商标许可使用合同时,需要遵循合同审查的一般原则,在保障合同效力的前提下,条文设计合理,以规避商标许可使用中的商业风险和法律风险。

(3)商标许可使用过程中的合同履行情况跟踪、绩效评价及策略调整

合同审查签订后,委托人往往希望律师介入后续服务,而企业的法律顾问则更是责无旁贷地需要对合同履行中及履行后的事宜继续跟踪处理。合同履行过程中出现了解除、变更事由的,出现了签订时无法预见或未能预见的情况的,出现了确定无法实现预期经营目标的情况的,应委托人的要求,受托人需要及时介入进行处理。根据企业合同管理制度的规定,受托人也可能需要配合委托人做合同履行绩效的年度评估、阶段性评估等,并根据情况做出可能的策略调整。

(4)商标许可使用结束的善后事宜处理

商标许可使用合同履行完毕后，应委托人的要求，受托人律师或法律顾问，需要对合同履行完毕后的善后事宜做出妥善处理，如品牌的商誉回归及分配问题、库存商品及商标标识的处理问题、宣示合作关系终止的方式等问题。

4. 商标许可使用中的风险有哪些？

尽管商标许可使用已经成为商业经营中一种极其重要的商标经营方式，而成功的商标许可使用商业操作能够给合作双方带来“双赢”的结果；对商标许可人和被许可人而言，商标许可使用蕴含的风险也是巨大的。长远来看，认识并避免这些风险的发生，对合作双方都是必要的。

商标许可使用中的风险主要有法律风险和商业风险两种。法律风险主要体现在商标许可使用合同的签订或约定违反《合同法》《商标法》《商标法实施条例》等法律法规的规定，使商标许可使用合同的效力或效力范围受到影响，如当事人能力问题、意思表示瑕疵问题、合同违反效力性强制规定问题、显失公平问题、损害社会公益问题等。有些事由会导致合同无效，有些则会使合同可撤销。

商标许可使用中的商业风险往往因对方当事人的特定行为而产生，对许可人来说，主要风险包括：不能全额获得许可费支付；被许可人不按约定的方式和范围使用商标；被许可人擅自将商标再许可他人使用；被许可人商品质量不过关影响商标信誉；被许可人未按法律规定在商品之上标明产地、名称；被许可人在生产能力、销售渠道、产品设计能力或对当地市场的掌控能力低于预期；被许可人擅自印制商标标识；被许可人在合同终止后仍然使用商标、利用商标进行产品宣传或使用其他易于产生来源混淆的与许可人商标有关的包装装潢等标识；品牌商誉无法全部回归；等等。对被许可人来说，主要风险包括：商标权利存在瑕疵、被宣告无效或被撤销、商标注册未及时进行续展；许可人违反约定的许可方式和范围，将商标又许可给他人使用，形成“重叠许可”；许可人未办理、未及时办理合同备案或者合同备案有瑕疵；因许可人或其他被许可人的商品质量不过关而使被许可人的商品销量受影响；商标的价值减损、市场萎缩；对他人侵害商标权的行为，许可人不提出或不及时提出权利主张；许可人未按合同约定补偿被许可人在商标上积累的商誉等。

5. 我国相关法律法规、司法解释对商标许可使用的规定主要有哪几个方面？具体内容是什么？

与商标许可使用有关的法律法规主要有《合同法》及司法解释、《商标法》及司法解释、《商标法实施条例》以及《商标印制管理办法》等。其内容涉及合同具体内容、合同效力、合同签订的程序、合同的变更和解除、商标许可使用方式等。

6. 如何通过商标许可使用合同防控风险的发生?

草拟和审查商标许可使用合同时,应对照《合同法》及司法解释、《商标法》及司法解释以及相关法律法规的规定,分析有无可导致合同撤销或无效的事由,是否备案等影响合同效力范围的事项作了约定。

根据商标许可的具体操作模式,将商标许可使用中的风险进行列项,依次检查合同条款是否对当事人的权利义务做出了针对性约定,从而对这些风险进行有效处理和防范,并对相关的法律后果做出明示。

预期效果

通过本案例教学,希望学生能够对包括商标许可使用在内的知识产权合同的草拟和审查的一般方法和具体思路有一个清晰的概念;了解商业风险、法律风险与知识产权合同草拟及审查的关系,学生能够针对具体给定的委托事项,自己动手草拟和审查知识产权合同。

教学计划

本案例需要6个学时完成,整个案例教学的完成分三个阶段:在课前阅读阶段,安排学生阅读有关法律法规及司法解释的规定、相关案例、文献和合同范本,对商标许可使用的有关问题做全面的了解。在课堂引导和讨论阶段,引导学生基于课前阅读探讨商标许可使用的实现流程、风险、商标许可使用合同的草拟和审查。在课后强化阶段,要求学生完成思考题,从而梳理有关商标许可使用合同草拟和审查中应注意的问题。同时,布置学生完成实践题——草拟一份商标许可使用合同。

课堂时间安排

课堂共安排6个课时,每课时50分钟,具体时间分布如下:

第一课时:介绍教学目标,明确商标许可使用及相关概念的基本内涵,引导学生分析商标许可使用的现实意义。

第二课时:学生分两组讨论、梳理与商标许可使用有关的法律法规、司法解释的规定,并根据合同审查流程对这些规定进行分类:一组代表许可人的受托人;另一组代表被许可人的受托人,以下亦同。

第三课时:学生分两组讨论商标许可使用中的风险及成因。

第四课时:学生分两组讨论评价商标许可使用合同范本的可借鉴的经验与不足。

第五课时:小组代表发言,展示本组讨论结论及成果;并以合同范本为基础,结合讨论结果,安排两组进一步做签约前的谈判。

第六课时:先由学生对另一组发言进行互评,再由教师对两组发言进行评价,并做最后归纳总结,解答学生提出的问题。

思考题和实践题

1. 思考题

(1)什么是商标许可使用?它与商标转让的区别和联系是什么?

(2)商标许可使用的许可人和被许可人签订商标许可使用合同的各自目的是什么?

(3)商标许可使用实现的流程是什么?

(4)对商标许可使用的许可人和被许可人来说,商标许可使用存在哪些风险?

(5)合同审查应遵循的基本原则有哪些?

(6)合同实质性条款审查的内容有哪些?

(7)合同形式性审查的内容有哪些?

(8)我国《合同法》及相关司法解释对合同效力的规定有哪些?

(9)我国《商标法》《商标法实施条例》及相关司法解释对商标许可使用合同有哪些特殊规定?哪些属于违反即导致合同无效的强制性规定?

(10)如何通过商标许可使用合同有效防控商标许可使用中风险的发生?

(11)参考加多宝(中国)饮料有限公司、广东加多宝饮料食品有限公司与广州医药集团有限公司、广州王老吉大健康产业有限公司虚假宣传纠纷案,对照北京市高级人民法院民事判决书(2015)高民(知)终字第879号,分析如何通过商标许可使用合同避免该类纠纷的发生。

(12)参考广州医药集团有限公司与广东加多宝饮料食品有限公司擅自使用知名商品的包装装潢案,对照广东省高级人民法院民事判决书(2013)粤高法民三初字第2号,分析如何通过商标许可使用合同避免该类纠纷的发生。

(13)参考广州王老吉大健康产业有限公司与加多宝(中国)饮料有限公司虚假宣传纠纷案,对照重庆市第五中级人民法院民事判决书(2013)渝五中法民初字第00345号,分析如何通过商标许可使用合同避免该类纠纷的发生。

(14)参考东阳市上蒋火腿厂与浙江雪舫工贸有限公司侵害商标权纠纷案,对照中华人民共和国最高人民法院民事裁定书(2014)民申字第1233号,分析归纳该案涉及的商标许可使用合同的主要问题。

(15)参考上海帕弗洛文化用品有限公司与上海艺想文化用品有限公司、毕加索国际企业股份有限公司商标使用许可合同纠纷案,对照上海市高级人民法院民事判决书(2014)沪高民三(知)终字第117号,分析归纳该案涉及的商标许可使用合同的主要问题。

2. 实践题

深圳市靓丽新世界化妆品有限公司(以下简称新世界公司)为登记注册地在深圳市南山区的一家主营化妆品的公司,于2007年10月1日申请并于2008年12月1日核准注册了文字商标“百妆丽”,商品类别为第三类,包括香皂、洗发水、香料、化妆品等。该公司生产的“百妆丽”洗发水、香皂、美容面膜、增白霜、去皱霜等产品,在淮河以南的地区有一定的影响。现该公司欲与北京爱美丽生物科技有限公司(以下简称爱美丽公司)合作,打开百妆丽品牌的北方市场。爱美丽公司总部位于北京市昌平区沙河镇,该公司于2012年12月20日设立,拥有国际一流的化妆品和洗涤用品生产线以及质量监控管理体系。企业推行绿色生态理念,依托中草药和传统医药的研究,主要从事纯天然植物提炼的化妆品和洗涤用品的生产和销售。2014年6月,爱美丽公司在肥皂、化妆液和去皱霜等产品上成功注册“百草阁”文字与图形组合商标,但该品牌的市场影响尚未打开。2015年11月,新世界公司与爱美丽公司经过多次谈判,达成初步意向:新世界公司将“百妆丽”商标授权许可给爱美丽公司在北京地区独家生产使用,商标使用的产品为绿色玻璃瓶装50ml去皱霜,合作期间为5年。许可费以爱美丽公司生产的百妆丽产品数量计算,单件产品费用以2元/瓶为基础,再逐年计增10%,年产商品数量下限为1000万件,不设上限。

请作为新世界公司律师,草拟一份商标许可使用合同。(两公司的地址、联系方式、法定代表人、公司账户等信息,不必列出)

参考文献

1. 王利明、房绍坤、王轶:《合同法》(第4版),中国人民大学出版社2013年版。
2. 杜颖:《商标法》(第3版),北京大学出版社2016年版。
3. Robert W. Gomulkiewicz, *Licensing Intellectual Property: Law and Application*, Aspen Publishers Publication, 2011.
4. 广东省高级人民法院民事判决书(2013)粤高法民三初字第1号和广东省高级人民法院民事判决书(2013)粤高法民三初字第2号。
5. 北京市高级人民法院民事判决书(2015)高民(知)终字第879号。
6. 重庆市第五中级人民法院民事判决书(2013)渝五中法民初字第00345号。
7. 中华人民共和国最高人民法院民事裁定书(2014)民申字第1233号。
8. 上海市高级人民法院民事判决书(2014)沪高民三(知)终字第117号。

撰稿人 | 杜颖,中央财经大学法学院教授

10 CASE 某某股份有限责任公司并购某某有限责任公司法律尽职调查报告的编写

| 摘 要 |

尽职调查又称为法律尽职调查，是指执业律师接受客户的委托，运用其专业法律知识再通过一定的方法和手段，对被调查对象的经营状况以及法律风险进行有针对性地收集、调查以及分析判断，并将该调查和分析的结果通过法律尽职调查报告的形式，向客户进行书面报告，揭示有关情况和风险。在并购交易中，法律尽职调查是为并购方挖掘并排除法律风险、为并购交易双方经济行为提供信息对称的重要手段。同时，尽职调查也是律师执业的一项基本技能。本案例主要希望通过对尽职调查报告进行研究，让同学们了解律师如何从事尽职调查、律师尽职调查的基本流程和法律风险以及相关法律文书如何撰写，尤其是尽职调查报告包括哪些内容及如何获取。

| 关键词 |

公司并购　预防法律风险　尽职调查

| 教学目标 |

本案例教学应着重掌握一下几个方面内容：(1)了解和掌握公司并购中存在的各种潜在的法律风险及风险防范手段；(2)了解和掌握法律尽职调查的基本流程及相关材料的获取途径；(3)了解和掌握如何编写一份合格的法律尽职调查报告；(4)重点掌握法律尽职调查各种法律文书的使用，以及律师在法律尽职调查中的主要执业风险，以及风险的防控。

教学案例主文

一、引言

尽职调查(Due Diligence)又称“审慎性调查”，起源于英美法系国家中的普通法,随着入世不断地深入,中国企业收购海外企业已成常态,如联想收购 IBM 旗下的个人电脑业务,法律尽职调查随之引入中国,成为国内律师在从事公司并购项目中必不可少的业务。同时,律师的尽职调查报告也是客户做出商业判断和国家行政机关行政审批的必备法律文件。

因此,在我国公司并购中,尽职调查专指法律尽职调查,一般是律师事务所律师在接受委托方的委托,运用其专业法律知识再通过一定的方法和手段,对与被调查对象有关的法律事项进行有针对性地调查、收集以及分析判断,并将该调查和分析的结果通过书面法律尽职调查报告或其他特定形式向委托方进行报告。通常情况下,律师在并购交易中主要负责并购的目标公司存续及其业务经营之法律合规性的审核与法律风险的披露,内容主要包括:目标公司的设立、沿革、变更、基本运营结构、土地使用权及其他无形资产、重大合同、重大债权债务、重大法律纠纷和行政处罚、内部员工基本情况以及其他事实情况,最终目的在于厘清目标公司存在哪些法律风险,为委托方出具法律意见书。

法律尽职调查是律师执业的一项基本功,也是为并购方挖掘并排除法律风险、为并购交易双方经济行为提供信息对称的重要手段,其重要性主要体现在以下几个方面:

首先,并购方通过聘请律师开展法律尽职调查可以帮助其知悉以及深入剖析目标公司的各方面信息,减少信息不对称所带来的法律风险,为客户商业上的分析、判断及决策提供可供依赖的法律专业性意见。

其次,通过开展法律尽职调查可以查清目标公司是否存在现实的或潜在的法律风险,是否存在法律瑕疵或法律障碍,分析该风险、瑕疵或障碍的法律性质和后果以及可能对并购交易造成的影响,提出相应的法律解决方案和建议,要求目标公司进行补正,必要时为促进并购交易的尽早实现帮助目标公司采取需要的补救措施。

再次,法律尽职调查报告为客户做出商业判断提供必要的前提,以及如何进一步调整并购协议内容、条款和结构建议。

最后,在并购交易实务中,委托方经常会要求律师在尽职调查结束之后就该并购交易出具法律意见书,这种情况下法律尽职调查还是律师后续出具法律意见书的基础和依据。

谈到律师在并购业务中的尽职调查,不可避免地会涉及律师自身法律执业风险。笔者通过大量的调查研究后发现,近些年,律师在尽职调查过程中也引发了不少诉讼,一些律师及其律师事务所因此被客户投诉乃至起诉。究其主要原因乃是律师在尽职调查过程中未尽到勤勉尽责的义务,导致客户因收集信息不充分,受到欺诈产生重大损失,由此引发客户投诉律师及律师事务所、拒付律师费用乃至提起巨额索赔诉讼等。

其中以北京嘉华律师所因尽职调查不充分，与委托人河北三河燕化公司发生纠纷，最终被北京市第二中级人民法院判令赔偿客户800万元损失，并返还100万元律师费一案，最为引人关注。

通过上述案例，我们可以看到律师在尽职调查执业中的高风险性，为控制风险，律师尽职调查应做到有取有舍、有所为和有所不为。首先，律师尽职调查是受人之托依法完成代理事务，应当提供的仅仅是法律问题的建议，不宜过度介入客户的商业判断。其次，在复杂的法律业务中，律师应借鉴国际律师界的通行做法，即对不确定的事实出具有条件和有保留的法律意见，并尽可能完成信息披露义务。因此，在尽职调查的每一个环节中律师都应当勤勉尽责，作为专业的法律服务工作者，同时还应当具备比委托人更高的谨慎管理义务。

综上所述，法律尽职调查在并购中起着极其重要的作用，通过法律尽职调查尽可能地知悉调查对象的全部的、真实的情况，形成尽职调查报告呈现给并购方，使其得以深入了解目标公司的存在法律状况，补救并购双方信息不对称导致的法律风险。同时，也应当注意到律师尽职调查过程中的执业风险。

二、并购双方简介

（一）收购方简介

某某股份有限公司（以下简称甲公司），是一家专注于与全国各大通信运营商和通信设备制造商建立长期战略合作伙伴关系的生产性服务类企业，是为通信运营商提供通信网络建设服务、外包服务的专业公司，主要从事通信工程设计和施工建设、通信网络规划及优化、软硬件开发、代营代维和网络系统集成等业务。

甲公司成立于2000年，注册资金1亿元人民币，法定代表人朱某，旗下有三家分公司，分别为：甲A、甲B、甲C。

（二）被收购方简介

某某有限责任公司（以下简称乙公司），是一家专门从事基站、线塔、传输、数据、视频监控代理维护的服务类企业，主营业务包括咨询、通信工程、移动基站选址、室内覆盖系统工程、安防工程、办公自动化、系统开发和集成等，业务范围涉及通信领域的各个方面。

乙公司成立于2002年，注册资金100万元，先后经历了两次增资，注册资金分别为1100万元和2400万元。法定代表人张三，主要股东有张三、李四和王五。

三、律师尽职调查报告

北京市××律师事务所
关于某某股份有限责任公司收购某某有限责任公司股权
律师尽职调查报告

致某某股份有限责任公司：

受贵司委托，本所律师按照贵司要求就拟收购的乙通信企业代理维护有限公司（以下简称乙公司）进行了尽职调查，现将初步调查情况汇报如下：

一、乙公司的历史沿革

（一）历史沿革

1. 乙公司名称核准

2002年1月1日，某市工商行政管理局核发编号为（京）企名预核（内）字[×××]第××××号《企业名称预先核准通知书》，对"乙通信有限公司"的公司名称予以预先核准。

2. 乙公司的设立

2002年1月2日，张三和李四共同投资设立了乙通信有限公司。张三认购51万元，以房屋和货币出资；李四认购49万元，仪器设备和货币出资，丙会计师事务所（有限公司）于2002年6月1日对乙公司股东的出资情况进行了审验，出具《验资报告》（京丙验〔2002〕111号），确认股东的出资全部落实到位。2002年8月1日，乙公司在某市工商行政管理局领取了《企业法人营业执照》（注册号为1234567890）。

<table>
<tr><td>企业名称</td><td colspan="3">乙通信有限公司</td></tr>
<tr><td>住　　所</td><td colspan="3">××市××区××路××号</td></tr>
<tr><td>企业类型</td><td colspan="3">有限责任公司</td></tr>
<tr><td>注册资本</td><td colspan="3">人民币100万元</td></tr>
<tr><td rowspan="2">股东情况</td><td>张三</td><td>51万元</td><td>51%</td></tr>
<tr><td>李四</td><td>49万元</td><td>49%</td></tr>
<tr><td>经营范围</td><td colspan="3">通信工程；通信电子技术咨询、技术转让；通信器材、电子产品、服装、办公用品、工艺美术品的批发。（法律法规禁止的不得经营，需经审批的未获批准前不得经营，许可经营项目在许可有效期限内经营）</td></tr>
<tr><td>经营期限</td><td colspan="3">2002年1月1日至2007年1月1日</td></tr>
<tr><td>法定代表人</td><td colspan="3">张三</td></tr>
<tr><td>执行董事及总经理</td><td colspan="3">张三</td></tr>
</table>

3. 第一次工商变更(名称变更、经营范围变更)

2004年1月2日,乙通信有限公司召开2004年第一次股东会通过决议,同意将公司名称变更为乙通信企业代理维护有限公司;同意将公司经营范围变更为:通信工程;通信电子技术咨询、技术转让及代理维护;通信器材、电子产品、服装、办公用品、工艺美术品的批发(注:在经营范围中增加"代理维护"一项);同意修改公司章程。

2004年2月1日,乙通信有限公司在某市工商行政管理局办理了工商变更登记手续。

4. 第二次工商变更(增资、股东进入)

2007年1月3日,乙通信企业代理维护有限公司召开2007年第一次股东会通过决议,同意吸收王五加入公司股东会。同日,公司召开第二次股东会通过决议,同意变更公司股东为张三、李四、王五;同意增加注册资本至1100万元,其中,增加的注册资本由原股东张三以货币形式出资100万元,原股东李四以货币形式出资人民币600万元,新股东王五以货币形式出资300万元;同意修改公司章程。

丁会计师事务所(有限公司)于2007年1月10日对乙通信企业代理维护有限公司股东的出资情况进行了审验,出具《验(审、评)报告书》[京丁验字(2007)第222号],确认截止2007年2月1日止,变更后的注册资本人民币1100万元,股东已缴纳新增的注册资本人民币1100万元。

2007年2月3日,乙公司在某市工商行政管理局办理了工商变更登记手续。

本次增资及股东进入后,乙公司的股权结构为:

序号	股东姓名或名称	出资方式	认缴出资额(万元)	实缴出资额(万元)	出资比例(%)
1	李四	货币	649	649	59
2	王五	货币	300	300	35
3	张三	货币	151	151	13.73
合计			1100	1100	100

5. 第三次工商变更(经营范围变更、营业期限变更)

2009年1月4日,乙公司召开2009年第一次股东会通过决议,同意变更公司经营范围为通信电子技术咨询、技术转让及代理维护;通信器材、电子产品、服装、办公用品、工艺美术品的批发(注:在经营范围中去掉"通信工程"一项);同意延长营业期限为2002年1月1日至2017年1月1日;同意修改公司章程。

2009年2月4日,乙公司在某市工商行政管理局办理了工商变更登记手续。

6. 第四次工商变更(增资扩股)

2013年1月5日,乙公司召开股东会作出决议,同意增加注册资本至2400万元;同意增加的注册资本由公司股东李四出资人民币1300万元;同意修改公司章程。

丁会计师事务所(有限公司)于2013年1月10日对乙通信企业代理维护有限公司股东的出资情况进行了审验,出具《验资报告》[京丁会(验)字〔2013〕第333号],确认截止2013年2月1日止,变更后的注册资本人民币2400万元,公司股东李四已缴纳新增的注册资本人民币1300万元。

2013年2月5日,乙公司在某市工商行政管理局办理了工商变更登记手续。

本次增资后,乙公司的股权结构为:

序号	股东姓名或名称	出资方式	认缴出资额(万元)	实缴出资额(万元)	出资比例(%)
1	李四	货币	1949	1949	81.21
2	王五	货币	300	300	12.5
3	张三	货币	151	151	6.29
合计			2400	2400	100.00

7. 第五次工商变更(营业期限变更)

2014年1月6日,乙公司召开2014年第一次股东会作出决议,同意延长营业期限为2002年1月1日至2022年1月1日。

2014年2月6日,乙公司在某市工商行政管理局办理了工商变更登记手续。

(二)主要问题及法律风险提示

1. 乙公司股东张三和李四各自认缴出资额,且都用实物和货币出资,各自实物作价多少以及是否存在出资物的瑕疵,同时货币出资以及后续的增资情况是否存在资金未到位情况,由于乙未提供《验资报告》(京丙验〔2002〕111号)及《验资报告》[京丁会(验)字〔2013〕第333号]的原件,因此,乙公司可能存在出资瑕疵和未全面出资的法律风险。

2. 乙公司通过召开股东大会,先后经历两次增资和变更营业期限,从而稀释了张三的股权比例,从持股比例看,李四为大股东,因此,乙公司是否按照《公司法》规定股东会召集程序和表决方式,尚未提供相关证明文件,可能存在小股东张三提起撤销股东会决议之诉的法律风险。

3. 据调查得知李四为名义股东,其和隐名股东之间签订代持股协议,因此日后可能存在股权投资归属争议之诉的法律风险。

二、主营业务情况

(一)主营业务基本情况

目前资料显示,乙公司主营业务主要有通信代维和工程施工业务。据乙公司介绍,其主营业务具体包括:移动区域化基站综合代维业务,营业厅代维业务,电信区域化综合代维业务;基站设备安装施工业务,基站综合维护工程施工;联通、电信宽带合作业务。乙公司从事的业务不需要取得相关主管部门的批准,只需要按照发包方的要求提供相应资质即可。

（二）资质及证书

乙公司取得的资质及证书如下：

1. 通信信息网络系统集成企业资质证书

资质等级：乙级

颁发机关：中国通信企业协会

有效期至：2017年3月30日

承担业务范围：可在全国范围内承担工程投资额2000万元以下通信业务网络系统集成和电信支撑网络系统集成业务；承担工程投资额1000万元以下电信基础网络系统集成业务。

2. 通信建设工程企业安全生产合格证

颁发机关：中国通信企业协会

有效期至：2018年2月26日

业务范围：承担通信信息系统集成乙级资质业务范围。

3. 质量管理体系认证证书

发证单位：北京恒标质量认证有限公司

发证日期：2015年6月29日

有效期：2015年6月29日至2018年6月28日

认证标准：GB/T 19001—2008/ISO 9001:2008

4. 环境管理体系认证证书

发证单位：北京恒标质量认证有限公司

发证日期：2015年6月29日

有效期：2015年6月29日至2018年6月28日

认证标准：GB/T 24001—2004/ISO 14001:2004

5.《企业信用评价A级信用企业》证书

颁发机关：中国通信企业协会

有效期至：2017年8月13日

（三）主要问题及法律风险提示

本所律师查阅了2012年至2015年的主营业务合同（参见附件一：2012至2015年通信工程类合同汇总和附件二：2012至2015年通信工程类合同汇总），主要存在以下问题：

1. 主营业合同：2012年有17份合同、2014年有4份、2015年有6份合同均为复印件，且尚未提供合作方的转账凭证以及增值税发票，因此这些合同的真实性无法核实。

2. 2014年4月乙公司与中国移动某分公司签署了一份《场地租赁合同》[合同编号：移集团CDZL合同(2014)444]，有效期为2014年4月1日至2018年3月31日，据了解，该合同未发生真实交易，目的是为了走账。

3.2014年12月乙公司与中国移动通信集团某省有限公司签署了一份《某省移动区域化代维合同》,有效期2014年12月23日至2015年12月31日。该合同是继2013年12月签署《某省移动区域化代维合同》后续签的合同。该合同约定“本合同到期后,如甲乙双方无异议,可逐年续签,本合同最多可执行二年”。从该约定来看,双方没有必须续签合同的义务,因此存在合同到期后无法续签的风险。

4.2015年6月,乙公司与电信某分公司签署了《光缆线路维护服务合同》、《2015年通信线路迁改抢修整治服务框架协议》《通信设备供电服务协议》,前述合同以“业务转移及公司名称变更”等为由,直接废止了戊公司与电信某分公司签订的有关未到期合同。但乙公司与戊公司是不同法律主体,乙公司以名称变更等为由与电信某分公司签订前述合同可能涉嫌欺诈,乙公司的前述合同存在被撤销的法律风险。

三、主要资产

(一)房屋情况

乙公司于2013年购买了××省××市××路××小区×号的房屋,尚未取得房屋产权证。

(二)车辆情况

经本所律师向某市公安局交警支队车管所查询并结合乙公司提供的固定资产统计表,乙公司名下共有10辆机动车,其中1辆奔驰SUV,1辆丰田凯美瑞,1辆奥迪A6,2辆别克商务车,5辆福田皮卡货运车。前述车辆中奔驰SUV和丰田凯美瑞作为向银行贷款而提供的担保,仅办理奔驰SUV抵押登记。其余车辆未办理抵押登记,也未被查封。

(三)其他主要生产经营设备

经乙公司介绍并结合乙公司提供的固定资产统计表,乙公司其他主要生产经营设备有:50台熔接机,5台驻波测试仪,8台OTDR,200余台汽油发电机和汽油发电机组,100台数码相机。

(四)其他资产

乙公司名下没有土地使用权、商标、专利、特许经营权等其他有形和无形资产。

(五)主要问题法律风险提示

1.本所律师了解到,乙公司购买的房屋未办理房产证,该房屋权属无法确定;经调查发现购房合同于2012年1月1日签订,而约定交房时间为2010年1月1日,对此情况乙公司没有做出合理的解释,因此该不动产存在权属法律风险。

2.乙公司名下10辆机动车中有2辆车处于“违法未处理”状态,1辆大众捷达轿车行驶证已过期。同时,乙公司称奔驰SUV车已经卖掉,但未提供买卖合同及收款凭证。而丰田凯美瑞赠送给某电信运营商分公司老总,同时,1辆福田皮卡火车已经报废,但其未履行报废注销手续。

3.乙公司向银行贷款提供奔驰SUV和丰田凯美瑞作为担保,现奔驰SUV已经卖掉,凯美瑞已赠送,贷款合同到期后乙公司很可能面临被银行起诉的法律风险。

四、关联关系

(一)关联企业己科技有限公司的基本情况

本所律师在全国企业信用信息公示系统查询,乙公司与庚科技有限公司(以下简称庚公司)于2015年1月1日设立了己科技有限公司(以下简称己公司)。己情况如下:

企业名称	己科技有限公司		
住　　所	××市××区××路××号××大厦××室		
企业类型	有限责任公司		
注册资本	人民币200万元		
股东情况	庚科技有限公司	102万元	51%
	乙通信企业代理维护有限公司	98万元	49%
经营范围	通信网络及计算机网络设计、工程施工、设备调试、代理维护,计算机软件开发、技术服务,电子产品、计算机、通信网络技术开发、技术转让、技术咨询、技术服务,计算机软硬件销售。(法律法规禁止的不得经营,需经审批的未获批准前不得经营,许可经营项目在许可有效期限内经营)		
经营期限	2015年1月1日至2035年1月2日		
法定代表人	马六		
董事长	马六		

据乙公司介绍,移动分公司将代维业务发包给了辛公司,辛公司将代维项目的采购项目委托给乙公司。2014年辛公司退出后,庚公司入围中标,并与乙公司共同设立项目公司己公司运营代维业务。

(二)关联企业庚公司的基本情况

本所律师在全国企业信用信息公示系统查询,戊通信科贸有限公司(以下简称戊公司)成立于2005年,戊公司情况如下:

企业名称	戊通信科贸有限公司
住　　所	××市××区××号××大厦××室
企业类型	有限责任公司
注册资本	人民币6600万元

续表

股东情况	李四	6105 万元	92.5%
	王五	495 万元	7.5%
经营范围	安防工程、安防工程的设计、施工及维护；计算机信息工程的施工及技术服务；计算机软件的研发；计算机软件、电子产品、办公用品、通讯设备的销售。戊公司的主营业务为：安全技术防范工程的施工；通信工程的设计、施工；通讯网络的维护；通讯设备的安装及技术服务；安防工程的设计、施工及维护；计算机信息工程的施工及技术服务；计算机软件的研发；计算机软件、电子产品、办公用品、通讯设备的销售。		
经营期限	2005 年 1 月 5 日至 2020 年 1 月 4 日		
法定代表人	李四		
执行董事兼总经理	李四		

（三）关联交易

1. 资产出售

2015 年 8 月 1 日，乙公司与已公司签署了《采购合同》，以协议价 100 万元将代维的相关资产转让给已。实际交货日是 2015 年 1 月 1 日。

2. 资金拆借

乙公司股东李四曾向乙公司借款，但乙公司未提供相关凭证。

3. 房屋租赁

2008 年 8 月 1 日，乙公司租赁股东李四名下的房产（××市××区×××路××号×座×幢×××）作为注册地址和办公地址，面积 200 平方米，租赁期限自 2008 年 1 月 1 日至 2018 年 12 月 31 日，租金 10 万元/年。

（四）主要问题及法律风险提示

1. 已公司与乙公司在经营业务上存在交叉，可能引发同业竞争的法律风险，同时，乙公司可能将盈利的业务转移到已公司，将亏损的业务项目留给自己，并购完成后可能导致相应的法律风险。

2. 目前资料显示庚公司为已公司控股股东。由于本所律师未能取得已公司的其他材料，无法判断已公司的其他交易及运营情况。

3. 李四与王五是夫妻关系，同为戊和乙公司的股东，且李四同为戊和乙公司控股股东，两公司可能存在竞争关系，在并购完成后可能存在相关法律风险。

4. 2015 年 6 月戊将未到期的光缆线路维护服务、通信线路迁改抢修整治服务、通信设备供电服务业务转移至乙公司，同时 50 位左右的员工随同项目转移至乙公司。但该部分员工与戊公司签署的劳动合同未被终止，戊公司继续为其缴纳社保，乙公司支付这些员工的工资,之后乙公司再与戊公司结算社保款,就目前材料显示,戊公司和乙公司之间可能存在业务上的转移及员工上的混同。

五、税务

(一)执行的税种和税率

据乙公司介绍,其不享受优惠政策、财政补贴等政策,华兴公司执行下列税种和税率:

序号	类别	税率
1	增值税专票	17%
2	增值税专票	6%
3	增值税普票	17%
4	增值税普票	6%
5	建安类	3.64%
6	所得税	25%
7	增附加税	13.50%
8	印花税	0.3‰
9	河道费	0.3‰

(二)主要问题以及法律风险提示

乙公司未提供其全部税收文件,但其做出书面说明,表明其在纳税方面不存在违法违规行为,未受到过税务部门的行政处罚。本所律师建议贵司在签订并购协议前对华兴公司的税务进行审核。

六、劳动用工情况

(一)劳动合同签署及社保缴纳情况

经本所律师询证并由乙公司出具书面确认,乙公司目前员工总人数644人:签订有劳动合同的员工有288名,占员工总人数的44.7%;参保人数为105人,占员工总人数的16.3%。

(二)主要问题

1.乙公司未与55.3%的员工签订劳动合同,且尚未给83.7%的员工缴纳社保,同时,还发现乙公司未经过劳动行政部门的审批,对部分员工实行不定时工作制,违反了《劳动法》《劳动合同法》等相关规定,存在从用工之日起的第二个月支付双倍工资和重大集体诉讼以及劳动行政部门的行政处罚的法律风险。

2.乙公司与部分员工已经签订3次及以上的固定期限劳动合同,而未签订无固定期限的劳动合同,不仅存在支付双倍工资,而且存在劳动者要求乙公司与其续签无固定期限的劳动合同的法律风险。

3. 戊公司部分员工随业务转移至乙公司，但是戊公司并未终止与这些员工的劳动关系，继续为其缴纳社保，乙公司负责支付这些员工的薪资，事后再与戊公司结算社保款，乙公司违反劳动法规定用尚未解除劳动合同的员工，同时违反财经法律规定，存在被起诉承担赔偿的法律风险。

4. 乙公司辞退20位员工，尚未给予经济补偿，同时，这些员工都工作五年以上，而且时常在工作日、国家法定节假日加班加点，乙公司没有提供相关文件证明按照法律规定给员工几倍工资，可能存在劳动仲裁和诉讼法律风险。

5. 由于乙公司未提供其支付工资的凭证，对于是否存在拖欠工资的情形，目前本所律师无法作出判断。

七、其他

(一) 对外债务情况

经本所律师询证并由乙公司出具书面确认，乙公司除存在下列应付账款之外，不存在潜在的债务：

公司应付账款表

序号	债务人名称	应付余额	支持文件	发生原因
1	北京××公司	50000 元	明细账	业务
2	上海××公司	600000 元	明细账	业务

公司其他应付账款表

序号	债权人名称	应付余额	支持文件	发生原因
1	李四	80000 元	明细账	业务
2	赵七	900000 元	明细账	业务
3	保险(个人养老)	300000 元	明细账	业务
4	保险(个人医疗)	-5000 元	明细账	业务
5	互助金	80000 元	明细账	业务

(二) 重大诉讼、仲裁与行政措施

根据乙公司陈述，其近三年不存在任何诉讼、仲裁及行政处罚等情况。

(三) 高管情况

据乙公司书面确认，其高管情况如下：

董事：李四；总经理：李一；财务总监：李二；办公室主任：张三；财务经理：张一；业务经理：张二。

据乙公司陈述，其公司高管近三年均未受到任何处罚，不存在任何诉讼、仲裁等情况。

(四)主要问题及其法律风险提示

1.乙公司债务情况需要经过审计,本所律师建议贵司在签订并购协议之前要求乙公司股东作出相应的书面承诺。

2.本所律师建议在签订并购协议前,再对乙公司及其高管就涉诉及行政处罚情况作进一步的调查并要求乙公司及其高管作出相应的书面承诺。

3.全国企业信用信息公示系统显示,张三为乙公司的执行董事兼总经理,李四为监事,与乙公司确认的高管人员存在差异,公司治理结构不清。本所律师建议贵司在签订并购协议前要求华兴公司对公司治理结构进行梳理。

以上报告,请审阅。

(本页无正文,为本尽职调查报告签署页)

北京市××律师事务所

律师:×××

××××年××月××日

四、律师尽调所涉及的一些问题

(一)尽职调查的概念

尽职调查(Due Diligence)又称为法律尽职调查,是指在国有企业改制、公司拟公开发行证券、企业并购等过程中,执业律师接受客户的委托,运用其专业法律知识,再通过一定的方法和手段,对被调查对象的经营状况以及法律风险进行有针对性地收集、调查以及分析判断,并将该调查和分析的结果通过法律尽职调查报告的形式,向客户进行书面报告,揭示有关情况和风险。

在国有企业改制、公司拟公开发行证券、企业并购、私募股权投资等活动中,律师尽职调查均被广泛应用。律师尽职调查是律师从事非诉讼业务的基本技能,也是律师从事各种非诉讼业务的基础工作。因而,有关法律实务教学具有非常重要的意义。

(二)律师开展尽职调查应遵循的基本原则

律师尽职调查时,应当坚持以事实为根据,以法律为准绳,自觉遵守监管部门的有关规定,恪守律师职业道德和执业纪律规范,诚实守信,审慎严谨,勤勉尽责。律师开展尽职调查应当遵循以下四个基本原则:

1.独立性原则。律师开展尽职调查,应当独立于委托人意志,独立于审计、评估等其他中介机构。

2. 审慎原则。在尽职调查过程中，律师应持审慎的态度，保持合理怀疑。

3. 专业性原则。在尽职调查过程中，律师应当结合自身优势从法律角度作出专业的判断。

4. 避免利益冲突原则。律师应履行利益冲突审查义务，在提供服务过程中或服务结束后不应利用获悉的相关信息获取任何利益，也不应在提供服务过程中，代理与产权持有单位或改制企业有直接或间接利益冲突关系的单位或个人的任何诉讼或非诉讼事务。

（三）尽职调查的目的

1. 摸清家底。通过律师尽职调查工作的展开，摸清目标公司家底，为委托方提供目标公司的详尽资料。尤其是通过对目标公司非公开资料的了解，深挖可能存在的问题，为委托方的发行或收购行为提供有力的资料支撑。

2. 防范法律风险，防止欺诈案件的发生。尽职调查中最重要的一项就是为委托方提示目标公司可能存在的法律风险，并提出合理建议，发现对方可能存在的欺诈行为，避免委托方遭遇损失。

3. 方便委托方作出清晰的商业判断。通过律师对目标公司的尽职调查，让委托方对目标公司的资信状况、合规状况、法律风险等有清晰的认识，从而做出更准确的商业判断。

4. 防范法律工作者自身的法律风险。因为尽职调查而引发的案件时有发生，律师在进行尽职调查工作时，除了要为对方提示风险，也要避免自身可能产生的法律风险，尽职调查工作的每一个细节都要合法合规，并有相应的证明。最重要的是严谨地发现问题，并作出正确的法律风险提示。

（四）尽职调查材料的获取途径

律师开展尽职调查，应要求被调查对象在合理或约定时间内向律师提供真实、完整的资料原件或与原件审核一致的复印件。对于尽职调查中材料的获取，大致可以分为以下几种：

1. 由目标公司提供。目标公司根据尽职调查问卷，准备相应的材料，主动提交。

2. 律师主动收集。对于目标公司不能提供的材料或者律师认为有必要的，可以主动去收集，如工商部门、不动产登记部门等保管的资料。但是，需要目标公司提供介绍信。

3. 无法查清的材料。对于无法查清的材料，可以通过对相关被调查人进行口头询问（目标公司的董监高、经理和其他人员）或对被调查事项进行现场勘查等方式了解情况,制作谈话记录、现场勘查记录等文件材料。谈话记录需要当事人签字,承诺陈述属实,并加盖公司印章。律师制作的谈话记录、现场勘查记录等文件材料,除非有相关人员或部门的书面保证或书面证明,否则不能作为制作《尽职调查报告》的依据。

(五)尽职调查的程序

尽职调查的程序根据所涉及的具体事项的不同而略有不同,一般来说,法律尽职调查可以分为两个主要阶段,即准备阶段和具体执行阶段,其基本工作程序如下:

1. 准备阶段

(1)委托方与律师事务所签订委托进行尽职调查的委托合同。

(2)约定调查内容,双方当事人约定具体对哪些事项进行尽职调查。各方共同起草相关的调查项目的目录(尽职调查清单),以便目标公司提供有关的具体材料。同时约定尽职调查资料的存放地和保管规则(资料室规则),主要是对人员出入、资料存取等具体事项的规定,其目的主要是确保资料的安全与合理使用。

(3)组成尽职调查工作小组或确认负责律师。

(4)签署保密协议。在进行调查前,当事各方及中介机构最重要的工作就是签署保密协议,其主要目的就是保护各方公司的商业秘密。应当承担保密义务的人,除了具体执行尽职调查的专业人员如律师事务所、会计师事务所、投资银行及其工作人员,还有其他可以接触这些信息的人,如委托方及其董、监、高、经理等,都需要签署保密协议或者保密承诺书。保密协议通常也可以在投资意向书中进行约定。

(5)目标公司管理层及相关人员对企业状况进行简要说明。在正式的尽调工作开始之前,由目标公司管理层及相关人员对该公司的情况进行简要说明。这样有助于尽职调查人员尽快上手,抓住尽职调查工作重点。

2. 具体执行阶段

执行阶段的主要工作包括:

(1)经委托方确认后,向目标公司递送尽职调查问卷。

(2)按主体、类别分别收集文件资料。主体主要是指法人主体,如果有独立性很强的分公司或者业务部门,也需要单独收集资料。原则上,应以书面问卷的方式向对方索要资料,取得的资料也应是书面形式的,且取得的资料均应加盖公司印章,以表明文件真实、有效、合法。对于对方不能提供的文件,可以通过对公司相关人员进行访谈并制作询问笔录的形式进行采集,同样应加盖公司印章。原则上所有取得的资料均应出自公司,但在必要的情况下,也需要向公司所在地政府、主管部门、债权人、债务人,或者其他利益相关者进行调查,这些资料都需要律师主动进行收集。

(3)整理、核对文件资料,编制文件目录。收到目标企业提供的资料后,核对复印件与原件,做好资料清单并编制文件目录,由双方代表签字。没有原件的,提交的复印件要求加盖公司印章。资料既包括纸质版的,也包括电子版的,均需分别归类,并在文件目录里注明。电子文档整理完之后应刻成光盘,附于纸质资料后面。

(4)阅读、研究资料,整理并起草工作底稿。律师对尽职调查过程中所获取的全部资料,应反复地研究判断,同时进行相应的核查验证,在核查验证的过程中,制作工作笔录。如果发现资料不全、情况不详,应要求对方作出声明和保证。

根据项目性质的不同,在阅读资料过程中,应根据相应的法律尽职调查要点进行一一核对,并找出问题。通过尽职调查找到其中的法律问题,并寻求解决途径,这对上市和并购等项目意义重大,也是律师价值的核心体现。在阅读资料的过程中,发现有欠缺的资料,应及时发放补充问卷。对于排查出来的法律问题应记录备忘录。对于备忘录的问题,需要公司和各中介机构协商解决。

(5)在资料收集完整、备忘录问题基本解决之后,完成工作底稿的最终整理工作。工作底稿的内容包括:承担项目的基本情况,包括委托单位名称、项目名称、制作项目的时间或期间、工作量统计;制定的工作方案、计划及其操作程序的记录;目标公司提供的所有文件的复印件,包括但不限于目标公司的设立批准证书、营业执照、合同、章程、协议及其他重要文件和会议记录的摘要或副本;与目标公司及相关人员相互沟通情况的记录,对其所提供资料的审查、调查访问记录、往来函件、现场勘察记录、查阅文件清单等相关的资料及详细说明;目标公司出具的书面保证或声明书的复印件;对保留意见及疑难问题所作的说明;其他相关的重要文件或资料。上述资料都要注明来源并加盖印章。

(6)在工作底稿的基础上起草《律师工作报告》,在《律师工作报告》的基础上形成《尽职调查报告》。《尽职调查报告》应保证准确、完整和翔实,工作组成员应签字并加盖律师事务所印章。

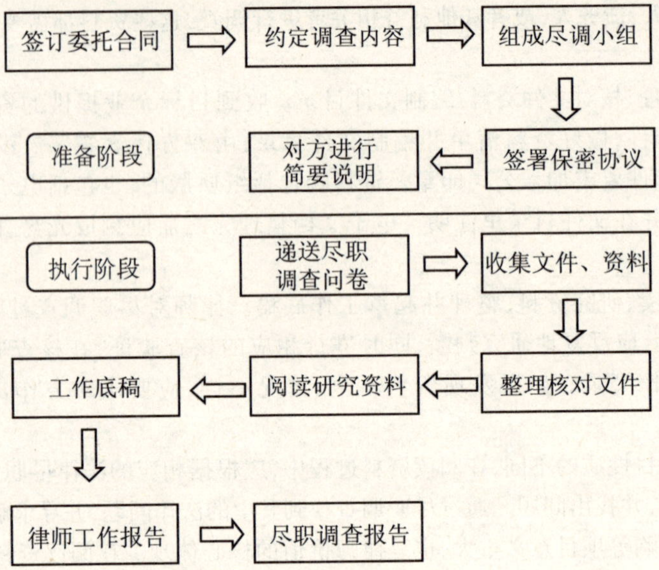

（六）律师尽职调查中应注意的问题

律师开展尽职调查，应当注意下列问题：

1. 律师应当保持与委托人以及被调查对象的良好沟通，以便将律师在调查过程中所发现的问题及解决问题的方法及时反馈给委托人。

2. 律师应当注意同其他中介机构的配合。律师在工作中应当同其他中介机构相互配合，确保改制项目顺利完成。

3. 律师开展尽职调查，应当认真审核、比对相关资料。如果发现相关资料存在矛盾或者不一致，应当要求委托人予以核实，也可以商请其他中介机构协助调查，或由律师再次调查，以保证尽职调查的准确性。

4. 律师开展尽职调查，应当注意收集完整的调查资料，对于因客观原因无法获得与改制或产权转让有重大关系的文件和证据的，应当在有关法律文件中明确说明。

5. 律师开展尽职调查，应当制作工作底稿以防范执业风险。工作底稿应当真实、完整、记录清晰并适宜长期保存。

6. 未经产权持有单位、改制企业、上市公司、并购公司同意，律师在提供服务过程中或服务结束后均不应将获悉的相关信息透露给任何第三方，履行保密义务。

五、律师尽职调查的主要内容及尽职调查报告的编写

（一）律师尽职调查的主要事项

律师开展尽职调查，一般应当涉及下列事项：

1. 对“设立、沿革和变更情况”的核查，应包括但不限于下列文件（必要时需要辅之以企业工商登记的查询资料）：(1)企业的营业执照；(2)企业历次变更的章程及目前有效的章程；(3)与企业设立相关的政府有权部门的批文；(4)与业务经营相关的批准、许可或授权；(5)企业取得的资格认定证书，如业务经营许可证等；(6)企业变更登记事项的申请与批准文件；(7)审计、评估报告；(8)股东会、董事会的会议记录和决议；(9)企业分支机构和企业对外投资证明；(10)税务登记证以及有关税收优惠情况说明及批文；(11)外汇登记证；(12)海关登记证明；(13)企业已经取得的优惠政策的相关证明文件；(14)其他相关证明文件。

2. 对“基本运营结构”的核查，应包括但不限于下列文件：(1)企业目前的股本结构或出资人出资情况的说明；(2)有关企业目前的管理结构、薪酬体系的文件；(3)有关企业内部管理制度与风险控制制度的文件；(4)对“股权情况”的核查，应包括但不限于下列文件：(5)有关企业的股权结构及其演变过程的证明文件；(6)股权有无质押或其他形式权利行使障碍的证明文件；(7)有关股东出资方式、出资金额的证明文件；(8)股东以非货币财产出资的财产权属证明文件及权属变更登记文件；(9)对“有形资产情况”的核查，应包括但不限于下列文件：(10)企业及其附属机构房屋产权及重要设备的清单；(11)企业及其附属机构有关房屋及重要设备租赁的文件；(12)企业及其附属机构有关海关免税的机械设备（车辆）的证明文件；(13)企业其他有形资产的清单及权属证明文件。

3. 对“土地使用权及其他无形资产情况”的核查，应包括但不限于下列文件：(1)企业及其附属机构对各项软件、产品等无形资产所拥有的知识产权清单，包括专利、商标、版权及其他知识产权；(2)所有与知识产权有关的注册登记证明及协议；(3)企业及其附属机构土地使用权证、租赁土地的协议；(4)企业及其附属机构签署的重大知识产权或专有技术相关协议。

4. 对改制企业所签署或者有关联关系的“重大合同情况”的核查，应包括但不限于下列文件：(1)任何与企业及其附属机构股权有关的合同；(2)任何在企业及其附属机构的动产或不动产设定的所有抵押、质押、留置权等担保权益或其他与权益限制相关的合同；(3)企业及其关联机构的兼并、分立、合并、歇业、清算、破产的相关合同；(4)企业及其附属机构签署的所有重要服务协议；(5)企业及其附属机构签署的所有重要许可协议、特许安排及附有条件的买卖合同；(6)企业及其附属机构签署的所有重要能源与原材料或必需品的供应合同；(7)企业及其附属机构签署的重大保险合同；(8)企业及其附属机构改制前签署的任何与合并、联合、重组、收购或出售有关的重要文件；(9)企业及其附属机构与主要客户签订的其他与其经营有重大影响的合同；(10)其他重要合同，如联营合同、征用土地合同、大额贷款或拆借合同、重大承包经营、租赁经营合同或投资参/控股及利润共享的合同或协议等。

5. 对企业“重大债权债务”的核查，应包括但不限于下列文件：(1)有关公司应收款、其他应收款的真实性及完整性；(2)应付款项是否与业务相关，有无异常负债；(3)有无其他或有事项；(4)有无提供抵押担保的债权债务及具体情况；(5)有无因债权债务事项而可能引发的纠纷等。

6. 律师需要调查企业所涉及的“重大法律纠纷、行政处罚等情况”的，应包括但不限于下列文件：(1)企业未了结的诉讼、仲裁、行政处罚、索赔要求及政府部门之调查或质询的详细情况；(2)企业违反或被告知违反卫生、防火、建筑、规划、安全、环保等方面之法律、法规、通知的情况；(3)企业所知晓的将来可能涉及诉讼、仲裁、行政处罚、索赔要求、政府部门的调查或质询的事实。

7. 律师需要调查企业“人员基本情况”的，应包括但不限于下列文件：(1)企业高级管理人员的基本情况；(2)企业和职工签订的劳动合同样本；(3)企业工会组织的情况和与工会签订的集体劳动合同或协议；(4)企业职工福利政策；(5)企业缴纳社会保险费的情况。

8. 律师还可以依据改制、上市、并购计划、特点与要求的不同，要求委托人以及被调查对象提供其他各类相关文件或信息。

(二)尽职调查报告的主要内容

《尽职调查报告》一般包括下列内容：

1. 范围与目的。明确律师开展尽职调查工作的范围，出具尽职调查报告的目的。

2. 律师的工作准则。律师是否根据有关法律、法规、规章和规范性政策文件，根据委托人的授权，按照律师行业公认的业务标准、道德规范和勤勉尽责精神，出具工作报告。

3. 律师的工作程序。律师在开展尽职调查过程中的主要工作方式、工作时间以及工作流程。

4. 相关依据。律师获取的各项书面材料和文件、谈话记录、现场勘查记录等。

5. 正文。正文内容应当与律师的工作程序以及律师出具的调查清单所涉及的范围保持一致，如公司概况、经营情况、资产状况、知识产权、诉讼以及处罚情况等，正文部分可以分别对每一个具体问题进行确认、分析与解释。

6. 结尾。律师对尽职调查的结果发表结论性意见。

(三)尽职调查中的相关文件

1.投资意向书

投资意向书

本投资意向书(以下简称本意向书)由以下各方于201×年×月×日在北京签署:

甲　　方:
法定代表人:　　　　职务:
住　　所:
办公地址:

乙　　方:
法定代表人:　　　　职务:
住　　所:

丙　　方:
身份证号:
住　　所:

目标公司:
法定代表人:　　　　职务:
住　　所:

鉴于:

乙方系目标公司的控股股东,丙方系目标公司的实际控制人;

目标公司是一家依照《公司法》及相关法律、法规设立的有限责任公司,成立于　　年　　月　　日。本意向书签署之日,目标公司经登记的注册资本及实收资本均为人民币　　万元(RMB　　,000,000.00)整;股权结构如下:

序号	股东姓名或名称	出资方式	出资额(万元)	股权比例
1				
2				
3				
合计				100.00%

甲方拟向乙方收购乙方所持的目标公司合计100%股权。

有鉴于此，各方就目标公司的收购达成本投资意向：

投资方案框架

根据本协议约定的条款和条件，甲方将向乙方非公开发行股份及支付现金，收购乙方所持有的目标公司 100 % 股权。

截至 201×年×月×日，目标公司 100% 股权的评估值为　　　万元，经协商，各方一致同意本次交易标的资产的交易价格确定为　　　万元。

各方同意，甲方以新增对价股份及支付现金相结合的方式支付本次标的资产的全部收购价款共计　　　万元，其中股份对价金额占全部收购价款的 50 %，现金对价金额占全部收购价款的 50 %。

(1)本次新增对价股份的发行对象为　　　；本次新增对价股份的发行价格确定为　　元/股——须经甲方股东大会审议通过；本次收购新增对价股份的发行数量不超过　　股。发行对象中乙方通过本次交易获得的甲方新增对价股份，自本次发行股份上市之日起十二(12)个月内不得转让或交易。前述限售期限届满后，乙方所持甲方新增对价股份按 36 个月分三期解锁。

(2)甲方将向乙方支付　　　万元作为本次收购的现金对价。

各方同意并确认，目标公司 2015 年度经审计的扣除非经常性损益后归属于母公司所有者的净利润应不低于 1000 万元。乙方和丙方承诺：目标公司 2016～2018 年扣除非经常性损益后归属于母公司所有者的净利润如下表所示：

年　度	2016 年	2017 年	2018 年
承诺税后净利润(万元)	1800	2200	2600

各方同意并确认，考核期内(2016～2018 年)，如目标公司的当年审计净利润低于该年承诺净利润、但不低于 90% 时，乙方或其指定第三方应当在当年度审计报告出具后十五(15)个工作日内以现金方式向目标公司全额补足当年度审计净利润额与该年度承诺净利润额的差额(补偿金额＝当年承诺净利润额－当年审计净利润额)。

各方同意，考核期内(2016～2018 年)，如目标公司当年经审计净利润低于该年承诺净利润 90% 时，乙方应进行利润补偿。计算公式为：

当期应补偿金额＝(截至当期期末累计承诺净利润数－截至当期期末累计实际净利润数)÷承诺期内各年的承诺净利润总和×本次交易的交易对价－已补偿金额

在各年计算的补偿金数额小于 0 时，按 0 取值，即已经补偿的股票或现金不冲回。

投资方案实施的安排

本意向书签订后，甲方委托财务顾问、会计师、律师等专业机构对目标公司进行业务、财务及法律的尽职调查；乙方、丙方应当组织目标公司各部门以及相关人员积极配合甲方及甲方所聘请的中介机构开展尽职调查工作。

甲方对目标公司尽职调查完成 30 天内，依据尽职调查报告，对本投资交易作出正式决定(继续进行投资交易商谈或放弃)。

排他性

本意向书签订后至6个月(以下简称锁定期)内,乙方、丙方或目标公司均不得就本意向书所涉投资交易事宜(包括但不限于目标公司股权转让、目标公司增资扩股或以其他方式进行投资合作等)与任何其他第三方进行接触、谈判、签订任何性质的法律文件等。但如果各方同意终止谈判、甲方根据本意向书上述第2条第2项就本意向书拟议投资交易作出正式决定(放弃)或者甲方决定终止本意向书拟议投资交易,即本次投资交易不再继续进行的,则前述锁定期自动终止并不再对乙方、丙方具有法律约束力。

如果乙方、丙方或目标公司违背本条所规定的任何上述义务,或在锁定期内取消与甲方就本次投资交易的谈判的,乙方、丙方须补偿甲方已发生的相关调查和谈判的成本和费用。

乙方保证和承诺

乙方、丙方向甲方介绍的目标公司情况及日后目标公司在尽职调查中提供的信息和资料均是真实的,无虚假陈述和重大隐瞒;

目标公司的管理团队、专业技术团队和销售团队保持稳定;

目标公司积极配合甲方进行尽职调查,根据专业机构的要求,充分披露和提供目标公司的真实信息和资料。

保密

各方均承诺,对本意向书的签订及意向书所涉内容予以严格保密,并对因本投资交易事宜而获得的对方任何非公开信息及任何其他与本投资交易相关的非公开信息予以保密,不得向第三方披露。但向为本投资交易提供专业服务的机构披露或根据法律法规或政府机构、法院的要求披露除外。

约束力

本意向书仅为各方拟议投资交易事宜的诚信意向,除本意向书第三条(排他性)、第五条(保密)、第七条(适用法律和争议解决)及本条(约束力)对双方具有约束力外,其他条款对双方均无约束力。本意向书所涉投资交易事宜的最终约定将体现在最终签署的投资交易相关法律文件中。

适用法律和争议解决

本意向书的订立、效力、履行、终止、解释及其项下产生的争议之解决均适用中华人民共和国法律。

本意向书在履行过程中发生争议或因本意向书所涉事项发生争议,应进行友好协商,协商不成,可向本意向书签订地的人民法院提起诉讼。

附则

本意向书一式　　份,签字各方各执一份。

甲方:(盖章)

法定代表人/授权代表(签字):

乙方：（盖章）
法定代表人/授权代表（签字）：

丙方：（盖章）
法定代表人/授权代表（签字）：

目标公司：（盖章）
法定代表人/授权代表（签字）：

2. 保密协议

企业收购保密协议

甲方名称（姓名）：
住　　所：
法定代表人姓名：
职　　务：
国　　籍：
乙方名称（姓名）：
住　　所：
法定代表人姓名：
职　　务：
国　　籍：

为了保护甲乙双方就股权转让事宜中涉及的专有信息不被泄露，经友好协商，甲乙双方达成如下协议：

1. 定义

1.1 专有信息的定义

1.1.1 本协议所称的“专有信息”是指甲方所有的商业信息，包括商业秘密、技术秘密、企业基本情况或与甲方相关的其他信息，无论是书面的、口头的、图形的、电磁的或其他任何形式的信息，包括（但不限于）数据、模型、样品、草案、技术、方法、仪器设备和其他信息。

1.2 “接收方”：本协议所称的“接收方”是指接收专有信息的一方。

1.3 “透露方”：本协议所称的“透露方”是指透露专有信息的一方。

2. 权利保证

“透露方”保证其向“接受方”透露的专有信息不侵犯任何第三方的知识产权及其他权益。

3. 保密义务

3.1 “接收方”同意严格控制“透露方”所透露的专有信息，保护的程度不能低于“接收方”保护自己的专有信息。但无论如何，“接收方”对该专有信息的保护程度不能低于一个管理良好的企业保护自己的专有信息的保护程度。

3.2 “接收方”保证采取所有必要的方法对“透露方”提供的专有信息进行保密，包括（但不限于）执行和坚持令人满意的作业程序来避免非授权透露、使用或复制专有信息。

3.3 “接收方”保证不向任何第三方透露本协议及乙方为甲方制作的报告的存在及任何内容。

4. 例外情况

4.1 “接收方”保密和不使用的义务不适用于下列专有信息：

4.1.1 有书面材料证明，“透露方”在未附加保密义务的情况下公开透露的信息；

4.1.2 有书面材料证明，在未进行任何透露之前，“接收方”在未受任何限制的情况下已经拥有的专有信息；

4.1.3 有书面材料证明，该专有信息已经被“接收方”之外的他方公开；

4.1.4 有书面材料证明，“接收方”通过合法手段从第三方在未受到任何限制的情况下获得该专有信息。

4.2 如果“接收方”的律师通过书面意见证明：“接收方”对专有信息的透露是由于法律、法规、判决、裁定（包括按照传票、法院或政府处理程序）的要求而发生的，“接收方”应当事先尽快通知“透露方”，同时，“接收方”应当尽最大的努力帮助“透露方”有效地防止或限制该专有信息的透露。

5. 否认许可

除非“透露方”明确地授权，“接收方”不能认为“透露方”授予其包含该专有信息的任何专利权、专利申请权、商标权、著作权、商业秘密或其他知识产权。

6. 补救方法

6.1 双方承认并同意如下内容：

6.1.1 “透露方”透露的专有信息是有价值的商业秘密；

6.1.2 遵守本协议的条款和条件对于保护专有信息的秘密是有必要的；

6.1.3 所有违约对该专有信息进行未被授权的透露或使用将对“透露方”造成不可挽回的和持续的损害。

6.2 如果发生“接收方”违约，双方同意如下内容：

6.2.1 “接收方”应当按照“透露方”的指示采取有效的方法对该专有信息进行保密，所需费用由“接收方”承担；

6.2.2 “接收方” 向“透露方”支付违约金人民币　　　万元，同时还应当赔偿甲方的全部经济损失,包括(但不限于):法院诉讼的费用、合理的律师酬金和费用、所有损失或损害等。

7. 保密期限

7.1 自本协议生效之日起,双方的合作交流都要符合本协议的条款。

7.2 除非"透露方"通过书面通知明确说明本协议所涉及的某项专有信息可以不用保密,接收方必须按照本协议所承担的保密义务对在结束协议前收到的专有信息进行保密,保密期限不受本协议有效期限的限制。

8. 适用法律

本协议受中华人民共和国法律管辖,并在所有方面依其进行解释。

9. 争议的解决

由本协议产生的一切争议由双方友好协商解决。协商不成,任何一方均有权向北京仲裁委员会申请仲裁。

10. 生效及其他事项

10.1 本协议一式四份,甲乙双方各执两份。

10.2 本协议自签订之日起生效,任何于协议签订前经双方协商但未记载于本协议之事项,对双方皆无约束力。

10.3 本协议及其附件对双方具有同等法律约束力,但若附件与本协议相抵触时以本协议为准。

10.4 未尽事宜由双方友好协商解决。

甲方(盖章):	乙方(盖章):
签字:	签字:
日期:　　年　月　日	日期:　　年　月　日

3. 尽职调查问卷

××律师事务所

关于收购______有限公司之

初步尽职调查问卷

致:________公司

本所向贵司出具本尽职调查问卷旨在掌握拟收购的________有限公司(以下简称"__________公司")相关的单位的具体情况,为委托人A股份有限公司提供依据。

请贵司提供本尽职调查问卷的反馈资料。本尽职调查问卷主要分为两部分,书面说明部分需要贵司依据实际情况予以书面说明,证明资料部分需要贵司提供相关的文件资料,如相关文件对某些单位不适用,请说明原因。贵司应保证上述所有说明和资料应与在相关主管机关登记或备案的材料完全一致。如有必要,本所将向贵司发出补充尽职调查问卷。

本所将对贵司提供的文件资料予以保密。

如对本尽职调查问卷有疑问,请咨询本所____律师(联系电话:010 ____)。

××律师事务所

二〇一×年×月×日

一、______公司的设立以及历史沿革

1. 书面说明

1)______公司设立和历史沿革的情况。

2. 证明资料

1)______公司成立的批准文件;

2)______公司的工商登记备案文件;

3)______公司现行有效的营业执照

4)________公司的组织机构代码证;

5)________公司的国家和地方税务登记证;

6)______公司最近的审计报告。

二、拟纳入______公司管理的各单位的设立及历史沿革情况

1. 书面说明

1)拟纳入______公司管理的各单位的基本情况介绍(包括设立及历史沿革情况、单位性质、隶属关系、人员数量及性质)。

2)拟纳入______公司管理的各单位的股权结构图(包括隶属关系、持股比例)。

2. 证明资料

1)拟纳入______公司管理的企业单位的工商登记备案文件、事业单位历次变更的备案文件;

2)拟纳入______公司管理的各单位的身份证明文件(企业单位现行有效的营业执照、事业单位的事业单位法人证书);

3)拟纳入______公司管理的各单位的组织机构代码证;

4)拟纳入______公司管理的各单位的国家和地方税务登记证;

5)拟纳入______公司管理的各单位近三年的审计报告。

三、业务

1. 书面说明

1)拟纳入______公司管理的各单位的主营业务情况介绍;

2)拟纳入______公司管理的各单位从事的业务是否需要取得相关主管部门的批准。

2. 证明资料

1)拟纳入______公司管理的各单位从事相关业务的批准或许可文件;

2)拟纳入______公司管理的各项主营业务合同。

四、关联交易

1. 书面说明

1)拟纳入______公司管理的各单位之间是否存在关联交易,如存在,说明关联交易的内容,以及发生金额。

2. 证明资料

1)关联交易协议。

五、主要财产

1. 书面说明

1)拟纳入______公司管理的各单位拥有房产的情况;

2)拟纳入______公司管理的各单位拥有土地使用权、商标、专利、特许经营权等无形资产的情况,是否具有商标使用权和专利使用权,如有,说明具体情况;

3)拟纳入______公司管理的各单位拥有主要生产经营设备的情况;

4)拟纳入______公司管理的各单位拥有的特许经营权的情况;

5)拟纳入______公司管理的各单位以何种方式取得上述财产的所有权或使用权,是否已取得完备的权属证书,若未取得,请说明具体情况;

6)拟纳入______公司管理的各单位对上述财产的所有权或使用权的行使有无限制,是否存在担保或其他权利受到限制的情况,如有,请说明具体情况。

2. 证明资料

1)拟纳入______公司管理的各单位现时所有的房屋的所有权证;

2)如上述房屋上设定有任何他项权利,请提供有关抵押或他项权利合同;

3)拟纳入______公司管理的各单位现时拥有的国有土地使用权证;

4)如上述国有土地上设定有任何他项权利,则请提供有关抵押或他项权利合同;

5)拟纳入______公司管理的各单位拥有的商标权、专利权、著作权(包括软件)等知识产权的有关证书;

6)拟纳入______公司管理的特许经营权的批准文件。

六、税务

1. 书面说明

1)拟纳入______公司管理的各单位现时执行的税种、税率情况;若公司享受优惠政策、财政补贴等政策,则说明具体情况,并提供政府批复;

2)拟纳入______公司管理的各单位近三年是否依法纳税,是否存在被税务部门处罚的情形。

2. 证明资料

1)拟纳入______公司管理的各单位享受税收优惠和财政补贴等政策的政府批准文件;

2)拟纳入______公司管理的各单位近三年的纳税凭证。

七、涉诉情况

1. 书面说明

1)拟纳入______公司管理的各单位近三年是否涉诉,是否存在违被执行完结的案件。

2. 证明资料

1)拟纳入______公司管理的各单位近三年的涉诉法律文件。

八、对外的债务情况

1. 书面说明

1)拟纳入______公司管理的对外债务情况和可能的潜在债务情况。

2. 证明资料

1)拟纳入______公司管理的对外债务情况和可能的潜在债务情况的有关法律文件。

4. 拟任董事、监事、高级管理人员调查表

________________有限公司

拟任董事、监事、高级管理人员调查表

一、基本情况				
姓名		曾用名		近期照片(一寸或二寸)
性别		民族		
籍贯		学历		
出生日期		年龄		
职务				
职称				
身份证号				
户籍地址				
经常居住地				

是否拥有外国国籍或境外居留权	是或否： 如有，请提供相关证明文件
联系电话	

二、教育经历（自大学起）

期间	院校	专业	证明人及其联系方式

三、工作经历

1、过去的任职和兼职情况

任职/兼职单位	期间	职务	证明人及其联系方式

2. 目前的任职和兼职情况

任职/兼职单位	任期	职务	是否领取报酬	任职/兼职单位与现公司关联关系

四、对外投资情况

1. 持有本公司股权情况

是否持有本公司股权	是或否：	持有股份数额	
是否代他人持有公司股权	是或否：	代持股份数额	
是否委托他人持有公司股权	是或否：	委托持股数额	

2. 其他投资情况			
投资单位名称	投资金额	持股比例	主营业务

五、与任职资格有关的事项		
是否存在下列情况	是或否	具体情况说明
是否为无民事行为能力或者限制民事行为能力		
是否因贪污、贿赂、侵占财产、挪用财产或者破坏社会主义市场经济秩序,被判处刑罚,执行期满未逾五年,或者因犯罪被剥夺政治权利,执行期满未逾五年		
是否担任破产清算的公司、企业的董事或者厂长、经理,对该公司、企业的破产负有个人责任,自该公司、企业破产清算完结之日起未逾三年		
是否担任因违法被吊销营业执照、责令关闭的公司、企业的法定代表人,并负有个人责任,自该公司、企业被吊销营业执照之日起未逾三年		
个人是否负有数额较大的债务到期未清偿		
最近24个月内是否受到中国证监会行政处罚或者被采取证券市场禁入措施的情形		
最近24个月内是否受到刑事处罚、行政处罚或者涉嫌犯罪被司法机关立案侦查,尚未有明确结论意见		
是否属于国家机关工作人员或法律、法规规定的禁止在公司中任职、兼职的其他人员		
是否与公司其他董事、监事、高级管理人员具有亲属关系		

六、关系密切的家庭成员情况

亲属类别及姓名		身份证号码	对外投资情况		
			被投资单位名称	出资金额	出资比例
配偶					
父母					
成年子女					

声明与确认：本人已充分理解本调查表所列问题，并确认在本调查表中的答复及所提供的相关资料均是真实、准确和完整的，不存在虚假、误导性陈述或重大遗漏。

填写人（签名）：______________

年　　月　　日

5. 尽职调查报告范本

××律师事务所

关于A股份有限公司收购B有限责任公司

法律尽职调查报告

目　　录

九、B公司税务情况

十、B公司重大债权债务

十一、B公司的独立性审查

十二、诉讼、仲裁或行政处

十三、劳动人事、劳动安全等

十四 、其他

序　　言

致:A公司

关于A股份有限公司收购B有限公司的法律尽职调查,是由××律师事务所(以下简称本所)根据A股份有限公司(以下简称A公司)的委托,基于A公司与B公司初步达成的公司股权收购意向,在本所收到B公司提供的有关该公司设立、对外合同及内部管理等文档资料基础上进行的。其目的在于查明B公司的资产负债情况、公司管理状况、诉讼状况等法律风险,为A公司的收购计划提供法律意见。

根据《关于A股份公司收购B有限公司的法律顾问聘请协议》,本所作为A公司收购B公司事项的专项法律顾问。

本所指派××律师、××律师作为本次公开发行的具体经办律师。本所根据《中华人民共和国公司法》(以下简称《公司法》)、《中华人民共和国证券法》(以下简称《证券法》)、《中华人民共和国合同法》(以下简称《合同法》)等法律、法规的有关规定,按照律师行业公认的业务标准、道德规范和勤勉尽责精神,出具本法律尽职调查报告。

××××年××月××日,本所律师向B公司发送了《××律师事务所关于A股份公司收购B有限公司尽职调查问卷》,收集并审查了本所律师认为出具本《法律尽职调查报告》所必需的资料和文件;为了进一步核实情况,本所律师前往B公司的厂区、仓库等地进行了实地现场勘查,只做了勘查笔录;就相关问题与B公司有关部门负责人、员工进行交流,制作了谈话笔录;并前往工商、税务、劳动、环保等政府部门了解和查询B公司情况;参阅其他中介机构尽职调查小组的信息;遵守相关法律、政策、程序及实际操作。

××××年××月××日,B公司签订了《B公司保证书》,就B公司及相关各方提供的文件、资料和所做的陈述,本所律师已得到B公司的如下保证:本公司所提供的所有文件及口头或书面声明、阐述、保证、说明均是真实、准确和完整的,不存在任何虚假记载、误导性陈述或重大遗漏,有关文件上的签字、印章均是真实、有效的,所提交的副本或复印件均与原件或正本一致。本公司已经确知违反上述保证所能导致的不利后果。如果本公司违反上述保证,本公司愿意承担因此而导致的不利后果。

本报告正是基于以上各文件而出具的。

为出具本法律尽职调查报告,本所律师特作如下声明:

一、本报告系依据本报告出具日之前已经发生或存在的事实,根据截至报告日所适用的中国法律、法规和规范性文件的规定而出具;

我们将对某些事项进行持续跟踪核实和确认,但不保证在尽职调查之后某些情况不会发生变化。

二、本法律尽职调查报告仅对法律问题发表意见。在本尽职调查报告中对有关会计报表、审计报告、评估报告中某些内容的引述,并不表明本所律师对这些内容的真实性、准确性、合法性做出任何判断或保证。

三、对于本尽职调查报告至关重要而又无独立证据支持的事实,本所依赖有关政府部门和其他有关单位出具的证明文件出具本尽职调查报告。

四、本法律尽职调查报告仅供A公司收购B公司相关事宜之目的使用,未经本所书面同意,不得将本报告外传及用于佐证、说明与收购事宜无关的其他事务及行为。

在本报告中,除非根据上下文应另做解释,否则下列简称和术语具有以下含义:

"A公司"是指A股份有限公司。

"B公司"是指B有限责任公司。

"本报告"指由××律师事务所于××××年××月××日出具的《关于A股份公司收购B有限公司法律尽职调查报告》。

"本所"指××律师事务所。

"本所律师"或"我们"指××律师事务所法律具体承办尽职调查的律师。

正文

一、B公司历史沿革

(一)设立时状况

1. (1) B公司成立于________年____月____日,设立时的名称为________公司,股东为________、________,注册资本为________万元人民币,法定代表人为________,住所为________,经营范围为________。

(2)股权结构为:

(3)验资或评估:

2. 第一次变更

3. 第二次变更

(二)主要问题及风险提示

二、B公司股东及实际控制人

(一)B公司目前的股东和持股比例如下:

(二)B公司的实际控制人为:

如果是自然人,则说明其简历(姓名、身份证号、学历、地址等);如果是法人,则说明其营业执照记载事项、主营业务、主要公司管理人员、最近一年的财务会计报告。

(三)主要问题及风险提示

三、B公司公司章程

(一)设立时的章程(时间、主要内容)。

(二)历次修改(如果修改,修改内容)。

(三)主要问题及风险提示
四、B公司股东会、董事会、监事会
(一)公司目前的组织架构
(二)股东会会议
1. 股东会议事规则。
2. 历次股东会会议时间、参与人员、议题、会议记录的主要内容。
(三)董事会会议
1. 董事会议事规则。
2. 历次董事会会议时间、参与人员、议题、会议记录的主要内容。
(四)监事会会议
1. 监事会议事规则。
2. 历次监事会会议时间、参与人员、议题、会议记录的主要内容。
(五)主要问题及风险提示
五、B公司董事、监事及高级管理人员
(一)公司设立时的董事、监事及高级管理人员
董事会成员:
监事会成员:
经理:
(二)公司董事、监事及高级管理人员历次变化情况
(三)公司目前的董事、监事及高级管理人员
1. 董事会成员:
(姓名、性别、年龄、身份证号、学历、职务、工作经历、社会兼职或头衔等)
2. 监事会成员:
(姓名、性别、年龄、身份证号、学历、职务、工作经历、社会兼职或头衔等)
3. 高级管理人员:
(姓名、性别、年龄、身份证号、学历、职务、工作经历、社会兼职或头衔等)
(四)主要问题及风险提示
六、B公司主营业务
(一)主营业务情况
(二)资质及证书
(三)主要问题及风险提示
七、B公司主要资产
(一)土地
1. 土地使用权证号为________,面积________,权属状况________;
……

(二)房产

1. 房产证号为________,面积________,权属状况________;

……

(三)机动车辆

1. 号牌号码:________,品牌型号:________,车辆识别代码:________车主:________,车辆类型:________;

……

(四)主要生产经营设备

1. 设备名称:________,发票号:________,报关单:________,购买日期:________,使用年限:________,原始价值:________,账面价值:________;

……

(五)知识产权

1. 商标:

(1)名称:________,注册号码:________,使用商品类别:________,有效期限自________至________;

(2)权属状况:____________________。

……

2. 专利:

(1)名称:________,注册号码:________,使用商品类别:________,有效期限自________至________;

(2)权属状况:____________________。

……

(六)主要问题及风险提示

八、B 公司存在的关联关系

(一)关联方

(二)关联方基本情况

(三)关联交易

(四)主要问题及风险提示

九、B 公司税务情况

(一)税务基本情况

(税务登记证、税种税率表、近三年的纳税申报表和完税证明、享受的减免税情况及依据文件、近三年是否存在被税务部门处罚的情况)

(二)主要问题及风险提示

十、B 公司重大债权债务

(一)买卖合同(时间、金额、商品名称、违约责任)。

(二)借款合同(时间、金额、合同主体、担保情况)。

(三)担保合同(时间、金额、合同主体)。

(四)主要问题及风险提示

十一、B公司的独立性审查

(一)公司的资产完整

(二)公司的人员独立

(三)公司的财务独立

(四)公司的机构独立

(五)公司的业务独立

(六)主要问题及风险提示

十二、诉讼、仲裁或行政处罚

(一)公司诉讼、仲裁:(三年内的已结、未结案件统计表、诉状、答辩书、判决、裁定)

(二)高级管理人员诉讼、仲裁:(三年内的已结、未结案件统计表、诉状、答辩书、判决、裁定)

(三)关联企业诉讼、仲裁的材料:(三年内的已结、未结案件统计表、诉状、答辩书、判决、裁定)

(四)主要问题及风险提示

十三、劳动人事、劳动安全等

(一)公司员工名册、劳务合同样本、工资表和社会保障费用明细表(养老金、退休金、住房、度假、医疗、卫生保健、教育、工会费等)

(二)安全生产制度、安全事故情况

(三)主要问题及风险提示

十四、其他

(一)B公司所获荣誉及证书

(二)B公司财务会计报告数据

(最近两年净利润累计额、净利润增长率、营业收入、营业收入增长率、非经常性损益)

(三)其他应提及事项

(四)主要问题及风险提示

谨致

商祺!

________律师事务所

承办律师:

________年____月____日

附件:

尽职调查中获得的所有资料文本及其信息目录

教学指导手册

教学对象及目标

本案例可供法学、金融学教学使用，主要适用于民商法学硕士、金融法学硕士、法律硕士、金融学硕士(资本市场方向)的案例教学课程使用。

本案例希望通过对真实的公司并购中法律尽职调查报告模板及尽职调查相关重点问题的介绍，完成以下教学目标：(1)了解和掌握公司并购中存在的各种潜在的法律风险及风险防范手段；(2)了解和掌握法律尽职调查的基本流程及相关材料的获取途径；(3)了解和掌握如何编写一份合格的法律尽职调查报告；(4)重点掌握法律尽职调查各种法律文书的使用，以及律师在法律尽职调查中的主要执业风险，以及风险的防控。

教学内容

(一)什么是法律尽职调查？

法律尽职调查，是指在国有企业改制、公司拟公开发行证券、企业并购等过程中，律师依据委托，通过对相关资料、文件、信息以及其他事实情况的收集，对目标公司(被调查企业)的资信状况、产权交易、诉讼情况等从法律或规范性政策文件的角度进行调查、研究、分析和判断，最后出具法律意见书并制作律师工作报告的真实、准确、完整的过程。

(二)法律尽职调查的目的与基本原则是什么？

1. 法律尽职调查的目的主要有四：

(1)摸清家底。通过律师尽职调查工作的展开，摸清目标公司家底，为委托方提供详尽的目标公司的资料。尤其是通过对目标公司非公开资料的了解，深挖可能存在的问题，为委托方的发行或收购行为提供有力的资料支撑。

(2)防范法律风险，防止欺诈案件的发生。尽职调查中最重要的一项就是为委托方提示目标公司可能存在的法律风险，并提出合理建议，发现对方可能存在的欺诈行为，避免委托方遭遇损失。

(3)方便委托方作出清晰的商业判断。通过律师对目标公司的尽职调查，让委托方对目标公司的资信状况、合规状况、法律风险等有清晰的认识,从而做出更准确的商业判断。

(4)防范法律工作者自身的法律风险。因为尽职调查而引发的案件时有发生,律师在进行尽职调查工作时,除了要为对方提示风险,也要避免自身可能产生的法律风险,尽职调查工作的每一个细节都要合法合规,并有相应的证明。最重要的是严谨地发现问题,并作出正确的法律风险提示。

2. 法律尽职调查的基本原则,也主要有四:

(1)独立性原则。律师开展尽职调查,应当独立于委托人意志,独立于审计、评估等其他中介机构。

(2)审慎原则。在尽职调查过程中,律师应持审慎的态度,保持合理怀疑。

(3)专业性原则。在尽职调查过程中,律师应当结合自身优势从法律角度作出专业的判断。

(4)避免利益冲突原则。律师应履行利益冲突审查义务,在提供服务过程中或服务结束后不应利用获悉的相关信息获取任何利益,也不应在提供服务过程中,代理与产权持有单位或改制企业有直接或间接利益冲突关系的单位或个人的任何诉讼或非诉讼事务。

(三)法律尽职调查主要涉及哪些事项?

对目标公司进行法律尽职调查,一般涉及八项事项,主要如下:

1. 对目标公司"设立、沿革和变更情况"的核查。包括但不限于企业的营业执照、企业历次变更的章程及目前有效的章程、与企业设立相关的政府有权部门的批文以及与业务经营相关的批准、许可或授权等文件(必要时需要辅之以企业工商登记的查询资料)。

2. 对目标公司基本情况的核查。主要包括如下三个方面:

第一,对公司"基本运营结构"的核查。包括但不限于企业目前的股本结构或出资人出资情况的说明、有关企业目前的管理结构、薪酬体系的文件以及有关企业内部管理制度与风险控制制度等文件。

第二,对公司"股权情况"的核查。包括但不限于有关企业的股权结构及其演变过程的证明文件、股权有无质押或其他形式权利行使障碍的证明文件、有关股东出资方式、出资金额的证明文件以及股东以非货币财产出资的财产权属证明文件及权属变更登记等文件。

第三,对"有形资产情况"的核查。包括但不限于企业及其附属机构房屋产权及重要设备的清单、企业及其附属机构有关房屋及重要设备租赁的文件、企业及其附属机构有关海关免税的机械设备(车辆)的证明文件、企业其他有形资产的清单及权属证明等文件。

3. 对“土地使用权及其他无形资产情况”的核查。包括但不限于企业及其附属机构对各项软件、产品等无形资产所拥有的知识产权清单，包括专利、商标、版权及其他知识产权、所有与知识产权有关的注册登记证明及协议、企业及其附属机构土地使用权证、租赁土地的协议以及企业及其附属机构签署的重大知识产权或专有技术相关协议等文件。

4. 对目标公司所签署或者有关联关系的“重大合同情况”的核查。包括但不限于任何与企业及其附属机构股权有关的合同、任何在企业及其附属机构的动产或不动产设定的所有抵押、质押、留置权等担保权益或其他与权益限制相关的合同、企业及其关联机构的兼并、分立、合并、歇业、清算、破产的相关合同、企业及其附属机构签署的所有重要服务协议以及其他重要合同等文件。

5. 对目标公司“重大债权债务”的核查。包括但不限于下列文件：第一，有关公司应收款、其他应收款的真实性及完整性；第二，应付款项是否与业务相关，有无异常负债；第三，有无其他或有事项；第四，有无提供抵押担保的债权债务及具体情况；第五，有无因债权债务事项而可能引发的纠纷等。

6. 目标公司所涉及的“重大法律纠纷、行政处罚等情况”的核查。包括但不限于下列文件：第一，企业未了结的诉讼、仲裁、行政处罚、索赔要求及政府部门之调查或质询的详细情况；第二，企业违反或被告知违反卫生、防火、建筑、规划、安全、环保等方面之法律、法规、通知的情况；第三，企业所知晓的将来可能涉及诉讼、仲裁、行政处罚、索赔要求、政府部门的调查或质询的事实。

7. 对目标公司“人员基本情况”的核查。包括但不限于下列文件：第一，企业高级管理人员的基本情况；第二，企业和职工签订的劳动合同样本；第三，企业工会组织的情况和与工会签订的集体劳动合同或协议；第四，企业职工福利政策；第五，企业缴纳社会保险费的情况。

8. 依据改制、上市、并购计划、特点与要求的不同，要求委托人以及被调查对象提供其他各类相关文件或信息。

（四）获取法律尽职调查材料的途径主要有哪些？

开展法律尽职调查，应要求被调查对象在合理或约定时间内提供真实、完整的资料原件或与原件审核一致的复印件。

对于法律尽职调查中材料的获取途径，大致包括以下几种：

（1）由目标公司提供。目标公司根据尽职调查问卷，准备相应的材料，主动提交。

（2）主动收集。对于目标公司不能提供的材料或者律师认为有必要的，可以主动去收集，如工商部门、不动产登记部门等保管的资料。但是，需要目标公司提供介绍信。

(3)关于无法查清的材料。对于无法查清的材料，可以通过对相关被调查人进行口头询问（目标公司的董监高、经理和其他人员）或对被调查事项进行现场勘查等方式了解情况，制作谈话记录、现场勘查记录等文件材料。谈话记录需要当事人签字，承诺陈述属实，并加盖公司印章。律师制作的谈话记录、现场勘查记录等文件材料，除非有相关人员或部门的书面保证或书面证明，否则不能作为制作《尽职调查报告》的依据。

（五）法律尽职调查的工作程序是怎样的？

法律尽职调查的程序，根据所涉及的具体事项的不同而略有不同。一般来说，法律尽职调查可以分为两个主要阶段，即准备阶段和具体执行阶段，其基本工作程序如下：

1. 准备阶段

(1)委托方与律师事务所签订委托进行法律尽职调查的委托合同。

(2)约定调查内容。双方当事人约定具体对哪些事项进行尽职调查。各方共同起草相关的调查项目目录（尽调清单），以便目标公司提供有关的具体材料。同时约定尽职调查资料的存放地和保管规则（资料室规则），主要是对人员出入、资料存取等具体事项的规定，其主要目的是确保资料的安全与合理使用。

(3)组成尽职调查工作小组或确认负责律师。

(4)签署保密协议。在调查进行之前，当事各方及中介机构最重要的工作就是签署保密协议，其主要目的就是保护各方公司的商业秘密。应当承担保密义务的人，除了具体执行尽职调查的专业人员如律师事务所、会计师事务所、投资银行及其工作人员，还有其他可以接触这些信息的人，如委托方及其董、监、高、经理等，都要签署保密协议或者保密承诺书。保密协议通常也可以在意向书中进行约定。

(5)目标公司管理层及相关人员对企业状况进行简要说明。

在正式的尽职调查开始之前，由目标公司管理层及相关人员对该公司有关情况进行简要说明。这种做法有助于尽职调查人员尽快上手，抓住重点。

2. 具体执行阶段

(1)经委托方确认后，向目标公司递送尽职调查问卷。

(2)按主体、类别分别收集文件资料。

这里的主体主要指的是法人主体，如果有独立性很强的分公司或者业务部门，也需要单独收集资料。原则上取得的资料均应是书面形式的，均应以书面问卷的方式向对方索要，且取得的资料均应加盖公司印章，以表明文件真实、有效、合法。

对于对方不能提供的文件,可以通过对公司相关人员进行访谈并制作询问笔录的形式进行采集,同样应加盖公司印章。原则上所有取得的资料均应出自公司,但在必要的情况下,也需要向公司所在地政府、主管部门、债权人、债务人,或者其他利益相关者进行调查,这些资料都需要律师主动进行收集。

(3)整理、核对文件资料,编制文件目录。

收到目标企业提供的资料后,核对复印件与原件,做好资料清单并编制文件目录,由双方代表签字。没有原件的,提交的复印件要求加盖公司印章。资料既包括纸质版的,也包括电子版的,均需分别归类,并在文件目录里注明。电子文档整理完之后应刻成光盘,附于纸质资料后面。

(4)阅读、研究资料,整理和起草工作底稿。

对尽职调查过程中所获取的全部资料,应反复地研究判断,同时进行相应的核查验证,在核查验证的过程中,制作工作笔录。如果发现资料不全、情况不详,应要求对方作出声明和保证。

根据项目性质的不同,在阅读资料过程中,应根据相应的法律尽职调查要点进行核对,并找出问题。通过尽职调查查找法律问题,并寻求解决途径,这对上市和并购项目意义重大,也是律师价值的核心体现。在阅读资料的过程中,对于尚且欠缺的资料,应当发放补充问卷;对于查找出来的法律问题应形成备忘录。对于备忘录的问题,需要公司和各中介机构协商解决。

(5)在资料收集完整、备忘录问题基本解决之后,完成工作底稿的最终整理工作。

(6)在工作底稿的基础上起草《律师工作报告》,在《律师工作报告》的基础上形成《尽职调查报告》。《尽职调查报告》应保证准确、完整和翔实,工作组成员应签字并加盖律师事务所印章。

(六)公司并购中可能有哪些主要的法律风险?

在公司并购中,被并购的目标公司的股权状况、财务状况、资产状况、业务状况以及劳动关系均会对主动并购的公司造成重大影响,甚至可能引发重大法律风险,因此必须详细了解。以下将择其重点,详细阐述。

1. 被并购目标公司的股权问题所引发的法律风险

(1)瑕疵出资

瑕疵出资指的是目标公司在设立或增资过程中,其股东未按照章程及法律规定履行出资义务的行为,从而给收购公司带来一些法律上的风险。

广义的瑕疵出资包括未履行出资义务、未完全履行出资义务,出资后抽逃出资等情况,亦包括以无权处分的财产出资、以赃款/物出资等特殊情形。其中,未完全履行出资义务又包括承诺出资的财产价值不足、承诺出资的财产已交付给公司但未办理过户手续（一般指不动产和一些特殊动产）、承诺出资的财产办理了过户手续但未实际交付公司使用等具体情形。

最高人民法院发布的《关于适用〈中华人民共和国公司法〉若干问题的规定（三）》，针对各种瑕疵出资的行为，分别规定了股东权利受限、股东资格丧失、承担补足出资等法律后果。瑕疵股东应承担的责任可分为瑕疵补正责任及赔偿责任两类，其中瑕疵补正责任又可细分为补足出资责任、归还出资本息责任。赔偿责任亦可分为对公司、对其他股东、对债权人三类主体的责任。

据此，在对目标公司进行尽职调查时，查明对方股东出资的状况之后，对其实际出资进行验资，并对其出资的资产进行跟踪调查。在发现对方股东有瑕疵出资的情形时，需要提醒收购方注意的是：

（1）对方有没有及时要求瑕疵出资的股东补足出资并及时催缴，在催缴不成之后可能面临向股东提起要求其补足出资的诉讼；

（2）目标公司股东存在抽逃出资的情形的，提醒收购方注意目标公司是空壳公司，并要注意该公司可能针对其股东抽逃出资而存在要求其股东返还出资本息、对公司债务不能清偿的部分承担补充赔偿责任等诉讼风险；

（3）因目标公司的出资瑕疵，目标公司的债权人可能要求瑕疵出资股东承担相应的赔偿责任诉讼风险。

另外，也要注意该目标公司在对外投资过程中，作为其他公司股东，是否存在上述情形。

（2）股权代持

目标公司如果有股权代持的现象，需要提醒注意其公司实际控制人，且该隐名股东是出于何种目的，与目标公司之间的关系如何；该隐名股东对收购的倾向如何；显名股东与隐名股东之间的关系如何，如果二者存在争议，隐名股东想取回公司股份或实际控制权，将可能引发的诉讼风险；该公司股东因此而变更之后，是否会发生公司经营管理上的问题。

同时，也要注意提醒目标公司对外投资过程中是否是隐名股东，以及其可能面临的股权代持协议的法律效力被否定的风险、显名股东恶意侵害隐名股东权益的风险、隐名股东难以确立股东身份、无法向公司主张权益的风险、显名股东的债权人针对显名股东股权强制执行的风险等。

（3）股东会、董事会决议无效或被撤销

《公司法》第22条规定："公司股东会或者股东大会、董事会的决议内容违反法律、行政法规的无效。股东会或者股东大会、董事会的会议召集程序、表决方式违反法律、行政法规或者公司章程，或者决议内容违反公司章程的，股东可以自决议作出之日起六十日内,请求人民法院撤销。股东依照前款规定提起诉讼的,人民法院可以应公司的请求,要求股东提供相应担保。公司根据股东会或者股东大会、董事会决议已办理变更登记的,人民法院宣告该决议无效或者撤销该决议后,公司应当向公司登记机关申请撤销变更登记。"

据此,该目标公司可能面临的法律风险包括:

(1)目标公司股东会、董事会决议违反法律、行政法规或因无效或其他原因而被撤销的,一方面可能会影响到目标公司的决策与运营,对其经营产生一定的影响;另一方面也会面临行政机关处罚或其他法律责任的风险。

(2)目标公司股东会或者股东大会、董事会的会议召集程序、表决方式违反法律、行政法规或者公司章程,或者决议内容违反公司章程的,目标公司可能会面临被其股东请求人民法院撤销该决议的诉讼风险。

(3)公司完成相应变更登记之后被宣告无效,需要撤销变更登记的,该公司可能面临决策能力受质疑的风险,从而造成在公司管理上的不和谐。同时,也要提醒注意目标公司未及时申请撤销变更登记的情况,以及因此可能引发的风险。

2. 被并购公司资产状况不明所引发的风险

对目标公司的资产须列明清单,并对其权属状况进行排查。动产必须已经交付,不动产必须已经登记在目标公司的名下并能为其实际使用,专利权、商标权等知识产权必须有明确的许可使用合同,如果是涉及转让的话,则需要相关行政主管机关的核准证明。如商标,即需要取得《核准转让注册商标证明》和相应的《商标注册证》。对于上述财产性权利权属有争议的,需提醒收购方注意该目标公司可能会面临的诉讼风险,以及可能在收购后无法获得相应财产的情况,尤其是知识产权可能有排他性占有使用的情况。

3. 被并购公司业务状况不稳定所引发的风险

对于目标公司的业务,首先,审查其主营业务的合同的真实性、合法性、有效性。对方公司在业务上存在的漏洞,主要是因业务合同存在的合同无效、可撤销情形而造成的合同无法履行的情况;己方是否存在缔约过失;是否存在违约的风险及违约可能性大小。

其次,审查是否存在关联交易。对于关联方交易,则主要是关注是否存在定价不公允、利益输送等问题,从而损害公司及股东利益。

最后,还需要关注其同业竞争状况,在收购之后,是否会因失去相关的技术、客户源等,造成在市场上的竞争力减弱的情况。

对于其他因公司业务产生的相关问题,也需要提请收购方注意,如税率、政府的相关政策以及环境问题等。

4. 被并购公司债权债务关系不明所引发的风险

目标公司的债权债务关系是尽职调查的一个重点，特别是目标公司如果存在重大债务，对主动收购公司将产生重大影响，买来的公司可能只是一个空壳。对于目标公司，着重审查与关联方的债权债务，是否存在不合规借款等情况，是否有抽逃出资的嫌疑。另外，还要注意是否存在到期债权债务，到期债权是否追回，到期债务是否偿还，并是否存在因债权债务到期而产生的诉讼风险。目标公司的债权债务在收购之后移转到收购方，收购方是否会继续承担其债务（尤其是重大债务）以及其能否成功实现其债权，是否仍会面临相应的法律风险，也是需要提醒的内容。

5. 被并购公司劳动关系不良所引发的风险

对于与公司员工及其他人员的劳动关系，目标公司可能会产生的风险主要体现在以下两个方面：第一，用人单位未向劳动者支付或未足额向劳动者支付劳动报酬。此情形下，可能造成公司员工的离职，对公司的生产经营产生影响。最重要的是，劳动者为了取回劳动报酬，可能会发起劳动仲裁或劳动诉讼。第二，用人单位违背劳动法律的规定，不为劳动者缴纳或不按规定为劳动者缴纳社保。目标公司有此状况的，将会受到相应的行政处罚的风险。劳动保障行政部门、社会保险经办机构或税务机关发现有该种情形之后，会对单位或相关人员进行罚款并催缴，逾期仍不缴纳的，将会申请人民法院依法强制征缴。

因此，收购方应该关注目标公司的用人情况，律师在尽调过程中也应提请注意。除了劳动报酬和社保情况，还应关注劳动合同的执行情况，是否需要续签劳动合同，尤其是关键岗位的员工及管理人员的劳动合同状况，以避免存在人才流失的风险。

（七）法律尽职调查报告的内容主要包括哪些？

《尽职调查报告》一般包括下列内容：

（1）范围与目的。明确律师开展尽职调查工作的范围，出具尽职调查报告的目的。

（2）律师的工作准则。律师是否根据有关法律、法规、规章和规范性政策文件，根据委托人的授权，按照律师行业公认的业务标准、道德规范和勤勉尽责精神，出具工作报告。

（3）律师的工作程序。律师在开展尽职调查过程中的主要工作方式、工作时间以及工作流程。

（4）相关依据。律师获取的各项书面材料和文件、谈话记录、现场勘查记录等。

（5）正文。正文内容应当与律师的工作程序以及律师出具的调查清单所涉及的范围保持一致，如公司概况、经营情况、资产状况、知识产权、诉讼以及处罚情况等,正文部分可以分别对每一个具体问题进行确认、分析与解释。

(6)结尾。律师对尽职调查的结果发表结论性意见。

建议课堂计划

本案例可以作为专门的案例教学课进行讲授,整个案例可安排4个课时,每课时45分钟。如下课堂设计,仅供参考:

课前计划:安排学生阅读案例及相关资料,熟悉法律尽职调查的目的、基本原则、基本程序以及主要内容,对公司并购中可能存在的法律风险及其相关问题在课前做全面的了解。

课中计划:介绍教学目的,明确讨论主题;分组讨论问题及解决对策,告知发言要求;小组代表发言,提出解决方案,并对其他小组提出的方案进行评述;教师进行引导分析,并做最后归纳总结。

课后计划:布置学生课后进一步了解并掌握法律尽职调查的程序、主要内容及其可能出现的各种法律风险,并掌握应对上述法律风险的基本方案。

思考题

1. 什么是公司并购?
2. 什么是公司并购中的法律尽职调查?
3. 法律尽职调查的基本原则是什么?
4. 法律尽职调查的主要目的是什么?
5. 获取法律尽职调查材料的途径主要有哪些?
6. 法律尽职调查的基本流程有哪些?
7. 法律尽职调查的主要内容有哪些?
8. 公司并购过程中可能有哪些主要的法律风险?
9. 法律尽职调查应主要涉及哪些事项?
10. 公司股东出资有瑕疵时,应承担怎样的法律责任?
11. 转让瑕疵出资股权的法律效果是怎样的?
12. 公司股东请求法院撤销股东会决议或者确认股东会决议无效的法律条件?
13. 隐名股东的法律地位是怎样的?
14. 审查合同真实性的主要方法?
15. 合同可撤销的主要原因?
16. 合同无效的主要原因?
17. 不动产物权在何种情形下才会发生物权变动?

18. 动产物权在何种情形下才会发生物权变动？
19. 擅自处分抵押财产或质押财产的法律效果如何？
20. 公司主营业务稳定性的认定标准？
21. 劳动者签订无固定期限劳动合同的条件？
22. 对劳动者实行不定时工作制的条件？
23. 用人单位违背劳动法律的规定，不为劳动者缴纳或不按规定为劳动者缴纳社保的法律责任？
24. 用人单位未向劳动者支付或未足额向劳动者支付劳动报酬的法律责任？
25. 法律尽职调查有缺陷导致收购公司损失的，应承担何种责任？

参考文献

1. 赵旭东：《公司法》，中国政法大学出版社 2013 年版。
2. 王利明：《民法学》（第六版），中国人民大学出版社 2015 年版。
3. 陈小君：《合同法学》（第三版），中国政法大学出版社 2007 年版。
4. 贾俊玲主编：《劳动法学》（第二版），北京大学出版社 2013 年版。
5. 苏楠：《800 万赔偿让律师戴上“紧箍咒”》，载《法制日报》2005 年 1 月 26 日。
6.《北京市朝阳区人民法院民事判决书》（2014）朝民初字第 14007 号。
7.《北京市第三中级人民法院民事判决书》（2014）三中民终字第 11820 号。
8.《北京市高级人民法院民事裁定书（2015）高民（商）申字第 1253 号。

撰稿人 | 艾茜，中央财经大学法学院副教授
陈飞，中央财经大学法学院副教授

11 CASE 上市公司的合并：南车北车合并案

| 摘　要 |

本案例旨在介绍上市公司合并的法律程序及法律问题。通过中国南车、中国北车两家上市公司合并为中国中车这样具有重大影响的典型案例，介绍上市公司是如何进行合并的，采用了什么样的合并方式，进行了什么样的合并程序，在合并的过程中，有哪些需要注意的法律问题等。同时，由于律师在非诉讼法律业务中也发挥着重要的作用，本案例还重点介绍了公司合并过程中的法律意见书、合并之后的公司章程等。通过案例的学习，了解到律师在上市公司合并中应当发挥什么样的作用，以及可以承担哪些业务工作。

| 关键词 |

南车　北车　中车　公司合并

| 教学目标 |

本案例为非诉讼法律业务，主要属于其中的公司类业务，同时与证券类业务、律师非诉法律事务等也有密切的联系；在此过程中，还与法律谈判有一定联系。本案例是一宗具有重大社会影响的公司合并案，对非诉讼法律业务的案例教学具有较大的现实意义，其涉及《公司法》《证券法》等法律中非诉讼部分的应用，也涉及律师法律意见书的撰写等实务内容，在案例教学上具有一定的典型性。本案例借助南车北车合并案的大致过程，重点介绍了上市公司合并过程中所涉及的法律程序及问题，学生通过对案例材料的阅读及对相关法律条文和公司章程的研读、分析，可以学习以下内容：(1)掌握上市公司合并的法律程序；(2)掌握股份有限公司的治理结构；(3)了解律师法律意见书的作用、格式，并学会初步撰写法律意见书；(4)学习、了解《公司法》《证券法》以及相关法律的其他相关问题；(5)促进学生对相关非诉讼法律业务的进一步思考。

教学案例主文

一、企业简介

(一)中国南车股份有限公司

中国南车股份有限公司,简称中国南车,是经国务院同意,国务院国有资产监督管理委员会批准,由中国南车集团公司联合北京铁工经贸公司共同发起设立的股份有限公司。其成立于2007年12月28日,2008年8月实现A+H股上市,现有20家全资及控股子公司,分布在全国11个省市,员工9万余人,总部设在北京。中国南车主要从事铁路机车、客车、货车、动车组、城轨地铁车辆及重要零部件的研发、制造、销售、修理、租赁和轨道交通装备专有技术延伸产业,以及相关技术服务、信息咨询、实业投资与管理、进出口等业务。按照《国际标准产业分类》划分,其属于机械制造业中的交通运输装备制造业。中国南车具备铁路机车、客车、货车、动车组、城轨地铁车辆及相关零部件自主开发、规模制造、规范服务的完整体系。中国南车拥有中国最大的电力机车研发制造基地、全球技术领先的高速动车组研发制造基地、行业领先的大功率内燃机车及柴油机研发制造基地,是国内高档客车研制的领先企业、全球领先的铁路货车研发制造基地、三家城轨车辆国产化定点企业,以及中国最大的城轨地铁车辆制造商。同时,中国南车利用轨道交通装备专有技术,积极开发并成功扩展延伸产品市场,包括电动汽车、风力发电设备、汽车配件、船用曲轴和柴油机、大功率半导体元件、工程机械等。

(二)中国北车股份有限公司

中国北车股份有限公司,简称中国北车,是经国资委批准,由中国北方机车车辆工业集团公司联合大同前进投资有限责任公司、中国诚通控股集团有限责任公司和中国华融资产管理公司,于2008年6月26日共同发起设立的股份有限公司,主营铁路机车车辆、城市轨道车辆、工程机械机电子的研发、设计、制造、修理、服务业务。中国北车汇集了一大批机车车辆专业及其他学科技术人才,技术开发实力雄厚,取得了一大批国家级重大科研成果。中国北车现拥有两个国际领先的动车组技术平台,CRH5动车组批量投入运营,CRH3动车组创造了时速394.3公里"中华第一速"。产品现已出口到30多个国家和地区。在海外建立合资企业,实现了技术输出。其骨干企业技术装备达到国际先进水平,机械加工、铸锻、钢结构制造和组装、电机电气等有显著优势。

（三）中国中车股份有限公司

2014年12月30日，中国南车正式宣布与中国北车合并。在操作技术上采取中国南车吸收合并中国北车的方式，合并的将采用新公司的公司名称，合并的新公司将采用新组织机构代码、股票简称和代码。

中国中车股份有限公司（中文简称中国中车，英文缩写CRRC）是经国务院同意，国务院国资委批准，由中国北车股份有限公司、中国南车股份有限公司按照对等原则合并组建的A+H股上市公司。经中国证监会核准，2015年6月8日，中国中车在上海证券交易所和香港联交所成功上市。其现有46家全资及控股子公司，员工17万余人，总部设在北京。

中国中车承继了中国北车股份有限公司、中国南车股份有限公司的全部业务和资产，是全球规模最大、品种最全、技术领先的轨道交通装备供应商。主要经营：铁路机车车辆、动车组、城市轨道交通车辆、工程机械、各类机电设备、电子设备及零部件、电子电器及环保设备产品的研发、设计、制造、修理、销售、租赁与技术服务；信息咨询；实业投资与管理；资产管理；进出口业务。

二、合并案发生的背景

当前，全球轨道交通行业面临高铁经济蓬勃发展的良好契机。一方面，全球多个经济体公布了铁路（尤其是高速铁路）的发展计划，全球轨道交通市场正快速成长。与此同时，中国提出了加强各个经济体"互联互通"及建设"一带一路"倡议的战略构想，这都将为亚太地区及全球轨道交通行业提供广阔的市场空间。

另一方面，近年来，中国的高铁和轨道装备业得到了迅速发展。在海外，南车北车分别凭借可靠的技术、丰富成熟的国内运营经验以及相对低廉的价格，逐渐占领海外轨道装备市场。但是，在大踏步"走出去"的同时，两家企业在海外相互竞争的"负面效应"逐渐显现，相互压价、恶性竞争时有发生。在2011年的土耳其机车项目招标中，两家公司竞相压价，最后输掉了订单。在2012年阿根廷电动车招标过程中，中国南车、北车两家公司相互压价，最后竟然以低于国际正常单价近一半的价格中标，被业内称之为"两败俱伤"。此次竞相降价损伤了中国企业的信誉。而在国外，各国装备企业多为一家出面竞标，如德国多为西门子，加拿大则是庞巴迪，法国则是阿尔斯通。

在这种背景下，一方面面临着广阔的市场，另一方面又为了避免恶性竞争的出现，削弱中国企业的竞争力，南车北车的合并被提上议事日程。

三、合并的过程

(一)合并双方

本次合并的双方为中国南车和中国北车。

(二)合并方式

根据中国南车与中国北车签署的《合并协议》,合并技术上采取中国南车吸收合并中国北车的方式进行合并,即中国南车向中国北车全体 A 股换股股东发行中国南车 A 股股票、向中国北车全体 H 股换股股东发行中国南车 H 股股票,并且拟发行的 A 股股票将申请在上交所上市流通,拟发行的 H 股股票将申请在香港联交所上市流通,中国北车的 A 股股票和 H 股股票相应予以注销。合并后新公司将采用新的公司名称和组织机构代码、股票简称和代码、法人治理结构、战略定位、组织架构、管理体系、公司品牌等。合并后新公司同时承继及承接中国南车与中国北车的全部资产、负债、业务、人员、合同、资质及其他一切权利与义务。本次合并应具有《公司法》规定的效力并应当符合《香港上市规则》和《香港收购合并守则》的规定。

(三)合并后新公司名称

合并双方拟定中文名称:中国中车股份有限公司;中文简称:中国中车;英文名称:CRRC Corporation Limited;英文简称:CRRC。合并后新公司的名称最终以国家工商行政管理总局及香港公司注册处核准登记的名称为准。

(四)换股对象

本次合并的换股对象为于换股实施股权登记日收市后登记在册的中国北车全体股东,包括未申报、无权申报或无效申报行使现金选择权的中国北车股东,以及中国北车异议股东现金选择权提供方。

(五)换股价格和比例

本次合并中,中国南车和中国北车的 A 股和 H 股拟采用同一换股比例进行换股,以使同一公司的所有 A 股股东和 H 股股东获得公平对待,从而使同一公司的不同类别股东持有股比的相对比例在合并后保持不变。本次合并的具体换股比例为 1:1.10,即每 1 股中国北车 A 股股票可以换取 1.10 股中国南车将发行的中国南车 A 股股票,每 1 股中国北车 H 股股票可以换取 1.10 股中国南车将发行的中国南车 H 股股票。

上述换股比例系由合并双方在以相关股票于首次董事会决议公告日前 20 个交

易日的交易均价作为市场参考价的基础上,综合考虑历史股价、经营业绩、市值规模等因素,经公平协商而定。具体而言,中国南车A股和H股的市场参考价分别为人民币5.63元/股和港币7.32元/股;中国北车A股和H股的市场参考价分别为人民币5.92元/股和港币7.21元/股;根据该等参考价并结合前述换股比例,中国南车的A股股票换股价格和H股股票换股价格分别确定为人民币5.63元/股和港币7.32元/股,中国北车的A股股票换股价格和H股股票换股价格分别确定为人民币6.19元/股和港币8.05元/股。

根据《重组管理办法》的相关规定,上市公司发行股份的价格不得低于市场参考价的90%。市场参考价为本次发行股份购买资产的董事会决议公告日前20个交易日、60个交易日或者120个交易日的公司股票交易均价之一。本次发行股份购买资产的董事会决议应当说明市场参考价的选择依据。换股吸收合并涉及上市公司的,上市公司的股份定价及发行按照前述规定执行。

中国北车换股股东取得的中国南车A股股票或H股股票的数量应当为整数,如其所持有的中国北车A股股票按换股比例可获得的中国南车A股股票的数量不是整数,则按照其小数点后尾数大小排序,每一位A股换股股东依次送一股,直至实际换股数与计划发行股数一致。如遇尾数相同者多于余股时则采取计算机系统随机发放的方式,直至实际换股数与计划发行股数一致。H股换股的零碎股处理方法与前述A股换股的零碎股处理方法相同。

(六)资产交割及股份发行

自交割日起,中国南车和中国北车的全部资产(包括其直接投资之全部公司的股权)、负债、业务、资质、人员、合同及其他一切权利与义务将由合并后新公司享有和承担。

在A股换股实施日,中国南车根据《合并协议》的约定向换股实施股权登记日收市后登记在册的中国北车全体A股股东发行中国南车A股股票;在H股换股实施日,中国南车根据《合并协议》的约定向换股实施股权登记日收市后登记在册的中国北车全体H股股东发行中国南车H股股票。中国南车负责将作为与中国北车合并而支付给中国北车A股股东和H股股东的对价,即中国南车为本次合并发行的A股股票和H股股票登记至中国北车A股股东和H股股东名下,中国北车予以必要协助。

(七)发行新股的上市

中国南车为本次合并发行的A股股票将申请在上交所上市,为本次合并发行的H股股票将申请在香港联交所上市。

(八)境内批准和授权过程

1. 南车与北车各自董事会的批准

2014 年 12 月 29 日至 30 日,中国南车召开第三届董事会第七次会议,审议通过了《关于中国南车股份有限公司符合重大资产重组条件的议案》《关于中国南车股份有限公司与中国北车股份有限公司合并方案的议案》《关于与中国北车股份有限公司签订合并协议的议案》《关于〈中国南车股份有限公司、中国北车股份有限公司合并预案〉的议案》《关于提请公司股东大会、类别股东会授予董事会增发 A 股及 H 股特别授权的议案》《关于本次合并不构成公司关联(连)交易的议案》《关于本次合并符合〈关于规范上市公司重大资产重组若干问题的规定〉第四条规定的议案》《关于提请股东大会授权董事会及其授权人士全权处理本次合并有关事项的议案》《关于成立独立董事委员会的议案》《关于本次合并交割日前利润分配及滚存利润安排的议案》《关于提请公司股东大会豁免南车集团、北车集团和/或两集团合并后的承继实体全面强制收购要约的义务的议案》等议案。中国南车独立董事就本次合并相关事宜、合并交割日前利润分配及滚存利润安排等事宜出具了独立意见。

2015 年 1 月 20 日,中国南车召开第三届董事会第八次会议,审议通过了《关于〈中国南车股份有限公司、中国北车股份有限公司合并报告书(草案)〉及其摘要的议案》《关于终止〈中国南车股份有限公司股票期权计划〉的议案》《关于批准本次合并相关的财务报告和备考合并财务报告的议案》《关于确认〈中国国际金融有限公司关于中国南车股份有限公司、中国北车股份有限公司合并之估值报告〉的议案》《关于提请股东大会授权董事会及其授权人士全权处理本次合并有关事项的议案》《关于批准刊登、印发及寄发有关吸收合并的股东通函,代表委任表格及回执的议案》《关于召开中国南车股份有限公司股东大会、A 股类别股东会、H 股类别股东会的议案》等议案。中国南车独立董事就终止公司股票期权计划、本次合并的估值报告等事宜出具了独立意见。

2014 年 12 月 29 日至 30 日,中国北车召开第二届董事会第三十七次会议,审议通过了《关于中国北车股份有限公司符合重大资产重组条件的议案》《关于中国北车股份有限公司与中国南车股份有限公司合并方案的议案》《关于与中国南车股份有限公司签订合并协议的议案》《关于〈中国南车股份有限公司、中国北车股份有限公司合并预案〉的议案》《关于本次合并不构成公司关联(连)交易的议案》《关于本次合并符合〈关于规范上市公司重大资产重组若干问题的规定〉第四条规定的议案》《关于提请股东大会授权董事会及其授权人士全权处理本次合并有关事项的议案》《关于成立独立董事委员会及聘任独立财务顾问的议案》《关于本次合并交割日前利润分配及滚存利润安排的议案》等议案。中国北车独立董事就本次合并相关事宜、合并交割日前利润分配及滚存利润安排等事宜出具了独立意见。

2015年1月20日，中国北车召开第二届董事会第三十八次会议，审议通过了《关于〈中国南车股份有限公司、中国北车股份有限公司合并报告书（草案）〉及其摘要的议案》《关于终止〈中国北车股份有限公司股票期权激励计划〉的议案》《关于批准本次合并相关财务报告的议案》《关于确认〈长城证券有限责任公司关于中国南车股份有限公司、中国北车股份有限公司合并之估值报告〉的议案》《关于提请股东大会授权董事会及其授权人士全权处理本次合并有关事项的议案》《关于批准刊登、印发及寄发有关吸收合并的股东通函，代表委任表格及回执的议案》《关于召开中国北车股份有限公司股东大会、A股类别股东会议、H股类别股东会议的议案》等议案。中国北车独立董事就终止公司股票期权计划、本次合并的估值报告等事宜出具了独立意见。

2. 国务院国资委的批准

2015年3月3日，国务院国资委作出《关于中国南车股份有限公司与中国北车股份有限公司合并有关问题的批复》（国资产权〔2015〕117号）和《关于中国北车股份有限公司与中国南车股份有限公司合并有关问题的批复》（国资产权〔2015〕118号），原则同意中国南车与中国北车合并。

3. 中国南车、中国北车股东大会的批准

2015年3月9日，中国南车召开2015年第一次临时股东大会、2015年第一次A股类别股东会、2015年第一次H股类别股东会，审议通过了本次合并的相关议案。

2015年3月9日，中国北车召开2015年第一次临时股东大会、2015年第一次A股类别股东会议、2015年第一次H股类别股东会议，审议通过了本次合并的相关议案。

4. 商务部关于反垄断的审查

2015年3月31日，商务部反垄断局出具《审查决定通知》（商反垄审查函〔2015〕第19号），决定对中国南车和中国北车吸收合并案不予禁止。

5. 中国证监会的核准

2015年4月22日，中国证监会作出《关于核准中国南车股份有限公司增发境外上市外资股的批复》（证监许可〔2015〕695号），核准本次合并涉及的中国南车发行H股换取中国北车H股换股股东所持有的中国北车H股股份。

2015年4月24日，中国证监会作出《关于核准中国南车股份有限公司吸收合并中国北车股份有限公司的批复》（证监许可〔2015〕748号），核准中国南车以新增11138692293股股份吸收合并中国北车。

（九）境外批准与授权过程

有关本次合并分别发送给中国南车H股股东和中国北车H股股东的通函已通

过香港证监会执行人员的审查。

本次合并已获得根据当地法律的规定需要在本次合并完成之前获得的所有必要的境外反垄断审查机构的批准。

香港证监会执行人员已授予清洗豁免,且清洗豁免已获得出席中国南车股东大会的无利害关系股东所持表决权过半数通过。

中国南车作为换股对价发行中国南车 H 股已获得香港联交所的上市批准。

(十)债权债务处理情况

中国南车和中国北车已分别根据《公司法》等法律法规的要求发出了债权人通知,并发布了债权人公告。于规定的债权申报期限内,并无债权人向中国南车或中国北车提出清偿债务或者提供相应的担保的要求。于交割日,中国南车原有的债权债务和中国北车原有的债权债务已由合并后新公司享有和承担。

(十一)对价支付情况

中国南车和中国北车已于 2015 年 5 月 11 日分别发布《中国南车股份有限公司关于本次合并 A 股异议股东现金选择权申报结果的公告》和《中国北车股份有限公司关于本次合并 A 股异议股东现金选择权申报结果的公告》,在现金选择权申报期内,并无中国南车 A 股异议股东、中国北车 A 股异议股东申报行使现金选择权。

中国南车和中国北车于 2015 年 5 月 11 日分别发布《公告行使中国南车 H 股的中国南车现金选择权的结果》和《公告行使中国北车 H 股的中国北车现金选择权的结果》,在现金选择权申报期内,并无中国南车 H 股异议股东、中国北车 H 股异议股东申报行使现金选择权。

根据上交所《关于中国北车股份有限公司股票终止上市的决定》(〔2015〕198 号),上交所于 2015 年 5 月 20 日对中国北车 A 股股票予以摘牌,中国北车股票终止上市。本次合并的换股实施股权登记日为 2015 年 5 月 20 日,换股实施股权登记日收市后中国北车 A 股股东持有的中国北车 A 股股票已按照 1∶1.10 的比例转换为中国南车 A 股股票,即每 1 股中国北车 A 股股票换取 1.10 股中国南车 A 股股票,中国北车 H 股股东持有的中国北车 H 股股票已按照 1∶1.10 的比例转换为中国南车 H 股股票,即每 1 股中国北车 H 股股票换取 1.10 股中国南车 H 股股票。

根据中国南车提供的证明文件,本次合并涉及的中国南车 A 股换股手续已于 2015 年 5 月 28 日完成,中国南车 H 股换股手续已于 2015 年 5 月 26 日完成。

中国南车因本次合并新增发行 A 股 11138692293 股和 H 股 2347066040 股,共计新增发行股份 13485758333 股。本次合并换股实施完毕后,合并后新公司的总股本为 27288758333 股。

（十二）中国中车股份有限公司的正式成立及股票上市

中国中车股份有限公司（中国中车）于2015年6月1日正式成立。2015年6月8日上午，中国中车股份有限公司（中国中车）在上海证券交易所和香港联交所鸣锣上市，宣告这一世界最大轨道交通装备制造企业同步登陆A+H股。

四、合并过程中律师的作用

2015年5月29日，国浩律师（北京）事务所、北京市嘉源律师事务所共同出具了《关于中国南车股份有限公司与中国北车股份有限公司合并实施情况之法律意见书》（国浩京证字〔2015〕第174号、嘉源〔2015〕-02-031号）。根据中国南车与国浩律师（北京）事务所、北京市嘉源律师事务所分别签署的《专项法律顾问协议》，国浩律师（北京）事务所、北京市嘉源律师事务所共同为该次合并所涉及的相关中国法律事宜出具法律意见书。

五、中国中车章程（摘录）

《中国中车股份有限公司章程》

（摘录）

第一条 中国中车股份有限公司（以下简称本公司或公司）系经国务院国有资产监督管理委员会（以下简称国务院国资委）批准，由原中国南车股份有限公司（以下简称原中国南车）与原中国北车股份有限公司（以下简称原中国北车）合并而成，并于上海证券交易所及香港联合交易所股份有限公司（以下简称香港联交所）上市的股份有限公司。

为维护本公司股东和债权人的合法权益，规范公司的组织和行为，根据《中华人民共和国公司法》（以下简称《公司法》）、《中华人民共和国证券法》、《国务院关于股份有限公司境外募集股份及上市的特别规定》（以下简称《特别规定》）、《到境外上市公司章程必备条款》（以下简称《必备条款》）、《上市公司章程指引》、《关于到香港上市公司对公司章程作补充修改的意见的函》、《上海证券交易所股票上市规则》、《香港联合交易所有限公司证券上市规则》（以下简称《香港上市规则》）和其他有关法律、法规和部门规章，制订本章程。

第二条 本公司系依照《公司法》、《特别规定》以及国家其他有关法律、法规在中华人民共和国（以下简称中国）成立的股份有限公司。

公司由原中国南车与原中国北车依据“坚持对等合并、着眼未来、共谋发展，坚持精心谋划、稳妥推进、规范操作”的合并原则，技术上采取原中国南车换股吸收合并原中国北车的方式合并而成。本公司于二〇一五年六月一日在北京市工商局完成工商变更登记,取得《营业执照》。原中国南车系经国务院国资委批准,于二〇〇七年十二月二十八日,以发起方式设立,于二〇〇七年十二月二十八日在国家工商行政管理总局注册登记,取得《营业执照》。原中国南车成立后,经中国证券监督管理委员会(以下简称中国证监会)批准,首次向境内社会公众发行300000万股人民币普通股,并于二〇〇八年八月十八日在上海证券交易所上市;向境外投资者公开发行184000万股境外上市外资股(含超额配售24000万股),并于二〇〇八年八月二十一日在香港联交所上市。

原中国北车系经国务院国资委批准,于二〇〇八年六月二十六日,以发起方式设立,于二〇〇八年六月二十六日在国家工商行政管理总局完成登记,取得《营业执照》。原中国北车成立后,经中国证监会批准,首次向境内社会公众发行250000万股人民币普通股,并于二〇〇九年十二月二十九日在上海证券交易所上市;向境外投资者公开发行不超过209438万股境外上市外资股(含超额配售27318万股),并于二〇一四年五月二十二日在香港联交所上市。

第三条 公司注册名称:

中文全称:中国中车股份有限公司 中文简称:中国中车 英文全称:CRRC Corporation Limited 英文简称:CRRC

第七条 公司为永久存续的股份有限公司。

第二十条 经国务院证券监督管理机构批准,公司可以向境内投资人和境外投资人发行股票。

前款所称境外投资人是指认购公司发行股份的外国和香港、澳门、台湾地区的投资人;境内投资人是指认购公司发行股份的,除前述地区以外的中国境内的投资人。

第二十一条 公司向境内投资人发行的以人民币认购的股份,称为内资股。公司向境外投资人发行的以外币认购的股份,称为外资股。外资股在境外上市的,称为境外上市外资股。

内资股股东和境外上市外资股股东同是普通股股东,拥有相同的权利和承担相同的义务。

第二十二条 公司发行的在香港上市的外资股,简称为H股。H股指获香港联交所批准上市、以人民币标明股票面值、以港币认购和进行交易的股票。

第二十三条 公司系经国务院授权的审批部门及境外证券监管机构批准,由原中国南车与原中国北车换股吸收合并而成的股份有限公司(原中国北车与原中国南车的换股比例为1:1.10即原中国北车A股股东持有的每一股原中国北车A股股票可以换取1.10股原中国南车A股股票,原中国北车H股股东持有的每一股原中国北车H股股票可以换取1.10股原中国南车H股股票)。

合并完成后,公司总股本为27288758333股,其中:于上海证券交易所上市的人民币普通股合计为22917692293股,占公司总股本83.98%;于香港联交所上市的境外上市外资股合计为4371066040股,占公司总股本16.02%。合并完成后,中国南车集团公司持有7796321142股股份,占公司总股本28.57%;中国北方机车车辆工业集团公司持有6990001869

股股份，占公司总股本25.61%；北京北车投资有限责任公司持有380172012股股份，占公司总股本1.39%；中国南车集团投资管理公司持有93085715股股份，占公司总股本0.34%。

第四十一条 发起人持有的本公司股份，自公司成立之日起一(1)年内不得转让。公司在公开发行股份前已发行的股份，自公司股票在证券交易所上市交易之日起一(1)年内不得转让。

第四十二条 公司董事、监事、高级管理人员应当向公司申报所持有的本公司的股份及其变动情况，在任职期间每年转让的股份不得超过其所持有本公司股份总数的百分之二十五(25%)；所持本公司股份自公司股票上市交易之日起一(1)年内不得转让。上述人员离职后半年内，不得转让其所持有的本公司股份。

公司董事、监事、高级管理人员、持有本公司股份百分之五(5%)以上的内资股股东，将其持有的本公司股票在买入后六(6)个月内卖出，或者在卖出后六(6)个月内又买入，由此所得收益归本公司所有，本公司董事会将收回其所得收益。但是，证券公司因包销购入售后剩余股票而持有百分之五(5%)以上股份的，卖出该股票不受六(6)个月时间限制。公司董事会不按照前款规定执行的，股东有权要求董事会在三十(30)日内执行。公司董事会未在上述期限内执行的，股东有权为了公司的利益以自己的名义直接向人民法院提起诉讼。公司董事会不按照第一款的规定执行的，负有责任的董事依法承担连带责任。

第一百二十三条 下列事项由股东大会以特别决议通过：

(一) 公司增、减股本和发行任何种类股票、认股证和其他类似证券；

(二) 发行公司债券，股票或其他证券；

(三) 公司的分立、合并、解散和清算或者变更公司形式；

(四) 公司章程的修改；

(五) 公司在一年内购买、出售重大资产或者担保金额达到或超过公司最近一期经审计总资产百分之三十(30%)的；

(六) 股权激励计划；

(七) 利润分配政策的调整或变更；

(八) 法律、法规、上市地证券监管规则或本章程规定的，以及股东大会以普通决议通过认为会对公司产生重大影响、需要以特别决议通过的其他事项。

第二百七十九条 公司合并或者分立，应当由公司董事会提出方案，按本章程规定的程序通过后，依法办理有关审批手续。反对公司合并、分立方案的股东，有权要求公司或者同意公司合并、分立方案的股东，以公平价格购买其股份。

公司合并、分立决议的内容应当作成专门文件，供股东查阅。对到香港上市公司的境外上市外资股股东，前述文件还应当以邮件方式送达、或通过公司网站发布或本章程规定的其他方式发送。

第二百八十条 公司合并可以采取吸收合并和新设合并两种形式。

……

教学指导手册

教学目标

本案例为非诉讼法律业务,主要属于其中的公司类业务,同时与证券类、律师非诉法律事务等也有密切的联系;在此过程中,还与法律谈判有一定的联系。本案例是一宗具有重大社会影响的公司合并案,对非诉讼法律业务的案例教学具有较大的现实意义,其涉及《公司法》《证券法》等法律中非诉讼部分的应用,也涉及律师法律意见书的撰写等实务内容,在案例教学上具有一定的典型性。本案例借助南车北车合并案的大致过程,重点介绍了上市公司合并过程中所涉及的法律程序及问题,学生通过对案例材料的阅读及对相关法律条文和公司章程的研读、分析,可以学习:(1)上市公司合并的法律程序;(2)股份有限公司的治理结构;(3)律师法律意见书的作用和撰写;(4)《公司法》《证券法》以及相关法律的其他相关问题以及其他相关的问题。同时,也可以促进学生对相关的非诉讼法律业务的进一步思考。

教学内容

1. 公司的性质及特征

由于三家公司均为上市公司,因此非常具有典型性,通过这起合并案,认识公司的性质和特征。

2. 股份有限公司的治理结构以及各内属机构的权力

虽然案例主要讲述两家上市公司是如何合并的,但是合并过程中涉及股东大会、董事会等决策批准程序等,因此了解股份有限公司的治理结构以及各内属机构的权力也是非常重要的。通过案例,观察其合并过程中的公司机构的运转,可以一并学习了解公司的治理机构和各内属机构的权力。

3. 公司合并的方式

这是本案例教学的重点内容之一。通过本案例,深入了解公司合并的方式以及本案所属的合并方式。这也涉及后续的公司合并的法律程序问题。

4. 公司合并的法律程序

这是本案例教学的重中之重。通过本案例,深入了解上市的股份有限公司合并所需要走过的法律程序以及其中所涉及的法律问题,每一个阶段、步骤、环节等都需要让学生掌握。

5. 公司合并所涉及的法律文书

主要是律师所需要出具的法律意见书。一方面,学习律师法律意见书在公司合并中的法律地位和作用;另一方面,学习如何在公司合并业务中撰写律师法律意见书,包括其主要的格式、内容和所涉及的问题等。

6. 上市公司合并所涉及的信息披露事项

信息披露事项是上市公司业务中非常重要的一类事项,毕业生今后若在上市公司从事法律事务,则必须对此予以充分掌握,否则会造成公司的违规甚至违法。通过案例教学,了解上市公司合并涉及哪些信息披露事项,分别是如何披露的。

7. 上市公司章程的主要结构

通过本案例教学,由于上市公司章程的公开性,向学生展示上市公司的章程,使学生了解上市公司的章程的主要结构,使学生今后在公司业务中具备协助起草或者修改公司章程的能力。

预期效果

预期通过本案例的教学,使学生得以较好地了解上市公司合并的法律程序及相关的重点法律问题,并且能够具备写作相关的法律意见书的能力。通过进一步的公司法务的实习,使学生能够更加深入地了解公司法务工作,能够具备在公司从事法务的能力。

教学计划

本案例可以安排以如下方式进行:(1)先布置学生课前阅读相关的案例材料,并且让学生通过互联网检索相关案件的新闻报道和公司公告的法律文件;(2)进行一定程度的课堂教授,概括案例内容,观看相关的新闻报道视频,并提出相关的知识点;(3)提出若干问题,进行课堂讨论;(4)让学生撰写法律意见书等文书。

课堂时间安排

共6个课时,每课时45分钟。

1. 案例介绍及讲授:45分钟。
2. 提炼相关知识点,分组讨论:45分钟。
3. 学生分组进行课堂发言并进行总结:90分钟。
4. 进行撰写相关法律意见书等文书的练习,介绍各自的文书并点评:90分钟。

思考题和实践题

1. 思考题

(1)本案中合并所涉及的三家公司(南车、北车、中车)的性质及特征?
(2)南车北车采用何种方式进行合并?
(3)南车与北车合并需要经过哪些法律程序?
(4)简述中国中车的股本结构。
(5)上市公司合并所涉及的信息披露事项都有哪些类型?
(6)上市公司股票复牌后,对高管所持有的股票转让有何限制及后果?
(7)简述法律意见书的作用以及在上市公司法律业务中的必要性。

2. 实践题

(1)请从公开的途径查找上市公司所披露的信息。
(2)假设你是一名上市公司的法律顾问,你应如何为该公司的法律事务撰写法律意见书?如果你的客户公司想要吸收合并另一家上市公司,请模仿南车北车合并案中的法律意见书,为你的客户公司构想一份法律意见书,都有哪些主要结构?
(3)假设你担任顾问的上市公司已经成功吸收合并了另一家上市公司,你如何为新上市公司起草新的公司章程?都有哪些主要结构?

参考文献

1. 范健、王建文:《公司法》(第四版),法律出版社2015年版。
2. 赵旭东主编:《公司法学》(第四版),高等教育出版社2015年版。
3. 刘俊海:《现代公司法》(第三版),法律出版社2015年版。
4. 施天涛:《公司法论》(第三版),法律出版社2014年版。
5. 龚志忠主编:《公司业务律师基础实务》,中国人民大学出版社2014年版。
6. 叶林:《证券法》(第四版),中国人民大学出版社2013年版。

撰稿人 | 吴啟铮,上海师范大学法政学院法律系讲师

12 CASE R信托公司房地产集合资金信托计划案例

| 摘 要 |

本案例主要讨论集合资金信托计划的交易流程、交易结构、风险管控,以及当前监管机构的监管要求等内容。通过对案例的学习,学生可以更加清晰、直接地了解一项集合资金信托计划运作的完整流程,包括期间可能会涉及的争议问题及相应的应对策略。此外,该案例涉及房地产融资,因此本案例的教学也能使学生对于目前房地产信托行业有一个更深入的了解。

| 关键词 |

集合资金信托计划　交易结构　监管要求

| 教学目标 |

本案例借助集合资金信托计划实例,重点介绍了我国信托公司开展集合资金信托计划的一般流程以及各法律主体之间存在的法律关系。通过对案例的阅读、分析,结合授课教师的指导,学生能够对集合资金信托计划的交易流程、交易结构、风险管控以及当前监管机构对于集合资金信托计划的监管要求有一个较为熟悉的把握,从而对集合资金信托计划的开展有一个更为深刻的理解。同时,以讲授案例为切入点,引申出对集合资金信托计划相关理论问题的探讨(如信托公司的"集合资金信托计划""公开销售"的认定等),从而对之进行思考与检讨,为学生进一步学习提供方向。

教学案例主文

L公司是我国房地产行业的龙头企业。2013年L公司的全资子公司J公司完成了某地产项目的建设,但是一时没有足够的资金来偿还银行贷款、关联方借款,以及支付部分项目工程款和装修款。为此,L公司董事会决定采用信托贷款的方式筹措资金。由此,L 公司及 J 公司联系到 R 信托公司,由 R 信托公司发起一项集合资金信托计划,为 J 公司偿还借款和支付工程款、装修款融资。该案例中的信托计划是当前我国信托行业中一个十分典型的集合资金信托计划,这对于学习信托法的同学深入了解集合资金信托计划的交易结构和交易流程,把握其中的症结问题,反思目前房地产信托发展现状具有十分重要的意义。

一、所涉相关主体

(一)R 信托公司

R 信托公司是经中国银监会批准设立的金融机构,具有经营信托业务资格,并持有有效的《中华人民共和国金融许可证》。当前公司主营业务覆盖房地产、证券、工商企业及基础设施领域,“多元化”交易模式包括股权投资、信托贷款、股权收益权、财产权管理等。

(二)L 公司

L 公司是一个国有控股的特大型企业集团,主要涉足房地产行业。L 公司在本信托计划成立前,持有 J 公司全部股份,同时持有 S 公司 97.14% 股份。

(三)J 公司

J 公司是一家主要经营房地产开发的有限责任公司,在本信托计划成立前,注册资本 158110 万元,是 L 公司的全资子公司。实际上,J 公司是 L 公司为建设某地产项目而设立的项目公司,也是本案例中信托贷款的融资方。

(四)S 公司

S 公司是 L 公司的控股子公司,其 97.14% 的股权为 L 公司所掌握,其主营业务是商业地产运营管理。

二、交易流程

(一)信托计划发起

该信托计划由 R 信托公司作为受托人发起设立,信托收益权划为等额的信托单位。

该信托计划的规模预计为 100 亿份(1 元/信托单位),分期分类发行。其中,A 类信托单位预计总份数为 10 亿份,B 类信托单位总份数为 70800 万份。R 信托公司有权调整信托计划项下的各类信托单位总份数。而后续其他各类信托单位规模也由R信托公司决定。

信托计划预计存续期限为8年,自本信托计划成立之日开始计算;其中,A类信托单位的存续期限为2年,自信托计划成立日起算;B类信托单位的存续期限为5年,自B类信托单位生效之日开始计算;后续其他各类信托单位的存续期限由R信托公司决定。

R信托公司可以根据信托合同的约定可提前终止本信托及或某类信托计划。

同时,受托人可以向合格投资者推介信托产品。

> 信托公司推介信托计划有什么限制?
>
> 《信托公司集合资金信托计划管理办法》(以下简称《信托计划管理办法》)第7条和第8条对信托公司推介信托计划做出了一系列限制,其中包括:不能以任何方式承诺信托资金不受损失或最低收益;不得进行公开营销宣传;不得委托非金融机构进行推介;推介材料中不得含有与信托文件不符的内容,或者存在虚假记载、误导性陈述或重大遗漏等情况;不得将过去的经营业绩作夸大介绍,或者恶意贬低同行等。

(二)信托单位的认购与申购

符合相关法律法规规定的合格投资者可以在推介期内认购或申购信托单位,或者在开放期内认购或申购后续发行的信托单位。

> 哪些人作为合格投资者可以投资于集合资金信托计划?
>
> 根据《信托计划管理办法》第6条的规定,合格投资者是指符合下列条件之一,能够识别、判断和承担信托计划相应风险的人:(1)投资一个信托计划的最低金额不少于100万元人民币的自然人、法人或者依法成立的其他组织;(2)个人或家庭金融资产总计在其认购时超过100万元人民币,且能提供相关证明的自然人;(3)个人收入在最近三年内每年收入超过20万元人民币或者夫妻双方合计收入在最近三年内每年收入超过30万元人民币,且能够提供相关收入证明的自然人。此外,《信托计划管理办法》第5条第3项还对自然人委托人的人数做了限制,即:单个信托计划的自然人人数不得超过50人,但单笔委托金额在300万元以上的自然人投资者和合格的机构投资者数量不受限制。
>
> 同时,该信托计划说明书约定,每份信托单位对应信托资金1元,认购或申购价格为1元。
>
> 此外,该信托计划说明书还约定了最低认购或申购金额,即自然人委托人最低认购或申购100万份信托单位,机构委托人最低认购或申购100万份信托单位。超过100万份信托单位的,以10万的整数倍递增。
>
> 实际上该信托计划所募集的资金中,有部分资金来源于保险资金。那么,将保险资金投资于集合资金信托计划是否合法合规?

> 2006年保监会发布《保险资金间接投资基础设施项目试点管理办法》,允许保险资产投资信托公司投资基础设施项目的信托计划,之后保监会〔2009〕43号文《关于保险资金投资基础设施债权投资计划的通知》保险资金可用于信托公司设立的“基础设施债权投资计划”。保监会〔2012〕91号文《关于保险资金投资有关金融产品的通知》允许保险资金投资在信托公司集合资金计划。保监会对保险资金投资信托是逐步放开的,基础资产也从最开始的基础设施债权逐步扩充到“融资类资产和风险可控的非上市权益类资产”。然而,在2014年5月保监会(2014)38号文《关于保险资金投资集合资金信托计划有关事项的通知》下发后,可以发现监管层开始注重保险资金的规范管理,再到2014年10月的186号文《中国保监会关于保险公司投资信托产品风险有关情况的通报》,保险公司需重视信托业务的风险,要求各保险机构应当严格遵守信托投资相关监管规定,进一步防范信托投资风险。

从上述一系列规范性文件我们可以看出,目前保险资金只能投资于集合信托计划而不能投资于单一计划,且只能投资融资类集合信托和风险可控的非上市权益类资产。同时,担任受托人的信托公司必须具有完善的公司治理、良好的市场信誉和稳定的投资业绩,且上年末经审计的净资产不低于30亿元人民币。

(三)信托计划成立

信托计划于满足信托文件规定的条件时成立。信托计划成立后,委托人交付的认购信托单位的资金构成信托计划财产,信托计划财产由信托公司在商业银行专户保管。该信托计划在×银行上海分行开设专户,由其担任计划的保管人,保管信托资金。《信托计划管理办法》第19条第1款和第2款规定,信托计划的资金实行保管制。对非现金类的信托财产,信托当事人可约定实行第三方保管,但中国银行业监督管理委员会另有规定的,从其规定。信托计划存续期间,信托公司应当选择经营稳健的商业银行担任保管人。信托财产的保管账户和信托财产专户应当为同一账户。

此外,受托人还聘请某房地产投资有限公司担任信托计划的投资顾问。

(四)信托财产管理

信托计划财产由信托公司根据信托文件规定的方式、以自己的名义加以管理运用和处分。该信托计划中,受托人将信托财产用于对国内优质商业地产项目进行股权和债权投资。

1. A类信托单位募集的信托资金将全部用于完成如下交易:

(1)用于向J公司进行增资。本次增资前,J公司注册资本为101000万元,L公司持有100%股权。本次增资,本信托向J公司出资1亿元购买J公司人民币57110

万元新增注册资本。本次增资完成后，J公司注册资本变更为158110万元，L公司持有63.88%股权，信托计划持有36.12%股权。

(2)向J公司的增资资金主要清偿项目公司银行开发贷款、支付工程款项、支付商场装修款、偿还关联企业借款等。

(3)本次增资完成后，受托人委派人员担任J公司董事，参与J公司重大事项决策和经营管理；且关于《增资协议》中约定J公司的特定重大事项须由受托人在内的所有J公司全体股东同意。

(4)L公司承诺，本次增资完成前J公司的累计未分配利润，由本次增资完成后的全体股东按持股比例或股东之间的约定享有。各方同意，除非基于本次增资交易而修订的公司章程另有约定，项目公司股东在符合法律规定的情况下，应在受托人向项目公司出资之日起(以增资款划入股权投资账户之日起算)当日及之后每半年届满之日(该等出资之日后首次半年期届满之日除外)签署同意分红的股东会决议。各方同意，严格按股东会决议决定的分红金额、分红方式等实施利润分配。

(5)L公司承诺，自受托人向J公司出资之日起，L公司保证受托人于双方约定的每一个分红支付日(指受托人向项目公司出资之日起每半年届满之日)获得的现金股利均与受托人根据其作为J公司股东当日J公司关于分红的第一次股东会决议应获分配之现金股利相等。若在约定的分红时间J公司的累计未分配利润无法确保受托人可按其持股比例足额获得该等现金红利，则J公司全体股东的分红比例将不按照持股比例进行，以确保受托人可优先足额获得该等现金红利，且L公司获得现金红利应不早于受托人。

无论任何原因(包括J公司实际利润不足的情形)致使受托人在任一分红支付日未能足额收到上述现金股利的，则L公司应于该分红支付日的当日以现金方式向受托人补足差额部分，并付至受托人指定银行账户。

> 公司分红在法律上是否能构成公司的承诺和义务？
>
> 分红，即股东的利润分配权，是股东的核心权力。投资者向公司出资的主要目的即是为了获取收益。各国公司法对红利的分配都作出了严格的限制。我国《公司法》第167条规定，公司分配当年税后利润时，应当提取公司法定公积金；公司的法定公积金不足以弥补上一年度公司亏损的，在提前法定公积金之前，还应当先用当年利润弥补亏损。公司弥补亏损和提取公积金后所余利润，有限责任公司股东按照实缴的出资比例分取红利，但全体股东约定不按照出资比例分取红利除外；股份有限公司按照股东持有的股份比例分配，但股份有限公司章程规定不按持股比例分配的除外。股东会、股东大会或者董事会违反上述规定的，在公司弥补亏损和提取法定公积金之前向股东分配利润的，股东必须将违反规定分配的利润退还给公司。

由此可以看出，公司在分红之前，必须有足够的利润弥补前期亏损和提取法定公积金。如果利润不能满足上面两个要求，那么公司不得分配红利。因此，可以说，公司分红在法律上是否构成该公司的承诺和债务具有不确定性，司法机构对于该债务有效性的确定将存在异议。

(6)S 公司有义务于受托人将增资款划入 J 公司股权投资账户之日起两年届满之日受让标的股权（受托人以信托资金向 J 公司增资后持有的 J 公司 36.12% 股权，对应 J 公司注册资本 57110 万元），并一次性向信托计划支付金额为 10 亿元的股权转让价款。但信托计划持有标的股权期间，如发生项目公司无法按 L 公司和受托人约定和签署的股东会分红决议向受托人足额分配现金红利的情况时，S 公司有义务自该日按照当事人签署的相关协议的约定的价款和条件提前支付标的股权转让价款，且 S 公司应为购买标的股权而支付的股权转让价款为 10 亿元加上 J 公司向受托人应付而未付或不能支付的分红收益。

S 公司作为国有控股公司（L 公司为国有控股公司，而 L 公司又是 S 公司的控股股东），其受让 R 信托公司持有的 J 公司 36.12% 的股份时，是否需要相关国资监管部门批准？

该股权转让协议并不违反现行法律法规的规定。但是《国有资产评估管理若干问题的规定》（财政部令第 14 号）第 6 条规定："占有单位有下列行为之一的，应当对相关非国有资产进行评估：（一）收购非国有资产……"所以，在本协议目标股权转让时需要履行资产评估程序。

L 公司承诺，如于《关于 J 公司置业有限公司之股权转让协议》项下标的股权的交割日（除非另有规定，标的股权之交割日为受托人将股权投资资金汇入 J 公司股权投资账户之日起两年期限届满之日），受托人未足额收到 S 公司支付的股权转让价款的，无论何种原因（包括主合同无效、完成上述分红后股权评估价值不足人民币 10 亿元等），L 公司都应于交割日向受托人支付人民币 10 亿元和 S 公司实际支付的股权转让价款（如有）的差额。

此时，L 公司回购股份是否损害 J 公司债权人或者其他股东的利益？

L 公司自愿做出回购安排，届时其将以自有资金为对价换取 R 信托公司享有的 36.12% J 公司的股权，因此相对于 J 公司来说，其注册资本并未减少，只是股东人数由二人变为一人而已。只要控股股东 L 公司严格遵照一人公司的法律法规、章程等行事，那么股东的变化对于 J 公司来说将没有影响，当然也不会损害 J 公司债权人的利益。

(7)为了保证 J 公司全面履行其在《增资协议》项下的各项义务，L 公司将其合法持有的对 J 公司全部股权（完成本次增资后，L 公司持有的项目公司 63.88%）股权出质给受托人，提供质押担保。

> 该股权质押合同担保的主债权是否合法确定？
>
> 股权质押协议是对J公司在增资协议项下义务的担保。而J公司在增资协议项下的主要金钱给付义务为向股东分配红利、赔偿损失和支付违约金等。这样的债权总金额并不完全确定。但是《股权质押协议》中第3.1.2条约定：双方确认，担保的主权利金额为主合同项下的R信托公司实际出资额、股权孳息及违约金、赔偿金总额。由此可以确认主债权金额最高为12亿元。依据《担保法》第67条的规定，质押担保的范围包括主债权及利息、违约金、损害赔偿金、质物保管费用和实现质权的费用。质押合同另有约定的，按照约定。由此，可以认定基于分配红利、赔偿损失、支付违约金等情形发生后形成的债权可作为被担保额主债权。

(8)为担保S公司履行受让信托计划持有的标的股权的义务，L公司提供连带责任保证担保。

2. B类信托单位募集的信托资金将全部用于完成如下交易：

(1)用于向J公司发放信托贷款，信托贷款资金依法用于支付某地产项目的工程款项及法律法规允许的其他用途。

(2)信托贷款的金额为70800万元，实际贷款金额以B类信托单位募集资金金额为准。

(3)信托贷款期限为5年，自实际放款日(信托贷款划入债权投资账户之日)起计算。

(4)信托贷款的年利率为I=中国人民银行(以下简称央行)5年期贷款基准利率×110%。《信托贷款合同》贷款期限内，I上限始终不高于7.79%，下限始终不低于6.29%。《信托贷款合同》项下的日利率=I/360。

若在一个计息期间内遇央行多次调息的，则根据该计息期间内最后一日适用的央行5年期贷款基准利率来确定下一个计息期间的贷款年利率I《信托贷款合同》项下利率实际调整日为下一个计息期间之首日。两个结息日之间期限为计息期间，该期间算头不算尾。

(5)《信托贷款合同》项下贷款自实际放款日起按日计息，每满六个月结息一次，但最后一个结息日应为贷款的到期日(为避免歧义，J公司应于该日支付倒数第二个结息日起至贷款到期日期间内的所有利息)。贷款到期，利随本清。

(6)付息日为结息日后一日(如遇节假日则顺延至节假日后第一个工作日)。最后一个付息日即为结息日，亦为贷款到期日。受托人应于每个付息日前至少提前14天向J公司发出付息通知书，该付息通知书须载明J公司应于相应的付息日支付的本金及利息数额。

(7)根据《信托贷款合同》约定，自实际放款日起每个结息日后第一日(如遇节假日则顺延至节假日后第一个工作日),J 公司应向受托人归还本金 100 万元,贷款本金余额于贷款到期日一次性还清并结清利息。

(8)如发生《信托贷款合同》约定的情况时,受托人有权要求 J 公司提前偿还全部信托贷款本金余额及利息。

(9)为担保 J 公司履行偿还信托贷款本息的义务:(1)J 公司将其某房产及对应的土地使用权抵押给受托人,提供抵押担保;(2)L 公司提供连带责任保证担保。

> 案例中,J 公司与 R 信托公司签订有房产及土地使用权抵押合同,以担保 R 信托公司在信托贷款合同项下主债权的实现。但是实际上,经调查得知,该抵押的房产已整体出租给 Z 房地产管理公司。那么这一情况对于抵押权的实现是否有影响?
>
> 在已经出租的财产上设立抵押权后,抵押权人实行其抵押权之前,承租人可以继续保有租赁物的使用价值而抵押权人支配抵押物的交换价值。但是,一旦债务人到期不履行债务,导致抵押权人实行其抵押权,就会发生租赁权和抵押权实现的冲突。
>
> 对此,《担保法》第 48 条规定:"抵押人将已出租的财产抵押的,应当书面告知承租人,原租赁合同继续有效。"《担保法解释》第 65 条对此作了更为具体的说明,规定:"抵押人将已出租的财产抵押的,抵押权实现后,租赁合同在有效期内对抵押物的受让继续有效。"《物权法》第 190 条也继承了这些立法精神,规定:"订立抵押合同签抵押财产已出租的,原租赁关系不受该抵押权的影响。"

综观上述规定,在已经出租的财产上设立抵押权,不能影响在先的租赁关系。在抵押权实现前,抵押权人固然不能要求终止租赁合同,纵然抵押权实行,抵押物的受让人也必须蒙受租赁权负担。而且在抵押权实现时,抵押物上的租赁关系可能影响实现程序的进行,进而影响抵押物的变现价格。因此案例中的情况对于抵押权的实现是存在影响的,R 信托公司可以要求增加抵押物,以维持抵押物的变价价格。

(五)信托利益分配

受托人以全部信托财产扣除信托费用和税费后的余额为限向受益人分配信托利益。该信托计划规定,受托人以现金形式向受益人分配信托利益;但如至 A 类信托单位终止日,发生 S 公司未按《股权转让协议》约定支付股权转让价款,或至 B 类信托单位终止日,J 公司未按《信托贷款合同》约定支付贷款本金及利息等情形,受托人应当以其他形式向受益人分配信托利益。

(六)信托终止

除信托文件另有规定外,信托计划期限届满,信托计划终止。根据信托合同约定,受托人有权提前终止信托计划。

三、交易结构

结合上述讲义流程,可以做出下面这张交易结构图,以更加清楚地展示各方之间的交易关系。

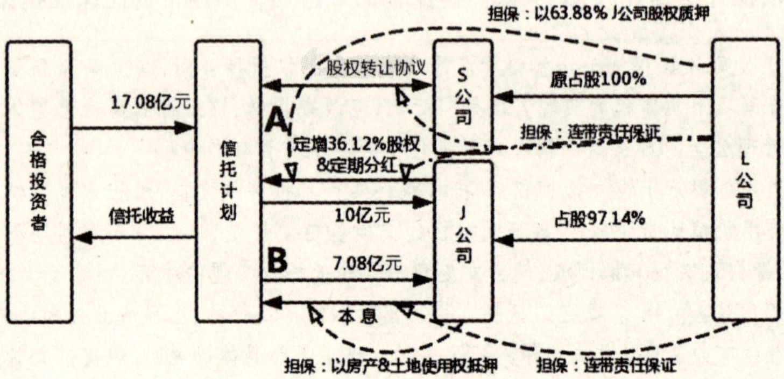

四、法律关系

1. 合格投资者与R信托公司之间签订了信托合同,两者之间成立了信托法律关系。

合格投资人既是委托人又是受益人。合格投资人作为委托人负有将信托财产交付给受托人的义务,以及依约定支付受托人报酬、依约定补偿受托人费用、依约定更换补充信托财产、依约定回购信托财产或收益权等义务(参见《信托法》第35、37条)。同时投资人作为委托人享有的权利有:知情权、信托财产管理方法调整要求权、信托财产损害救济权、受托人解任权、受托人辞任同意权、新受托人选任权、信托解除权、受益人变更权、收益权处分权、信托财产或信托收益权的归属权等权利(参见《信托法》第20、21、22、23、38、39、40、50、51、52、54条)。

此外,投资者作为受益人,投资者负有的义务有:依信托文件约定为取得收益权而应履行的义务、依信托文件约定支付受托人报酬的义务以及依信托文件约定补偿受托人费用的义务(参见《信托法》第44、35、37条)。同时,其作为受益人享有的权利有:信托利益分配权、信托财产归属权以及知情权、信托财产管理方法调整的要求权、信托财产损害的救济权、受托人解任权以及遗嘱信托受托人选任权、新受托人选任权(参见《信托法》第54、49、13、39、40、52条)。

R信托公司作为受托人,其义务主要有:信托文件的遵守义务、忠实义务、谨慎义务、分别管理义务、亲自管理义务、记录报告保密义务、支付信托利益的义务、清算义务(参见《信托法》第25~30、33、34、58条)。同时,其作为受托人的权利有:信托财产名义所有权、信托财产管理处分权、信托财产不当强制执行异议权以及报酬请求权、补偿请求权、辞任权等(参见《信托法》第 17、35、37、38 条)。

2. R 信托公司与 J 公司之间签订增资协议,双方成立债权债务关系。R 信托公司应依据增资协议,将 10 亿元资金交付给 J 公司,而 J 公司应依据该增资协议,将增发的 36.12% 的股权交付给 R 信托公司,以及按照股东会决议每半年向 R 信托公司分配一次红利。

3. R 信托公司与 S 公司之间签订股权转让协议,双方成立债权债务关系。R 信托公司应根据股权转让协议,将 36.12% J 公司的股权交付给 S 公司,而 S 公司应依照股权转让协议,将相应的价款转让给 R 信托公司,价款为 R 信托公司对 J 公司的原始出资成本 10 亿元,加上 J 公司向 R 信托公司应付而未付或不能支付的分红收益。

4. R 信托公司与 L 公司签订股权质押合同,L 公司将增资后所拥有的 63.88% J 公司的股权出质给 R 信托公司,为 J 公司履行增资协议中的股权交付义务和分配红利义务提供质押担保,担保范围包括增资协议项下主权利及主权利项下的违约金、损害赔偿金、实现主权利及担保物权的费用和所有其他应付费用。股权质押合同签订后,L 公司应依照合同将相应股权的出资证明书交由 R 信托公司保管,同时完成质押登记。当合同约定的情形发生时,R 信托公司有权依照质押合同规定的方式实现质权。

5. R 信托公司与 L 公司签订保证合同,L 公司为 R 信托公司在增资协议项下和股权转让协议项下的债权提供连带责任保证。当增资协议及股权转让协议的债务人(J 公司、S 公司)不能履行债务时,L 公司将有义务代为履行或赔偿损失。

6. R 信托公司与 J 公司签订了信托贷款合同,双方之间成立债换债务关系。R 信托公司应当按照信托贷款合同的规定,按时将足额资金交付于 J 公司,同时 J 公司也应该遵照信托贷款合同的规定,按时支付利息及偿还本金。

7. R 信托公司与 J 公司签订了抵押合同,J 公司以其所拥有的某房产及土地使用权抵押给 R 公司,以担保 J 公司在信托贷款合同项下,应履行的义务。抵押合同签订后,J 公司应遵照合同办理相应的抵押登记。当抵押合同约定的情形发生时,R 信托公司有权依照抵押合同规定的方式实现抵押权。

8. R 公司与 L 公司签订第二份保证合同,L 公司为 J 公司在信托贷款合同项下所应履行的债务提供连带责任保证。当 J 公司不能按照信托贷款合同的约定按时支付利息及返还本金时,L 公司将有义务代为履行或赔偿损失。

教学指导手册

教学目标

本案例可供金融法教学使用,主要适用于金融法硕士、法律硕士的案例教学课程使用。

本案例借助集合资金信托计划实例,重点介绍了我国信托公司开展集合资金信托计划的一般流程以及各法律主体之间存在的法律关系。通过学生对案例的阅读、分析,结合授课教师的指导,学生能够对集合资金信托计划的交易流程、交易结构、风险管控以及当前监管机构对于集合资金信托计划的监管要求有一个较为熟悉的把握,从而对集合资金信托计划的开展有一个更为深刻的理解。同时,以讲授案例为切入点,引申出对集合资金信托计划相关理论问题的探讨(如信托公司的"集合资金信托计划""公开销售"的认定等),从而对之进行思考与检讨,为学生进一步学习提供方向。

教学内容

(一)利用信托计划资金融资有哪些优势?

信托制度的优势主要体现在安全性和灵活性上。安全性主要是因为信托财产具有独立性。信托一旦依法设立,信托财产即实现了两个隔离:一是与委托人隔离,信托财产不得作为委托人的遗产或清算财产(委托人是受益人时除外);二是与受托人隔离,信托财产与受托人的固有财产相区别,独立于受托人的固有财产和其他信托财产。信托财产的独立性使信托财产在依法设立后即可免于委托人、受托人的债务纠纷。在本案中,信托财产的独立性体现在可以独立对信托财产增信,而不是对受托人或者委托人提供的担保。

信托的灵活性主要是指,信托财产的管理处分可以根据委托人的意愿、财产种类、数量,用多种多样的方式设定、限制或分割财产权益。这在收益权的弹性设计上也有一定的体现。收益权的内容是可以多种多样的,委托人可以按照自己的意愿进行设计。收益权内容既可以是确定的内容,也可以是不甚确定的内容;可以约定收益分配的优先劣后顺序;也可以约定在不同受益人之间变换收益权的数额;甚至还可以约定将判断给付内容的权限授予受托人。在本案中,收益权的分层设计即是这种灵活性的体现。

目前国家法律法规对于房地产融资业务的监管规则主要有以下几项:符合国家宏观调控政策;“四证”齐全;具有“二级”资质;最低项目资本金比例要求;保证项目资本金的真实性;禁止流动资金信托贷款;禁止土地出让款信托贷款;禁止土地储备信托贷款等。其中最为严苛的要求就是,项目开发企业在取得贷款前,其项目资本金比例必须不低于项目总投入的35%。如果房地产企业想要通过银行贷款实现融资,那么它必须自己首先筹集到35%的项目资本金,这对于大多数房地产企业来说都是比较困难的,也是不经济的。而如果采用集合资金信托计划融资的方式,就可以在一定程度上绕开该条监管要求。即信托公司可以股权投资方式,以信托资金入股项目公司,成为项目公司股东,这样入股公司的资金就可以被认定为项目资本金,而不会被认定为借款受到上述资本金比例不低于35%的限制了。

此外,相较于银行贷款,集合资金信托计划还可以通过股权投资实现对项目公司在一定程度上的管理,从而尽可能减少风险,保证资金的安全。信托公司通过入股项目公司,成为项目公司股东,就可以进入股东会,甚至进入董事会而享有一定的管理权限。实践中,信托公司一般会在购股协议中与融资方约定其入股后所享有的管理权限。管理权限一般包括设专岗采取逐日盯市,实时进行风险监控和预警平仓操作等。在本案例中,增资协议约定,增资后J公司董事会必须有一名董事由R信托公司委派,而且重大事项的决定必须取得所有股东的一致同意。而如果采用银行贷款融资的话,贷款银行却受限于业务类型很难有类似的安排。

而相较于单纯的股权投资,集合资金信托计划还有一个优势,就是可以通过收益权的分层设计,要求融资方购买一定比例的劣后级收益权,这样就可以给优先级受益人权利的实现提供内部增级。具体来讲,当项目运作中发生风险时,劣后级受益人将会先承担损失,在劣后级受益人的信托财产损失殆尽之后,才会损失优先级受益人的本金。因此,可以说,劣后级受益人的信托资金为优先级受益人的本金提供了很好的风险缓冲。收益权的分层设计实际上是使优先级受益人获得了一个新的信用增级来源。在项目的实际运行过程中,一般都会有传统的项目相关人的保证、项目资产的担保等外部信用增级措施。但是在项目运行过程中如果遭遇较大的问题,则外部信用增级措施可能不能完整地保护一般由公众投资者担任的优先级受益人的本金安全。而收益权的分层设计在项目中内置了一层风险缓释机制,使优先级受益人获得多一层的保护,同时也创造了一种新的内部信用增级的渠道。

(二)集合资金信托计划的一般交易流程

集合资金信托计划一般包括以下几个步骤:

(1)集合资金信托计划由信托公司作为受托人发起设立,信托收益权划分为等额的信托单位,由信托公司向两个以上具备合格投资者资格的委托人推介。

(2)由认购信托单位的委托人与信托公司签订信托计划文件,并将认购信托单位的资金交付给信托公司交付的方式通常是委托人将认购资金汇入信托公司在商业银行开立的代理收付账户。(参见《信托计划管理办法》第16条)

(3)信托计划于满足信托文件规定的条件时成立。信托计划成立后,委托人交付的认购信托单位的资金构成信托计划财产,信托计划财产由信托公司在商业银行开立信托计划财产专户,每个信托计划的财产互为独立。

(4)信托计划财产由信托公司根据信托文件规定的方式、以自己的名义加以管理运用与处分,并由信托公司聘请的商业银行担任保管人,对信托计划财产进行保管,信托计划财产保管账户与信托计划财产专户为同一账户;同时,信托计划设立受益人大会,受益人大会依照法定或者信托计划文件的约定决定相关信托管理事项。

(5)信托计划财产的利益即信托利益由受益人按照信托计划文件的规定分享,由信托公司于信托计划存续期间及信托计划终止时按照信托文件的规定向受益人支付与分配;信托计划财产的损失,由受益人按照信托计划文件的规定分担。

(6)信托公司作为信托计划的受托人,不享有信托计划财产的利益,仅按照信托计划文件的约定收取信托报酬。

(三)信托计划与公募基金

信托计划实际上是信托公司以受托人身份发起设立和管理的一种私募基金,其与公募基金的根本区别在于两点:一是仅限于具有风险识别和承担能力的合格投资者认购,公募基金的投资者则无资格限制;二是仅限于以私募的方式进行募集,即不得进行公开营销宣传,公募基金则可以以公开营销宣传方式进行公募。那么,应该如何认定信托公司是否"公开销售"集合资金信托计划?

《信托计划管理办法》遵循私募基金的营销原理,对信托计划的公开营销宣传做了禁止性规定,问题是对"何为公开营销"没有做出具体规定。由于信息技术的发展,导致现代宣传方式发生了革命性的变化,因此,实践中,对于一些新的营销方式难以界定是"公开营销"还是"私募营销"。从法理上讲,公开营销的对象应是针对不特定的人群,主要营销宣传方式包括各种针对不特定人群的广告宣传,如通过报纸、广播、电视、网络等各种媒体刊登广告、在公共场所立广告牌和张贴海报等;私募营销的对象则应是针对特定的人群,主要营销方式包括各种针对特定人群的宣传方式,如一对一推销、特定对象推介会、电话营销、手机短信营销等。这里特别需要明确的是:在信托公司营业场所张贴营销信息、摆放营销材料以及在信托公司网站上进行营销,在形式上虽然是针对不特定人群,符合公开营销的特征,但在公司经营场所(公司网站应当视为一种延伸的经营场所)销售自己的产品,属于公司的正常经营行为,因此不应视为“公开营销”。

(四)信托计划的限制

《信托计划管理办法》第29条规定,信托计划存续期间,受益人可以向合格投资者转让其所持有的信托单位,但同时又作了两项限制性规定:一是信托收益权进行拆分转让的,受让人不得为自然人;二是机构所持有的信托收益权不得向自然人转让或拆分转让。这样的限制是否具有合理性?

从法理上说,受益权的转让是《信托法》赋予受益人的权利,受益人有权转让其全部或者部分收益权;从信托计划的实际需要来看,受益权的转让有助于解决长期困扰信托公司的产品流动性问题,也是信托计划的一种有效的风险缓冲机制。为防止信托受益权转让给不具有风险识别和承受能力的投资者,避免产生社会风险,将信托计划收益权的受让人限定于合格投资者是必要的。只要受让人是合格投资者,无论是全部转让还是拆分转让,也无论受让人是机构还是自然人,都没有必要再加以限制,因为在合格投资者之间进行转让不会产生大于信托计划成立时的风险,因此,上述限制的合理性是值得商榷的。

(五)当前对于房地产融资信托业务的监管规定

关于房地产信托业务的监管,主要集中在房地产融资信托业务,其特别规定具体表现在以下几个方面:

第一,贷款类房地产融资信托的监管规制。

所谓贷款类房地产融资信托业务是指信托公司以信托资金向房地产企业或者房地产项目发放贷款的业务,房地产信托贷款应当遵守以下特别监管规定:

1. 房地产开发项目信托贷款的发放条件

(1)符合国家宏观调控政策(参见银监办发〔2005〕212号文第2条)。

(2)“四证”齐全。对未取得国有土地使用证、建设用地规划许可证、建设工程规划许可证、建筑工程施工许可证的项目不得发放贷款(参见银监办发〔2005〕212号文第2条、银监发〔2006〕54号文第4条、银监办发〔2008〕265号文第1条、银监办发〔2010〕54号文第3条)。

(3)“二级”资质。申请贷款的房地产开发企业资质不低于国家建设行政主管部门核发的二级房地产开发资质(参见银监办发〔2005〕212号文第2条),开发商的控股股东具有二级以上资质,可以视同为开发商具有“二级”以上资质(参见银监办发〔2010〕54号文第3条)。

(4)最低项目资本金比例。房地产开发项目最低资本比例不得低于国家规定的最低比例,2009 年以前,开发项目资本金比例不得低于 35%(参见银监办发〔2005〕212 号文第 2 条、银监发〔2006〕54 号文第 4 条),2009 年以后,保障性住房和普通商品住房项目的最低资本金比例为 20%,其他房地产开发项目的最低资本金比例为 30%(参见国发〔2009〕27 号文)。

(5)项目资本金的真实性。信托公司要严格执行国家固定资产投资项目资本金管理制度,加强对项目资本金来源及到位真实性的审查认定。对股东借款(股东承诺在项目公司偿还银行或信托公司贷款前放弃对该股东借款受偿权的情形除外)、银行贷款等债务性资金和除商业银行私人银行业务外的银行个人理财资金,不得充作项目资本金。此外,信托公司不得将债务性集合信托计划资金用于补充项目资本金,以达到国家规定的最低项目资本金要求。债务性集合信托计划资金包括以股权投资附加回购承诺(含投资附加关联方受让或投资附加其他第三方受让的情形)等方式运用的信托资金,但信托公司按照《信托公司私人股权投资信托业务操作指引》开展私人股权投资信托业务时,约定股权投资附加回购选择权的情形不适用前述规定(参见银监发〔2009〕84 号文)。

(6)新增房地产贷款的限制。对于囤积土地和房源、扰乱市场秩序的开发企业,包括信托公司在内的银行业金融机构要严格限制新增房地产贷款(参见银监发〔2006〕54 号文)。

2. 房地产开发企业流动资金信托贷款的禁止

严禁包括信托公司在内的银行业金融机构向房地产开发企业发放流动资金贷款,严禁以购买房地产开发企业资产附回购承诺等方式变相发放流动资金贷款,不得向房地产开发企业发放用于缴交土地出让价款的贷款。要严格防范对建筑施工企业、集团公司等的流动资金贷款用于房地产开发(参见银监办发〔2008〕265 号文第 1 条)。

3. 土地出让款信托贷款的禁止

严禁包括信托公司在内的银行业金融机构向房地产开发企业发放用于缴交土地出让价款的贷款(参见银监办发〔2008〕265 号文第 1 条)。

4. 土地储备信托贷款的禁止发放

土地储备贷款是指向借款人发放的用于土地收购以及土地前期开发、整理的贷款。2010 年之前,监管规定允许审慎发放此类贷款,即对政府土地储备机构的贷款应以抵押贷款方式发放,所购土地应具有合法的土地使用证,贷款额度不得超过所收购土地评估值的 70%,贷款期限最长不得超过 2 年(参见银监办发〔2008〕265 号文第 1 条)。

第二,非贷款类房地产融资信托的监管规制。

所谓非贷款类房地产融资信托业务是指信托公司不直接以贷款方式而是以其

他债权方式间接运用于房地产企业或者房地产项目的业务。由于监管规制对贷款类房地产融资信托做了比较严格的限制，信托公司转向开展非贷款类的房地产融资信托，以达到间接发放房地产贷款的目的。

为了防止信托公司通过采取非贷款类债权的间接融资方式，规避直接发放贷款的监管，监管部门先后发布规则，明确采取投资附加回购承诺（包括投资附加关联方回购和投资附加费关联方回购）（参见银监发〔2006〕54 号文第 8 条、参见银监办发〔2008〕265 号文第 1 条、银监发〔2009〕84 号文）、商品房预售回购（参见银监办发〔2008〕265 号文第 1 条、银监发〔2009〕25 号文）、受让房地产企业债券（参见银监办发〔2010〕343 号文）等方式运用信托资金，属于间接发放房地产贷款，应当适用与直接发放房地产信托贷款相同的监管规定。特别是 2010 年 2 月 11 日中国银监会发布的《关于加强信托公司房地产信托业务监管有关问题的通知》，其第 6 条明确提出了"实质重于形式"的监管原则，要求各银监局按照"实质重于形式"的原则，强化对房地产信托融资的监管，杜绝信托公司以各种方式规避监管的行为。该原则给予监管部门极大的自由裁量权，使非贷款类房地产融资信托基本上处于与贷款类房地产融资信托相同的被监管地位。

（六）当前对于房地产信托业务的风险控制要求

1. 风险控制基本要求

根据有关监管规定的要求，信托公司开展房地产贷款、房地产投资等房地产业务应高度重视风险控制。要建立健全房地产贷款审批标准、操作流程和风险管理政策，并加大执行力度；进行尽职调查，深入了解房地产企业的资质、财务状况、信用状况、以往开发经历，以及房地产项目的资本金、"四证"、开发前景等情况，确保房地产业务的合法性、合规性和可行性；严格落实房地产贷款担保，确保担保真实、合法、有效；密切监控贷款以及投资情况，加强项目管理（参见银监办发〔2008〕265 号文第 4 条、参见银监办发〔2010〕54 号文第 5 条）。

2. 风险管理量化要求

2011 年，中国银监会发布《关于印发信托公司净资本计算标准有关事项的通知》（银监发〔2011〕11 号文）。该通知对融资类房地产信托通过较高的风险资本计提系数进行风险控制。如将单一类房地产融资信托业务中公租房及廉租房融资系数定为 0.5%，其他房地产融资定为 1%；集合类房地产融资业务中公租房及廉租房融资风险系数为 1%，其他房地产融资则为 3%，并将银信理财合作视为集合资金信托业务计提风险资本。通过这些措施，鼓励信托公司开展公租房及廉租房的房地产信托，限制商业性房地产信托。

3. 风险控制的特别规定

2010年,中国银监会发布了《关于加强信托公司房地产信托业务监管有关问题的通知》,特别规定:"A. 商业银行个人理财资金投资于房地产信托产品的理财客户应符合《信托公司集合资金信托计划管理办法》中有关合格投资者的规定;B. 信托公司以结构化方式设计房地产集合资金信托计划的,其优先和劣后受益权配比比例不得高于3:1;C. 停止执行《中国银监会关于支持信托公司创新发展有关问题的通知》(银监发〔2009〕25号文)第10条中对监管评级2C级(含)以上、经营稳健、风险管理水平良好的信托公司发放房地产开发项目贷款的例外规定(可以降低标准),信托公司发放贷款的房地产开发项目必须满足'四证'齐全、开发商或其控股股东具备了二级资质、项目资本金比例达到国家最低要求等条件。"

(七)调整机制的有效性

案例中股权转让协议约定了股权转让价款的调整机制,即若J公司向R信托公司分配红利之任一日(以下简称起算日),R信托公司分取的红利低于人民币5000万元的,则S公司应支付的股权转让价款应相应调整为12亿元,即R信托公司已取得的红利。这样的调整机制实际上就是一份对赌协议,那么这样的对赌协议在我国目前是否有效?

对赌协议,是指投资方与融资方在达成融资协议时,针对未来不确定的情况对各方权益调整安排而进行的一种约定。如果约定的条件出现,投资方可以行使某种权利来调整原来的权益安排。对赌是美国式创业融资契约的重要条款,但是在中国,却往往因为缺乏相应的法律文件支持或者直接与中国现行法律冲突,很大程度上作为君子协定而存在。

2011年9月29日,甘肃省高级人民法院对于一份对赌协议作出无效判决。(〔2011〕甘民二终字第96号判决)该判决认定苏州工业园区海富投资有限公司与被投公司甘肃世恒有色资源再利用有限公司的投资对赌条款无效。理由是对赌条款"名为联营,实属借贷",违反了法律、行政法规的强制性规定。

对赌协议实际上是一种保底条款,即在合同中约定的无论公司或项目是否亏损,一方均享有固定回报的条款,常见于联营合同、信托合同、委托理财合同、中外合作企业合同。关于保底条款的效力,实践中对于不同类型的合同,效力认定也不同。最高人民法院1990年11月12日《关于审理联营合同纠纷案件若干问题的解答》(以下简称《解答》)第4条第1项规定:联营合同中的保底条款,通常是指联营一方虽向联营体投资,并参与共同经营,分享联营的盈利,但不承担联营的亏损责任,在联营体亏损时,仍要收回其出资和收取固定利润的条款。保底条款违背了联营活动中应当遵循的共负盈亏、共担风险的原则,损害了其他和联营体的债权人的合法权益,因此应当认定无效。甘肃省高级人民法院借此认定该案中的对赌条款“名为联营,实属借贷”,违反了法律、行政法规的强制性规定,因而无效。

但是大多数学者认为,《解答》颁布于 20 世纪 90 年代,当时联营作为企业之间、企业与事业单位之间横向经济联合的一种法律形式而广泛存在。但是,随着《公司法》《合同法》等法律的陆续颁布实施,公司制已成为商事主体间联合的主要形式,商事主体直接通过合同安排对商事交往和投资活动中的利益和风险进行约定,联营在经济活动中已经很少采用。甘肃省高级人民法院仅参照上述司法解释处理 PE 投资纠纷,已不符合经济发展的需要,简单地将 PE 投资中对赌协议的性质认定为“名为联营,实属借贷”,是对《解答》的片面解读和错误适用。而且,在 2012 年年底,最高人民法院也认定该判决将参照《解答》将海富公司的投资认定为“名为联营实为借贷”是法律适用错误。此外,该《解答》第 4 条第 3 项规定:“金融信托投资机构作为联营一方依法向联营体投资的,可以按照合同约定分享固定利润,但也应承担联营的亏损责任”。

综上所述,本案例中的对赌条款是有法律效力的。

(八)股权质押协议风险

本案例中,L 公司与 R 信托公司签订了股权质押协议以担保 R 信托公司在增资协议项下主债权的实现。那么这样的股权质押协议是否存在风险?如果有风险,应该如何管控?

股权质押融资是指借款人以自有或第三人合法持有的股权作为质押标的物为债权担保,向各类金融机构进行融资的活动。虽然从制度层面上看,开展这项业务基本上没有什么障碍,但是从业务实务角度来看,因涉及法律、地方行政规章较多,其复杂性高于其他种类的质押融资,许多潜在的问题仍然未能有效解决。

对于股权质押融资模式,主要存在以下潜在风险:一是股权价值评估方面,企业的股权价值较难评估;二是质押企业的经营风险方面,债权人需要承担被质押企业的经营风险;三是道德风险方面,股权质押可能导致公司股东“二次圈钱”,甚至出现“掏空”公司的现象;四是股权处置风险方面,由于缺乏有效的非上市公司股权交易市场,且股权定价机制难以形成,导致股权处置时其可行性和实效性较难确定。

那么应如何管控这些风险呢?一方面要严格把控出质主体的准入。申请非上市股权质押融资的客户,应当具备公司治理结构基本完善、经营管理水平较高、具有一定市场竞争力、财务状况良好等基本条件。同时,要满足国家宏观调控政策导向,以及行业、区域、信用等级水平等条件。具体而言,可以围绕主体资格、公司章程等方面进行审查。同时,要审慎对待特殊性质的企业,如外资企业、国有企业,或质押股权为国有性质,应当审慎办理。另一方面要加强对股权出质公司的监督。要保证对出质股权的保值增值,防范股权出质的道德风险,对股权被质押单位的经营行为进行适当监督和限制也是必要的。此外,要充分调查分析借款人和被质押股权所在公司的管理水平、财务状况、市场竞争力、发展前景和产权是否明晰等,对融资目的和投资项目进行科学论证、预测借款人未来偿债能力和股权质押的实力。

教学计划

本案例可以作为专门的案例教学课进行讲授,整个案例可安排6个课时,每课时45分钟。

课前计划:安排学生阅读案例及相关参考资料,熟悉整个案例流程,对案例中提出的问题进行思考。

课中计划:介绍教学目的,明确讨论主题。分组谈论问题及解决对策,告知发言要求。小组代表发言,提出解决方案,并对其他小组的提出方案进行评述。教师进行引导性分析,并做最后归纳总结。

课后计划:布置学生课后进一步细化了解集合资金信托计划的运作流程,并参与学习,了解实践中所涉及的相关法律文书。

思考题

1. 公司分红在法律上是否构成公司的承诺和义务?
2. S公司作为国有控股公司(L公司为国有控股公司,而L公司又是S公司的控股股东),其受让R信托公司持有的J公司36.12%的股份时,是否需要相关国资监管部门批准?
3. 绿地集团回购股份是否损害J公司债权人或者其他股东的利益?
4. 本案例中股权质押合同担保的主债权是否合法确定?
5. 简述集合资金信托计划的一般交易流程。
6. 简述当前监管机关对于集合资金信托计划推介的特殊要求。
7. 信托计划是集合资金信托的专称,需要适用《信托计划管理办法》的规定。信托公司经营的具体信托业务只有被认定为属于信托计划,才应当适用《信托计划管理办法》,否则不受《信托计划管理办法》的调整。那么,如何认定信托公司的"集合资金信托计划"?
8. 信托计划实际上是信托公司以受托人身份发起设立和管理的一种私募基金,其与公募基金的根本区别在于两点:一是仅限于具有风险识别和承担能力的合格投资者认购,公募基金的投资者则无资格限制;二是仅限于以私募的方式进行募集,即不得进行公开营销宣传,公募基金则可以以公开营销宣传方式进行公募。那么,应该如何认定信托公司是否"公开销售"集合资金信托计划?

9.《信托计划管理办法》第29条规定,信托计划存续期间,受益人可以向合格投资者转让其所持有的信托单位,但同时又作了两项限制性规定:一是信托收益权进行拆分转让的,受让人不得为自然人;二是机构所持有的信托收益权,不得向自然人转让或拆分转让。这样的限制是否具有合理性?

10. 简述当前监管机关对于房地产融资信托业务的监管规定。

11. 简述当前监管机关对于房地产信托业务的风险控制要求。

12. 实际上该信托计划所募集的资金中,有部分资金来源于保险资金。那么,将保险资金投资于集合资金信托计划是否合法合规?

13. 案例中股权转让协议约定了股权转让价款的调整机制,即若J公司向R信托公司分配红利之任一日,R信托公司分取的红利低于人民币5000万元的,则S公司应支付的股权转让价款,应相应调整为12亿元,即R信托公司已取得的红利。这样的调整机制实际上就是一份对赌协议,那么这样的对赌协议在我国目前是否有效?

14. 案例中,J公司与R信托公司签订有房产及土地使用权抵押合同,以担保R信托公司在信托贷款合同项下主债权的实现。但是实际上,经调查得知,该抵押的房产已整体出租予Z房地产管理公司。那么这一情况对于抵押权的实现是否有影响?

15. 由本案例试归纳总结房地产信托项目可以采用哪些风险控制机制?

16. 本案例中,L公司与R信托公司签订了股权质押协议以担保R信托公司在增资协议项下主债权的实现。那么这样的股权质押协议是否存在风险?如果有风险,应该如何管控?

参考文献

1. 张淳:《中国信托法特色论》,法律出版社2013年版。
2. 贾林青:《中国信托市场运行规制研究》,中国人民公安大学出版社2010年版。
3. 刘正峰:《美国商业信托法研究》,中国政法大学出版社2009年版。
4. 张天民:《失去衡平法的信托》,中信出版社2004年版。
5. [日]能见善久:《现代信托法》,中国法制出版社2011年版。
6. [日]商事信托研究会:《商事信托法的研究——商事信托法要纲及其说明》,日本有斐阁株式会社2001年版。
7. 周小明:《信托制度:法理与实务》,中国法制出版社2012年版。
8. 何宝玉:《信托法原理与判例》,中国法制出版社2013年版。
9. 张淳:《信托法哲学初论》,法律出版社2014年版。
10. 王连洲、王巍:《金融信托与资产管理》,经济管理出版社2013年版。
11. 赵磊:《信托受托人的角色定位及其制度实现》,载《中国法学》2013年第4期。
12. 席月民:《我国〈信托业法〉的制定》,载《广东社会科学》2012年第5期。
13. 于海涌:《中国信托业陷入低迷的法律分析——写在〈信托法〉实施之后》,载《政法论丛》

2011年第5期。
14. 吕富强:《论法国式信托——一种对本土资源加以改造的途径》,载《比较法研究》2010年第2期。
15. 孙义刚、郑彧:《信托制度异化论——对我国现行信托产品法律结构之评判》,载《法律科学》2009年第4期。
16. 潘耀明、康锐:《信托之困惑抑或信托业之困惑——论我国〈信托法〉下的资产管理市场》,载《上海财经大学学报》2007年第2期。
17. 中野正俊:《中国民事信托发展的可能性》,载《法学》2005年第1期。

撰稿人 | 贾希凌,华东政法大学副教授
陈功,华东政法大学经济法专业硕士研究生

13 CASE

"落地式电风扇"专利无效宣告请求案

| 摘 要 |

本案例以国家知识产权局专利复审委员会"落地式电风扇"专利无效宣告请求案为蓝本,围绕专利无效宣告请求办理、审查的相关程序和内容以及外观设计专利无效的判定问题而展开。本案涉及相关知识点和实务操作技能内容包括:专利无效宣告请求的提出与受理;专利无效宣告请求办理、审查流程及相关要求;请求宣告专利权无效的理由;专利无效宣告请求应办理材料及要求;授予专利权的外观设计与现有设计、现有设计特征的组合相比具有明显区别的判断;专利无效宣告请求书的内容与撰写;复审、无效宣告程序意见陈述书的内容与撰写等。本案例对于专利无效宣告的处理、外观设计专利授权实质性条件的判断具有重要的参考借鉴价值。

| 关键词 |

专利无效宣告　专利无效宣告请求办理、审查程序

现有设计特征的组合　外观设计专利无效理由

| 教学目标 |

通过案例教学,使学生能够了解、掌握以下内容:(1)专利无效宣告请求办理、审查的相关程序和具体要求;(2)外观设计专利无效理由;(3)授予专利权的外观设计与现有设计、现有设计特征的组合相比具有明显区别及判断;(4)专利无效宣告请求书的内容与撰写;(5)复审、无效宣告程序意见陈述书的内容与撰写。

教学案例主文

一、当事人基本情况

本案件当事人分别是专利权无效宣告请求审查机关为国家知识产权局专利复

审委员会;涉案专利专利权人为东莞市旭尔美电器科技有限公司;专利无效宣告请求人为英国戴森有限公司。

国家知识产权局专利复审委员会:国家知识产权局专利复审委员会成立于1985年4月5日。2003年年末,经批准,专利复审委员会成为具有独立法人资格的国家知识产权局直属事业单位。专利复审委员会由国家知识产权局指定的技术专家和法律专家组成,主任由国家知识产权局局长兼任。国家知识产权局专利复审委员会的主要职能是:(1)对不服国家知识产权局驳回专利申请及集成电路布图设计登记申请决定提出的复审请求进行审查。(2)对宣告专利权无效的请求及集成电路布图设计专有权撤销案件进行审理。(3)负责专利复审委员会作为行政诉讼被告的应诉工作。(4)参加专利、集成电路布图设计确权和侵权技术判定的研究工作。(5)接受人民法院和管理专利的部门委托,对专利确权和专利侵权案件的处理提供咨询意见。根据《专利法》第41、45、46条的规定,专利复审委员会对复审请求和专利权无效宣告请求进行审查,作出决定。

东莞市旭尔美电器科技有限公司:东莞市旭尔美电器科技有限公司是一家专业制造乘凉设备系列产品研发、生产、销售一体的企业。公司住所地:广东省东莞市东莞市桥头镇石水口村银河六路1号。主营产品或服务:无叶风扇;电风扇;暖风扇;加湿器;空调扇;取暖器;暖气扇;无页风扇;喷雾风扇;落地扇。品牌名称:凉师傅、旭尔美。公司以品牌为运营核心,顺应时代的需求,致力于开发环保、节能、低碳型产品。公司质量管理体系严格按照ISO9001:2008标准执行,各类产品皆已通过相关认证,拥有标准的生产厂房和质量控制设备,具有雄厚的开发能力和专业化的经营管理人才。

二、专利无效请求案由

2012年10月26日英国戴森有限公司(以下简称请求人)向国家知识产权局专利复审委员会提出了专利无效宣告请求,请求宣告第201130243517.0号外观设计专利为无效专利。理由是涉案专利不符合《专利法》第23条第1款和第2款的规定。

三、涉案专利情况

本无效宣告请求案涉案专利涉及国家知识产权局于2012年6月6日授权公告的201130243517.0号外观设计专利,使用该外观设计的产品名称为“落地式电风扇(2)”,涉案申请日为2011年7月27日,外观设计分类号2304。专利权人为东莞市旭尔美电器科技有限公司。涉案专利的图片或照片如下:

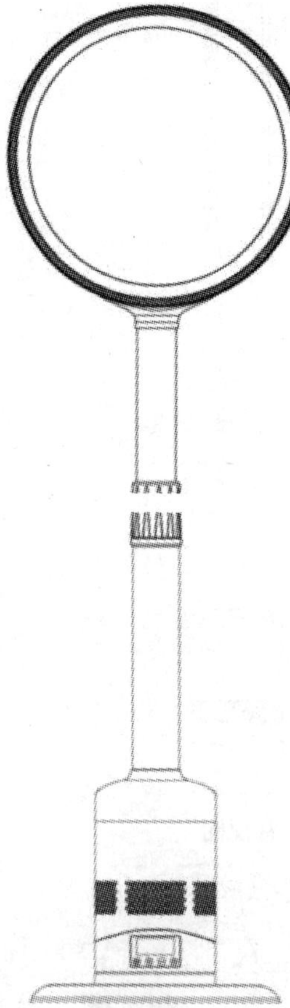

主视图

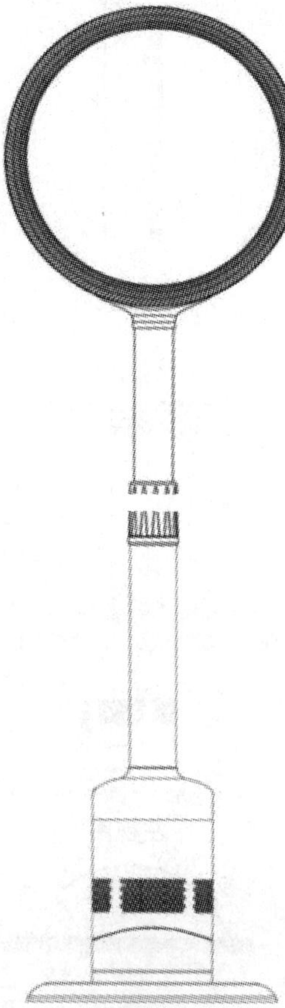

后视图

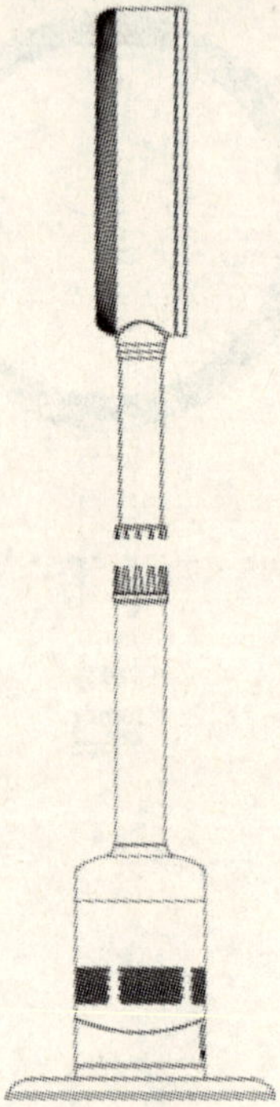

左视图

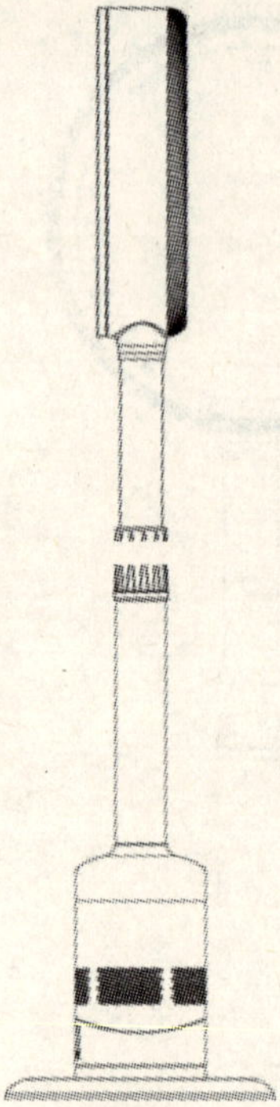

右视图

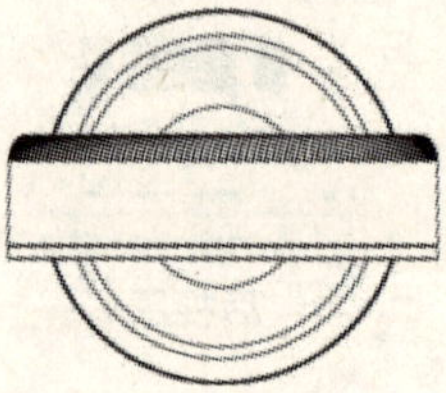

俯视图

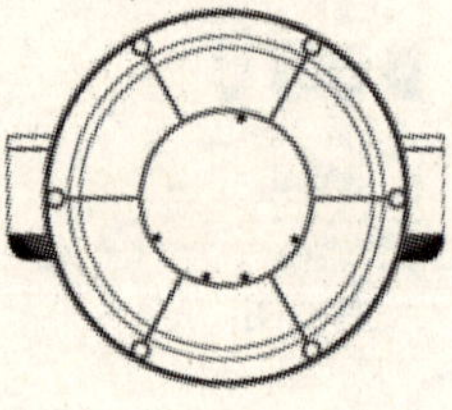

仰视图

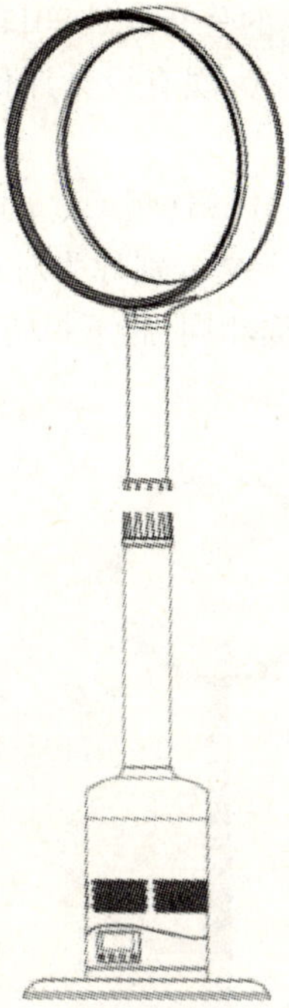

立体图

四、证据情况

(一)专利无效宣告请求人提供证据情况

专利无效宣告请求人提供如下证据:

证据1:专利号为200930009334.5的中国外观设计专利授权公告文本打印件,共3页;

证据2:专利号为201030500870.8的中国外观设计专利授权公告文本打印件,共3页;

证据3:专利号为201030501386.7的中国外观设计专利授权公告文本打印件,共3页;

证据4:专利号为201030676391.1的中国外观设计专利授权公告文本打印件,共3页。

(二)专利复审委员会合议组对证据的认定

专利复审委员会合议组认为证据2和证据4均为中国专利文献,专利权人对其真实性未提出异议,经核实,合议组对证据2和证据4的真实性予以确认。证据2

的公开日是2011年1月26日,证据4的公开日是2011年5月4日,均在涉案专利申请日之前,其中所示外观设计可以作为现有设计评价涉案专利是否符合专利法第23条第2款的规定。

证据2和证据4分别公开了一种"风扇(无叶、立式WS-009)"和"无叶风扇(CX-AM01-10inch)"的外观设计(下文分别称为对比设计1和对比设计2),涉案专利与证据2和证据4所示产品用途相同,属于相同种类的产品。

对比设计1附图

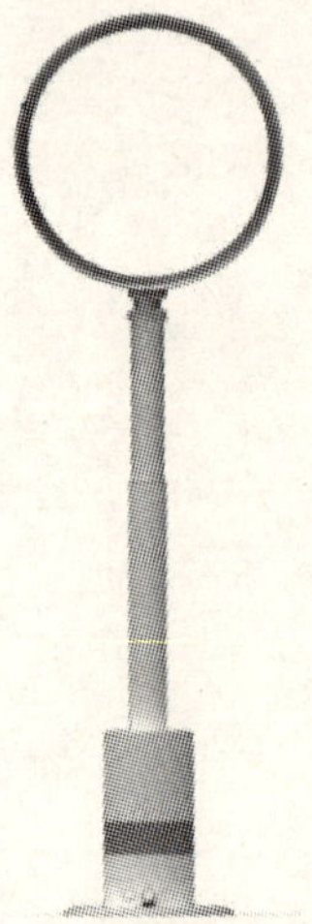

主视图

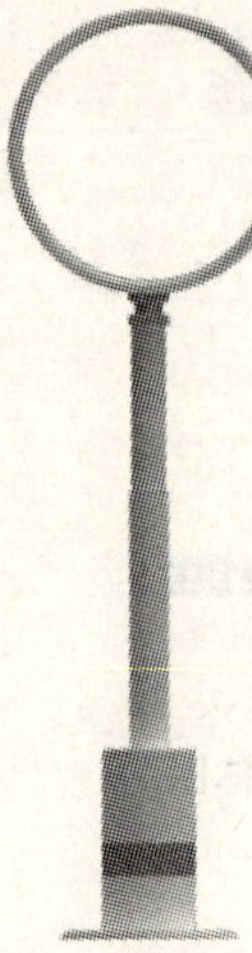

后视图

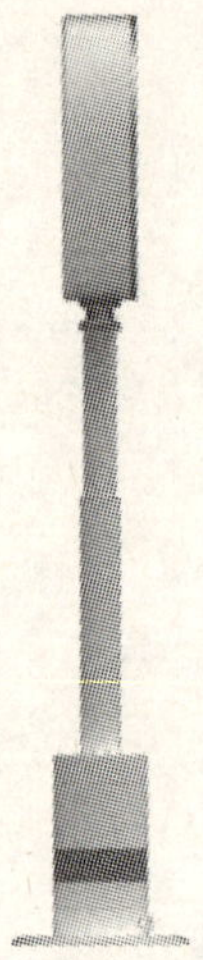

左视图

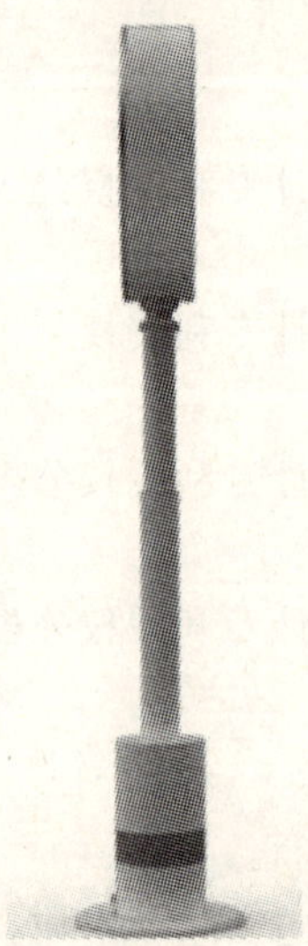

右视图

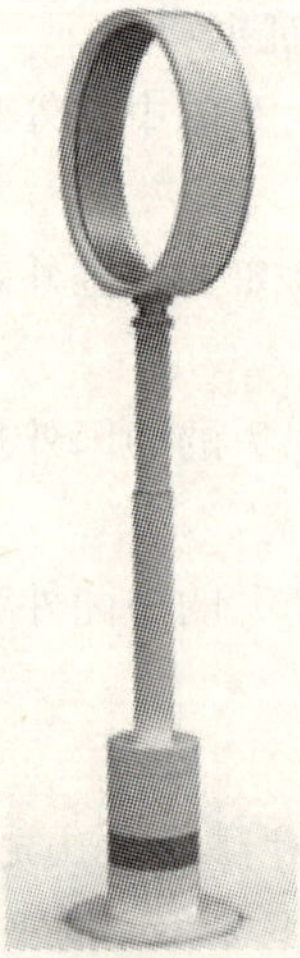

立体图

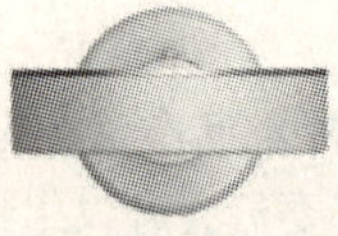

俯视图

对比设计 2 附图

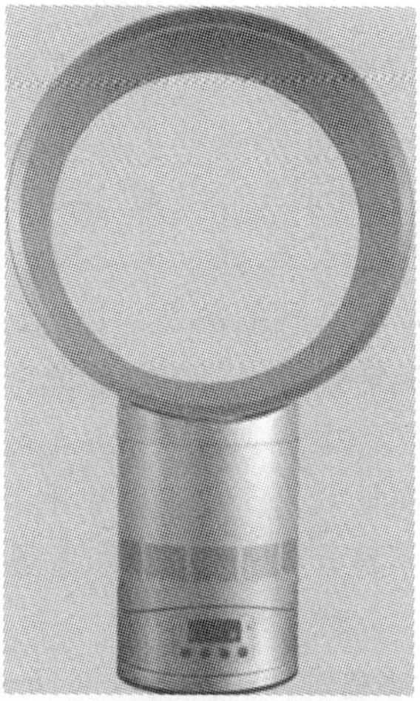

主视图

后视图

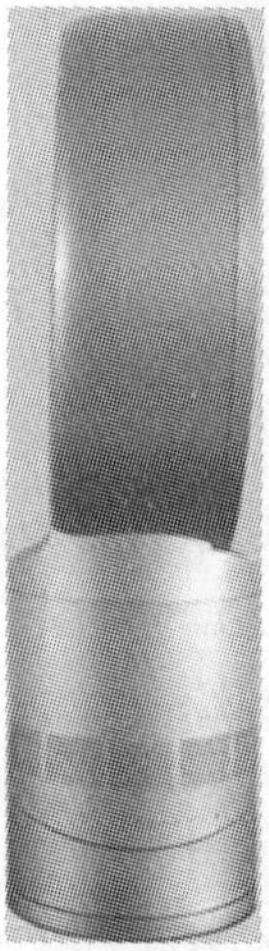

左视图

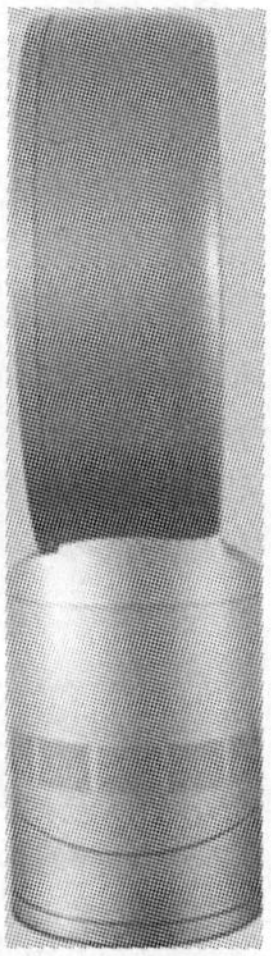

右视图

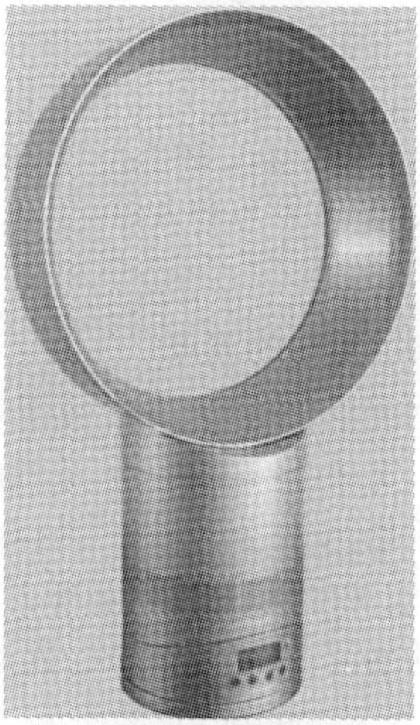

立体图

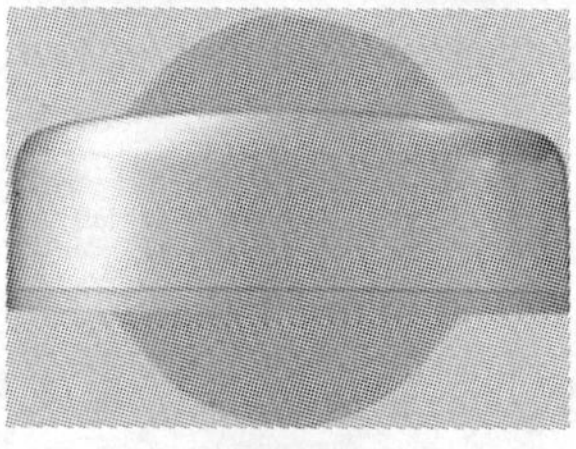

俯视图

仰视图

五、请求人观点及理由

请求人认为：

(1)涉案专利与证据1至证据4所示产品种类相同,其中,涉案专利与证据1公开的外观设计的区别在于:涉案专利的颈杆上设有螺母,基座上设有一圈密布的进气孔和显示屏,而证据1无;涉案专利与证据2和证据3公开的外观设计的区别均在于:涉案专利的颈杆上设有螺母,基座上设有显示屏,而证据2和证据3无。但是,涉案专利的螺母、进气孔和显示屏属于不容易看到的部位,对一般消费者而言不易察觉,且均属于风扇产品的功能部件,故涉案专利分别相对于证据1至证据3不符合《专利法》第23条第1款的规定;退一步,涉案专利与证据1、2、3所示外观设计的上述差别也不会对产品外观设计的整体视觉效果产生显著影响,不具有明显区别,故涉案专利分别相对于证据1至证据3不符合《专利法》第23条第2款的规定。

(2)基于涉案专利与证据1至证据3所示外观设计的上述区别,证据4公开的无叶风扇基座上设有一圈密布的进气孔和显示屏,而在无叶风扇的颈杆上设置螺母是一般消费者不容易注意到的部位,因此,证据1至证据3分别与证据4设计特征的组合并未使得涉案专利相对于现有设计产生预料不到的视觉效果。因此,涉案专利相对于证据1和证据4的组合、证据2和证据4的组合、证据3和证据4的组合不具有明显区别,涉案专利不符合《专利法》第23条第2款的规定。

六、专利复审委员会的观点

涉案专利由六面正投影视图和立体图表示。涉案专利所示风扇为落地式无叶风扇,包括出风口、支架(颈杆)和带有底盘的基座三个部分,出风口位于上部,带有底盘的基座位于下部,支架分别与上部的出风口和下部的基座相连;出风口为圆环形,环形壁具有一定深度和厚度,其前缘与后缘上分别设有螺纹状沟槽;支架由上下两部分相互套接的圆柱体共同构成,其连接处设有用于调节支架高度的环形螺母;基座包括圆柱状主体和圆盘形的底盘,与支架相连的圆柱状主体上表面呈倾斜状圆滑过渡,基座的圆柱状主体中部设有环绕其圆柱形表面纵向间隔排列的进风口,进风口的下方为一环绕圆柱形表面的波浪形曲线,从风扇正面观察,所述波浪形曲线下方有一个长方形显示屏和横向排列的四个按钮。

对比设计1由主视图、后视图、左视图、右视图、俯视图和立体图表示。如对比设计1附图所示,对比设计1所示风扇为落地式无叶风扇,包括出风口、支架和带有底盘的基座三个部分,出风口位于上部,带有底盘的基座位于下部,支架分别与上部的出风口和下部的基座相连;出风口为圆环形,环形壁具有一定深度和厚度;支架由上下两部分相互套接的圆柱体共同构成;基座包括圆柱状主体和圆盘形的底盘，与支架相连的圆柱状主体的上表面水平无倾斜，基座的圆柱状主体中部设有环绕其圆柱形表面纵向排列的进风口，进风口下方为一水平环线，从风扇正面观察，所述水平环线下方设有横向排列的三个按钮。

对比设计2由六面正投影视图和立体图表示。如对比设计1附图所示，对比设计2所示风扇为无叶风扇，包括出风口和基座两部分；出风口为圆环形，位于基座上方，环形壁具有一定深度和厚度；基座为圆柱体，无底盘，基座中部设有环绕其圆柱形表面纵向间隔排列的进风口，进风口下方为一环绕圆柱形表面的波浪形曲线，从风扇正面观察，所述波浪形曲线下方设有一个长方形显示屏和横向排列的四个按钮。

将涉案专利与对比设计1相比，二者的相同点主要在于，二者均由圆环形出风口、上下两部分相互套接的圆柱体构成的支架、带圆盘形底盘的圆柱状基座构成，且各部分的形状、比例、相对位置及其连接关系基本相同。二者的不同点主要在于：(1)基座主体的设计不同，涉案专利的基座主体上设有环绕其圆柱形表面的波浪形曲线，基座正面设有一个长方形显示屏和四个横向排列的按钮，而对比设计1的基座主体上设有环绕其圆柱形表面的水平环线，基座正面无显示屏，仅设有三个横向排列的按钮；(2)出风口有无沟槽的差异，涉案专利在圆环形出风口的前缘和后缘均设有螺纹状沟槽，对比设计1无；(3)支架上有无连接螺母的差异，涉案专利所示支架在上下两部分相互套接的圆柱体连接处设有环形螺母，对比设计1无；(4)其他差别，涉案专利与对比设计1的出风口和支架的连接部位、支架与基座的连接部位以及出风口和基座的直径比略有不同。

合议组认为，按照人们对风扇产品的一般了解，通常认为风扇设有扇叶，并在扇叶外设置防护罩，近几年逐渐出现了无需扇叶的无叶风扇，并且无叶风扇的设计形式在不断发展。根据无叶风扇类产品的一般消费者的知识水平和认知能力，无叶风扇主要包括座式和立式。对于立式无叶风扇，其通常包括出风口、支架和基座三个部分，一般消费者通常会注意到风扇的整体造型以及风扇各部分的形状、比例、位置关系等。

本案中，对比设计1和对比设计2均为无叶风扇，具有实现相同功能的需求，在实现相同功能的造型上可以相互借鉴，因此二者具有结合的启示。就涉案专利与对比设计1的区别(1)而言，涉案专利基座主体上环绕其圆柱形表面的波浪形曲线是设置于基座上的弧面的外边缘线，风扇可以沿该弧面前后摆动以调整风向，按钮用于对风扇进行所需操作，长方形显示屏可以显示对风扇的操作情况。上述弧面在基座主体表面形成的波浪形曲线以及长方形显示屏和横向排列四个按钮的设计特征已在对比设计2中公开，且其形状、位置、比例关系均相同，对比设计2给出了将基座主体上的弧面、长方形显示屏和横向排列四个按钮的设计特征应用到对比设计1的启示。涉案专利与对比设计1和2的结合相比,还存在前述区别(2)至区别(4)。但对于上述区别(2),涉案专利出风口前缘和后缘的螺纹状沟槽对于产品的使用没有带来任何特别的功能或使用效果,其在风扇产品中所占比例较小,且位于一般消费者不易观察到的出风口圆形环周上;对于上述区别(3),支架在其上下两部分圆柱体相互套接处设置的环形螺母可用于调节支架高度,且涉案专利的环形螺母是该类产品的常见设计,该区别属于局部细微变化;区别(4)所述风扇支架与基座相连的基座上表面的倾斜设计属于较为常见的设计手法,其位于风扇产品的下部,是视觉相对不易关注的部位,出风口和支架连接部位的差异以及出风口和基座直径比的变化均属于局部细微差异,对产品整体视觉效果的影响较小。因此,整体观察综合判断,上述区别(2)至区别(4)均不会对产品的整体视觉效果产生显著影响。

因此,在对比设计1和对比设计2组合的基础上,只需经过细微变化即可得到涉案专利的设计,涉案专利相对于对比设计1和对比设计2设计特征的组合,整体视觉效果上没有明显区别,涉案专利不符合专利法第23条第2款的规定。

依据《专利法》第23条第2款规定:授予专利权的外观设计与现有设计或者现有设计特征的组合相比,应当具有明显区别。决定宣告201130243517.0号外观设计专利权全部无效。

教学指导手册

教学对象及目标

本案例供民商法硕士案例教学使用,法律硕士、知识产权硕士、法学本科(大三)、知识产权二学位专业也可以参酌使用。

本案例主要就专利无效宣告请求的办理审查程序及相关要求、外观设计专利无效的具体判定问题进行讲授。具体要解决的问题包括:(1)专利无效宣告请求办理及审查流程是什么?(2)请求宣告专利无效的理由主要有哪些?(3)如何判断授予专利权的外观设计与现有设计及现有设计的特征组合相比,具有明显区别?(4)专利无效宣告请求人如何撰写专利无效宣告请求书?(5)专利无效宣告请求案中,涉案专利权人如何撰写复审、无效宣告程序意见陈述书?

教学内容

1. 请求人专利无效宣告请求的法律依据是什么?

受专利权的授权机理与授权程序影响,相比其他财产权利,专利权的效力具有不稳定或不确定的特点。实用新型专利和外观设计专利授权前仅经过初步审查,即便是经过实质审查的发明专利也可能因为文献漏检或审查员判断不当等原因而导致一些不符合专利授权要求的专利申请获得专利授权。可以说,专利权是一种推定有效而非绝对有效的权利。为维护专利权人和社会公众及相关当事人的利益平衡,应赋予相关主体对专利权的效力提出质疑或挑战的权利。专利法上专利无效宣告请求制度就是对这种诉求的回应。

根据我国《专利法》第 45 条的规定,自国务院专利行政部门公告授予专利权之日起,任何单位或者个人认为该专利权的授予不符合本法有关规定的,可以请求专利复审委员会宣告该专利权无效。

2. 请求人请求宣告专利无效的条件?

(1)请求人应当具备民事诉讼主体资格;(2)无效宣告请求的对象是已经公告授权的专利,包括已经终止、放弃(自申请日起放弃的除外)或者已被部分宣告无效的专利。

3. 专利复审委员会专利无效宣告决定有哪些类型?不服无效宣告决定的管辖法院有哪些?

专利复审委员会经过审查,应对无效宣告请求做出审查决定。审查决定分为:(1)宣告专利权全部无效;(2)宣告专利权部分无效;(3)维持专利权有效。若请求宣告专利无效的申请理由成立,宣告该专利权无效;请求宣告专利无效的申请理由部分成立,宣告该专利权部分无效;若专利无效的申请理由不成立,宣告维持专利权继续有效。

当事人对专利复审委员会专利无效宣告决定不服的,可以根据《专利法》第 46 条第 2 款的规定,自收到本决定之日起三个月内向北京市知识产权法院(知识产权法院成立之前为北京市第一中级人民法院)起诉。根据该款的规定,一方当事人起诉后,另一方当事人作为第三人参加诉讼。

4. 无效宣告请求费用要求是什么?

专利无效宣告请求人自提出无效宣告请求之日起一个月内应缴纳无效宣告请

求费。无效宣告请求费:发明专利为3000元,实用新型专利为1500元,外观设计专利为1500元。无效宣告请求费不可以减缓。请求人汇款时应当注明被无效宣告专利的专利号和无效宣告请求费。

5.请求宣告专利权无效的理由主要有哪些?

根据我国专利法相关规定,宣告专利权无效的理由主要有:

(1)被授予专利的发明创造不属于专利法上的发明、实用新型和外观设计;

(2)专利申请人将在中国完成的发明或者实用新型向外国申请专利的,没有事先报经国务院专利行政部门进行保密审查;

(3)被授予专利权的发明和实用新型,不具备新颖性、创造性或实用性;

(4)被授予专利权的外观设计属于现有设计,或与现有设计或现有设计特征的组合相比,不具有明显区别,或与他人在先权利相冲突;

(5)专利申请的说明书没有对发明做出清楚、完整的说明,不符合所属技术领域的技术人员能够实现的要求。专利申请的权利要求书没有以说明书为依据,清楚、简要地限定了要求专利保护的范围。专利申请人提交的有关图片或者照片没有清楚地显示要求专利保护的产品的外观设计;

(6)对发明和实用新型专利申请文件的修改超出了原说明书和权利要求书记载的范围,对外观设计专利申请文件的修改超出了原图片或者照片表示的范围;

(7)独立权利要求没有从整体上反映发明或者实用新型的技术方案,记载解决技术问题的必要技术特征;

(8)专利分案申请超出了原申请记载的范围;

(9)专利申请的主题属于违反法律、社会公德或者妨害公共利益的发明创造,或属于违反法律、行政法规的规定获取或者利用遗传资源,并依赖该遗传资源完成的发明创造。专利申请的主题属于不授予专利权的客体;

(10)对专利权的授权属于重复授权,或就同样的发明创造申请人不是最先申请人。

6.外观设计专利授权的实质性条件是什么?

根据我国《专利法》第23条规定,外观设计专利授权的实质性条件包括:

(1)授予专利权的外观设计,应当不属于现有设计;也没有任何单位或者个人就同样的外观设计在申请日以前向国务院专利行政部门提出过申请,并记载在申请日以后公告的专利文件中。现有设计是指申请日(或优先权日)以前在国内外为公众所知的设计。与现有技术相类似,现有设计的公开方式包括申请日以前在国内外出版物的公开、使用公开过或者以其他方式为公众所知。而现有设计中一般消费者所熟知和公认的设计称为惯常设计。根据《专利审查指南》(2010),不属于现有设计是指在现有设计中,既没有与涉案专利相同的外观设计,也没有与涉案专利实质相同的外观设计。

(2)授予专利权的外观设计与现有设计或者现有设计特征的组合相比,应当具有明显区别。授予专利权的外观设计不仅要不属于现有设计,同时也与现有设计或现有设计特征的组合要存在明显区别。现有设计特征是指现有设计的部分设计要素或者其结合,如现有设计的形状、图案、色彩要素或者其结合,或者现有设计的某组成部分的设计,如整体外观设计产品中的零部件的设计。

(3)授予专利权的外观设计不得与他人在申请日以前已经取得的合法权利相冲突。这里的“合法权利”主要是指商标权、著作权、企业名称权、肖像权、知名商品特有包装或者装潢使用权等。并且这些权利在涉案专利申请日仍然是有效的。而“相冲突”是指未经权利人许可,外观设计专利使用了在先合法权利的客体,从而导致专利权的实施将会损害在先权利人的相关合法权利或者权益。实践中,与他人在申请日以前已经取得的合法权利相冲突的比较常见的情形是申请授予专利权的外观设计与他人在先取得的商标权、著作权发生冲突。

7. 本案焦点问题是什么?

本案的焦点问题在于涉案专利与对比设计1和对比设计2的结合相比,是否存在明显区别。如果存在明显区别,则为有效专利;如果不存在明显区别或存在的区别属于使用中不易见的部位或者在产品中所占比例较小的局部细微差别,则为无效专利。

8. 如何判断授予专利权的外观设计与现有设计相比具有明显区别?

根据《专利审查指南》(2010),如果一般消费者经过对涉案专利与现有设计的整体观察可以看出,二者的差别对于产品外观设计的整体视觉效果不具有显著影响,则涉案专利与现有设计相比不具有明显区别。显著影响的判断仅限于相同或者相近种类的产品外观设计。

在确定涉案专利与相同或者相近种类产品现有设计相比是否具有明显区别时,一般还应当综合考虑如下因素:

(1)对涉案专利与现有设计进行整体观察时,应当更关注使用时容易看到的部位,使用时容易看到部位的设计变化相对于不容易看到或者看不到部位的设计变化,通常对整体视觉效果更具有显著影响。

(2)当产品上某些设计被证明是该类产品的惯常设计(如易拉罐产品的圆柱形状设计)时,其余设计的变化通常对整体视觉效果更具有显著的影响。

(3)由产品的功能唯一限定的特定形状对整体视觉效果通常不具有显著的影响。例如,汽车轮胎的圆形形状是由功能唯一限定的,其胎面上的花纹对整体视觉效果更具有显著影响。

(4)若区别点仅在于局部细微变化,则其对整体视觉效果不足以产生显著影响。

9.如何判断授予专利权的外观设计与现有设计特征的组合相比,具有明显区别?

现有设计特征的组合包括拼合和替换,是指将两项或者两项以上设计或者设计特征拼合成一项外观设计,或者将一项外观设计中的设计特征用其他设计特征替换。以一项设计或者设计特征为单元重复排列而得到的外观设计属于组合设计。上述组合也包括采用自然物、自然景象以及无产品载体的单纯形状、图案、色彩或者其结合进行的拼合和替换。

以下几种类型的组合属于明显存在组合手法的启示的情形,由此得到的外观设计属于与现有设计或者现有设计特征的组合相比没有明显区别的外观设计:

(1)将相同或者相近种类产品的多项现有设计原样或者作细微变化后进行直接拼合得到的外观设计。例如,将多个零部件产品的设计直接拼合为一体形成的外观设计。

(2)将产品外观设计的设计特征用另一项相同或者相近种类产品的设计特征原样或者作细微变化后替换得到的外观设计。

(3)将产品现有的形状设计与现有的图案、色彩或者其结合通过直接拼合得到该产品的外观设计;或者将现有设计中的图案、色彩或者其结合替换成其他现有设计的图案、色彩或者其结合得到的外观设计。

值得注意的是,上述专用、组合,如果产生独特视觉效果,则应当认为具有明显区别。独特视觉效果是指涉案专利相对于现有设计产生了预料不到的视觉效果。

10.专利无效宣告请求办理及审查流程是什么?

在我国,专利无效宣告请求办理及审查流程如下图所示:

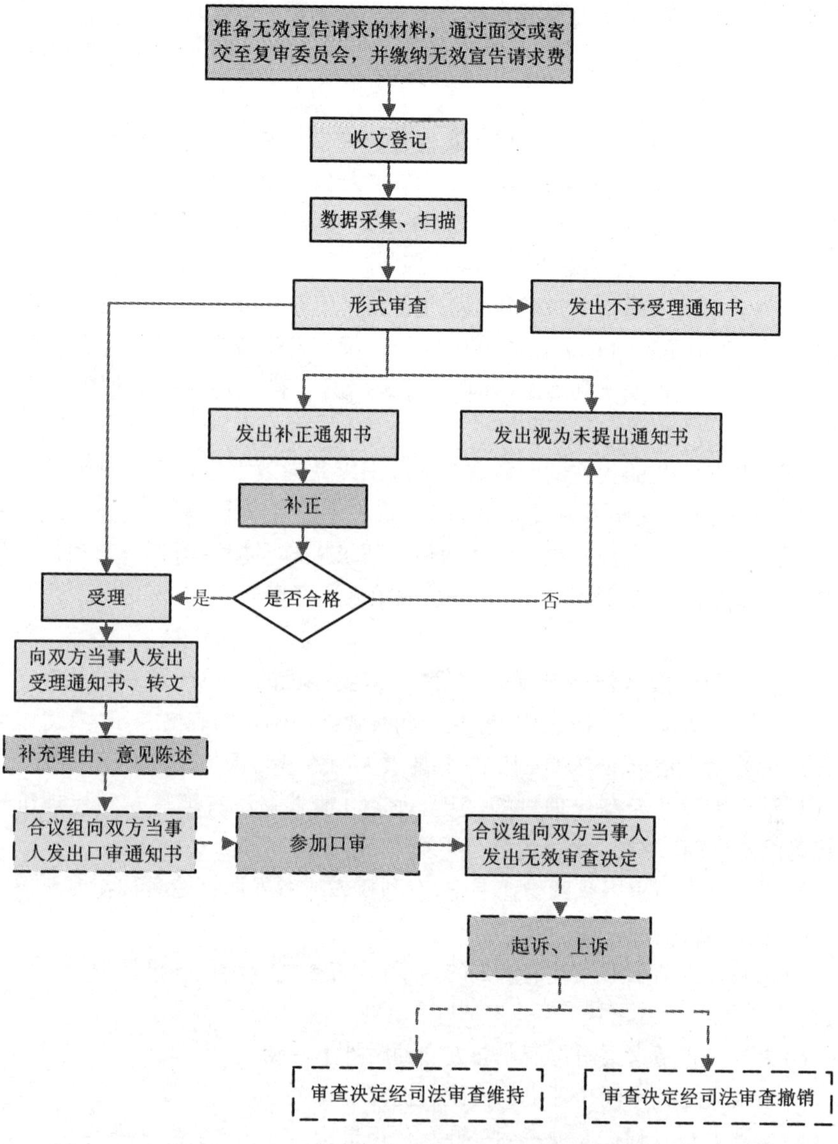

11. 我国对专利无效宣告请求应办理材料是如何规定的？

根据《专利法实施细则》第 65 条的规定，请求宣告专利权无效或者部分无效的，应当向专利复审委员会提交专利权无效宣告请求书和必要的证据一式两份。无效宣告请求书应当结合提交的所有证据，具体说明无效宣告请求的理由，并指明每项理由所依据的证据。无效宣告请求的理由仅限于《专利法实施细则》第 65 条第 2 款的相关规定。

在专利复审委员会受理无效宣告请求后,请求人可以在提出无效宣告请求之日起1个月内增加理由或者补充证据。逾期增加理由或者补充证据的,专利复审委员会可以不予考虑。

专利复审委员会应当将专利权无效宣告请求书和有关文件的副本送交专利权人,要求其在指定的期限内陈述意见。专利权人和无效宣告请求人应当在指定期限内答复专利复审委员会发出的转送文件通知书或者无效宣告请求审查通知书;期满未答复的,不影响专利复审委员会审理。

在无效宣告请求的审查过程中,发明或者实用新型专利的专利权人可以修改其权利要求书,但是不得扩大原专利的保护范围。发明或者实用新型专利的专利权人不得修改专利说明书和附图,外观设计专利的专利权人不得修改图片、照片和简要说明。

请求人以纸件方式提交的无效宣告请求书以及无效宣告程序意见陈述书等文件,可以寄交或者面交给专利复审委员会,无效宣告请求书、无效宣告程序意见陈述书以及必要的证据均应当提交一式两份。请求人应当使用国务院专利行政部门制定的《无效宣告请求书》表格,并严格按照填表注意事项填写。

12. 在专利无效宣告请求受理过程中,需要补正的常见问题有哪些?

(1)无效宣告请求书未使用国务院专利行政部门制定的表格。

(2)无效宣告请求书或者委托书中,请求人的签章与请求人名称不一致。

(3)请求人委托专利代理机构,但无效宣告请求书没有填写专利代理机构名称、代码以及代理人,或者填写内容与委托书不一致。

(4)无效宣告请求书或者委托书中,专利权人或者发明创造名称与专利申请时或者经合法变更后的不一致。

(5)无效宣告请求书没有请求人的签章,或者委托专利代理机构但没有专利代理机构的签章。

(6)无效宣告请求书附件清单与提交的附件不一致。

(7)请求人委托专利代理机构而没有提交委托书。

(8)请求人与专利权人委托同一专利代理机构。

(9)委托书没有请求人或者专利代理机构的签章。

(10)委托书代理权限不明确或者未指定代理人。

(11)请求人与多个专利代理机构同时存在委托关系,但未以书面方式指定其中一个专利代理机构作为收件人。专利权人针对委托方面的补正事宜参照上述规定。

13. 在专利无效宣告请求受理过程中，不予受理的常见情形有哪些？

（1）请求人不具备民事诉讼主体资格；（2）无效宣告请求不是针对已经公告授权专利；（3）无效宣告请求针对的是已被专利复审委员会作出的生效的审查决定宣告无效的专利权；（4）专利权人针对其专利权提出无效宣告请求且请求宣告专利权全部无效、所提交的证据不是公开出版物或者无效宣告请求人不是共有专利权的所有专利权人；（5）无效宣告请求的理由不属于《专利法实施细则》第65条第2款规定的理由；（6）无效宣告请求作出审查决定之后，请求人针对同一专利又以同样的理由和证据请求无效宣告；（7）请求人未具体说明无效宣告理由，或者提交证据但未结合提交的所有证据具体说明无效宣告理由，或者未指明每项理由所依据的证据；（8）在中国没有经常居所或者营业所的外国人、外国企业或者外国其他组织作为请求人未按规定委托专利代理机构；（9）无效宣告请求以授予专利权的外观设计与他人在申请日以前已经取得的合法权利相冲突为理由请求宣告外观设计专利权无效，但请求人不能证明其是在先权利人或者利害关系人，或者未提交证明权利冲突的证据；（10）多个请求人共同提出一件无效宣告请求，但属于所有专利权人针对其共有的专利权提出的除外。

14. 在专利无效宣告请求受理审查过程中，对请求人和专利权人的举证期限有何规定？

（1）请求人举证期限：请求人可以在提出无效宣告请求之日起一个月内补充证据，并且应当在该期限内结合该证据具体说明相关的无效宣告理由。请求人在提出无效宣告请求之日起一个月后补充证据的，专利复审委员会一般不予考虑，但下列情形除外：第一，针对专利权人以合并方式修改的权利要求或者提交的反证，请求人在专利复审委员会指定期限内补充证据，并在该期限内结合该证据具体说明相关无效宣告理由。第二，在口头审理辩论终结前提交技术词典、技术手册和教科书等所属技术领域中的公知常识性证据或者用于完善证据法定形式的公证书、原件等证据，并在该期限内结合该证据具体说明相关无效宣告理由。第三，请求人提交的证据是外文的，提交其中文译文的期限适用该证据的举证期限。

（2）专利权人举证期限：专利权人应当在专利复审委员会指定的答复期限内提交证据，但对于技术词典、技术手册和教科书等所属技术领域中的公知常识性证据或者用于完善证据法定形式的公证书、原件等证据，可以在口头审理辩论终结前补充。专利权人提交或者补充证据的，应当在上述期限内对提交或者补充的证据具体说明。专利权人提交的证据是外文的，提交其中文译文的期限适用该证据的举证期限。专利权人提交或者补充证据不符合上述期限规定或者未在上述期限内对所提交或者补充的证据具体说明的，专利复审委员会不予考虑。

值得注意的是,对于有证据表明因无法克服的困难在上述期限内不能提交的证据,当事人可以在所述期限内,以书面方式请求延期提交。

15. 请求专利无效宣告的审理形式有哪些?

请求专利无效宣告的审理形式上分为合议审查和口头受理两种。

合议审查一般由专利复审委员组成合议审查组,负责对无效宣告请求正式审查。合议审查组通常由3人组成。

专利复审委员会根据当事人的请求或者案情需要,可以决定对无效宣告请求进行口头审理。专利复审委员会决定对无效宣告请求进行口头审理的,应当向当事人发出口头审理通知书,告知举行口头审理的日期和地点,当事人应当在通知书指定的期限内作出答复。无效宣告请求人对专利复审委员会发出的口头审理通知书在指定的期限内未作答复,并且不参加口头审理的,其无效宣告请求视为撤回,专利权人不参加口头审理的,可以缺席审理。

16. 当事人可依据哪些理由请求对专利无效宣告进行口头审理?

当事人可以依据下列理由请求进行口头审理:(1)当事人一方要求同对方当面质证和辩论;(2)需要当面向合议组说明事实;(3)需要实物演示;(4)需要请出具过证言的证人出庭作证。对于尚未进行口头审理的无效宣告案件,专利复审委员会在审查决定作出前收到当事人以书面方式依据上述理由提出口头审理请求的,合议组应当同意进行口头审理。

17. 当事人在专利无效宣告口头审理过程中的权利和义务有哪些?

当事人的权利包括:当事人有权请求审案人员回避;有权与对方当事人和解;有权在口头审理中请出具过证言的证人就其证言出庭作证和请求演示物证;有权进行辩论。请求人有权撤回无效宣告请求,放弃无效宣告请求的部分理由及相应证据,以及缩小无效宣告请求的范围。专利权人有权放弃部分权利要求及其提交的有关证据。

当事人的义务包括:当事人应当遵守口头审理规则,维护口头审理的秩序;发言时应当征得合议组组长同意,任何一方当事人不得打断另一方当事人的发言;发言和辩论仅限于合议组指定的与审理案件有关的范围;对自己提出的主张有举证责任,反驳对方主张的,应当说明理由;口头审理期间,未经合议组许可不得中途退庭。

18. 导致专利无效宣告程序终止的情形有哪些?

无效宣告程序中有以下情形之一的,无效宣告程序终止:

(1)请求人在专利复审委员会对无效宣告请求作出审查决定之前,撤回其无效宣告请求。但是,专利复审委员会认为根据已进行的审查工作能够作出宣告专利权无效或者部分无效的决定的,不终止审查程序。

(2)请求人未在指定期限内答复口头审理通知书,并且不参加口头审理,其无效宣告请求被视为撤回。但是,专利复审委员会认为根据已进行的审查工作能够作出宣告专利权无效或者部分无效的决定的,不终止审查程序。

(3)已受理的无效宣告请求因不符合受理条件而被驳回请求。

(4)在专利复审委员会对无效宣告请求作出审查决定之后,当事人未在收到该审查决定之日起三个月内向人民法院起诉,或者人民法院生效判决维持该审查决定。

(5)在专利复审委员会作出宣告专利权全部无效的审查决定后,当事人未在收到该审查决定之日起三个月内向人民法院起诉,或者人民法院生效判决维持该审查决定的,针对该专利权的所有其他无效宣告程序终止。

课堂时间安排

本案例可以作为专门的案例教学课来进行,整个案例课安排 5 个课时,每课时 45 分钟。

课前计划:安排学生阅读相关案例及相关参考资料,对案例所涉及问题进行思考,撰写实践题答案。

课中计划:介绍教学目的,明确讨论主题;分组讨论,回答各项思考题,讨论实践题的撰写要点;小组代表提出撰写要点,学生讨论和分析;教师归纳总结。

课后计划:布置学生进一步思考:专利被宣告无效后的法律后果哪些?

思考题和实践题

1. 思考题

(1)我国专利法对专利无效宣告请求人的资格是如何规定的,谈谈你对此的理解?

(2)专利复审委员会专利无效宣告决定有哪些类型?

(3)请求宣告专利权无效的理由主要有哪些?

(4)外观设计专利授权的实质性条件是什么?

(5)如何判断授予专利权的外观设计与现有设计及现有设计特征的组合相比,具有明显区别?

(6)专利无效宣告请求办理及审查流程是什么?

(7)我国对专利无效宣告请求应办理材料是如何规定的?

(8)在专利无效宣告请求受理过程中,不予受理的常见情形有哪些?

(9)在专利无效宣告请求受理过程中,需要补正的常见问题有哪些?

(10)在专利无效宣告请求受理审查过程中,对请求人和专利权人的举证期限有何规定?

(11)当事人可依据哪些理由请求对专利无效宣告进行口头审理?

(12)当事人在专利无效宣告口头审理过程中的权利和义务有哪些?

(13)导致专利无效宣告程序终止的情形有哪些?

(14)根据本案案情,结合我国相关法律法规,对外观设计专利无效宣告请求人的观点和理由进行分析和评价?

(15)根据本案案情,结合我国相关法律法规,对本案中专利复审委员会专利无效决定进行分析和评价?

2. 实践题

(1)结合本案案情,为本案专利无效宣告请求人撰写专利无效宣告请求书?

(2 结合本案案情,为本案涉案专利权人撰写复审、无效宣告程序意见陈述书?

(3)根据本案案情,结合我国相关法律法规和请求人提交的对比设计 1 和对比设计 2(证据材料),就 201130243517.0 号涉案外观设计专利相对于对比设计 1 和对比设计 2 设计特征的组合,在整体视觉效果上是否具有明显区别进行判断和分析?

参考文献

1. 国家知识产权局:《专利审查指南》(2010),知识产权出版社 2010 年版。

2. 国家知识产权局专利复审委员会:《外观设计专利无效宣告典型案例评析》,知识产权出版社 2013 年版。

3. 崔国斌:《专利法:原理与案例》,北京大学出版社 2012 年版。

4. 尹新天:《中国专利法详解》,知识产权出版社 2012 年版。

5. 吴广海:《专利法:原理、法规与案例》,知识产权出版社 2014 年版。

撰稿人 | 吴广海,南京理工大学知识产权学院副教授

14 CASE 陈伟宏投资深圳富成汇通股权投资基金（有限合伙）案

| 摘 要 |

在有限合伙中，普通合伙人全权负责经营管理，有限合伙人仅负责投资而不得参与管理。实践中，普通合伙人滥用合伙事务执行权侵害有限合伙人利益的事件时有发生。本案例以深圳富成汇通股权投资基金（有限合伙）为样本，描述了有限合伙人陈伟宏投资该基金后所遭遇的一系列权益受到侵害的事件，介绍了该基金普通合伙人兼管理人深圳富成投资公司在执行合伙事务过程中是如何未依照恪尽职守、诚实信用、谨慎勤勉的原则管理和运用基金财产的情形。本案例揭示了有限合伙企业治理中普通合伙人与有限合伙人的内在矛盾及有限合伙人权益保护等相关理论知识，启发我们探寻改善有限合伙企业治理的可行对策。

| 关键词 |

私募股权投资基金　有限合伙　有限合伙人　普通合伙人　企业治理

| 教学目标 |

本案例通过对有限合伙私募股权投资基金中普通合伙人利用执行合伙事务的机会侵害有限合伙人利益的客观描述，帮助学生了解在有限合伙中全权负责经营管理的普通合伙人与不得参与经营管理的有限合伙人之间所形成的内部治理模式及其治理困局，并熟悉有限合伙企业治理的相关理论知识，进而对如何改进有限合伙企业治理有一个深度思考。通过对本案例的分析和研讨，结合授课教师的指导，不仅使学生掌握有限合伙企业治理的相关理论知识，还培养学生分析有限合伙企业治理问题并力图解决这些问题的实践能力，探索预先防范类似法律风险的策略。

教学案例主文

一、初识风投基金

年近60岁的陈伟宏，是一个在市场摸爬滚打几十年的东莞服装商人，在20世纪90年代末期，看准了港台客商涌入以及制造业勃兴的机会，拿出自己和家族的全部积蓄在东莞厚街镇开办了一家四星级酒店。由于生意红火，酒店给陈伟宏带来了可观的经济效益，也让他积累了大量的资金。

2014年，东莞经济受到了外界经济下行的拖累而出现疲软，加上扫黄风暴的影响，东莞不少酒店的经营业绩出现较大滑坡。经营业绩的下滑引发东莞各家酒店激烈的价格竞争，而成本却在不断提高，例如，人工成本涨了1倍，原材料涨了10%，水电费也上涨，但酒店的房价却越压越低，陈伟宏感到东莞酒店生意越来越难做了。然而，自己这些年除了了解服装买卖和酒店经营外，对其他行业不太了解，如果贸然去做其他行业，又怕没能力做好。

2014年6月的一次朋友聚会上，陈伟宏认识了富成投资公司的副总裁兼基金管理部经理刘岳。富成投资公司成立于2009年，注册地在深圳市福田区，是由在私募创投行业内鼎鼎大名的信宜集团与其他几家企业共同出资1000万元而组建的有限责任公司，专注于投资管理、资产管理、投资咨询以及项目投资。自成立以来，富成投资公司先后筹建了多支私募股权投资基金，投资领域既有传统的电子、光学、机械、物流、交通运输、房地产等产业，也涵括了互联网、新媒体信息技术、环保、新能源、医疗健康、TMT等新兴产业。富成投资公司凭借大手笔的投资、独到眼光以及公司优良业绩，已然成为华南地区创投界的翘楚。而身为公司高管的刘岳，系名牌大学的金融专业博士，毕业后先在证监会基金监管部门工作过一段时间，后辞职下海，在华康控股公司担任投资发展部高级经理、副部长、资产管理部部长等职，后被信宜集团高薪聘请，作为新成立的富成投资公司的副总裁，专门负责私募基金组建、管理和运营。刘岳作为中国首批职业风险投资人士，因其特殊的专业背景和工作经历，以及犀利独到的投资眼光和敏锐的商业嗅觉，成功募集了多支风险投资基金（总规模超过20亿元），主导完成了逾60家企业的投资，所投企业中累计有8家企业在沪深主板上市，还有一些在新三板上市。这些企业大都属于互联网、资源环境、新能源、新材料、城商行等高新科技企业。

在酒席上，刘岳无疑成为众多宾客的谈话中心。刘岳侃侃而谈，介绍了所从事的私募股权投资这个行业。那些专业词汇，诸如什么关键人、投资决策委员会、咨询委员会、穿透条款、钩回条款、对赌条款、20% carry 等,陈伟宏听得不太明白。其实这些也不需要太明白,只要最重要的事陈伟宏能听明白就可以了:有人可以帮他从事专业投资,可以在新兴产业中帮他赚钱,而且这个人要跟他一起投钱,赚了钱大家一起分,亏钱了这个人承担的责任比他还要大。

酒席临近结束,刘岳乘兴向大家宣布,富成投资公司准备向少数合格投资者定向募集 5 亿元,成立富成汇通基金。由于这个基金的投资方向和储备项目非常好,预期利润可观且见效快,资金的募集情况非常顺利,公司现在已经与几家大型国有企业签订了投资意向书,这些企业已经认购了 4 亿多元的份额。“如果在座的哪位朋友有意愿,我可以把剩余的份额留出来给大家。有钱大家一起赚嘛! 我刘岳看准的项目一定不会有错的,大家跟着我一定可以赚大钱!”刘岳的自信与豪爽打动了在座的一干人,当场就有几个人表示愿意投资。陈伟宏也表达了认购基金的愿望,并与刘岳相互留下联系方式,约定再详细沟通。

二、签订合伙协议

自从那次聚会后,陈伟宏一方面频繁地向刘岳打听富成汇通基金的筹建、拟投资项目、投资周期、退出等事宜;另一方面也派人对富成投资公司和刘岳进行外围调查,甚至派人到一些富成投资公司已投资的目标公司进行实地考察,确认目标公司的存在以及其接受富成投资公司的股权投资的事实。在一番打探过后,陈伟宏确认了刘岳的非凡能力和光辉业绩,更加坚定了跟随刘岳一起投资赚钱的信心。

当然,还有一件重要的事情,那就是合伙人需要共同签署一份合伙协议。对于合伙协议中陈伟宏最为关心的一些问题,刘岳也一一作出解答。

第一,关于基金的组织形式。刘岳表示,基金采用有限合伙制,而不是采用公司制,这是创投行业的惯例。这样设置的原因确实是有限合伙模式优点多多。有限合伙基金集合了普通合伙人和有限合伙人,把普通合伙人和有限合伙人的权责利分得很清:一方面,像你们这种投资者作为有限合伙人,只投资却什么都不用做,既不参与基金的经营管理,对合伙企业债务也不承担无限责任,就如同公司股东一样只以你们的出资为限承担有限责任;另一方面,我们这种负责合伙企业经营管理的普通合伙人,不仅要全权负责企业的经营管理,也需要跟你们一样出资,还要对合伙企业债务承担无限连带责任,也就是说,将来可能要用个人财产来偿还企业债务,你说我们普通合伙人不努力挣钱、不拼命工作行吗? 赚了钱,放在公司制中,如果按照实缴出资比例来分红,那我们普通合伙人只能拿到 1% 的红利,对我们来讲就没有任何动力来经营好基金了,但在合伙制中,我们普通合伙人可以要求拿到 20% 的获利作为对我们的激励,行话叫作“20% carry”,这可以极大调动我们的积极性。赚得越多,我们得到的越多,你们有限合伙人也得到的越多,这是一举两利的事情啊! 而且,合伙企业不用缴税,由各个合伙人自行缴税,这样就避免了像公司般承受双重征税。

第二,关于合伙期限和出资。刘岳表示,合伙期限为五年,前三年为投资期,第四年和第五年为退出期,全体合伙人一致同意,可展期两次,每次各一年。合伙企业实行先认缴再实缴的出资制度。普通合伙人需要认缴本基金认缴出资总额的1%,其余由有限合伙人认缴。实缴出资可以分三次,第一期实缴出资在合伙协议签订后十个工作日缴付,其余在普通合伙人认为有必要(主要根据投资项目和基金费用)且向有限合伙人发出付款通知之日后的十个工作日缴付。出资形式必须为货币。没有按照要求实缴出资的,视为违约。

第三,关于有限合伙人的权益保障。刘岳强调,根据《合伙企业法》的规定,有限合伙人是不能参与基金的经营管理的,因而基金内设的决定项目投资及退出的核心部门——投资决策委员会的成员不能出现有限合伙人,只能由普通合伙人自行任免。如果有限合伙人参与了经营管理,则可能被视为普通合伙人,将要承担无限责任。虽然如此,但基金仍然会通过内设有限合伙人咨询委员会来让有限合伙人行使部分重大事项的决策权,包括批准合伙协议的修改、接纳新的普通合伙人、对关键人士的任免、对投资限制的豁免、批准非现金分配方案、基金的延长或提前结束、对利益冲突问题决议等。而且,基金还内设了合伙人会议,有限合伙人在合伙人会议上可以参与决定普通合伙人入伙、退伙,对经营管理提出建议,获取经审计的合伙企业财务会计报告,查阅财务会计账簿等财务资料,这都不被视为执行合伙事务。普通合伙人也会定期向有限合伙人报告基金的投资团队和工作情况,以及基金的投资运作、项目运营、资产价值、后续管理、财务状况等事项。“这样,就能充分保障你们有限合伙人的权益了。”刘岳说。

第四,关于收益率保证和利润分配。刘岳透露,本基金的预期年化收益率将达30%以上,但证监会2013年发布了《私募投资基金管理暂行办法》,规定基金不得承诺投资本金不受损失或者承诺固定收益,因而不能在协议中写出来。但是,刘岳拍着胸脯说:“请相信我刘岳的能力!”至于利润分配,刘岳表示,将优先保证有限合伙人的回本。从任何投资项目退出所取得的收益在扣除相关税费和提取一定比例的风险准备金后,除全体合伙人一致同意进行再投资的之外,首先在所有合伙人之间根据其实缴出资比例进行分配,直至全体合伙人均收回其全部实缴出资额。如仍有余额,将余额的20%作为绩效奖励分配给普通合伙人,将余额的80%在全体有限合伙人之间根据其实缴出资额按比例分配。当然,如果有限合伙人存在出资违约行为,其应得的红利将首先用于扣缴其欠付的滞纳金、违约金等。

觉得一切妥当,陈伟宏于2014年9月签署了富成汇通股权投资基金(有限合伙)之合伙协议,决定作为有限合伙人向富成汇通基金投资3000万元,并在协议签署一周内就按照合同约定实缴了第一期出资,共计1000万元。陈伟宏憧憬着一两年以后富成汇通基金会给他带来丰厚的回报,正如刘岳所承诺的那样。

三、关键人士离职

合伙协议签订后不久,作为执行事务合伙人的富成投资公司就到深圳市福田区工商局登记注册了富成汇通基金,并在2014年10月8日获得了合伙企业营业执照。合伙协议及基金也依法律法规和中国证券投资基金业协会的规定,向中国证券投资基金业协会备了案。随即,基金开始了计划好的项目投资。而陈伟宏放心地把钱投给刘岳,他的心思又回到了老本行——酒店经营上了,寻找着酒店如何渡过寒冬的途径。

一晃三个多月过去了。2015年2月10日,陈伟宏突然收到富成投资公司的一封函件。该函件主要讲了两个事情:一是告知各位合伙人,富成汇通基金的关键人士刘岳连同另两位关键人士,也就是刘岳的副手陈昌和赵辉,已于2015年1月5日一起离职了;二是通知各位合伙人于2015年2月28日到富成投资公司本部16楼会议室召开有限合伙人咨询委员会会议,选任新的关键人士。

这封函件让陈伟宏大吃一惊。刘岳不仅是富成汇通基金协议中明确约定的在整个基金存续期间不得离开的、不可或缺的核心成员,也是陈伟宏他们这些有限合伙人决定购买富成汇通基金的关键原因。陈伟宏就是冲着刘岳的名气和能力而来,如今刘岳的离职让陈伟宏一时不知如何是好。

回过神来,陈伟宏马上想到似乎合伙协议对关键人士的任免有特殊约定。细细一看,发现合伙协议是这样规定的:首先,关键人士是指刘岳等五位投资决策委员会的成员;其次,在投资期内,普通合伙人应确保关键人士任职并能提供服务;最后,如果关键人士刘岳或者超过2/5的关键人士离职,则普通合伙人必须在两个月内经有限合伙人咨询委员会选出替任的关键人士,决议应经持有有限合伙权益之75%的有限合伙人同意,否则普通合伙人将被替换,投资期将中止,基金只能从事持续性活动,直至某一合适的替任普通合伙人产生。如果没有接替的普通合伙人,基金将提前解散,进入清算程序。显然,普通合伙人富成投资公司违反了这一约定,已经构成普通合伙人违约情形。

带着疑惑,陈伟宏在2015年2月28日来到深圳出席有限合伙人咨询委员会会议。本以为所有的有限合伙人是利益共同体,都会像他一样质问普通合伙人富成投资公司的违约行为,会共同反对选任新的关键人士,没想到占据超过75%合伙份额的几家大企业都表示支持普通合伙人,而陈伟宏这几个自然人虽然反对,但他们的权益加在一起也没有超过20%。陈伟宏突然意识到,只要普通合伙人联合了那几家大企业,对绝大部分重大事项的决议都可以轻易越过75%的生效线。

心有不甘的陈伟宏马上找到律师商量,并由律师代理其向普通合伙人发出了一封质询函,要求富成投资公司向各位有限合伙人通报刘岳及其他关键人士离职的具体时间和原因,并要求附上相关的书面证明材料。同时,要求富成投资公司对替任的关键人士与基金是否存在利益冲突作出说明、承诺和保证,包括这些替任关键人士前任职务经历、时间及其变更单位的原因等。

一个星期后,富成投资公司给了陈伟宏一个回复。回复非常简单地指出,刘岳等人的离职文件属于基金内部的执行事务,无须向合伙事务非执行人提供;替任关键人士与本基金无任何直接利益关联,更无利益冲突,而且该选任已取得有限合伙人咨询委员会的决议通过,该决议程序正当,合法有效。

陈伟宏紧接着向所有的合伙人又发了一封公开质询函,对于普通合伙人毫无诚信、出尔反尔的行为予以公开谴责,对替任关键人士的诚信度和合法性高度质疑,进一步要求普通合伙人公开关键人士离职和替任关键人士任职的所有书面记录材料。而富成投资公司的答复同样简单,认为陈伟宏的质询属无端指责,对此表示遗憾,而刘岳等人的离职情况以及替任关键人士的合法性问题已与陈伟宏沟通了,完全符合合伙协议的约定,就不再与陈伟宏赘述了。

与答复一起到达的还有一封出资缴付通知书,要求陈伟宏在十个工作日内按照合伙协议的约定缴付第二期出资1000万元。陈伟宏觉得,在关键人士离职事件未得到解决之前,也就是在刘岳等人的离职原因以及替任关键人士的资格、人品、能力得到保证之前,还是先不要继续缴付出资了。

四、关联交易疑云

2015年2月,替任关键人士虽然尚未被有限合伙人咨询委员会认可,但其已实际执行合伙事务。根据基金设立时的募资说明书和投资计划书,替任关键人士通过基金内设的投资决策委员会的审批,决定向福建飞龙物流有限责任公司(以下简称飞龙公司)进行股权投资。飞龙公司是专业物流供应链服务商,主要提供进出口通关物流、精益物流、大型特种设备国际采购与物流等综合供应链服务。这次基金向飞龙公司共投资8000万元,主要用于帮助其在厦门建设一个自动化立体仓库,以加大其在福建的服务辐射面,提升其业务量。

建设物流仓库需要有合适的地块。很快,飞龙公司就与福建星发公司达成了一笔转让土地使用权的交易合同。这块地位于厦门郊区,是福建星发公司于2014年通过竞拍以4000万元得到的。现在福建星发公司以总价6000万元卖给了飞龙公司,溢价2000万元。

这一消息在3个月后传到了陈伟宏等人处。为什么要溢价购买?为什么不去通过拍卖方式竞购地块?陈伟宏通过厦门的朋友很快打听到,厦门郊区土地市场近期并没有出现市场升值的情况,而且,交易地块附近也有其他地块拍卖,在近期的拍卖中,这些地块都以底价成交,其价格远低于飞龙公司与福建星发公司的成交价。

这是怎么回事？陈伟宏感到事态不好,赶忙召集了其他几个自然人有限合伙人一起来商讨对策。大家听了都很气愤,觉得投资前景不妙,但一时又想不出什么好的办法,现在唯一可行的就是到深圳去找普通合伙人,要他们把事情说清楚。

一行人来到了富成投资公司的总部大楼。公司的办公室主任赶紧把大家迎进了会议室。陈伟宏他们几个人在会议室甫一坐定,就要求替任关键人士前来接受质询。办公室主任无奈地表示说,替任关键人士都到江苏去考察一个环保项目了,要一个星期后才回来,但可以叫基金部的副总经理小孙来回答大家关心的问题。

没办法,陈伟宏他们只能先质询小孙了。对于陈伟宏质疑该项地块交易价格的溢价问题,小孙表示,基金只负责股权投资,并不参与飞龙公司的直接经营,因而该项交易与基金并无关系,不是基金主导下作出的经营决策,而是飞龙公司根据自己的判断作出的。而且,该地块交易完全遵循了市场原则,是按照市场定价机制定价交易的,是按照评估机构评估后的价格进行交易的。因为土地使用权交易价格涉及多方面的因素,例如土地出让年限、用途、地产市场行情、宗地的形状、大小、容积率及其他微观区位条件等,不是完全可以用周边地块出让价格来比对的。对于陈伟宏质疑地块交易存在关联交易的问题,小孙发誓绝对不是关联交易,这个福建星发公司与富成投资公司没有任何关系,根本不存在彼此控制的情形。对于基金投资飞龙公司的合规性问题,小孙答道,投资程序完全合乎合伙协议的约定,已由投资决策委员会表决通过,投资决策流程完全合规。当然,至于陈伟宏等人所说的这项交易完全是在有限合伙人不知情的情形下悄悄进行的,其实,这种执行合伙事务的事情是无须通知有限合伙人的,更无须经由你们同意。一番质询过后,陈伟宏等人显然并未得到一点有用的信息。

事后,陈伟宏等人派人四处打探,原来,福建星发公司是由广东信鸿投资管理有限公司与另一家企业共同设立的,大股东是广东信鸿投资管理有限公司,由其控股福建星发公司。广东信鸿投资管理有限公司又是由信宜集团旗下的一个全资子公司与其他几家企业出资设立的。要知道,信宜集团可是普通合伙人富成投资公司的控股股东啊。这不是通过土地出让的交易机会由基金向信宜集团输送利益吗？那可是我们真金白银的投资啊,转手就送给了普通合伙人的大股东了！只是,作出交易决定的确实是基金所投资的目标公司,而基金虽然派了一个人任职飞龙公司的董事,但在飞龙公司的 7 人董事会中尚达不到"控制或重大影响"的程度,这能不能算作是关联交易啊？陈伟宏自己心中也满是疑虑。

五、利益冲突频发

就在陈伟宏等有限合伙人还想彻底搞清楚那个关联交易时,普通合伙人处又发生了几件事情,让陈伟宏等人更加焦虑了。

一件事情是:富成投资公司管理着好几支基金,这些基金存在交叉投资或重叠投资的情形。例如,富成汇通基金所投资的一个目标公司,是江苏一家锂电池材料生产企业,主打产品是湿法隔膜材料。要知道,隔膜是锂电池四大材料中最后实现国产的,而湿法隔膜又是当前较为先进的新材料,这家企业生产的隔膜产品正在加速替代进口产品,在我国具有广阔的市场前景。按道理,富成汇通基金选择这家公司来投资应该是一个有价值的投资决策,有可能为基金带来不错的收益。然而,内部透露出来的一个情况却让陈伟宏心灰意冷,就是富成投资公司还募集了其他几支基金,其中有个名叫富成汇华基金的,先于富成汇通基金投资了该公司,且富成汇华基金投资该公司回报条件要优于富成汇通基金,该公司的红利(如有)要优先分配给富成汇华基金。

为什么同样都是富成投资公司设立并管理的基金,却要受到管理人不公平地对待?陈伟宏又一次向富成投资公司发出了一份质询函,要求把这个事情讲清楚。然而,富成投资公司的回复只有三言两语,那就是这个问题在当初咱们的合伙协议的附件——《风险揭示书》中都已明确约定了。陈伟宏拿出《风险揭示书》一看不禁傻了眼,原来上面确实清清楚楚地写着:“投资有风险,当您认购本基金的基金份额时,可能获得投资收益,但同时也面临着投资风险。您在作出投资决策之前,请仔细阅读本风险揭示书和基金合同,全面认识本基金的风险收益特征和产品特性,认真考虑基金存在的各项风险因素,并充分考虑自身的风险承受能力,理性判断市场,谨慎做出投资决策。第一,投资者知晓基金管理人或其关联方管理的其他投资产品与本基金在投资范围上可能存在重叠或交叉,基金管理人并不保证本基金投资的产品在投资收益或投资风险方面会优于基金管理人及其关联方管理的、投资范围与本基金存在重叠和交叉的其他投资产品。基金管理人或其关联方管理的其他投资产品未出现投资损失或投资收益未达预期的情况,并不意味着本基金不会出现投资损失或投资收益未达预期的情况。基金份额持有人不得因本基金投资收益劣于基金管理人及其关联方管理的其他类似投资产品,而向基金管理人提出任何损失或损害补偿的要求……”

另一个事情就是,听说普通合伙人富成投资公司免除了某些有限合伙人的后续实缴出资的义务。据了解,富成投资公司在吸引某些大企业来认购富成汇通基金份额时,与其私下签订了特别条款,赋予了那些大企业后期出资选择权,明确其享有不予按期实缴出资的豁免权,因而,这些大企业在缴纳了第二期出资后,私下向富成投资公司声明不再续缴第三期出资了。因此,陈伟宏又向富成投资公司发出了一封质询函,要求管理人富成投资公司向全体合伙人公开所有合伙协议或合同文件,包括与各合伙人签订的特别条款或承诺,也要求公开对所有出资未到位的有限合伙人发出违约通知书及其内容,也就是要管理人明确,有否选择性地签订合同或发出通知。如有这种情况,陈伟宏要求享有同等待遇,也要求不再后续出资,并且不被视为“违约合伙人”而被限制有限合伙人的部分权利。

富成投资公司很快就答复了。普通合伙人和管理人是否豁免有限合伙人的出资违约行为,这是执行合伙事务的行为,无须征得有限合伙人的认可,有限合伙人无权干涉,相关资料包括那些协议、合同、通知、承诺书等,也无须提供给任何有限合伙人,有限合伙人无权查阅。而且,本基金的合伙协议第5.8条也明确规定,若有限合伙人未依约缴付认缴出资的,普通合伙人和管理人可认定该合伙人为“违约合伙人”,限制其合伙权利的行使,除非由普通合伙人和管理人对该违约行为予以豁免。因此,普通合伙人和管理人确实有权依约出具对违约行为豁免的文件。然而,陈伟宏在没有取得普通合伙人和管理人共同出具的违约行为豁免的书面文件情况下,就擅自表示不再支付第二期出资,按照《合伙企业法》第65条的规定和《有限合伙协议》第5.8条的约定,已显属“支付违约”,应承担违约责任,普通合伙人和管理人有权以其收益优先支付违约金、滞纳金、管理费以及应缴出资等。

六、账簿查阅受阻

随着时间的推移,陈伟宏等几个有限合伙人对普通合伙人愈发警觉。2015年11月,陈伟宏向普通合伙人发出一封通知书。通知书上说,根据有限合伙协议和《合伙企业法》第28条的规定,有限合伙人对涉及自身利益的情况,有权查阅富成汇通基金的会计账簿。现决定委托律师王强、审计师张军作为代理人,前往富成投资公司,对富成汇通基金成立以来的会计账簿进行查阅。通知书还要求富成投资公司充分配合查阅工作,提供包括但不限于基金成立以来至今的财务账册、会计凭证(包括与凭证对应的合同)、银行对账单、第一期出资的资金使用情况、投资去向,以及陈伟宏等几个有限合伙人的资本账户的开户时间、资金往来明细及记账调整文件和责任人。

富成投资公司很快给予回复,意思是:你们不要来查阅会计账簿了,我可以把相关财务情况都通报给你们。而且,没过几天,一封关于基金财务状况的函件就寄给了陈伟宏。里面简单地列出了基金成立以来的资本账户情况以及资金使用情况,提供了期初余额,包括增项部分的期间实缴资本、期间应享收益和减项部分的期间已分配现金、期间基金费用,也提供了期末余额,还列举了基金记账依据和原则、基金管理费的提取依据、基金筹建费用的说明等。这些披露的财务信息都是非常简单且浅显的,所以,陈伟宏还是坚持要查阅基金的会计账簿。

陈伟宏又发了一封通知书,强烈质疑富成投资公司的险恶用心,要求其立即提供会计账簿以供查阅。但富成投资公司也强硬回复说,鉴于已经向有限合伙人提供了基金的财务状况文件,已经按照合伙协议要求披露了相关财务信息,也就是说,有限合伙人应当知道的都已告诉你啦,而有限合伙人仍然要求查阅会计账簿,定然存在不正当目的。因为在会计账簿中涉及许多基金的商业秘密,如果任由非管理人和非合伙事务执行人来查阅,可能将有关情况泄露给竞争对手或损害基金合法权益,因此,管理人和合伙事务执行人可以拒绝有限合伙人查阅。

这之后,陈伟宏多次要求查阅,但富成投资公司一直不予回应,看来是想一直拖下去。

七、尾声:散伙难、继续更难

激愤之下,陈伟宏要求富成汇通基金清盘。但要众多有限合伙人共同达成终止协议并没那么容易,尤其是那些受到优待的大企业肯定会坚决反对,基金提前清盘这一"双输"选项肯定不会成为现实。

然而,要有限合伙人与普通合伙人继续友好合作下去已经缺乏互信的基础。看来,有限合伙人与普通合伙人之间的争吵还会继续,甚至会闹上法庭,直至退出基金的那天,或之后很长一段时间。

附件

深圳富成汇通股权投资基金(有限合伙)之有限合伙协议
(主要条款)

……

3.5　关键人士及其任职保证

在投资期内,普通合伙人应确保关键人士任职于管理人。如果关键人士中的刘岳先生或超过五分之二之关键人士在投资期内离职,则构成关键人士事件。

在管理人同意的前提下,普通合伙人应当向本基金推荐替任的关键人士,并得到合伙人会议的认可。若在关键人士事件发生后的三个月内无法产生合伙人会议认可的替任关键人士,则引发普通合伙人终止事件,投资期应当中止,本基金将只从事存续性活动,直至某一合适的替任普通合伙人按照本协议之约定产生。如果该替任普通合伙人未能按照本协议约定的方式产生,则本基金将提前解散,并进入清算程序。

……

4.1　有限合伙人

4.1.1　有限合伙人以其认缴的出资额为限对本合伙企业的债务承担责任。有限合伙人可以同本合伙企业进行交易,可以自营或者同他人合作经营与本合伙企业相竞争的业务。

4.1.2 有限合伙人不执行有限合伙事务，不得对外代表本合伙企业。任何有限合伙人均不得参与管理或控制本合伙企业的投资业务及其他以本合伙企业名义进行的活动、交易和业务，不得代表本合伙企业签署文件，亦不得从事其他对本合伙企业形成约束的行为。有限合伙人如实施下列行为，不视为执行合伙事务：

(1)参与决定普通合伙人入伙、退伙；

(2)对本合伙企业的经营管理提出建议；

(3)获取经审计的本合伙企业财务会计报告；

(4)对涉及自身利益的情况,查阅本合伙企业财务会计账簿等财务资料；

(5)在本合伙企业中的利益受到侵害时,向需承担责任的合伙人主张权利或者提起诉讼；

(6)按照本协议的约定参与合伙人会议。

《合伙企业法》规定的其他不视为有限合伙人执行合伙事务的行为。

4.1.3 对于：(1)合伙人会议根据本协议通过决议的事项和/或执行事务合伙人根据本协议有权自行作出决议的事项和/或合伙企业管理人根据本协议获得授权自行办理工商登记/变更；及(2)政府相关部门及行业协会(包括但不限于证券监督管理委员会、中国证券投资基金业协会等)对本合伙企业及/或合伙人进行监管、审查、备案或提出其他要求的情形下的事项，其他合伙人应按执行事务合伙人的通知签署相关文件和提供相应配合(包括但不限于提供政府相关部门所要求之资料)(以下合称配合义务)。其他合伙人拒绝履行配合义务的，执行事务合伙人可向其发出催告通知。有限合伙人在催告通知上载明的宽限期内仍未履行配合义务的，则该有限合伙人应构成“违约合伙人”，应向本合伙企业及其他合伙人赔偿因其违约所造成的损失。全体合伙人一致同意，虽有前述约定，执行事务合伙人有权豁免相关违约合伙人支付赔偿金的义务。该违约合伙人被强制退伙的相关事宜按本协议第十三条之规定处理。全体合伙人确认:不管相关文件的实际签署日期，亦不管合伙人是否未签署相关文件，(i)合伙人会议根据本协议通过决议的事项自合伙人会议决议通过之日生效、执行事务合伙人根据本协议自行作出决定的事项自执行事务合伙人作出决定之日起生效；(ii)上述决议或决定生效时即对全体合伙人发生效力，不受工商变更手续办理进程的影响。

4.2 普通合伙人

4.2.1 普通合伙人对于本合伙企业的债务承担无限连带责任。

……

5.1 执行事务合伙人的条件和选择程序

5.1.1 全体合伙人以签署本协议的方式一致同意选择深圳富成投资公司(普通合伙人)担任本合伙企业的执行事务合伙人。

5.1.2 全体合伙人一致同意，本协议一经签署，本合伙企业即应授权执行事务合伙人代表或安排本合伙企业与合伙企业管理人签署一份符合本协议规定内容的《委托管理合同》，以约定本合伙企业在合伙期限内委托合伙企业管理人进行项目投资、运营、管理、处分等相关事宜。

5.2 执行事务合伙人的权限

5.2.1 执行事务合伙人拥有《合伙企业法》及本协议所规定执行合伙事务的权利，包括但不限于：

(1)依据合伙协议之约定履行执行事务合伙人之职责；

(2)执行本合伙企业及其投资业务；

(3)执行事务合伙人应代表本合伙企业缔结合同及达成其他约定、承诺、管理及处分本合伙企业之资产，以实现本合伙企业之经营宗旨和目的；

(4)本协议规定的其他权利。

5.2.2 执行事务合伙人将其在本协议项下的权利委托给合伙企业管理人行使，但以下事项除外：

(1)所有合伙企业选择及退出投资的决定均应由合伙企业投资决策委员会根据本协议的约定做出。

(2)本协议第9.2条约定的合伙企业收益的分配权由执行事务合伙人享有。

5.3 执行事务合伙人之行为对本合伙企业的约束力

执行事务合伙人及其委派的代表为执行合伙事务所做的全部行为，包括与任何第三人进行业务合作及就有关事项进行交涉，均对本合伙企业具有约束力。

5.4 执行事务合伙人的赔偿责任

执行事务合伙人应基于诚实信用原则为本合伙企业谋求最大利益。若因执行事务合伙人的故意或重大过失行为，致使本合伙企业受到损害或承担债务，执行事务合伙人应向本合伙企业承担赔偿责任。

5.5 责任的限制

5.5.1 本合伙企业、执行事务合伙人及其关联方、雇员不应被要求返还任何有限合伙人的实缴出资额，亦不对有限合伙人的投资收益保底；所有实缴出资额的返还及投资回报均应源自本合伙企业的可用资产。

5.5.2 除非由于故意、重大过失行为，执行事务合伙人及其关联方、雇员不应对因其作为或不作为所导致的本合伙企业或任何有限合伙人的损失负责。

5.6 免责保证

各合伙人同意，执行事务合伙人及其管理团队、雇员、执行事务合伙人聘请的代理人、顾问等人士为履行其对本合伙企业的各项职责、处理本合伙企业委托事项而产生的责任及义务均归属于本合伙企业。如执行事务合伙人及上述人士因履行本协议约定职责或办理本协议约定受托事项遭致索赔、诉讼、仲裁、调查或其他法律程序，本合伙企业应补偿各该人士因此产生的损失和费用，除非该等损失、费用以及相关的法律程序是由于各该人士的故意或重大过失所引起。

5.7 执行事务合伙人利益冲突、关联交易和非竞争豁免

5.7.1 有限合伙人在此同意并认可，执行事务合伙人及/或其关联方在本合伙企业设立之前或在本合伙企业的合伙期限内，除本合伙企业外，已经或可能发起、募集、投资、设立、管理其他一只或几只关联基金(包括但不限于子基金)，执行事务合伙人应依诚实信用原则，尽最大努力在各只关联基金之间合理地分配管理资源(包括但不限于管理人员和管理成本)，但应受限于各关联基金组织文件(包括但不限于合伙协议)的约定。执行事务合伙人在上述前提下从事的投资管理活动不应被视为从事与合伙企业相竞争或有利益冲突的业务或被视为对本协议有任何违反,但执行事务合伙人存在故意或重大过失导致其他有限合伙人及/或本合伙企业遭受重大损失的除外。

5.7.2　除本协议另有约定外，执行事务合伙人应尽量减少和限制合伙企业的关联交易；若关联交易确有必要或执行事务合伙人依诚信善意合理地认为发生该等关联交易对本合伙企业存在利处，则执行事务合伙人可进行该等关联交易，但执行事务合伙人应以诚实信用原则,尽最大努力在普通合伙人之关联基金之间合理分配投资机会。在此情况下，无论该等关联交易结果如何，任何有限合伙人及/或本合伙企业均无权利以此为由向执行事务合伙人及/或其关联方主张任何索赔、赔偿或者要求承担其他责任,但执行事务合伙人存在故意或重大过失导致其他有限合伙人及/或本合伙企业遭受重大损失的除外。

……

6.1　合伙人会议的职能和权限

合伙人会议由全体合伙人组成,是本合伙企业的最高权力机构。作为全体合伙人的议事程序,合伙人会议由普通合伙人召集并主持。除本协议另有约定外,合伙人会议须由普通合伙人及持有有限合伙权益之50%或以上的有限合伙人共同出席方为有效。合伙人会议的职能和权限包括且仅包括:

(1)变更本合伙企业的名称、经营范围、注册地址;

(2)变更本合伙企业的认缴出资总额,但在本协议约定的认缴出资总额范围内,普通合伙人有权决定本合伙企业的最终认缴出资总额;

(3)决定本合伙企业的合并、分立、或组织形式的变更;

(4)决定除本协议明确授权普通合伙人独立决定修改事项之相关内容外,本协议其他内容的修订;

(5)听取并审议普通合伙人年度报告;

(6)批准普通合伙人提出的退伙及其合伙权益转让申请;

(7)根据本协议第1.6条之约定,批准存续期限的延长;

(8)发生法定、本协议第4.5条或第4.6条约定的普通合伙人终止事件或普通合伙人违约事件之后,决定终止普通合伙人,更换普通合伙人,选举替任普通合伙人,或根据第4.6条采取其他措施;

(9)就普通合伙人提交的涉及利益冲突的事项进行表决;

(10)对于普通合伙人提交的涉及投资限制的事项给予豁免(前提是在适用法律允许的情况下);

(11)替任关键人士的选任;

(12)根据本协议之约定,决定终止普通合伙人,更换普通合伙人,选举替任普通合伙人。

(13)根据本协议需要由合伙人会议批准的其他事项。

6.2 会议召开

合伙人会议原则上每年举行一次会议,由普通合伙人召集。普通合伙人应促使本合伙企业自首次出资日发生年份后的第一个完整日历年度开始,每年度召开一次合伙人会议。经普通合伙人或者经持有有限合伙权益之33.3%的有限合伙人提议,还可召开合伙人临时会议,讨论决定上述所列之相关事项。

普通合伙人应在合伙人会议召开前15日内向合伙人发出通知,通知中应载明开会的时间、地点、议事日程等事项;其中,会议议程中需审议的文件应提前3日提交给全体合伙人审阅。

6.3 表决机制

合伙人或其授权代表通过电话或视频等类似通讯设备与会,即视为合伙人出席了合伙人会议。合伙人会议的决议也可通过书面文件的传阅签署形式做出。除非本协议另有明确约定,违约合伙人均无权参与表决。

一般表决机制:本协议第6.1条(1)~(4)款应由普通合伙人以及持有有限合伙权益之66.7%的有限合伙人的表决方可通过。

特殊表决机制:本协议第6.1条(5)~(12)款应经持有有限合伙权益之30%以上的有限合伙人提议,并经持有有限合伙权益之75%的有限合伙人的表决方可通过。

……

教学指导手册

教学对象及目标

本案例供法律硕士案例教学使用,法学本科或民商法学硕士也可以参酌使用。

本案例通过对有限合伙私募股权投资基金中普通合伙人利用执行合伙事务的机会侵害有限合伙人利益的客观描述,帮助学生了解在有限合伙中全权负责经营管理的普通合伙人与不得参与经营管理的有限合伙人之间所形成的内部治理模式及其治理困局,并熟悉有限合伙企业治理的相关理论知识,进而对如何改进有限合伙企业治理进行深度思考。通过对本案例的分析和研讨,结合授课教师的指导,不仅使学生学习有限合伙企业治理的相关理论知识,还培养学生分析有限合伙企业治理问题以及解决这些问题的实践能力,探索预先防范类似法律风险的策略。

教学内容

1. 私募股权投资基金的组织形式及其比较

当前,私募股权投资基金所采取的组织形式主要有公司制、契约(信托)制、有限合伙制。当然,实践中这几种组织形式的界限并明确,且由于各国的法律规定并不一致,私募股权投资基金的设立和组织管理模式也不完全一样,在众多已建立的基金中往往同时存在多种形式。

(1)公司制

公司制包括有限责任公司和股份有限公司两种形式,对于股权投资基金组织而言,主要是有限责任制。公司制私募股权投资基金是一种法人基金,有着与一般公司相类似的治理结构。投资者作为股东直接参与投资,以其出资额为限对公司债务承担有限责任。基金很大一部分决策权掌握在投资者组成的股东会和董事会手中,投资人的知情权和参与权都较大。基金管理人既可以是股东,也可以是外部人。实践中,通常是由股东会选出董事、监事,再由董事、监事投票委托专门的投资管理公司作为基金管理人。管理人收取资金管理费与效益激励费。这种基金股份的出售一般都委托专门的销售公司来进行。由于受公司法律的限制,一般来讲,股东数目不多,但出资额都比较大。

公司制基金有一定优点。例如,公司制的治理结构有法可依,可按照《公司法》《证券法》《中国上市公司治理准则》等规定来操作。但是,公司型基金也存在较多劣势。主要表现在:第一,公司法是一种强制性规范较多的法律,对于公司的设立也规定了许多条件,导致公司设立程序较为复杂,并且条件较为严格,许多条件并不适合风险投资企业。第二,虽然2013年修订后的《公司法》将实缴资本制改为认缴资本制,但认缴资本仍然是在公司创立之初就需要确定的,相对于风险投资资金的弹性需求,公司制下的认缴资本之弊端并未得到根本克服。尤其是公司增减资本属于公司重大决策事项,需要通过股东会来议决等较为繁琐的程序和较高的协商成本才可达成。第三,公司是企业所得税的纳税主体,公司必须缴纳企业所得税,公司一旦有利润就必须按规定比例纳税,而股东在分取红利之后,还须缴纳个人所得税。这样就存在双重征税问题。而且,风险投资前期无回报,靠后期高额回报来弥补前期的损失。当后期有利润时,由于基数大,公司所得的利润很大一部分被征收,因而前期的亏损无法补偿,这是非常不利于风险投资运作的。

(2)契约(信托)制

契约制,也称信托制,是按照各国有关信托关系的法规设立的。所谓信托,是指委托人基于对受托人的信任,将其财产权委托给受托人,由受托人按委托人的意愿以自己的名义,为受益人的利益或者特定目的,进行管理或者处分的行为。信托制私募股权投资基金是通过当事人之间以专门的信托契约明确各自的权利与义务而形成的形态,通常表现为根据信托契约通过发行收益凭证而组建的基金。投资者与基金经理通过信托契约成立的基金,由信托公司设立集合资金信托计划聚集资金,以信托作为商事组织形式对企业进行股权投资,最终以股权上市、协议转让、被投资企业回购等方式退出并盈利。基金管理人以自己的名义对其进行经营管理,投资者仅作为受益人分享利益,无权参与基金的运作。

契约(信托)制基金的优点在于,参加信托型基金的合格的机构投资者并无募集人数的上限规定,因而信托型基金具有拓宽资金募集渠道的优势。而且,信托财产独立于投资人和债权人,具有独立的法律地位,对于投资人而言其安全性更高。但是,信托型基金的劣势也是明显的:第一,通过组建信托计划进行风险基金投资受到一定限制。根据我国《信托公司管理办法》《信托公司集合资金信托计划管理办法》《信托公司私人股权投资信托业务操作指引》等规定,信托公司可以经营私募股权基金信托,但不允许信托公司的信托产品直接参与拟上市公司 IPO 过程。第二,投资主体地位不明确。一个信托公司可以设立多个集合资金信托计划。每一集合资金信托计划都是由不超过 50 个自然人和不受数量限制的机构投资者投资组建,但是,集合资金信托计划不是法律规定的适格的投资主体,不具备当事人主体地位,不能独立参与风险投资法律关系并享有权利和承担责任。第三,运作环节多、成本高。委托人应当以自己合法所有的资金认购信托单位,且必须一次性交足信托资金。由于信托资金必须一次到位,对投资人的资金压力大。集合资金信托计划的参与方较多,包括信托公司、信托计划的管理者、投资顾问、保管人等,各参与方都有运作成本。第四,税收不优惠。我国没有专门针对股权信托产品的税收政策,受托人和受益人的双重所有权可能导致课税环节重复的问题,包括信托财产转移、信托存续期间获得收益以及信托财产分配时都会产生纳税义务。

(3)有限合伙制

有限合伙企业是由普通合伙人(至少一人)和有限合伙人组成,由普通合伙人执行合伙事务,对合伙企业债务承担无限连带责任,有限合伙人以其认缴的出资额为限对合伙企业债务承担责任。有限合伙制私募基金的运作及管理模式可以简单概括为:由私募基金管理公司作为普通合伙人与投资人作为有限合伙人共同组成有限合伙企业,普通合伙人通常只认缴极少部分出资,依照其普通合伙人的身份承担无限责任,并实际负责基金的投资、运营和管理,每年提取基金总额的一定比例作为基金管理费。在一些情况下,普通合伙人还可根据与有限合伙人的约定获得绩效分成。而投资者则以有限合伙人的身份入伙,认缴绝大部分的出资额,以其认缴的出资额为限承担有限责任,不参与有限合伙的管理,根据其与普通合伙人约定的投资期限和预期收益分享合伙收益,同时享有知情权、咨询权等基本权利。为提高有限合伙制基金的投资能力,作为普通合伙人的基金管理公司通常亦会组建投资决策委员会,由投资决策委员会对投资计划、投资策略、投资目标、资产分配等事项做出专业决策。可见,有限合伙制基金的最大特点在于"责任的二元性与经营管理权限的一元性",即一方面,有限合伙集有限责任与无限责任于一身,实现了人合与资合的统一;另一方面,有限合伙的经营管理权完全掌握在普通合伙人手中,有限合伙人基本不参与。

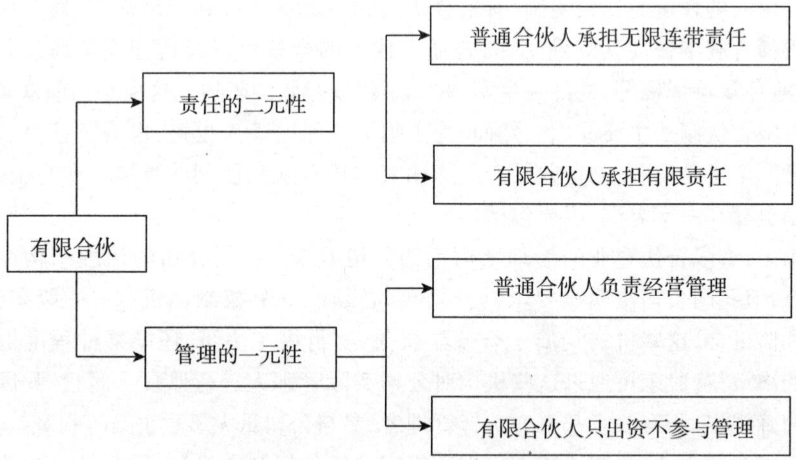

图1　有限合伙的基本特征

有限合伙制的优势主要在于:

第一,有利于人力与资本的结合,既调动投资者的投资热情,又激励管理人实现基金利益最大化,达到"有钱出钱、有力出力"的目的。有限合伙人只负责出资,不介入企业的经营管理,普通合伙人出资很少,对企业承担无限责任,但其通常为资深的风险投资专家,是企业的实际管理者,通常以自己的业绩和声誉来吸收投资,投资成功后享有高额的自有资本回报和提成回报。有限合伙制对普通合伙人和有限合伙人均具有很强的吸引力。

第二,对普通合伙人具有一定的约束机制。一方面,普通合伙人无限责任的存在使普通合伙人需谨慎经营,避免利用有限合伙组织从事侵害债权人利益的不法行为,在一定程度上缓解了所有权与经营权分离后产生的代理问题;另一方面,有限合伙以合伙协议为基础,而合伙人可以在合伙协议中充分展现其意思自治,约定一系列的激励与约束条款,通过这种方式将基金管理人利益与投资者利益相捆绑,并对管理人的机会主义行为事先作出防范。

第三,运作效率较高。由于有限合伙不存在复杂的层级结构,有限合伙人不参与日常的生产经营,投资策略的制定和具体的经营管理活动均由普通合伙人操作,内部沟通与决策便捷,投资策略意见容易整合,这样的运作效率较高。

第四,避免双重征税。我国《合伙企业法》明确规定,合伙企业的生产经营所得和其他所得依照国家有关税收规定,由合伙人各自分别缴纳所得税。也就是说,投资人可根据其全盘收益情况自行申报纳税,从而避免了双重纳税,有效降低了经营成本。

在本案例中,刘岳对陈伟宏表述的有限合伙制的种种好处,包括有限合伙人与普通合伙人的权责利比较明确、有限合伙人的有限责任有利于投资、普通合伙人的无限责任有利于督促其勤勉工作、普通合伙人的全权负责经营管理与绩效分成的挂钩、避免双重征税等,这都是事实,并无虚假或夸张的陈述。这也是当前众多基金采用有限合伙制的主要原因。然而,为了吸引陈伟宏等人投资,也为了让今后的经营管理完全于己有利,刘岳并没有向陈伟宏阐述有限合伙制的弊端。实际上,有限合伙制也存在一定弊端,主要包括:

第一,有限合伙企业的治理结构不如公司健全。我国公司的治理结构虽不令人满意,但我国公司法明确要求,公司内部必须建立分权制衡机制——股东会、董事会和监事会,这些机构均属于合议制机关,实行民主决策,还能某种程度上保证股东的决策权,股东可通过这些机构对公司实际管理人进行监督。而且,我国公司法也明确规定,所有股东都享有选择管理者、参与公司重大事项决策等权利。然而,对于有限合伙企业,我国法律不仅没有规定这类分权制衡机制,反而规定由普通合伙人全权负责经营管理而有限合伙人不得插手和介入,这就导致了有限合伙制基金在决策、执行、监督职能方面没有严格的组织机构分工,其管理体制实质是一种高度集权的个人负责制,普通合伙人集决策、执行于一身。有限合伙人虽然对企业的经营管理享有建议权、监督权,但由于缺乏组织保障,加之有限合伙人普遍存在“搭便车”的心理,以及信息不对称以及高昂的诉讼成本与缺乏诉讼保障机制的存在,致使这些权利很难顺利实现。

第二,无限连带责任虽然能够促使普通合伙人进行自我风险控制,实行自我约束,但如果普通合伙人是一家公司而非自然人的话,正如本案例中作为普通合伙人的富成投资公司一样,其无限责任的承担者是公司,也就是说,最终的无限责任仅限于用公司的全部财产来承担,既不能穿透公司面纱而要求公司股东承担无限连带责任,也不能要求实施具体经营和管理的相关自然人承担无限连带责任。这样,通过“无限责任的有限化”,前述的无限责任所起的对普通合伙人的督促和制约作用也就不复存在了,普通合伙人和管理人的道德风险依然可能高发。

因此,陈伟宏等有限合伙人如果能够认知到这些弊端,可能会要求普通合伙人构建更为健全的内部治理机制,事先约定更多的限制性条款,对普通合伙人和管理人的道德风险做好必要的防范工作。

2. 有限合伙私募股权投资基金的内部治理结构

有限合伙内部治理结构既包括普通合伙人与有限合伙人之间的关系及形成何种治理安排,也包括普通合伙人与普通合伙人、有限合伙人与有限合伙人之间的关系及其治理安排。当然,有限合伙企业中最为基础的治理关系主要是指前者,本案例描述和探讨的有限合伙企业内部治理问题也聚焦于此。

在普通合伙人与有限合伙人的治理安排中,一个基本特征就是:普通合伙人以无限责任取得管理权,有限合伙人则用有限责任置换和让渡了代表权和管理权。普通合伙人与有限合伙人之间是投“资”者和投“智”者的结合,有限合伙人作为投资人通常投入99%的投资但不参与经营管理,普通合伙人则依赖其专业技能和行业声誉获得投资人的信赖,从而仅跟投1%的投资甚至不投资就可以得到基金的运营管理权。可见,有限合伙制基金事实上存在出资与运作、收益与决策的双重分离。

作为投“资”者,有限合伙人通过放弃管理权而获得有限责任地位。当然,我国《合伙企业法》第68条列举了八类行为,作为有限合伙人可以实施却不会被视为执行合伙事务的行为,此即“安全港”条款。具体包括:参与决定普通合伙人入伙、退伙;对企业的经营管理提出建议;参与选择承办有限合伙企业审计业务的会计师事务所;获取经审计的有限合伙企业财务会计报告;对涉及自身利益的情况,查阅有限合伙企业财务会计账簿等财务资料;在有限合伙中的利益受到侵害时,向有责任的合伙人主张权利或者提起诉讼;执行事务合伙人怠于行使权利时,督促其行使权利或者为了本企业的利益以自己的名义提起诉讼;依法为本企业提供担保。

然而,从另一角度来看《合伙企业法》第68条,这些列举并没有赋予有限合伙人丝毫管理或者执行合伙事务、对外从事交易的权利,从而将有限合伙人严格隔离在合伙事务之外。因此,如果有限合伙人违反了该“安全港”条款的规定,则可能导致《合伙企业法》第76条的适用,即第三人有理由相信有限合伙人为普通合伙人并与其交易的,该有限合伙人对该笔交易承担与普通合伙人同样的无限责任。

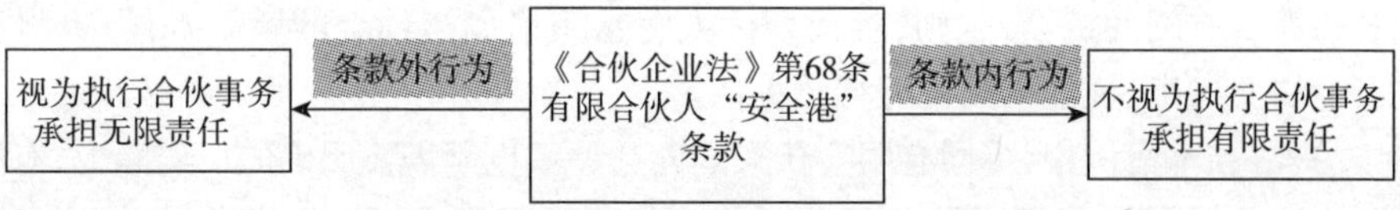

图2 有限合伙人“安全港”条款

作为投“智”者，普通合伙人在“管理者中心”的有限合伙体制下以“无限责任”和“信义义务”换取内部治理的绝对控制地位。由于普通合伙人一般都会作基金的管理人，因而在其主导下会建立一些内部治理机构。当然，这种机构不能等同于管理公司自身的内部治理机构，而是在有限合伙企业内设立的，旨在确保所有权、运营权、处置权科学规范的机构，具体表现为“融、投、管、退”四个环节的操作流程控制。通常，这些机构会包括合伙人会议；执行合伙事务的代表及机构；有限合伙人代表机构（如有限合伙人咨询委员会）；投资决策委员会；顾问咨询委员会；基金托管人等，力图实现合伙人的制衡治理。而且，合伙企业还内设其他一些机构，包括投资部（负责投资选项和提交尽调报告及投后管理）、财务部（负责基金的财务核算）、风控部（负责行业的选择及项目风险分析）、基金部（负责基金的募集及投资者关系维护）等。

至于普通合伙人是否一定是自然人，其实不然。理论上其既可以是自然人，也可以是合伙企业，还可以是法人。实践中，为了实现“无限责任的有限化”，通常都会是具备独立法人地位的公司，而且注册资本也较低。当然，也不排除自然人作普通合伙人的情况。

在本案例中，也是基本上按照这些模式构建有限合伙的内部治理机制。但是，在设置相关治理机制时，由于陈伟宏等有限合伙人的专业限制与经验缺失，对其权益维护至关重要的一些机制没有在合伙协议中作出具体规定，有些甚至还有所缺漏，以致在实际运作中，有限合伙人的权益要么没有保障机制，要么保障机制不具可操作性。例如，合伙协议所约定的有限合伙人咨询委员会的职权、议事规则等都对陈伟宏等人非常不利。实际上，某些基金的有限合伙人在确定有限合伙人咨询委员会的职权时，可能会要求设置更多的重大事项，并要求这些重大事项必须经过有限合伙人咨询委员会的决议通过才可实施，以此来牵制和制约普通合伙人的独断专行。而且，对于某些重大事项，还可以设置“一票否决权”，这样就赋予认购份额较少的有限合伙人也有最终决策权，防止普通合伙人与认购份额较多的有限合伙人的合谋行为。又如，账簿查阅权如何行使以及受到不当阻碍时的救济途径，这些在合伙协议中都没有明确约定，造成陈伟宏等人的知情权得不到实现。实际上，可以在合伙协议中明确规定账簿查阅的前提条件，或者明确规定涉及合伙人自身利益的若干情形，只要满足了这些条件或情形，普通合伙人必须应有限合伙人的要求提供账簿查阅的机会，否则，普通合伙人将承担诸如违约金的民事责任，也将受到行业协会谴责、证监会处罚等行政责任。

另外，在本案例中，不同有限合伙人之间的关系也是需要明确的。实际上，有限合伙人也有同属性和不同属性之分。前者指所有有限合伙人的权利义务是相同的，并通过合伙协议、合伙章程进行明确，通过合伙人会议、有限合伙人咨询委员会等机构参与治理;后者是指有限合伙人有优先级和劣后级之分,二者在权利义务方面并不一致。例如,在投资回收及收益分配上的先后顺位不同。又如,在实缴出资方面的义务也可能有不同规定。因此,需要对此作出明确规定。但陈伟宏等人对这个重要问题完全忽略了。

3. 合伙协议与有限合伙人的权利保护

合伙协议在合伙企业治理中具有根本性的法律地位。在有限合伙制基金搭建和运作的过程中,各合伙人的利益实现机制及普通合伙人、有限合伙人的权利义务均通过合伙协议的约定实现,合伙协议是有限合伙制基金法律关系的直接载体。不同于公司制基金项下更为实体化的治理结构,也不同于信托制基金充分完善的信托法律架构,有限合伙制基金几乎仅凭合伙协议约定而完成资金的募集、整合、投资、管理、退出,并实现多方的利益诉求,合伙协议正是合伙企业治理的核心所在。尽管很多情况下投资人也会签署诸如"认购协议""承诺书""合伙章程"等类似形式的法律文件,但其只是合伙协议的其他表现形式,并不改变合伙协议的根本地位。

鉴于合伙协议的重要地位,国内一些普通合伙人抓住了有限合伙人(尤其是自然人有限合伙人)没有专业知识、对大型金融机构的盲信以及对资本高回报率的强烈冲动,一方面对其施以高额投资回报的诱惑,另一方面直接提供已经提前经过专业律师推敲制作的格式合同,为自己扫清未来的风险。例如,选定有利于自己的仲裁机构,通过设定更换管理人的表决权比例来确保有限合伙人无法动摇管理团队的地位,或者排除有限合伙人对管理团队的投资的监督,抑或通过约定一些免责条款来免除自身过失行为引发的责任等。由于目前我国的实际情况是自然人有限合伙人居多,机构有限合伙人相对较少,而自然人有限合伙人在选择普通合伙人时,往往不是通过科学的、合理的筛选过程,没有专业的尽职调查过程,对于合伙协议的条款重视不够,为有限合伙人埋下了巨大的风险隐患。

因此,有限合伙人权益保护的基础就在于:有限合伙企业是享有高度自治的组织体,对于合伙人之间的权利义务,法律赋予了很大程度的协商空间,有限合伙人可以在法律允许的范围内通过充分博弈获取更多的权利,并将其在合伙协议中予以明确体现。从本案例中陈伟宏这些有限合伙人遭到普通合伙人欺压的经历也可以让我们发现,如要较好保护有限合伙人的利益,就需要在合伙协议中,一是设置更多的有限合伙人权利条款,二是设置更多的约束普通合伙人的条款。

(1)有限合伙人的权利条款

第一,对合伙基金重大事务的参与权。虽然我国设置了"安全港"条款限制有限合伙人参与基金事务,但有限合伙人不具体执行合伙事务,而仅对某些重大事项进行决策,实际上是法律赋予有限合伙人行使建议权和监督权的合理延伸。而且,这也是越来越多的规范的基金通常采取的做法。重大事项既可以包括基金到期后是否延续、延续多长时间、合伙协议的修改、合伙关系的提前解除等,也可以包括本案例中涉及的重大事项,例如,关键人士的离职问题。因为关键人士是基金运营的实际操作人,关键人士的实际操作能力直接决定了投资者的投资回报率,有限合伙人投资基金实际上就是投的关键人士,因此,应当在合伙协议中明确规定,关键人士在整个基金存续期间不得离开,否则投资人有权要求召开合伙人会议,提前对基金进行清算。此外,当基金管理人实际管理能力无法达到合伙人要求时,合伙人也有权要求召开合伙人会议,当约定比例的合伙人同意时,此决议立即执行。实践中,有些基金在宣传时就宣传自己由某个大牌操刀管理,但实际上其名下管理基金众多,实际管理人另有其人,该大牌仅仅挂名而已,属于典型的"挂羊头卖狗肉"。如果陈伟宏他们认识到这个问题的重要性,并在合伙协议中作出上述约定的话,就不会出现下面这种情况了:基金成立没多久,实际操作能力强的关键人士刘岳就离职了,而陈伟宏他们对此却束手无策。又如,对于关联交易问题,应授予有限合伙人审查和批准权。如果关联交易未经有限合伙人批准且损害合伙企业利益,应赋予有限合伙人撤换普通合伙人的权利。

第二,对合伙基金经营状况的知情权。有限合伙人有权查阅基金的投资记录,获取基金运营的财务与业务信息。合伙协议可以规定普通合伙人每年必须召开包括有限合伙人参加的合伙人大会,向有限合伙人报告基金的经营、投资情况以及基金所投资企业的经营情况。而账簿查阅权是有限合伙人知情权的重要组成部分。在本案例中,囿于合伙协议未作出明确规定,因而普通合伙人富成投资公司以有限合伙人查阅账簿具有不正当目的为由而拒绝查阅。如果陈伟宏在合伙协议中明确约定有限合伙人查阅财务账簿时每个步骤所应遵循的具体条件、程序和方法,就可以避免有限合伙人在查阅财务账簿时出现"无法可依"的状态。而且,还可以在合伙协议中明确排除账簿查阅的前提条件,只要有限合伙人提出请求,普通合伙人必须无条件给予查阅的便利。

第三,获得合伙投资收益的权利。有限合伙人认购了基金的绝大部分份额,但有限合伙人不仅需要向普通合伙人缴纳高额的管理费,还需要按照"二八比例"分配收益,因而需要在合伙协议中明确规定有限合伙人的优先回本权,即有限合伙人对基金投资利润的分配优先于普通合伙人,只有在有限合伙人收回其投资本金和约定的基准收益后,普通合伙人才能参与基金投资收益的分配,确保普通合伙人只有在基金投资表现优良时才能从投资收益中获取一定比例的回报。

(2)普通合伙人的约束条款

第一,对利益冲突的限制。当同一个普通合伙人管理两个或两个以上的基金时,普通合伙人就可能从事机会主义行为,从而损害其管理的其中一个基金投资者的利益。例如,一个基金投资的某个创业企业出现了严重的困难,普通合伙人可能以自己管理的另外一个基金的资本去挽救该创业企业,从而对另一个基金投资者的利益造成损害。同理,也可以用这种方法来提高某个基金的业绩。为此,有限合伙人就需要在合伙协议中明确规定,在进行此类投资之前,该类投资必须经过有限合伙人的审查或批准。在本案例中,陈伟宏等人不仅没有与普通合伙人约定基金需实施专业化管理及建立利益输送防范机制、建立类似防火墙似的防范利益输送机制,反而在《风险承诺书》中同意基金管理人的重叠或交叉投资行为,并对基金管理人不公平对待不同基金投资者的行为予以豁免,不得向其提出损害赔偿的请求,这样就断了陈伟宏等人的救济之路。再者,在本案例中,为了防范管理人不公平对待一个基金中的不同投资者,有限合伙人还应当在合伙协议中规定公平对待所有投资者,所有投资者的权利义务都是一样的,如有区别,应当向其他有限合伙人说明理由,并征得其他有限合伙人的同意。

第二,对普通合伙人募集新基金的限制。募集新的基金会增加管理人管理费收入和业绩报酬收入,但管理人的精力和时间是有限的,这样做会减少他们对现有基金的关注程度。因此,有限合伙人可以在合伙协议中规定,普通合伙人基金存续的某一期间或基金资本的一定比例未投完之前,不得募集新的基金。

第三,自然人管理人的跟投机制。基于有限合伙的有效治理机制,无论何种模式下,都要牢守普通合伙人"无限责任"的底线,即承担责任的最终主体要能够追溯到能够承担无限责任的主体,最好是自然人管理人。由核心的基金管理人成员对于普通合伙人的行为承担责任,或者由基金与该等人员签署高管人员聘用合同以及其他的系列安排合同,要求其跟投,确立其无限责任。正如一位投资者说的:"既然你管理人员觉得这个项目很好,利润会很高,为了表示信心,也表示诚意,你个人也投资吧,咱们一起投资吧。"这种机制可以有效约束管理人的不当行为。

第四,除此之外,还可以在其他一些方面设置约束性条款。例如,对单个项目投资总额的限制。因为业绩报酬作为一种类似于期权的激励机制,很容易对普通合伙人产生负面影响,使其过度冒险,以期获得高收益。因此,可以规定普通合伙人对任何一个项目的投资金额不得超过基金资本总额的一定比例。又如,对普通合伙人出售其在有限合伙中权益的限制。基金通常有较长的存续期,且合伙协议通常约定,普通合伙人只有在有限合伙人收回全部投资额及约定的收益后才能参与基金投资收益的分配,而普通合伙人一旦将其所持基金份额出售,其管理基金的动力将迅速弱化,因此,可以禁止普通合伙人出售其基金权益,或约定须经过多数有限合伙人的同意才能出售。

4.有限合伙基金内部治理结构的制度完善

这是一个开放性的问题。其实,要构建有效的有限合伙内部治理结构,除了当事人可以在合伙协议上下功夫外,还有必要在制度上予以完善。

有限合伙人是合伙企业的出资人,如果其对合伙企业事务没有任何参与权,既不公平,也不能真正吸引投资。在我国《合伙企业法》立法过程中,其第68条选择性地借鉴了美国"安全港"条款,规定了有限合伙人对有限合伙企业事务的知情权和监督权,力图实现既保证普通合伙人对合伙企业的管理控制权,又防止普通合伙人权利滥用的目的。然而,这种规定存在较多问题,主要是对有限合伙人参与合伙事务的立法基调过于保守。《合伙企业法》第68条对有限合伙人参与合伙事务的基本定调是:有限合伙人不执行合伙事务,不得对外代表有限合伙企业。这就基本否认了有限合伙人的合伙事务参与权。今天来看,这个立法政策的选择无疑是非常保守的,这极其不利于激发有限合伙人的投资积极性和保障其投资安全。实际上,从美国有限合伙的立法变迁我们可以看出,有限合伙人的合伙事务参与权经过了从"严格禁止"—"控制标准"—"安全港"—"信赖规则"的变迁,2001年美国《统一有限合伙法》甚至废除了控制权原则和"安全港"条款。因此,我国的有限合伙制度有必要从以下几方面予以完善:

第一,有限合伙人对合伙企业重大事项的决策权。对所投资企业"生死存亡"的大事享有最终表决权,是任何一种企业形态的投资者都享有的基本权利,有限合伙也不应该例外。其主要包括:合伙企业的解散和终结、重大资产处理、重大或非常规业务经营中的债务承担、企业经营方向改变、合伙协议或章程之修改、普通合伙人的接纳或除名、有限合伙人的接纳与除名、关联交易以及其他未列举,但书面合伙协议中允许有限合伙人参与表决之事项。实际上,这不属于合伙企业的具体经营事务。

第二,有限合伙人参加合伙人会议的权利。合伙人会议是全体合伙人组成的合伙企业权力机关。作为合伙人,参加合伙人会议是其作为投资者的基本权利,不应将其视为执行合伙事务行为。有限合伙人参加合伙人会议,一方面可以保障有限合伙人的参与管理权,另一方面也保障了有限合伙人的知情权,可以减少普通合伙人与有限合伙人之间的信息不对称,均衡有限合伙人和普通合伙人的权益和责任,并实现对普通合伙人的监督。

第三,尊重有限合伙企业关于其自身经营的自治权。有限合伙企业是商人,是私法上的主体,意思自治是其基本行为指针。肯定合伙企业内部约定的有限合伙人对普通合伙人的代理权,肯定合伙协议、合伙人一致同意授权或者追认、默认等对有限合伙经营管理权的配置,是对合伙企业经营自治权的尊重,符合私法的基本价值。

课堂计划

本案例可以作为专门的案例讨论课来进行。如下是按照时间进度提供的课堂计划建议,仅供参考。

1. 课前计划:(1)安排学生阅读案例及相关参考资料,充分熟悉案情,对案例中提出的问题进行思考;(2)寻找案例的关键知识点,对案件进行初步分析。

2. 课中计划:整个案例课的课堂时间控制在90分钟。(1)介绍教学目的,明确讨论主题(5分钟);(2)简要介绍基本案情,提炼焦点问题和关键知识点(10分钟);(3)分组讨论焦点问题及解决对策,告知学生本案例采取开放式分析,学生可以根据案情提供多种处理思路,并说明理由,不预设标准答案,只要论证得当即可(30分钟);(4)小组总结汇报,由代表发言,提出解决方案,并对其他小组提出的方案进行评述(30分钟);(5)教师进行引导性分析,并做最后归纳总结(15分钟)。

3. 课后计划:要求学生写出案例分析报告(2000~2500字)。布置学生课后进一步了解有限合伙制风险投资基金的治理问题,反思本案反映出的有限合伙治理困局以及有限合伙人权益维护存在的问题,要求学生提出完善建议。

思考题与理论延伸题

1. 思考题

(1)为什么富成汇通风险投资基金设立时与大多数私募股权投资基金一样采用了有限合伙制?为什么陈伟宏他们也认可和支持有限合伙制?

(2)有限合伙制风投基金中普通合伙人与有限合伙人的内部治理结构一般是如何安排的?在本案例中又是如何具体安排的?

(3)在本案例中,为什么有限合伙内部治理结构不能有效保障有限合伙人权益不受侵害?为什么陈伟宏他们这些有限合伙人对普通合伙人的不当行为没有办法予以约束?

(4)有限合伙人如何通过合伙协议来保障自己的权益不受侵害?如何在合伙协议中设置更为科学合理的关键人士条款、关联交易条款、利益冲突条款、账簿查阅条款等?

2. 理论延伸题

(1)结合案例及文献,系统探讨有限合伙企业的内部治理结构及其存在的治理困境。

(2)总结有限合伙人有效维护自己权益的具体策略、方法和途径。

(3)探索性地思考如何完善有限合伙企业治理结构以防范普通合伙人与有限合伙人的无序冲突,构建起科学合理的有限合伙企业治理架构。

参考文献

1. 张钧、韦凤巧:《有限合伙制PE治理——LP与GP的博弈焦点》,武汉大学出版社2012

年版。
2. 何新容:《合伙人的有限责任:以美国有限责任合伙为范本》,法律出版社 2013 年版。
3. 北京市道可特律师事务所:《有限合伙在中国 PE 中的深化运用》,中信出版社 2011 年版。
4. 武康平、倪宣明:《私募基金为何偏好有限合伙制?——基于委托代理理论的分析》,载《当代经济研究》2014 年第 12 期。
5. 龚鹏程、孔玉飞:《论有限合伙型私募基金之治理结构》,载《南京社会科学》2007 年第 11 期。
6. 郭明杉、杨波、孙长雄:《风险投资有限合伙制激励约束机制研究》,载《商业研究》2008 年第 2 期。
7. 肖宇:《股权投资基金治理机制研究——以有限合伙制基金为中心》,载《社会科学研究》2010 年第 3 期。
8. 马瑞:《有限合伙制私募股权基金核心条款研究》,载《金融服务法评论》2013 年第 1 期。
9. 孙志超:《私募股权投资管理人的信托义务》,载《海峡法学》2012 年第 2 期。
10. 范晓娟:《论有限合伙基金的"安全港"规则的突破》,载《政治与法律》2013 年第 5 期。

撰稿人｜刘焱白,广东财经大学法学院教授

15 CASE C集团股份有限公司与A省B市政府PPP项目合作合同审查案

| 摘　要 |

本案例通过对政府与社会资本合作合同中项目的范围和期限、前提条件、项目公司、项目的融资、项目用地、项目建设、项目运营、项目维护、付费机制、保险、政府方的监督和介入、项目的移交、违约、提前终止及终止后处理机制等具体条款的审查,使学生对PPP项目合同有深入、系统的认知,通过对谈环节、辩论和分析环节、调研环节、复盘环节、教师点评环节进行深入探讨和拓展,帮助学生构建PPP项目合同审所需的完善知识系统和理性思维。

| 关键词 |

政府　社会资本　合作合同

| 教学目标 |

本案例主要就政府和社会资本合作(Public - Private Partnership,PPP)项目合同审查,结合具体案例对相关理论与实务问题进行分析。本案要解决的问题包括:(1)PPP模式的基本运作流程对合同审查的意义;(2)本案合作项目是否适宜采用PPP模式;(3)PPP项目社会资本合作方如何选择;(4)本案合同审查过程中如何处理前期项目识别中物有所值评价和财政承受能力论证问题;(5)PPP项目融资及风险控制应注意哪些问题;(6)PPP项目财政预算管理有哪些要求;(7)结合PPP项目合同通用模块对本案社会资本方提交出的合作合同框架安排需补充哪些基本内容;(8)结合PPP项目合同通用模块对本案社会资本方提交出的合作合同框架安排需修改哪些基本条款。PPP项目合同审查横跨多个部门法,涉及多种法律关系,相对复杂,对学生综合素养可以进行有效的检视。通过实际案例的具体操作,提高学生在PPP项目合同审查中发现问题、分析问题和解决问题的能力。

教学案例主文

××××年××月××日A省B市政府提交一份与C集团PPP项目合同草案。合同文本为C集团方面提出,作为双方进一步谈判合作的基本法律框架。现政府方面要求律师对其进行审查,出具法律意见书。

C集团与A省B市政府PPP项目合作合同

目　录

附件三:各项收入地方留成的范围

……

合同正文如下:

甲方:A省B市政府

住所:(略)

法定代表人:(略)

乙方:C集团有限公司

住所:(略)

法定代表人:(略)

前言:

1. 甲方行政辖区位于……地带,具有独特的区位优势、交通条件、生态环境、产业基础和资源禀赋,发展前景广阔。

2. 甲方计划采用PPP模式,选择具有资金实力和开发、建设及运营经验的企业作为合作方,共同在甲方行政辖区内合作开发建设“××××××××经济开发区”(以下简称“本项目”或“项目”)。

3. 乙方为大型高科技企业集团,业务涵盖城市基础设施、生态旅游、成套装备制造、房地产开发……和新能源开发应用等多个领域。

4. 甲方已通过……方式选定乙方作为参与本项目的社会资本。

有鉴于此,双方在平等、自愿的基础上经过充分友好协商,就本项目合作达成如下合同:

第1条 定义和解释(略)

第2条 项目的范围、内容和期限

2.1 双方计划将项目建设成为国内知名、省内领先、环境优美、配套智能、产业发达、服务高效、人民幸福的经济发展示范区和现代化新城。为此,双方计划的合作范围如下:

(1)项目用地范围内的土地前期整理;

(2)项目用地范围内国有土地使用权的划拨、出让及转让;

(3)项目用地范围内集体土地的流转;

(4)项目用地范围内基础设施及公共服务设施[包括但不限于:道路工程,桥梁工程,水利工程,供水设施及管网工程,供电相关工程,燃气相关工程,供暖设施及管网工程,通信设施及管网工程,雨水、污水、中水设施及管网工程,绿化景观工程,照明亮化工程,环保工程(包括但不限于固、液、气态废物处理),智慧城市相关工程等]的开发、建设和运营;

(5)项目用地范围内新能源的开发与相关设施的建设、运营;

(6)项目用地范围内的相关金融服务;

(7)项目用地范围内旅游产业和养老产业的开发、建设和运营;

(8)项目用地范围内企业、项目和产业的引进与管理;

(9)经济开发区的整体运营、产业发展管理与服务;

(10)其他与项目开发、建设和运营有关的工作。

2.2 双方确认,项目合作期限为50年,自项目公司成立之日起计算。双方可根据未来项目实际情况调整项目合作期限。项目合作期限届满时,甲方有权通过法定方式重新选择项目的合作方。甲方重新选择合作方时,乙方在同等条件下享有优先权。

2.3 甲方已通过法定程序选择乙方作为本项目的唯一社会资本合作方。本合同签署后,甲方、甲方内设/下属政府有权部门、甲方出资企业不再单方或与任何第三方合作进行项目的开发、建设或运营。

2.4 在项目用地周边【】公里的半径范围内,甲方承诺,未经甲乙双方协商一致,甲方、甲方内设/下属政府有权部门、甲方出资企业不再单方或与任何第三方合作进行任何同类园区项目的开发、建设或运营。

第3条 前提条件

为保障本合同的履行及双方合法权益,甲方同意将本合同项下的相关事项(包括但不限于本项目付费机制、政府承诺等)以适当的形式(如作为……重大经济项目)报A省B市人民代表大会常务委员会决议通过。双方确认,甲方取得上述人民代表大会常务委员会的决议构成乙方开始履行本合同投资义务的前提条件。

第4条 项目公司

4.1 双方约定,本合同签署后【】个月内,甲方委托公司将与乙方(或乙方指定第三方)共同出资设立项目公司作为本项目开发、建设和运营的唯一主体,项目公司注册地址位于【】。

4.2 项目公司注册资本暂定为【10】亿元。甲方委托公司与乙方(或乙方指定第三方)按照20%:80%的比例出资并持有项目公司股权。乙方所持项目公司80%的股权,可由乙方或乙方指定第三方单独持有,也可由乙方及乙方指定第三方共同持有。

4.3 项目公司设立时,甲方委托公司、乙方(或乙方指定第三方)均以现金实缴出资,且首期实缴出资不得低于认缴注册资本的50%,其余部分应由项目公司股东按照各自股权比例以同步同比例的方式在项目公司设立之日起三年内实缴到位,具体的出资时间表由项目公司股东协商确定。

4.4 甲方委托公司除足额缴纳注册资本外,不再承担其他向项目公司注入经营性资金的义务。

4.5 项目公司设立后,乙方有权向甲方发出书面通知,书面通知一经发出,即视为本合同项下乙方的权利义务概括转让给项目公司,项目公司即视为本合同项下之乙方。甲方同意将与项目公司按照本合同约定就本项目重新签署合作合同,或签署关于承继本合同的补充合同。

4.6 项目公司的基本治理结构如下,有关项目公司治理结构的其他具体事项将由项目公司股东在项目公司章程中进行约定:

(1)项目公司设股东会,项目公司股东按照各自的出资比例行使股东权利,并按出资比例分享项目公司的收益及利润分配。但是,在项目公司的注册资本实缴到位之前,公司股东应按实缴出资比例分配公司利润,行使股东表决权。除法律另有规定外,对于需股东会决议的事项,应经代表二分之一以上表决权的股东同意通过。

(2)项目公司设董事会,董事会由【5】名董事组成,其中【4】名董事由乙方提名,【1】名董事由甲方提名。项目公司股东会应根据上述提名选举公司的董事。董事会设董事长一名,董事长是项目公司法定代表人,由乙方提名的董事担任。除法律另有规定外,对于需董事会决议的事项,应经全体董事二分之一以上表决同意通过。

(3)项目公司【不设监事会,股东双方各委派一名监事】。

(4)项目公司总经理由乙方提名,由董事会任命。

4.7 甲方认可,根据实际需要,项目公司可自行实施项目的开发、建设和经营,也可委托/聘请其他单位完成相关工作。未经甲方同意,项目公司不得将项目整体转让(为避免歧义,本条款对于乙方或乙方指定第三方在项目公司股权层面进行资本运作不构成任何不利限制)。

第5条 项目的融资

5.1 本项目投资由项目公司承担。除项目公司的资本金外,其余资金通过项目公司对外融资获得。融资成本由项目公司承担。

5.2 乙方主要负责项目公司的对外融资,乙方及项目公司有权以项目资产或其他权益(包括但不限于项目运营期的收费权)或乙方所持有的与项目相关的权利(包括但不限于乙方或乙方指定第三方所持有的项目公司股权)为担保向相关融资方申请融资。

5.3 甲方及甲方委托公司应为乙方通过项目公司进行的融资活动提供必要的协助和融资信用支持,包括但不限于提供增信措施,协助项目公司取得银行贷款优惠,办理相关审批等。

第6条 项目用地

6.1 项目用地位于……(见附件一,项目用地的具体位置及四至范围以政府有权部门最终核定的规划红线为准)。项目用地规划总面积约为98平方公里,其中,签约时国有土地约【】平方公里,集体土地约【】平方公里。

6.2 项目公司就本项目进行开发、建设及运营所需的国有建设用地使用权由甲方协调政府有权部门依法定程序和项目开发方案通过出让、划拨方式供应。双方同意,在规划确定后,双方将最终确定以划拨方式供应土地的范围和面积。原则上,划拨土地使用权人应当承担并支付划拨用地所发生的土地前期整理成本。

如项目公司须通过国有土地使用权的公开出让程序取得土地使用权,在项目公司通过合法、合规方式取得土地使用权的前提下,甲方同意在法律和政策允许的范围内,优先满足项目公司的用地需求,包括项目公司对用地位置、面积、容积率和业态等合理的要求和建议。在条件具备的情况下,甲方同意未来可采取国有土地使用权出让预申请的方式实现项目公司土地使用权的受让意向,届时,甲方安排政府有关部门与项目公司签署用地预申请协议。项目公司届时仍应按照法律规定的方式取得意向用地的国有土地使用权。

第7条 项目的建设

7.1 规划的编制与审批

(1)甲方委托乙方组织、编修和调整项目用地范围内的项目总体规划、控制性详细规划、修建性详细规划及相关土地规划等规划。甲方不再另行委托其他方进行该等工作。

(2)甲方负责项目用地范围内已有之各项规划/计划与乙方修编规划之间的衔接工作,甲方应根据乙方修编之各项规划,对项目用地范围区内已有规划/计划等进行修改或调整。

(3)甲方承诺负责依法将前述各项修编或调整后的规划报政府有权部门审批,并取得批准。

7.2 项目开发方案和投资计划

(1)乙方负责制定项目的开发方案,并有权根据项目建设发展进度以及自身的财务状况对已制定的项目开发方案进行调整,甲方予以认可并应给予充分配合,确保乙方制定和调整的相关开发方案符合规划。

(2)双方初步达成一致的投资计划如下:项目开发建设周期预计为【】年,自项目公司成立之日起计算。项目建成的预计总投资额约为【】亿元。双方预计分三期对项目进行开发建设,其中,

一期开发建设预计周期为【】年,预计开发面积约【】平方公里,计划总投资额约为【】亿元;

二期开发建设预计周期为【】年,预计开发面积约【】平方公里,计划总投资额约为【】亿元;

三期开发建设预计周期为【】年,预计开发面积约【】平方公里,计划总投资额约为【】亿元。

双方同意,上述投资内容及分期计划以双方最终确认的规划方案为准。上述总投资额为预估值,乙方在保障项目规模与品质的前提下,可以结合市场变化增加或减少具体的投资额度。

7.3 土地供应计划及土地指标

(1)合作期限内,乙方可根据项目开发方案及项目的实际进展和需要提出项目下一年度的土地供应计划。甲方在编制全县土地供应计划时,应优先考虑乙方上报的计划,并确保政府有权部门在批准并安排具体土地供应指标时,优先满足项目的土地供应计划。

(2)本合同签署后,每年度由乙方根据本合同提出土地指标的需求,在指标得到双方认可的条件下,甲方应负责落实项目所需要的土地指标(包括但不限于新增建设用地指标、农用地转用指标、耕地保有量计划指标、土地开发整理计划指标以及土地供应指标等)。

甲方应优先保证本项目的土地供应指标，且每年不低于【 】亩，每半年不低于【 】亩。因双方认可的原因导致未足额利用当年土地供应指标的，顺延到下一年度使用。因上述指标无法保证导致项目开发延迟的，乙方不承担责任。

(3)甲方承诺负责依法将前述土地供应计划以及土地指标报政府有权部门审批，使得上述土地供应计划和土地指标得到落实。

(4)甲方确认，项目用地经土地前期整理后可供出让的国有经营性用地的出地率不低于【 】%。

7.4 具体项目的开发建设

就本合同第【2】条约定的合作范围内具体的开发建设项目，双方应根据相关规划、本项目开发方案及本合同约定，在相关条件具备的前提下，就各具体项目分别签订相关协议予以约定。

7.5 项目用地范围内新建设施的权属

(1)对于本合同项下的设施类项目，甲方根据本合同约定向项目公司支付成本和投资收益的，该等设施的所有权归甲方所有（"甲方所有的设施"）；视情况而定，项目公司可在合作期限内拥有前述设施的使用权，且无须付费。

(2)项目公司为了自身的经营性需求，通过出让、出租等有偿方式取得国有土地或集体土地的使用权后进行建设的，该等建筑物、构筑物及其附属设施的所有权归项目公司所有（"项目公司所有的设施"）。

第8条 项目的运营

8.1 就本合同第【2.1】条约定的合作范围内具体的运营项目，双方应根据相关规划、项目的开发建设情况及本合同约定，在相关条件具备的前提下，就各具体项目分别签订相关协议予以约定。

8.2 为了实现和促进项目的整体运营，甲方同意赋予乙方在整个项目用地范围内统一招商的权利。乙方有权根据批准的各项规划和项目的整体定位，依法制定项目用地范围内的招商标准和招商流程、甄选意向投资者。甲乙双方应通力协作，进一步构建招商平台的运行机制，完善各项政府手续，保障乙方在合法合规的前提下行使上述招商权利。

乙方招商引资的方式包括：(1)与投资者共同出资组建合资公司；(2)与投资者合作经营项目用地内的某些项目；(3)向投资者转让区内的土地使用权，由投资者独资经营；(4)转让项目用地范围内某些项目的经营权，允许投资者在区内独资经营；(5)法律、法规许可的其他方式。

甲方确认，本协议签署后，甲方同意以发布政府规范性文件等乙方认可的方式确认乙方对整个项目的招商权，并逐步落实、完善招商运行机制、流程以及用地预申请制度的具体运作方式。

8.3 为进一步提升项目区域品质，引领项目标杆，双方同意，共同对引进企业和项目进行管理，具体包括审查引进项目的开发建设方案、对引进项目的开发建设进行组织协调，综合考虑引进项目的景观设计和施工等。双方同意，引进企业和项目接受项目公司统一管理应作为项目用地的土地出让条件之一，未来将具体通过与二级开发主体签署管理协议等方式实现。

第9条　项目的维护

9.1 项目用地范围内甲方所有的设施，应由甲方或甲方指定的单位负责日常维修、保养、维护，甲方应承担因此产生的成本和费用；项目用地范围内项目公司所有的设施，应由项目公司或项目公司指定的单位负责日常维修、保养、维护，项目公司应承担因此产生的成本和费用。

9.2 但是，经双方协商一致，除必须由专业人员进行维修、维护、保养的设施，甲方可以委托项目公司对甲方所有的设施进行维修、保养、维护工作。就项目公司因此发生的成本和费用，甲方应根据本合同第【10】条约定向项目公司支付服务费用。

第10条　付费机制

10.1 双方确认，项目公司应就本项目取得如下成本及收益支付：

(1)就设施类项目以及土地前期整理等项目取得开发建设成本的支付，并按照15%的年化收益率取得投资收益(对于其中可向使用者收费的经营性项目，经乙方提议，届时双方可根据项目的实际情况及市场状况另行协商确定此类项目的付费机制)；

(2)就其提供的规划设计及咨询服务，取得成本支付，并按照规划设计及咨询成本的10%取得咨询服务收益；

(3)就其为××××××××经济开发区提供的整体运营、产业发展管理与服务，按照当年进入××××××××经济开发区项目(不含销售类住宅项目)新增落地投资额的45%取得产业服务收益；

(4)就其为项目提供的物业管理、公共项目维护及公用事务等服务，按照国家定价收取服务费用；无国家定价的，按照政府指导价收取服务费用；无国家定价或政府指导价的，按市场公允价格收取服务费用。

上述各项成本及××××××××经济开发区新增落地投资额的计算方式见本合同附件二。

10.2 对于依据本合同第【10.1】条第(1)、(2)、(4)款约定项目公司应取得的成本及收益，甲方承诺将下述收入中的地方留成部分(扣除上缴中央、省及市后的部分)等作为支付的资金来源，须每年列入经县级人大审批的财政预算：

(1)项目用地范围内的全部土地出让收入；

(2)项目用地范围内的全部新增税收收入；

(3)项目用地范围内的全部新增非税收入(包括但不限于相关政府部门收取的行政事业性收费及政府规费收入)、专项收入、专项基金、专项资金等；

(4)甲方取得的上级财政转移支付收入；

(5)项目用地范围内甲方合法取得的其他收入等。

上述作为项目成本及收益支付资金来源的各项收入地方留成的具体范围详见本合同附件三。

10.3 对于依据本合同第【10.1】条第(3)款约定项目公司应取得的成本及收益,甲方承诺将下述收入中的地方留成部分(扣除上缴中央、A省及B市后的部分)等作为支付的资金来源,须每年列入经市级人大审批的财政预算:

(1)项目用地范围内的全部土地出让收入;

(2)项目用地范围内新增税收收入的约定比例;

(3)项目用地范围内新增非税收入(包括但不限于相关政府部门收取的行政事业性收费及政府规费收入)、专项收入、专项基金、专项资金等的约定比例。

上述作为项目成本及收益支付资金来源的各项收入地方留成的具体范围详见本合同附件三。

10.4 本合同第【10.3】条第(2)、(3)款所称"约定比例",按照双方合作年度作递减安排,即:

(1)在合作的第1年至第5年,为90%;

(2)在合作的第6年至第10年,为85%;

(3)在合作的第11年至第15年,为80%;

(4)在合作的第16年至第20年,为75%;

(5)在合作的第21年至第25年,为70%;

(6)在合作的第26年至第30年,为65%;

(7)在合作的第31年至第35年,为60%;

(8)在合作的第36年至第40年,为55%;

(9)在合作的第41年至第45年,为50%;

(10)在合作的第46年至第50年,为45%。

10.5 本合同第【10.2、10.3】条所述"新增税收收入"和"新增非税收入"指本合同签署后每年度项目用地范围内产生的税收收入和非税收入较本合同签署时原税收收入和原非税收入的增长额。双方确认,原税收收入的金额为:【】;原非税收入的金额为:【】。下同。

10.6 合作期限内的每一年度,本合同第【10.3】条约定的资金来源,均应优先用于支付本合同第【10.1】条第(1)、(2)、(4)款约定的项目公司应取得的成本及收益,如有剩余,则剩余部分应全部作为支付本合同第【10.1】条第(3)款约定项目公司应取得的成本及收益的资金来源。

10.7 双方同意,按照如下原则和方式对各项收入进行统计与归集:

(1)双方指定专员每月负责统计项目用地范围内的土地出让收入、新增税收收入、新增非税收入、专项收入、专项基金、专项资金、甲方取得的上级财政转移支付收入及项目用地范围内甲方合法取得的其他收入,并应于每月10日前向双方提交上一月度各项收入的统计表、台账。

(2)双方指定专员应于每月15日前将项目用地范围内取得的各项收入的数据、财务凭据汇总并予以确认。

10.8 甲方应当聘请经双方认可的第三方审计机构对项目成本进行审计和确认，其中：

(1)就甲方所有的设施的开发建设成本，甲方应于【项目竣工验收备案完成后的60日内】完成结算确认。

(2)土地前期整理成本、规划设计及咨询服务成本、经济开发区项目新增落地投资额及物业管理、公共项目维护及公用事务等服务费用，甲方应于【每年2月底之前】完成确认。

10.9 项目成本及投资收益的支付方式

(1)土地出让收入的支付：

甲方承诺，项目用地范围内每一宗土地公开出让的起始价的最终确定应取得项目公司的书面认可。

双方同意，本合同项下经土地前期整理的土地出让收入(含政府有权部门在土地出让过程中依法没收的保证金及收取的滞纳金、违约金等款项)采取分片区"独立管理、封闭运作、专用账户、单独核算"的原则。甲方同意对土地出让收入进行国库专账管理，本合同项下经土地前期整理的每一期的土地出让收入均应依据土地出让合同约定的付款金额和进度及土地出让收支管理相关规定按时、足额进入国库专账。

为支持项目的开发建设，甲方充分理解土地出让收入收支路径，并同意协调政府有权部门，确保项目用地范围内每一宗土地的每一笔土地出让收入进入国库专账之日起【30】日内，将土地出让收入的地方留成部分全部支付给乙方指定账户。

(2)新增税收收入、新增非税收入、专项收入、专项基金、专项资金、甲方取得的上级财政转移支付收入及项目用地范围内甲方合法取得的其他收入的支付：

甲方应于双方指定专员上报各项收入的情况后，于每季度结束后的【15】日内，将上述收入的地方留成部分全部支付给乙方指定账户。

(3)双方应在每年度结束时，就当年度项目公司所应获得支付的成本及收益进行结算和综合平衡，并应于次年的【3月底之前】完成总决算，并由甲方出具书面确认文件。

10.10 双方合作的每一年度，依据本合同第【10.1】条第(3)款约定的项目公司应取得的成本及收益，如超过当年度根据本合同第【10.3】第(1)至第(3)款约定的资金来源之和的，超出部分甲方可暂不支付，尚未支付的成本及收益应结转至下一年度，甲方应按照中国人民银行同期贷款利率上浮【20】%向乙方支付资金占用费。

下一年度发生的本合同第【10.1】条第(3)款约定的项目公司应取得的成本及收益，加上之前所有年度结转的尚未支付的成本及收益，如超过下一年度本合同第【10.3】条第(1)至第(3)款约定的资金来源之和的，超出部分应继续结转，以此类推。

至双方合作的第50年末，如按上述约定，仍存在尚未支付给项目公司的成本及收益，则乙方同意甲方无需继续支付尚未支付的部分。但在本合同第【10.3】条第(1)至第(3)款约定的资金来源之和以内，未足额支付本合同第【10.1】条第(3)款约定的项目公司应取得的成本及收益的(含历年累积)，甲方仍应支付。

10.11 为保障项目滚动开发，无论何种情况，甲方保证均应按照本第【10】条约定的时间及方式支付相关资金，否则，每迟延一日，甲方应向项目公司支付相当于应付而未付资金的【万分之五】作为迟延履行的违约金，直至上述资金被足额支付时止。

第 11 条　政府承诺(略)

第 12 条　保险

12.1 合作期限内，项目公司可根据项目实际需要，由项目公司自行或安排相关实施单位负责购买并维持【建筑工程一切险、安装工程一切险、第三者责任险、雇主责任险、施工机具综合报销、货物运输保险】等保险。

12.2 保险费用由项目公司承担，计入项目成本。

第 13 条　守法义务及法律变更(略)

第 14 条　不可抗力(略)

第 15 条　政府方的监督和介入

合作期限内，乙方/项目公司负责项目的日常开发、建设及运营；甲方对于项目的开发、建设及运营享有知情权和监督权。甲方应通过甲方委托公司依据项目公司章程在项目公司股东会和董事会层面行使其知情权和监督权，甲方、甲方内设/下属政府有权部门、甲方出资企业不得运用其行政权力干涉或妨碍乙方/项目公司对项目的开发、建设和运营。

甲方同意为本项目设立专门的常设机构经济开发区管理委员会(以下简称管委会)，作为甲方与乙方的直接对接机构，甲方应给予管委会高度、充分的授权。管委会根据甲方授权在项目用地范围内负责/负责协调与项目的产业规划、立项、工商、交通、财政、税务、审计、金融、规划、建设、环保、消防、水利、林业、供水、电力、燃气、供热、通讯、招商政策制定等有关的事项。双方特别确认，本合同项下管委会的责任即为甲方的责任。

15.1 管委会由甲方委派能够全权代表甲方的领导担任主任；由乙方委派人员担任副主任。管委会下属各职能部门均应由甲、乙双方的人员共同组成。

管委会与乙方建立定期联席会议机制，至少【每季度】召开一次联席会议。必要时经甲、乙任何一方提议，联席会议应在【5】个工作日内召集全体成员或部分相关成员召开临时会议，解决项目开发建设过程中遇到的突发事件或疑难事件，各相关部门均应到会，集中高效解决问题。

15.2 管委会的组建、编制构成、工作机制、权力/权利、义务、责任等具体事宜，由双方另行协商确定。

甲方同意，管委会的组建、编制构成、授权和职能，由甲方或甲方协调政府有权部门通过政府正式发公文的形式确定。

15.3 甲方同意视项目发展需要(不迟于项目用地范围内首宗国有土地出让之日起一年)设立经济开发区国土资源分局(土地储备分中心)。国土资源分局(土地储备分中心)根据甲方授权在项目用地范围内负责与项目的征地、拆迁、安置、补偿、土地收储供应等有关的事项。

第16条　违约、提前终止及终止后处理机制

16.1 甲方违约责任

(1)发生下述违约事件导致项目发生额外费用、延误或本合同无法继续履行的,乙方有权要求延长工期、运营期限、项目合作期限或选择退出本项目,就乙方已经发生的投资成本及合理收益,甲方应当予以偿还或补偿;

(2)甲方、甲方内设/下属政府有权部门、甲方出资企业单方或与任何第三方合作进行项目的开发、建设和运营;

(3)未经乙方同意,因甲方擅自全部/部分调整规划以致影响项目整体开发、建设及运营的;

(4)甲方迟延向项目公司支付项目成本及收益超过【90】日的;

(5)发生本合同第【13.2】条规定的甲方可控的法律变更;

(6)甲方导致的或在甲方控制下的对项目设施或项目公司股权的征收或征用的;

(7)甲方违反本合同项下其他义务导致本合同无法继续履行的。

16.2 乙方违约责任

发生下述违约事件导致本合同无法继续履行的,甲方有权要求乙方退出本项目:

乙方/项目公司破产或资不抵债的;

(1)未经甲方同意,乙方未按照经双方确认的规划实施本项目,以致严重影响项目整体开发、建设及运营,且经双方经协商后仍未能达成一致解决方案的;

(2)乙方违反本合同项下其他义务导致本合同无法继续履行的。

16.3 提前终止

发生如下情形时,本合同提前终止:

(1)发生本合同第【16.1】条约定的甲方违约事件,乙方选择退出本项目的;

(2)发生本合同第【16.2】条约定的乙方违约事件,甲方要求乙方退出本项目的;

(3)发生本合同第【14】条约定的不可抗力事件导致本合同无法继续履行时,乙方选择退出本项目的。

16.4 提前终止后的处理机制

本合同提前终止的,就乙方已经发生的投资成本及合理收益,甲方应当予以偿还或补偿;在乙方的投资成本及合理收益得到充分保障的前提下,项目公司应将其所占有、使用的甲方所有的设施现状移交给甲方。

第17条　项目的移交(略)

第18条　适用法律及争议解决

18.1 本合同的订立、履行和解释应适用中国现行的法律、法规。

18.2 任何由本合同的解释、违约、终止和效力引起的或与之有关的争议及主张应通过友好协商加以解决;协商不成的,任何一方均应将争议提交××仲裁委员会在××仲裁,按照仲裁申请时××仲裁委员会现行有效的仲裁规则进行仲裁。仲裁裁决是终局的,对双方均有约束力。在协商或仲裁期间,对于本合同不涉及争议部分的条款,双方仍须履行。

第19条 其他(略)

附件一:项目用地的具体位置及四至范围(略)

附件二:项目成本及新增落地投资额的计算方式(略)

附件三:各项收入地方留成的范围(略)

……

三、请结合上述材料,依据相关法律规定,以政府方视角对合同提出审查意见,草拟修改文本,为双方进一步商谈合作提供基础。

教学指导手册

教学对象及目标

本案例供法律硕士案例教学使用,法学本科(大三)、民商法学、经济法学、行政法学硕士也可以参酌使用。

本案例主要就政府和社会资本合作(Public - Private Partnership,以下简称PPP)项目合同审查结合具体案例对相关理论与实务问题进行分析。本案具体要解决的问题包括:(1)PPP模式的基本运作流程对合同审查的意义?(2)本案合作项目是否适宜采用PPP模式?(3)PPP项目社会资本合作方如何选择?(4)本案合同审查过程中如何处理前期项目识别中物有所值评价和财政承受能力论证问题?(5)PPP项目融资及风险控制应注意哪些问题?(6)PPP项目财政预算管理有哪些要求?(7)结合PPP项目合同通用模块对本案社会资本方提交出的合作合同框架安排需补充哪些基本内容?(8)结合PPP项目合同通用模块对本案社会资本方提交出的合作合同框架安排需修改哪些基本条款?

教学内容

PPP项目合作合同的审查是一项综合法律服务需求,根据项目本身合作内容和交易结构复杂程度的差异性,可能会涉及合同法(项目合同)、物权法(项目资产)、担保法(项目履约担保)、保险法(项目风险控制)、政府采购法(公用事业和基础设施项目采购)、招标投标法(项目社会资本的选择)、公司法(项目公司)、证券法(项目融资)、土地管理法(项目用地)、预算法(项目支付)、税法(项目优惠)、行政许可法(公用事业特许经营、自然资源开发利用)、仲裁法(项目纠纷的解决方式)、诉讼法(司法管辖)等多个法律部门。它需要合同审查者具备较为完整系统的法律知识和素养。

1. PPP 项目的运作流程对合同审查的意义何在?

实践中,由于客户法律意识、需求和偏好的差异性,律师介入项目中的时点不尽相同。了解项目流程的意义在于从宏观层面帮助律师建立项目系统框架,做出战略预判;在微观层面项目合作文件审查中准确判断目前项目进展所处位置,找好切入点,正确定位,展开工作。对于项目合同中在介入前产生的显性法律风险进行后期控制,对于项目合同中在介入前产生的隐性法律风险予以明确警示。同时,对于后期的项目采购、项目执行、项目移交做好预先的合同安排,控制可能发生的风险,防患于未然。

PPP 项目的基本流程为:项目识别→项目准备→项目采购→项目执行→项目移交。律师应按照不同阶段的不同项目工作内容和程序,结合客户的具体需求作对应的工作安排。政府和社会资本合作项目操作流程[1]如图 1 所示:

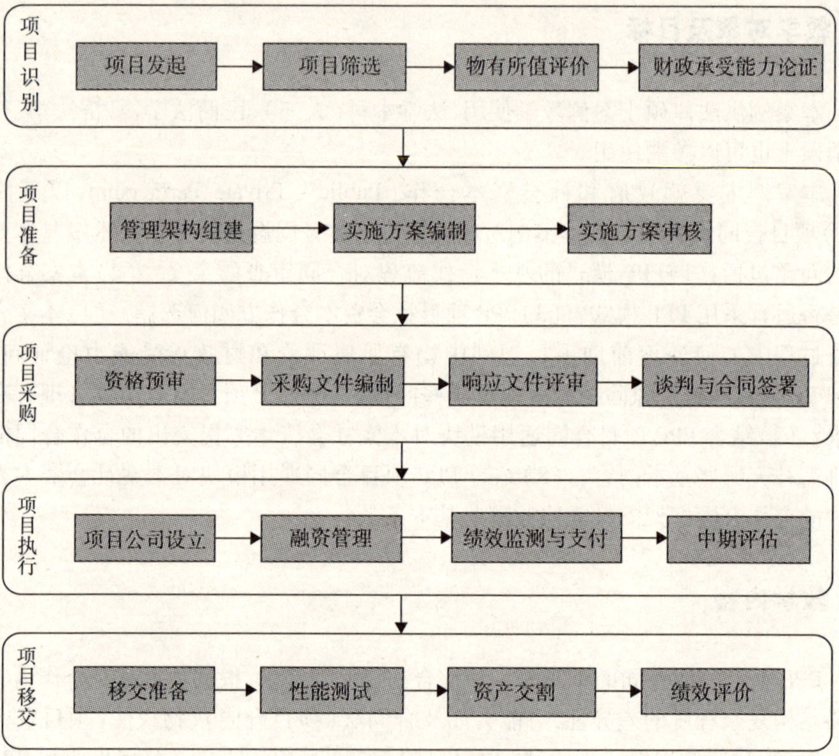

图 1 有限合伙的基本特征

[1]《政府和社会资本合作模式操作指南(试行)》财金[2014]113 号附件 1。

2. 本案合作项目是否适宜采用PPP模式?

律师在合作合同审查时,应注意并非所有的项目内容都是适宜采用PPP模式,提交审查的项目合同有关交易内容的安排中除了PPP项目之外,也有可能混搭包装着客户其他方面的项目需求。同时,在合同审查中如发现合作内容涉及PPP项目与非PPP项目、两类以上的不同性质的PPP项目掺杂组合的情况,应注意提示客户区分不同的项目内容采用不同的PPP模式,

投资规模较大、需求长期稳定、价格调整机制灵活、市场化程度较高的基础设施及公共服务类项目,适宜采用政府和社会资本合作模式,其主要适用于政府负有提供责任又适宜市场化运作的公共服务、基础设施类项目。燃气、供电、供水、供热、污水及垃圾处理等市政设施,公路、铁路、机场、城市轨道交通等交通设施,医疗、旅游、教育培训、健康养老等公共服务项目,以及水利、资源环境和生态保护等项目均可推行PPP模式。

对于具有明确的收费基础,并且经营收费能够完全覆盖投资成本的经营性项目,可通过政府授予特许经营权,采用建设—运营—移交(BOT)、建设—拥有—运营—移交(BOOT)等模式推进。要依法放开相关项目的建设、运营市场,积极推动自然垄断行业逐步实行特许经营;对于经营收费不足以覆盖投资成本、需政府补贴部分资金或资源的准经营性项目,可通过政府授予特许经营权附加部分补贴或直接投资参股等措施,采用建设—运营—移交(BOT)、建设—拥有—运营(BOO)等模式推进。要建立投资、补贴与价格的协同机制,为投资者获得合理回报积极创造条件;对于缺乏"使用者付费"基础、主要依靠"政府付费"回收投资成本的非经营性项目,可通过政府购买服务,采用建设—拥有—运营(BOO)、委托运营等市场化模式推进。要合理确定购买内容,把有限的资金用在刀刃上,切实提高资金使用效益。

3. PPP项目社会资本合作方应如何选定?

社会资本是指已建立现代企业制度的境内外企业法人,但不包括本级政府所属融资平台公司及其他控股国有企业。PPP项目实施机构应当优先采用公开招标、竞争性谈判、竞争性磋商等竞争性方式采购社会资本方,鼓励社会资本积极参与、充分竞争。根据项目需求必须采用单一来源采购方式的,应当严格符合法定条件和程序。项目实施机构应当根据项目特点和建设运营需求,综合考虑专业资质、技术能力、管理经验和财务实力等因素合理设置社会资本的资格条件,保证国有企业、民营企业、外资企业平等参与。项目实施机构应当综合考虑社会资本竞争者的技术方案、商务报价、融资能力等因素合理设置采购评审标准,确保项目的长期稳定运营和质量效益提升。参加采购评审的社会资本所提出的技术方案内容最终被全部或部分采纳,但经采购未中选的,财政部门应会同行业主管部门对其前期投入

成本予以合理补偿。

各级财政部门应当加强对 PPP 项目采购活动的支持服务和监督管理，依托政府采购平台和 PPP 综合信息平台，及时充分向社会公开 PPP 项目采购信息，包括资格预审文件及结果、采购文件、响应文件提交情况及评审结果等，确保采购过程和结果公开、透明。

采购结果公示结束后、PPP 项目合同正式签订前，项目实施机构应将 PPP 项目合同提交行业主管部门、财政部门、法制部门等相关职能部门审核后，报本级人民政府批准。PPP 项目合同审核时，应当对照项目实施方案、物有所值评价报告、财政承受能力论证报告及采购文件，检查合同内容是否发生实质性变更，并重点审核合同是否满足以下要求：(1)合同应当根据实施方案中的风险分配方案，在政府与社会资本双方之间合理分配项目风险，并确保应由社会资本方承担的风险实现了有效转移；(2)合同应当约定项目具体产出标准和绩效考核指标，明确项目付费与绩效评价结果挂钩；(3)合同应当综合考虑项目全生命周期内的成本核算范围和成本变动因素，设定项目基准成本；(4)合同应当根据项目基准成本和项目资本金财务内部收益率，参照工程竣工决算合理测算确定项目的补贴或收费定价基准。项目收入基准以外的运营风险由项目公司承担；(5)合同应当合理约定项目补贴或收费定价的调整周期、条件和程序，作为项目合作期限内行业主管部门和财政部门执行补贴或收费定价调整的依据。

4. 本案合同审查过程中如何处理前期项目识别中物有所值评价和财政承受能力论证问题？

为保证项目质量，在前期项目识别中需要对 PPP 项目进行物有所值评价和财政承受能力论证。在项目合同审查实践中，由于各种因素在项目推进中忽略或疏于评价和论证的项目，对于边干边评价和论证或先干后评价和论证的现象，律师在合同审查中应做出相应的风险提示。

(1)物有所值(Value for Money, VfM)评价是判断是否采用 PPP 模式代替政府传统投资运营方式提供公共服务项目的一种评价方法。拟采用 PPP 模式实施的项目，应在项目识别或准备阶段开展物有所值评价。物有所值评价资料主要包括：(初步)实施方案、项目产出说明、风险识别和分配情况、存量公共资产的历史资料、新建或改扩建项目的(预)可行性研究报告、设计文件等。

财政部门会同行业主管部门，从定性和定量两方面开展物有所值评价工作。定性评价指标包括全生命周期整合程度、风险识别与分配、绩效导向与鼓励创新、潜在竞争程度、政府机构能力、可融资性六项基本评价指标。定量评价是在假定采用 PPP 模式与政府传统投资方式产出绩效相同的前提下，通过对

PPP 项目全生命周期内政府方净成本的现值(PPP 值)〔2〕与公共部门比较值(PSC 值)〔3〕进行比较,判断 PPP 模式能否降低项目全生命周期成本。PPP 值小于或等于 PSC 值的,认定为通过定量评价;PPP 值大于 PSC 值的,认定为未通过定量评价。应统筹定性评价和定量评价结论,做出物有所值评价结论。物有所值评价结论分为"通过"和"未通过"。"通过"的项目可进行财政承受能力论证;"未通过"的项目可在调整实施方案后重新评价,仍未通过的不宜采用 PPP 模式。

(2)财政承受能力论证是指识别、测算政府和社会资本合作(Public - Private Partnership,PPP)项目的各项财政支出责任,科学评估项目实施对当前及今后年度财政支出的影响,为 PPP 项目财政管理提供依据。开展 PPP 项目财政承受能力论证是政府履行合同义务的重要保障,有利于规范 PPP 项目财政支出管理,有序推进项目实施,有效防范和控制财政风险,实现 PPP 可持续发展。财政承受能力论证采用定量和定性分析方法,坚持合理预测、公开透明、从严把关,统筹处理好当期与长远关系,严格控制 PPP 项目财政支出规模。

PPP 项目全生命周期过程的财政支出责任,主要包括股权投资、运营补贴、风险承担、配套投入等。股权投资支出责任是指在政府与社会资本共同组建项目公司的情况下,政府承担的股权投资支出责任。如果社会资本单独组建项目公司,政府不承担股权投资支出责任。运营补贴支出责任是指在项目运营期间,政府承担的直接付费责任。不同付费模式下,政府承担的运营补贴支出责任不同。政府付费模式下,政府承担全部运营补贴支出责任;可行性缺口补助模式下,政府承担部分运营补贴支出责任;使用者付费模式下,政府不承担运营补贴支出责任。风险承担支出责任是指项目实施方案中政府承担风险带来的财政或有支出责任。通常由政府承担的法律风险、政策风险、最低需求风险以及因政府方原因导致项目合同终止等突发情况,会产生财政责任或支出责任。配套投入支出责任是指政府提供的项目配套工程等其他投入责任,通常包括土地征收和整理、建设部分项目配套措施、完成项目与现有相关基础设施和公用事业的对接、投资补助、贷款贴息等。配套投入支出应依据项目实施方案合理确定。

财政承受能力论证的结论分为"通过论证"和"未通过论证"。"通过论证"的项目,各级财政部门应当在编制年度预算和中期财政规划时,将项目财政支出责任

---

〔2〕 PPP 值可等同于 PPP 项目全生命周期内股权投资、运营补贴、风险承担和配套投入等各项财政支出责任的现值,参照《政府和社会资本合作项目财政承受能力论证指引》(财金〔2015〕21 号)及有关规定测算。

〔3〕 公共部门比较值(Public Sector Comparator, PSC),是指在全生命周期内,政府采用传统采购模式提供公共产品和服务的全部成本的现值,主要包括建设运营净成本、可转移风险承担成本、自留风险承担成本和竞争性中立调整成本等。参照《PPP 物有所值评价指引(试行)》财金〔2015〕167 号及有关规定测算。

纳入预算统筹安排。“未通过论证”的项目,则不宜采用PPP模式。在PPP项目正式签订合同时,财政部门(或PPP中心)应当对合同进行审核,确保合同内容与财政承受能力论证保持一致,防止因合同内容调整导致财政支出责任出现重大变化。财政部门要严格按照合同执行,及时办理支付手续,切实维护地方政府信用,保障公共服务有效供给。

5. PPP项目融资及风险控制应注意哪些问题?

项目融资由社会资本或项目公司负责。社会资本或项目公司应及时开展融资方案设计、机构接洽、合同签订和融资交割等工作。财政部门(政府和社会资本合作中心)和项目实施机构应做好监督管理工作,防止企业债务向政府转移。社会资本或项目公司未按照项目合同约定完成融资的,政府可提取履约保函直至终止项目合同;遇系统性金融风险或不可抗力的,政府、社会资本或项目公司可根据项目合同约定协商修订合同中相关融资条款。

6. PPP项目财政预算管理有哪些要求?

PPP项目中的政府收入,包括政府在PPP项目全生命周期过程中依据法律和合同约定取得的资产权益转让、特许经营权转让、股息、超额收益分成、社会资本违约赔偿和保险索赔等收入,以及上级财政拨付的PPP专项奖补资金收入等。PPP项目中的政府支出,包括政府在PPP项目全生命周期过程中依据法律和合同约定需要从财政资金中安排的股权投资、运营补贴、配套投入、风险承担,以及上级财政对下级财政安排的PPP专项奖补资金支出。行业主管部门应按照预算编制要求,编报PPP项目收支预算。财政部门应对行业主管部门报送的PPP项目财政收支预算申请进行认真审核,充分考虑绩效评价、价格调整等因素,合理确定预算金额。

行业主管部门应当根据预算管理要求,将PPP项目合同中约定的政府跨年度财政支出责任纳入中期财政规划,经财政部门审核汇总后,报本级人民政府审核,保障政府在项目全生命周期内的履约能力。本级人民政府同意纳入中期财政规划的PPP项目,由行业主管部门按照预算编制程序和要求,将合同中符合预算管理要求的下一年度财政资金收支纳入预算管理,报请财政部门审核后纳入预算草案,经本级政府同意后报本级人民代表大会审议。

行业主管部门应当会同各级财政部门做好项目全生命周期成本监测工作。每年一季度前,项目公司(或社会资本方)应向行业主管部门和财政部门报送上一年度经第三方审计的财务报告及项目建设运营成本说明材料。项目成本信息要通过PPP综合信息平台对外公示,接受社会监督。各级财政部门应当会同行业主管部门开展PPP项目绩效运行监控,对绩效目标运行情况进行跟踪管理和定期检查,确保阶段性目标与资金支付相匹配,开展中期绩效评估,最终促进实现项目绩效目标。监控中发现绩效运行与原定绩效目标偏离时,应及时采取措施予以纠正。

各级财政部门应依据绩效评价结果合理安排财政预算资金。对于绩效评价达标的项目,财政部门应当按照合同约定,向项目公司或社会资本方及时足额安排相关支出。对于绩效评价不达标的项目,财政部门应当按照合同约定扣减相应费用或补贴支出。

7. 结合PPP项目合同通用模块对社会资本合作方提供的合作合同框架安排需补充哪些基本内容?

实践中,由于合同文本往往由单方拟定,拟定方可能会利用合同条款安排使自身权利和利益最大化、义务和风险最小化。合同相对方的权利和利益则易被有意无意地忽视或减省、义务和责任被强调或放大。本案项目合同文本由社会资本方单方拟定,更多地关注了社会资本方的权益和风险控制需求,有意识地对PPP项目合同通用文本作了自身利益最大化的精心裁剪,律师在项目合同审查中应充分注意,提示当事人修改和补充相应条款,平衡权利义务关系。

原则上,所有模式项目合同的正文都应包含10个通用模块:总则、合同主体、合作关系、项目前期工作、收入和回报、不可抗力和法律变更、合同解除、违约处理、争议解决,以及其他约定。其他模块可根据实际需要灵活选用。例如,建设—运营—移交模式的项目合同除了10个通用模块之外,还需选用投资计划及融资、工程建设、运营和服务、社会资本主体移交项目等模块。

结合本案案情,律师审查合同时,应把控对PPP项目合同体系的整体结构框架设计,有针对性地恢复失衡的合同布局,可提醒委托人补充完善双方法律关系定位条款、作为政府承诺对价的社会资本方承诺条款、社会资本方履约担保条款、社会资本方融资交割先决条款、社会资本方购买和维持保险的相关义务条款、项目财务监审条款、项目运营和维护条款、项目运营期必要时政府方对项目的监督和介入条款、项目移交条款、社会资本方/项目公司违约条款等内容,以维护自身权益。

请逐一对上述相关条款拿出解决方案并说明理由。

8. 结合PPP项目合同通用模块对本案社会资本方提交的合作合同框架安排需要修改哪些基本条款?

PPP项目合同实践中,当事人可能除了会约省掉事关双方权利、义务的关键条款,努力塑造有利于己的风险、收益谈判战略格局,还可能会对部分条款在整体框架下作掩饰，隐蔽地对合同条款细部作精细化的操控，形成战役战术层面布置。律师在审查合同时应注意仔细甄别和判断，排除隐患，提出相应问题的解决方案和具体措施。

具体结合本案案情，律师在项目合同审查时可建议客户修改项目范围和期限条款、项目前提条件条款、项目公司条款、项目融资条款、项目用地条款、项目设施权属条款、项目运营条款、项目维护条款、付费机制条款、管委会条款、甲方违约责任条款、双方争议解决条款。

请逐一对上述相关条款拿出解决方案并说明理由。

预期效果

PPP项目合同审查横跨多个部门法，涉及多种法律关系，相对复杂，对学生综合实战能力可以进行有效的检视。通过实际案例的具体操作，达致不仅对PPP项目合同有全面的了解，形成感性认知，而且通过对谈环节、辩论和分析环节、调研环节、复盘环节、教师点评环节进行深入探讨和拓展，帮助学生构建PPP项目合同审所需的知识系统和理性思维，进而培养学生发现问题、分析问题和解决问题的能力。

教学计划

本案例可以作为专门的法律硕士案例教学课来进行，整个案例课的课堂安排约8个课时，每课时45分钟。

课堂设计如下：

课前计划：安排学生阅读案例及相关参考资料，自主对案例可能涉及的问题进行思考，列出问题清单。

课中计划：介绍教学目的，明确讨论主题；角色扮演，分甲、乙方组别对每个人的问题清单作汇总讨论，列出下一步谈判方案提纲和要点；模拟实战，组织甲、乙方逐条对项目合同展开对谈，组织学生进行辩论和分析；教师穿插逐条对第一轮辩论和分析作归纳总结，指出调研方向和问题；学生作调研汇报，逐条复盘；教师逐个问题穿插作出点评，布置持续深化调研方向和问题。

课后计划：对双方谈判中涉及的理论、制度问题由每个学生独立分别作深度和广度延伸，提交相关调研报告。

课堂时间安排

1. 教师介绍教学目的、明确讨论主题(5分钟)。

2. 分组讨论,作问题组内汇总分析(40 分钟)。
3. 模拟实战进行第一轮逐条对谈,进行辩论和分析(90 分钟)
4. 教师逐条穿插归纳总结,指出问题,分配调研任务(45 分钟)。
5. 学生分别作调研情况汇报,逐条复盘(135 分钟)。
6. 教师穿插做出点评,指出持续优化的方向和问题(45 分钟)。

思考题和实践题

1. 思考题

(1)PPP 项目合同有哪些通用模块?其基本内容有哪些?
(2)PPP 项目合同社会资本合作方应如何选择?
(3)本案 PPP 项目合作双方间存有哪些法律关系?对合同框架的影响是什么?
(4)甲方如何在合作合同中针对乙方采用项目公司交易模式所隐含的法律风险进行控制?
(5)PPP 项目公司如由社会资本方控股可能产生的法律风险是什么?应如何在合作合同中予以防范?
(6)PPP 项目“明股实债”的合约安排对合同风险分配的影响及控制?

2. 实践题

(1)如果你是甲方代理律师,请在乙方合同文本的基础上为双方进一步谈判补充双方法律关系定位条款,说明理由。
(2)如果你是甲方代理律师,请在乙方合同文本的基础上为双方进一步谈判补充社会资本方承诺条款,说明理由。
(3)如果你是甲方代理律师,请在乙方合同文本的基础上为双方进一步谈判补充社会资本方履约担保条款,说明理由。
(4)如果你是甲方代理律师,请在乙方合同文本的基础上为双方进一步谈判补充社会资本方融资交割先决条款,说明理由。
(5)如果你是甲方代理律师,请在乙方合同文本的基础上为双方进一步谈判补充社会资本方购买和维持保险的相关义务条款,说明理由。
(6)如果你是甲方代理律师,请在乙方合同文本的基础上为双方进一步谈判补充项目财务监审条款,说明理由。
(7)如果你是甲方代理律师,请在乙方合同文本的基础上为双方进一步谈判补充项目运营和维护条款,说明理由。
(8)如果你是甲方代理律师,请在乙方合同文本的基础上为双方进一步谈判补充项目运营期必要时政府方对项目的监督和介入条款,说明理由。
(9)如果你是甲方代理律师,请在乙方合同文本的基础上为双方进一步谈判补充项目移交条款,说明理由。
(10)如果你是甲方代理律师,请在乙方合同文本的基础上为双方进一步谈判补充社会资本方/项目公司违约条款,说明理由。

(11)如果你是甲方代理律师,请在乙方合同文本的基础上为双方进一步谈判提出项目范围和期限条款的修改建议,说明理由。

(12)如果你是甲方代理律师,请在乙方合同文本的基础上为双方进一步谈判提出前提条件条款的修改建议,说明理由。

(13)如果你是甲方代理律师,请在乙方合同文本的基础上为双方进一步谈判提出项目公司条款的修改建议,说明理由。

(14)如果你是甲方代理律师,请在乙方合同文本的基础上为双方进一步谈判提出项目融资条款的修改建议,说明理由。

(15)如果你是甲方代理律师,请在乙方合同文本的基础上为双方进一步谈判提出项目用地条款的修改建议,说明理由。

(16)如果你是甲方代理律师,请在乙方合同文本的基础上为双方进一步谈判提出项目设施权属条款的修改建议,说明理由。

(17)如果你是甲方代理律师,请在乙方合同文本的基础上为双方进一步谈判提出项目运营条款的修改建议,说明理由。

(18)如果你是甲方代理律师,请在乙方合同文本的基础上为双方进一步谈判提出项目维护条款的修改建议,说明理由。

(19)如果你是甲方代理律师,请在乙方合同文本的基础上为双方进一步谈判提出付费机制条款的修改建议,说明理由。

(20)如果你是甲方代理律师,请在乙方合同文本的基础上为双方进一步谈判提出管委会条款的修改建议,说明理由。

(21)如果你是甲方代理律师,请在乙方合同文本的基础上为双方进一步谈判提出甲方违约责任条款的修改建议,说明理由。

(22)如果你是甲方代理律师,请在乙方合同文本的基础上为双方进一步谈判提出双方争议解决条款的修改建议,说明理由。

参考文献

1. 曹珊:《政府和社会资本合作(PPP)项目法律实务》,法律出版社2016年版。
2. 周兰萍主编:《PPP项目运作实务》,法律出版社2016年版。
3. 林华主编:《中国资产证券化操作手册》(第二版),中信出版社2016年版。
4. 廖睿编著:《PPP操作指南:政府和社会资本合作实务》,法律出版社2016年版。
5. 林华主编:《PPP与资产证券化》,中信出版社2016年版。
6. 顾功耘主编:《公私合作(PPP)的法律调整与制度保障》,北京大学出版社2016年版。
7. 芭芭拉·韦伯(Barbara Weber)、汉斯·威廉·阿尔芬(Hans Wilhelm):《基础设施投资策略、项目融资与PPP》,罗桂连、孙世选译,机械工业出版社2016年版。

8. 达霖・格里姆赛(Darrin Grimsey)、莫文・K. 刘易斯（Mervyn K. Lewis）:《PPP 革命:公共服务中的政府和社会资本合作》,济邦咨询公司译,中国人民大学出版社 2016 年版。

撰稿人 | 王昆江,河北大学政法学院副教授

16 CASE B 国公司诉我国某公司违约案

| 摘　要 |

要约与承诺是国际货物买卖合同有效成立的必经程序。由于各国法律传统不同，有关要约与承诺的法律规定不尽一致。B 国与我国某公司在签订合同的过程中，由于对《联合国国际货物买卖合同公约》条款理解的偏差，我国某公司认为合同并未成立，与对方产生了纠纷。因此，正确理解《联合国国际货物买卖合同公约》（以下简称《公约》）中对合同成立的规定，准确把握国际货物买卖合同是否成立、何时成立、何地成立，对迅速达成交易，减少争议，及时处理合同成立的有关事宜具有重要意义。

| 关键词 |

国际货物买卖合同　要约与承诺　要约的撤回　合同的成立

| 教学目标 |

有关国际货物买卖合同成立的法律问题，几乎所有国家都有一些不同规定，分歧较大。《公约》为了消除国际货物买卖在这方面长期存在的法律冲突，促进国际贸易的顺利发展，特设专章《公约》的第二部分就与合同订立的有关问题，主要是要约、承诺和合同成立的时间，作了统一规定。《公约》在处理国际贸易纠纷的诉讼或者仲裁程序中发挥了越来越重要的作用。但由于其是协调、平衡两大法系在国际买卖合同制度方面冲突的妥协产物，因此各缔约国在适用时难免会有自己的价值判断和适用理念，再加上公约条文本身存在的问题，也造成了各国法院对条约理解上的偏差。特别是对合同成立的条件、合同成立的时间，由于理解的偏差，往往会造成巨大的经济损失。指导学生正确解读《公约》对要约和承诺的具体规定、掌握要约撤回、要约撤销的具体要求，在司法实践中有重要的意义，以便学生在未来的工作实务中妥善处理、避免不必要的损失。

教学案例主文

一、案情简介

2012 年 4 月 1 日,B 国 HORSE 公司向我国美丽华有限责任公司发来传真,内容为向美丽华公司出售鱼粉,具体条款为:我公司出售秘鲁或智利鱼粉,数量 20000 吨,溢短装 5% 价格条款为 CFR 上海,价格为每吨 483 美元,交货期限为 2012 年 7 月,信用证付款。并且要求美丽华公司于 4 月 6 日 15 时前答复该要约才有效;要约同时包含索赔以及其他条件等。

中国美丽华有限责任公司在接到要约的当天即通过传真回复 B 国 HORSE 公司,要求 B 国 HORSE 公司将价格由 483 美元减至 480 美元,同时对索赔条款提出了修改意见,明确指出:"如果同意以上两点,请速告知,并可签约。"

4 月 4 日,B 国 HORSE 公司与美丽华有限责任公司直接通过电话协商,结果是:美丽华有限责任公司同意接受每公吨 483 美元的价格,但坚持修改索赔条款为:"货到 45 天内,经中国商检机构检验后,如发现同题,在此期限内提出索赔。"B 国 HORSE 公司也同意了以上意见。

至此,双方口头上达成了一致意见。

4 月 5 日,B 国 HORSE 公司在给美丽华有限责任公司的传真中,重申了要约的主要内容和双方电话协商的结果。同日,美丽华回复传真给 B 国 HORSE 公司,告知将由美丽华有限责任公司的经理郝先生在广交会期间直接与 B 国 HORSE 公司签署合同。

5 月 2 日,B 国 HORSE 公司副总裁来广交会会见了美丽华有限责任公司郝经理,交给他 B 国 HORSE 公司已签了字的合同文本。郝经理表示要审阅后再签字。

5 月 6 日,当 B 国 HORSE 公司派人去取该合同时,美丽华有限责任公司的郝经理仍未签字。B 国 HORSE 公司副总裁随即指示将美丽华有限责任公司未签字的合同取回。

5 月 9 日,B 国 HORSE 公司致传真给美丽华有限责任公司,重申了双方 4 月 5 日的传真的内容,并谈到在广交会期间双方接触的情况,声称要对美丽华有限责任公司不执行合同、未按合同条款规定开出信用证给 B 国 HORSE 公司造成其损失的行为提出索赔要求,除非美丽华有限责任公司在 36 小时内保证履行合同义务。

5 月 10 日,美丽华有限责任公司在给 B 国 HORSE 公司的传直中称:该公司部门经理郝先生 5 月 2 日在接到合同文本时明确表示,须对合同条款作完善补充后,我方才能签字。在买卖双方未签约之前,不存在买方开信用证问题。并且,5月6日,B国HORSE公司已经将合同取回,美丽华有限责任公司认为B国HORSE公司"已改变主意,不需要完善合同条款,撤回了要约,没有必要等我方签字生效",明确表示根本不存在承担责任的问题。

5月11日,B国HORSE公司传真美丽华有限责任公司,称:该公司取回合同,不表示撤约,双方之间有合同存在,对双方仍然有约束力。重申要对所遭受损失保留索赔的权利。

5月12日,美丽华有限责任公司答复:"首先,买方确认卖方的报价、数量并不等于一笔买卖最终完成,这是国际贸易的惯例。其次,5月2日,我方明确提出要完善、补充鱼粉合同条款时,你方只是将单方面签字的合同放下,对我方提出的要求不做任何表示。最后,5月6日,未等我方在你方留下的合同上签字,也不提合同条款的完善、补充,就匆匆将合同取回,也没提出任何意见。现在贵公司提出要我方开信用证履约,我们不能依据被你方撤回的合同开证履约。你方对本次交易已毫无诚意,我们对你方的要求深表遗憾,也无须承担由此引起的任何责任。"

5月13日,B国HORSE公司传真美丽华有限责任公司,告知该公司副总裁将去北京,并带去合同文本,让美丽华有限责任公司签字。

5月19日,B国HORSE公司又传真美丽华有限责任公司称:因B国HORSE公司副总裁未能在北京与美丽华有限责任公司人员会见,故将合同文本快递给美丽华有限责任公司,让美丽华有限责任公司签字。该公司要求美丽华有限责任公司答复:是打算签合同,还是坚持认为双方不存在合同关系?该公司提出,如美丽华有限责任公司认为双方不存在合同关系,要美丽华有限责任公司同意将该争议提交伦敦仲裁机构仲裁。

5月20日,美丽华有限责任公司传真答复:重申合同应该在美丽华有限责任公司签字以后生效,B国HORSE公司取回合同文本是撤回要约。

5月22日,B国HORSE公司又传真美丽华有限责任公司,重述了双方往来情况,重申合同业已成立,再次要求美丽华有限责任公司开出信用证。

5月31日,美丽华有限责任公司传真B国HORSE公司重申了5月20日传真的内容,并告知:由于双方合同矛盾,美丽华有限责任公司的客户已经将订单撤回,声明保留要求B国HORSE公司赔偿损失的权利。同时告知,将B国HORSE公司快递来的合同文本退回。

6月4日,B国HORSE公司电告美丽华有限责任公司,指出:美丽华有限责任公司已否认合同有效、拒开信用证,B国HORSE公司有权就此所受损害、费用损失提出赔偿。双方多次的协商联系,均坚持自己意见,未果。

二、案件争议的焦点和审理结论

2012 年 7 月 15 日，B 国 HORSE 公司以美丽华有限责任公司违约为由起诉，要求美丽华有限责任公司承担赔偿责任。

B 国 HORSE 公司认为：美丽华有限责任公司在接到 B 国 HORSE 公司的要约后，仅对价格和索赔条款提出不同意见，并在以后的电话协商中，双方取得了一致，即：B 国 HORSE 公司同意了美丽华有限责任公司对索赔条款的修改，美丽华有限责任公司同意接受要约中的价格条件，合同已于此时成立。

B 国 HORSE 公司还认为美丽华有限责任公司要求在广交会期间签署书面合同，这仅仅是一种形式而已。

美丽华有限责任公司认为：双方虽然在口头上就合同主要内容协商一致，但美丽华有限责任公司提出要签署书面合同，合同应从双方正式签署后生效。当美丽华有限责任公司接到对方已签字的合同文本后，提出要对 B 国 HORSE 公司提供的合同文本进行完善补充，B 国 HORSE 公司未表态，后又将合同文本索回，美丽华有限责任公司认为这是 B 国 HORSE 公司“撤回要约”。合同并未成立并生效，当然谈不上履行的问题。

本案是由于在合同成立的形式要求上的差异引起的。双方争议的主要问题包括：

1. 双方于 4 月 4 日通过电话协商，达成一致意见，是否表示合同已于此时成立？

2. 美丽华有限责任公司要求签署书面合同是否仅仅是一种形式，会不会影响到合同的有效成立？

3. B 国 HORSE 公司在美丽华有限责任公司还没有签字的情况下，又将合同取回是否是“要约的撤回”？

本案涉及的主要问题是要约与承诺，因此应该参考《公约》关于要约与承诺的规定。法院终审判决支持了 B 国 HORSE 公司的请求，确认双方电话和往来函电证明合同已经存在，来往函电也是书面形式，判决美丽华有限责任公司赔偿 B 国 HORSE 公司违约损失 85 万美元。

三、法院对案件的分析

1. 双方于 4 月 4 日通过电话协商，达成一致意见，是否表示合同已于此时成立？

这里涉及合同的形式，包括口头合同、书面合同的效力，以及什么是要约，什么是承诺，什么是要约撤回几个问题。

在本案中，双方经过反复协商，在口头上达成了一致意见。后来，B 国 HORSE 公司在给美丽华有限责任公司的传真中，重申了要约的主要内容和双方电话协商的结果。同日，美丽华有限责任公司复传真给 B 国 HORSE 公司，并告知由美丽华有限责任公司经理郝先生在广交会期间直接与B国HORSE公司签署合同。

关于合同形式,可以查看:

《国际商事合同通则》《公约》第11、13条,这几条规定都说明,以口头或默示行为的方式订立的合同同样有效,不要求合同必须以书面形式订立或由书面文件证明,合同可以通过包括证人在内的任何形式证明。

我国《合同法》第10、11条有关于合同形式的规定。

在本案中,法院之所以认定美丽华有限责任公司败诉负赔偿责任,主要是因为目前在国际贸易中,广泛实施的以往来的电子传真等函电形式发出要约、承诺,依照此种方式达成的交易都自动地纳入书面合同的范围。

据此,无论是从口头上,还是从来往电函上,都可以认定合同已经成立。美丽华有限责任公司要求签署书面合同仅仅是对已成立的合同的一种书面确认,而不会影响合同的有效成立。

在中国的对外贸易实践中,当事人进出口货物履行必要的报关手续或申领外汇手续时,都要求出示书面合同书。没有书面合同根本完成不了交易。这就决定了现在中国绝大多数对外贸易合同仍然采取书面形式。但是,要式法律行为主要存在于古代法,现代社会中法律行为以不要式为原则,以要式为例外。现代合同法的趋势也是如此。

美丽华有限责任公司停留于我国已经废止的《涉外经济合同法》第7条的规定旧观念,对于书面合同还理解为合同书,从而在贸易实践中遭受了重大损失。

2. B国HORSE公司在美丽华有限责任公司还没有签字的情况下,又将合同取回是否是"要约的撤回"呢?我们分别谈一谈要约、要约的生效、要约的撤回与要约的撤销。

(1)要约。要约是向一个或一个以上特定的人提出订立合同的建议。这在《公约》第11条已经有明确规定,我国《合同法》第15条也有类似的规定。

(2)要约生效。关于要约生效的时间,《公约》第15条有相应的规定。

《公约》没有采取一些国家法律制度所规定的"发送主义原则"而采取"到达主义原则",即要约的生效以实际送达给受要约人时为准。这点与我国《合同法》的规定一致。

规定要约生效时间对于计算要约有效期以及受要约人做出承诺的期限有重要意义。但是《公约》第20条对于以电报信函发出的要约却做出了相反的规定。

这相当于以一个要约还没有生效的日期作为要约有效期的起算日,这不符合大陆法的传统,然而却体现了普通法的原则。所以,《公约》是大陆法与普通法协调的结果。

在普遍运用电报、电传、传真、电子数据交换等瞬时通讯手段送达要约和承诺的今天,发出要约与收到要约的时间差已经很小,究竟采取发送主义还是到达主义原则决定要约的生效日,已经没有太大的实际意义,重要的是对新的送达方式在法律上做出说明。我们可以参见我国《合同法》第 16 条的规定。

(3)要约的撤回。要约的撤回(Withdrawal)是指要约人在要约之后,在要约尚未生效之前,将其收回,使其不发生效力。《公约》第 15 条规定,一项要约即使是不可撤销的,如果撤回通知于要约送达被要约人之前或同时送达被要约人,也可以撤回。

(4)要约的撤销。要约的撤销是指将生效的要约收回的行为。

要约的撤回与撤销在普通法中没有太大区别。根据普通法原则,要约人在受要约人做出承诺前的任何时候都可以撤回其要约或改变其内容,即使要约规定了有效期,在期限届满前仍可随时撤回要约。理由是要约是一项允诺。一个人要受其做出的允诺的约束,需具备一定条件:或是取得对方某种对价,或是做出的允诺采取了特殊形式。

《公约》第 16 条有相应的规定。这一规定说明,首先要约人撤销要约必须在合同成立以前,如果合同已经成立就不能撤销要约。我国《合同法》第 18、19 条也做了与《公约》类似的规定。

根据上述分析可知,要约的撤回必须是发生在要约到达受要约人之前或是与要约同时到达,而文中的"合同文本"只是对业已成立的合同的一种确认。

双方通过传真和电话磋商时合同已经成立,所以 B 国 HORSE 公司交给美丽华有限责任公司的"合同文本"根本就不是要约,故此,B 国 HORSE 公司将"合同文本"取回也不构成要约的撤回。

教学指导手册

教学对象及目标

本案例供法律硕士案例教学使用,法学本科(大四)、国际法硕士、国际经济法学硕士也可以参酌使用。

本案例主要就国际货物买卖合同成立条件、要约与承诺的成立进行讲授。具体要解决的问题包括:(1)国际货物买卖合同中要约的要求;(2)国际货物买卖合同成立过程中要约是否可以撤回?(3)国际货物买卖合同中要约的撤回与撤销有何区别?(4)国际货物买卖合同签订过程中口头承诺的效力。尤其提出处理国际贸易中买卖合同签订的具体步骤、思路，分析本案中事实认定与法律分析之间的基本框架。

教学内容

1. 国际货物买卖合同中要约及其成立条件是什么？

在合同法上何为要约，各国法律都没有明文规定。而各国合同法学者在学理上对要约的解释也不尽相同。大陆法系国家一般认为，要约是当事人订立合同的意思表示；英美法系国家一般认为，要约是当事人要做什么事或不做什么事的一种允诺。首次给要约下定义的是 1980 年《公约》，《公约》第 14 条第 1 款规定，凡“向一个或一个以上特定的人提出订立合同的建议，如果其内容十分确定，并且表明要约人在得到承诺时承受约束的意旨，即构成要约”。据此，可以认为，无论对要约的解释有何不同，只要是一项要约就应具备缔结合同的意思表示和缔结合同的条件这两个最本质的内容。

具体地说，构成一项有效要约应具备以下三个条件。首先，要约必须是向一个或一个以上特定人提出缔结合同的建议。所谓特定人是专指受要约人须为具体的人或组织而不是抽象的不特定的公众。这是区分要约邀请和要约的首要标志。其次，要约的内容必须十分确定。在这个问题上，各国法律都有规定，但“十分确定”的含义都不尽相同。根据《美国统一商法典》的规定，如果当事人有订立合同的意图，其要约只要具备货物的名称和数量就可以视为内容十分确定的一项有效要约。《公约》第 14 条规定：“一个建议如果写明货物并且明示或暗示地规定数量或价格或规定如何确定数量和价格，即为十分确定。”可见，各国法律和《公约》一般并不明确规定充分的主要交易条件，要约人也无须在其要约中详细载明合同的全部条款，只要达到足以确定合同内容的程度即可，并不会因此而影响合同的成立。因为在要约对某些事项没有规定的情况下，当买卖合同成立后，可援引有关国际惯例、国内法、公约的规定以及双方当事人间的习惯做法来填补其中的不足，这实际上就构成了完整的交易条件。所以，在国际货物买卖中，很多形式上不完整的要约在法律上是被认可的，这是适应现代通讯方法达成协议的需要。最后，要约必须表明受要约人一经承诺，要约人即受其约束。各国法律和公约都认为一项有效要约，要约人必须表明其要约一旦得到受要约人的承诺，要约人和受要约人之间将按要约内容成立合同，要约人应承担买方或卖方的全部义务，无须再征求要约人的意见。

2. 要约生效时间及撤回与撤销

要约何时生效，涉及要约的法律效力问题。各国法律和《公约》都认为要约于其送达受要约人时生效。因为要约作为一种意思表示,受要约人只有在收到要约后才能决定是否予以承诺。送达生效应与交叉要约区别开来。所谓交叉要约是指在一方发出购买要约的同时,另一方发出内容完全相反的出售要约,两者在传递中交叉。虽然双方意思表示一致,但双方要约均未送达,只能认定双方只有要约没有承诺,合同不能成立。如果要使合同成立,只有一方在收到交叉要约后向对方表示承诺。明确要约生效的时间,不仅是一个理论问题,更重要的是可以确定要约人在何时可以任意修改要约的内容或撤回、撤销要约的实际业务问题。

要约的撤回,是指要约人在发出要约之后,在其尚未到达要约人之前,即在要约尚未生效之前,取消该项要约,使其失去作用。《公约》第 15 条第 2 款规定,一项要约,即使是不可撤销的要约,只要撤回的通知于该要约送达受要约人之前或同时送达受要约人,都可以撤回。要约生效前可以撤回是各国法律公认的要约人可以行使的基本权利,因此,在实践中,只要传递方式适当,时间准确,撤回要约是能够实现的。

既然要约一旦送达受要约人处即产生法律效力,那么要约送达后,要约人若打算使其要约失去效力,属于要约的撤销问题。而在这一问题上,英美法与大陆法存在严重分歧。英美普通法认为,要约原则上对要约人没有拘束力。即使要约已经生效或规定了有效期限,在受要约人对要约做出承诺之前,要约人可以随时撤销或变更其要约的内容。这一原则规定对要约人来说是有利的,它可以防止受要约人在客观情况剧烈变动时利用承诺期限使要约人蒙受经济损失;但这一原则对受要约人来说则缺乏应有的保障。英美普通法之所以坚持这一原则与他们所坚持的对价原则有关。大陆法与传统的英美法的要约理论完全相反,认为要约对要约人具有约束力。德国法认为,除非要约人在要约中表明不受约束,否则要约一旦生效,要约人就要受其约束,不得随意将其撤销。

《公约》在这一问题上采取了折中的态度,《公约》第 16 条规定,在合同成立以前要约得予撤销,但撤销通知须于受要约人发出承诺之前送达受要约人,但如果要约已载明了有效期或以其他方式表明它是不可撤销的,或者受要约人有理由信赖该项要约是不可撤销的,并已本着对该项要约的信赖行事,则要约一旦生效,就不可撤销。针对这些不同的规定,我们在实践中一定要区分什么是可撤销的要约、什么是不可撤销的要约、可撤销的要约应于何时以前撤销。在具体做法上,对收到的要约应认真分析属于哪一类,否则就可能给自身利益带来损害。

课堂时间安排

本案例可以作为专门的案例教学课来进行,整个案例课的课堂安排 6 个课时,每课时45分钟。

如下课堂设计,仅供参考。

课前计划:安排学生阅读案例及相关参考资料,对案例所涉及问题进行思考,撰写实践题答案。

课中计划:介绍教学目的,明确讨论主题;分组讨论,回答各项思考题,讨论实践题的撰写要点;小组代表提出撰写要点,学生讨论和分析;教师归纳总结。

课后计划:布置学生进一步思考国际贸易中如果签订买卖合同,要约与承诺的成立时间、要约是否撤回等,如何抓住争议焦点,如何对《公约》进行科学合理的解释。

思考题和实践题

1. 思考题

(1)如何理解国际买卖合同中要求的构成要件?

(2)《公约》对要约的规定是什么?

(3)国际货物买卖合同中要约生效的时间是如何确定的?

(4)本案所涉及《公约》规定的合同成立的条件是什么?

(5)假设你是中国美丽华公司的法务人员,你将如何对公司的员工进行培训以避免类似案件再次发生?

2. 实践题

(1)2013年11月4日顺达有限责任公司应瑞典CELL有限责任公司的请求,报价棉花500吨,每吨斯德哥尔摩到岸价格(CIF)人民币3400元,即期装运实盘。要约有效期至11月24日。

CELL有限责任公司接收到顺达有限责任公司报盘后,请求顺达有限责任公司:①降低价格。②延长要约有效期。

顺达有限责任公司曾将价格每吨减至人民币3200元,延长要约有效期至11月30日。

CELL有限责任公司接收到顺达有限责任公司来电后,又请求顺达有限责任公司:①增加数量。②再次延长要约有效期。

顺达有限责任公司曾将数量增至800吨,延长要约有效期至12月10日。

瑞典于12月6日来电接受该盘。

顺达有限责任公司在接到CELL有限责任公司承诺电报时,发现国际市场因受灾影响棉花产量,市场价格暴涨。顺达有限责任公司不愿意成交,复电称:由于世界市场价格变化,在接到承诺电报前已将货物售出,不能提供货物。

CELL有限责任公司不同意这一说法,认为:承诺是在要约有效期内作出,是有效的,坚持要求顺达有限责任公司按要约的条件履行合同。提出:顺达公司执行合同,或者赔偿CELL有限责任公司差价损失50万元人民币。否则将起诉与法院。

试分析:①本案中双方间的买卖合同是否成立?②CELL 有限责任公司有无正当理由提起诉讼?

(2)韩国朴氏公司出售给马来西亚利亚公司木材。韩国朴氏公司 11 月 25 日发传真:木材,可供 1200 立方米,CIF 某港 USD850/立方米,不可撤销即期信用证付款,立即装船,实盘有效期至 12 月 5 日。请回复。

马来西亚利亚公司 12 月 1 日回传真:你方 11 月 25 日传真木材 1200 立方米,请延长实盘有效期 10 天。并请降低价格,增加数量,请回复。

韩国朴氏公司 12 月 3 日发传真:你方 12 月 1 日回传真收悉,木材数量增至 1500 立方米,有效期延长至 12 月 15 日,请回复。

马来西亚利亚公司 12 月 5 日回传真:12 月 3 日发传真收悉,请空运样品,并请再次增加数量及降低价格。

韩国朴氏公司 12 月 7 日发传真:你方 12 月 5 日传真收悉,木材样品已空运,数量可达 1500 立方米,最优惠价为 USD800 立方米。请回传真。

马来西亚利亚公司 12 月 13 日回传真:木材样品未收到,请将此 1500 立方米,USD800/立方米的实盘再次延长。在收到样品后 2 天内回复。

韩国朴氏公司 12 月 14 日发传真:你方 12 月 13 日传真木材 1500 立方米,同意延至 12 月 20 日。

马来西亚利亚公司 12 月 19 日回传真:样品收到。你方 12 月 14 日传真我方接受 1500 立方米,CIF 某港 USD800/立方米,不可能撤销即期信用延支付,立即装船。要求提供产地证书,提供适合海洋运输的包装。

韩国朴氏公司 12 月 25 日发传真:你方 12 月 19 日传真悉。木材已售出。顺致良好的问候。

马来西亚利亚公司 12 月 27 日回传真:知你方木材已售出,我方不能接受。你方 12 月 14 日回传真已将实盘延长至 12 月 20 日,我方于 12 月 19 日发传真承诺。我方坚持双方已达成合同。假如你方欲调高价格,我方可再次与我方的客户商量,但不能保证有结果。

韩国朴氏公司 12 月 29 日发传真:你方 12 月 27 日回传真不能接受,你我之间并未订立合同。考虑到过去良好的合作关系,我方可努力争取新的货源,但非我方的义务。

马来西亚利亚公司 12 月 31 日回传真:鉴于你方不愿履行合同,我方将在法院起诉,按目前国际市场上的价格与 USD800/立方米的差价向你索赔。

试问:韩国朴氏公司与马来西亚利亚公司之间的合同是否成立。

参考文献

1. 余先予主编:《国际经济法教程》,中国财政经济出版社 2000 年版。
2. 陈治东、吴佳华:《论〈联合国国际货物买卖销售合同公约〉在中国的适用——兼评我国〈民法通则〉第 42 条》,载《法学》2004 年第 10 期。

3. 吴永辉:《国际货物销售公约与贸易惯例适用方式比较——兼评二者在中国的司法实践》,载《华侨大学学报》(哲学社会科学版)2007年第1期。

4. 赵玉:《国际货物摘售中买卖双方若干义务问题研究》,载《国际贸易问题》2004年第9期。

5. 刘瑛:《〈联合国国际货物摘售合同公约〉解释规则研究》,载《江西对经大学学报》2006年第3期。

撰稿人｜王沛,河北经贸大学法学院副教授

17 CASE 《广东省医疗机构药品交易暂行办法》公平竞争审查案

| 摘 要 |

本案例主要围绕《广东省医疗机构药品交易暂行办法》的相关问题展开。根据《国务院关于在市场体系建设中建立公平竞争审查制度的意见》,“从2016年7月起,各省级人民政府及所属部门均应在有关政策制定过程中进行公平竞争审查”。2016年年初广东省启动对2013年出台的《广东省医疗机构药品交易暂行办法》(以下简称《暂行办法》)的修订,并于2016年8月公布新规。《暂行办法》在修订过程中展开了公平竞争审查,成为广东省乃至全国的第一个公平竞争审查案例。《暂行办法》中关于“入市价”“比价系数”等规则设计在国家放开药品政府定价权的背景下是否涉嫌违反反垄断法,是公平竞争审查的重要内容。《暂行办法》的公平竞争审查应以反垄断法的“行政垄断”“垄断协议”的相关规定出发,评估相关规则的合法性与合理性。本案例是广东省乃至全国第一个公平竞争审查案例,对以后开展政府政策的公平竞争审查具有参考意义。

| 关键词 |

药品交易　入市价　比价系数　行政垄断　垄断协议　公平竞争审查

| 教学目标 |

着重让学生理解公平竞争审查制度的要点与相关法律知识,结合《暂行办法》的审查,掌握公平竞争审查中合法性与合理性评估思路与方法。具体掌握以下内容:(1)审查对象的确定。行政机关以及法律法规授权的具有管理公共事务职能的组织所做出的涉及市场主体经济活动的政策、措施,应当进行公平竞争审查。严格审查政策制定机关在政策制定过程中,确定政策是否具有排除、限制竞争效果,认为不具有的,可以实施;具有排除竞争效果的,不得出台。(2)审查标准。主要是审查政策措施是否违反《反垄断法》中规定的不得制定含有排除、限制竞争内容的政策措施这一标准。(3)违法情形的例外规定。如果具有排除和限制竞争效果的,但符合维护国家安全、实现社会保障目的、节约能源、保护生态环境等社会公共利益的,并且消费者可以受益的,该政策可以获得公平竞争审查的豁免。

教学案例主文

一、《广东省医疗机构药品交易暂行办法》修改概述

2013年年底,广东省卫生计生委会同省发展改革委等十余部门根据广东省省委、省政府的决定启动新一轮的药品集中采购制度改革,实现药品集中采购由“政府主导”向“政府主导、市场运作”的模式转变,首先在国内开展实施以“盲选”“团购”“基药和医保药品按品种、剂型、规格和竞价层次,不能直接选择生产企业”的方式进行药品采购。随后,广东省各部门联合制定了《广东省医疗机构药品交易办法(试行)》,并于2014年开展了药品集中采购工作。广东省以“公开、公平、公正、诚实信用”为原则,实施“在线竞价、在线交易、在线支付、在线监管”的方式,截至2016年4月,除中药饮片外的各类药品均已上线交易,采购平台运作平稳。通过第三平台的交易,广东省已累计实现药品交易额1288多亿元,共开展了40余次基本药物和医保目录品种的竞价交易,竞价交易成交金额1160.82亿元,竞价平均降价率9.14%;议价交易成交额127.24亿元;累计节约药品采购资金116.68亿元。这有利于有效降低药品虚高价格,切实减轻人民群众的负担,同时建立起了公开透明的医药交易机制,推进了医疗、医保、医药联动,完善了基本药物制度,也为政府取消药品定价后维持药价稳定发挥了积极的作用。

2015年以来,国家陆续出台了药品集中采购工作相关政策和改革文件。其中,2015年2月9日,国务院在《关于完善公立医院药品集中采购工作的意见》中明确指出:要加大改革力度,降低药品虚高价格,减轻人民群众用药负担。2015年5月4日,国家发展改革委、国家卫生计生委等八部门《关于印发推进药品价格改革意见的通知》(发改价格〔2015〕904号)中指出:取消药品政府定价,逐步放宽政府对于价格的限制,让市场行使药品定价权。

2015年广东省为贯彻落实上述文件精神,按照有利于破除以药补医机制,加快药品定价与集中采购改革,以降低药价,促进医药产业的健康可持续发展为目的,对《广东省医疗机构药品交易办法(试行)》进行了修改与调整。2016年2月15日省卫生计生委办公室根据省药品集中采购制度改革专责工作小组多次会议达成的共识,经广泛听取医疗机构和药品生产经营企业意见,对《广东省医疗机构非基本药物交易办法(试行)》进行了修订,形成了《广东省医疗机构药品交易暂行办法》(修订稿)(以下简称《暂行办法》),并向广东省各地级以上市及顺德区卫生计生局(委),各有关医疗卫生机构及生产经营企业征求意见。2016年8月4日,广东省卫

生计生委等九个部门联合出台《广东省医疗机构药品交易暂行办法》。此次修订，主要有以下几方面内容：一是实行品种分类采购、双信封评审，已达到杜绝在技术评分时的人为干扰因素。所有指标均采取客观评分，延续广东特色。二是重新划分竞价层次。将药品划分为四个层次，鼓励创新和研发。三是完善议价方式。在医疗机构自行议价的基础上增加“自主联合或委托议价”两种议价方式，提高医疗机构的议价能力，降低议价成本。四是规定入市价，引入比价交易新规则。

二、主要的争议问题

《暂行办法》的修订引起了社会各界的广泛关注，特别是入市价格和比价系数的引入是否涉嫌构成行政垄断与限制公平竞争引起争论。

（一）入市价

《暂行办法》第 14 条规定，省卫生计生主管部门负责采集药品全国各省（区、市）中标价，作为其进入省交易平台入市价计算依据，并公开相关价格采集信息。

《暂行办法》第 15 条规定，入市价由省药品交易机构按以下方法进行计算：

1. 竞价品种入市价。

（1）竞价品种分组后为多家的品规，同生产企业同一品规取全国（不含广东省）最低 5 个省（区、市）中标价的平均值与广东省现行入市价两者之间低值作为入市价。

（2）竞价品种分组后为独家的品规，取全国（不含广东省）最低 3 个省（区、市）中标价的平均值与广东省现行入市价两者之间低值作为入市价。

2. 议价品种入市价。

（1）非医保目录药品、妇儿专科非专利药品、急（抢）救药品、基础输液，取全国（不含广东省）最低 3 个省（区、市）中标价的平均值与广东省现行入市价两者之间低值作为入市价。

（2）低价药品根据日均费用标准（西药≤3 元、中成药≤5 元，国家另有标准从其标准）和说明书计算入市价。

（3）管制药品（国家实行特殊管理的麻醉药品，第一、二类精神药品，医疗用放射药品及医疗用毒性药品等）以国家最高零售价格倒扣顺加差率作为入市价。

（4）临床必需且采购困难药品（具体目录由省卫生计生主管部门另行公布）不设入市价。

3. 谈判品种按照统一谈判的价格作为入市价。

4. 国家定点生产品种按照国家规定的采购价格作为入市价。

5. 没有全国各省（区、市）中标价的品规，先取同生产企业同通用名药品，参照药品差比价规则计算入市价；没有同生产企业同通用名药品的，取同组其他生产企业的平均入市价作为入市价;同组没有其他生产企业的,取同层次最接近的规格组(规格差距相同时,取小规格组)的平均入市价,参照药品差比价规则,计算入市价。

6. 按以上五种方法无法计算入市价的,由交易双方根据该品规出厂(口岸)价和市场实际价等价格信息通过省交易平台议价交易。

7. 未接受广东省现行入市价达两年及以上的品种,其在广东省的现行入市价不纳入新一轮入市价的计算。

8. 同一生产企业、同通用名、同质量层次,但不同剂型、不同规格药品的入市价参照药品差比价规则计算,采集到的各省(区、市)中标价均纳入差比计算范围。采集到的广东省未报名品种(药品注册批件撤销的品规除外)取全国(不含广东省)最低5个省(区、市)中标价的平均值与广东省现行入市价(无入市价的取广东省历史采购价)两者之间的低值,用于与报名品种差比计算。

9. 同一生产企业有多种含量规格或包装规格的,以单位含量入市价低者作为代表品进行差比价换算。低价药品、管制药品、中成药及国家另有规定的不纳入差比。

10. 除上述情况外,入市价计算另有特殊情况的,由省卫生计生主管部门会同省有关部门研究明确。

11. 执行期间,国家有关部门对入市价另有具体规定的从其规定。

第16条规定,采集的数据源和入市价的计算结果由省药品交易机构公示,如有异议可在规定时间内向省药品交易机构提出,由省药品交易机构进行复核。

第17条规定,入市价计算结果应及时报省卫生计生主管部门备案。

(二)比价系数

《暂行办法》第18条规定了比价问题:

1. 报价后,同组过期专利药有两个及以上,且无出口药(稳定出口到国际主流市场药,具体解释见附件1-1)与仿制药(通过质量一致性评价的仿制药,具体解释见附件1-1)的,选报价低者成交;同组过期专利药有两个及以上,且有出口药和(或)仿制药的,过期专利药报价低的与出口药和(或)仿制药报价低者按竞价调整系数竞价交易;同组过期专利药仅有一个的,出口药和(或)仿制药选报价低者(如出现相同价格的按经济技术标分数由高至低的顺序选择),与过期专利药按竞价调整系数竞价交易。

2. 过期专利药同组没有出口药或仿制药的,则以第四层次相同品种组中已报价的经济技术标(×0.9)与商务标(=10×同组最低报价/该品种报价)的综合最高分品种(以下简称最高分品种,总分相同的,参照经济技术标评审方法)作参照品种,按竞价调整系数比价交易。

(1)竞价调整系数确定依据:根据过期专利药入市价与出口药、仿制药或最高分品种入市价的比值，确定竞价调整系数。

(2)成交条件：过期专利药报价≤过期专利药入市价÷出口药、仿制药或最高分品种入市价×竞价调整系数×出口药、仿制药或最高分品种报价，则过期专利药成交；反之则出口药或仿制药成交。最高分品种只作比价参照。

(3)议价条件：未成交的过期专利药，以本次交易报价、全国(含广东省)最低中标价、过期专利药入市价×议价调整系数三者低值作为议价条件，接受的转入议价交易。

(4)无出口药、仿制药、最高分品种，或以上品种均不报价的，过期专利药以不高于其自身报价及全国(含广东省)最低中标价两者之间的低值转入议价。

(5)同组无过期专利药或过期专利药不报价，出口药、仿制药属多家品种的按竞价流程交易，属独家品种的则以不高于其自身报价及全国(含广东省)最低中标价两者之间的低值转入议价。

(6)过期专利药不报价或报价后但不接受议价条件的，均视为放弃当期竞价或议价交易。出口药、仿制药不报价的视为放弃当期竞价交易。

(7)竞价、议价调整系数由省卫生计生主管部门会同省发展改革等有关部门另行制定，实行动态调整。在这一问题上，广东省发展改革委员会就《暂行办法》存在的问题提出以下不同意见：一是入市价、比价系数的规则设置可能涉嫌排除限制竞争。二是设置入市价、比价关系，妨碍了"药品实际交易价格主要由市场竞争形成"的价格机制形成。三是划分竞价层次后设定的价格联系调整系数缺乏法定依据。在价格部门放开绝大部分药品价格后，法律法规并未授权行业主管部门重新干预调整不同质量层次药品价格的职能，通过入市价比价系数的设置直接干预了本应属于经营者和医疗单位的自主定价的市场行为。第14条规定，省卫生计生主管部门负责采集药品全国各省(区、市)中标价，作为其进入省交易平台入市价计算依据，并公开相关价格采集信息。

三、开展公平竞争审查的要求

在《暂行办法》修改过程中，国务院在6月1日出台了《国务院关于在市场体系建设中建立公平竞争审查制度的意见》要求"从2016年7月起，各省级人民政府及所属部门均应在有关政策制定过程中进行公平竞争审查"。"行政机关和法律、法规授权的具有管理公共事务职能的组织(以下统称政策制定机关)制定市场准入、产业发展、招商引资、招标投标、政府采购、经营行为规范、资质标准等涉及市场主体经济活动的规章、规范性文件和其他政策措施，应当进行公平竞争审查。""经审查认为不具有排除、限制竞争效果的，可以实施；具有排除、限制竞争效果的，应当不予出台，或调整至符合相关要求后出台。没有进行公平竞争审查的，不得出台。"根据该意见，《暂行办法》的修订必须进行公平竞争审查。

教学指导手册

教学目标

本案例供法律硕士案例教学使用,也可适用于经济法学硕士案例教学课程使用。

通过本案例,着重让学生理解公平竞争审查制度的相关法律知识,结合《暂行办法》的审查,掌握公平竞争审查中合法性与合理性评估思路与方法。具体掌握以下内容:(1)审查对象的确定。行政机关以及法律法规授权的具有管理公共事务职能的组织所做出的涉及市场主体经济活动的措施,应当进行公平竞争审查。(2)审查方式。采取合法性审查与合理审查相结合的方式,严格审查政策制定机关在政策制定过程中,确定政策是否具有排除、限制竞争效果,认为不具有的,可以实施;具有排除竞争效果的,不得出台。(3)审查标准。主要是审查政策措施是否违反《反垄断法》中规定的不得制定含有排除、限制竞争内容的政策措施这一标准。(4)违法情形的例外规定。如果具有排除和限制竞争效果的,且符合维护国家安全、实现社会保障目的、节约能源、保护生态环境等社会公共利益的,可以实施。通过学习与思考,让学生具备开展公平竞争审查的知识贮备与能力。

教学内容

(一)公平竞争审查制度的基本内容

建立公平竞争审查制度,要按照加快建设统一开放、竞争有序市场体系的要求,确保政府相关行为符合公平竞争要求和相关法律法规,维护公平竞争秩序,保障各类市场主体平等使用生产要素、公平参与市场竞争、同等受到法律保护,激发市场活力,提高资源配置效率。

1. 审查对象

行政机关和法律、法规授权的具有管理公共事务职能的组织(以下统称政策制定机关)制定市场准入、产业发展、招商引资、招标投标、政府采购、经营行为规范、资质标准等涉及市场主体经济活动的规章、规范性文件和其他政策措施,应当进行公平竞争审查。

行政法规和国务院制定的其他政策措施、地方性法规,起草部门应当在起草过程中进行公平竞争审查。未进行自我审查的，不得提交审议。

2. 审查方式

政策制定机关在政策制定过程中，要严格对照审查标准进行自我审查。经审查认为不具有排除、限制竞争效果的，可以实施；具有排除、限制竞争效果的，应当不予出台，或调整至符合相关要求后出台。没有进行公平竞争审查的，不得出台。制定政策措施及开展公平竞争审查应当听取利害关系人的意见，或者向社会公开征求意见。有关政策措施出台后，要按照《政府信息公开条例》要求向社会公开。

3. 审查标准

要从维护全国统一市场和公平竞争的角度，按照以下标准进行审查：

市场准入和退出标准：(1)不得设置不合理和歧视性的准入和退出条件；(2)公布特许经营权目录清单，且未经公平竞争，不得授予经营者特许经营权；(3)不得限定经营、购买、使用特定经营者提供的商品和服务；(4)不得设置没有法律法规依据的审批或者事前备案程序；(5)不得对市场准入负面清单以外的行业、领域、业务等设置审批程序。

商品和要素自由流动标准：(1)不得对外地和进口商品、服务实行歧视性价格和歧视性补贴政策；(2)不得限制外地和进口商品、服务进入本地市场或者阻碍本地商品运出、服务输出；(3)不得排斥或者限制外地经营者参加本地招标投标活动；(4)不得排斥、限制或者强制外地经营者在本地投资或者设立分支机构；(5)不得对外地经营者在本地的投资或者设立的分支机构实行歧视性待遇，侵害其合法权益。

影响生产经营成本标准：(1)不得违法给予特定经营者优惠政策；(2)安排财政支出一般不得与企业缴纳的税收或非税收入挂钩；(3)不得违法免除特定经营者需要缴纳的社会保险费用；(4)不得在法律规定之外要求经营者提供或者扣留经营者各类保证金。

影响生产经营行为标准：(1)不得强制经营者从事《中华人民共和国反垄断法》规定的垄断行为；(2)不得违法披露或者要求经营者披露生产经营敏感信息，为经营者从事垄断行为提供便利条件；(3)不得超越定价权限进行政府定价；(4)不得违法干预实行市场调节价的商品和服务的价格水平。

没有法律、法规依据，各地区、各部门不得制定减损市场主体合法权益或者增加其义务的政策措施；不得违反《中华人民共和国反垄断法》，制定含有排除、限制竞争内容的政策措施。

4. 例外规定

属于下列情形的政策措施，如果具有排除和限制竞争的效果，在符合规定的情况下可以实施：(1)维护国家经济安全、文化安全或者涉及国防建设的；(2)为实现扶贫开发、救灾救助等社会保障目的的；(3)为实现节约能源资源、保护生态环境等社会公共利益的;(4)法律、行政法规规定的其他情形。

政策制定机关应当说明相关政策措施对实现政策目的不可或缺,且不会严重排除和限制市场竞争,并明确实施期限。

政策制定机关要逐年评估相关政策措施的实施效果。实施期限到期或未达到预期效果的政策措施,应当及时停止执行或者进行调整。

(二)药品交易的特殊性:《暂行办法》公平竞争审查的出发点

药品作为特殊商品,不能与其他商品一样完全由市场决定其价格。在当前我国药品市场秩序尚不完善的情况下,对药品价格进行适当的管制是必要的,且美国、德国和法国均对药品施以一定的管制措施。

1. 药品需求的专属性

药品需求具有特定性。与其他商品不同的是,患有不同疾病的患者对不同药物产生需求,不同药物所针对的病症不同。患者随意替换药品不仅可能延误病情,更甚者危及生命。因而药品的使用必须在具有专业知识的医护人员指导下进行诊疗购买,每个患者对于药品的需求具有专属性,很难进行替换。

2. 药品价格需求弹性小

药品支出在患者家庭收入中所占份额大小影响患者对于药品的需求。根据相关经济理论,商品在消费者支出预算中所占比重越小,则其弹性需求越小。对于高档药品价格较高,在消费者支出预算中所占比重较大,因而消费者对其价格较为敏感。当高档药品提价时,患者可能出于经济考虑放弃使用该药物。而中低档药品所占患者支出预算较低,因而患者对其价格变动反应不敏感,当药品价格提高时,消费者出于救治疾病的目的,仍然选择购买,但其自身福利却受到了较大损失。因而需要政府适量干预以保障消费者合法权益。

药品对患者的重要性。与其他普通消费品不同,药品直接关乎消费者生命健康。患者即使在面临较高价格药品时,出于救治生命的考虑,仍不得不选择购买该药物。因而,在药品议价中,厂商处于优势地位,较之患者掌握更多的主动权,极易造成卖方市场。所谓卖方市场是指价格及其他交易条件主要由卖方决定的市场。基于我国庞大人口基数的医药市场中患者众多,因而对于药品需求较大,然而对于药品供给侧而言,现阶段我国医疗卫生事业仍处在发展阶段,医疗资源较为短缺,如此供不应求就形成了经济学中提到的卖方市场。众所周知,卖方市场的弊端是显而易见的:在卖方市场中,供给商掌握了市场话语权,从自身利益最大化出发,商品价格将会上涨。而另外,鉴于卖方市场产品供给小于需求,即使商品质次价高也有可能被销售出去,因而对消费者合法权益造成损害。

3. 医品市场信息的不对称性

由于药品的特殊性,医药市场是一个典型的信息不对称市场,包括患者与医生、患者与制药企业之间的信息不对称。其中,患者往往由于专业知识的限制处于劣势地位,而医生及制药企业则凭借信息优势处于有利地位。患者主要根据医生的处方、广告和个人的消费经验来选择药品。对于患者和医生之间,在大多数情况下,患者对药品的消费是由医生决定的,医生可能利用信息优势,过度使用高利润药品,赚取差价来补贴医疗服务成本和获取利润。

(三)药品定价:在市场决定与政府管制中寻找平衡

建立现代市场经济体系,必须尊重市场经济规律,处理好政府与市场的关系,着力转变政府职能,最大限度地减少对微观经济的干预,促进和保护市场主体公平竞争,保障市场配置资源的决定性作用得到充分发挥。就药品市场而言,一方面必须考虑消除虚高价格,保护用药者的正当利益;另一方面要努力形成市场化的价格竞争,保护药企的自由竞争权益

药品作为一种特殊的商品,它的价格机制形成是一个较复杂的情况,这要求我国的药品定价机制在市场与政府监督中寻找一个合适的平衡点,既让这种定价机制以市场为主,又必须在政府严格控制之下,如严格药品成本的核定、销售中价格的监管。仅是靠政府主导下的药品降低价格,是不能解决目前国内药品市场这种失序现状的。

首先,政府要完善药品采购机制,卫生计生部门要根据药品特性和市场竞争情况,实行分类采购,充分调动多方参与积极性,引导各类市场主体有序竞争。其次,强化医保控费作用。医保部门要研究制定医保药品支付标准,做好医保、招标和零售药店合理确定采购和价格。最后,强化价格行为监管。价格主管部门要健全药品价格检测体系,重点检测竞争不充分药品的价格行为,对价格欺诈、价格串通和垄断行为,要依法严肃查处,从而符合反垄断公平竞争审查的实质要求。

(四)入市价的公平竞争审查:合理性分析

所谓入市价不等同于政府指导价,目前广东省药品入市价是动态考虑全国各省药品集中采购的市场价格,多家品种的取全国最低的5省采购价平均值、独家品种的取全国最低3省采购价平均值。现阶段药品市场需要政府给予一定程度干预,入市价作为政府干预药品交易价格的方式较之以往的成本控制方法具有明显优势。

一方面,政府指导价即由价格主管部门依照《价格法》规定的定价原则,根据社会平均成本、市场供求状况和社会承受能力合理制定和调整价格,做到只加相符,消除虚高价格,保护用药者的正当利益。然而政府指导价的制定在实际操作过程

中存在缺陷。这种成本加成合理利润的定价方法中重要一环即为对于成本的核定,其多数是以被审企业上报的成本为主。在此过程中将产生信息不对称问题。所谓信息不对称是指交易中的各人拥有的信息不同。在社会政治、经济等活动中,一些成员拥有其他成员无法拥有的信息,由此造成信息不对称。在不对称信息中,市场经济中对于信息掌握较为充分的一方常常占有先机,而信息贫乏的人员则处于较为不利的地位。企业作为药品供给方了解其真实成本构成,处于优势地位,而政府作为管理者在于企业的成本价格等信息进行博弈过程中始终处于劣势地位。在这种信息不对称的情况下,企业基于其自身利润考量将夸大成本以此提高药品价格,而政府往往难以获得关于药品成本等相关信息的真实情况,其对于市场中药品成本的信息主要来自企业提供,因而政府指导价对于降低药品价格所起作用有限。而入市价则是动态考虑全国各省药品集中采购的市场价格,多家品种的取全国最低的5省采购价平均值、独家品种的取全国最低3省采购价平均值。与政府指导价不同,这种对于其他各省采购价取平均值的做法更充分地考虑了市场信息,综合利用其余各省信息,能够较大程度地减少企业虚报成本。这种做法本质上是为了减少信息不对称所带来不良影响。因而入市价较之政府指导价更为合理。

另一方面,入市价是一种采购最高限价,即所谓"天花板价"。在最高限价之下,厂商仍可以在最高限价之下的范围之内按照自身利益最大化合理制定药品价格。对于药品交易的这种最高限价的实施能够优胜劣汰,将实际生产成本过高的企业淘汰,促进整个行业的良性发展。以往实行的是政府指导价,政府根据企业提供的相关信息制定价格,均实行同一种价格,因而无论是成本优势企业还是成本劣势企业均面临相同价格,如此难以区分优势企业和劣势企业,劣势企业难以被淘汰出市场,同时劣势企业将分享一部分市场份额,这导致不仅难以实现市场的优胜劣汰,而且由于优势企业与劣势企业同时分享市场份额导致优势企业规模无法进一步扩大。与政府指导价不同的是,设置入市价能有效地实现优胜劣汰。

具体而言,药品厂商在采购最高限价之下,制定价格的仍然具有一定的自主性,因而为了提高中标率,具有成本优势的厂商将倾向于降低报价。而实际生产成本过高的企业在其他企业降价的情况下,该类企业只有两个选择:继续保持高价,其结果很可能是失去中标机会;或者与降价企业相同,同时降低自己的价格,这会提高企业中标的可能性,然而企业利润将受到极大损失。甚至某些较为落后的企业将无力承受这种价格下跌的压力而破产。如此,"天花板价"对于市场中企业进行有效的优胜劣汰。短期来看,部分技术落后的企业破产可能会产生一定的失业等问题,然而,这种负面影响将很快被市场发展吸收。市场中剩余的技术较为先进的企业将吸收那些被淘汰出市场的厂商原本所占有的市场份额,技术先进的企业将得到进一步发展,企业规模扩大,吸收更多的劳动力就业。因而,长期来看,这种优胜劣汰有利于市场的进一步发展。此外,药品“天花板价”还可以有效防止厂商合谋。在政府最高限价情况下,厂商仍可在一定范围内自主制定价格

综上所述,入市价的设置符合经济理论要求。对于药品这种具有需求刚性的商品而言,政府的这种适度介入有利于降低药品市场过高价格,有效解决“看病难”问题,保障消费者福利水平。较之以往的政府指导价,入市价措施有效地避免了信息不对称难题,是当前经济发展的正确选择。

(五)比价系数的公平竞争审查:合理性分析

由于过期专利药的“超国民待遇”及价格优势,与之相比,仿制药、出口药以及优质国产药在药品市场中处于不利的竞争地位,不利于药品市场公平竞争格局的形成,而这种不公平的市场格局严重抑制了仿制药、出口药及优质国产药等制药企业的生产研发积极性,影响医药行业的健康发展。

1. 过期专利药与公共健康

知识产权是一种鼓励技术创新的激励机制,通过对专利权人赋予专利权,专利权人可以利用其对专利的合法垄断地位,或者许可别人实施专利,从而获得利益和回报。药品专利权作为一种私有权利,是法律赋予药品专利人的一种合法垄断权。随着人们对先进医疗技术或产品需求的增加,药品专利保护变得日益重要。从制药企业的角度看,开发新药是一项成本很高的项目,药品专利权的设立一方面可以给予专利人经济上的补偿,保障药品开发者获得经济利益的回报;另一方面可以提高人们开发新药的积极性。但同时药品专利的保护可以使药品专利权人排除市场竞争,任意抬高药品的价格,从而获得高额垄断利润。而且纯粹的垄断权不仅与市场自由竞争的本意相悖,还经常与公共健康产生冲突。

健康属于重大的民生问题,是人类全面发展的基础,而公共健康是全社会所有人共同维护的公众健康,包括医疗卫生体制、社会公共卫生制度、处理突发公共卫生事件的应急系统、流行病控制、环境的卫生情况及社会公众的健康等。近年来,随着全球环境的恶化,新的疾病在公共卫生领域层出不穷,并呈现出传播快、对健康威胁大的特点,人类面临的公众健康危机日益严峻。

解决公共健康问题首先需要进行相应的药品研发,其次患者是否具有接受药品治疗的经济能力也是一个重要因素。作为私权的药品专利与作为人权的公共健康之间存在明显的冲突。因为拥有医药专利权的制造商或销售商从自身利益出发,往往凭借医药专利权提高药品的价格,对于收入水平较低的患者来说,往往难以支付高额的医药费用。这样一来,受患者负担能力的限制,疾病的控制会受到严重的威胁。尤其是对于一些制药工业发展落后的发展中国家,其医药研发严重依赖于发达国家,不仅需要支付药品进口的费用,还要支付高额的专利费,其民众面

临的专利药品价格更加高昂，这样会对公共健康的保障形成更加严峻的挑战。在我国，专利药对公共健康的不利影响不仅体现在专利期内，专利药过期之后，价格依旧维持高位难以下降，使专利药与公共健康之间的矛盾更加难以解决。

2. 比价系数的引入

在市场经济体制下，价格是调节社会生产和需求最重要的机制，是市场经济活动中最活跃的因素、最灵敏的信号。当价格上升时，厂商会扩大生产，消费者减少过多的消费；当价格下降时，则会刺激消费，减少生产，从而消除多余的存货。亚当·斯密把市场价格机制称为“一只看不见的手”，通过价格波动，影响市场主体的活动。市场竞争最重要的就是价格竞争，在竞争性的市场结构中，市场主体根据各种价格信号，独立自主的作出决策，通过竞争来追求利益最大化，从而实现资源的最优配置。在我国，随着社会主义市场经济体制的日益完善，价格对生产要素和资源配置的导向作用越来越明显。只有当价格准确反映市场供求关系时，市场活动才能正常有序进行。而目前我国药品市场存在普遍的药价“虚高”现象，尤其是过期专利药价格高昂，不利于医药市场良好竞争秩序的形成。因此，完善我国的医药价格体系，尤其是过期专利的定价机制，对于准确发挥药品价格信号，建立竞争的医药品市场，实现医药资源的最优配置具有重要意义。

药品的刚性需求与医药市场的信息不对称，是由药品的特殊性决定，因此，很难从这两个角度来解决药价虚高的问题。广东省为了解决专利药普遍虚高的问题，引入比价系数，包括竞价调整系数和议价调整系数，将过期专利药按照比价系数进行调整，使其与出口药、仿制药及优质国产药同台竞争，其具体做法是在全省集中的第三方药品电子交易平台上，相关生产企业首先按照平台汇总的采购量进行报价。报价后，同组过期专利药有两个及以上，且无出口药和(或)仿制药的，选报价低者成交；同组过期专利药有两个及以上，且有出口药和(或)仿制药的，过期专利药报价低的与出口药和(或)仿制药报价低者按竞价调整系数竞价交易；同组过期专利药仅有一个的，出口药与仿制药选报价低者，与过期专利药按竞价调整系数竞价交易。其竞价成交条件为：过期专利药报价过期专利药入市价出口药、仿制药或最高分品种入市价竞价调整系数出口药、仿制药或最高分品种报价，则过期专利药成交；反之则出口药或仿制药成交。议价条件为：未成交的过期专利药、以本次交易报价、全国最低中标价、过期专利药入市价议价调整系数三者之间的低者作为议价条件，接受的转入议价交易。

比价系数的引入，首先对于降低过期专利药的价格、打破其垄断地位具有重要意义。这一系数的引入一方面调动了过期专利药企业参与竞价的积极性，兼顾了过期专利药企业的核心利益，又实现过期专利药降价，有助于提高消费者的福利水平，使人民群众分享降价成果，维护社会公共利益。具体分析，设置比价系数后，过期专利药降幅整体温和。据测算,过期专利药平均降幅5% ~10%,即有机会中标或获得议价资格而进入医疗机构进行交易,这既可使过期专利药在国内仿制药品质尚未普遍提升的过渡期内依然享有相对较高的中标价格,不至于直接拼价格无优势落标,但又因其中标价格受到比价系数的制约,必须要在原中标价格上让利一定幅度,不至于高出国产优质仿制药价格过多,起到了一定的降价作用。此外,这一做法从规则上来说比较透明,能够减少不必要的利益博弈和社会交易成本,有利于克服药品的刚性需求及信息不对称引起的市场失灵。

另一方面,引入比价系数可破除过期专利药长期享受"超国民待遇"导致的不公平,使仿制药、出口药、优质国产药能够与其同台竞价,打破过期专利药的垄断地位,为我国的药品生产企业营造良好的公平竞争环境,促进公平竞争,推动医药市场的创新发展;有利于药品行业形成竞争的市场结构,准确发挥价格机制的信号作用,反映市场需求,促进医药资源的优化配置。

引入比价系数,降低过期专利药的价格,也有助于解决社会公共健康问题,降低专利药与公共健康之间的矛盾与摩擦。降低过期专利药的价格,能够有效减少患者的经济负担,以满足其对相关药品的需求,对于患者健康以及社会公共健康都有巨大的促进作用。

(六)入市价、比价系数规制的公平竞争审查:合法性分析

1. 初步合法性审查的依据及其表面结论

针对争议比较大的入市价与比价系数的设定,很多人甚至广东省发改委都认为它们涉嫌违反《反垄断法》第36条"行政机关和法律、法规授权的具有管理公共事务职能的组织不得滥用行政权力,强制经营者从事本法规定的垄断行为"的规定,以及《反价格垄断规定》第21条"行政机关和法律、法规授权的具有管理公共事务职能的组织不得滥用行政权力,强制经营者从事本规定禁止的各类价格垄断行为"的规定。对第三层次药品(包括过期专利药、出口药、仿制药)设定特殊的交易规则,是对属于同一竞价分组具有竞争关系的药品之间设定竞价调整系数和计算公式的情形,而依据公式计算成交价格标准,涉嫌强制经营者从事《反价格垄断规定》第7条禁止的"具有竞争关系的经营者达成约定采用据以计算价格的标准公式的价格垄断协议"的行为。结合《反垄断法》第13条的规定,无论是入市价还是比价系数,都涉嫌构成固定价格的垄断协议。

2. 实质性公平竞争审查:反垄断法的豁免

(1)豁免的法律依据

《国务院关于在市场体系建设中建立公平竞争审查制度的意见》要求尊重市场,竞争优先,处理好政府与市场的关系,促进和保护市场主体公平竞争,保障市场

配置资源的决定性作用是市场经济的题中之义。基于药品交易的特殊性,以及广东省的药品价格改革时间不长的实际情况,建立完全以市场为主导的时机尚不成熟,因此,广东省采取循序渐进、逐渐放开的干预做法也符合客观实际。这些规定表面上虽然对竞争有一定的限制,但实际上,为了降低药价,缓解广大人民群众就医买药的压力,这些规定符合公共利益的要求,满足其豁免条件,并不违反我国现行法律的规定。

《反垄断法》第1条确立的立法目的是预防和制止垄断行为,保护市场公平竞争,提高经济运行效率,维护消费者利益和社会公共利益,促进社会主义市场经济健康发展。也就是说,《反垄断法》是禁止垄断行为的,然而为了市场的公平竞争、经济的运行效率、消费者的利益和社会公共利益、社会主义市场经济的健康发展,即使是垄断行为,在相应的条件下,表面违法的垄断行为也是可以豁免的。《反价格垄断规定》第10条规定:经营者能够证明所达成的协议符合《反垄断法》第15条规定的,不适用第7、8条的规定。《反垄断法》第15条对垄断行为的豁免规定了七种情形,其中第7条为实现节约能源、保护环境、救灾救助等社会公共利益的排除规定适用《反垄断法》。

(2)豁免分析

《暂行办法》设置入市价、竞价调整系数、议价调整系数等做法,虽然可能在一定程度上限制药品价格自由竞争的幅度,但却没有严重限制竞争。相反,这是从药品的特殊性和药品交易管理的现实出发的制度设计,有利于维护药品采购的市场秩序,促进药品集中交易的良性竞争,保障医疗机构和消费者获得稳定、质优价廉的药品的社会公共利益。

入市价与过去通过政府成本调查、审核制定药品政府指导价的药品价格直接管制做法有本质区别,其设置并未干涉药品生产经营企业的自主定价权,是比较缓和的管制方法,目前广东省药品入市价是动态参考全国各省药品集中采购市场价格,多家品种的取全国最低五省采购价平均值、独家品种的取全国最低三省采购价平均值,是药品销售的真实市场数据,也是医疗机构议价采购药品时价格谈判的重要参考。具体来说,竞价品种与采集到的未报名品种取全国(不含广东省)最低五个省(自治区、直辖市)中标价的平均值与广东省现行入市价两者之间的低值作为入市价。若广东省没有现行入市价规定的则采取广东省历史采购价与最低五个省、自治区、直辖市的中标价之间的低价作为入市价。对于议价品种和竞价品种中的非医保目录药品、妇儿专科非专利药品、急(抢)救药品、基础输液取全国(不含广东省)最低三个省(自治区、直辖市)中标价的平均值与广东省现行入市价两者之间的低值作为入市价。《暂行办法》没有强制规定其入市价既是考虑到市场规律的作用,同时也给制药企业留足了利润空间,激发其生产激情,能有效缓解其采购的困难性。

同样，比价系数的存在可以使过期的专利药与国内的仿制药之间形成优质优价的竞争状态，彼此之间的比价系数不是固定的，而且在相互竞争中动态变化。

3. 消费者获益

入市价的规则设计可以有效抑制药价虚高、保护药品消费者的利益的效果不言而喻。

比价规则设置的目的是合理区分不同竞价分组药品之间的价格差，从而改变过去过期专利期的价格在中国享受的特殊待遇，即过专利期药品在我国远远没有遭遇到国际普遍存在的“专利悬崖”所迫使其达到的降价幅度。比价系数的存在可使过期专利期药品在国内仿制药品质尚未普遍提升的过渡期内依然享有相对较高的价格，以体现“优质优价”的原则，但其价格幅度又受到比价系数的制约，不至于超过仿制药，以维护市场的公平与正义。目前我国虽然已基本建成全民医保体系，但该体系依然是低水平、广覆盖，医保资金池相对有限的现状，“三医联动”的医改政策清晰地指出了药品价格和药品费用未来的发展方向，促使过专利期药品降价，激励国内优质仿制药对过专利期药品价格挑战，并形成优质仿制药替代，是各类医保体系的基本策略。通过比价系数的方式使过专利期药品降价，其规则比较透明，能够减少不必要的利益博弈和社会交易成本。按现有规则，大多数跨国企业过期专利药品的平均降幅在15% ~30%，这样才能够满足比价系数中标的要求。虽然比价系数的降幅所引起的争议超出了大多数跨国企业的预期，对于大多数过期专利药来说可能难以接受，但该比价系数的存在具有其内在的合理性及合规性。

4. 有益公共健康

对于反垄断法的价值体系来说，公共利益是反垄断法价值体系中的最高层次，是反垄断法价值整合的重要指向。《反垄断法》既保护社会整体效率，也保护企业个体效率，但当这两者相冲突时，《反垄断法》所选择的是社会整体效率而不是个体效率。

公共利益是一个存在高度争议的词汇。目前各国、各地区的立法对此都有意无意地采取了模糊概念，至今未有反垄断立法文件对“公共利益”进行明确定义。但是，建立药品市场公平交易秩序，提高社会整体健康水平的公共健康问题毫无疑问可以纳入公共利益范围之内。

《暂行办法》第14条规定：“省卫生计生主管部门负责采集同一药品不同生产企业的全国各省（自治区、直辖市）中标价，作为入市价计算依据，并公开价格采集信息。”广东省卫生计生部门对本省的药品采购进行统筹，并延续了2013年药品的“盲选”“招品种”要求，医疗机构在基药和医保目录竞价交易药的品种，要根据本单位的临床需求，按《广东省医疗机构基本用药供应目录管理指南》要求选择。在选择时，只能选择拟使用品种、剂型、规格和竞价层次，不能直接选择生产企业。这样可以避免医疗机构指定厂家的“定向交易”，有效遏制采购环节的商业贿赂，形成公开阳光的交易。

广东省以及全国的药价在近几年居高不下，人民群众看病难的问题干扰社会稳定。尤其是过期专利药价格长期居高不下，即使过了专利保护期，过期专利药在价格方面仍然高昂，并没有像国外普遍遭遇的“专利悬崖”一样大幅下降。与过期专利药享受的不正常价格保护相比，国内仿制药虽然在药物成分、使用效果与过期专利药十分类似的情况下却长期遭受到过期专利药的诉讼轰炸、专利覆盖等，导致其无法正常进入市场，这使国内仿制药生产企业的意见颇大。而且，过期专利药长期居高不下的价格优势会打击制药企业的创新积极性，人民群众对药品价格的抱怨可能导致社会不稳定。因此，稳定药价是事关国计民生的大事。

综上，即使入市价与比价系数的设置表面违反《反垄断法》与《反价格垄断规定》的有关条款，但实际上这些规则满足《反垄断法》第15条的豁免规定，并不具有违法性。

预期效果

1. 综合运用经济法，特别是反垄断法相关知识解决实际问题。

2. 模拟练习从第三方审查者和制定机关的角度分析问题。

3. 通过文书写作提高书面表达能力。

教学计划

1. 回顾案件所涉及的知识点

2. 分组指导

(1)第三方审查者：第一，审查意见书是否全面；第二，事实陈述、说理论证是否全面、准确；第三，审查对象的确定是否恰当；第四，审查标准的确定是否正确、合理；第五，《暂行办法》是否存在豁免情形；第六，制定机关提出的理由及应对。

(2)制定机关：第一，《暂行办法》的制定背景和重要意义；第二，第三方审查者提出的理由及回应；第三，《暂行办法》是否符合审查条件；第四，审查标准的确定是否合理、是否适合《暂行办法》；第五，《暂行办法》是否存在限制公平竞争的情形，是否具有豁免情形；第六，审查的基本程序是否掌握；第七，审查结果该如何公布。

3. 观察学生模拟论证，记录问题。

4. 与学生一起讨论案件涉及的主要问题，点评学生模拟情况。

5. 法律文书修改和反馈。

课堂时间安排

本案例可以作为专门的案例教学课来进行，整个案例课的课堂安排6个课时，每课时45分钟。如下课堂设计，仅供参考。

课前计划：安排学生阅读案例及相关参考资料，对案例所涉及问题进行思考，撰写实践题答案。

课中计划：介绍教学目的，明确讨论主题；分组讨论，回答各项思考题；小组代表提出撰写要点，学生讨论和分析；教师归纳总结。

课后计划：布置学生进一步思考政府在药品交易过程中应该充当什么角色？并完成课程论文。

思考题和实践题

1. 思考题

（1）简述药品交易的特殊性及其规制思路。

（2）如何更好地减轻群众的用药负担？

（3）入市价等于政府指导价吗？

（4）如何看待过期专利药与国内众多仿制药之间的关系？

（5）简述引入比价系数的利弊。

（6）如何定义“公共利益”？公共健康能否纳入“公共利益”范围？

（7）如何进行公平竞争审查？

2. 实践题（课程论文）

（1）撰写入市价规则的公平竞争审查意见。

（2）撰写比价系数规则的公平竞争审查意见。

参考文献

1. 孔祥俊：《反不正当竞争法的创新性适用》，中国法制出版社2014年版。
2. 王晓晔：《反垄断法》，法律出版社2011年版。
3. 谢晓尧：《在经验与制度之间：不正当竞争司法案例类型化研究》，法律出版社2010年版。
4. 基斯·N. 希尔顿：《反垄断法：经济学原理和普通法演进》，赵玲译，北京大学出版社2009年版。

撰稿人｜张永忠，华南师范大学法学院教授

18 CASE 中化国际（新加坡）有限公司与德国蒂森克虏伯冶金产品有限责任公司国际货物买卖合同纠纷案

| 摘要 |

中化国际(新加坡)有限公司与德国蒂森克虏伯冶金产品有限责任公司买卖合同纠纷是一起典型的国际贸易合同纠纷案件,几乎涉及了国际货物买卖合同纠纷中所有程序法和实体法的重大法律问题。本文认为,中化新加坡公司在已有较充分证据证实卖方提交合同标的物已严重不符合同约定的情形下,且协商无果后,出于减损和止损义务而转售合同标的物的自我救济行为不应认定为尚未剥夺其根本利益,而应根据公约对违约性质的判定,回归到订立合同时根本利益剥夺的可预见性判断标准。实际上,从双方当事人所找的专家证人证言来看,32 的石油焦指数确实明显偏离正常的 36～45 的参数范围,从而说明主观可预见性完全符合公约所规定的"普通正常人的认知与智识"的可预见性范围。

| 关键词 |

程序法　管辖权　法律适用　质量担保　根本违反合同　违约救济

| 教学目标 |

通过国际货物贸易合同纠纷的典型案例,掌握《联合国货物销售合同公约》的适用方式与适用范围,尤其是公约中根本违约的认定标准与条件的分析与理解,以加强对国际贸易合同法律问题的实践处理能力;通过《联合国货物销售合同公约》第 25 条与中国《合同法》第 94 条等相关条款的比较,加强对中外合同法的比较法研究和学习,深化我国民商事法律制度的国际趋同性与差异性认识;此外,通过典型国际货物贸易合同的纠纷,了解涉外货物买卖合同纠纷案件的诉讼管辖权与合同准据法,了解国际私法在国际货物买卖合同中的具体法律适用,以及涉外民事诉讼的特别程序法在涉外经济纠纷解决中的实践操作,以加强涉外民商事案件实体法、程序法和冲突法三者之间的匹配与衔接,从整体上把控涉外民商事案件的法律问题。

教学案例主文

一、背景和起因

上诉人德国蒂森克虏伯冶金产品有限责任公司因与被上诉人中化国际(新加坡)有限公司国际货物买卖合同纠纷一案,不服江苏省高级人民法院(以下简称江苏高院)的民事判决,向最高人民法院提起上诉。

二、主体内容

国际货物买卖合同出口方:德国蒂森克虏伯冶金产品有限责任公司(以下简称德国克虏伯公司)

住所地:德国埃森市运利斯大街7a号

国际货物买卖合同进口方:中化国际(新加坡)有限公司(以下简称中化新加坡公司)

住所地:新加坡海滨景8号亚洲广场塔1第34层03室

2008年4月11日,中化新加坡公司与德国克虏伯公司签订《采购合同》,约定中化新加坡公司向德国克虏伯公司购买石油焦25000吨,石油焦的HGI指数应在36~46。中化新加坡公司按约支付了全部货款,但德国克虏伯公司交付的石油焦HGI指数仅为32,严重影响中化新加坡公司在中国市场销售,构成根本违约。中化新加坡公司有权解除合同,要求德国克虏伯公司返还全部货款,并赔偿中化新加坡公司由此遭受的全部损失。因此请求判令:(1)解除双方订立的《采购合同》;(2)德国克虏伯公司返还货款7756828.55美元(按2009年5月6日基准汇率6.8232计算为人民币52926392.56元)及自2008年9月24日至德国克虏伯公司实际返还货款之日的利息(按中国银行同期美元贷款利率计算);(3)德国克虏伯公司赔偿中化新加坡公司港口包干费、堆存费人民币1523052元(暂计算至2009年5月6日);(4)德国克虏伯公司承担本案诉讼费用。

德国克虏伯公司答辩称:(1)德国克虏伯公司交付的石油焦HGI值是32,表面看与合同约定不符,但该值不是强制性的,HGI值为32的石油焦并不影响其使用,德国克虏伯公司的行为不构成违约。(2)石油焦运抵南京港后,中化新加坡公司支付了货款,并未提出异议。中化新加坡公司之所以后来提出质量异议,是因为2009年10月,石油焦市场价格大幅下跌。(3)即使德国克虏伯公司构成违约,中化新加坡公司因未在合同约定的石油焦抵达目的港之日起60日内向德国克虏伯公司索赔，中化新加坡公司丧失索赔权。(4)中化新加坡公司已将石油焦以与涉案《采购合同》基本相同的价格出售给其母公司中化国际(控股)股份有限公司(以下简称中化控股公司)，中化新加坡公司没有损失。

因此请求判令:(1)驳回中化新加坡公司的诉讼请求;(2)本案诉讼费用由中化新加坡公司负担。

三、争议焦点

引导学生分析上述基本案情，总结双方争诉的案件焦点:

1. 双方当事人关于涉案石油焦HGI指数32是否符合合同约定，即是否构成违约?

2. 涉案石油焦HGI指数32违约严重程度的界定，即是否构成根本违约?

3. 违约程度与救济手段之间的关系? 违约救济方法的选择种类?

4. 中化新加坡公司与中化控股公司之间对于货物转售性质的争议:国际货物委托销售合同还是国际货物买卖合同?

四、基本事实

(一)双方当事人一致认可的涉案合同条款

2008年4月11日，中化新加坡公司与德国克虏伯公司签订《采购合同》，合同约定以下主要条款:

1. 中化新加坡公司向德国克虏伯公司采购燃料级石油焦25000吨，数量可有10%浮动，石油焦的HGI指数典型值为36~46。

2. 石油焦的装货港为加利福尼亚匹兹堡，目的港为中国港口，具体港口由中化新加坡公司确定。

3. 由双方确认的独立检验人在装货港船上采样检验并出具检验证书，该检测结果是终局的并对双方有约束力。中化新加坡公司有权在卸货港对石油焦的数量和品质进行检验，德国克虏伯公司有权委托独立检验人见证上述检验过程并自行承担相应费用。如果中化新加坡公司发现石油焦的品质或数量与在装货港确定的品质或数量不符，其应向德国克虏伯公司发出索赔通知，并有权在石油焦到达目的港之日起60日内向德国克虏伯公司提出索赔。

4. 本合同应当根据美国纽约州当时有效的法律订立、管辖和解释。双方还就合同履行作了其他约定。

(二)双方当事人认可的履约行为或事实行为

1.2008年8月8日,双方认可的检验人A.J.EOMOON公司在装货港出具的检验证书载明,石油焦的HGI指数为32。同年8月11日的重量检验证书载明,德国克虏伯公司实际交付石油焦26079.63吨。

2.2008年7月31日,中化新加坡公司在中国交通银行新加坡分行(以下简称新加坡交行)另立信用证,信用证45A规定.石油焦HGI指数为CA.36~46。2008年8月27日,德国克虏伯公司向新加坡交行提示包括A.J.EOMOON公司在装货港出具的检验证书在内的议付单据。该行于2008年9月2日支付了大部分货款。2008年9月11日,德国克虏伯公司开具最终商业发票,确定石油焦单价为301.56美元/吨。2008年9月25日,中化新加坡公司通过电汇方式支付了剩余小部分货款。中化新加坡公司向德国克虏伯公司总计支付货款7756828.55美元。

3.2008年9月8日,石油焦到达南京港。2008年11月10日,中国检验认证集团江苏有限公司出具的化验证书载明,石油焦的HGI指数为32。

4.在案件审理过程中,为了避免涉案石油焦长期存放南京港造成损失的进一步扩大,中化新加坡公司于2009年11月11日致函德国克虏伯公司,告知与潜在买受人初步商定的价格等信息,并征询德国克虏伯公司的意见。2009年11月18日,德国克虏伯公司回函认为其已完成交货义务,中化新加坡公司处理涉案石油焦无须与其商谈,更无须其同意,对于中化新加坡公司所提出的价格,也无法给出任何评论意见。2009年11月26日,中化新加坡公司委托中化控股公司与威海金猴进出口贸易有限公司(以下简称金猴公司)签订销售合同,将系争石油焦以人民币1575.50元/吨的价格出售给该公司。中化新加坡公司处置涉案石油焦收回货款人民币34637187.25元(分别按汇率6.8284和6.8283计算,折合5072525.65美元)。中化新加坡公司在出售系争石油焦过程中承担了以下额外费用:(1)税费人民币1600255.71元(按汇率6.8359计算折合234095.83美元);(2)包干费人民币834549元(按汇率6.8309计算折合122172.63美元);(3)堆存费人民币1120000元(按汇率6.8263计算折合164071.31美元);(4)商检费人民币10000元(按汇率6.8317计算折合1463.76美元);(5)报关费用人民币27029.36元(按汇率6.8261计算折合3959.71美元);(6)财务费用2490美元。中化新加坡公司在出售系争石油焦过程中承担的额外费用合计528253.24美元。

五、法律问题推理分析

（一）国际货物买卖合同的法律适用问题

1. 国际货物买卖合同约定法律适用条款的效力

最高人民法院《关于适用〈中华人民共和国涉外民事关系法律适用法〉若干问题的解释（一）》第2条规定："涉外民事关系法律适用法实施以前发生的涉外民事关系，人民法院应当根据该涉外民事关系发生时的有关法律规定确定应当适用的法律；当时法律没有规定的，可以参照涉外民事关系法律适用法的规定确定。"《采购合同》签订于2008年4月11日，在《涉外民事关系法律适用法》（2010年通过，2011年施行）实施之前，当事人签订《采购合同》时的《民法通则》第145条规定"涉外合同的当事人可以选择处理合同争议所适用的法律，法律另有规定的除外。涉外合同的当事人没有选择的，适用与合同有最密切联系的国家的法律"。本案双方当事人在合同中约定应当根据美国纽约州当时有效的法律订立、管辖和解释，该约定不违反法律规定，应认定有效。

2.《联合国国际货物销售合同公约》是否能作为合同的准据法

中化新加坡公司系新加坡公司，德国克虏伯公司系德国公司，故本案系国际石油焦买卖合同纠纷。虽然双方当事人在合同中约定涉案合同应当根据美国纽约州当时有效的法律订立、管辖和解释，但在诉讼中双方当事人均选择《联合国国际货物销售合同公约》（以下简称CISG公约）作为确定其权利义务关系的依据。由于本案当事人营业地所在国新加坡和德国均为《销售公约》缔约国，美国亦为CISG公约缔约国，且在一审审理期间双方当事人一致选择适用《销售公约》作为确定其权利义务的依据，并未排除CISG公约的适用，因而CISG公约亦是涉案合同的准据法。

3. 合同准据法与诉讼阶段准据法之间的适用关系

我国法院审理合同纠纷案件，无论当事人是否对合同效力存在异议，均应首先对该问题作出认定。而CISG公约第4条规定："本公约只适用于销售合同的订立和卖方和买方因此种合同而产生的权利和义务。特别是，本公约除非另有明文规定，与以下事项无关：（a）合同的效力，或其任何条款的效力，或任何惯例的效力；（b）合同对所售货物所有权可能产生的影响。"由于公约并未对合同效力问题作出规定，故本案应适用当事人在合同中选择的美国纽约州法律对此问题作出认定。

德国克虏伯公司在最高人民法院审理期间提交了《美国统一商法典》和相关判例，认为涉案合同应认定有效。中化新加坡公司虽对德国克虏伯公司代理人关于美国法律的说明不予认可，但对于德国克虏伯公司提交的相关美国法律并未提出异议,且亦认为案涉合同应认定有效。对德国克虏伯公司提交的美国法律,相当于国际私法上的外国法查明,各国司法实践中一般都会认可其效力。根据双方当事人提交并确认的美国法律,涉案《采购合同》并不存在应认定无效的情形,我国法院应认定《采购合同》有效。

而对于审理案件中涉及的问题CISG公约没有规定的,应当适用当事人选择的美国纽约州法律。至于德国克虏伯公司在案件审理过程中提交的《〈联合国国际货物销售合同公约〉判例法摘要汇编》,由于并非公约的组成部分,因而对CISG公约的缔约国或选择适用国而言,并不具有法律效力。因此,这些判例不能作为审理案件的法律依据。但在如何准确理解公约相关条款的含义方面,其可以作为适当的参考资料。

(二)德国克虏伯公司提交的货物是否符合合同约定的争议?

双方当事人在买卖合同中明确约定,涉案石油焦的HGI指数典型值在36~46之间。经双方认可的检验人在装货港检验,涉案石油焦的HGI指数为32;中化新加坡公司依据《采购合同》的约定在目的港复检的结果亦表明涉案石油焦的HGI指数为32。

中化新加坡公司据此主张,涉案石油焦的HGI指数远远低于双方买卖合同所约定的标准,亦低于国内销售的一般石油焦的质量,导致涉案石油焦难以在国内市场销售,签订买卖合同时的预期目的无法实现,故德国克虏伯公司的行为构成根本违约。

德国克虏伯公司则认为,双方在买卖合同中约定的HGI指数为典型值,并非强制性指标,仅仅是一个大约的范围,合同并未对涉案石油焦的HGI指数设定最低和最高的范围,超出该范围不仅不构成根本违约,亦不构成一般违约。对于德国克虏伯公司的这一主张,中化新加坡公司反驳认为,双方在合同中未约定石油焦的HGI指数的精确值,而是约定了一个典型值的范围,正是基于对石油焦的HGI指数不确定性的考虑。石油焦的HGI指数具有不确定性并不意味着双方约定的HGI指数典型值的可变范围不具有约束力。

1. 一种观点——违约,且属于根本违约

中化新加坡公司认为,其作为贸易商购买涉案石油焦的目的是在中国境内销售,德国克虏伯公司交付石油焦的HGI指数与合同约定不符,导致其在中国境内无法正常销售,最终剥夺了其期待的利益,构成根本违约。而德国克虏伯公司认为,德国克虏伯公司的三位专家证人的意见、中化新加坡公司将涉案石油焦转售给金猴公司的事实,均证明涉案HGI指数为32的石油焦可以在国内实际使用。江苏高院认为,双方当事人一致认可,HGI指数表示石油焦的硬度,指数越高,硬度越低;指数越低,硬度越高。这表明,HGI 指数的高低对石油焦的硬度有着重要的影响。德国克虏伯公司专家证人 Fisher先生是长期从事石油焦行业的专业人士,Fisher 先生出庭作证称其在从业经历中见到的 HGI 指数最低为 35。Fisher 先生的这一证言表明 HGI 指数为 32 的石油焦的确极为罕见,或者说涉案石油焦的 HGI 指数偏离双方在合同中约定的范围的程度相当严重。德国克虏伯公司专家证人李永华先生出庭作证称,HGI 指数是燃料制粉系统的选型依据,HGI 指数低、硬度大的石油焦需要更换设备方可使用。这表明,HGI 指数不同的石油焦,对研磨设备的要求也就不同。HGI 指数低达 32 的石油焦必然会对研磨设备有特殊的要求,这也就意味着此类石油焦的市场需求极为有限。因此,德国克虏伯公司交付 HGI 指数低达 32 的石油焦给中化新加坡公司,必然会给中化新加坡公司的销售造成极大困难,这等于实际上剥夺了中化新加坡公司签订涉案采购合同期望得到的利益。作为从事石油焦贸易的专业公司,德国克虏伯公司不可能不知道其违约行为可能给中化新加坡公司造成的损失。因此,德国克虏伯公司的行为构成根本违约。

2. 另一种观点——违约,但尚未构成根本违约

双方当事人在《采购合同》中约定的石油焦 HGI 指数典型值在 36 ~ 46,而德国克虏伯公司实际交付的石油焦 HGI 指数为 32,低于双方约定的 HGI 指数典型值的最低值,不符合合同约定。

本案争议的焦点问题在于德国克虏伯公司的违约行为是否构成根本违约。首先,从双方当事人在合同中对石油焦需符合的化学和物理特性规格约定的内容看,合同对石油焦的受潮率、硫含量、灰含量、挥发物含量、尺寸、热值、硬度(HGI 值)七个方面作出了约定。而从目前事实看,对于德国克虏伯公司交付的石油焦,中化新加坡公司仅认为 HGI 指数一项不符合同约定,而对于其他六项指标,中化新加坡公司并未提出异议。结合当事人提交的证人证言以及证人出庭的陈述,HGI 指数表示石油焦的研磨指数,指数越低,石油焦的硬度越大,研磨难度越大。即使是中化新加坡公司一方提交的上海大学材料科学与工程学院出具的说明,亦不否认 HGI 指数为 32 的石油焦可以使用,只是认为其用途有限。故可以认定虽然案涉石油焦 HGI 指数与合同约定不符,但该批石油焦仍然具有使用价值。其次,中化新加坡公司为减少损失,经过积极的努力将案涉石油焦予以转售,且其在就将相关问题至德国克虏伯公司的函件中明确表示该批石油焦转售的价格"未低于市场合理价格"。这一事实说明案涉石油焦是可以以合理价格予以销售的。最后,综合考量其他国家裁判对《销售公约》中关于根本违约条款的理解,买方在不存在不合理的麻烦的情况下,能使用货物或转售货物,甚至打些折扣,质量不符依然不过是非根本违约。因此,也有观点认为德国克虏伯公司交付 HGI 指数为 32 的石油焦的行为并不构成根本违约。

(三)中化新加坡公司是否存在合同损失?

德国克虏伯公司认为,中化新加坡公司已将涉案石油焦以原价卖给了其母公司中化控股公司,其没有任何损失。中化新加坡公司认可其与中化控股公司之间存在石油焦买卖合同,且价格与涉案采购合同价基本相同,但认为其与中化控股公司之间并不是真正的买卖关系,而是委托销售关系。中化新加坡公司向德国克虏伯公司采购涉案石油焦的目的是在中国境内销售,中化新加坡公司与中化控股公司签订的买卖合同系用于报关,是为了使涉案石油焦顺利进入中国境内,便于其委托中化控股公司代其在中国境内销售。为证明其主张,中化新加坡公司提交了其委托中化控股公司销售涉案石油焦的委托函原件。

中化新加坡公司认为,其支付德国克虏伯公司的货款金额为7756828.55美元,扣除处置涉案石油焦后收回的货款5072525.65美元,德国克虏伯公司还应返还中化新加坡公司货款2684302.9美元,并向其支付自2008年9月25日至实际返还之日按中国银行同期美元贷款利率计算的利息。德国克虏伯公司认为,中化新加坡公司的差价损失是石油焦市场下跌造成的,并非涉案石油焦的HGI指数与采购合同不符所致。该损失是正常的商业风险,应由中化新加坡公司承担。除此之外,中化新加坡公司还要求德国克虏伯公司赔偿其在处置涉案石油焦过程中额外支出的税费234095.83美元、包干费122172.63美元、堆存费164071.31美元,合计520339.77美元,至于商检费、报关费和财务费等费用,中化新加坡公司明确表示不要求德国克虏伯公司赔偿。德国克虏伯公司则认为,其行为不构成违约,该费用系中化新加坡公司转卖涉案石油焦应当承担的成本,不应由德国克虏伯公司承担。

(四)中化新加坡公司与中化控股公司是否存在委托代理销售关系?

中化新加坡公司主张其与中化控股公司之间系委托关系,其对与中化控股公司签订买卖合同是为办理报关需要进行了合理解释,并提交了委托销售合同,且中化控股公司2008年10月15日代中化新加坡公司就涉案石油焦的HGI指数向德国克虏伯公司提出交涉,此后中化新加坡公司还多次与德国克虏伯公司就涉案石油焦的HGI指数进行交涉,德国克虏伯公司并未提出中化新加坡公司已将案涉石油焦转售给中化控股公司,无权再对案涉石油焦的HGI指数提出异议。在本案一审过程中,中化新加坡公司为减轻损失而处理涉案石油焦也是委托中化控股公司代为销售。因此,中化新加坡公司与中化控股公司之间系委托销售关系,而非德国克虏伯公司主张的买卖关系。

(五)涉案石油焦的处置与转售性质的认定

在案件审理过程中,为了避免涉案石油焦长期存放南京港造成损失的进一步扩大,中化新加坡公司于2009年11月11日致函德国克虏伯公司,告知与潜在买受人初步商定的价格等信息,并征询德国克虏伯公司的意见。2009年11月18日,德国克虏伯公司回函认为其已完成交货义务,中化新加坡公司处理涉案石油焦无须与其商定,更无须其同意,对于中化新加坡公司所提出的价格也无法给出任何评论意见。2009年11月26日,中化新加坡公司委托中化控股公司与威海金猴进出口贸易有限公司(以下简称金猴公司)签订销售合同,将系争石油焦以人民币1575.50元/吨的价格出售给该公司。

上述事实有2009年11月11日中化新加坡公司关于处理系争石油焦及时减少损失的函、2009年11月18日德国克虏伯公司律师回函、委托出售系争石油焦的函、2009年11月26日销售合同、2009年12月17~30日发票5张、原油价格及石油焦价格走势图、发票5张、海关保证金、风险担保金、抵押金专用收据、进口税率表、南京海关进口关税专用缴款书、检验费用付款单据及发票、报关费用支付单据及发票、港口存储及代理合同为证,德国克虏伯公司除认为委托出售涉案石油焦的函没有公证认证外,对其他证据的真实性没有异议。

六、案例评析

案件最大争议问题是卖方所提交合同标的物32的石油焦指数是否符合合同约定的指数36~45,是否构成违约以及根本违约。双方当事人在买卖合同中明确约定,涉案石油焦的HGI指数典型值在36~46。经双方认可的检验人在装货港检验,涉案石油焦的HGI指数为32;中化新加坡公司依据《采购合同》的约定在目的港复检的结果亦表明涉案石油焦的HGI指数为32。中化新加坡公司据此主张,涉案石油焦的HGI指数远远低于双方买卖合同所约定的标准,亦低于国内销售的一般石油焦的质量,导致涉案石油焦难以在国内市场销售,签订买卖合同时的预期目的无法实现,故德国克虏伯公司的行为构成根本违约。德国克虏伯公司则认为,双方在买卖合同中约定的HGI指数为典型值,并非强制性指标,仅仅是一个大约的范围,合同并未对涉案石油焦的HGI指数设定最低和最高的范围,超出该范围不仅不构成根本违约,亦不构成一般违约。对于德国克虏伯公司的这一主张,中化新加坡公司反驳认为,双方在合同中未约定石油焦的HGI指数的精确值,而是约定了一个典型值的范围,正是基于对石油焦的HGI指数不确定性的考虑。石油焦的HGI指数具有不确定性并不意味着双方约定的HGI指数典型值的可变范围不具有约束力。

既然双方在采购合同中约定涉案石油焦HGI指数典型值在36~46,那就意味着德国克虏伯公司交付的石油焦的HGI指数典型值最低不应低于36,最高不应高于46,超出这个范围即构成违约。虽然涉案《采购合同》约定的石油焦HGI指数的典型值范围并非强制性指标,不具有强制性,但作为合同约定的"当事人之间的任意法"也应受到双方当事人事后的尊重和认可,理应受到法律的保护。经装货港和目的港两次检验,德国克虏伯公司实际交付的石油焦的HGI指数典型值均为32,低于双方约定的HGI指数典型值的最低值。综上,本案例小组认为,德国克虏伯公司交付的石油焦的HGI指数与合同约定不符,首先构成违约。

不仅如此,中化新加坡公司认为,其作为贸易商购买涉案石油焦的目的是在中国境内销售,德国克虏伯公司交付的石油焦的HGI指数与合同约定不符,导致其在中国境内无法正常销售,最终剥夺了其根据合同期待的利益,因此应构成根本违约。而德国克虏伯公司认为,德国克虏伯公司的三位专家证人的意见、中化新加坡公司将涉案石油焦转售给金猴公司的事实,均证明涉案HGI指数为32的石油焦可以在国内实际使用。但与此同时,包括德国克虏伯公司的三位专家证人在内的双方当事人都一致认可,HGI指数表示石油焦的硬度,指数越高,硬度越低;指数越低,硬度越高。因而指数高低决定了石油产品生产与销售的难易程度。双方的质证与证言还证实HGI指数最低为35,涉案标的物指数32的石油焦的确极为罕见;HGI指数是燃料制粉系统的选型依据,HGI指数低、硬度大的石油焦需要更换设备方可使用等。这些专家证言与行业惯例恰恰也证实,HGI指数的高低对石油焦的硬度有重要的影响,甚至直接影响石油焦产品的生产和销售。因此,德国克虏伯公司交付HGI指数低达32的石油焦给中化新加坡公司,必然会给中化新加坡公司的销售造成极大困难,这等于实际上剥夺了中化新加坡公司签订涉案采购合同期望得到的利益。作为从事石油焦贸易的专业公司,德国克虏伯公司不可能不知道其违约行为可能给中化新加坡公司造成的损失。

根据案涉合同的准据法,关于合同违约以及违约的救济主要适用CISG公约。根据CISG公约第25条的规定:"一方当事人违反合同的结果,如使另一方当事人蒙受损害,以至于实际上剥夺了他根据合同规定有权期待得到的东西,即为根本违反合同,除非违反合同一方并不预知而且一个同等资格、通情达理的人处于相同情况中也没有理由预知会发生这种结果。"由于对根本违约判断标准的认识差异,江苏高院和最高人民法院对违约性质做出了不同的认定,从而导致合同是否能被解除、合同的救济措施等方面出现不尽相同的裁决结果。

从合同履行纠纷解决的裁决效力来看,最高人民法院的裁决无疑具有最终和最高的法律效力,但从案涉合同适用CISG公约的根本违约判断标准来看,综合上述证据与合同履行事实,本案例小组认为,作为出卖方的德国克虏伯公司没有提交符合合同约定的标的物,且不能实现公约第35条规定的"货物适用于同一规格货物通常使用的目的",即不能实现国际货物买卖合同的根本目的,构成根本违约。根据公约规定,违约方根本违约后,守约方有权采取拒绝接收标的物货物的救济措施，乃至转售以减轻损失。因此，中化新加坡公司在已有较充分证据证实卖方提交合同标的物已严重不符合同约定的情形下，且协商无果后，出于减损和止损义务而转售合同标的物的自我救济行为不应认定为尚未剥夺其根本利益，转售只是出于减损或止损的自我救济需要或诚信履约的合同义务，不能反过来用以证明中化新加坡公司没有受到根本利益的剥夺与损害。而应根据 CISG 公约对违约性质的判定，回归到订立合同时根本利益剥夺的可预见性判断标准。从原被告双方所找的专家证人证言来看，32 的石油焦指数确实明显偏离正常的 36～45 的参数范围，从而说明主观可预见性完全符合公约所规定的“普通正常人的认知与智识”的可预见性范围。作为从事石油焦贸易的专业公司，德国克虏伯公司也不可能不知道其违约行为可能给中化新加坡公司造成的根本损失。

七、案例启示

从中化新加坡公司与德国克虏伯公司国际货物买卖合同纠纷案提炼的争议焦点与争议处理流程和思路来看，主要围绕违约以及违约的严重程度进行梳理。当事各方根据公约的主客观条件各自分别寻求法律和事实加以辩驳或认定，如客观方面的违约构成（包括与合同约定不符、指数 32 极端偏离市场行情、转售造成的损失等因素），主观方面的可预见性（中国国内市场的销售、专家证人证明指数 32 对生产与销售造成的影响或更高要求等）。由于石油焦指数的问题相对较为专业，因而在判定公约意指的“正常人的智识与可预见性”时，对这个“正常人”的参照范围要做出适当调整和灵活处理。耐人寻味的是，作为一审被告和二审上诉人的德国克虏伯公司寻找的三位专家证人，本意是要证明 HGI 指数 32 的石油焦非强制性标准，不构成违约或根本违约的，但他们所作的证言却被用作证明涉案标的物严重偏离市场惯例行情，并被证实对生产与销售产生严重影响。从科学性和客观性的角度来看，本无可厚非，我们要尊重客观事实，尊重专业人士的专业技能和专业精神。但从法律辨明是非的角度来看，特别是站在被告或上诉人的立场来看，无疑是失败或失策的。如果在科学性本身尚存争议的问题或领域中，在专家证人或专业人士尚存被选择空间和余地的情形下，如果律师或当事人能够适当考虑争议问题的法律立场或证据取舍，对于争取较为有利的诉讼结果，不失为一种明智或两全其美的辩诉策略。

教学指导手册

教学目标

随着我国对外经济交流与合作范围和层次的扩展,涉外合同纠纷越来越频繁和多样化,而我国处理涉外案件的专门法律人才却相对较为匮乏。法律硕士研究生学历正是这种应时而需的应用型高级法律人才的培养模式,案例教学无疑是其中重要的教学实践环节。通过国际货物贸易合同纠纷的典型案例,掌握《联合国货物销售合同公约》的适用方式与适用范围,尤其是公约中根本违约的认定标准与条件的分析与理解,以加强对国际贸易合同法律问题的实践处理能力;通过《联合国货物销售合同公约》第25条与中国《合同法》第94条等相关条款的比较,加强对中外合同法的比较法研究和学习,深化我国民商事法律制度的国际趋同性与差异性认识;此外,通过典型国际货物贸易合同的纠纷,了解涉外货物买卖合同纠纷案件的诉讼管辖权与合同准据法,了解国际私法在国际货物买卖合同中的具体法律适用,以及涉外民事诉讼的特别程序法在涉外经济纠纷解决中的实践操作,以加强涉外民商事案件实体法、程序法和冲突法三者之间的匹配与衔接,从整体上把控涉外民商事案件的法律问题。

教学内容

通过典型国际货物贸易合同的纠纷,了解涉外货物买卖合同纠纷案件的诉讼管辖权;了解国际私法在国际货物买卖合同中的具体法律适用,即国际私法中的合同准据法的选择与确定,以及在合同纠纷解决中的具体适用;重点掌握《联合国货物销售合同公约》的适用方式与适用范围,尤其要理解公约中根本违约的认定标准与条件;在认定违约不同情形的基础上,理解和掌握货物买卖合同纠纷中的救济手段和救济形式;通过《联合国货物销售合同公约》第25条与中国《合同法》第94条等相关条款的比较,加强对中外合同法的比较法研究和学习,深化我国民商事法律制度的国际趋同性与差异性认识。

预期效果

在案例讨论与相关法律知识介绍的基础上,在法律硕士研究生教学阶段,加强涉外合同与法律纠纷的审查与处理能力，为复合型、涉外型和应用型的法律人才培养奠定基础。

教学计划

案例可用作法律硕士专业实务课程的教学安排，可作为《国际贸易法》《国际商法》《国际私法》等国际法必修、选修课程的学习；作为典型的涉外贸易合同，本案例也可以在比较法的教学安排中，用作《合同法》的教学案例。

课堂时间安排

基本案情介绍：1 个课时；
涉外民商事案件管辖权与相关思考题讨论：1 个课时；
合同准据法与相关思考题讨论：1 个课时；
争议焦点、法律推理与分析以及相关思考题讨论：4 个课时；
案件评析与启示讨论：1 个课时。

思考题

1. 案情争议焦点集中在是否根本违约的认定上，一种观点认为违约，但未构成根本违约，另一种观点认为违约且构成根本违约。据此，把上课同学分成三个大组，按照审判法官及书记员、原被告及其代理律师、专家证人等进行角色分工，进行模拟开庭审判。
2. 我国涉外民商事案件管辖权有哪些种类？案例中我国法院如何取得管辖权？
3. 国际民商事诉讼中的程序法如何适用？本案例应适用哪国的民事诉讼程序法？
4. 什么是合同准据法？合同准据法有哪些形成方式？案例中的合同准据法是如何形成的？
5. CISG 公约的适用条件和适用范围？案例主要适用了公约的哪些内容？
6. 如何理解和认定 CISG 公约中根本违约的判定标准？
7. 中国《合同法》第 94 条与公约第 25 条关于根本违约认定标准的比较？
8. CISG 公约中宣告合同无效与中国合同法中解除合同的区分？
9. CISG 公约中卖方违约时买方的救济方法有哪些？
10. CISG 公约中根本违约与救济方法选择之间的关系是什么？

参考文献

1. 崔建远：《论合同目的及其不能实现》，载《吉林大学社会科学学报》2015 年第 5 期。

2. 宋振华:《国际货物买卖合同中行使解除权的法律问题》,载《中国证券期货》2012 年第 9 期。
3. 邹国勇:《论 CISG 的根本违约制度》,载《埋论月刊》2012 年第 7 期。
4. 韩世远:《中国合同法与〈CISG〉》,载《暨南学报》(哲学社会科学版)2011 年第 2 期。
5. 王慧:《国际货物买卖合同中买方“拒受权”辨析》,载《北大法律评论》2009 年第 4 期。
6. [德]彼得 · 施莱希特里姆:《〈联合国国际货物销售合同公约〉评释》,李慧妮译,北京大学出版社 2006 年版。
7. 王利明:《合同法新问题研究》,中国社会科学出版社 2003 年版。

撰稿人 | 吴永辉,华侨大学法学院副教授、硕士生导师
王惠敏、胡斯斯,华侨大学法学院研究生
陈伟莲,福建省石狮市人民法院法官

19 CASE XY银行股份有限公司沈阳分行对黄海华声铸造厂金融借款之债权尽职调查案

| 摘 要 |

本案例研究主要讨论尽职调查中的工作流程、工作方法及风险管理，通过对案例的学习，了解尽职调查的意义及原则，理解尽职调查的重点及风险防控，探索尽职调查的工作方法，并在此基础上掌握尽职调查报告及相应文件的制作要点，从而对尽职调查这一非诉讼法律业务有更为深刻的把握。

| 关键词 |

尽职调查　调查清单　调查方法　尽职调查报告

| 教学目标 |

本案例借助实践中发生的尽职调查实例，重点介绍了尽职调查的工作流程、工作内容及工作方法，通过学生对案例的阅读、分析，结合授课教师的指导，使学生对尽职调查的意义、工作流程、工作方法、工作底稿的形成等内容有较为熟悉的把握，从而对尽职调查这一基础的非诉讼法律业务有更为深刻的理解；同时，以案例的讲授作为切入点，引出尽职调查过程中存在的相关基础理论问题（如尽职调查的原则、尽职调查的程度等），从而对之进行思考与探讨，为学生进一步学习提供方向。

教学案例主文

XY银行股份有限公司成立于1988年8月，是经中华人民共和国国务院、中国人民银行批准成立的大陆首批股份制商业银行之一，总行设在福建省福州市，2007年2月5日在上海证券交易所挂牌上市（股票代码：601166），注册资本190.52亿元。

XY银行股份有限公司沈阳分行（以下简称银行）于2014年12月1日起，经借款人黄海华声铸造厂申请,陆续分十次向该厂发放贷款共计人民币 9650 万元整。截至 2016 年 4 月 21 日,借款人黄海华声铸造厂债权本金余额 78318929.81 元,欠息金额 3679321.86 元,本息合计 81998251.67 元。银行现委托辽宁天律律师事务所对该笔债权作尽职调查,依调查结果决定对该笔债权的处理方式。XY 银行股份有限公司沈阳分行对黄海华声铸造厂金融借款之债权尽职调查的典型案例,为课堂教学提供了生动教材,其更是了解和学习尽职调查的重要素材。

一、本次尽职调查所涉相关主体

尽职调查委托人(出借人):XY 银行股份有限公司沈阳分行

尽职调查对象(借款人):黄海华声铸造厂

(一)尽职调查委托人概况

尽职调查委托人:XY 银行股份有限公司沈阳分行

所属行业:银行业

注册资本:人民币壹佰玖拾亿伍仟贰佰万元整

公司成立时间:2002 年 9 月

住所:辽宁省沈阳市和平区十一纬路 36 号

法定代表人:蔡斌

经营范围包括:吸收公众存款;发放短期、中期和长期贷款;办理国内外结算;办理票据承兑与贴现;发行金融债券;代理发行、代理兑付、承销政府债券;买卖政府债券、金融债券;代理发行股票以外的有价证券;买卖、代理买卖股票以外的有价证券;资产托管业务;从事同业拆借;买卖、代理买卖外汇;结汇、售汇业务;从事银行卡业务;提供信用证服务及担保;代理收付款项及代理保险业务;提供保管箱服务;财务顾问、资信调查、咨询、见证业务;经国务院银行业监督管理机构批准的其他业务。

(二)尽职调查对象概况

尽职调查对象:黄海华声制造厂

所属行业:制造业

注册资本:人民币贰亿柒仟万元整

公司成立时间:2004 年 10 月 24 日

住所:北镇市沟帮子镇三家子村

法定代表人:朱金凤

经营范围包括:农副产品加工;米糠油、玉米胚芽油加工;生物质(稻壳)发电;粮食收购。(涉及行政许可的,凭许可证经营)(依法须经批准的项目,经相关部门批准后方可开展经营活动。)

二、金融借贷情况

(一)借款情况

自2014年12月1日起,借款人华声铸造厂陆续向银行申请贷款9650万元,具体明细见下表:

贷款编号	金额(万元)	期限
2014流贷BXA038号	540	2014.12.01~2015.08.31
2015贸融BXA004号	600	2015.3.12~2015.09.12
2015贸融BXA005号	300	2015.3.12~2015.09.12
2015贸融BXA007号	500	2015.04.10~2015.09.30
2015贸融BXA008号	400	2015.04.10~2015.09.30
2015贸融BXA010号	500	2015.05.27~2015.09.27
2015贸融BXA011号	400	2015.05.27~2015.09.27
2015流贷BXA023号	1960	2015.07.03~2016.07.01
2015流贷BXA031号	2000	2015.08.03~2016.07.07
2015流贷BXA032号	2450	2015.08.03~2016.08.02

(二)保证情况

1.编号2014保证BXA012号《最高额保证合同》、编号2015保证BXA003号《最高额保证合同》。

保证人陈朋及其配偶步丽君,在最高额为9000万元的范围内为华声铸造厂与贵行之间的债务提供个人连带责任保证担保,保证期间分别为2014年7月7日至2015年7月6日、2015年7月3日至2016年7月2日。

2.编号2014保证BXA013号《最高额保证合同》、编号2015保证BXA005号《最高额保证合同》。

保证人陈宝桐及其配偶周骏,在最高额为9000万元的范围内为华声铸造厂与贵行之间的债务提供个人连带责任保证担保,保证期间分别为2014年7月7日至2015年7月6日、2015年7月3日至2016年7月2日。

3.编号2014保证BXA014号《最高额保证合同》、编号2015保证BXA004号《最高额保证合同》。

保证人陈媛媛及其配偶刘欧，在最高额为 9000 万元的范围内为华声铸造厂与贵行之间的债务提供个人连带责任保证担保，保证期间分别为 2014 年 7 月 7 日至 2015 年 7 月 6 日、2015 年 7 月 3 日至 2016 年 7 月 2 日。

（三）抵押合同及抵押物情况

1. 编号 X 银沈 2013 最高额抵押 BXA009 号《最高额抵押合同》。

抵押人为华声铸造厂，约定以其名下 70885 平方米土地使用权在 1000 万元范围内提供抵押担保，担保期限为 2013 年 7 月 4 日至 2016 年 7 月 3 日，抵押权人为贵行。

2. 编号 X 银沈 2013 最高额抵押 BXA008 号《最高额抵押合同》。

抵押人为华声铸造厂，约定以其名下共计面积 6573.17 平方米的 15 套房产在 800 万元范围内提供抵押担保，担保期限为 2013 年 7 月 4 日至 2016 年 7 月 3 日，抵押权人为贵行。

抵押详情见 X 银沈 2013 最高额抵押 BXA008 号《最高额抵押合同》附件一：

3. 编号 2015 抵押 BXA010 号《最高额抵押合同》。

抵押人为华声铸造厂，约定以其名下 1647 平方米房产和 42167 平方米土地提供抵押担保，担保期限为 2015 年 7 月 3 日至 2016 年 7 月 2 日，抵押权人为贵行。

4. 编号 2014 抵押 BXA006 号《最高额抵押合同》、编号 2015 抵押 BXA005 号《最高额抵押合同》。

编号 2014 抵押 BXA006 号《最高额抵押合同》中，抵押人为华声铸造厂，约定以其名下机器设备在 7200 万元范围内提供抵押担保，担保期限为 2014 年 7 月 4 日至 2016 年 7 月 3 日，抵押权人为贵行。

编号 2015 抵押 BXA005 号《最高额抵押合同》中，抵押人为华声铸造厂，约定以其名下机器设备在 7250 万元范围内提供抵押担保，担保期限为 2015 年 6 月 17 日至 2016 年 6 月 16 日，抵押权人为贵行。

详情见固定资产—机器设备清查评估明细表（表一至表四）

附件一:X 银沈 2013 最高额抵押 BXA008 号《最高额抵押合同》

序号	抵押物名称	所有人	使用人	使用年限	建筑面积（平方米）	结构	现值（元）	产权证号码	颁证机关	颁证时间	保险险种	地址
1	房屋	黄海华声铸造厂	黄海华声铸造厂		65.96	砖混	83,988.00	房权证 09—5 字第 0033 号				
2	房屋	黄海华声铸造厂	黄海华声铸造厂		512.50	砖混	652,577.00	房权证 09—5 字第 0033 号				
3	房屋	黄海华声铸造厂	黄海华声铸造厂		55.25	砖混	70,351.00	房权证 09—5 字第 0033 号				
4	房屋	黄海华声铸造厂	黄海华声铸造厂		124.00	砖混	157,892.00	房权证 09—5 字第 0033 号				
5	房屋	黄海华声铸造厂	黄海华声铸造厂		187.50	砖混	238,718.00	房权证 09—5 字第 0033 号				
6	房屋	黄海华声铸造厂	黄海华声铸造厂		218.08	砖混	277,686.00	房权证 09—5 字第 0033 号				

续表

序号	抵押物名称	所有人	使用人	使用年限	建筑面积（平方米）	结构	现值（元）	产权证号码	颁证机关	颁证时间	保险险种	地址
7	房屋	黄海华声铸造厂	黄海华声铸造厂		120.00	砖混	152,798.00	房权证 09—5 字第 0033 号				
8	房屋	黄海华声铸造厂	黄海华声铸造厂		24.28	砖混	30,916.00	房权证 09—5 字第 0033 号				
9	房屋	黄海华声铸造厂	黄海华声铸造厂		230.00	砖混	292,864.00	房权证 09—5 字第 0033 号				
10	房屋	黄海华声铸造厂	黄海华声铸造厂		35.75	砖混	45,521.00	房权证 09—5 字第 0033 号				
11	房屋	黄海华声铸造厂	黄海华声铸造厂		160.00	砖混	203,731.00	房权证 09—5 字第 0033 号				
12	房屋	黄海华声铸造厂	黄海华声铸造厂		119.00	砖混	151,525.00	房权证 09—5 字第 0033 号				

续表

序号	抵押物名称	所有人	使用人	使用年限	建筑面积（平方米）	结构	现值（元）	产权证号码	颁证机关	颁证时间	保险险种	地址
13	房屋	黄海华声铸造厂	黄海华声铸造厂		23.55	砖混	29,987.00	房权证 09—5 字第 0033 号				
14	房屋	黄海华声铸造厂	黄海华声铸造厂		2234.70	砖混	6690,978.00	房权证 09—5 字第 0033 号				
15	房屋	黄海华声铸造厂	黄海华声铸造厂		2462.6	砖混	4,877,723.00	房权证 chcz 字第 20100037 号				

抵押人（签章）：　　　　抵押权人（单位印章）：

银行经办人（签字）：

填写日期:2015 年 7 月 4 日

表一：固定资产—机器设备清查评估明细

资产占有单位名称：黄海华声铸造厂　　评估基准：2015 年 3 月 16 日　　金额单位：人民币元

序号	设备编号	设备名称	规格型号	生产厂家	计量单位	数量	启用日期	账面价值		调整好账面值		评估价值			增值率%
								原值	净值	原值	净值	重置价值	成新率%	净值	
1		竖炉系统			套	1	2011	15802860.64	15427542.70			15800000.00	90	14220000.00	
2		105 平方米环烧系统			套	1	2012	16293490.39	16293490.39			16293000.00	90	14663700.00	
3		冶金阀门			套	1	2012	2200000.00	2200000.00			2200000.00	90	1980000.00	
4		冷却壁			套	1	2012	4125000.00	4125000.00			4125000.00	90	3712500.00	
5		50 米双链滚轮外置式铸铁机			套	1	2012	1315130.00	1315130.00			1315000.00	90	1183500.00	
6		风机	D1300－3.2		套	1	2012	1900000.00	1900000.00			1900000.00	90	1710000.00	
7		高炉系统			套	1	2012	51267800.00	49035514.54			50908000.00	90	45817200.00	
8		105 平方米环烧机静电除尘器	EP105－3		套	1	2012	3000000.00	3000000.00			3000000.00	90	2700000.00	

续表

序号	设备编号	设备名称	规格型号	生产厂家	计量单位	数量	启用日期	账面价值		调整好账面值		评估价值			增值率%
								原值	净值	原值	净值	重置价值	成新率%	净值	
9		罗茨风机	RRE－150K		套	1	2012	77000. 00	77000. 00			77000. 00	90	69300. 00	
10		双吸离心泵	14SH－9A		套	1	2012	88560. 00	88560. 00			88000. 00	90	79200. 00	
11		电机	Y355L2－4		套	1	2012	90240. 00	90240. 00			90000. 00	90	81000. 00	
12		离心泵	14SH－19A		套	1	2012	79200. 00	79200. 00			79000. 00	90	71100. 00	
13		电机	Y28M－4		套	1	2012	24480. 00	24480. 00			24000. 00	90	21600. 00	
14		输送机组合件			套	1	2012	366480. 00	366480. 00			366000. 00	90	329400. 00	
15		高仪表自动化			套	1	2012	1500000. 00	1500000. 00			1500000. 00	90	1350000. 00	

续表

序号	设备编号	设备名称	规格型号	生产厂家	计量单位	数量	启用日期	账面价值		调整好账面值		评估价值			增值率%
								原值	净值	原值	净值	重置价值	成新率%	净值	
16		电动单梁起重机	LD20T		套	1	2012	97000.00	97000.00			97000.00	90	87300.00	
17		电动单梁起重机	LD10T		套	1	2012	59000.00	59000.00			59000.00	90	53100.00	
18		电动双梁抓斗起重机	QD10T		套	1	2012	438000.00	438000.00			438000.00	90	394200.00	
19		电力设备			套	1	2012	2213927.00	2117528.93			2198.000.00	90	1978200.00	
本页小计															
合计								100938168.00	98234166.56			100557000.00		90501300.00	

资产占有单位填表人：　　　　评估人员：　　　　填表日期:2015 年 3 月 16 日

表二:固定资产—机器设备清查评估明细

资产占有单位名称:黄海华声铸造厂　　评估基准:2015 年 3 月 16 日　　金额单位:人民币元

序号	设备编号	设备名称	规格型号	生产厂家	计量单位	数量	启用日期	账面价值		调整好账面值		评估价值			增值率%
								原值	净值	原值	净值	重置价值	成新率%	净值	
1		供电系统			套	1	2007	10983084.28	8248500.00			1070800.00	65	6960200.00	
2		冷热风处理系统			套	1	2007	8644280.34	6528131.53			8442000.00	65	5487300.00	
3		仪器仪表			套	1	2007	2198622.40	1693855.34			2073000.00	65	1347450.00	
4		运输系统			套	1	2007	7453228.68	5801096.32			7370000.00	65	4790500.00	
5		渣铁处理系统			套	1	2007	3348154.78	2605980.47			3239000.00	65	2105350.00	
6		烧结系统			套	1	2007	10612654.70	8260182.91			10509000.00	65	6830850.00	
7		供暖系统			套	1	2007	5128000.00	3991293.33			5016000.00	65	3260400.00	
8		供料系统			套	1	2007	6612334.50	5146600.35			6436000.00	65	4183400.00	
9		给排水系统			套	1	2007	4423900.00	3408246.29			4333900.00	65	2817035.00	
10		喷煤系统			套	1	2007	8125600.38	6195770.29			8073000.00	65	5247450.00	

续表

序号	设备编号	设备名称	规格型号	生产厂家	计量单位	数量	启用日期	账面价值		调整好账面值		评估价值			增值率%
								原值	净值	原值	净值	重置价值	成新率%	净值	
11		计量系统			套	1	2007	2406175. 56	1834708. 86			2386000. 00	65	1550900. 00	
12		除尘系统			套	1	2007	7998895. 00	6099157. 44			7992000. 00	65	5194800. 00	
13		化验检测系统			套	1	2007	2502002. 88	1907777. 20			2486600. 00	65	1616290. 00	
14		烧结系统			套	1	2007	10509640. 00	8013600. 50			10509000. 00	65	6830850. 00	
本页小计															
合计								9094657350	69734901. 43			89573500. 00		58222775. 00	

资产占有单位填表人：　　　　评估人员：　　　　填表日期:2015 年 3 月 16 日

表三:固定资产—机器设备清查评估明细

资产占有单位名称:黄海华声铸造厂　　　　评估基准:2015 年 4 月 15 日　　　　金额单位:人民币元

序号	设备编号	设备名称	规格型号	生产厂家	计量单位	数量	启用日期	账面价值		调整好账面值		评估价值			增值率%
								原值	净值	原值	净值	重置价值	成新率%	净值	
1		减速机	XWED 63－1849		台	3	2014					70675. 00	98	69261. 50	
2		电动葫芦起重机			台	2	2014					69300. 00	98	67914. 00	
3		挖掘机			台	1	2014					1155000. 00	98	1131900. 00	
4		冷却塔	600T		台	1	2014					784630. 00	98	768937. 40	
5		空压机	LGF15/8		台	1	2014					70180. 00	98	68776. 40	
6		高炉铁口配套设施	0. 08M3		台	1	2014					500242. 60	98	490237. 75	
7		高温风机	C550－1. 28		台	10	2014					764390. 00	98	749102. 20	
8		铸铁机输送设备	B600		台	1	2014					3375988. 00	98	3308468. 24	

续表

序号	设备编号	设备名称	规格型号	生产厂家	计量单位	数量	启用日期	账面价值		调整好账面值		评估价值			增值率%
								原值	净值	原值	净值	重置价值	成新率%	净值	
9		破碎机	YS－500		台	1	2014					154000.00	98	150920.00	
10		高压变频器	AURH－Y－10/24M		台	3	2014					1995950.00	98	1956031.00	
11		电机	YYF－2BCM		台	1	2014					61886.00	98	60648.28	
12		热式气体质量流量计	RSL 720810		台	1	2014					14850.00	98	14553.00	
13		电焊机	BXI－630		台	3	2014					8580.00	98	8408.40	
14		自动化仪表设备	WRN－230		台	1	2014					12298.00	98	12052.04	
15		除尘附属设施			台	1	2014					297000.00	98	291060.00	

续表

序号	设备编号	设备名称	规格型号	生产厂家	计量单位	数量	启用日期	账面价值		调整好账面值		评估价值			增值率%
								原值	净值	原值	净值	重置价值	成新率%	净值	
16		电子衡	SCS－150		台	1	2014					1045000.00	98	1024100.00	
17		原料卸料混料系统			台	1	2014					632388.90	98	619741.12	
18		原料输送系统	CJ－002		台	1	2014					934135.40	98	915452.69	
19		装载机	XG956		台	3	2014					1059300.00	98	1038114.00	
20		电动单梁起重机	10T * 13.5		台	2	2014					114950.00	98	112651.00	
21		开口机	DT106－75		台	1	2014					15950.00	98	15631.00	
22		牵引机	LZ3313 QEH		台	1	2014					424600.00	98	416108.00	
本页小计															
合计												13561293.90		13290068.02	

资产占有单位填表人： 评估人员： 填表日期：2015 年 4 月 15 日

表四：固定资产—机器设备清查评估明细

资产占有单位名称：黄海华声铸造厂　　　　评估基准：2015 年 5 月 8 日　　　　金额单位：人民币元

序号	设备编号	设备名称	规格型号	生产厂家	计量单位	数量	启用日期	账面价值		调整好账面值		评估价值			增值率%
								原值	净值	原值	净值	重置价值	成新率%	净值	
1		白灰炉			座	2						12358800.00	100	12358800.80	
本页小计															
合计												12358800.00		12358800.80	

资产占有单位填表人：　　　　评估人员：　　　　填表日期：2015 年 5 月 8 日

5. 编号 X 银沈 2014 最高额动产质押 BXA001 号《最高额动产质押合同》、编号 2015 质押 BXA001 号《最高额动产质押合同》。

编号 X 银沈 2014 最高额动产质押 BXA001 号《最高额动产质押合同》中，抵押人为华声铸造厂，约定以其名下动产（包括：焦炭、铁精粉、球团矿、生铁、烧结矿）在 5000 万元范围内提供质押担保，担保期限为 2014 年 1 月 7 日至 2015 年 1 月 6 日，抵押权人为贵行。

编号 2015 质押 BXA001 号《最高额动产质押合同》中，抵押人为华声铸造厂，约定以其名下动产（包括：焦炭、铁精粉、球团矿、生铁、烧结矿）在 4572 万元范围内提供质押担保，担保期限为 2015 年 1 月 6 日至 2016 年 1 月 5 日，抵押权人为贵行。

详情见质押 BXA0001 号《最高额动产质押合同》附件一

附件一

2015 质押 BXA0001 号《最高额动产质押合同》项下：

序号	品名	规格（型号）	数量（吨）	单价（元）	金额（元）
1	铁精粉		4888.87	630	3080000
2	焦炭		3239.00	1080	3498100
3	生铁（球墨铸铁）		5186.77	2600	13485600
4	球团矿		330.24	900	297200
5	烧结矿		3500.20	900	3150200
6					
合计：			17145.07		23511100

出质人：黄海华声铸造厂（公章）　　质权人：XY 银行黄海支行（单文公章）

法定代表人或授权代表：（签章）　　负责人：（签章）

6. 编号 X 银沈 2015 抵押 BXA007 号《最高额抵押合同》。

抵押人为陈朋及其配偶步丽君，约定以其名下共计 173.66 平方米的 2 套房产在 30 万元范围内提供抵押担保，担保期限为 2015 年 6 月 24 日至 2016 年 6 月 24 日，抵押权人为贵行。

详情见 X 银沈 2015 抵押 BXA007 号《最高额抵押合同》附件一

X 银沈 2015 抵押 BXA007 号《最高额抵押合同》附件一：

2015 抵押 BXA007 号《最高抵押合同》（适用于非额度投信业务）项下：

抵押物清单（不动产）

<table>
<tr><td>抵押物名称</td><td colspan="6">房产</td></tr>
<tr><td>所有人</td><td colspan="6">陈朋</td></tr>
<tr><td>使用人</td><td colspan="6"></td></tr>
<tr><td>种类</td><td colspan="2">房产</td><td colspan="2">使用年限</td><td colspan="2"></td></tr>
<tr><td>处所</td><td colspan="6">草河口镇胜利街百合园小区 1# - 1 - 602 号
草河口镇胜利地税住宅楼 1 - 1 - 301 号</td></tr>
<tr><td rowspan="2">四至</td><td>东</td><td colspan="2"></td><td>西</td><td colspan="2"></td></tr>
<tr><td>南</td><td colspan="2"></td><td>北</td><td colspan="2"></td></tr>
<tr><td>占地面积
（平方米）</td><td colspan="2"></td><td colspan="2">建筑面积
（平方米）</td><td colspan="2">173.66</td></tr>
<tr><td>结构</td><td>砖混</td><td>层数</td><td></td><td>层次</td><td colspan="2"></td></tr>
<tr><td>造价（元）</td><td colspan="2"></td><td colspan="2">现值（元）</td><td colspan="2">434 ，150.00</td></tr>
<tr><td>产权证号码</td><td colspan="6">房权证 1 - 54 字第 154623 号
房权证 1 - 60 字第 154742 号</td></tr>
<tr><td>颁发证书机关</td><td colspan="6"></td></tr>
<tr><td>颁证时间</td><td colspan="6"></td></tr>
<tr><td>保险险种</td><td colspan="6"></td></tr>
</table>

抵押人（签章）： 抵押权人（单位印章）：

银行经办人（签字）： 填写日期：2015 年 6 月 24 日

7. 编号 X 银沈 2015 抵押 BXA009 号《最高额动产质押合同》。

抵押人为陈宝桐及其配偶周骏，约定以其名下共计 587.46 平方米的 3 套房产提供抵押担保，担保期限为 2015 年 7 月 3 日至 2016 年 7 月 2 日，抵押权人为贵行。

附件一：

2015 抵押 BXA009 号《最高抵押合同》(适用于非额度投信业务)项下：

抵押物清单(不动产)

<table>
<tr><td>抵押物名称</td><td colspan="5">房产</td></tr>
<tr><td>所有人</td><td colspan="5">陈宝桐</td></tr>
<tr><td>使用人</td><td colspan="5"></td></tr>
<tr><td>种类</td><td colspan="2"></td><td colspan="2">使用年限</td><td></td></tr>
<tr><td>处所</td><td colspan="5">明山区明仕华庭，黄海县都欣国际，山水丽城</td></tr>
<tr><td rowspan="2">四至</td><td>东</td><td></td><td>西</td><td colspan="2"></td></tr>
<tr><td>南</td><td></td><td>北</td><td colspan="2"></td></tr>
<tr><td>占地面积
(平方米)</td><td colspan="2"></td><td colspan="2">建筑面积
(平方米)</td><td>240m^2
221.46m^2
126m^2</td></tr>
<tr><td>结构</td><td>砖混</td><td>层数</td><td></td><td>层次</td><td></td></tr>
<tr><td>造价(元)</td><td colspan="2"></td><td colspan="2">现值(元)</td><td>434，150.00</td></tr>
<tr><td>产权证号码</td><td colspan="5"></td></tr>
<tr><td>颁发证书机关</td><td colspan="5"></td></tr>
<tr><td>颁证时间</td><td colspan="5"></td></tr>
<tr><td>保险险种</td><td colspan="5"></td></tr>
</table>

抵押人(签章)：　　　　　　　　　　　　　　　　　　抵押权人(单位印章)：

银行经办人(签字)：　　　　　　　　　　　　　　　填写日期:2015 年 6 月 24 日

(四)债权余额及目前预计清收情况

截至 2016 年 4 月 21 日，黄海华声铸造厂债权剩余本金 78318929.81 元，欠息 3679321.86 元，本息合计 81998251.67 元。中建银(北京)资产评估有限公司对黄海华声铸造厂债权评估时厂房及相应土地总价 1519.29 万元，抵押率 179.02%。我行预计通过债权转让方式进行清收。

三、贷款拖欠的风险成因分析

1. 受整个市场环境影响，上游给予该企业的账期缩短，同时下游预付账款减少，回款周期的延长，导致企业现金流日渐紧张。虽然该企业已经通过多种途径与方式在不断努力，但仍难改变整体流动性趋紧的现状。

2. 企业在我行的担保中有部分为货物质押，因我行对质押货物有最低控货值的要求,使企业出货量受到限制,为降低最低控货价值,企业会存入保证金或托管银行承兑汇票,从而影响企业部分流动资金的占用量。

3. 为满足工信部的准入的要求,企业于 2012～2013 年进行高炉重建,固定资产投入较大,该投入虽大幅提升企业产能,却在一定程度上造成其现金流相对紧张。

4. 受到大连投资方汪某突然撤资的影响,导致企业资金流断裂、正常的生产经营停滞,最终迫使企业休风停产。

5. 借款人在高炉改扩建的过程中举借民间借贷,恰逢经济下行,销售利润无法覆盖财务成本,导致资金链断裂。

6. 借款人涉及多笔诉讼,抵押物有多笔查封,因此无法办理贷款重组。

四、尽职调查的考量

鉴于借款人所欠贷款逾期且数额较大的情况,为了清楚知晓借款人现在的资产情况、银行回收贷款的可能性以及可能面临的损失,银行欲委托律师事务所对借款人金融借贷之债权进行尽职调查,并在此基础上结合评估报告,计量该笔债权的现金价值,从而为银行以何种方式处理该笔债权,是否需要将该笔债权转让给其他资产公司、如何确定其转让价值提供参考和依据。

五、尽职调查的工作流程

(一)委托关系确立

XY 银行沈阳分行与天律律师事务所签订专项法律服务合同,确立委托关系,签署授权委托书,移送与尽职调查工作相关的文件材料,以便于之后尽职调查工作的开展。

关于为 XY 银行股份有限公司沈阳分行
提供债权尽职调查专项法律服务协议书

聘请单位:XY 银行股份有限公司沈阳分行(以下简称甲方)

受聘单位:辽宁天律律师事务所(以下简称乙方)

甲方就聘请乙方提供尽职调查专项法律服务事宜,经与乙方协商后,达成本协议。

1. 服务内容

乙方接受甲方聘请并指派周琳、曹鹤、刘学、石卫军、闫琳等律师,为甲方提供尽职调查专项法律服务,服务内容包括:

(1)调查辽宁铜业集团有限公司、黄海华声铸造厂、辽宁厚福再生资源有限责任公司、沈阳瀚邦机床有限责任公司、沈阳久久贺钢铁贸易有限公司之债权相关诉讼及资产查封情况；

(2)调查上述公司目前工商登记情况；

(3)根据调查内容出具尽职调查报告。

2. 服务时间

应甲方要求，乙方向甲方指派律师提供及时的法律服务。

3. 服务工作地点

根据工作需要双方协商确定，包括但不限于甲、乙双方工作地。

4. 尽职调查报告的使用

乙方律师出具的尽职调查报告，仅供贵行了解债权现状及债权出售而使用；未经乙方同意，甲方不得超出此范围使用。

5. 法律服务费及服务期限

甲方于本协议签订后3日内向乙方支付专项法律服务费伍万元整，如因本专项事宜引发的相关诉讼，甲、乙双方另行签订委托代理合同。

6. 其他费用

乙方为甲方提供法律服务过程中所发生的复印费、交通费及外埠办案时符合常理的食宿费用等，由乙方自行承担。

7. 禁止

乙方律师服务过程中，不得有损害甲方利益的行为。

8. 保密

乙方应当保守为甲方提供法律服务过程中所知悉的甲方秘密。

9. 甲方的协助义务

9.1 甲方应向乙方提供与委托事项有关的全部文件资料并保证所提供文件资料的真实性。

9.2 乙方律师在甲方住所地提供法律服务，甲方提供必要工作条件。

10. 争议的解决

双方应通过友好协商的方式解决因本协议产生的争议；协商不成可以向人民法院起诉。

11. 其他约定

11.1 本协议经双方签字或盖章后生效；

11.2 乙方提供的法律服务截止尽职调查报告出具之日止；

11.3 本协议正本壹式肆份，双方各保存贰份。

(以下无正文)

甲方：XY银行股份有限公司沈阳分行　　　　乙方：辽宁天律律师事务所

法定(或授权)代表人：　　　　　　　　　　法定(或授权)代表人：

本协议于2016年4月28日签订于沈阳

（二）工作统筹安排

XY银行尽职调查工作安排一览表

<table>
<tr><th>序号</th><th>人员</th><th>工作类型</th><th>具体内容</th><th>时间要求</th><th>备注</th></tr>
<tr><td>1</td><td>曹鹤</td><td>与银行协调文件递转复核报告</td><td>①专项合同的签订
②授权委托的用印
③相关材料的递转
④复核上述报告</td><td>5月7日</td><td>①专项法律服务合同
②授权</td></tr>
<tr><td>2</td><td>刘学</td><td>外调</td><td rowspan="2">①黄海华声铸造厂及其抵押人陈朋、陈宝桐的工商档案、房产土地等信息。（黄海）
②除①②之外的其他债务人及抵押人的上述相关信息（沈阳）</td><td rowspan="2">5月6日</td><td rowspan="2">①授权
②材料
③银行报告</td></tr>
<tr><td>3</td><td>石卫军</td><td>外调</td></tr>
<tr><td>4</td><td>周琳</td><td>制作合同及授权制作报告汇总工作</td><td>①黄海华声铸造厂
②对全部尽调报告进行汇总检查
③沟通协调本次尽调中的问题</td><td>5月7日（制作）
5月8日（汇总）</td><td></td></tr>
</table>

（三）尽职调查清单

黄海华声铸造厂尽调清单

1. 黄海华声铸造厂

组织机构代码证:74710664-7

地址:黄海市草河城镇黄岭

法定代表人:步丽君

(1)土地使用权(土地证编号:本县国用〔2009〕第115号)

面积:70885平方米

地址:草河城镇关口村、工坊村

抵押登记时间:2013年7月4日

抵押担保期间:2013年7月4日至2016年7月3日

(2)房产(房屋所有权编号:房权证09-5字第0019号—0022号,房权证09-5字第0024—0033号、房权证chcz字第20100037号,共15套)

面积:6573.17平方米

地址:黄海县草河城镇关口村黄岭

抵押登记时间:2013 年 7 月 4 日

抵押担保期间:2013 年 7 月 4 日至 2016 年 7 月 3 日

(3)机器设备(41 套)

抵押登记时间:2015 年 6 月 17 日

抵押担保期间:2015 年 6 月 17 日至 2016 年 6 月 16 日

2. 陈朋及其配偶步丽君

(1)陈朋身份证号码:210521195506210816

步丽君身份证号码:210502196201253028

(2)房产(房屋所有权编号:房权证 1-54 字第 154623 号,房权证 1-60 字第 154742 号)

面积:共计 173.66 平方米

地址:草河口镇胜利街地税住宅楼 H-301 号,草河口镇胜利街百合园小区 1-602 号

抵押登记时间:2015 年 6 月 24 日

抵押担保期间:2015 年 6 月 24 日至 2016 年 6 月 24 日

3. 陈宝桐及其配偶周骏

陈宝桐身份证号码:210502198802143018

周骏身份证号码:220381198906080847

(四)尽职调查的工作方法

1. 审阅、核查贵行提供的黄海华声铸造厂的资料;

2. 向辽宁省工商局红盾网全国企业信用信息公示系统进行查证;

3. 向最高人民法院网站查询失信被执行人信息。

(五)尽职调查报告

关于 XY 银行股份有限公司沈阳分行与黄海华声铸造厂之债权
律师尽职调查报告

目　　录

(一)尽职调查的概念

(二)律师开展尽职调查应遵循的基本原则

(三)尽职调查的目的

(四)尽职调查材料的获取途径

(五)尽职调查的程序

(六)律师尽职调查中应注意的问题

四、律师尽职调查的主要内容及尽职调查报告的编写

(一)律师尽职调查的主要事项

(二)尽职调查报告的主要内容

(三)尽职调查中的相关文件

关于为 XY 银行股份有限公司沈阳分行提供债权尽职调查专项法律服务协议书

致 XY 银行股份有限公司沈阳分行:

辽宁天律律师事务所接受贵行委托,指派本所律师就与黄海华声铸造厂金融借贷之债权相关情况提供尽职调查专项法律服务,并出具律师尽职调查报告。

第一部分 导　言

1. 声明

1.1 本所系 2000 年经辽宁省司法厅批准,取得律师从业许可的综合性律师事务所,本所依法设立并有效存续,有资格对本次调查结果出具尽职调查报告。承办律师基于对有关事实的了解和对中国现行的法律、法规的理解发表核查意见。

1.2 本报告所描述或引用法律问题时涉及的事实、信息和数据系截至 2016 年 5 月 8 日贵行提供给我们的受限于前述规定的有效的事实和数据。

1.3 本报告仅为贵行调查债务人黄海华声铸造厂之间债权债务而出具,未经本所书面同意,本报告不得为其他人的利益或其他目的而使用。

1.4 本所仅根据中国境内法律、法规对黄海华声铸造厂进行法律方面的尽职调查,而不对有关会计、审计及资产评估等专业事项发表意见。在本尽职调查报告中对有关会计报告、审计报告和资产评估报告书中某些数据和结论的引述,并不意味着本所对这些数据、结论的真实性和准确性做出任何明示或默示保证。

1.5 为出具本尽职调查报告,承办律师进行了必要的尽职调查工作,包括但不限于:

1.5.1 审阅、核查贵行提供的黄海华声铸造厂的资料;

1.5.2 向辽宁省工商局红盾网全国企业信用信息公示系统进行查证;

1.5.3 向最高人民法院网站查询失信被执行人信息;

1.5.4 向黄海满族自治县国土资源局查询黄海华声铸造厂名下抵押土地信息;

1.5.5 向黄海满族自治县房产管理处查询黄海华声铸造厂名下抵押房产信息;

1.5.6 向黄海满族自治县房地产交易所查询陈朋名下抵押房产信息;

1.5.7 向黄海满族自治县市场监督管理局查询黄海华声铸造厂名下抵押设备信息。

1.6 至本次调查截止日，对于贵行提供给本所律师的文件、资料，本所律师已经得到贵行如下保证：

1.6.1 所有贵行提供的文件记载内容并无虚假，所有签名或盖章都真实无误，所提交文件的复印件与原件完全一致；

1.6.2 所有贵行提交给我们的文件均有合法授权人的授权、签署和递交；

1.6.3 所有贵行对我们做出的有关事实的阐述、声明、保证（无论是书面的还是口头做出的）均为真实、准确和可靠的。

2. 定义

在本报告中，除非根据上下文应另作解释，否则下列简称和术语具有以下含义：

贵行：指 XY 银行股份有限公司沈阳分行；

华声铸造厂：指黄海华声铸造厂；

本次调查截止日：指 2016 年 5 月 8 日；

元：记账币种人民币；

中国法律：指中华人民共和国法律、行政法规、部门规章，但香港特别行政区、澳门特别行政区、台湾地区的法律除外；

本报告：指由本所于 2016 年 5 月 8 日出具的关于 XY 银行股份有限公司沈阳分行与黄海华声铸造厂之债权《律师尽职调查报告》；

本所：指辽宁天律律师事务所；

本所律师：指进行本次尽职调查的本所刘学、石卫军律师。

第二部分　正　文

第一部分　法律尽职调查情况描述

1.1 借款人

本金融借贷法律关系中的借款人为黄海华声铸造厂。

1.2 贷款合同

1.2.1 2014 年 12 月 1 日起，借款人华声铸造厂陆续向贵行申请贷款 9650 万元，具体明细见下表：

贷款编号	金额（万元）	期限
2014 流贷 BXA038 号	540	2014.12.01～2015.08.31
2015 贸融 BXA004 号	600	2015.3.12～2015.09.12
2015 贸融 BXA005 号	300	2015.3.12～2015.09.12
2015 贸融 BXA007 号	500	2015.04.10～2015.09.30
2015 贸融 BXA008 号	400	2015.04.10～2015.09.30

续表

贷款编号	金额(万元)	期限
2015 贸融 BXA010 号	500	2015.05.27～2015.09.27
2015 贸融 BXA011 号	400	2015.05.27～2015.09.27
2015 流贷 BXA023 号	1960	2015.07.03～2016.07.01
2015 流贷 BXA031 号	2000	2015.08.03～2016.07.07
2015 流贷 BXA032 号	2450	2015.08.03～2016.08.02

截至 2016 年 4 月 21 日，借款人华声铸造厂债权本金余额 78,318,929.81 元，欠息金额 3,679,321.86 元，本息合计 81,998,251.67 元。

1.3 保证

1.3.1 编号 2014 保证 BXA012 号《最高额保证合同》、编号 2015 保证 BXA003 号《最高额保证合同》

保证人陈朋及其配偶步丽君，在最高额为 9000 万元的范围内为华声铸造厂与贵行之间的债务提供个人连带责任保证担保，保证期间分别为 2014 年 7 月 7 日至 2015 年 7 月 6 日、2015 年 7 月 3 日至 2016 年 7 月 2 日。

1.3.2 编号 2014 保证 BXA013 号《最高额保证合同》、编号 2015 保证 BXA005 号《最高额保证合同》

保证人陈宝桐及其配偶周骏，在最高额为 9000 万元的范围内为华声铸造厂与贵行之间的债务提供个人连带责任保证担保，保证期间分别为 2014 年 7 月 7 日至 2015 年 7 月 6 日、2015 年 7 月 3 日至 2016 年 7 月 2 日。

1.3.3 编号 2014 保证 BXA014 号《最高额保证合同》、编号 2015 保证 BXA004 号《最高额保证合同》

保证人陈媛媛及其配偶刘欧，在最高额为 9000 万元的范围内为华声铸造厂与贵行之间的债务提供个人连带责任保证担保，保证期间分别为 2014 年 7 月 7 日至 2015 年 7 月 6 日、2015 年 7 月 3 日至 2016 年 7 月 2 日。

1.4 抵押合同及抵押物

1.4.1 编号 X 银沈 2013 最高额抵押 BXA009 号《最高额抵押合同》

抵押人为华声铸造厂，约定以其名下 70885 平方米土地使用权在 1000 万元范围内提供抵押担保，担保期限为 2013 年 7 月 4 日至 2016 年 7 月 3 日，抵押权人为贵行。

1.4.2 编号 X 银沈 2013 最高额抵押 BXA008 号《最高额抵押合同》

抵押人为华声铸造厂，约定以其名下共计面积 6573.17 平方米的 15 套房产在 800 万元范围内提供抵押担保，担保期限为 2013 年 7 月 4 日至 2016 年 7 月 3 日，抵押权人为贵行。

详见抵押物清单(附件一)

1.4.3 编号2015抵押BXA010号《最高额抵押合同》

抵押人为华声铸造厂,约定以其名下1647平方米房产和42167平方米土地提供抵押担保,担保期限为2015年7月3日至2016年7月2日,抵押权人为贵行。

1.4.4 编号2014抵押BXA006号《最高额抵押合同》、编号2015抵押BXA005号《最高额抵押合同》

编号2014抵押BXA006号《最高额抵押合同》中,抵押人为华声铸造厂,约定以其名下机器设备在7200万元范围内提供抵押担保,担保期限为2014年7月4日至2016年7月3日,抵押权人为贵行。

编号2015抵押BXA005号《最高额抵押合同》中,抵押人为华声铸造厂,约定以其名下机器设备在7250万元范围内提供抵押担保,担保期限为2015年6月17日至2016年6月16日,抵押权人为贵行。

详见评估明细表

1.4.5 编号X银沈2014最高额动产质押BXA001号《最高额动产质押合同》、编号2015质押BXA001号《最高额动产质押合同》

编号X银沈2014最高额动产质押BXA001号《最高额动产质押合同》中,抵押人为华声铸造厂,约定以其名下动产(包括:焦炭、铁精粉、球团矿、生铁、烧结矿)在5000万元范围内提供质押担保,担保期限为2014年1月7日至2015年1月6日,抵押权人为贵行。

编号2015质押BXA001号《最高额动产质押合同》中,抵押人为华声铸造厂,约定以其名下动产(包括:焦炭、铁精粉、球团矿、生铁、烧结矿)在4572万元范围内提供质押担保,担保期限为2015年1月6日至2016年1月5日,抵押权人为贵行。

详见质物清单

1.4.6 编号X银沈2015抵押BXA007号《最高额抵押合同》

抵押人为陈朋及其配偶步丽君,约定以其名下共计173.66平方米的2套房产在30万元范围内提供抵押担保,担保期限为2015年6月24日至2016年6月24日,抵押权人为贵行。

详见抵押物清单(附件一)

1.4.7 编号X银沈2015抵押BXA009号《最高额动产质押合同》

抵押人为陈宝桐及其配偶周骏,约定以其名下共计587.46平方米的3套房产提供抵押担保,担保期限为2015年7月3日至2016年7月2日,抵押权人为贵行。

详见抵押物清单(附件一)

1.5 法律程序文件

正在法律调查中,尚未起诉。

第二部分 相关重大法律事实和问题的总结

2.1 借款人及担保人主体状况

2.1.1 借款人主体情况

经律师查询借款人华声铸造厂工商登记表明,公司住所地为草河城镇黄岭,注册号为:912105217471066479,法代表人为步丽君,注册资金为800万元。该公司于2003年2月27日首次核准设立,企业目前经营状态为存续(在营、开业、在册),企业类型为个人独资企业;经营范围为:炼铁、铸铁件加工、制造;球团制造、销售;部分厂房、设备出租。(依法须经批准的项目,经相关部门批准后方可开展经营活动。)。登记机关为黄海满族自治县市场监督管理局。

经查询最高人民法院网站,未查证到其失信被执行人信息。

经查询全国企业信用信息公示系统,查证到其被执行情况如下:

1. 执行法院:辽宁省黄海满族自治县人民法院

立案时间:2016-03-25

案号:(2016)辽0521执287号,执行标的:1000000元。

2. 执行法院:辽宁黄海满族自治县人民法院

立案时间:2016-01-25

案号:(2016)辽0521执13号,执行标的:55000元。

3. 执行法院:凤城市人民法院

立案时间:2015-11-09

案号:(2015)凤法执字第01770号,执行标的:15000000元。

4. 执行法院:丹东市振兴区人民法院

立案时间:2015-11-05

案号:(2015)兴法执字第01712号,执行标的:8805193元。

2.2 担保人、抵押人主体情况

2.2.1 保证人步丽君及其配偶陈朋

步丽君,女,汉族,1962年1月25日生,身份证号:210502196201253028,住址:辽宁省黄海满族自治县草河口镇振兴路91-3栋1-6-2。

经查询最高人民法院网站,,查证到其失信被执行人信息见下表:

被执行人姓名/名称:	步丽君
身份证号码/组织机构代码:	21050219620××××3028
执行法院:	凤城市人民法院
立案时间:	2015年11月9日
案号:	(2015)凤法执字第01770号
执行标的:	15000000

陈朋,男,满族,1955年6月21日生,身份证号:210521195506210816,住址:辽宁省黄海满族自治县草河口镇振兴路143-1栋1-3-1。

经查询最高人民法院网站,未查证到其失信被执行人信息。

2.2.2 保证人陈宝桐及其配偶周骏

陈宝桐,男,满族,1988年2月14日生,身份证号:210502198802143018,住址:辽宁省黄海满族自治县草河口镇振兴路91-3栋1-6-2。

经查询最高人民法院网站,未查证到其失信被执行人信息。

周骏,女,汉族,1989年6月8日生,身份证号:220381198906080847,住址:长春市南关区彩云街1236号。

经查询最高人民法院网站,未查证到其失信被执行人信息。

2.2.3 保证人陈媛媛及其配偶刘欧

陈媛媛,女,汉族,1982年1月16日生,身份证号:211002198201163869,住址:辽宁省黄海满族自治县观音阁文化街工商巷12号200-39。

经查询最高人民法院网站,未查证到其失信被执行人信息。

刘欧,男,汉族,1978年11月25日生,身份证号:沈字0304921,发证机关:65133部队政治部,部别:65136部队押运队,职务:队长,衔级:少校。

经查询最高人民法院网站,未查证到其失信被执行人信息。

2.3 主合同的有效性

关于本文1.2条所述贷款合同,为双方当事人的真实意思表示,该合同的签订并未违反强制性法律及法规的规定,应合法有效。

2.4 担保合同及抵押权的有效性

根据抵押人与贵行签订的本文1.3条、1.4条之保证合同、抵押合同系双方真实意思的表示,且未违反强制性的法律、法规的规定,应合法有效。

2.5 财产保全及查封、扣押、冻结情况

(1)抵押物为华声铸造厂自有的70885平方米土地使用权(土地编号:本县国用〔2009〕第115号,宗地号:17-1-2406),已办理抵押登记,登记机关为黄海满族自治县国土资源局。抵押期限自2013年7月4日至2016年7月3日。

查封情况为:2015年8月31日被黄海明山区人民法院查封,查封期限为一年,首封;2015年10月20日被佳木斯市东风区人民法院查封,查封期限为3年,续封;2015年11月11日被凤城市人民法院查封,查封期限为3年,轮候;2016年3月18日被七台河市新兴区人民法院查封,查封期限为3年,轮候;2016年3月23日,被辽宁省丹东市振兴区人民法院查封,查封期限3年,轮候;2016年3月30日被黄海满族自治县人民法院查封,查封期限3年,轮候。

(2)抵押物为华声铸造厂自有的15处房产,(房屋所有权证编号:房权证09-5字第0019号—0022号、房权证09-5字第0024号—0033号、房权证chcz字第20100037号),面积合计6573.17平方米,已办理抵押登记,登记机关为黄海满族自治县村镇建设办公室(查询单位为黄海满族自治县房产管理处)。抵押期限自2013年7月4日至2016年7月3日。

查封情况为:2015年8月31日被黄海市明山区人民法院查封;2015年10月20日被佳木斯市东风区人民法院查封;2015年11月11日被凤城市人民法院查封;2016年3月18日被丹东市振兴区人民法院查封;2016年3月30日被黄海县人民法院查封。

(3)抵押物为华声铸造厂自有的机器设备,已办理抵押登记,登记机关为黄海满族自治县市场监督管理局。抵押期限自2015年6月17日至2016年6月16日。

查封情况为:2015年11月11日被凤城市人民法院查封(案号为:(2015)凤执字第1770－3号);2016年1月12日被佳木斯市东风区人民法院查封(案号为:(2016)黑0805执32号);2016年3月18日被七台河市新兴区人民法院查封(案号为:(2016)黑0902执51号);2016年3月31日被黄海县人民法院查封(案号为:(2016)辽0521民初957－5号)。

(4)抵押物为陈朋及其配偶步丽君自有的2套房产,(房屋所有权证编号:房权证1－54字第154623号、房权证1－60字第154742号),已办理抵押登记,登记机关为黄海满族自治县房产管理处(查询机关为:黄海满族自治县房地产交易所)。抵押期限自2015年6月24日至2016年6月24日。

查封情况为:2016年3月25日被黄海满族自治县人民法院查封,查封期限3年,案号为:(2016)辽0521民初字957－1号。

(5)抵押物为华声铸造厂自有的1647平方米房产和42167平方米土地使用权,仅签订抵押合同,未办理抵押登记。

(6)抵押物为陈宝桐及其配偶周骏自有的3套房产,仅签订抵押合同,未办理抵押登记。

经贵行现场实地查看,目前除陈朋及其配偶步丽君自有的2套房产外,其余抵押物现处于闲置状态。

2.6 借款合同或担保合同是否有限制主债权或担保债权转让的条款

经查阅《流动资金借款合同》《最高额保证合同》的约定,并没有限制债权人关于主债权及担保债权转让的限制性条款,而对于债务人转让主债务的,约定未经贷款人即债权人的书面同意,不得将本合同项下债务全部或部分转让给第三人。

(此页无正文,为关于XY银行股份有限公司沈阳分公司与债务人黄海华声铸造厂债权《律师尽职调查报告》签字页)

辽宁天律律师事务所律师:刘　学
律　师:石卫军
2016年5月8日

教学指导手册

教学对象及目标

本案例可供法学教学使用，主要适用于民商法学硕士、法律硕士的案例教学课程使用。

本案例借助实践中发生的尽职调查实例，重点介绍了尽职调查的意义及原则，尽职调查的项目、工作方法等相关问题，通过学生对案例的阅读、分析，结合授课教师的指导，使学生对尽职调查的原则、内容及风险管理，尽职调查报告及相应文件的书写要点等内容有较为熟悉的把握，从而对公司并购这一较为复杂的非诉讼法律业务有更为深刻的理解，并在此基础上，能够独立完成简单的尽职调查报告的制作。同时，以案例的讲授作为切入点，引出尽职调查过程中存在的相关基础理论问题（如尽职调查的概念、分类、原则等问题），从而对之进行思考与检讨，为学生进一步学习提供方向。

教学内容

（一）尽职调查的基本知识

1.尽职调查的概念

尽职调查是一个非常广泛的概念，一般指由中介机构在企业的配合下，对企业的历史数据和文档、管理人员的背景、市场风险、管理风险、技术风险和资金风险做全面深入的审核，多发生在公司并购、股票上市等公司重大商业行为之前。

2.尽职调查的分类

以不同的标准可以对尽职调查做不同的分类，常见的分类有：

（1）以尽职调查的委托方为标准，可分为外部机构委托中介机构对目标公司进行的调查和目标公司的自我调查。前者如公司并购前，收购方委托中介机构对目标公司的调查，通过调查掌握目标公司在设立、债权债务、公司运营等方面的情况，从而决定是否收购以及收购价格；后者如被收购方事先聘请中介机构对本公司的资产、财务、经营管理的各个方面进行模拟尽职调查，对发现的财务、法律、公司治理、经营管理等问题进行事先的调整和弥补，从而提高自身对并购方的吸引力进而抬高并购价格。

(2)以尽职调查的方向和内容为标准,可以分为法律尽职调查、财务尽职调查、商业尽职调查等。法律尽职调查是指律师事务所受托对目标公司的设立、资产负债、诉讼仲裁或行政处罚等事项以法律视角进行的调查;财务尽职调查的调查方向和内容主要侧重于企业的资产负债组成、盈利情况、现金流量、税种税率等;商业尽职调查则侧重于运营数据分析、产业和产业链研究等。

由于本书为法律实训教材,因此以下内容如未作特殊说明,则仅指法律尽职调查。

3. 尽职调查的意义

尽职调查可以针对某一单一具体的事项而调查,但大多数发生在公司股票公开发行上市和公司并购过程中。由于我国法律法规在证券公开发行上市中对各中介机构承担的勤勉尽责义务有严格的规定,为了保证出具的文件的真实性和可靠性,各中介机构多会自觉、尽责地进行尽职调查,但在公司并购中,尽职调查往往不能受到应有的重视,这也是大量公司并购之所以失败的重要原因之一,因此尽职调查的意义不容小觑。

(1)对于公司股票首次公开上市,通过尽职调查,可以发现拟上市公司存在的法律问题,如股权是否明晰、是否存在重大关联交易、是否存在诉讼等或有负债,从而为拟上市公司提供辅导的方向,方便其及时纠正,以满足证券交易所及证券监管部门的要求。另外,尽职调查也是律师出具法律意见书的重要基础。

(2)对于公司收购,由于收购方和出让方的立场不同,因此尽职调查对于两者的意义也有不同。

在收购前,出让方与收购方通常对目标公司的信息获知是不平衡的,即出让方很清楚地了解公司的运营及风险情况,而收购方却知之甚少,甚至根本无从获知,因此收购决定对于收购方来说是有风险的。作为收购方,其需要有一种安全感,这种安全感来自他们知晓有关目标公司的真实情况,而尽职调查就是一项重要的风险管理措施,其是将通过调查获得的信息予以分析,再以调查报告的形式告知收购方拟收购的目标公司存在哪些风险,而这些风险将成为影响收购是否继续的重要因素,或者成为收购方在日后进行谈判时压低收购价格的重要砝码之一,或者收购方就可以在相关风险应由哪方承担上与出让方进行谈判。

尽职调查是把“双刃剑”,对被并购方而言也有重要的意义。首先被并购方也可以通过尽职调查知道自己真正的价值,是否存在价值被低估的情况,同时也对自己的优点和缺点有清楚的了解,并在此基础上为并购谈判做好准备,提高自身的谈判能力。

4. 尽职调查的原则

(1)独立客观性原则。律师事务所虽然是受当事人的委托而从事尽职调查工作,但律师事务所及其律师在尽职调查中必须保持其独立的地位,在调查工作中必须客观中立,以律师的职业性身份、以专业的法律知识出具尽职调查报告。

(2)谨慎性原则。尽职调查又称为谨慎性调查,因此谨慎性贯穿于尽职调查的整个过程,不论是在调查工作过程中,还是在调查报告的制作过程中,律师事务所及其律师必须严谨细心,充分评估各种风险。

(3)全面性原则。首先,尽职调查的内容要全面,不仅涉及企业设立、劳动纠纷、诉讼风险等法律事项,还要涉及债权债务、资产负债等财务事项;其次,尽职调查的材料要全面,律师事务所及其律师必须调查收集与调查事项有关的所有资料,如对于目标公司股权结构的调查,不仅要查阅公司的营业执照,还要查阅公司章程、股东出资证明书、出资协议、验资报告、股份转让协议等一系列文件。

(4)重要性原则。尽职调查需要有侧重,这不仅是由于调查时间和调查人数的限制,而且是由尽职调查的目的所决定的。例如,对于初创企业,其公司股权结构相对简单,因此尽职调查的重点就要放在企业的知识产权、营销创作团队等重点事项上;再如对于化工企业,其调查的重点就应放在企业的环境评估上。如果将人力、物力、财力不分重点、均等地分配在每一调查事项上,则势必造成资源浪费并且无法达到调查的最佳状态。

(5)促成交易原则。尽职调查表象上看是查找目标公司的问题,评估目标公司的风险,但委托人的目的却不是要律师事务所及其律师在尽职调查中仅仅查找问题,甚至吹毛求疵,而是由于委托人对目标公司感兴趣,意欲购买目标公司而引发的,因此一个在尽职调查中查找出所有问题及风险的项目组只是一个尽责的尽职调查受托人,真正优秀的、成功的尽职调查人应不仅仅是查找出目标公司的问题,而更应该是以其专业知识解决这一问题,促进交易的达成。正如迈克尔·梅指出的“尽职调查应该增加而不是破坏并购产生价值的机会”,这就要求参与尽职调查的人员有独特的战略眼光,关注委托人进行尽职调查的目的所在,关注目标企业的未来,关注企业并购整合后的发展前景,只有这样才能回归尽职调查的正确轨道上。

5.尽职调查的内容

尽职调查可以是针对某一具体事项的较为简单的尽职调查,如某一公司要购买一处商务楼,委托律师事务所对该商务楼做尽职调查,用以评估购买风险,也可以是因股票首次公开上市和公司并购而需要,但大多还是发生在股票首次公开上市和公司并购中。较之于公司并购,针对股票公开发行的尽职调查有其特殊性,将在本书中公司类非诉讼法律实务中涉及,本节暂且不做实训重点。

一般来说,公司并购中的调查主要应包括公司的规章制度、公司的营运及有关合同、财务等方面的内容。具体调查的内容则取决于委托公司对调查信息的需求、目标公司的规模和相对重要性、公司审计及其内部财务信息的可靠性、内在风险的大小以及所允许的调查时间等多方面的因素。具体来说:

(1)目标公司的基本情况

通常来说,目标公司的基本情况是了解一个公司的基础,其中包括公司的设立、变更、公司的资本、公司的组织机构、公司的章程及规章制度、公司的产权结构及公司的实际控制人等情况。这里需要注意的是公司的组织机构、公司重要的规章制度及公司的产权结构三个内容。分别说明如下:

第一,公司的组织机构即公司得以经营运转的基础,是公司为拟制法人主体的必要条件。《公司法》规定中的股东会(股东大会)、董事会、监事会是其最基础的组织机构,实际上,每个公司针对自身情况的不同,在公司法规定的基础组织机构之上又发展出各具特点的公司组织机构,如下图所示。

因此,在进行组织机构的尽职调查时,要注意以下方面信息的收集:目标公司及其附属机构的组织文件及补充条款;目标公司及其附属机构的规章制度和补充文件;目标公司及其附属机构历次董事会和股东会的会议记录;目标公司及其附属机构有资格从事经营业务的范围等。

第二,公司的规章制度。公司的规章制度相当于公司的法律,因此了解公司的规章制度是深入具体地了解一个公司的开始。问题是,公司的规章制度有很多,是否需要全面了解,在此需要以重要性原则为指导,对公司的规章制度进行筛选,如公司组织、章程中的各项条款,尤其对重要的决定,如合并或资产出售的认可、对外担保的认可、须经百分之几以上股权的同意才能进行的规定;公司章程中是否有特别投票权的规定和限制;股东大会及董事会的会议记录,如果是资产收购,应取得股东大会同意此项出售的决议文件;公司与员工之间的雇佣合同及有关工资福利待遇的规定等。

第三,公司的产权结构及实际控制人。公司的产权结构即公司权益资本的构成情况,即跳出公司内部的组织关系,从公司的权益所属上看待公司,如公司的股东、公司的全资子公司、公司的实际控制人等。调查公司的产权结构对于关联交易的认定以及公司的运营情况均有极其重要的作用。

通常,调查目标公司的产权结构是从以下信息入手,目标公司及其附属机构的组织结构和产权结构或相类似的信息(包括所有的公司、有限责任公司、合伙企业、合资企业或其他直接或间接拥有某种利益的组织形式);目标公司及其附属机构的股东名单和已签发的股票数量、未售出的股票数量;目标公司及其附属机构股票转让记录;目标公司及其附属机构与相关的股东或第三人签署的有关选举、股票的处置或收购的协议;目标公司所有附属机构(包括不上市的股票持有人、目标公司和附属机构中持有超过5%资本金股票的人员)以及所有公司和其附属机构、合作公

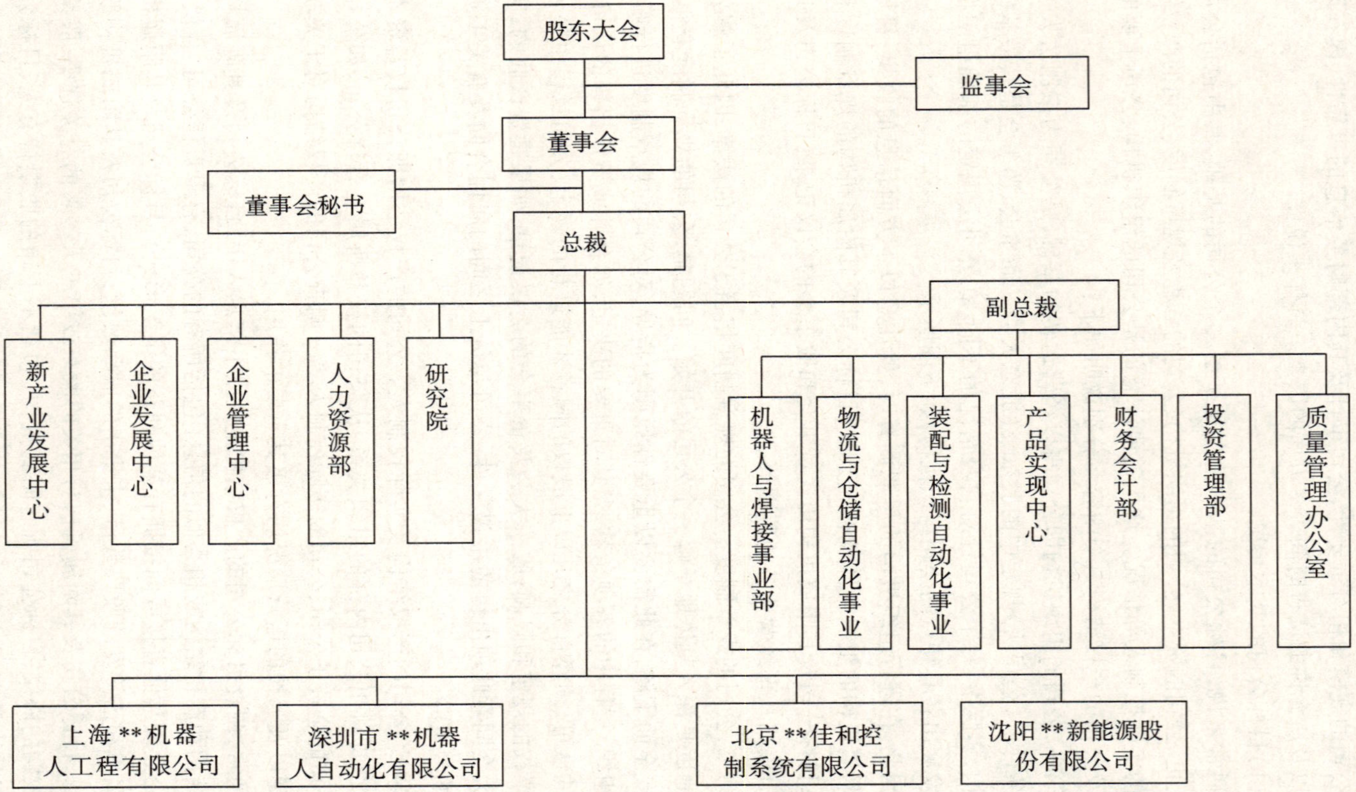
股东大会
监事会
董事会
董事会秘书
总裁
副总裁
新产业发展中心
企业发展中心
企业管理中心
人力资源部
研究院
机器人与焊接事业部
物流与仓储自动化事业
装配与检测自动化事业
产品实现中心
财务会计部
投资管理部
质量管理办公室
上海**机器人工程有限公司
深圳市**机器人自动化有限公司
北京**佳和控制系统有限公司
沈阳**新能源股份有限公司

司的董事和经营管理者名单,以及所有公司与附属机构及持股5%以上的人员签署的书面协议,包括但不限于有关分担税务责任的协议;保障协议;租赁协议保证书;咨询、管理和其他服务协议;关于设施和功能共享协议;购买和销售合同;许可证协议。

(2)目标公司的运营情况

目标公司运营情况也是尽职调查的重点,当然这与会计师事务所等中介机构所做的尽职调查在调查方法和着眼点上是不同的。对目标公司运营情况的调查主要从以下方面着手:第一,目标公司及其附属机构对外签订的书面合同,包括合资协议、战略联盟协议、合伙协议、管理协议、咨询协议、研究和开发协议等;第二,一定时期内所有的已购资产的供货商的情况清单;第三,购货合同以及价格确定、相关条件及特许权说明;第四,所有市场开拓、销售、特许经营、分拨、委托、代理、代表协议以及独立销售商或分拨商的名单;第五,有关存货管理的相关材料;第六,在国内或地区内主要竞争者的名单;第七,产品销售过程中使用的标准格式,包括但不限于订购单、售货单、分配表格等;第八,所有一定时期内作出的有关目标公司制造或分拨的产品的明确或隐含的质量保证的文件;第九,所有关于广告、公共关系的书面协议。

需要注意的是,在对目标公司的运营情况进行调查时,应依照重要性原则,考虑委托人的动机和目的做有选择地调查。如收购方想通过利用目标公司的现有营销渠道来扩展市场,则应重点调查目标公司现有的营销和销售组织及网络、主要客户及分布状况、客户的满意程度和购买力、主要竞争对手的市场占有率;在产品方面,则应重点了解产品质量,产品竞争力,新产品开发能力;还要了解目标公司在生产、技术、市场营销能力、管理能力以及其他经营方面与收购公司的整合程度;以及收购后原有供应商及主要客户的关系维持问题。又如收购的目的是想利用目标企业现有的生产设备及其他生产设施,则应重点调查这些生产设施的所有权归属、其账面价值和重置价值、目前的使用情况、是否有其他用途等。

(3)目标公司的资产和负债情况

第一,目标公司的资产调查。目标公司的资产调查是尽职调查中的一项重要内容,其不仅可以了解资产构成,而且对了解企业运营情况也有帮助。通常来说,调查目标公司的资产情况可从以下信息搜集入手:

目标公司及其附属机构所有、占有或租赁使用的土地、不动产,指明每一处不动产的所有权、面积、使用情况、是否有保险,如系租赁拥有,找到租赁合同,列出租赁期限、续签条件、租赁义务等,如系占有,列明产权所属关系;目标公司及其附属机构所拥有的不动产设立抵押权的情况;有关不动产的评估报告;有关存货的细目表,包括存货的规格、存放地点和数量等;目标公司及其附属机构在经营中使用的设备情况,指明这些设备的所有权情况以及有关融资租赁的情况或有关设备可被拥有或租赁使用的协议;有关有形资产收购或处置的有效协议。

第二,目标公司的负债调查。由于目标公司的负债情况是影响企业并购能否继续进行以及并购价格的最终确定的重要因素之一,因此目标公司的负债调查是尽职调查的重要内容之一,是每一公司并购中都需重点关注的问题。了解目标公司的负债情况,可从以下几方面着手信息调查:目标公司和附属机构所欠债务清单;借款协议及其补充协议或放弃债权的文件;所有的证券交易文件、信用凭单、抵押文件、信托书、保证书、分期付款购货合同、资金拆借协议、信用证、有条件的赔偿义务文件和其他涉及目标公司和附属机构收购问题、其他目标公司和附属机构有全部或部分责任等的有关文件;由目标公司、附属机构以及其经营管理者、董事、主要股东进行贷款的文件;由目标公司或附属机构签发的企业债券和信用证等。

或有负债是会计上的一个专有名词,其是指过去的交易或事项形成的潜在义务,其存在须通过未来不确定事项的发生或不发生予以证实;或过去的交易或事项形成的现时义务,履行该义务不是很可能导致经济利益流出企业或该义务的金额不能可靠地计量,也就是说,或有负债并不是真正的债务,只是一种潜在的债务而已,但由于其对于企业来说是一项十分重要的支出项,因此企业会将其予以计量并列明。或有负债通常有以下几种情况,如质量保证金、未决仲裁、诉讼或行政处罚、债务担保等。在尽职调查中,遇有上述情况,对于企业来说均是一种潜在的负债,因此对于上述情况应准确表述为或有负债,而非其他。

(4)目标公司的知识产权情况

知识产权对于企业发展异常重要,现今很多公司并购的目标之一就是获得出让方的知识产权,加之知识产权种类繁多,很多又涉及第三方协议,因此调查起来难度较大。

通常对知识产权的尽职调查从以下方面着手:第一,由目标公司及其附属机构拥有或使用的商标、服务标识、商号、版权、专利和其他知识产权及其证明文件;第二,正在向有关知识产权注册机关申请注册的商标、服务标识、版权、专利的文件,包括被驳回、撤销、重新审查的文件;第三,涉及特殊技术开发的作者、提供者、独立承包商、雇员的名单清单及有关雇佣开发协议;第四,专有技术及专有产品清单;第五,所有目标公司知识产权的注册证明文件,包括知识产权的国内注册证明、州或省的注册证明和国外注册证明;第六,所有由目标公司或其附属机构作为一方与他方签署的商标、服务标识、版权、专利、技术诀窍、技术或其他知识产权使用许可协议、转让协议;第七,所有的商业秘密、专有技术秘密、雇佣发明转让或其他目标公司或其附属机构作为当事人并对其有约束力的协议,以及与目标公司或其附属机构或第三者的专有信息或知识产权有关的协议;第八,目标公司及其所属机构有关知识产权诉讼的文件。

(5)目标公司的财税情况

第一,目标公司的财会调查。目标公司真实的财会信息可以准确地反映公司运营的真实状况,因此在对目标公司的尽职调查中,财会调查一定是必不可少的。由于财会知识专业性较强,因此在对目标公司财会信息调查时,律师事务所可以委托会计师事务所协助完成。

目标公司的财会信息一般来源于以下几种途径:目标公司的审计报告及财务报表;内部预算和项目准备情况的文件,包括备忘录;资产总量和可审查的账目;销售、经营收入和土地使用权;销售、货物销售成本、市场开拓、新产品研究与开发的详细情况;过去5年主要经营和账目变化的审查;采纳新的会计准则对原有会计准则的影响;目标公司审计师的联络方式。

在资产类科目的调查方面,应注意在账面上是否存在不能收回的应收账款,是否为呆账、坏账、现金及商业折扣、过期的应收账款、销售退回和折让;对于长期股权投资则要注意所投资公司的财务状况;对土地、建筑物、设备及无形资产的价值评估,应依据双方事先同意的评估方式进行调整。

在负债类科目的调查方面,应尽可能查找可能未体现的负债,如有些债务已经到期未付,则应特别注意债权人法律上的追索问题以及额外利息的支付;另外,还应注意是否有因对外担保而承担责任的问题。

此外,还应审查目标公司在未来是否存在重大支出的需要,如工厂迁址和扩建、新产品开发等。对于涉及国际业务的目标公司,还应注意审查汇率变动、外汇管制和利润汇回等问题。

第二,目标公司的税务情况调查。对目标公司税收情况调查,主要是对目标公司所涉税种、税率、是否享有税收优惠政策、是否存在偷漏税收,以及应交未交税金的问题。同财会情况调查一样,税务调查的专业性也较强,律师事务所也可以委托其他中介机构帮助调查。

通常,对目标公司税务调查的内容有:关于目标企业销售税、营业税、增值税等评估和审计文件;关于增值税的安排、计算和支付,以及罚金或罚息的文件;有关涉及目标公司的企业间交易以及离开企业集团后企业间可清算的账户信息;目标公司及其附属机构有关税收返还的文件,最新的税务当局的审计报告和税务代理机构的审查报告和其他相关的函件;有关涉及税务事项与税务当局的争议情况的最终结论或相关材料等。

(6)目标公司劳动和人事制度调查

目标公司劳动人事制度及执行情况是事关公司并购成功与否的重要因素之一,其与企业运营及管理情况密切相关。

通常,对目标公司的劳动人事制度的调查,包括目标公司对高级管理人员的劳动管理制度和对一般员工的劳动管理制度两个方面。

目标公司对高级管理人员的劳动管理制度包括:目标公司高级管理人员和关键人员的名单;目标公司与其高级管理人员和关键人员签订的合同以及他们的年薪和待遇情况等。

目标公司对一般员工的劳动管理制度可从如下方面进行调查:目标公司与其一般员工的劳动合同,以及工会或集体谈判合同;目标公司员工手册;员工所签的有关保密、限制竞争、知识产权转让的合同及条款;目标公司与其员工签署的其他有关双方权利义务的合同,如借款合同、补偿协议等;员工的工资福利情况,如退休金、股票选择和增值权、奖金、津贴、保险以及因病离职的待遇等。

(7)目标公司的诉讼、仲裁与行政处罚情况

目标公司的诉讼、仲裁与行政处罚情况,对于收购方来说是一种义务和风险,对于出让方来说,是其了解自身情况、确定收购底价考量的因素之一。

对于目标企业是否存在诉讼、仲裁(包括审判及执行阶段)及行政处罚(如环境问题),以及其须承担的义务及风险的大小,通常应从如下方面展开调查:正在进行的诉讼、仲裁、政府行政调查的有关文件;法院、仲裁委员会及政府行政部门作出的、对目标公司及其附属机构有约束力的判决、裁决、命令、禁令、执行令;诉讼、仲裁中目标公司及其他当事人自行和解、调解、放弃权利主张的文件;可能存在诉讼、仲裁或政府行政调查的相关情况;目标公司法律顾问或相关方面负责人的补充说明等。

另外,如尽职调查对象涉及境外因素,则调查内容中还需要包含:贿赂及腐败、贸易保护注意、政治及社会动荡、商业欺诈、劳资冲突、隐藏负债、汇率风险等。

(二)尽职调查的工作流程

虽然每一个尽职调查在调查内容及方向上均有其独特性,但除了大型的、复杂的并购活动外,对于通常意义上的尽职调查而言,其工作流程大致可分为以下阶段:

1.委托方与律师事务所签订专项法律顾问合同或法律顾问合同,同时签署尽职调查保密协议书,由律师事务所指派具体律师从事尽职调查工作。

在公司并购中,委托尽职调查的一方可以是并购方,也可以是出让方,双方出于不同目的均有委托尽职调查的需要。对于出让方而言,虽然其对自身公司(目标公司)很了解,但这种了解并非是以法律视角对目标公司的审查,而且对于大型的目标公司而言,其对自身也不可能做到清楚了解的程度。

另外,指派律师的多少由尽职调查的复杂程度及时间要求等因素决定,但一般不少于四人。

2. 调查律师根据受托的业务拟定尽职调查方案。

尽职调查方案一般由项目背景介绍、工作小组及职责分配、尽职调查的重点、时间进度安排几个部分组成。

(1)项目背景。项目背景的主要内容是将目前了解到的目标公司的概况、股权结构、主要财务指标进行简要介绍,对委托方的尽职调查的目的和要求进行简要陈述,使所有参与此项目工作的律师前期情况有一个大致了解,便于下一步的工作开展。

(2)工作小组及职责分配。尽职调查环节多、时间长,涉及专业面广,有时需要聘请多家中介机构协助完成,因此有必要将参与此项目的律师分成若干个工作小组以便尽职调查工作的开展。

通常,尽职调查项目组的工作人员不限于律师,还包括委托人或目标公司的专业人员,有些情况下,还包括财会、税务等中介机构的人员,上述这些人员将根据其业务领域被分为经营、法律、财务等专业小组,并有一个人作为整个尽职调查项目组的负责人,组织协调整个尽职调查工作。

每个工作小组均有其特定的工作任务,落实责任制,尤其对各中介机构的职责应明确工作内容,提出工作要求,确定应提交的文档,以保证工作实效。

(3)根据尽职调查重点,制作尽职调查清单。根据项目背景及委托人的目的,列明调查重点,制作尽职调查清单,列明需要调查的方向及内容,如果可进一步细化则详细列明。需要注意的是,随着尽职调查工作的进行,可能清单中列明的调查方向和重点会发生变化,需要及时调整。另外,各个工作小组的调查内容虽然不同,但可能是从不同角度对同一问题的说明和印证,因此在调查中,各个小组要注意沟通,以实现对目标公司的全方位评价。

(4)时间进度计划。通常,尽职调查可分为前期准备、现场调查、出具报告三个阶段。在制定时间进度安排时,要留有突发情况的应急时间,以防不能按时完成调查工作,另外,要根据每一小组的工作难度及多少合理分配时间,尽量做到各组在时间上差距不大,以防影响调查的整体进度。

3. 根据尽职调查方案开展调查工作。

现实中,目标公司对于尽职调查的态度并不相同。对于主动配合的目标公司,尽职调查项目组在调查信息的获取上就会相对容易,如将项目组成员带入公司文件储备库房,但这相应地就会遇到获取信息量过大而需要筛选查看的问题;而对于根本不配合的目标公司,项目组就要采取一系列的调查方法以获得自己想要的信息材料,这样不仅会增加工作难度,而且也不确定可以获得需要的调查信息,因此不同情况下,项目组具体的调查工作有所不同。

除去项目组在每个具体调查工作中的特殊性,其在调查工作中都要做到:对尽职调查所获取的全部资料，进行相应的核查验证，并制作工作笔录，且尽可能地取得目标企业对工作笔录的书面确认，如果其拒绝签字确认，应予以特别说明，并注明具体日期。另外，每天晚上各调查小组对当日工作完成情况进行小结、分享信息并为其他小组提出注意事项；每周各调查小组报告本周工作进度及下周工作安排；在尽职调查中遇到的困难或障碍，各小组开会讨论解决办法，并视问题的重要程度与委托方沟通，如遇有专业性问题，则与中介机构协调解决。

4. 制作尽职调查报告。

项目组在制作尽职调查报告时要以前期调查的工作成果为基础，在制作过程中，每一小组要注重与其他小组的沟通协调，避免同一份尽职调查报告在同一事项的调查上出现矛盾甚至截然相反的观点，遇有中介机构协助制作的报告部分，律师应作出自己独立的判断，而不能简单地参考财务人员的调查结果。

尽职调查报告一般包括序言和正文两部分内容，在序言中，主要说明本次尽职调查的调查重点、信息来源、调查方法、披露范围、尽职调查报告出具的法律依据、使用范围、引用限制、时间限制等。在正文中，则对调查事项一一列举、说明，最后对所涉及的法律事项以及所有审查过的信息所隐含的法律问题予以评价和建议。

在尽职调查报告制作之后，由律师事务所加盖公章，送交委托人。如涉及公司并购，律师事务所依委托人的要求会根据调查中获得的信息对交易框架提出建议及对影响购买价格的诸项因素进行分析，并起草并购意向书及谈判方案。

（三）尽职调查的调查方法

尽职调查中难度最大的既不是调查方案的制定，也不是调查报告的制作，而是如何获得调查清单中列出的信息，尤其在目标公司不配合的情况之下。初做尽职调查工作，很多人受思维的局限，对于现实工作中出现的复杂情况不知如何处理，其实尽职调查的方法有很多，其中很多都是基于律师长期工作的总结。

1. 档案调取。律师可以独自或在目标公司的配合下，走访相关登记管理机关，调取目标公司及部分关联企业的工商档案、土地档案、房产档案等，这种尽职调查方法多用在公司基本情况，如公司设立、变更、吊销等相关信息，以及公司的土地、房产、在建工程等情况。需要说明的是，律师独自可以进行的只是工商登记档案的调取，其他档案的调取需要目标公司的授权。

2. 走访调查。走访调查是尽职调查中几乎都会用到的重要调查方法之一，对于律师来说，其调查信息的来源除了来自目标公司提供的文件材料及到政府相关部门调取的档案信息外，还需要现场实地勘验需要调查的事项，如对房产、在建工程的调查、对公司运营情况的调查等。在走访调查中，需要借助于一定方法固定现场勘察的结果，如拍照、摄像等。

3. 问卷调查。问卷调查，顾名思义，就是以问卷的方式予以调查，其大多被用于调查对象数量较多、不能固定或对相关信息进行粗略调查的情况之下。律师需要根据上述特点制作调查问卷，尽量突出便于调查对象回答、如采用是与否的问答方式较之于填空的问答方式就更为适宜。

4. 笔录调查。不同于问卷调查，笔录调查针对的调查对象相对人数较少而且比较固定，这就使一对一的调查方式具有了客观上的可能性，而且由于调查对象的确定性，因此问询事项也更具有针对性，对于相关信息的调查及问题的发现更具有方向性。

5. 公共信息检索。网络调查是一个容易被忽视的调查方法，但对于通过以上方法均无法获得的信息，网络调查是一个很有效的调查方法，而且网络调查也是验证通过以上途径获得信息真伪的一个有效方法，如专利、商标等信息的查询、企业信用的查询、网络媒体中对所调查事项的评价与态度等。

6. 询证咨询。询证咨询是审计时经常用到的一个方法，比较多见的是对银行存款的询证。事实上，询证咨询也可以用在对某一法律问题的尽职调查上，如律师通过给某一企业发询证函的方式来确认某一事项就是一种比较常见的询证咨询。

7. 声明承诺。在穷尽上述手段仍不能获取调取信息后，可以通过承诺担保的方式解决上述问题。如对目标公司诉讼、仲裁情况的调查，由于我国法院及仲裁系统并没有实现案件信息的联网，因此不可能通过去部分法院调查就能实现对目标公司有无诉讼及仲裁案件的准确结论，而走访每一个法院调查又是不可实现的，因此可以以现有情况为基础，让目标公司出具承诺函或其他文件，承诺除项目组掌握的诉讼仲裁情况外，不存在其他涉诉情况，这样既可以完成对这一事项的调查，又可以规避律师事务所及律师的风险。需要注意的是，对以此种方法调查的信息出具的调查结论中，一定要清楚表明是在这一调查方法下获得的信息，这是上述调查结论的前提条件。

课堂计划

本案例可以作为专门的案例教学课进行讲授，整个案例可安排 6 个课时，每课时 45 分钟。

如下课堂设计，仅供参考：

课前计划：(1)将学生分为若干小组，每组 6 ~ 8 人为宜，方便小组讨论。(2)查找阅读比较有影响力的尽职调查案件的背景、了解掌握中国证券监督管理委员会《律师证券业务尽职调查工作指引》、中国证券监督管理委员会《主办券商尽职调查工作指引》、中国证券监督管理委员会《新三板尽职调查工作指引》等规范性文件。

(3)安排学生阅读案例及相关参考资料,熟悉整个案例情况,对案例中提出的问题的进行思考。

课中计划:分组讨论问题及解决对策,并由小组代表确认发言,提出解决方案,并对其他小组的提出的方案进行评述和补充。教师进行引导性分析,并做最后归纳总结。

课后计划:(1)查找并阅读任一律师事务所出具的《尽职调查报告》;(2)查找并阅读企业的财务报表,包括资产负债表、利润表、现金流量表和所有者权益表。

思考题

1. XY 银行股份有限公司沈阳分行进行本次尽职调查是出于怎样的考虑?本次尽职调查对其有何意义?
2. 天律律师事务所接受委托进行本次尽职调查工作的目的和遵循的原则是什么?
3. 天律律师事务所接受委托对黄海华声铸造厂进行尽职调查涉及哪些内容以及调查的重点是什么?
4. 律师在对黄海华声铸造厂具体的尽职调查工作中,可以运用哪些工作方法来获取到调查需要的信息?
5. 如果律师需要核实黄海华声铸造厂的所涉诉讼及受到行政处罚的情况,其可以运用哪些工作方法调查到上述信息?如果穷尽现有调查手段均不能获得相关信息,该如何应对这种状况?相应的尽职调查报告该如何书写及制作?
6. 如果律师在核实黄海华声铸造厂抵押财产的真实性的工作中,遇有办事机构不配合,拒绝出具相关证明文件或出具的相关证明文件不能说明调查信息的情况下,该如何应对处理?
7. 如果律师在核实黄海华声铸造厂抵押财产的真实性的工作中,相关办事机构给出具的抵押财产证明中并未载明出具证明的时间,是否存在法律风险?应该如何规避?

参考文献

1. 中国证券监督管理委员会:《律师证券业务尽职调查工作指引》。
2. 中国证券监督管理委员会:《主办券商尽职调查工作指引》。
3. 中国证券监督管理委员会:《新三板尽职调查工作指引》。

撰稿人 | 周琳,沈阳师范大学法学院讲师

20 CASE

荷兰诉俄罗斯北极日出号案

|摘 要|

荷兰先后在2013年10月4日与22日对俄罗斯因其扣押了悬挂荷兰船旗的北极日出号并逮捕了船上人员一事,分别将争端诉诸《联合国海洋法公约》(以下简称UNCLOS)附件7下的仲裁程序与国际海洋法法庭之临时措施程序。2013年11月22日,国际海洋法法庭在俄罗斯缺席的情况下,发布了临时措施命令,2015年8月,国际仲裁庭作出实体裁决。涉及该案,国际海洋法法庭作出了关于临时措施的裁决,UNCLOS附件7下仲裁庭对此案做出了关于管辖权的裁决和实体裁决,三个裁决均涉及国际海洋法中诸多十分重要的问题。但本案例仅以仲裁庭的实体裁决为学习案例。该实体裁决首次对于专属经济区中沿海国的执法权及其所受到的限制进行了系统而明确地解释,明确沿海国为保护其对非生物资源勘探、开发及利用的主权权利享有执法权,并对沿海国在专属经济区严格意义上的执法权与广义上的执法权进行了划分,还就国家责任规则进行了解释。这对于中国作为沿海国如何在南海、东海等海域的专属经济区行使执法权及中国如何作为非沿海国在别国的专属经济区内保护自己的权利有直接的指导意义。

|关键词|

主权权利　专属经济区　航海自由　登临权　紧追权　执法权

|教学目标|

着重让学生把握以下方面内容:(1)船旗国管辖;(2)船旗国管辖例外;(3)狭义的执法权;(4)广义的执法权;(5)航行自由;(6)沿海国在专属经济区的登临权、紧追权;(7)国家责任之赔偿责任。

教学案例主文

一、基本案情

FACTUALOverview

In the morning of 18 September 2013, Greenpeace International, the charterer and operator of the Arctic Sunrise, used the vessel to stage a protest action at the Russian offshore oil production platform Prirazlomnaya, located in the Barents Sea in Russia's EEZ. The Arctic Sunrise had on board 30 persons of 19 nationalities. At dawn, Greenpeace informed Gazprom Neft Shelf LLC, the platform operator, of the forthcoming protest. Immediately thereafter, the Arctic Sunrise launched five inflatable boats, which approached the platform, allowing two campaigners to scale its side. Their climb was hampered by the platform's water cannons and the efforts of two inflatables launched from a Russian Coast Guard vessel — the Ladoga. Toward 6 a. m., the two climbers were forced to descend and were taken on board the Ladoga, while the Arctic Sunrise's five inflatables returned to the ship. In the following hours, the Ladoga issued repeated orders to the Arctic Sunrise to stop and allow an investigation on board, while the Arctic Sunrise undertook evasive manoeuvres and maintained that it had no obligation under international law to follow the Ladoga's orders.

In a Note Verbale addressed to the Netherlands later that day, Russia described the protest as"aggressive and provocative" and stated its intention to seize the Arctic Sunrise. At sunset on 19 September 2013, a Russian helicopter boarded the Arctic Sunrise. In the following days, the Russian Coast Guard towed the Arctic Sunrise to Murmansk (a northern Russian port city).

In Murmansk, the Arctic 30 were arrested, charged with the criminal offence of piracy, later requalified as hooliganism, and remanded in custody. The master of the Arctic Sunrise was charged with administrative offences, while the Arctic Sunrise was searched and formally seized. In several diplomatic notes, the Netherlands requested the release of the vessel and crew. On 4 October 2013, the Netherlands commencedan arbitration. On 21 October 2013, the Netherlands applied to ITLOS for the prescription of provisional measures.

2. THE MERITS

a. Russia's Establishment of a Safety Zone

The Tribunal first considered the Netherlands' submission that Russia breached the Convention by applying national legislation establishing a safety zone of three nautical miles around the Prirazlomnaya. The Netherlands referred to Article 60(5) of the Convention, which provides that the breadth of safety zones established by a coastal State around "artificial islands, installations, or structures" in its EEZ "shall not exceed ... 500 metres," except in the cases specified in that provision. After examining the relevant Russian notices to mariners, various statements made by Russia concerning safety zones, and the relevant Russian laws and regulations, the Tribunal concluded that Russia has not at any time established a safety zone of three nautical miles around the platform.

b. The Lawfulness of the Measures Taken against the Arctic Sunrise and its CrewThe Tribunal next addressed the lawfulness of the measures taken by Russia against the Arctic Sunrise and the Arctic 30. At the outset, the Tribunal described in general terms the legal regime applicable to the Arctic Sunrise in the EEZ of Russia. The Tribunal observed that protest at sea is an internationally lawful use of the sea related to the freedom of navigation, but it also noted that the right to protest is not without limitations. The Tribunal then considered the possible legal bases for Russia's boarding, seizure, and detention of the Arctic Sunrise. First, the Tribunal addressed the law enforcement measures that may have been available to Russia, under the Convention or otherwise. Second, it examined other possible legal bases for the measures taken by Russia, which do not involve law enforcement in the strict sense, but more broadly relate to the protection of Russia's rights and interests in the EEZ.

(i) Law enforcement measures

First, the Tribunal recalled that Russia initially charged the Arctic 30 with piracy. While noting that the Convention allows a coastal State to visit a ship on suspicion of piracy, the Tribunal also noted that the Convention defines piracy as an act directed "against another ship." Since the Prirazlomnaya is not a ship, the Tribunal concluded that Russia's measures could not be considered as an exercise of that right.

Second, the Tribunal recalled that Russia also charged the Arctic 30 with hooliganism, based on the entry of some of them into the 500 – metre zone prohibited for navigation around the Prirazlomnaya. The Tribunal indicated that the boarding, seizure, and detention of a vessel in the EEZ on suspicion of such offences finds a basis in international law only if the requirements of hot pursuit are satisfied. The Tribunal found that, in the present case, at least one of these requirements — that the pursuit remain uninterrupted — was missing.

Third, the Tribunal recalled that the Russian authorities accused the Arctic Sunrise of terrorism. The Tribunal recognized that a coastal State is entitled to seize or board a vessel in its EEZ that is suspected of a terrorist offence in a manner authorised by the Convention, for example through the exercise of hot pursuit. However, the Tribunal concluded that such an entitlement did not apply here.

Fourth, the Tribunal considered whether Russia's actions could have been taken in an exercise of the right of a coastal State to enforce its laws regarding non – living resources in the EEZ. The Tribunal found that such a right exists, but that there was no basis to conclude, on the evidence available, that the Arctic Sunrise had violated any relevant Russian laws.

Fifth, recalling statements made by Russia in diplomatic exchanges and the media regarding the potential adverse environmental impact of the protest, the Tribunal considered whether the measures taken by Russia could have been based on the enforcement jurisdiction of the coastal State with respect to the protection of the marine environment. However, the Tribunal found that the relevant provisions of the Convention (Articles 220 and 234) could not justify the measures taken by Russia.

Sixth and finally, the Tribunal recalled that Russia had alleged that the Arctic Sunrise initiated dangerous manoeuvring in contravention of international rules and standards. The Tribunal found that these rules and standards do not permit States other than the flag State to board a vessel in the EEZ or commence judicial proceedings, as confirmed by Article 97 of the Convention.

(ii) Other possible legal bases for taking measures to protect coastalState rights and interests in the EEZ

The Tribunal next considered other possible legal bases for the measures taken by Russia that more broadly concern a coastal State's protection of its rights and interests in the EEZ.

First, the Tribunal considered Article 221 of the Convention, which allows coastal States to "take and enforce measures ... to protect their coastline or related interests from pollution or threat of pollution following upon a maritime casualty ... which may reasonably be expected to result in major harmful consequences." The Tribunal found that this provision did not provide a legal basis for the measures taken by Russia.

Second, the Tribunal observed that one of the rights of a coastal State in its EEZ that may justify some form of preventive action against a vessel would derive from circumstances when there is a reasonable belief that the vessel may be involved in a terrorist attack on an installation or structure of the coastal State. The Tribunal concluded that there was no reasonable basis for Russia to suspect that the Arctic engaged in a terrorist attack.

Third, and finally, the Tribunal noted that a coastal State has the right to take measures to prevent interference with its sovereign rights for the exploration and exploitation of the non – living resources of its EEZ. However, the Tribunal found that at the time it was boarded, the actions of the Arctic Sunrise did not constitute an interference with Russia' s sovereign rights.

c. Compliance with the ITLOS Order

The Tribunal next considered the Netherlands' claim that Russia violated the Convention by failing to fully comply with the ITLOS Order. It found that Russia had failed to satisfy the "promptness" requirement of the ITLOS Order due to the delay in releasing the Arctic Sunrise and enabling the vessel and the Arctic 30 to leave the country. The Tribunal concluded that this amounted to a breach of Russia' s obligations under the Convention.

d. Russia' s Failure to Pay Deposits in this Arbitration

The Tribunal next considered the Netherlands' claim that Russia breached the Convention by failing to make deposits requested by the Tribunal to cover its fees and expenses. Recognizing that Russia had not made the requested payments, the Tribunal found that it thus breached an obligation inherent under Part XV and Article 300 of the Convention.

e. REPARATION

The Tribunal addressed the Netherlands' specific requests for satisfaction, restitution, and compensation as follows:

i. It declared that Russia violated the Convention by the measures it took against the Arctic Sunrise and the Arctic 30, by failing to comply fully with the ITLOS Order, and by failing to pay deposits in this arbitration.

ii. It declined to order Russia to issue a formal apology or provide assurances of non – repetition.

iii. It ordered the restitution of property seized from the Arctic Sunrise and the Arctic 30 that has not yet been returned, and indicated that compensation is the most appropriate alternative in the event that the timely restitution of objects in their original state should prove impossible.

vi. It did not consider it necessary to make any order for the formal dismissal of the charges of piracy and hooliganism brought against the Arctic 30, noting that all criminal charges against them had been dismissed by the Russian authorities.

iv. It indicated that the Netherlands is entitled to compensation, with interest, for: i. damage to the Arctic Sunrise, costs incurred to prepare the vessel for its return voyage from Murmansk, and costs incurred due to loss of use of the vessel during the relevant period; ii. non – material damage to the Arctic 30 for their wrongful arrest, prosecution, and detention; iii. damage resulting from the measures taken by Russia against the Arctic 30, including the costs of bail paid as security for their release from custody, expenses incurred during their detention, and costs in respect of the persons detained between their release from prison and their departure from Russia; and iv. the costs incurred by the Netherlands for the issuance of the bank guarantee pursuant to the ITLOS Order. The Tribunal reserved questions concerning the quantum of compensation and interest to a later phase of the proceedings.

教学指导手册

教学对象及目标

本案例供法律硕士案例教学使用。法学硕士研究生、法学本科(大四)也可以参酌使用。本案例主要针对《联合国海洋法公约》规定的沿海国与非沿海国在专属经济区内的权利冲突,特别是关于沿海国的执法权与船旗国的管辖权及航行自由的冲突。具体要解决的问题包括:(1)《海洋法公约》(第 56、60、73、220、221、234 条)沿海国在专属经济区享有的主权权利与执法权,特别是对非生物资源的进行保护的执法权;(2)《海洋法公约》规定的紧追权、登临权等(第 101、110、111 条);(3)联合国海洋法公约所规定的船旗国管辖权、非沿海国的权利在专属经济区的适用(第 58、87、92、97 条);(4)结合国家责任条款草案分析违反联合国海洋法公约的国家责任。

教学内容

（一）联合国海洋法公约规定的沿海国在专属经济区享有的执法权

沿海国在专属经济区内有以勘探和开发、养护和管理海床上覆水域和海床及其底土的自然资源（不论为生物或非生物资源）为目的的主权权利与对人工岛屿、设施和结构、海洋科学研究、海洋环境的保护和保全的管辖权，并因此享有一定范围内的执法权。

1. 人工岛屿之安全区

根据《海洋法公约》第60条的规定，沿海国可在专属经济区内的人工岛屿、设施和结构的周围设置不超过500米的安全地带并对之享有管辖权。仲裁庭指出"安全地带的范围应妥为通知"，本案中俄罗斯声称的3海里的安全区并未通过国内程序明确且妥为通知，因此其声称的3海里安全区不符合《海洋法公约》。

2. 登临权

根据《海洋法公约》第58条的规定，公海中第88～115条可适用于专属经济区，因此有关登临权的第110条的规定亦可适用专属经济区。俄罗斯在本案中以北极日出号从事海盗行为而登临的理由被仲裁庭确定为无效依据，因为根据第110条的规定，海盗行为是对另一船舶或飞机，或对另一船舶或飞机上的人或财物实施的，显然本案中的钻井平台不是这样的对象，因此，所谓的海盗行为不符合这个条件，所以，第110条的登临权行使侵犯了船旗国的管辖权。

3. 紧追权

在本案中仲裁庭尽管称俄罗斯对于位于其专属经济区的石油钻井平台和周围500米为采取适当措施告知平台周围的500米安全区，但是由于俄罗斯确信其在平台周围500米有安全区，且实际对其如此管理，而荷兰也承认其500米安全区，因此在进行紧追权行使之合法性测试时，仲裁庭推定500米为俄罗斯的安全区，其在此区域享有管辖权，故当北极日出号在此区域内时，俄罗斯有权行使紧追权（paras. 249－251）。仲裁庭根据《海洋法公约》第111条的规定明确当俄罗斯开始行使紧追权时，尽管俄罗斯发出信号的时间可能有片刻迟于北极日出号的最后一个小艇驶出安全区，但是仲裁庭仍视为其位于500米安全区内，根据"推定在场原则"视为母船——北极日出号也在俄罗斯行使紧追权的区域，而俄罗斯军舰所发出的无线电信息属于第111条所规定的视听信息，因此，俄罗斯开始进行紧追的行动符合公约第111条的规定。对于条件二，持续不停的追逐，仲裁庭认为俄罗斯不符合该条件，一是执行任务的船舶已经停下来等待飞机的参与，没有持续追逐的意图；二是它们停下来等待上级的命令。

4. 关于第73条的执法权

仲裁庭注意到《海洋法公约》第73条规定了沿海国在专属经济区可采取登临、检查、逮捕和进行司法程序确保其依照《海洋法公约》制定的法律和规章得到遵守，但是仲裁庭认为该款只适用于沿海国行使其勘探、开发、养护和管理在专属经济区内的生物资源的主权权利时，本案中是指对非生物资源的开发，因此，第73条所规定的执法权不适用于此。

5. 关于沿海国依照第234条在冰封海洋限制航行自由的权利

仲裁庭认为俄罗斯未将根据《海洋法公约》第234条制定的限制船舶在冰封海域航行的法令适用于本案中的石油钻井平台所位于的Barents Sea，因此，俄罗斯不能以Barents Sea系冰封的海洋区域为由限制北极日出号在此区域行使航行自由权。仲裁庭的该解释表明《海洋法公约》给予沿海国的主权权利与管辖权需要通过其国内法予以明确才能行使这些权利。

（二）船旗国的管辖权

在本案中，《海洋法公约》第58条第2项、第92条第1项所规定的船旗国管辖权在专属经济区内的适用与沿海国的执法权冲突是本案的核心问题。由于第58条第2项规定了公海制度只有在与《海洋法公约》第5部分规定不相抵触时适用于专属经济区，因此仲裁庭的首要任务是依据《海洋法公约》明晰北极日出号的行为究竟属于谁的管辖范围。在仲裁庭看来，在专属经济区内通常适用船旗国管辖，只有在例外情形下，沿海国才享有无需船旗国的同意行使登临、检查、逮捕及扣押等执法权。在本案中，仲裁庭所指的例外实际上即是《海洋法公约》所明确规定的沿海国在专属经济区内所享有的执法权以及沿海国为了保护其在此区域的权利和利益应当拥有的执法权，除此之外，沿海国扩大其管辖权所进行的执法即被认定为侵犯了船旗国的管辖权。

（三）非沿海国的航行自由权

仲裁庭认为北极日出号进行的抗议活动系其行使航行自由权，虽然对俄罗斯开发其非生物资源造成了一些微小影响，但是没有构成对俄开发非生物资源的干预，因此，俄罗斯不能对他们采取登临、逮捕、扣押及依据国内法追究刑事责任等措施。显然，仲裁庭的解释显示了对绿色和平组织这类非政府间的组织在专属经济区的抗议活动的支持。

（四）沿海国广义上的执法权

仲裁庭意识到沿海国在专属经济区的管辖权如果仅仅限制于上述执法权，无法有效地保护其对自然资源享有的主权权利和海洋环境。于是仲裁庭将对于沿海国为保护其在专属经济区内的权利与利益可采取的措施划分为两类,把上述前面所涉及的对侵犯沿海国主权权利与管辖权进行的执法称为沿海国拥有的严格意义上的执法,而把为防止违法行为发生而采取的措施归入广义执法权,仲裁庭明确沿海国为预防生态灾难,预防恐怖主义活动,保护沿海国在专属经济区的勘探、开发自然资源的主权权利可采取的适当执法措施。

(五)俄罗斯的国家责任

仲裁庭根据《国家责任条款草案》认为俄罗斯不存在排除行为不法性的情形,应该对其违反国际法义务承担责任;一是非法对北极日出号及人员进行登临、逮捕、扣押及启动国内刑事程序;二是拒绝国际海洋法庭的临时措施决定;三是没有缴纳仲裁保证金,仲裁庭特别指出根据《海洋法公约》第290、296、300条的规定,临时措施的决定有法律拘束力,俄罗斯有履行义务。故俄罗斯应对此承担国家责任,对荷兰进行全面赔偿。

课堂时间安排

1. 课程学习由三个部分组成:课前阅读、课堂讨论、课后研究。

(1)课前阅读是指学生在课前阅读资料。本课程所有资料都提前发给学生,以便学生全面了解本课程的内容。

(2)课堂讨论是指上课以学生发言为主,老师只是讨论的主持人。课堂讨论是课程的核心。课堂讨论的效果不仅决定了学生在课堂上的收获,而且影响其课前阅读和课后研究的动力。

(3)课后研究是指学生对课堂讨论中所产生的问题在课后查找资料,并且自行组织讨论,进行深入研究,为下一次课做准备。

2. 课程安排为两次课一个专题,本案例设计适用于6学时的课堂教学。

上述案例正文内容为一个专题学习的内容。第一次课是交流阅读资料的体会,并且对部分问题进行初步讨论。课程结束前,在总结讨论内容的基础上布置作业,明确提出课后研究以及下次讨论的内容。第二次课围绕上次课作业中的某些问题,进行深入讨论。

思考题和实践题

1. 思考题

(1)绿色和平组织在俄罗斯专属经济区的示威活动是否侵犯了俄罗斯依《联合国海洋法公约》第56、60、73、221、220、234条所享有的主权权利与管辖权?

(2)俄罗斯所采取的登临、拘捕、扣押行动是否侵犯了荷兰作为船旗国的管辖权?

(3)仲裁庭对沿海国在专属经济区所享有的对非生物资源的执法权的解释是否超出了其权限?

2. 实践题

(1)请为俄罗斯就实体事项撰写答辩意见。

(2)请以仲裁员的身份撰写本案关于北极日出号及船上人员是否在俄专属经济区侵犯了俄罗斯开发非生物资源的主权权利。

参考文献

1. Natalie Klein, *Dispute Settlement in the UN Convention on the Law of the Sea*, Cambridge University Press, January 2005.

2. Award on Merits in. PCA Case No 2014 - 02, In the Matter of the Arctic Sunrise Arbitration.

3. Order in the Matter of provisional measures in The "Arctic Sunrise" Case (Kingdom of the Netherlands v. Russian Federation).

4. William R. Slomanson, Fundamental Perspectives on International Law, 5th edn. Belmont, CA: Thomson - Wadsworth, 2006.

5. 高健军:《〈联合国海洋法公约〉争端解决机制研究》(第二版), 中国政法大学出版社 2014 年版。

6. 金永明:《海洋问题专论》(第1卷), 海洋出版社 2011 年版。

7. 萨切雅·南丹:《1982 年联合国海洋法公约评注》,海洋出版社 2009 年版。

撰稿人 | 杨永红,西南政法大学国际法学院副教授

21 CASE 文欣雅苑小区地下车库纠纷谈判

| 摘 要 |

本案例改编自一起真实的谈判事例。通过对该事例的模拟演练，让学生体验谈判准备、谈判开局、初次报价与回价、磋商与讨价还价等谈判步骤和过程，训练学生熟悉并初步掌握法律谈判的基本技能。

| 关键词 |

法律谈判　谈判策略　谈判准备　初次报价

| 教学目标 |

使学生熟悉谈判进程、了解谈判策略，并初步掌握谈判技能：(1)如何进行谈判准备，包括收集信息，评估谈判各方的利益、权利和权力，制定谈判方案等；(2)如何进行谈判开局，如何进行初次报价以及如何回应初次报价；(3)如何进行磋商和讨价还价，包括进行信息交换、运用谈判策略和技巧，应对谈判对方的谈判策略等；(4)选择或识别谈判结束的时机，做好谈判结束后的工作等。

教学案例主文

一、基本信息

文欣雅苑是某市最大的高校教师住宅小区，由中利房地产发展有限公司（以下简称中利公司）通过土地市场挂牌获得开发权，性质明确为高教园区定向限价商品房；之后，文欣雅苑的限价商品房性质及销售对象发生了较大的政策调整，根据市政府及有关部门的文件，将其调整为解决高校教职工房改遗留问题的专用房。该房屋由市教育厅核定分配计划，各高校整体购入后再按市专用房政策销售给职工。三年后，文欣雅苑建成；市教育厅、房产购买人、中利公司签订了《市直单位专用房买卖合同》。依合同规定（第8条），中利公司不得擅自改变经审批用于该专用房项目配套的公共设施、公用地的使用性质；小区的商铺、储藏室、地下车位/库所有权归中利公司所有，购买人如需购置，另行与中利公司签订协议。

第二年7月，小区业主陆续入住后，发现文欣雅苑小区存在诸多问题：中利公司在小区内建了一条L形商业街，小区无法实施封闭管理；小区的配套自行车库被改建成了车库出售；小区路面没有机动车停车位；小区内的幼儿园占用了大块的小区公共绿地；中利公司有修改容积率之嫌等。最有争议的是小区的地下车库问题：业主们认为，由于文欣雅苑的房屋性质为经济适用房，业主的土地使用证上明确是国有划拨土地，因此土地使用权归全体业主，小区内开发商配套建设的地面和地下车库都直接占用了土地使用权，开发商和业主都不具备全部产权，都只拥有部分产权。中利公司却认为车库是由其投资建设的，产权应该归其所有，且其与市教育厅、业主三方签订的购房合同中也明确，地下车库的所有权归中利公司。因此尽管没有产权证和销售许可证，但中利公司仍旧以所有权人的名义对地下车库进行了销售。

中利公司和小区业主一直未就地下车库的归属达成妥协。在过去的3年间，小区的物业管理公司嘉禾物业依据其和中利公司之间的协议，对地下车库收取每个车位每月60元的费用（含物业管理费）。但在今年2月，中利公司在小区内贴出告示，以8万元/个的价格出售地下车库；并宣布从4月1日起对地下车库进行封闭，仅允许购买了车库的业主车辆进入；业主要想租车位，每个车位的价格是300元/月。公告一出，引起小区业主的强烈反对。综合起来，业主们的意见主要可归纳为：(1)地下车库的产权存在争议，且中利公司并没有产权证和销售许可证，因此没有权利出售小区的地下车库；(2)小区地面没有任何配套的机动车停车位，地下车库的部分车位应当属于配套车位；(3)少数业主已向中利公司购买了地下车位，这仅是少数业主的个人行为，并不代表小区所有业主都认可地下车位的产权归开发商；(4)地下车库是中利公司建设的，因此业主愿意每月提交一定金额的车库使用费，但中利公司提出的300元/月的车库使用费不仅是之前每月60元使用费的5倍，且比周边商住小区的地下车库租金高出许多；(5)业主依照以前的惯例已经向嘉禾物业交了半年至一年不等的每月60元的地下车库使用费，在这期间，车库的使用状况不应发生改变。

中利公司和文欣雅苑业主就地下车库问题及小区存在的其他问题，一直争执不下，并且发生了两次直接冲突：2月20日，中利公司雇佣保安在地下车库安装了卷闸门，阻止业主的车进入，业主则将车子停在了地下车库门口，并拆除了卷闸门；3月10日下午5点多，中利公司雇佣保安在小区门口进行阻拦，阻止业主的车辆进入小区；许多业主于是将车停在了小区门口，直接造成了小区门口主干道的交通堵塞。几个月过去了，事情一直都没有得到解决。在文欣雅苑所在街道和社区协调下，中利公司和小区业委会准备就小区的地下车库问题进行谈判。

二、相关资料

（一）市国土资源厅的土地出让信息

市政储出20××(15)号

市经济技术开发区 C10－32－5 地块

宗地名称：市政储出20××(15)号
宗地位置：市经济技术开发区 C10－32－5 地块
出让面积(m^2)：123544
出让方式：挂牌
土地用途：住宅
容积率：1.75%
起始价(万元)：19891
每亩单价(万元)：179.87
楼面地价(元/m^2)：1541.76
总成交价(万元)：33333
竞得人：中利房地产发展有限公司
成交日期：20××年10月21日

（二）文欣雅苑的购房协议

市直单位专用房买卖协议书

签订日期：20××年1月10日　　编号：0000498
住房出售单位：＿＿＿市教育厅＿＿＿（以下简称甲方）
住房购买人：＿＿＿李　安＿＿＿（以下简称乙方）
住房建设单位：＿＿＿中利房地产发展有限公司＿＿＿（以下简称丙方）

根据市政府有关会议纪要精神，由甲方向丙方统购文欣雅苑住房，作为市专用房销售。现根据《市直单位自建经济适用房住房出售管理办法》及其他有关规定，经三方协商一致，签订如下协议：

第一条：甲方将文欣雅苑32幢1单元802室市专用房出售给乙方，产权登记建筑面积为96.32平方米。

第二条：经市直房改办审批(审批号：A089912)，甲方所售专用房出售总价为人民币肆拾壹万柒仟玖佰贰拾零元零角零分(¥417920.00元),其中,乙方按规定可享受的专用房价面积为80平方米,应付房款叁拾贰万零仟零佰零拾零元零角零分(¥320000.00元);超标准按商品价计价的面积为16.32平方米,应付房款零拾玖万柒仟玖佰贰拾零元零角零分(97920.00元)。

第三条:乙方应支付给甲方房款人民币肆拾壹万柒仟玖佰贰拾零元零角零分。

第四条:乙方按下列第(二)方式支付房款。

一、一次性付款方式:____年____月____日之前付清全部房款,计人民币____拾____万____仟____佰____拾____元____角____分。

二、住房抵押贷款方式:

1. 首付全部房款的30%,计人民币壹拾贰万伍仟玖佰贰拾零元零角零分,于20××年2月10日之前一次性支付完毕。

2. 余款计人民币贰拾玖万贰仟元整在首付同时办妥抵押贷款手续。若公积金贷款不予批准,乙方同意在被告知不放贷之日起30日内采用商业按揭或一次性付款方式,并在30日内一次性付清全部余款。

乙方逾期不付清房款视为放弃所分配的专用房,甲方可以无条件收回另行分配,甲方在30日内退回乙方已付房款。

第五条:甲方在本协议签订之日将乙方所购住房交付给乙方。除甲、乙双方协商同意解除协议或变更协议外。

第六条:甲方如未按规定的期限将所售房屋交付给乙方,按实际延误天数以实际交付的房价款向乙方支付违约利息,月利息按银行同期存款利率计算。

第七条:在本协议签订之日,乙方为办理交接房手续的,此后所发生的相关费用由乙方承担,如超过三个月仍未办理完毕交接房手续,可是为乙方放弃购房,作退购处理。

第八条:乙方所购的专用房仅作住宅使用,乙方不得擅自改变建筑主体结构和承重结构。

丙方不得擅自改变经审批用于该专用房项目配套的公共设施、公共用地的使用性质。

本小区商铺、储藏室、地下车位/库所有权属归丙方所有,乙方如需购置,另行与丙方签订有偿转让协议

第九条:丙方保证甲方出售给乙方的房屋,符合国家、省、市有关规范、规定和标准,按协议规定交付的时间前已通过有关部门验收合格;丙方按照《住宅质量保证书》承诺的内容承担相应地保修责任,在保修范围和保修期限内发生质量问题的,由丙方履行保修义务;因不可抗力或者非丙方原因造成的损坏(包括但不限于乙方擅自改变房屋结构级设施设备导致房屋受损),丙方不承担责任,但可协助维,、维修费用由乙方承担。

本协议规定的保修范围、保修期限和保修责任,均按国家法律和行政法规中的规定进行理解和适用。

第十条:专用房保修期满后的维修由乙方负责,费用自理,共用部位和共用设施维修

所需费用按有关规定执行。

第十一条:经公开招投标,紫成物业管理有限公司负责文欣雅苑前期物业管理,乙方应遵守物业管理公司制定的物业管理规定,乙方字本协议签订之日起按规定缴纳物业管理费。

第十二条:跃层露台归该单元顶层房屋业主使用,期限与该房屋一致;商铺外墙立面归该商铺业主使用,期限与该商铺一致。

第十三条:本协议经甲、乙、丙叁方签字盖章,并在乙方按本协议约定付清购房款后生效。

第十四条:本协议正本一式三份,叁方各执一份,副本若干份,分送有关单位。

甲方: 市教育厅(盖章)　　代表人:宋建国(签字)

乙方:李安(签名盖章)　　身份证号:330120197608010313

通讯地址:市朝阳区解放路101号

联系电话:15013611466

丙方:中利房地产开发公司(盖章)　　代表人:黄宝才(签字)

二O××年一月十日

(三)文欣雅苑土地使用证例本

中华人民共和国国有土地使用证

市经__国用(20××)第001121号

土地使用权人	李安			
座　落	市经济技术开发区文欣雅苑32幢1单元802室			
地　号	10-002-0010021	图　号	100-88.4-B、D101-88.4-A	
地类(用途)	住宅	取得价格	/	
使用权类型	划拨	终止日期	/	
使用权面积	21.5m^2	其中	独用面积	m^2
			分摊面积	21.5m^2

续表

记　事
经济适用房享受建筑面积为80平方米； 本宗地内未作分摊的土地使用权属归全体业主共用。 （附：文欣雅苑宗地图）

根据《中华人民共和国宪法》、《中华人民共和国土地管理法》和《中华人民共和国城市房地产管理法》等法律法规，为保护土地使用权人的合法权益，对土地使用权人申请登记的本证所列土地权利，经审查核实，准予登记，颁发此证。

市人民政府（盖章）

市国土资源厅（盖章）

（四）文欣雅苑房屋所有权证例本

中华人民共和国房屋所有权证

市房权证经移字第11983150号

房屋所有权人	李安			
共有情况	（空白）			
房屋坐落	文欣雅苑32幢1单元802室			
登记时间	20××-09-10			
房屋性质	（空白）			
规划用途	住宅			
房屋状况	总层数	建筑面积（m^2）	套内建筑面积（m^2）	其他
	10	96.32	77.06	
土地状况	地号	土地使用权取得方式	土地使用年限	
	详	见土地	使用证	

续表

附　记	
经济适用房享受面积80平方米 他项权利摘要： 他项权利人市直单位住房基金管理中心，债权数额480000元，登记时间20××年2月10日	

填发单位：市房产管理局（盖章）

（五）中利公司告小区业主书

告　　示

文欣雅苑全体业主：

本公司是文欣雅苑的开发商，按照本公司与各位业主的购房协议约定，文欣雅苑的1、2、3号地下停车库属于本公司的财产，本公司享有出售、使用、出租上述地下车库的权利。现根据公司董事会决定，文欣雅苑地下停车库以每个车位8万元的价格出售；租用价格为每车位每月300元。未与本公司签订购买或租用地下停车位的业主，请在4月1日8:00前，将你的车移出地下停车库，否则，由此引起的一切后果，均由业主自行承担。

此致

中利房地产发展有限公司（章）

20××年2月10日

（六）小区业主致中利公司的声明

文欣雅苑小区业主致中中利房产的公开声明

依据政府相关部门给文欣雅苑小区土地定性为国有划拨用地属性，此土地所有权归国有，土地使用权划拨归文欣雅苑全体业主所有，你公司不具有土地使用权，在此特向你公司声明如下：

一、由于土地使用权归文欣雅苑全体业主所有，你公司应当立即停止出售该小区地上和地下车库行为，因为这已经侵犯了我们全体业主的土地使用权；同时也会损害向你公司购买车库人员的权益，会使他们陷入纠纷，造成权益受损。

二、对于你公司自己认定车库归属你公司而采取的任何强制措施都是违法侵权行为，都是对文欣雅苑小区业主土地使用权的非法行为，我们会在转告公安机关同时，保留采取反制措施的权利。

三、对于你公司其他违规导致文欣雅苑小区业主权益受损行为，小区业主保留采取法律措施的权利。

文欣雅苑小区全体业主

20××年3月1日

（七）嘉禾物业收款收据

收款收据

收据联　　No. 003286

开票日期：20××年9月1日

付款户名	32－1－802			付款方式							现金
服务项目及摘要	单位	数量	单价（元）	金额							备注
				万	千	百	十	元	角	分	
地下车库停车费20××年9月1日至20××年8月31日	月	12	60	/	/	7	2	0	0	0	
合计人民币（大写）　/拾/万/仟 柒佰 贰拾 零元零角 零分¥720.00											

开票人：胡凯　　收款人：李颖　　收款单位：嘉禾物业有限公司（章）

(八)市区机动车停放收费管理的实施办法

关于进一步完善市区机动车停放收费管理的实施办法

(市物价局　二〇××年五月二十九日)

为进一步破解“停车难”,加强市区机动车停放收费管理,规范收费行为,维护停车场经营者和车辆停放者的合法权益,促进停车业的健康有序发展,根据《中华人民共和国价格法》等法律法规的规定,现就完善市区机动车停放收费管理提出如下实施办法:

一、市区范围内机动车停放收费行为及监督管理适用本办法。

二、本办法所称机动车停放收费是指为机动车提供停放服务并收取费用的行为。

三、市价格主管部门是市区机动车停放收费工作的主管部门,负责对机动车停放收费的监督管理。市城市管理主管部门负责城市道路停车泊位收费的组织实施。公安、建设、工商、财政、税务等部门按照各自职责,协同做好机动车停放收费的相关管理工作。

四、机动车停放收费定价形式。

(一)市区道路停车泊位费,对外开放的机关事业单位和国有、国有控股企业的内部停车场的停车费,实行政府定价。

(二)下列停车场所收费实行政府指导价管理:

1. 车站、码头、旅游景点等缺乏竞争、具有垄断性质的配套停车场所的收费;

2. 入城口停车场的收费;

3. 停放交通肇事、违法被强制拖离车辆的停车场的收费;

4. 住宅小区(含商住楼,下同)内配建的专供机动车停放的停车场所,以及住宅小区内道路上设置的机动车停车泊位的收费;

5. 鼓励医院、学校、博物馆、图书馆、体育馆(场)等单位的配套停车场免费开放,确需收费的,其收费实行政府指导价管理。

(三)专业停车场和宾馆(饭店)、商场、娱乐场所、写字楼等的配套停车场所收费,实行市场调节价,由经营者根据经营成本和供求状况自主确定。鼓励宾馆(饭店)、商场、娱乐场所、写字楼等的配套停车场所免费开放。

五、机动车停放收费标准。

(一)对停车矛盾不突出、无人值守的区域,其道路停车泊位实行免费停车;对停车需求较大、有人值守的区域,其道路停车泊位可按管理成本收取停车泊位费。市区道路停车泊位费按不同区域和时段,实行不同的计费方式和收费标准。

机关事业单位和国有、国有控股企业内部停车场应错时对外开放,鼓励其免收停车费;确需收费的,应按管理成本确定,但不得高于道路停车泊位费标准。

(二)实行政府指导价的停车场所,其停车费标准上浮幅度为0,下浮幅度不限。由经营者在政府指导价基础上依据成本等因素提出具体收费标准,报市价格主管部门核准。

（三）实行市场调节价的停车场所，其停车费标准由经营者按照补偿合理经营成本、依法纳税的原则自主确定。

（四）为缓解风景区内道路交通压力，鼓励自驾车游客通过换乘进入景区，旅游集散中心对换乘的小型车辆实行免费停放。同时，景区内部分停车场和道路停车的收费标准在节假日、旅游旺季双休日期间实行上浮。

六、停车场所收取停车费须具备的条件：

（一）公共停车场为社会提供车辆停放服务并收取费用的，其所有者或经营者应当向工商行政管理部门申请登记注册，领取营业执照，取得停车场经营资格。

（二）市区道路停车泊位需由交警、城管和社区通过“三结合”的工作机制确定，明示为收费停车泊位的，方可收取停车泊位费。市区道路停车泊位的收费工作下放各区，由各区成立的道路停车收费服务中心组织实施。

（三）住宅小区内设置道路停车泊位并实施停车收费的，应当符合规划、消防安全等方面要求，并征得各区政府停车管理相关机构和住宅小区业主或业主委员会同意。

（四）对外开放的机关事业单位和国有、国有控股企业内部停车场收取停车费的，应由其后勤服务机构或新设立的相应机构，向工商行政管理部门申请登记注册，领取营业执照，取得停车经营资格。

七、停车场所经营者在经营管理活动中应承担的职责：

（一）经营者应按规定执行明码标价制度，在停车场所醒目位置设置明码标价牌，公布服务内容、定价形式、收费标准、收费依据、免费停放时间、投诉电话等。

（二）使用税务部门统一监制的机动车停车收费票据。

（三）负责场内设施的维修、保养、更新，保持场内交通标志、标线的清晰和完整。

（四）维护场内车辆停放秩序和行驶秩序。

（五）发放车辆进出时间联系单，作为停车收费依据。

（六）遵守法律、法规和规章有关停车场所管理的规定。

八、机动车停放者应当遵守的规定：

（一）爱护停车设施。

（二）接受停车场所工作人员的指挥调度，按照场内交通标志、标线有序停放车辆。

（三）按照规定支付停车费。

（四）遵守相关法律、法规和规章的规定。

九、健全收费管理制度，规范机动车停放收费行为。

（一）实行停车收费审核和备案制度。

1. 实行政府定价的市区道路停车泊位和确需收费的机关事业单位与国有、国有控股企业对外开放的停车场，实行政府指导价的车站、码头、旅游景点等缺乏竞争、具有垄断性质的配套停车场，入城口停车场，停放交通肇事、违法被强制拖离车辆的停车场，确需收费的医院、学校、博物馆、图书馆、体育馆（场）等单位的配套停车场，停车收费单位在实施收费前须到市价格主管部门办理审核手续。

2. 实行市场调节价的停车场所，经营者在实施收费前应到所在区价格主管部门办理备案手续。

（二）实行市场调节价的停车场所，经营者应当遵循公平、合法和诚信原则。禁止串通涨价、哄抬价格、价格欺诈、价格歧视等不正当价格行为。

（三）市区道路停车泊位费收入全额用于停车管理、停车设施维护和必要的停车服务，不得挪作他用。

（四）住宅小区机动车停放管理单位应于每年年终公布机动车停放收费的收支情况，接受业主或业主委员会的监督。小区停车泊位收取的停车费，在扣除必要的管理费用后，要全部用于改善小区环境或公共设施。

（五）室内停车库提供车辆停放服务，收取停车费后，不得再收取车位物业管理服务费等费用。

（六）下列情况免收停车费：

1. 在经明示划定的道路免费停车泊位内停放的。

2. 在市区道路收费停车泊位、公共停车场（包括各类配套停车场和专业停车场）停车不超过15分钟的。

3. 在住宅小区内道路停车泊位停车不超过2个小时的。

4. 军车（含武警车辆），执行任务的警车、消防车、救护车、工程救险车。

（七）交通肇事、违法被强制拖离现场的车辆，应按就近停放的原则处置，其收费按车辆停放停车场所的标准执行。

十、各级价格主管部门应依法加强对机动车停放收费的监督检查，对违反机动车停放收费规定的，由价格主管部门按有关规定处理。违反公安、建设、城管、工商、财政、税务等部门管理规定的，由相关部门根据各自职责依法处理。

十一、本办法自20××年7月1日起实施。原市政府办公厅《转发市物价局关于改革和规范市区机动车停放收费实施办法的通知》（市政办函〔2010〕245号）同时废止。

附件1

市区机动车道路停车泊位费标准

车型	收费标准	
	8～20时 （元/辆·小时）	20时至次日8时 （元/辆·次）
小型车	一级区域:6 二级区域:4 三级区域:2	4

附件2

市区实行政府指导价的机动车停放收费标准

一、缺乏竞争、具有垄断性质的和确需收费的单位配套停车场所，入城口停车场，停放交通肇事、违法被强制拖离车辆的停车场的收费标准：

车型	收费标准 （元/辆·小时）	注
小型车	5	1. 停车费上浮幅度为0，下浮幅度不限。 2. 停车不足1小时按1小时计收，停车时间6～24小时的，按不超过6小时计收；连续停放超过24小时的，超过部分按上述计时收费标准重新计算。 3. 大型车按小型车收费标准加倍计收，摩托车按小型车收费标准减半计收。 4. 包月停车费由停车场经营者和车辆停放者协商确定。

二、住宅小区机动车停放收费标准：

1. 住宅小区机动车包月停放费		
停车场地类型	收费标准 （元/月·辆）	备　注
住宅小区内道路	100	上浮幅度为0，下浮幅度不限。摩托车减半收取。
住宅小区配套停车库（场）	360	
2. 住宅小区机动车临时停放费		
停车场地类型	收费标准	备　注
住宅小区内道路	不足2小时，免费。	
	连续停放2～24小时的（含首2小时），停车费每辆不得超过4元，期间进出小区，不得重复收费。	上浮幅度为0，下浮幅度不限。摩托车减半收取。
住宅小区配套停车库（场）	每辆每小时5元，不足1小时按1小时计收。停车时间4～24小时的，按不超过4小时计收；连续停放超过24小时的，超过部分按上述计时收费标准重新计算。	

三、保密信息

(一)文欣雅苑业委会的保密信息

文欣雅苑小区土地是国有划拨用地,小区业主的土地使用证也明确了这一点,中利公司并不拥有小区的土地使用权,因此也就不可能拥有地下车库的所有权;更何况,中利公司并没有地下车库的产权证或销售许可证。虽然业主、中利公司、市教育厅三方签订的购房合同中约定,小区的地下车位属于中利公司;但这个合同是中利公司和市教育厅协商、拟定之后,交业主签署的格式合同,业主并未参与起草过程。因此,在小区地下车库的产权归属问题上,我们的立场是,地下车库的产权归小区全体业主。

但是,小区业主也考虑到中利公司为地下车库付出了相应的建设成本,根据"谁投资谁受益"的原则,业主愿意支付地下车库的建设成本和开发商应得利润。我们认为,这笔费用可以通过以每个车位支付一定费用的方式,向中利公司支付建设成本、应得利润等。地下车位的使用者原先所交费用是每个月60元,客观地说,这个费用并不高,所以前段时间业委会通过向小区业主征询意见,大部分业主同意提高地下车位的使用费,每个月120到150元之间的使用费(包括30元物业管理费),业主是可以接受的;我们也调查过,周边住宅小区的地下车位租金也就是100元至150元。如果中利公司不想接受一月一付的方式,也可以和小区业主通过协议,由使用地下车库的业主一次性支付其建设成本和利润等;但这个建设成本和利润,应当低于周边小区的地下车库售价,目前周边小区地下车库的售价大概为每个车位7万元左右。但同时,鉴于中利公司并没有给小区提供配套车位,我们认为部分地下车库必须作为配套车位移交给小区:目前地下车库有700个车位,我们主张其中200个得作为配套车位交给小区。

另外,小区里的幼儿园也是个问题。虽然由于业主的合力反对,这个扰民严重的幼儿园最终没能运营。但是由于中利公司拥有幼儿园这栋建筑的产权,而且规划图上这块地确实标注为教育用地。我们担心日后中利公司又会将其出售或出租给他人经营。若能在这次谈判中一并解决这一问题,当然是最好的。

自今年2月以来,因为地下车库的问题,小区业主的生活受到了很大的干扰,我们愿意通过协商的方式解决这一问题,甚至可以搁置产权争议,以恢复小区的平静生活。

(二)利都公司的保密信息

文欣雅苑小区的土地,是公司以4.5亿元的价格竞得的,并非无偿受让取得。小区的房屋属于限价商品房,后来因市里调整政策进行,才变为经济适用房的。小区地下车库的产权,当然是归我们公司所有,这个已经在我们公司、市教育厅、业主三方所签订的合同中明确了。而且,根据"谁投资谁受益"的原则,产权也应当归我们所有。因此,在地下车库的产权归属问题上,尽管我们并没有取得地下车库的产权证和销售许可证,但根据购房合同规定,地下车库的产权是归我们公司所有而非小区业主的。

当初每个地下车库60元的租用费,主要是物业和小区业委会自定的,并没有经过我们同意。我们当时没有进行干涉,主要是考虑到那时小区入住业主并不多,车位使用率不高,所以费用收多收少,差异不大。现在小区入住率已经达到95%以上,小区停放车辆也接近饱和，因此根据市场规律，我们提高租金也是正常的。我们也知道，和周边住宅小区相比，每个车位300元的价格确实是高的；但公司之所以定高价格，主要是希望通过这种方式让业主们购买而不是租用地下车库的车位。由于受房地产市场调控影响，公司目前的资金周转遇到些问题，因此我们希望通过出售地下车库的700个车位来回笼资金。小区刚交付的时候，公司曾经以3万元一个的价格出售过车位，现在当然不能再按照这个价格了，我们提出8万元的价格也是参照了周边小区的地下车位价格。当然，如果业主购买人数多的话，我们也可以给予优惠，降至5～6万元。我们希望能出售而不是出租车位给业主，如果非得要出租，那么租金至少也要在150～200元/月或者更高些。至于业主们提出的配套车位，我们目前基本不考虑这个问题。

小区里那栋幼儿园也是我们公司比较头疼的问题。本来这栋楼已经出租给一家教育机构了，但因为小区业主的干扰以及几次维权行动，使幼儿园没办法继续经营，最后我们只好跟对方解除合同。幼儿园现在的状况很尴尬，既卖不掉也租不掉，或许将它置换给小区也是一种办法。

最近半年，因为小区地下车库问题，我们公司不仅花费了大量的人力、物力，还支付了一笔不小的安保费：除了我们公司自己的安保人员外，我们还从市安鑫保安公司雇用了8位保安，这几个月一直替我们把守着文欣雅苑的地下车库。说实话，我们也希望能尽快了解这个纠纷，这样我们也好尽快撤出小区，全身而退。

教学指导手册

教学目标

使学生熟悉谈判进程、了解谈判策略，并初步掌握谈判技能：(1)如何进行谈判准备，包括收集信息，评估谈判各方的利益、权利和权力，制定谈判方案等；(2)如何进行谈判开局，如何进行初次报价以及如何回应初次报价；(3)如何进行磋商和讨价还价，包括进行信息交换、运用谈判策略和技巧，应对谈判对方的谈判策略等；(4)选择或识别谈判结束的时机，做好谈判结束后的工作等。

教学内容

1. 如何进行谈判准备

在谈判准备阶段，谈判者需要进行以下几个方面的工作：

(1)收集信息、确定谈判议题：谈判者首先要识别所涉事项是否适合谈判，进而收集相关信息包括收集委托人的信息、谈判对方的信息以及第三方或其他相关信息,并在此基础上初步确定谈判议题。

(2)评估各方的利益、权利和权力:评估各方的利益,首先要对各方的利益进行确定,优先考虑委托人的利益,并以所能收集到的信息为基础,预测对方当事人的利益、对方的优先考虑事项等;对各方权利的评估要求谈判律师预测一旦案件被提交诉讼,法庭可能作出的判决。评估涉及各方在法律和现实立场中的优势和劣势;评估各方权力,则是指通过研究非法律的、强制性因素以达到同样的效果。虽然实力上的不同并不一定能左右谈判的结果,但它仍然能在谈判过程中发挥巨大作用。所以,在法律谈判的准备阶段,谈判者还应认真评估权力的不平衡对谈判带来的影响。

(3)制定谈判方案:在这个过程中,谈判者首先需要确定委托人的最佳替代方案,即在未能达成协议的情况下,委托人可以且倾向于采取的行动,并考虑谈判对方的最佳替代方案;其次,谈判者需要确定谈判目标,包括最高目标以及谈判的底线等;最后,谈判者需要确定谈判策略和计划,包括采取何种谈判策略以及如何实践相应的谈判策略。

(4)确定谈判人员、谈判时间和地点等。

2. 如何进行谈判开局

谈判开局会对谈判进程、谈判结果产生重要影响。基于法律谈判的多样性,很少有谈判开局会是完全相同的。但通常认为,法律谈判开局至少应着力于以下几个目标:一是与对方建立良好的关系;二是获取信息;三是界定谈判参数。同时,避免在谈判开局阶段出现泄密、未获取或核实相关信息就行动,或者谈判开局就与对方争辩等错误。

3. 是否以及如何进行初次报价、如何回应初次报价

不同的谈判者对是否首先报价有不同的立场;是否首先报价还取决于争议或交易的复杂程度、谈判者的谈判策略等。但有一点是谈判者需要注意的,在无法确定最终可能达成的协议范围时,或在未了解和确认相关信息、对各方的利益和权利未进行充分评估前,别贸然提出报价。首先报价的优点在于,谈判者能够推测出对方的反应并相应地调整谈判策略;如果初次报价足够可信且具有说服力,那么该报价可能会成为下一步双方讨价还价的基础。但是,首先报价的风险是:不清楚谈判标的的价值、无法预测最终可能达成协议的区间范围时,首先报价可能会给委托人带来不利的后果。因此,如果谈判者对谈判事项、各方的优势和劣势、可能达成协议的范围等有确定的把握,那么首先报价很可能会为谈判者赢得谈判的主动,掌控谈判的节奏。但无法确定谈判标的价值、可能的协议区间时,最好鼓励对方首先出价,或者继续与对方沟通以获得尽可能多的信息。

虽然谁先作出初次报价与谈判结果没有必然联系,但一个可信的、具有说服力的初次报价与作出该报价的谈判一方获得更好的结果之间的确存在关联性。因此,如何作出、评估初次报价非常重要。谈判者所采取的谈判策略不同,其进行初次报价的方式也有所不同:(1)竞争型谈判策略下,谈判者要么不主动提出报价,要么提出较为极端的报价并尽可能降低对方对谈判结果的期望,从而为己方委托人争取最大利益;有些谈判者会提出许多要求包括一些虚假要求,甚至附加开始谈判的条件等;当然,在竞争型的谈判模式下,初次报价的可信度同样取决于报价的确定性和正当性。(2)合作型的谈判通常基于双方信任关系,希望通过互让互利最终达成一项对双方而言都较为合理和公平的协议。因此,与竞争型的报价相较,合作型的初次报价有两个特点:一是谈判者的报价相对较为适度、合理;二是谈判者通常会借助于一些客观标准来说明其报价的合理性。(3)解决问题型的初次开价,实际上就是邀请对方在谈判中共同进行解决问题式的集体讨论。要使这种邀请变得有效,应当做好以下四件事情:一是明确表示谈判者希望在谈判中采取解决问题型的谈判方法;二是识别委托人和对方的利益;三是列出一个或多个能体现上述利益的解决方案;四是为共同寻求其他选择方案敞开大门。

很多时候,回应对方的报价,可能比首先报价更需要技巧:不同的谈判策略下,会有不同的初次报价;但不管采取何种谈判策略,记住一点,不要轻易接受对方的第一次报价。如果对方的初次报价超出了预期,对委托人非常有利,那么谈判者需要确认:是自己低估或错估了谈判情势?还是因为对方对谈判情势的错误评估,因此作出了高于预期的对谈判方非常有利的报价?如果对方的报价远低于谈判目标甚至底线,谈判者可以忽略对方的不利报价,提出一个新的报价作为回应;或者通过询问对方这一报价的合理或正当性,将谈判推进到对有关事实或信息的讨论或沟通中,而弱化这一极端初次报价带来的影响。但这一回应报价的方式也存在一定的风险,谈判者的询问可能凿实对方的初次报价。

4. 如何进行磋商和讨价还价

开局之后,谈判便进入磋商阶段。在这个阶段,谈判者会试着努力实践两个目标:一是说服对方同意对己方委托人有利的条件和方案;二是评估对方可能接受的条件和方案。因此,几乎所有的磋商过程都伴随着信息的交换、讨价还价、妥协与让步、缩小差距,直至达成一致或因利益无法协调而致谈判破裂。

尽管所有的法律谈判都会涉及信息交换,但在不同的谈判模式下,谈判者采取的信息交换方法并不相同:在竞争型谈判策略下,谈判者往往通过减损对方对其自身谈判实力和优势的信心,降低其对谈判结果的期望,目的在于促成己方委托人利益最大化的协议或和解方案,所以对谈判者而言,信息交换的核心目的是获取对方的底线,即对方能接受的最低要求是什么。同时,采用竞争型谈判策略的谈判者通常认为对方也会采取同样的竞争策略也会尽可能地打探自己的底线,因此,谈判者又会极力隐藏自己的底线。合作型谈判策略下的信息交换旨在鼓励、促进谈判双方进行全面而准确的信息交换。合作型谈判者同样会通过各种途径,收集尽可能多的相关信息,但其主要目的并不是利用这些信息来减损谈判对方的信心或期望,而是基于这些信息来促成对双方而言都较为公平的协议。因此,较之竞争型谈判者,合作型谈判者更愿意披露、共享信息,即使有时这么做有可能减少其讨价还价的砝码。解决问题型的谈判,或由谈判双方集体讨论以拟定初步的谈判方案,或由一方提出和解草案或提议、然后由双方共同进行评估和调整,无论哪一种模式,为创造一个着眼于共同利益、努力融合各方不同利益的和解方案,全面、准确的信息交换无疑是不可或缺的。因此,与合作型的谈判相似,解决问题型的谈判同样鼓励谈判者之间进行自由的信息交换:在提议、创设能体现、协调谈判双方利益的框架性、综合性解决方案时,他们各自的需求、谈判目标、动机等各类信息都必须得到充分的交流和沟通。

在法律谈判的磋商阶段,谈判者会运用各种谈判手段,提出不同的条件或方案、要求对方作出让步,并应对可能出现的谈判僵局等,直至谈判结束。不同的谈判策略下,谈判者进行说服、讨价还价、让步的方法和技巧大相径庭:(1)采取竞争型策略的谈判者通常较容易采取进行强硬的争辩、威胁或警告、或真或假的生气或愤怒、消极的让步等谈判方法。(2)而合作型的谈判者则会采用有条件的承诺、温和的争辩、以让步换让步等谈判技巧;但合作型的谈判者要学会有技巧的应对强硬的谈判者,包括应对对方的威胁、谎言和诡计,以及其他各种不合作。(3)解决问题型的磋商与让步则需要谈判双方共同努力制定一个解决或替代方案并加以定位,以期达成协议。

在谈判过程中,谈判者还需学会运用或识别、应对各种常见的谈判策略和情势,包括谈判僵局、有限授权、沉默、最后通牒、最后期限等,以及各种攻心策略如红脸白脸策略、蚕食策略、框架效应策略等。

5. 如何结束谈判

谈判结束是谈判的最后一个阶段,但绝非最容易最不重要的阶段:有些时候,谈判之所以失败是因为谈判者不会结束。尽管对谈判结束时机的把握取决于谈判者的判断力,且每一谈判的情势、期限、谈判者等都各不相同,很难给出一个严格且具体的标准,但这并不妨碍我们通过一些常见因素来判断结束谈判的时机是否已出现:如最后期限的到来、对方接受了基本条款、谈判无实质性进展且无继续的必要。当然,在谈判结束的时机来临时,谈判者通常会采取一些策略和技巧以促进谈判的结束,如作出最后让步、确定最后期限等。

谈判结束并不意味着作为谈判者的工作也就此结束:签署意向书、起草协议、总结谈判经验教训、监督协议的履行等,都是谈判结束之际或之后谈判者所要完成的工作:(1)若谈判以双方达成一致而结束,谈判者需要完成的工作通常包括但不限于以下事项:将达成一致的基本条款记录下来,确定所有与谈判议题相关的实质性内容已经包含在内,且没有歧义;尽快与委托人联系,告知谈判结果,获得必要的授权;起草书面协议;审读协议。(2)如果谈判以失败告终,在谈判结束之后,谈判者也还有一些善后工作需要完成:整理谈判材料;分析、总结谈判失败的原因;为下一步的行动做好准备。无论谈判是以协议还是以失败告终,对每一位谈判者来说,坦然地对待谈判结果都是必要的,也是适当的。

教学计划

本案例的教学计划分四个步骤进行:(1)由教师就所涉教学内容进行讲授并进行相应的课堂演示,以帮助学生理解、领会谈判准备、谈判开局、报价、磋商与讨价还价、结束谈判等谈判理论、技巧。(2)将学生分组并确定其所扮演的角色,将案例材料发给学生,要求学生在课堂外进行充分准备;(3)学生在课堂规定时间内,依其各自的角色进行模拟演练;(4)模拟演练结束后,学生就模拟演练进行反馈,教师根据学生的反馈进行提问、点评并给予相应的指导和建议。

课堂时间安排

本案例可以作为专门的谈判案例教学课程进行,整个案例课的课时可以安排在9个课时左右,每课时45分钟。以下课堂时间安排,仅供参考:

1. 谈判准备(2.5~3个课时):课前,确定学生的分组和角色;课堂上,用1个课时讲授谈判准备的相关理论和技巧,然后分发案例材料,要求学生根据各自角色和要求阅读相关案例材料,进行谈判准备工作;学生完成谈判工作后,再用1.5~2个课时对学生的谈判准备工作进行点评和反馈。

2. 谈判开局和初次报价(2个课时):课堂上,用0.5~1个课时讲授谈判开局和初次报价的相关理论和技巧;之后,用0.5~1个课时要求学生进行模拟演练;演练结束后,再用1个课时对学生的模拟演练进行点评和反馈。

3. 谈判磋商和讨价还价(2.5~3个课时):课堂上,用1个课时讲授谈判磋商过程中的相关理论和技巧;之后,用0.5~1个课时要求学生进行模拟演练;演练结束后,再用1个个课时对学生的模拟演练进行点评和反馈。

4. 谈判结束(1.5~2个课时):课堂上,用0.5个课时讲授谈判结束的相关理论和技巧;之后,用0.5个课时要求学生进行模拟演练;演练结束后,再用0.5~1个课时对学生的模拟演练进行点评和反馈。

实践题

1. 法律谈判的准备

· 在谈判开始之前,你需要收集、调查哪些信息?如何收集、调查?请详细说明。
· 请列出需要谈判的事项。
· 请列出己方可用的文件材料、证据等。
· 请评估你委托人的优势与劣势。
· 请评估对方委托人的优势与劣势。
· 请确定并解释己方的最佳替代方案。
· 预测对方的最佳替代方案,并解释你的理由。
· 请确定己方的谈判目标。
· 请解释己方准备采取的谈判策略。
· 请拟定一份谈判方案。

2. 模拟练习自我评估:谈判准备

· 在谈判中,你是否坚持了计划的谈判策略?如果是,你的谈判策略是否达到你所希望的效果?如果否,请解释是什么原因导致你改变了谈判策略?
· 对方采取的是什么谈判策略?这些谈判策略是否对你产生了影响?请解释。
· 你是否实现了计划的谈判目标?如果否,原因是什么?
· 你认为在这次谈判中,你在法律和事实两个方面的准备是否充分?如果是,请列举一二;如果否,请说明哪些方面还可以进一步改进?
· 你认为在这次谈判中,对方在法律和事实两个方面的准备是否充分?如果是,请列举一二;如果否,你认为对方在哪些方面有欠缺?
· 如果你可以就该谈判事项重新进行一次谈判准备,你会在哪几个方面进行调整?理由是什么?

3. 模拟练习自我评估:谈判开局与初次开价

· 谈判之初,你和对方进行了哪些交流?为什么?
· 谈判之初,对方说了些什么?这些话是否对你产生影响?为什么?
· 在初次报价之前,对方是否披露了对你委托人有利的信息?如果是,你是如何获得这一信息的?
· 在初次报价之前,你是否披露了对对方有价值的信息?如果是,你是在何种情形下披露的？

·谁首先提出报价？如果是你，请解释理由？如果不是你，也请解释邀请或等待对方首先报价的理由。

·如果是你首先报价，报价内容是什么？请解释理由？对方如何回应你的初次报价？

·如果是对方首先报价，你是如何回应的？理由是什么？

·你认为初次报价对这次谈判的结果是否有影响？请解释理由。

4. 模拟练习自我评估：磋商与让步

·在谈判中，你采用了哪些谈判策略和技巧？这些策略和技巧是否达到你所希望的效果？请解释。

·对方采用了哪些谈判策略和技巧？这些策略和技巧是否对你产生影响？请解释。

·在谈判中，你是否披露了对对方有价值的信息？如果是，你是在何种情形下披露的？

·对方是否披露了对你的委托人有利的信息？如果是，你是如何获得这一信息的？

·谈判中双方作出了哪些妥协？是谁先作出的？一方作出妥协后另一方最初的反应是什么？

·谈判过程中有没有出现过威胁或暗示威胁的情形？如果有，谁作出的？具体是什么？

·谈判期间是否出现过暂停？如果有，是谁提出的？理由是什么？谈判重新开始后，双方有没有披露新的信息或者产生新的提议？

·谈判过程中你是否坚持了计划的谈判策略？如果否，你做了哪些改变？原因是什么？结果如何？

·你认为在谈判过程中，哪些方面你做得比较好？哪些方面还需要改进？

5. 模拟练习自我评估：谈判结束

·谈判的结果是什么？双方在结束谈判前是否就这些结果取得共识？

·如果双方达成了基本协议，基本协议的内容是什么？是否有人重申了这些协议内容，以确保双方都已正确理解？

·如果谈判失败，失败的原因是什么？谈判中是否有一些细节极大地影响了双方之间协议的达成？具体有哪些？

·谈判期间是否出现过暂停？如果有，是谁提出暂停？理由是什么？谈判重新开始后，双方有没有披露新的信息或者产生新的提议？

·谈判过程中你是否坚持了计划的谈判策略？如果否，你做了哪些改变？原因是什么？结果如何？

·你对自己在谈判中的表现是否满意？如果不满意，还有哪些地方是可以改进的？

·如果谈判可以重来，你是否会改变自己说过的一些话或做过的一些事？如果是，具体有哪些？

·如果有机会，你是否愿意和这个谈判对手在其他场合进行谈判？请解释理由。

参考文献

1. 蔡彦敏、祝聪、刘晶晶：《谈判学与谈判实务》，清华大学出版社 2011 年版。

2. [美]斯蒂芬·克里格、理查德·诺伊曼:《律师执业基本技能:会见客户、咨询、谈判和有说服力的事实分析》,中伦金通律师事务所译,法律出版社 2006 年版。
3. [美]X. M. 弗拉斯科纳、H. 李·赫瑟林顿:《法律职业就是谈判——律师谈判制胜战略》,高如华译,法律出版社 2005 年版。
4. [英]戴安娜·特赖布:《法律谈判之道》,高如华译,法律出版社 2006 年版。
5. [美]斯蒂芬·B. 戈尔德堡、弗兰克·E. A. 桑德等:《纠纷解决——谈判、调解和其他机制》,蔡彦敏等译,中国政法大学出版社 2004 年版。
6. [美]罗杰·费希尔、威廉·尤里、布鲁斯·巴顿:《谈判力》,王燕、罗昕译,中信出版社 2012 年版。
7. [美]杰勒德·尼伦伯格、亨利·卡莱罗:《谈判的艺术》,陈琛、许皓皓译,新世界出版社 2012 年版。
8. [美]凯瑟琳·凯利·里尔登:《谈判的力量》,冯宇译,当代中国出版社 2005 年版。
9. Donald G. Gifford, *Legal Negotiation*: *Theory and Applications*, West Group (1989).
William Ury, *Getting Past No*: *Negotiating Your Way from Confrontation to Cooperation*, Bantam Books (1993).
10. Robert H. Mnookin, Scott Peppet, Andrew S. Tulumello, *Beyond Winning*: *Negotiating to Create Value in Deals and Disputes*, the Belknap Press (2004).

撰稿人｜胡敏飞,浙江工商大学法学院

22 CASE 杭州优优皮具有限公司广告违法行政处罚案

|摘 要|

本案例以一起真实行政处罚案件为蓝本,围绕行政案件的调查与处理各个环节,涉及的知识点和执业技能包括:职业打假行为的合法性、行政案件的调查取证、行政案件的法律适用、律师如何参与行政案件的处理过程等。本案例涵盖行政程序的启动、行政案件的移送、行政案件的调查取证和行政案件的处理决定四个环节。案例涉及的实体问题包括行政法律的选择适用和行政法律责任的确定两个主要问题。本案例对学生学习如何参与行政案件的处理、维护当事人合法权益具有参考意义。

|关键词|

行政处罚案　行政法律实务　律师参与　证据收集　法律适用

|教学目标|

着重让学生把握六方面内容:(1)职业打假行为的合法性;(2)行政程序(包括行政诉讼程序)启动前及时保全证据的重要性;(3)证据材料的收集和审查要全面;(4)律师取证时要认真调查核实;(5)法律适用的重要性;(6)律师及时介入和有效沟通是帮助当事人维权成功的关键。

教学案例主文

一、引言:新广告法禁止绝对化用语引发的社会波澜

2015年4月24日,第十二届全国人大常委会第十四次会议审议通过了修订后的《中华人民共和国广告法》(以下简称新广告法),并由中华人民共和国主席令第二十二号公布,自2015年9月1日起施行。

新广告法的修订出台引起了全社会的广泛关注和强烈反响。因为,在此之前,

原来的广告法制定于1994年10月,自1995年2月1日起施行,该法施行二十多年来,虽然在规范广告活动、促进广告业健康发展和保护消费者权益方面发挥了一定的作用,但是,随着我国广告业迅速发展和互联网的广泛应用,广告发布的媒介和形式发生了很大变化,而原广告法的有关规定过于原则,约束力不强,对一些新问题、新情况缺乏规范,已不能适应广告业发展的客观需要。特别是近些年来,各种形式的虚假广告、违法广告屡禁不止且有愈演愈烈之势,造成了严重的社会危害。因此,社会各界对修改、完善广告法,依法严厉打击虚假违法广告的呼声十分强烈,多位全国人大代表、政协委员会提出了修法建议和提案,全国人大常委会也将广告法的修订列入了十二届全国人大常委会立法规划的一类项目。经过几年紧锣密鼓的修改论证并广泛听取社会各界意见,千呼万唤的新广告法终于得以出台。

由于新广告法修改幅度相当大,且法律责任的规定非常细致、严厉,因而,这部新法被称为"史上最严广告法"。比如,对明星、未成年人等"广告代言人"的严格规制,对医疗、药品、烟草、酒类、房地产、互联网等广告的严格规制,以及大幅度强化法律责任追究,等等,都引起了社会的高度关注和热议。其中,新广告法第9条第3项规定:"广告不得有下列情形:……使用'国家级''最高级''最佳'等用语……"

该条款是关于广告不得使用绝对化用语的规定。广告应当真实、客观地介绍商品或者服务,不得使用"国家级""最高级""最佳"等绝对化用语。盖因经济社会生活是不断发展变化的,对商品或者服务的任何表述都不应当是绝对化的。在广告中使用绝对化用语,不但容易误导消费者,而且可能不正当地贬低了同类商品或者服务,因此法律明确予以禁止。[1]不仅如此,新广告法第五章"法律责任"部分对此种广告违法行为规定了最低20万元的罚款。新广告法第57条规定:"有下列行为之一的,由工商行政管理部门责令停止发布广告,对广告主处二十万元以上一百万元以下的罚款,情形严重的,并可以吊销营业执照,由广告审查机关撤销广告审查批准文件、一年内不受理其广告审查申请;对广告经营者、广告发布者,由工商行政管理部门没收广告费用,处二十万元以上一百万元以下的罚款,情形严重的,并可以吊销营业执照、吊销广告发布登记证件:(一)发布有本法第9条、第10条规定的禁止情形的广告的……"

新广告法的上述规定引发了相当大的社会波澜。2015年9月1日,新广告法施行当天,调查发现,在知名电商企业当当网检索"最高人民法院"得到的结果为"××人民法院"。相关网页截图在社交媒体疯传。9月2日下午1时左右,当当网CEO李国庆在其个人认证微博上转发有关此类截图的网友微博,并回应:"晕倒!

〔1〕 全国人大常委会法制工作委员会编:《中华人民共和国广告法释义》,法律出版社2015年版,第16页。

当当技术都是老实人,居然把书名里的最高也自动屏蔽了!几年前当当茶叶、食品确实有夸大宣传被北京工商局罚款50万元!"[2]其他电商平台、出版社也有大量类似令人忍俊不禁的紧急规避动作。另据报道,杭州有家卖糖炒栗子的方林富炒货店,因为在包装袋上使用了"杭州最好的炒货店铺"字样而被杭州市西湖区市场监督管理局罚款20万元。市场监管部门声称,这已是从轻处罚,20万元是最低线。[3]有网友表示,以前说"吹牛不上税",今后,商家的吹牛宣传也要"缴税"了!

二、杭州优优皮具有限公司被举报违反新广告法

(一)杭州优优皮具有限公司概况[4]

杭州优优皮具有限公司(以下简称优优公司)于2014年6月13日在杭州市江干区工商行政管理局注册成立,初始注册资本人民币20万元,2014年8月26日增加注册资本到50万元。住所地为杭州市江干区德胜东路四季青服装交易中心ZJHM鞋业皮具城××号。经营范围为:批发零售皮具、鞋帽、服装、箱包。法定代表人:朱强,执行董事。公司股东为朱强夫妇及其妻弟孙伟。除了三位股东亲身参与经营外,公司另有员工七八名。

优优公司的主营业务是从事新加坡著名服饰品牌卡帝乐鳄鱼(CARTELO)皮件制品(皮带、皮包等)的批发和零售。由于其与品牌持有人签署协议取得了浙江区域的独家代理权,再加上公司负责人经营有方,员工们工作努力,优优公司成立的时间虽然不长,但销售业绩相当不错。公司在鞋业皮具城既有实体店,也进驻了天猫、淘宝、京东等多家电子商务平台。其事业可谓蒸蒸日上。

(二)优优公司被举报违反新广告法

2015年9月,新广告法刚刚实施后不久,职业打假人士王某发现优优公司在天猫网店销售的皮包的商品展示网页上使用了"国际顶级设计团队"字样,遂到公证部门作了公证,保全、固定了3份网页证据,并立即向杭州市余杭区工商行政管理局举报,要求查处优优公司的广告违法行为。除了优优公司之外,王某还举报了另外

---

〔2〕 尹瑞涛:《新广告法禁用"最"字 "最高人民法院"躺枪当当网》,载 http://jiupai.cjn.cn/2015/0902/2626.html,2015年9月2日访问。

〔3〕 参见鲍亚飞:《方林富被罚20万元,15天内须缴清罚款》,载《钱江晚报》2016年3月23日,第A0011版。在向杭州市市场监督管理局提起行政复议后,复议机关作出了维持处罚决定的裁决。2016年8月26日,方林富炒货店向杭州市西湖区人民法院提起行政诉讼并被法院立案受理(案号:〔2016〕浙0106行初240号)。目前,该案件仍在审理中。

〔4〕 出于保护当事人利益考虑,本案公司名称和涉及的当事人姓名作了适当处理。

几十家电商企业，指控其存在与优优公司类似的违反新广告法第 9 条第 3 项规定的不得使用绝对化用语的广告违法行为。

工商行政管理部门收到举报后，根据属地管辖原则，将针对优优公司的举报案件移送给了杭州市江干区工商行政管理局玖宝工商所。[5] 2015 年 12 月初，优优公司收到玖宝工商所通知，要对其被举报的广告违法行为进行调查处理。2015 年 12 月 18 日，玖宝工商所两名执法人员到优优公司进行了现场调查询问，并口头告知，根据新广告法第 9 条和第 57 条的规定，优优公司可能面临最低 20 万元的罚款处罚。

三、律师及时介入提交法律意见书后成功化解巨额罚款之危局

优优公司得知工商机关可能要对其处以最低 20 万元的罚款后，三名股东顿时觉得如芒在背、如坐针毡。因为虽然优优公司的销售业绩还算不错，但是由于电商企业近年来竞争激烈，大家都拼命压低价格以争取顾客，所以公司所经营的商品的利润率非常低，实际上是薄利多销。对于优优公司这家小微企业来说，20 万元不啻为一笔巨款，倘若真的被罚款，不知道要多少时间才能把这笔损失挣回来以填补这个巨大的窟窿。

当即，公司执行董事朱强找到浙江 ZH 律师事务所的一位律师刘某寻求法律帮助。刘律师听其介绍了案情，首先安慰其不要过于担心。因为，根据《浙江省实施行政处罚适用听证程序较大数额罚款标准》(浙府法发〔2014〕10 号)的规定，工商行政管理系统对组织的经营性活动处以 3 万元以上罚款的，属于较大数额罚款，必须适用听证程序。现在，工商部门只是口头声称要处以 20 万元的罚款，如果真要实施处罚，尚有时间准备听证。当然，虽说在战略上可以藐视，战术上却要高度重视。当前，必须积极主动和工商部门进行沟通，争取最大限度上维护我方权益。

刘律师在认真研究分析了案情以后，认为：虽然工商机关的处罚依据是新广告法的第 9 条第 3 项和第 57 条第 1 项，特别是第 57 条第 1 项对优优公司使用“顶级”这一绝对化用语的广告违法行为确实规定了最低 20 万元的罚款额度，证据业已由举报人申请保全、固定，这对优优公司来说非常不利，但是，行政处罚行为的法律适用不能完全抛开《行政处罚法》。《行政处罚法》是规范行政处罚领域的基本法律。对广告违法行为的处罚既要考虑新广告法的规定，也要考虑《行政处罚法》的相关规定。而《行政处罚法》第 27 条第 2 款规定：“违法行为轻微并及时纠正，没有造成危害后果的，不予行政处罚。”

---

〔5〕 2014 年起，浙江省区域内的地方工商行政管理机关改称为“市场监督管理局”，为便于读者理解，本文仍使用“工商行政管理局”的名称。

这一条款对优优公司来说至关重要,甚至可以说是优优公司的“救命稻草”。那么,接下来要看优优公司的行为是否属于该条款规定的情形。事实上,优优公司在案发之前已经从新闻报道等各种途径风闻新广告法的严格性,对其商品广告网页作了部分修改。比如,对其销量最大的皮带,在天猫网店上早就做了修改,但没有想到其销量不大、自己也未太在意的皮包被举报人盯上并抓了个正着。不过,在收到工商部门的调查通知后,优优公司已经立即对上述网页作了修改,删除了“顶级设计团队”等用语。

至此,对于能否适用《行政处罚法》第27条第2款,刘律师心里多少有了点儿数。他打电话给公司执行董事朱强,询问求证优优公司是否已经完全删除了新广告法第9条第3项所禁止使用的绝对化用语。朱强在电话的另一端信誓旦旦地表示,确保已经完全删除了违禁用语。听了朱强的保证,问题好像有了眉目,接下来似乎可以马上同工商部门进行交涉了。

但是,当天,出于职业敏感性和执业习惯,刘律师在准备出门同工商部门交涉之前,还是在网上检索了一下优优公司在各个电商平台的网页。天猫没有问题,淘宝没有问题,京东没有问题,然而,在检索阿里巴巴(1688.com)网站时,刘律师却意外地发现优优公司在该电商平台上的网页未作修改,“顶级设计团队”等用语还赫然在目!他立即再次与朱强通电话,得到的回复是:“哦,因为这个网店不是公司的主营网店,平时几乎没有什么业务量,忘了改了。”刘律师提醒对方未作全面修改删除的严重性,朱强表示立即调动人手进行地毯式搜查修改删除全部违禁用语。

2015年12月28日,刘律师到杭州市江干区工商行政管理局玖宝工商所同负责此案的执法人员进行了当面沟通,并提交了《关于杭州优优皮具有限公司广告行为的法律意见书》。该法律意见书的内容如下:

关于杭州优优皮具有限公司广告行为的法律意见书

杭州市工商行政管理局江干分局暨玖宝工商所:

浙江ZH律师事务所接受当事人杭州优优皮具有限公司(以下简称优优公司)委托,代为处理其天猫商城CARTELO优优专卖店广告违法一案,现根据《行政处罚法》第二十七条第二款“违法行为轻微并及时纠正,没有造成危害后果的,不予行政处罚”之规定,请求不予行政处罚。事实和理由如下:

一、在新《广告法》于2015年9月1日生效实施之前,优优公司已经根据新法第九条第三项“广告不得有下列情形:……使用‘国家级’‘最高级’‘最佳’等用语”之规定,积极主动地对CARTELO优优专卖店销售的卡帝乐鳄鱼品牌的商品广告网页进行了全面排查并作了清理整改,以符合新《广告法》之要求。但由于工作量浩繁巨大和网络技术方面的原因,在原来的四千多个网页中遗漏了三个网页。在收到工商机关的通知以后,优优公司立即再次认真进行排查，并对上述网页作了修改，删除了“顶级设计团队”等用语。

因此，优优公司并不具有违反新《广告法》的主观故意，其违法行为轻微并及时纠正，没有造成危害后果，符合《行政处罚法》规定的“不予行政处罚”之情形。

二、罚款不是目的，敦促企业合法、诚信经营才是工商行政管理机关的追求。《行政处罚法》第五条规定：“实施行政处罚，纠正违法行为，应当坚持处罚与教育相结合，教育公民、法人或者其他组织自觉守法。”优优公司在新《广告法》生效实施前就积极主动进行清理整改，在新法生效实施、收到工商机关通知后亦积极主动修改遗漏部分，及时予以纠正。对这种知错即改且没有造成危害后果的情形，没有必要非得实施高额罚款。

三、从大局观出发，也并非必须对优优公司予以严厉处罚。优优公司作为一家小微企业，虽然成立刚刚一年多，利润非常微薄，但还是在为国家贡献一部分税收的同时，创造了数个就业岗位，为政府分了忧、解了难。如果对其实施严厉处罚，可能会迫使其不得不关门大吉。在当前经济下滑趋势明显尤其需要鼓励“大众创业、万众创新”的新形势下，处以高额罚款、迫使企业关门不可谓明智之举。工商机关更妥当、更合理的做法是“放水养鱼”，在监管、敦促企业合法经营的同时，助力其做大、做强，为国家多缴税，为社会创造更多的就业岗位。时值年关，优优公司亦需要为自身的数十名员工之前途负责，若悉数抛给社会，也是一种不稳定因素。

综上，从法、理、情各方面的因素考虑，尤其是从建设和谐社会和法治国家的大局出发，均应根据《行政处罚法》第二十七条第二款之规定，责令优优公司今后继续守法经营，而不是予以高额处罚。

此致

浙江 ZH 律师事务所

二〇一五年十二月二十八日

附件（证据目录）：

1. 优优公司广告网页整改情况（编号：1－3）〔6〕

2. 优优公司合法广告网页若干例证

看了律师提交的法律意见书，玖宝工商所执法人员表示，他们也注意到了《工商行政管理机关行政处罚程序规定》（国家工商行政管理总局 2011 年 12 月修订、自 2012 年 1 月 1 日施行）第 3 条有这样的规定：

工商行政管理机关实施行政处罚应当遵循以下原则：

……

〔6〕 附件所列证据是举报人王某提交的 3 个网页图案和违禁用语删除后的 3 个新网页图案的对比图示。

(三)实施行政处罚必须以事实为依据,与违法行为的事实、性质、情节以及社会危害程度相当;

(四)坚持处罚与教育相结合,教育公民、法人或者其他组织自觉守法;……

工商所执法人员表示,他们也认为,对优优公司的违法行为如果处以20万元的罚款,可能过于严苛,但是,是否可以免于处罚,他们也拿不准,因为,新广告法对这种违法行为规定的最低处罚标准就是20万元。现在,有了律师的法律意见书,他们心里有了底,对于这种情况,确实应该考虑适用《行政处罚法》的相关规定。

三个月后,[7]玖宝工商所明确表示,鉴于优优公司的违法行为轻微并及时纠正,没有造成危害后果,不予行政处罚,并不再将该案上报江干区工商行政管理局。后来,职业打假人王某不服该不予处罚的处理决定而以工商行政管理部门不履行法定职责为由提起行政复议,行政复议机关则根据《行政复议法实施条例》的相关规定驳回了王某的行政复议申请。该案最终尘埃落定。

教学指导手册

教学目标

教学对象:本案例供法律硕士案例教学使用,法学本科生(大四)、行政法学硕士生、诉讼法学硕士生也可以参考使用。

教学目标:本案例主要就律师如何为当事人提供行政法律服务进行讲授。具体要解决的问题包括:(1)职业打假行为的合法性;(2)行政程序(包括行政诉讼程序)启动之前及时保全证据的重要性;(3)证据材料的收集和审查要全面;(4)律师取证时要认真调查核实;(5)全面拓宽行政法律适用的视野;(6)律师及时介入和有效沟通是帮助当事人维权成功的关键。

[7] 《工商行政管理机关行政处罚程序规定》第57条规定:"适用一般程序处理的案件应当自立案之日起九十日内作出处理决定;案情复杂,不能在规定期限内作出处理决定的,经工商行政管理机关负责人批准,可以延长三十日;案情特别复杂,经延期仍不能作出处理决定的,应当由工商行政管理机关有关会议集体讨论决定是否继续延期。"

教学内容

1. 职业打假行为的合法性

本案因职业打假人士王某的举报行为而引起。对于“知假买假”甚或“不买而打假”的职业打假行为,社会上一度有比较大的争议,甚至直到现在关于这种行为的合法性的争议也没有停止,各地行政执法机关和司法机关对职业打假行为的认识也各不相同。但必须明确,法律是不禁止职业打假行为的,甚至可以说,法律是支持职业打假行为的。最高人民法院颁布的《关于审理食品药品纠纷案件适用法律若干问题的规定》(法释〔2013〕28 号)第 3 条规定:“因食品、药品质量问题发生纠纷,购买者向生产者、销售者主张权利,生产者、销售者以购买者明知食品、药品存在质量问题而仍然购买为由进行抗辩的,人民法院不予支持。”也就是说,知假买假的行为不影响行为人主张消费者权益。该司法解释从 2014 年 3 月 15 日开始施行后,各地人民法院均认可职业打假行为的合法性,并且所适用的范围也不局限于“食品、药品”。很多地方亦通过立法,规定对社会公众举报产品质量违法的行为给予相应的奖励。

2. 行政程序(包括行政诉讼程序)启动之前及时保全证据的重要性

在该案中,职业打假人士王某的行为很有启发性,在其向工商行政管理部门举报之前,先行申请公证机关对优优公司使用绝对化用语的广告违法行为作了公证,保全固定了证据,从而使优优公司的广告违法行为“铁证如山”。这提醒我们,在法律实务工作中,对那些转瞬即逝、事后可能湮灭的证据要及时进行保全,否则,将因事后难以取证而无法实现相应的法律目标。

3. 证据材料的收集和审查要全面

在本案中,如果仅仅着眼于职业打假人士王某提供的经公证的网页证据,在事实问题的申辩上将走进死胡同,因为我们不可能推翻这种经公证的网页证据。在事实问题上,需要知会行政执法机关,王某提供的证据只是优优公司在修改其大量网页广告时无意中遗漏的数个网页而已,并且事后也及时作了整改,其违法的网页广告在其全部网页广告量中只占很小的比例。执法机关在审查证据时,也需要考虑这个比例问题。

4. 律师取证时要认真调查核实

在法律实务中,当事人信誓旦旦的表示有可能是真的,也有可能存在失实的情况。因此,律师不能对当事人的说法予以轻信,而必须认真调查核实。以本案为例,如果律师轻信优优公司对全部网页广告已经进行了整改的表示,而没有认真检查阿里巴巴(1688.com)网站,那么,在同行政执法机关进行交涉时,只要执法人员打开该网站,律师将无言以对,所作的一切努力都会付诸东流。

5. 全面拓宽行政法律适用的视野

一切行政案件都必须全面、综合考虑应当适用的法律。本案在法律的选择和适用问题上非常具有典型性。如果仅仅适用新广告法第57条第1项的规定,工商行政管理部门就没有多少裁量权可言,对优优公司的此种广告违法行为必须处罚,而且最低数额就是20万元。然而,如果考虑优优公司违法行为的实际情况,这一处罚显然是不合理的。而要改变这种不合理,就必须找到相应的法律依据。行政法的特点之一是法律规范纷繁复杂。从多如牛毛的行政法律规范中找到对当事人最为有利的法律,是对从事行政法律服务的律师的法律功底和功力的考验。

6. 律师及时介入和有效沟通是帮助当事人维权成功的关键

律师在处理行政案件为当事人提供法律服务时,最佳时机是在行政程序中行政机关作出最终行政处理决定之前,而不是等到行政复议程序或者行政诉讼程序启动以后。尽管也可以通过复议或者诉讼帮助当事人维护合法权益,但是,由于无论是复议还是诉讼都费时费力,再加上我国当下的行政救济存在某些制度性缺陷,通过行政复议或者行政诉讼事后维权往往事倍功半。而在行政程序中进行维权,由于行政机关的裁量权存在相当大的灵活性,相应地,与行政机关交涉的空间也比较大,其效果往往事半功倍。当然,前提是要求律师能够及时介入并与行政机关进行有效沟通。

预期效果

培养学生获得通过非诉讼途径解决行政案件为当事人提供法律服务的能力。

教学计划及课堂时间安排

本案例可以作为专门的案例教学课来进行,整个案例课的课堂安排3个课时,每课时45分钟。

课前计划:安排学生阅读案例及相关参考资料,对案例所涉及的问题进行思考,撰写实践题答案。

课中计划:介绍教学目的,明确讨论主题;分组讨论,回答各项思考题,讨论实践题的撰写要点;小组代表提出撰写要点,学生讨论和分析;教师归纳总结。

课后计划:布置学生进一步思考律师应如何通过非诉讼途径解决行政案件,为当事人提供法律服务,最大限度上维护当事人合法权益。

思考题和实践题

1. 思考题

(1)职业打假人在向有关部门举报之前应当先做好哪些准备?

(2)工商部门是否应当受理职业打假人的举报?

(3)职业打假人不服行政机关的处理决定能否提起行政复议和行政诉讼?

(4)对事后可能湮灭的证据应当怎样处理?

(5)优优公司应当从哪些方面说服行政机关不应当对自己处以20万元的罚款?

(6)对当事人声称确凿无疑的事实,律师是否需要再作调查核实?

(7)为当事人提供行政法律服务时,是否一定需要通过提起行政复议或者行政诉讼实现预期目的?

(8)行政案件的法律适用有什么特点?

2. 实践题

结合本案情况,请作为优优公司的代理律师撰写一份申辩意见书提交给工商行政管理机关。

参考文献

1. 全国人大常委会法制工作委员会编:《中华人民共和国广告法释义》,法律出版社2015年版。

2. 尹瑞涛:《新广告法禁用"最"字"最高人民法院"躺枪当当网》,载http://jiupai.cjn.cn/2015/0902/2626.html,2015年9月2日访问。

3. 鲍亚飞:《方林富被罚20万元,15天内须缴清罚款》,载《钱江晚报》2016年3月23日,第A0011版。

撰稿人 | 刘东亮,浙江工商大学法学院教授

23 CASE 交通运输部的网约车业监管立法

| 摘　要 |

网络约租车业从一开始就引起了大量平台投资商、私家车主和大众乘客的浓厚兴趣,并迅速发展成为一股新兴的城市客运力量。但同时,这股以私家车辆为主体的新兴力量因为可能在“客运安全”“损害救济”和“市场秩序”等方面引发的副作用而面临严重的制度约束,在实际客运中承受着较大的违规风险。这一新业态也对既有监管政策提出了全新的挑战。交通运输部正在酝酿制定一部《网络约租车服务管理办法》,而网约车业和传统出租车业的行业代表也在积极撰写关于该监管立法的《立法建议稿》,提交给交通运输部作为决策参考。

| 关键词 |

网络约租车业　出租车业　交通运输部　《网络约租车服务管理办法》《立法建议稿》

| 教学目标 |

本案例以中国网络约租车业的监管立法这一重大公共决策事件为背景,培养法科学生实际参与经济监管立法的公共辩论、条文起草和立法决策等方面的能力。

教学案例主文

在第十二届全国人民代表大会第三次会议开幕会上,李克强总理在政府工作报告中“新兴产业和新兴业态是竞争高地”部分提到,“制定‘互联网+’行动计划,推动移动互联网、云计算、大数据、物联网等与现代制造业结合,促进电子商务、工业互联网和互联网金融健康发展,引导互联网企业拓展国际市场。”近几年来,在全球范围内兴起的网络预约出租汽车业是“互联网+”在交通运输领域的体现。网络预约出租车业从一开始就引起了大量平台投资商、私家车主和大众乘客的浓厚兴趣,并迅速发展成为一股新兴的城市客运力量。但同时,这股以私家车辆为主体的新兴力量因为可能在“客运安全”“损害救济”和“市场秩序”等方面引发的副作用而面临严重的制度约束,在实际客运中承受着较大的违规风险。这一新业态也对既有监管政策提出了全新的挑战。

一、网约车业概览

(一)网约车的两种类型

网络预约出租汽车(以下简称网约车)是通过网络约车服务平台进行线上招揽的城市出租车,主要包括专车和拼车两种类型。专车服务最早源于美国 Uber 公司,专车主要面向中高端用户,旨在通过打车软件完成实时叫车服务,为用户提供优质的搭乘体验。根据服务车辆是否归属于平台本身,可以将专车分为自营式(如神州专车)和他营式(如 Uber)两类,部分平台如滴滴则兼有自营和他营业务。自营式网约车平台享有车辆的所有权,与驾驶员之间建立劳动关系或雇佣关系,对从事服务的“人、车”有较高的管理能力。他营式专车平台与驾驶员、车辆之间则不存在产权关系,平台的主要功能在于撮合交易和技术保障。在他营式专车内部,依据车辆的具体来源,还可分为“私家车 + 车主”和“租赁车 + 代驾”两种运营模式。拼车,又叫顺风车或搭便车,以无偿、顺路为特征。目前市面上的拼车主要是有偿拼车,例如,滴滴顺风车、嘀嗒拼车,平台根据车主和乘客提供的出行路线和时间快速撮合车辆供给和搭乘需求,并以合乘里程数(不区分车型)自动计算拼车费用。2014 年北京市出台了国内首个“拼车”指导意见——《关于小客车合乘出行的意见》,将“合乘”行为区分为公益型合乘(免费拼车)和互助型合乘,以政策性文件的形式肯定了有偿的互助型拼车行为。

(二)网约车业的组织原理

作为一种新的社会经济组织形式,网约车业的市场运行机理与传统的出租车业存在重大的区别。传统出租车业的经济组织形式可分为两类:一类是经典的自由市场交易模式,即由分散的社会个体自主开展的点对点交易。在网络约租车时代来临之前,无论是合法的出租车个体经营户,还是不合法的私家客运车辆(俗称“黑车”),皆属此类。分散的个体自主购买和驾驶车辆,以巡游揽客方式与分散乘客进行点对点交易。另一类是企业科层管理,由企业对内部资本、实物和劳动力等各类生产要素进行科层式管理和生产,然后以企业的名义统一对外展开市场交易。与经典的市场交易模式相比,企业采用命令的方式对企业内部各生产要素及其所有者进行支配,节省了各生产要素所有者在经典市场模式下相互订立合同的成本。目前主导中国出租车市场的出租汽车经营企业即为此类。企业投资人购买出租车辆、雇佣驾驶员并进行统一经营管理。而以私家车为主体的网约车业态则是一种介于“经典市场交易”与“企业科层管理”之间的新兴经济组织形式,暂可称为“网络平台经济”。网约车业是我国目前运行最充分、矛盾最突出的一类平台经济现象。所谓平台经济,是指借助移动互联网和第三方交易平台的流量基础,充分调动私人闲置的碎片化资源,并通过服务动态价格的调节机制与大数据驱动快速供求决策,撮合私人交易的经济运营模式。与网约车业类似的平台经济形式还有P2P人人贷、Airbnb短租房、人人快递等。

(三)专车和拼车的关联性

专车与拼车之间存在互动替代机制,例如,在下班回家却没有顺路的专车订单时,专车司机通常选择搭乘拼车平台的顺路乘客。再如,当专车业实施高峰期动态提价机制或者拥堵费时,大量乘客会将拼车作为一种替代性出行方式。二者在交通拥堵贡献率上会产生对冲效应。

二、网约车业出现的社会背景

(一)城市公共交通“出行难”问题

网约车业与传统车业的核心矛盾在于传统出租车供给不足。在大城市中,这种矛盾尤为突出。以北京市为例,北京出租车总量近20年间一直控制在6万辆左右,与该市同期增长的600多万常住人口不成比例。其背后是我国长期实行的出租车特许经营制,由政府为有资质的出租车管理公司或个人限量性地颁发运营牌照。与此同时,出租车业的供需匹配长期存在信息不对称的问题,《2014年交通运输行业发展统计公报》显示,2014年出租汽车平均每车次载客人数1.96人/车次,空驶率31.2%。在此背景下,“黑车”大行其道。所谓“黑车”,是指没有在交通运输管理部门办理任何相关手续、没有领取营运牌证而以有偿服务实施非法运营的车辆。一方面,“黑车”司机为了规避行业监管,往往使用假车牌,不按营运线路行驶,以低价揽客又大量超载,不能开具正规发票,部分司机还存在驾驶技术不合格和职业道德的问题,给乘客造成了极大的安全隐患。另一方面,由于城市公共交通不够发达,私家车数量不断增长,制造了大量交通运输资源剩余,并因为国家管制而长期闲置,加剧了环境保护、交通拥堵的压力。

(二)“互联网+”下的网约车服务

网约车平台通过智能终端收集用户出行的需求数据,借助大数据的分析优势,调动私人交通供给剩余,以规模化的方式完成相对准确的用车供需匹配。网约车服务为城市管理者提供了更加充分的数据信息,缓解了群众“打车难”的问题,能够促进城市智能交通的建设;同时,降低了行车空载率,有助于节约能耗和促进环境保护;另外,专车的服务质量普遍高于出租车,例如,神州专车的市值普遍在15万元以上,驾驶员进行专车服务时被要求穿正装、佩戴白手套、保持车内清洁、向乘客提供上下车问候和开车门服务等,这是传统出租车服务者所难以企及的。另外,在优化用户体验的同时,网约车的“社交性”还能促发新的人际合作。这是因为网约车驾驶员的兼职比例较高,驾驶员与乘客的职业背景存在多样性,双方可以在乘车过程中进行持续的人际沟通,不少职业经理人、创业者还会专门开网约车来招聘员工。

网约车是“互联网+”在传统交通运输领域的一场革命,其重塑了用户消费习惯,创造了新的就业机会,并使智能打车成为一种城市新风尚。但随着市场容量的急速扩张,中低端网约车大量涌入,网约车的服务质量和安全隐患逐渐引起更多的关注。例如,实践中广泛存在服务车辆和车牌号与平台登记不一致的问题,有的车主会向乘客解释是因为当天限号开了另外的车,有的车主则直言,“外地车牌不好注册,借用朋友北京车牌注册的”。

三、网约车业对出租车业监管政策的挑战

(一)基于驾驶技术不足所引发的安全风险

实践中的驾驶技术缺陷通常表现为与不良驾驶习惯相关的违章、违规驾驶行为,如超速、违规并线超车、抢道、逆行和在行进中打电话、查看手机订单、取拿物品、抽烟等。需指出的是,这些问题并非网约车业独有的问题,且发生概率并不比出租车业高。但其不仅容易引发安全事故,而且会降低搭乘感受以及对整个网约车业的评价和信心。据了解,网约车驾驶员注册网约车平台只需要提交驾驶证、行驶证、车辆照片、信用卡信息,乘客则只需要用手机号简易注册。且大部分他营式网约车平台并不会对驾驶员开展系统的驾驶技术培训,整体管理比较松散。

(二)基于职业道德缺陷所引发的安全风险

此类风险主要源于驾驶员的职业道德瑕疵,在现实中表现为性骚扰、抢劫、强奸等人身和财产侵害行为。代表性案例是北京市朝阳区的拼车司机强奸案和深圳市的快车司机杀人案。2015年7月4日,滴滴顺风车司机郑某将乘客王女士送到目的地后,在驾驶座把车锁上后爬到后座,向正准备打开车门的王女士实施暴力控制和强奸行为。据悉,2014年3月郑某曾因嫖娼被北京市西城区公安分局行政拘留14天,该案中郑某系冒用其妻子的账号接单。2016年5月3日晚,深圳市南山区

警方通报称，一名24岁女教师钟某乘坐滴滴快车，被司机潘某带至偏僻处抢劫杀害，而该车辆的车牌为假冒。滴滴方面回应道，对于变更车辆、变更司机进行顺风车接单的情况，乘客可通过车牌、车型信息以及性别头像进行辨别，有权投诉并拒绝搭乘。不过，要注意的是，暴力犯罪在网约车实践中发生概率比较低，且并非网约车行业所特有，在网约车的商业竞争和媒体报道中存在被夸大描述的情况。

（三）商业保险机制不完善

在传统出租车运营实践中，事故损害的赔偿更多依赖保险制度。常用的保险主要有机动车交通事故责任强制险、第三人责任险、车损险、座位险等，分别提供最低限度的交通事故赔偿、第三人受损的赔偿、车辆受损的赔偿、车内司机和乘客的赔偿。实践中出租车管理公司通常会至少购买交强险和三责险，然而注册网约车平台只需要提交交强险的证明，保障力度很弱。实践中，私家车的其他商业保险合同一般对承保范围进行限定，要求车辆用途不超过一般自用车，不得用于经营，所以对网约车运营造成的事故极少赔付。因此平台通常会主动与保险公司合作，以分担风险，一旦网约车服务发生损害，由合作保险公司先行赔偿。例如，滴滴专车平台曾公开发布《互联网专车服务管理及乘客安全保障标准》，提出为乘客提供意外险和先行赔付，并写入与乘客之间的《专车服务协议》。

（四）损害赔偿责任分担机制不明晰

一旦网约车服务发生了交通事故，在保险机制不完善的情况下，如何确定各个主体的民事责任，如何获取有效的赔偿，成为驾驶员和乘客选择网约车的一大顾虑。一个争议性很强的问题是，网约车平台是否要对交通事故承担赔偿责任？2016年北京市朝阳区人民法院审理了一起专车交通事故纠纷案。滴滴专车司机罗某在驾驶专车的过程中与一辆电动车相撞，造成电动车搭乘人苟某十级伤残。因道路监控损坏，无法认定交通事故责任，而肇事车辆的交强险、三者险不足以赔偿苟某的损失。于是苟某将与滴滴专车相关的司机罗某、滴滴专车平台、劳务派遣公司、汽车租赁公司一并诉至法院，向四方主张损害赔偿。在抗辩中，劳务派遣公司宣称自己只是专车司机的挂靠单位，定期向平台收取少量服务费，不具备对司机的实际管控能力。汽车租赁公司认为，滴滴专车平台是车辆的实际承租人，对车辆运营具有控制能力和运营收益，应由滴滴平台承担责任。滴滴平台则抗辩称，滴滴平台与劳务派遣公司、汽车租赁公司之间签订的是“服务协议”，而不是劳务派遣协议和汽车租赁协议，滴滴平台仅仅充当信息中介平台，对事故损害不承担责任。该案以调解方式结案，据悉滴滴平台向受害方支付了一定赔偿。

(五)出租车行业受到冲击,驾驶员福利紧缩

作为公共交通的组成部分,我国出租车行业长期处于政府严格管制之下,数量和定价都受地方政策限制,市场供不应求,缺乏竞争。而由于历史原因,行业内部主要实行挂靠制,出租车驾驶员每月向出租车公司缴纳高额的"份子钱",个人的收入普遍不高。网约车大量涌入市场,一方面,加剧了租车行业的竞争,稀释了出租车运营者的市场需求,压缩了出租车行业的福利,部分出租车驾驶员甚至面临失业等困境。有调查者通过对北京的30位出租车司机的随机访谈发现,自2014年夏天开始,出租车每日的毛收入减少了大约20%。另一方面,网约车运营者不需要缴纳"份子钱",加上用户的消费和平台补贴,网约车驾驶员所取得的收入显著高于出租车驾驶员,引发了后者的强烈不满,甚至爆发了地方规模性的行业罢工活动。例如,2016年5月31日上午,数十辆出租车集体围堵西安市北大街,发表对网约车的抗议,当地中心道路受堵,直至下午3时交通才恢复正常。有网友评价说,"出现这种情况,还是要出租车自己反省一下,市场经济,优胜劣汰,你不努力,就有人替你努力。想想以前,路远了不打表,下雨下雪不拉,换班加油不顺路不拉,问都不问就拼座儿,有行李不拉,人多不拉,换班不拉。诸如此类的,相信大多数人都遇到过吧。面对竞争不提升服务而去堵路是没用的,出租车行业不要一味地偏执行事,还是要好好反省！加快自己改进的步伐,才能改变现状。"而在调查者对20位出租车司机的随机访谈中,有17位司机表示,如果未来政府为私家专车提供一个合法的准入机制,他们将在与出租车公司的合同到期之后选择加入私家专车行列;1位双班制的出租车司机表示同时在双班间歇期从事私家专车服务;另外2位司机选择继续留在出租车公司,主要是考虑到出租车公司能够提供稳定的社保。

(六)用车过剩与交通拥堵

交通运输部运输司司长刘小明曾公开透露,根据高德公布的第二季度拥堵指数,北京、广州、杭州、深圳四个城市,虽然已经实施了机动车限购,但第二季度的拥堵指数却反而上升。"这个时间正好与互联网约车盛行的时间吻合。"而且有的城市交通部门已经有调研,交通拥堵与专车有关。有学者则认为,当前网约车拥堵主要是因为行业补贴导致价格过低,要想系统治理交通拥堵问题,可以通过实行动态调价机制,向乘客统一收取高峰期"拥堵费"来调节用车需求,促使部分价格偏好者转而选择公交等其他替代性出行方式。

(七)平台的行业垄断和不正当竞争

滴滴出行俨然已成为现今中国第一大网约车平台。滴滴出行发布的《2015－2016年移动出行就业促进报告》数据显示截至2016年4月,滴滴平台上的专快车、

顺风车、代驾的司机人数已超过1330万人。滴滴出行的注册用户有近3亿人,覆盖全国400多个城市,日均订单超过1100万个。2015年全年订单总量达到14.3亿个。快速增长的市场份额背后是巨大规模的价格补贴数字,平台大打价格战的某些时刻,用户支付的车费甚至低于服务运营成本价。而根据易观智库的数据,2015年第三季度滴滴专车的市场份额为83.2%,Uber暂居第二,份额不到滴滴的1/5,为16.2%。2015年7月至今,腾讯微信已经多次封杀Uber的公众号,来压制竞争对手。同时,有调查显示,作为兼有自营和他营业务的综合性服务平台,滴滴出行对自营车辆的派单率要高于对私家车主的派单率。

(八)特殊群体的用车保障

残障人士等特殊群体的用车服务需求目前主要是通过财政补贴或类似激励方式来满足的。在北京市的传统出租车业中,只有“北汽”等大型国有出租车公司提供特殊群体所需求的车辆,且需要提前预约。当前的网约车服务市场基本没有对该部分群体做特殊照顾。由学者们起草的《计程客运服务产业监管条例(示范法)》(见附件3)第38条则提出平台应当为残疾人获取网约车服务提供无歧视和便捷化服务。

四、网约车业的监管法治实践

对于网约车的监管态度,转型时期的政府主管部门前后经过了较大的变化,可以概括为“严厉禁止—适度鼓励+运动式执法—有序立法规制”三个阶段。

(一)与现行出租车业行政管理法规的冲突

根据交通运输部2014年9月26日出台的《出租汽车经营服务管理规定》第12条和第47条,我国对城市出租车采取“特许经营制”进行管理。只有获得出租车经营许可的公司或者个人才有资格从事出租汽车客运活动。所以,新兴的网络约租车行业存在合法性问题。

(二)地方立法实践

对网约车服务的治理,主要表现在对汽车租赁公司和网约车服务平台的管制。关于对汽车租赁公司的管制,以北京市为例,北京市2012年出台了《北京市汽车租赁管理办法》,规定租赁企业用于经营的车必须在租赁经营者名下,汽车租赁经营者如果明知承租人利用租赁车辆从事非法营运等违法活动,但仍签订或者继续履行租赁合同的,应当依法承担责任。2014年北京市出台了《关于严禁汽车租赁企业为非法营运提供便利的通知》,严禁汽车租赁企业为非法营运者提供便利,要求其完善承租人填报信息并留存。对于汽车租赁企业将车辆出租给承租人用于经营的,发现后1年内不受理其租车业务。而在管制网约车服务平台方面,典型做法如上海市。上海市在2014年出台了《上海市查处车辆非法客运办法》,要求召车信息服务商必须向交通行政管理部门提供驾驶员和车辆的信息,对于经认定不具备营运资格的,服务商不得提供召车信息服务。对于违反上述规定要求的,管理部门将对服务商处以3万~10万元的罚款。

（三）地方行政执法实践

地方交通管理部门往往以随机道路抽查的方式,对参与网约车运营的私家车主施以行政处罚,其中不乏钓鱼执法行为,甚至有出租车司机团体组织的"钓鱼举报"。以上海市为例,据公开报道,上海市自2014年11月查处首例"专车"非法客运案件以来,执法部门已查处"专车"非法客运案件180余件,执法形式主要为上海市交通执法大队联合公安、属地街镇等部门采取专项行动。执法者认定非法营运的主要标准可以归纳为两项:一是驾驶员无法出示营运资格证件,包括车辆不具备车辆未取得出租汽车经营许可证、车辆运营证,或驾驶员不具备驾驶员资格证。二是通过对乘客的询问调查,证实驾驶员属于有偿载客的,且无论是否完成交易,只要双方对价格、路程达成合意即视为非法运营。有调查显示,地方交管部门对网约车业的运动式执法甚至成为执法者"创收"的手段(处罚后不开发票),过去一年,在各地爆发了大量网约车驾驶员与执法者的冲突,甚至是恶性暴力事件。网约车平台则通过建立平台内部的"行政处罚保险"悄悄为受罚的驾驶员"买单"。

（四）地方司法实践

2015年4月15日,济南专车司机陈超诉济南市城市公共客运管理服务中心行政处罚一案被称为全国"专车第一案",案件争议点集中在对非法运营的论证,以及实施行政处罚的主体有无处罚权上。"专车第一案"至今尚未宣判。另外,北京市通州区人民法院宣判的一起顺风车交通事故赔偿案中,法院认为,根据交通事故责任认定书,顺风车车主赵先生依法承担拼车事故中的全部责任,但因为乘客李女士明知拼车存在风险却选择乘坐非营运车辆,因此车主只负担80%的赔偿,乘客应承担20%的责任。

（五）对政府"禁而不停"的分析

有学者分析认为,这反映了一些地方政府管理者的矛盾心理,因为专车服务的出现必然触动原有的利益格局,部分管理者习惯于墨守成规、保护"传统",急于给专车定性,但同时又对移动出行平台充满期待,希望能解决城市的交通问题,所以迟迟不愿采取实际措施。

2015年10月,交通运输部发布《网络预约出租汽车经营服务管理暂行办法(征求意见稿)》(见附件1)和《网络预约出租汽车经营服务管理暂行办法(征求意见稿)起草说明》(见附件2),表示鼓励网约车发展,并将网约车平台定性为客运服务的经营者,对网约车实行类出租车管理的许可制。同时期,上海市政府却为滴滴快的平台颁发了首张网约车平台经营许可,专车首次在国内获得合法运营身份。而与上海市截然相反,2016年5月22日,专车在山西省太原市被认定为"黑车",被全线叫停。据悉,太原市展开出租车运营秩序整治行动,根据《山西省汽车租赁管理办法》和《太原市客运出租汽车管理办法》有关规定,"滴滴"专车、快车等营运车辆未取得出租汽车客运经营许可,属于非法营运。太原市客运办还鼓励市民进行监督举报,每举报一辆"黑车"可获奖励100元。有网友评价说:"早该叫停了,这种车一般都是私人的,不太放心,万一出了什么事根本没有保障。"对于上海市和太原市的不同做法,有评论者认为,山西省太原市这一次实施的执法活动的确比较特别,如果仅仅是从现行法来看,太原市这样的执法活动也是有法律依据的,符合交通运输部制定的《出租汽车经营服务管理规定》。目前,很多大城市对专车采取了比较宽松的态度,实际上是因为他们认识到了专车在改善城市客运交通能力上的积极作用。而对于"黑车"的问题,目前有很多误解。打车软件一方面采取系统统一定价,解决了之前"黑车"定价机制不透明的问题;另一方面详细搜集和存储了司机的个人信息,一旦发生纠纷或者事故,能够马上找到司机。所以,这实际上是解决了"黑车"问题。如果彻底禁止专车,"黑车"又会重新出现。当然,目前专车行业的确也暴露出一些经营操作不规范和个别的人身财产安全事故问题。这与目前打车软件公司的私家车准入审核机制不完善、新司机培训机制不成熟有关系。

据悉,2016年3月,有国家领导人亲自体验了网约车。交通运输部部长杨传堂则在两会期间表示:"对待新生事物,绝不能止步不前,墨守成规。网约车作为新生事物,给乘客带来良好体验,要给这种服务方式一个合法的出路。私家车想要转化为网约车,可以按照目前起草的办法,通过一定程序转化为合规营运车辆。"但是,从交通部所发布的征求意见稿来看,其意在于将各类"网约车"全部纳入出租车管理体制,建设网约出租车平台,发展差异化的出租车服务产品。对此有评论者指出,令网约出租车取代专车等于拒绝"共享经济",发展"昂贵版出租车"。

五、问题:网约车新规应该走向何方?

网约车,正是池塘里激起变革涟漪的那枚卵石,对网约车规制方案的当前探索,也是在示范和创造千万平台经济的未来。安全、服务、竞争、出租车行业改革各种因素将如何影响网约车的下一步发展,如同车辆等待路口交通信号灯的指示,各方主体都在静候正式管理规范的出台。网约车业和传统出租车业的行业代表也都在积极撰写关于该监管立法的《立法建议稿》，提交给交通运输部作为决策参考，以为自身行业的发展争取足够的法制空间。交通运输部作为主管和监管部门，需要对网约车业的社会经济功能予以科学定位，并在网约车市场准入、数量规模、车辆标准、驾驶员资格、定价机制、劳动或合同关系、损害救济等一系列问题上作出监管立法决策，以保障这一新兴行业最大限度地增进社会公众的福利。

教学指导手册

教学目标

1. 本案例主要适用于法律经济学课程，也适用于经济法、行政法和立法法等课程。

2. 本案例以中国网络约租车业的监管立法这一重大公共决策事件为背景，培养法科学生实际参与经济监管立法的公共辩论、条文起草和立法决策等方面的能力。

本案例研修可以分“交通运输部”“网络约租车业协会”“出租车业协会”和“消费者权益保护协会”四个团队协助完成。每一个团队单独起草一部《网络约租车服务管理办法》，并就其中主要条款的立法理由予以说明。三个协会向交通运输部提交建议稿并详细说明主要条款的立法建议理由；交通运输部则需要独立制定一部规章，并就其中的主要条款进行说明。

除了就各团队认为重要的条款进行重新设计和起草之外，其余条款可以直接从本案例材料的附件1[《网络预约出租汽车经营服务管理暂行办法（征求意见稿）》]和附件3[《计程车客运服务产业监管条例示范法草案（征求意见稿）》]中直接摘抄。建议起草设计的重点条文控制在12条以内。除了案例材料着重强调和标出的条款之外，各团队可以根据自己关注的重点就其他条款进行重新设计和起草。

教学内容

1. 关于网约车监管立法的分析思路

教师可以根据教学目标（目的）灵活使用本案例。这里提出本案例的分析思路，仅供参考。

(1)从科学技术视角分析网约车业在经济组织原理和监管政策上的特殊性。网约车业是网络平台和数据分析技术进步的产物。其采用“线上撮合”与“线下交易”相结合的商务模式,通过智能终端和大数据分析驱动快速供需决策,实现了车主供给(特别是私家车)与乘客需求之间的快速和高效匹配。这是一种介于“经典市场交易”和“科层式企业”之间的新型经济组织形态。这种由网络数据平台支持的经济交易模式在很大程度上解决了传统交易中的各类信息不充分的问题,并对这类交通运输服务业的管理成本大小、市场竞争充分程度、市场交易频率和规模等方面产生重大影响。

这些技术性影响不仅直接表现为对社会大众交通出行方式和福利的影响,而且与本案例有直接关系的是,对政府在城市出租车业行业的监管思路、原则和规则都会产生重大实质性影响。特别是,网络约租车平台获得了较传统出租车行业更强的自我监管能力和动力,网络约租车平台之间的市场竞争充分度更高,市场交易的频率也会随之提高。一方面,一些针对传统出租车行业的监管规则,如政府主导定价,可能没有必要;另一方面,一些传统出租车行业并不面临的新问题将随之出现,如乘客的数据信息安全问题,监管政策需要予以积极回应。总之,在讨论监管政策时,需要充分认识和考虑这些技术性因素及其影响,并设计出必要的、有针对性的监管规则。

(2)从历史发展的视角去分析城市交通运输产业和政府监管政策的未来发展趋势。赫拉利曾在《人类简史》中评论到,要“探究现代社会的特色,就如同追问变色龙的颜色一样困难。我们唯一能够确信的是,它会不断改变,是一场永远的革命”。每一次重大技术变革和组织创新在增进民众的社会福利的同时,不仅蕴含着各种不确定性风险,而且还会冲击传统行业的利益格局,挑战传统的政府监管方式,引发不同程度的疑虑和抵制。但纵观整个人类社会的发展史,我们会发现,历史总是在不断发扬先进生产力、淘汰落后技术的进程中向前发展的。当出现更为先进的生产力时,虽然新兴的生产和交易模式可能伴随着各种消极的社会效应,但监管政策制定者的思考方向是如何趋利避害,通过制度设计发扬新技术的长处,抑制其副作用。

(3)从制度创新和变革的视角分析网约车业监管政策的理念和规则。人类社会从来就非常看重技术变革对经济发展的影响,但对法律制度在促进经济发展方面的系统关注,主要是近几十年的事情。实际上,监管制度对包括城市交通运输经济的发展起着至关重要的作用。在分析网约车监管政策时,需要站在交通运输产业发展的高度来审视和评估各监管思路和监管规则,如同强调科学技术的创新性一样,注重监管政策的创新和变革。

(4)从整个分享经济的监管模式转型视角分析网约车业的监管理念和规则。

事实上,在网约车业出现之前,以网络平台为依托的交易模式就已经广泛展开,特别是表现在网络购物领域。经过数十年的发展,包括中国在内的全球网络购物市场已经十分发达,并且形成了相对较为成熟的监管理论和框架。这些领域的监管政策对网约车业的政策制定也具有重要启示。

在网络购物经济中,监管法律的一个重要特点就是监管权力的分散化,即从原来由政府工商管理部门单一行使监管权的模式转向由政府监管部门和网络交易平台合作共同享有监管权的模式。网络平台从原来单纯的被监管者转变为主动监管者,通过平台准入资格审查、制定网络交易平台规则等方式对平台用户进行监管,维护平台交易的有序展开。这不仅有助于维护网络用户的利益,而且有助于提升网络平台的声誉。因此,网络平台在大量事务上有主动实施自我监管的动力。当然,这并不等于放松管制,也不等于政府监管部门放弃管制权的行使。相反,这是将原来专属于政府的管制权进行重新分配,一方面发挥平台的信息优势和监管效果;另一方面可以减轻政府主管部门的监管负担。网络平台购物等其他分享经济领域的监管理念和规则,对网络约租车业也提供了启示和参考。

(5)从系统性的角度分析各类城市约租车行业之间的关联与互动。网络约租车业作为一种城市交通运输经济形态,并不是一种孤立的存在。相反,其作为广大乘客的一种出行工具选择方案,与公共交通、传统出租车业和非营利性的合乘车业之间存在明显的关联与互动,特别是存在相互竞争关系。在研究针对网约车的数量、价格等方面的管制措施时,需要从整个城市交通运输业出发,分析相应的公共政策目标能否通过网约车业、出租车业和合乘车业之间的市场竞争实现自发的调节。

例如,合成车平台根据车主和乘客提供的出行路线和时间快速撮合车辆供给和搭乘需求,并以合乘里程数(不区分车型)自动计算拼车费用。合乘车随着网络平台的出现而发生了规模化和常态化增长,演变为一种常态化的城市交通出行方式。其不仅与专车一样,在交通安全和损害救济方面提出了新的要求,而且在大量问题上与网络专车紧密地交织在一起。当专车业实施高峰期动态提价机制或者拥堵费时,大量乘客会将拼车作为一种替代性出行方式。二者在交通拥堵贡献率上会产生对冲效应。

(6)从市场供需关系和市场调节能力视角评估监管政策。网约车业监管政策的制定,特别是关于网约车数量规模和价格问题,是否需要设定管制政策以及应当设定何种管制政策,首先需要考虑市场供需关系和市场调节能力。由于网约车平台在很多方面解决了信息不对称问题和资产专属性问题,网约车客运服务提供者和乘客对供需信息的敏感度会得到大大提高,根据供需信息调整市场参与行为的机会也就大大提高。例如,乘客会根据不同网约车平台上的价格信息选择服务平台和网约车(出租车)类型。

2. 网约车监管立法分析的理论依据

(1)合同组织理论

传统法学理论坚持“公法/私法”和“政府/市场”这两组相互对应的二元划分，认为社会的组织形式要么是政府，要么是由分散个人组成的经典市场交易。后来，经济学理论上日益重视公司这种社会经济组织形式，或者说层级式经济组织形式。这也与传统出租车业相对应。传统出租车业的经济组织形式可分为两类：一类是经典的自由市场交易模式，即由分散的社会个体自主开展的点对点交易。在网络约租车时代来临之前，无论是合法的出租车个体经营户，还是不合法的私家客运车辆，皆属此类。分散的个体自主购买和驾驶车辆，以巡游揽客方式与分散乘客进行点对点交易。另一类是企业科层管理，由企业对内部资本、实物和劳动力等各类生产要素进行科层式管理和生产，然后以企业的名义统一对外展开市场交易。与经典的市场交易模式相比，企业采用命令的方式对企业内部各生产要素及其所有者进行支配，节省了各生产要素所有者在经典市场模式下相互订立合同的成本。目前主导中国出租车市场的出租汽车经营企业即为此类。企业投资人购买出租车辆、雇佣驾驶员并进行统一经营管理。

但经济学上新近的合同理论则越来越认识到，人类社会的经济组织方式早已经从“市场/政府”二元体系走向了多中心主义，构想和实践出了经典市场、长期契约、网络平台、企业层级管理、民间组织和政府强制等多元高效的实践形态。当然，这里指涉的合同未必都构成法律上的合同，而可能只是法经济学观点的合同框架。而以私家车为主体的网络专(拼)车业则是一种介于“经典市场交易”与“企业科层管理”之间的新兴经济组织形式，暂可称为“网络平台经济”。或者用威廉姆森的观点来看，这是介于水平合同与垂直整合间的中间合同或组织形态。

合同组织理论的启示在于，城市出租车业的经济组织形态可以是多样化的，不一定非要回到传统出租车业中的两种契约组织模式。如果网络平台技术的出现能够解决传统出租车业所面临的重大问题，这类新型组织模式就应当得到认可。监管法律应当为其量体裁衣，制定有针对性的监管规则，而不是削足适履，反过来要求网约车业符合对传统出租车业的监管要求。

(2)信息不对称理论

传统上，法律对出租车业设置各种严苛的监管规则，包括车辆和驾驶员的准入标准、客运服务价格、客运服务时间等，在很大程度上是以消费者(乘客)的信息不充分为背景的。例如，乘客没有足够的能力和机会比较不同的出租车公司的客服质量。如果完全自由定价，则乘客不仅面临讨价还价的缔约负担，而且可能面临掠夺性定价。而网络约租车平台的最大贡献莫过于解决了信息不充分的问题。网络平台和数据分析技术的运用，使与约租车活动相关的各类信息都能够以便捷的方式加以采集、存储、计量和公示。这些信息包括乘客和车主双方的身份信息、品行信息、地理位置、行程信息，特定时间和路段的车辆供给、需求和候时信息，租车的定价信息，不同约租车平台在利润分成、补贴优惠和客户服务等方面的信息，凡此等等。当然，信息透明度高并不必然是一件好事。关键在于网络平台出于何种目的、采用何种方式利用该信息。

与约租车平台的信息优势相伴随的不少社会福利已经广为大众熟知。例如，相对开放的约租车平台让车辆供给侧有了比较大的弹性，大量闲置的私家车资源有了随时进出客运服务市场的可能，从而将"打车难"变成一种轻松愉悦的出行活动。再如，网络平台通过数据分析技术对分散乘客和车主所作的高效匹配，大幅地降低乘客与车主之间的缔约成本，省去了与巡游揽客、路边招车相伴随的一系列出行负担。

然而，尚未被大众所熟知的是，网络约租车平台让我们重新回到了"熟人社会"，能够有效地抑制信息不充分条件下的道德风险和机会主义行为。例如，如果平台能对私家车主的身份和信用信息进行必要的搜集和公示，则有助于防止个别车主对乘客人身安全的道德风险。如果政府部门能够主动帮助平台去识别私家车主的守法记录情况的话，将进一步提高私家车主客运服务的安全系数。再如，平台设置有效的双向评价并予以公示，有助于激励车主提高客服质量、乘客提高素养；否则，低水平服务的车主将无客可拉，低素养的乘客将无车可坐。

总之，在监管部门对网约车业的行业发展定位上，网约车业的信息充分性意味着这一新兴的交通运输业态有能力解决很多传统出租车业面临的问题，是未来城市出租车业发展的主要方向。在具体监管政策上，凡是能够通过充分的信息自发解决的问题，就应当留给市场自身去解决，而无须再设定强制性标准，除非市场自发解决能力不足，有必要通过国家强制加以介入。例如，网约车乘客可以便捷地比较不同平台上不同类型出租车辆的费率标准，并根据自己的支付能力选择相应的平台服务商和出租车类型。在平台之间尚不存在实质性垄断时，乘客的选择自由可以促进平台之间的竞争，防止价格垄断。因此，在不涉及垄断的情形下，应当以市场定价为原则。

(3)资产专属性理论

所谓资产专属性，是指"是指在不牺牲其生产价值的前提下，某项资产能够被重新配置于其他替代用途或是被替代使用者重新调配使用的程度"。经济学家威廉姆森对此有专门阐述。专属性资产等学说有助于加强对网络约租车平台经济的分析。例如，私家车主(专车司机)的汽车的专用性比较低，通用性比较高。中国大陆绝大多数私家车不是专门为从事客运活动而购，而是将家用车用于客运；类似地，专车司机的人力资源的专属性比较低，80%以上的专车司机都是兼职或是作为短期职业。这意味着,如果私家车供给过剩或者市场需求降低(如同时开通了几条地铁),私家车主的资产流动成本比较低(车和人皆如此)。

与此相反,传统出租车行业中的车和人的资产专属性都比较高:北京市的出租车大都是专门为客运设计的最低配版本,舒适度不够,几乎不会有人用于家用,而很多出租车司机干了多年之后,也不太容易从事其他职业。所以,在出租车行业改革中需要特别考虑这种专属性问题。

如果打破出租车特许经营制、专车合法化,绝大多数出租车司机会选择从事职业专车运输。也就是说,只要客运市场还在,出租车司机就能顺利实现再就业。此外,北京的出租车很便宜,一年“份子钱”就差不多足以偿付购车款了。也就是说,即便政府放开专车市场的数量管制,出租车公司的投资人也不会面临大的损失。除这两个问题之外,网络平台经济中还有大量问题可以通过类似理论得到很好的解释和安排。

(4)合作监管理论

在传统的政府监管理论中,政府与市场是截然不同的两类主体。前者是监管者,负责监管政策的制定和实施;后者是被监管者,在监管政策之下从事市场交易。这一二元框架预设了两大前提:第一,各类市场主体在追求自身利益最大化的过程中会给其他市场主体造成负外部性影响,损害其他市场参与者的利益或者社会公共利益。例如,巡游出租车司机为了尽量提高收入,不仅可能擅自提高价格或者拼客,而且还可能拒载前往拥堵路段的乘客。而这对整个巡游出租车业的形象和社会公众出行福利都有较大负面影响。第二,面对前述负外部效应,市场主体既没有自我约束的动力,也没有自我约束的能力。就个体户出租车而言,这一点是不言而喻的。这也是不少地方主要采用公司制出租车经营模式,希望通过出租车公司来约束出租车司机,提高客运服务质量的原因。但由于出租车公司之间缺乏足够的竞争,出租车公司在解决这些问题上的实际效果有限。这也是中国网约车从一出现就备受欢迎的原因。

而网约车业与出租车业之间存在重大差异。因为,平台约租车业的市场竞争充分度要比出租车业高很多。当前各网络约租车平台之间的市场竞争充分程度远高于传统的出租车行业。在信息网络时代,无论是私家车主还是乘客,对各网络平台的价格信息和客服水平的敏感度都很高,能够及时获得那些利润更高或价格更低的交易机会。网络平台的主要功能是实现车主与乘客之间的交易撮合,网络平台、车主和乘客三者之间既不存在长期的合同约束,也没有重大的财产租赁或使用关系。车主和乘客几乎可以随时在不同平台之间进行无成本地切换。传统出租车行业则不同,虽然乘客对每一次乘车过程中的客服水平有切身感受,但通常不会把这种感受同特定出租车公司品牌联系起来,而是将这种感受归咎为由各公司构成的整个出租车行业。这不仅是因为出租车公司数量众多,品牌效应不明显,而且因为乘客召车的对象是随机的,一般没有选择机会。受此影响,各出租车公司治理拒载或者其他问题的动力就不高。相反,在激励商业竞争中最终存活下来的平台商数量有限,乘客很容易将每次乘车感受与某个具体平台联系起来。平台商为了维护自身的品牌声誉,有足够的动力去主动治理那些评价不高的客运行为。

也就是说,网约车平台具有自我监管的动力和能力。正是在这个意义上,现代监管法律理论主张,应当将监管权从专属于政府主管部门的模式进行改革,将那些可以由市场主体(网约车平台)自发监管的事务交由市场主体管理。一方面,这样不仅有助于充分发挥市场主体在监管上的主动性,而且还有利于提高监管质量,毕竟市场主体掌握了第一手的市场交易信息,有助于即时作出有针对性的判断。另一方面,对于那些市场主体自我监管不足的领域,政府有必要介入监管,以维护市场秩序和公共利益。例如,网约车平台可能为了相互竞争客户而放松对车辆、驾驶人准入标准的要求,从而损害乘客的利益。为此,监管部门有必要设定最低限度的准入标准,并进行有效的抽查和监督。

随着监管权的分散化,传统上的"政府(监管者)/市场主体(被监管者)"这一二元格局也随之发生变化,从由政府主导的单边监管模式走向由政府与平台就不同领域的事务分别进行合作监管的模式。而如前所述,要想实现高水平的合作监管,就需要保持网约车平台之间的充分竞争。但充分的竞争是以两项监管制度安排为条件的:一是各家平台投资商能够较为自由地准入约租车平台市场;二是平台与用户(包括私家车主和乘客)之间存在较为灵活的合同安排,至少要保证用户自由选择平台的机会。相反,如果法律过度限制平台商的市场准入,或者要求平台用户与平台之间形成长期稳定的合同关系,则网络约租车平台的竞争充分度就会相应地递减。

(5)劳动关系理论

网络平台经济不仅对传统的监管模式提出挑战,而且对劳动关系理论也有重大影响。总的来说,劳动关系变得多样化和复杂化。前文提出要建立一种灵活的合同机制,但并不等于完全排斥劳动合同安排或者不关注私家车主的其他社会福利。如果私家车主长期在一个平台上稳定地工作,符合我国劳动法规定的劳动时间基准。对于那些有意向订立劳动合同的私家车主而言,法律应当赋予他们订立劳动合同的权利。

不过,从既有的学术讨论和实践调研来看,如何确定构成劳动关系的"工作时长和服务频次"将是未来实践面临的一个难题。毕竟,影响网约车车主的工作时间和服务频次的因素很多,与工厂制时代的劳动实践存在较大差异。在更广泛的意义上,既有的劳动法律制度和学说之所以在平台经济时代总显得捉襟见肘,很大限度上是因为它们是工厂制时代遗留下来的产物，在基本观念和具体制度安排上都不是主动地适应新兴的平台经济形态，而是试图让新兴的经济形态去适应过去的智慧。其实，无论是在工厂制时代还是在今天，有一点是没有变化的，即对劳动者的保护，让劳动者劳有所得、伤有所治、险有所担、老有所养。但法律制度作为实现这些目标性追求的工具，其本身是想象和建构的产物。凡是有助于实现这些目标的制度安排，都应当予以考虑。无论是全职车主还是兼职车主，如果能够建立一套更为灵活有效的社保制度和损害风险分散制度，就没有必要回到那个工作场所、时间、程式甚至内容都较为固定的劳动合同法时代。关键在于，我们是否愿意发挥制度想象力，努力构想那些既能实现价值目标又能提高就业灵活度、降低社会交易成本的制度方案。

(6)企业社会责任理论

在传统企业理论中，企业的角色定位是追求商业利益，回报股东的投资利益。尽管企业负有消极义务，不得破坏社会公共利益，但并没有积极义务去促进社会公共利益。而现代企业理论则认为企业负有社会责任，需要在追求自身经济利益的同时，在特定的事项上承担社会责任。而从长远来看，企业承担这些社会责任不仅对社会有利，而且对企业生存的整个社会环境和企业利益也是有帮助的。残障人士的用车问题就是一个例子。

残障人士等特殊群体的用车需求十分有限，不足以支撑起一个独立的租车市场。在纯粹的市场模式下，无论是传统出租车业还是专车业，主动满足此类特殊群体需求的可能性比较小。事实上，与其他类别的社会服务一样，残障人士等特殊群体的相应需求主要是通过财政补贴或类似激励方式来满足的。在北京市的传统出租车业中，只有“北汽”等大型国有出租车公司提供特殊群体所需求的车辆，且需要提前预约。不过，这并不等于网络专车业无法实现这些需求。这既可以通过补贴网络平台商的方式激励其运营一定数量的特殊用车，也可以通过强制要求的方式令其配置相应的服务。

(7)公共选择理论

前述所有分析都是以“政府监管部门客观中立、没有私利”为前提的，政府的监管决策和执法都是以社会公共利益为导向的。如果政府监管部门或者官员与城市出租车客运行业存在利益关联，则可能影响监管政策的中立性和科学性。网约车业的发展过程从一开始就注定了这是一场与传统出租车业及利益相关者进行博弈的过程。交通运输部作为产业规划和监管部门，并不负责监管制度的具体实施，在利益关联上处于一个相对“超脱”的境界。但地方交通运输监管机构及其工作人员与交通运输产业之间存在不同程度的利益关联却是一个不争的事实。一些地方的交通运输主管部门甚至是出租车公司的直接或者间接投资人。这有可能致使新规在一些地方的具体实施中走样。

实际上，这方面的病灶在新规出台之前就已经出现。尽管中央政府和交通运输部曾在2016年年初多次释放“善待网约车”的政策信号，但不少地方政府却对网约车采取了“雷霆执法行动”。这意味着，如果网约车的监管政策采用“中央立法+地方制定实施细则”的惯常模式，那么，中央立法需要考虑在地方实施过程中可能面临的“软抵制”，并有针对性地设计监管规则，以防止中央政策在地方实施中走样。

3. 网约车监管立法的背景信息

（1）交通运输部出台暂行办法

交通运输部等七部委已经于2016年7月底联合出台了正式的《网络预约出租汽车经营服务管理暂行办法》（以下简称《暂行办法》）。另外，原本由交通运输部发布的针对整个出租车业的改革指导意见［《关于深化改革进一步推进出租汽车行业健康发展的指导意见（征求意见稿）》］，最终改由国务院办公厅2016年7月发布（《国务院办公厅关于深化改革推进出租汽车行业健康发展的指导意见》），旨在推动地方政府在网约车监管政策实施上的重视和改革。

从总体上来看，与《征求意见稿》相比，最后正式出台的《暂行办法》对网约车这一新型经济形态的组织原理有了更深刻的认识，并尝试在监管政策上作出积极的回应，以促进这一新兴城市交通运输业态的发展。当然，这也与网约车新规的健康出台过程有关，包括对地方实践经验的吸收，对学术研究成果包括《示范法》的参阅和对大众需求和意见的重视。

（2）地方对《暂行办法》的细化实施

《暂行办法》在不少关键问题上仅作了原则性规定，将具体操作实施留待地方政府去探索解决。这样的立法模式一方面是必要的，毕竟不同地方的交通出行需求和供给状况不尽一致，事无巨细的中央立法可能成为掣肘地方的有益探索和尝试。但另一方面，这也是问题所在。北京、上海、广州、深圳等城市对《暂行办法》的细化实施过程中，提出了“本地户籍”“本地车辆”要求和严格的“车辆轴距、排量”（车辆档次）要求，与成都、杭州等城市对网约车业的包容性监管政策形成鲜明的对比。

（3）网约车业的劳动关系问题

根据本案例开发人的调研，网络平台公司是愿意与全职车主签订劳动合同的。这不仅有助于形成一种稳定的工作关系，而且也不会给企业构成实质性的经济负担。毕竟考虑到全职车主的客运收入，劳动合同法所要求的最低工作和社保基金要求并不高。

(4)网约车业的责任保险问题

由于监管政策不明确,大量保险公司以网约车业尚未取得合法资格为由拒绝承保。一旦监管政策承认网约车业务的合法性,保险问题迎刃而解。

(5)网约车业相关的交通事故损害赔偿问题

网约车平台通常能够主动协商解决,满足受害人的赔偿要求。只有当受害人提出过高的索赔要求时,才会进入诉讼程序。网约车平台之所以能够主动赔偿,主要原因有三:一是损害事故率不高,毕竟私家车主没有引发损害的道德风险;二是主动赔偿有助于提高平台的安全感,让私家车主和平台免于高额赔偿或者损害的后顾之忧;三是可以通过保险来分散这些损害。

4. 网约车业监管立法分析的关键要点

(1)分析网约车业的监管理念和监管政策,要站在现代科技革命下的产业变革视角的高度。准确认识人类生产力和生产交易方式的宏观发展趋势,有助于我们在具体监管政策的研讨上取得更科学的结论。

(2)产业变革通常会导致与既有行业(如巡游出租车业)之间的竞争和冲突。监管政策的制定需要准确认识这些冲突的本质、未来的引导方案。

(3)监管措施以必要为原则,或者说要符合比例原则,尽量抑制计划经济传统下的"父爱主义""大包大揽"情节。能够通过市场解决的问题,就不要设置强制性的监管要求。

■ 预期效果

1. 促进学生对于法学和经济学这两个学科知识之间的交叉学习和理解。网约车业监管立法既是重大法律问题,又涉及新经济的组织和运行原理问题,综合运用两个学科的知识,有助于培养学生使用法经济学分析方法来分析和解决实际问题的能力。

2. 除了课堂研讨之外,要求学生亲自动手起草监管法律文本,培养法科学生参与立法实践的能力。

3. 通过"交通运输部""网络约租车业协会""出租车业协会"和"消费者权益保护协会"四个团队的网约车立法建议稿,为中国当前正在经历的重大公共决策案件,即网约车业的监管立法建言献策,提高立法决策质量。

■ 教学计划

本案例为选课学生设置了四种可供选择的角色:一是交通运输部,即网约车业的政府监管部门;二是网约车业协会,即代表网络约租车行业的行业协会;三是出租车业协会,即代表出租车行业的行业协会;四是消费者权益保护协会,代表广大出租车和网约车乘客。

在真实的监管立法过程中,交通运输部占据主导地位。交通运输部会在充分听取与新兴行业有重大利益关联的各方主体的意见后,最终做出监管立法决策。而作为各个行业或群体的代表,网约车协会、出租车业协会和消费者权益保护协会都希望政府制定的政策能够尽可能地反映本群体的发展和利益诉求。因此,在立法实践中,这些协会不仅深入参与公共决策的讨论,而且常常通过提交《立法建议稿》的方式影响立法机关的最终决策。

一般而言,这些协会在提出某一种立法建议方案的同时,除了要阐明该方案符合自己所代表的群体的利益之外,还需要尽可能地说服决策者:这种方案对整个社会来说都是一种最为理想的制度选择方案。而交通运输部作为最终决策者,不仅需要综合权衡各方主体的利益诉求,而且还需要考虑特定社会的总体发展目标,选择那些符合最大多数人利益、能够促进交通运输经济可持续发展的立法方案。

本案例的授课教师可以根据课堂人数确定分组方式,既可以让全班同学代表交通运输部集中研讨如何制定一部科学合理的《网络约租车服务管理办法》,也可以将全班同学分为若干组,分别代表交通运输部和其他协会,从各自的立场出发制定《网络约租车服务管理办法》和《立法建议稿》。

课堂时间安排

本案例不仅涉及对监管政策的研讨,而且还要求学生撰写监管立法条文。因此,建议通过两周的课程来完成本案例的研修。每周一次课堂研讨,外加课前和课后作业。以下步骤供参考:

步骤1:课前案例阅读。于第一堂课研讨之前一周将本案例的正文和附件分发给选课同学,要求详细阅读和思考。

步骤2:第一次课程控制在60分钟。授课教师首先简要回顾案例中的主要事件和情节,并回答学生关于案例事实描述的疑惑。其次,根据《教学手册》中的“启发思考题”,向学生初步介绍本案例面临的主要监管立法问题。最后,对班级学生进行小组和角色分配(建议以学生对角色的自愿选择优先),并向每一个小组下达起草《网络约租车服务管理办法》或者《立法建议稿》的任务。

注意:为了保障学生起草法条的质量,建议起草设计的重点条文控制在12条以内。除了就各团队认为重要的条款进行重新设计和起草之外,其余条款可以直接从本案例材料的附件1[《网络预约出租汽车经营服务管理暂行办法(征求意见稿)》]和附件3[《计程车客运服务产业监管条例示范法草案(征求意见稿)》]中直接摘抄。各团队可以根据自己关注的重点就其他条款进行重新设计和起草。

步骤3:课下起草监管法律。给学生一周的时间,分小组完成研讨、决策和文本起草。教师也可以根据课堂进度,给学生两周时间,隔一周再进行步骤4。

步骤4:第二次课控制在120分钟。先给每一个小组15分钟以内的时间,报告其设计的《网络约租车服务管理办法》或者《立法建议稿》;然后结合《教学手册》中的"分析思路"和"理论依据与分析"部分,对相关立法设计进行评议。建议授课教师站在交通运输部的视角来评议这些立法设计。

步骤5:修改完善。让每一个小组在课后修改完善本小组的立法设计,并以作业的形式提交给授课教师进行评价。

思考题

1. 宏观视角

从网约车业经济业态的组织特点出发,请思考:

(1)网约车业的组织方式有何创新之处?与传统出租车业态的差异在哪里?可以从交易信息对称性、管理成本、市场竞争、交易频率和规模等方面进行思考。

(2)网约车业已经或者将要对社会大众的交通出行选择方式、交通资源供给方式、交通出行成本和道路交通拥堵状况、汽车废气排放量等因素产生何种影响?

(3)你认为中国政府主管部门在总体上应该对网约车这一新型交通经济业态采取何种定位?是将视为一种与传统出租车业相互竞争的一种城市客运经济形态,还是将其定位为"高端客运服务"上、与传统出租车业之间实行"错位竞争"?

(4)网约车业的监管立法权应当由哪个机构享有?国家交通运输部还是地方政府的交通运输主管部门,抑或二者分别享有不同事项的立法权,如"中央立法+地方制定实施细则"的传统模式?如果采用"中央立法+地方制定实施细则",地方政府在制定细则时,有权就哪些事项作出特别规定?

2. 微观视角

就网约车业的具体监管方案而言,请思考下述问题及其他您认为重要的问题:

(1)在网约车司机的准入机制上,是否有必要在普通的机动车驾驶执照之外要求网约车司机参加特别的驾驶技术培训项目并取得相应的资质证书?如果需要,应当采用何种标准,有何种机构负责实施,例如交通运输管理部门或者网约车平台?

(2)在网约车司机的准入机制上,是否有必要在年龄、性别、户籍、学历、健康标准等事项上设定特别的要求?理由是什么?标准应当如何具体设定?

(3)在网约车车辆的准入机制上,是否有必要就车辆的登记注册地进行限制?

(4)在网约车车辆的准入机制上,是否有必要就车辆的排量、轴距等关涉车辆档次的指标进行限制?

(5)在网约车车辆的退出机制上，是否有必要就车辆的运营年限或者里程上限设置特别标准？应设置何种标准？

(6)在网约车的服务价格上，应当采用市场定价还是政府定价（传统出租车实行政府定价）？

(7)在网约车的准入数量规模上，是否有必要设定一个数量规模上限？是由政府主管部门设定，还是由网约车平台根据市场供需状况自主调节？

(8)关于网约车平台与私家车主之间的合同关系，是否有必要要求订立劳动合同？何种情形下需要订立劳动合同？请考虑专职和兼职这两种情形，以及区分的可行性标准。

(9)就网约私家车造成的乘客或者第三人损害而言，如果交通事故责任在“机动车一方”，那么，应当由谁承担侵权损害赔偿责任？网约车平台，私家车主还是双方按利润分配比例承担？现行法律依据何在？

(10)法律是否有必要强制平台或者私家车主购买责任保险？

(11)如何看待和处理网约车与出租车之间可能发生的业务竞争关系？

(12)是否应当要求网约车平台承担对残障人士等特殊群体的用车需求的供给义务？

参考文献

1. [美]杰里米·里夫金：《零边际成本社会：一个物联网、合作共赢的新经济时代》，赛迪研究院专家组译，中信出版社 2014 年版。
2. [美]奥利弗·威廉姆森：《治理机制》，王健、方世建等译，中国社会科学出版社 2001 年版。
3. 熊丙万：《网约车新政的顺产与保育》，载《中国经济报告》2016 年第 9 期。
4. 熊丙万：《网约车业的组织、效应与管制》，载《清华法学》2016 年第 2 期。
5. 高秦伟：《竞争的市场与聪明的监管》，载《财经法学》2016 年第 2 期。
6. 邓峰：《网约车新规带来的启示》，载《财经》2016 年第 57 期。
7. 王军：《网约车只是部分合法化，还待看下半场》，载《经济观察报》2016 年 8 月 21 日。
8. 张效羽：《互联网租约车规章立法中若干法律问题分析》，载《行政法学研究》2016 年第 2 期。
9. 王静：《中国网约车的监管困境及解决》，载《行政法学研究》2016 年第 2 期。
10. 邓峰：《专车新规的经济法审查》，载《财经》2015 年第 29 期。
11. 周其仁：《城市交通管制应更有包容性》，载《中国经济周刊》2015 年第 14 期。
12. 唐清利：《“专车”类共享经济的规制路径》，载《中国法学》2015 年第 4 期。
13. 吴绪：《“专车”对车险市场的影响》，载《中国保险报》2015 年 3 月 26 日，第 7 版。
14. 张洪斌：《“专车”映射下的管与治》，载《新经济》2015 年第 6 期。
15. 周彪、周溪召、李彬：《基于上海市消费者的汽车共享选择分析》，载《上海理工大学学报》2014 年第 1 期。
16. Alexi Pfeffer - Gillet：When “Disruption” Collides with Accountability：Holding Ridesharing Companies Liable for Acts of Their Drivers，*California Law Review*，2016.
17. 웅병만,국정훈, <020기반승차서비스에 대한중국의법적규제연구>,중국법연구(2016),제27집。

18. Molly Cohen & Arun Sundararajan, Self – Regulation and Innovation in the Peer – to – Peer Sharing Economy, *82 U. Chi L Rev Dialogue*,116(2015).

19. Robert Sprague, Worker (Mis)Classification in the Sharing Economy: Square Pegs Trying to Fit in Round Holes, 31 A. B. A. *Journal of Labor & Employment* Law (2015).

20. Sofia Ranchordds, Does Sharing Mean Caring? Regulating Innovation in the Sharing Economy, *16 Minn. J. L. Sci. & Tech.* 413 (2015).

21. Fraiberger, Samuel P. and Sundararajan, Arun, Peer – to – Peer Rental Markets in the Sharing Economy (October 6, 2015), NYU Stern School of Business Research Paper, Available at SSRN: http://ssrn.com/abstract=2574337 (last visited on Mar 10, 2016).

22. Josh Krauss, Sharing Economy – How State and Local Governments Are Failing and Why We Need Congress to Get Involved, *44 Sw. L. Rev.* 365 (2014 – 2015).

23. Bryant Cannont & Hanna Chungit, A Framework for Designing Co – Regulation Models Well – Adapted to Technology – Facilitated Sharing Economies, *31 Santa Clara Computer & High Tech.* L. J. 23(2014).

24. Andy Williamson, Big Data and the Implications for Government, *14(4) Legal Information Management*, 253 – 257(2014).

25. Andrew McAfee, Erik Brynjolfsson, Big Data: The Management Revolution, *Harvard Business Review*, Oct, 2012.

26. Chris Anderson, Free: How Today's Smartest Businesses Profit by Giving Something for Nothing, *Random House Business*, 2010.

撰稿人 | 熊丙万,中国人民大学民商事法律科学研究中心教授
丁　琳,法国艾克斯—马赛大学欧亚研究所硕士研究生

24 CASE “核重新编程因子”发明专利无效案

| 摘 要 |

专利法第5条第1款规定，对违反法律、社会公德或者妨碍公共利益的发明创造，不授予专利。因此，提取人类胚胎干细胞本身和提取方法均不能获得专利。但实践中，应对人胚胎干细胞来源及应用进行伦理道德判断，再决定是否授予专利或宣告无效。本案例研究通过介绍“核重新编程因子”发明专利无效案的案例，对如何判断人胚胎干细胞来源及应用的伦理道德标准、如何判断权利要求是否得到说明书的支持等内容进行讨论。通过对案例的学习，加深对专利权授予标准的理解，从而使学习者对我国专利权制度相关理论和实践问题有更为深刻的把握。

| 关键词 |

专利授予　伦理道德　无效宣告

| 教学目标 |

本案例选自实践中热点关注的“核重新编程因子”发明专利无效案，重点介绍了专利权授予的标准、人胚胎干细胞来源及应用的伦理道德标准等法律规定。通过学生对案例的阅读、分析，结合授课教师的指导，使学生主要把握以下几个方面的内容：(1)人胚胎干细胞的相关发明是否能授予专利权。(2)如何对人胚胎干细胞来源及应用的伦理道德进行判断。(3)如何判断权利要求是否得到说明书的支持。

教学案例主文

一、案件概况

2014年10月29日，请求人刘蕾雅就专利权人国立大学法人京都大学的发明名称为“核重新编程因子”的第200680048227.7号发明专利权提出无效宣告请求，请求宣告本专利权利要求1－14全部无效。“核重新编程因子”的发明专利权无效宣告请求案涉及人胚胎干细胞的伦理道德判断，具体体现在人胚胎干细胞来源及其应用两个方面。对于人胚胎干细胞的获得，无效宣告请求人认为，本专利说明书实施例12记载了将胎儿来源的人皮肤成纤维细胞用于制备诱导多能干细胞，而“胎儿”属于“人胚胎”的范畴，因此，应当认为所述皮肤成纤维细胞的获取需要在破坏人胚胎的基础上进行。对于诱导多能干细胞的应用，无效宣告请求人认为本专利说明书涉及将制备的诱导多能干细胞移植到C57BL/6小鼠的胚泡中诞生了嵌合体小鼠，因而，上述方法应用到人类细胞时，将具备发育成有生命的“人”的可能。

经形式审查合格，专利复审委员会于2015年2月11日受理了上述无效宣告请求，同时成立了合议庭对本案进行审查。2015年3月26日，专利权人针对该无效请求提交了意见陈述书，并对权利要求进行了修改。2015年7月16日，专利复审委员会经审理后作出第26398号无效决定，认定涉案专利符合专利法第5条和第26条第4款的规定，在专利权人提交的修改后的权利要求书的基础上维持专利权有效。

二、主体内容

（一）请求人刘蕾雅申请宣告无效的理由

请求人认为“核重新编程因子”发明专利违反了人类伦理道德，不符合专利法第5条第1款的规定，不应授予专利权。该专利权利要求1～14得不到说明书的支持，不符合专利法第26条第4款的规定，应当宣告无效。

1. 关于专利法第5条第1款

（1）涉案专利记载了将胎儿来源的人皮肤成纤维细胞用于制备iPS细胞，“胎儿”属于“人胚胎”的范畴，在涉案专利未记载成熟且已商业化的品系来源的情况下，应当认为所述皮肤成纤维细胞的获取需要在破坏人胚胎的基础上进行。

（2）涉案专利将制备的iPS细胞移植到胚泡并移植到假孕小鼠的子宫里，在受精后形成了胚胎，还将制备的iPS细胞移植到C57BL/6小鼠的胚泡中诞生了嵌合体小鼠，因而，当将上述方法应用到人类细胞时，建立的iPS细胞移植到子宫将具备发育成有生命的“人”的可能。因此，权利要求1－22及说明书中均没有排除制备人类胚胎干细胞的方法。

2. 关于专利法第26条第4款

（1）涉案专利说明书并未对“基因产物”给出明确的概念，仅记载了采用载体的形式将核重新编程因子导入体细胞，并没有指明在导入细胞后到底是哪种类型的基因产物真正发挥了作用，而且在缺乏实验证据的条件下，本领域技术人员也无法预期所有类型的“基因产物”都能实现所述技术效果。

(2)权利要求11－22分别涉及利用核重新编程因子制备iPS细胞以及改善细胞分化和/或增殖能力的方法。本领域技术人员无法预期所述技术方案是否能取得其声称的获得iPS细胞以及改善细胞分化和/或增殖能力的技术效果。

(3)涉案专利说明书仅记载了通过载体导入基因的"接触"方式，本领域技术人员并不清楚除此以外的其他接触方式是否获得iPS细胞。

(4)红细胞属于体细胞，但由于其没有细胞核，因而不具有被"核重新编程"的可能，而且涉案专利说明书仅采用了成纤维细胞、胃黏膜细胞和肝脏细胞三种细胞进行核重新编程，本领域技术人员无法预期所有类型的体细胞都能实现核重新编程。

(二)权利人的意见陈述

1. 专利权人认为该专利没有违反专利法第5条第1款的规定。

(1)本专利清楚地阐述了本专利建立iPS细胞不涉及使用任何胚胎或ES细胞，即专利明确排除了人胚胎的使用，而实施例12中提到的"胎儿来源的人皮肤成纤维细胞"是在本专利优先权日之前可通过商业途径普遍获得的成纤维细胞系，并非直接使用人胚胎获得的成纤维细胞。

(2)在本专利优先权日，本领域技术人员并不能将胚胎干细胞单独发育成胚胎或者个体，而必须导入另一个胚胎，形成嵌合胚胎或个体，所以即使将ES细胞植入到子宫中也不会发育成个体，iPS细胞自然也不能独自发育成个体，而本专利实施例4和例7中的嵌合体是通过将iPS细胞"移植到胚泡中"产生的，并不表明iPS细胞单独生成了克隆化的个体。

2. 专利权人认为修改后的权利要求能够得到说明书的支持。

(1)关于权利要求1－14中的技术术语"基因产物"，即基因产生的RNA或蛋白质，其含义是清楚和明确的。本领域的技术人员也知晓如何将基因编码的RNA或蛋白质导入细胞中使得所述RNA翻译成蛋白质进而实现核重新编程。因此，修改后的权利要求1－10所定义的所有基因产物均可作为核重新编程因子。

(2)关于权利要求11－14的技术效果，专利权人删除了权利要求11－14对权利要求1－2的直接或间接引用，因而修改后的权利要求已不涉及将三个基因导入体细胞的技术方案，本领域技术人员在此基础上能够预期所述技术效果。

(3)关于核重新编程因子与体细胞"接触"的步骤，将基因产物(蛋白质和RNA)导入体细胞中并使其在细胞中发挥作用的方式是本领域熟知的技术手段。因此，根据本专利的教导和现有技术，本领域技术人员能够选择合适的"接触"方式使核重新编程因子在体细胞中发挥作用以实现本发明目的。

(4)关于权利要求11－14涉及的"体细胞"，本专利实施例已证明成纤维细胞、胃黏膜细胞和肝脏细胞能够实现期望的技术效果，在没有任何证据或者合理理由怀疑的情况下，本领域技术人员能预期使用体细胞通常能够获得本发明所期待的技术效果，而且以申请日后公开的文献作为佐证也表明神经干细胞、神经前体细胞、人类原始角质化细胞以及外周血单核细胞可用来生产 iPS 细胞。

三、尾部

专利权人对权利要求的修改实质上是删去了权利要求 11－14 对权利要求 1－2 的直接和间接引用，这种修改方式属于并列技术方案的删除，符合审查指南第四部分第三章第 4.6.2 节中关于无效程序中专利权人对权利要求的修改的相关规定。因此，决定以专利权人于 2015 年 3 月 26 日提交的权利要求书第 1－22 项，以及专利授权公告文本中的说明书第 1－134 段、附图第 1－24 页、说明书摘要和序列表作为审查依据。

本案的焦点问题为：(1)"核重新编程因子"专利是否违反了专利法第 5 条第 1 款。(2)"核重新编程因子"专利的权利要求能否得到说明书的支持。

合议组的决定理由如下：

（一）关于专利法第 5 条第 1 款

(1)对于涉及既可直接从胎儿获得，也可商购获得的细胞的发明，如果该发明的目的之一即为避免从胎儿获取某种细胞而导致的伦理问题，同时说明书中没有涉及任何对胎儿进行操作的内容，并且本领域技术人员可以确认现有技术中存在可商购获得所述细胞的途径，则应当认为说明书已从整体上排除了直接从人胚胎中获取相应细胞的技术内容，不应当将相关内容解释为直接从胎儿获取。

本案发明提供了具有诱导体细胞核重新编程因子及通过体细胞的核重新编程制备诱导式多功能性干细胞的方法。根据说明书的记载，现有技术中存在由于使用人胚胎而产生的伦理问题，而利用本发明方法产生的 iPS 细胞"能够利用它们作为没有排斥反应和伦理问题的理想的多能性细胞"，"使用本发明提供的核重新编程因子，不使用胚和 ES 细胞就可以简便且再现性强地诱导分化细胞核的重新编程，可以建立与 ES 细胞具有同样的分化和多能性和增殖能力的未分化细胞—诱导式多能性干细胞"。可见本发明的目的之一就是避免从胎儿获取某种细胞而导致的伦理问题。

(2)对于不具有发育全能性的人类细胞而言，如果其获得及制备不涉及任何破坏或使用人胚胎的方法和操作过程，则所述细胞本身及其制备没有涉及人胚胎的工业或商业目的的应用，不能因为发明具有某种潜在应用的可能性而认定其违反公众普遍认为是正当的伦理道德和行为准则。

本案中,由本案专利所述方法制备的 iPS 细胞虽然具有分化多能性,但不能独自发育为个体,实施例中制备嵌合小鼠的目的仅是验证本专利制备的 iPS 细胞具有多能性,而且本专利说明书中并没有记载利用 iPS 细胞制备人类胚胎的技术方案。因此,不能因为本专利所述方法建立的 iPS 细胞在经过特定分子生物学技术手段处理后具备发育成有生命的"人"的可能性,而认为本专利所述的核重新编程因子以及利用其制备 iPS 细胞的方法违反了社会公德。

综上,权利人的"核重新编程因子"专利没有违反社会公德,即没有违反专利法第 5 条第 1 款的规定。

(二)关于专利法第 26 条第 4 款

专利法第 26 条第 4 款规定,权利要求书应当以说明书为依据,说明要求专利保护的范围。判断权利要求书是否得到说明书的支持,要以本领域技术人员的视角,充分理解说明书公开的内容,准确把握发明的实质,结合本领域技术人员所应当具备的知识和能力进行判断。说明书公开的范围不仅有说明书记载的内容,还应该包括本领域技术人员根据说明输的记载可以合理推测或者根据常规实验确定的发明内容。如果权利要求所要求保护的技术方案是所属领域的技术人员能够从说明书充分公开的内容中得到或概括得出的技术方案,则认为权利要求得到说明书的支持。

本案中,基于在合议庭认可对权利人提出关于权利要求 1 – 22 中涉及的"基因产物"的概念、要实现的技术效果、涉及的核重新编程因子与体细胞的"接触"方式、涉及的"体细胞"的陈述意见。因此,本专利的权利要求能够得到说明书的支持。

综上所述,合议组对请求人所述权利要求 1 – 22 和说明书不符合专利法第 5 条第 1 款以及权利要求 1 – 22 不符合专利法第 26 条第 4 款的无效理由均不予支持。故决定维持第 200680048227.7 号专利权有效。

教学指导手册

教学对象及目标

本案例供法律硕士案例教学使用,法学本科(大四)、民法学硕士、民事诉讼法学硕士、知识产权硕士也可以参酌使用。

本案例需要讲授的法律问题有:

(1)人胚胎干细胞的相关发明是否能授予专利权。

(2)如何对人胚胎干细胞来源及应用的伦理道德进行判断。

(3)如何判断权利要求是否得到说明书的支持。

教学内容

1. 人胚胎干细胞的相关发明是否能授予专利权

专利法第 5 条第 1 款规定,对违反法律、社会公德或者妨碍公共利益的发明创造,不授予专利。社会公德是指公众普遍认为正当并被社会广泛接受的伦理道德观念和行为准则,违反社会公德的发明专利不能授予专利权,如从人类胚胎中提取干细胞进行生物或医疗研究会导致胚胎死亡,包括我国在内的许多国家都认为这一过程有悖社会公德[参见国家知识产权局颁布的《专利审查指南》(2010 年版)第二部分第十章 9.1.1.1],因此,提取人类胚胎干细胞本身和提取方法均不能获得专利。

然而,随着技术的发展,原始来源于胚胎的多种胚胎干细胞已经通过分离、体外传代培养成为稳定、成熟且已商业化的细胞品系,这使部分胚胎干细胞的获取不需要再直接破坏胚胎。而且通过不破坏胚胎(或受精卵)而获取胚胎干细胞的技术的出现和发展也避开了使用人胚胎提取干细胞的制约,为胚胎干细胞的获取开辟了全新的替代途径。虽然我国专利法及《专利审查指南》中规定人胚胎的工业或商业目的的应用、克隆的人或克隆人的方法等发明创造违反社会公德,不能被授予专利权,但并没有结合技术的发展对人胚胎干细胞来源及其应用的伦理道德判断尺度给出明确的解释和说明。因此,在对涉及人胚胎干细胞相关发明的审查实践中,需要采用与人干细胞研究和技术水平的发展趋势相适应的伦理道德判断基准,以促进真正具有潜在应用价值的专利技术的创新和保护。

2. 如何对人胚胎干细胞来源及应用的伦理道德进行判断

(1)需要判断说明书及权利要求书中是否明确记载了从人类胚胎获得胚胎干细胞等相应细胞的步骤。对于涉及既可直接从胎儿中获取也可商购获得的细胞的发明,如果该发明的目的之一即避免从胎儿获取某种细胞而导致的伦理问题,同时说明书中并没有涉及任何对胎儿进行操作的具体内容,并且本领域技术人员可以确认现有技术中存在可商购获得所述细胞的途径,则应当认为说明书已从整体上排除了直接从人胚胎中获取相应细胞的技术内容,不应当将相关内容解释为直接从胎儿获取。

(2)严格区分“直接来源”和“原始来源”。如果对发明创造中涉及的人胚胎干细胞全部采取追本溯源的考量标准，其原始来源通常不可避免地需要破坏人类胚胎，则几乎所有涉及人胚胎干细胞的发明都将被认为违反社会公德而无法获得授权，其结果会对胚胎干细胞的相关技术发展和产业应用造成过度的限制。因而，在判断中，需要结合专利申请文件记载的全部内容以及现有技术的状况，合理理解和区分其中涉及的胚胎或胎儿来源等措词属于人胚胎干细胞的“直接来源”还是“原始来源”。对于利用人胚胎干细胞等原始来源于人类胚胎的公知公用细胞系的发明，如果有证据表明所述细胞属于成熟且已商品化的细胞品系，则表明其获取已经不需要再直接破坏胚胎，此时如果仍以其原始来源作为伦理道德判断的基础缺乏合理性。

(3)需要区分细胞的发育潜能。在专利法框架内，并非所有的人胚胎干细胞都具有发育全能性。对于不具有发育全能性的人类细胞而言，如果其获得及制备不涉及任何破坏或使用人胚胎的方法和操作过程，则所述细胞本身及其制备没有涉及人胚胎的工业或商业目的应用，不能因为发明具有某种潜在的应用可能性而认定其违反公众普遍认为是正当的并被接受的伦理道德和行为准则。

(4)应当站在本领域技术人员的角度，从发明目的和发明要解决的技术问题出发，正确把握发明技术方案的实质，而不能机械地认定只要说明书或权利要求书中存在相应措词即应当排除在授权范围之外。

3. 如何判断权利要求是否得到说明书的支持

专利法第 26 条第 4 款规定，权利要求书应当以说明书为依据，说明要求专利保护的范围。判断权利要求书是否得到说明书的支持，要以本领域技术人员的视角，充分理解说明书公开的内容，准确把握发明的实质，结合本领域技术人员所应当具备的知识和能力进行判断。说明书公开的范围不仅要有说明书记载的内容，还应该包括本领域技术人员根据说明输的记载可以合理推测或者根据常规实验确定的发明内容。如果权利要求所要求保护的技术方案是所属领域的技术人员能够从说明书充分公开的内容中得到或概括得出的技术方案，则认为权利要求得到说明书的支持。

课堂时间安排

本案例可以作为专门的案例教学课来进行，整个案例课的课堂安排 4 个课时，每节课时 45 分钟。

教学计划

如下课堂设计,仅供课堂参考:

1. 课前安排:安排学生阅读案例以及相关参考资料,并对案例的相关问题进行思考,撰写实践课答案。

2. 课中计划:(1)介绍教学目的,明确讨论主题;(2)分组讨论,讨论实践题的撰写要点,回答各项思考题;(3)小组代表提出撰写要点,学生谈论和分析;(4)教师总结归纳。

3. 课后计划:布置学生对实践题答案进行修改完善,并根据对案例的学习体会,自选角度撰写一篇小论文。

思考题和实践题

1. 思考题

(1)人胚胎干细胞的专利权能否授予与科学技术发展有什么关系?

(2)如何理解专利权的授予与违法社会公德、伦理道德之间的关系?

(3)如何理解专利法第26条第4款中权利要求应当以说明书为依据?

2. 实践题

(1)学习并模拟发明专利无效宣告请求的整个流程,了解请求人与权利人各自的权利与义务。

(2)假如你是法官,你认为如何在司法实践中把握好违反社会公德、违反伦理道德的边界?

(3)从专利法的宗旨角度出发,你认为将来如何处理好人胚胎干细胞的应用和伦理道德的限制之间的关系?

撰稿人 | 刘强,中南大学法学院副教授

25 CASE 宁波市北仑区综合行政执法局与徐宁非诉执行案

| 摘　要 |

非诉行政执行，是指法院依据《行政诉讼法》第 97 条规定，依行政机关的申请，对未经诉讼审查的具体行政行为进行受理、审查和执行的活动。宁波市北仑区综合行政执法局与徐宁非诉执行裁定，是行政非诉执行的典型案例。通过此案例，我们加深对行政非诉执行的理解，对当前行政非诉执行案件审查和执行中的问题进行探讨，并通过对案例的学习，提出解决方案，从而使学习者对我国行政非诉执行相关理论和实践问题有更为深刻的把握。

| 关键词 |

行政非诉执行　审查　行政执法

| 教学目标 |

本案例借助实践中发生的行政非诉执行案例，重点介绍了当前行政非诉执行的法律依据。通过对案例的阅读、分析，结合授课教师的指导，使学生主要把握三个方面的内容：(1)什么是行政非诉执行？行政非诉执行具有哪些特征？(2)行政非诉执行案件在审查和执行中存在哪些问题？(3)针对行政非诉执行案件审查和执行中存在的问题，可以提出哪些解决方案？

教学案例主文

非诉行政执行是指法院依据《行政诉讼法》第 66 条规定，依行政机关的申请，对未经诉讼审查的具体行政行为进行受理、审查和执行的活动。非诉执行在审查和执行中存在很多问题，如审查标准比较宽松、审查方式有局限性、执行主体不统一、行政机关责任意识不强等。宁波市北仑区综合行政执法局与徐宁非诉执行案是行政非诉执行的典型案例，为课堂教学提供了生动教材，更是反思我国行政非诉执行案件审查与执行的重要素材。

一、双方当事人

申请执行人:宁波市北仑区综合行政执法局。

法定代表人:刘建赫。

委托代理人:毛乾波。

被申请执行人:徐宁。

二、基本案情

宁波市北仑区综合行政执法局于2016年3月15日向徐宁作出〔2016〕甬仑行零五决字第42号行政处罚决定。该行政决定认定:徐宁未经政府相关部门依法审批,于2013年8月至2013年11月在宁波市北仑区大碶街道柴楼村占用土地建设管理用房。该管理用房包括五间砖混结构平房,屋前浇筑有水泥地面。根据宁波市宇科国土勘测规划设计有限公司的现场测量该宗土地总占地面积为317.3平方米,建占面积为143.7平方米,建筑面积为143.7平方米。该宗土地在北仑区大碶街道土地利用总体规划(2006~2020年)中确定的土地规划用途均为基本农田。2013年土地利用现状变更调查的土地利用现状均为农用地(均为耕地)。宁波市北仑区综合行政执法局认为,徐宁的行为违反了《基本农田保护条例》第17条第1款"禁止任何单位和个人在基本农田保护区内建窑、建房、建坟、挖砂、采石、采矿、取土、堆放固体废弃物或者进行其他破坏基本农田的活动"的规定,已构成违法。依据《基本农田保护条例》第33条的规定,决定:"一、责令徐宁退还非法占用的317.3平方米土地;二、责令徐宁自收到行政处罚决定书之日起十五日内,自行拆除在非法占用土地上新建的建筑物和其他设施,并治理该宗土地,恢复原种植条件;三、并处罚款45691.2元。"行政决定作出后,宁波市北仑区综合行政执法局于2016年3月18日将决定书送达徐宁。同年5月19日,宁波市北仑区综合行政执法局向徐宁送达了催告书。徐宁在法定期限内未申请行政复议或者提起行政诉讼,在催告书送达后10日内又未履行义务。因此,宁波市北仑区综合行政执法局于2016年7月18日向宁波市北仑区人民法院申请强制执行〔2016〕甬仑行零五决字第42号行政决定确定的对被申请执行人徐宁责令退还非法占用的317.3平方米土地;拆除在非法占用的土地上新建的建筑物和其他设施,并治理该宗土地,恢复原种植条件的行政处罚。宁波市北仑区人民法院于同日受理后,依法组成合议庭进行了书面审查。该案现已审查终结。

三、案件结果

法院认为,申请执行人宁波市北仑区综合行政执法局的该行政处罚决定认定事实清楚,适用法律正确,执法程序合法。宁波市北仑区综合行政执法局在向该院申请执行前,已依法进行了催告,被申请执行人徐宁仍未自动履行义务。宁波市北仑区综合行政执法局向宁波市北仑区人民法院提出强制执行的申请,符合法律规定的强制执行条件。因而裁定准予强制执行申请执行人宁波市北仑区综合行政执法局对被申请执行人徐宁责令退还非法占用的317.3平方米土地;拆除在非法占用土地上新建的建筑物和其他设施,并治理该宗土地,恢复原种植条件的处罚。该处罚由宁波市北仑区人民政府大碶街道办事处组织实施。

教学指导手册

教学对象及目标

本案例供法律硕士案例教学使用,法学本科(大四)、宪法与行政法学硕士也可以参酌使用。

本案例借助实践中发生的行政非诉执行案例,重点介绍了当前我国行政非诉执行案件的特征与法律依据,以及行政非诉执行案件中审查和执行存在的问题。通过学生对案例的阅读、分析,结合授课教师的指导,使学生对行政非诉执行这一知识点的内容有一个较为熟悉的把握,从而对行政非诉执行这一特殊的程序有一个更为深刻的理解;同时,以案例的讲授作为切入,引出行政非诉执行案件存在的相关理论问题,并对之进行思考和检讨,提出解决方案,为学生进一步学习提供方向。

教学内容

(一)什么是行政非诉执行?行政非诉执行有哪些特征?

非诉行政案件执行,是指行政执法机关对公民、法人和其他组织做出具体行政行为后,行政相对人既不申请复议,亦不起诉,又不自动履行或不完全履行义务,行政机关申请人民法院强制执行,人民法院经审查作出准予执行或不予执行的裁定后,在准予执行的情况下通过执行程序使行政机关的具体行政行为得以实现的制度。其法律依据为:

1.《行政诉讼法》第97条规定，公民、法人或者其他组织对在法定期限内不提起诉讼又不履行的，行政机关可以申请人民法院强制执行，或者依法强制执行。

2.《最高人民法院关于执行〈中华人民共和国行政诉讼法〉若干问题的解释》（以下简称《解释》）第86条的规定，行政机关根据行政诉讼法第66条（现为《行政诉讼法》第97条）的规定申请执行其具体行政行为，应当具备以下条件：(1)具体行政行为依法可以由人民法院执行；(2)具体行政行为已经生效并具有可执行内容；(3)申请人是作出该具体行政行为的行政机关或者法律、法规、规章授权的组织；(4)被申请人是该具体行政行为所确定的义务人；(5)被申请人在具体行政行为确定的期限内或者行政机关另行指定的期限内未履行义务；(6)申请人在法定期限内提出申请；(7)被申请执行的行政案件属于受理申请执行的人民法院管辖。人民法院对符合条件的申请，应当立案受理，并通知申请人；对不符合条件的申请，应当裁定不予受理。

3.《解释》第95条规定，被申请执行的具体行政行为有下列情形之一的，人民法院应当裁定不准予执行：(1)明显缺乏事实根据的；(2)明显缺乏法律依据的；(3)其他明显违法并损害被执行人合法权益的。

4.《行政强制执行法》第53条规定，当事人在法定期限内不申请行政复议或者提起行政诉讼，又不履行行政决定的，没有行政强制执行权的行政机关可以自期限届满之日起3个月内，依照本章规定申请人民法院强制执行。

5.《行政强制执行法》第54条规定，行政机关申请人民法院强制执行前，应当催告当事人履行义务。催告书送达10日后当事人仍未履行义务的，行政机关可以向所在地有管辖权的人民法院申请强制执行；执行对象是不动产的，向不动产所在地有管辖权的人民法院申请强制执行。

6.《行政强制执行法》第55条规定，行政机关向人民法院申请强制执行，应当提供下列材料：(1)强制执行申请书；(2)行政决定书及作出决定的事实、理由和依据；(3)当事人的意见及行政机关催告情况；(4)申请强制执行标的情况；(5)法律、行政法规规定的其他材料。强制执行申请书应当由行政机关负责人签名，加盖行政机关的印章，并注明日期。

行政非诉执行具有以下特征：(1)非诉行政案件的执行机关是人民法院，而非行政机关。(2)非诉行政案件执行的根据是行政机关作出的书面的行政文书，内容是行政文书确定的内容。(3)非诉行政案件的执行申请人是行政机关，被执行人只能是公民、法人或其他组织。(4)非诉行政案件的执行前提是公民、法人或其他组织在法定期限内，既不提起行政诉讼，又不履行具体行政行为所确定的义务。(5)具体行政行为具有可执行内容，该内容必须以行政文书的方式明确表示。(6)行政机关须在法定期限内向法院提出执行其具体行政行为的申请。

（二）行政非诉执行案件在审查和执行中存在哪些问题？

1. 审查中存在的问题

（1）审查标准过于宽松。一方面，《解释》第 95 条所列的合法性审查标准比较宽泛。何为“明显”难以界定，且规定不予执行的情形较少，各法院在审查时只能自行把握。另一方面，法院存在支持行政机关依法行政的思想或屈服于方方面面的压力。因此，法院对非诉申请的审查，只要不明显侵害被申请人的合法权益，如果有瑕疵责令补正，需补充材料的责令补充材料，难免会出现审查标准不够严格的情况。

（2）审查方式有局限性。法院审查以卷宗审查为主，必要时采取听证程序。

（3）申请不符合规定。

（4）具体行政行为本身存在瑕疵。一是重实体、轻程序的现象较为突出，如执法人员在询问笔录上签字的较少；留置送达中送达回证上仅有送达人签名，行政机关没有邀请当地基层组织人员或其他在场人员签字；内部讨论笔录没有签名；法律文书不完善，漏引法律条文。二是行政机关在作出具体行政行为时适用法律错误。三是限制或剥夺相对人的权利，如不交待诉权。四是被申请执行主体不明甚至有误，常见的如行政机关在处罚时以个体工商户所起的字号为被处罚主体。

2. 执行中存在的问题

（1）执行主体不统一。

（2）行政机关责任意识不强。

有些行政机关对行政非诉案件不及时申请执行，而是等累积到一定数量后成批集中申请，这一方面造成法院审查、执行压力过大，另一方面也给相对人留出充分的时间做好应对准备，或不经营或转移财产，造成难以执行。许多行政机关申请执行时不提供被执行人的财产线索，立案后也不予配合，使案件无法取得进展。行政机关常将一些难执行案件或无执行能力的案件申请到法院，导致执行不能，案件积压，损害司法权威。行政机关对一些影响重大案件如拆迁、拆除违章建筑，在自己执行无果的情况下再申请法院执行。一方面，法院经审查，认为具体行政行为依据不足，但行政机关对此不理解；另一方面，法院在政府执行的基础上再执行，失去了最佳执行时机，执行难度加大，法院对执行不力的社会影响还要承担责任。由于行政机关不同意就此终结，案件只能中止或者超期。

（3）对申请期限的理解不一。

（4）行政机关干预执行。

3. 针对行政非诉执行案件审查和执行中存在的问题，可以提出哪些解决方案？

（1）严格标准，注重审查。

非诉审查不必与诉讼审查相同，但“三个明显”标准失之宽松，特别是《解释》第

95 条第 3 项有关其他明显违法并损害被执行人合法权益的不予执行的规定明显不妥，双重条件对弱势方有失公允，只要明显违法就应当不予执行，对不予执行的情形规定也不全面，且对何为明显难以把握。因此采取严格审查主义，将第 95 条第 1、2 项的两个“明显”删除，只要发现缺乏事实或法律依据即可裁定不准予执行；增加“显失公正”排除标准，对有证据证明显失公正，或明显不合理的可裁定不予执行；将原第 3 项作为第 4 项改为“其他明显违法的不予执行”。司法实践中，法院应严格审查立案，注重程序审查。对于行政机关提供具体行政行为的事实依据和法律依据比较简单、申请材料不全的，坚持要求行政机关将案件材料补充齐全后方予立案，严格证据采信，查明行政机关在作出具体行政行为时，事实是否清楚、证据是否充分、适用法律法规是否正确、程序是否合法等，以保证强制执行措施适用的准确性。

（2）完善审查方式。

无论是在行政行为作出还是行政非诉执行时，相对人都处于弱势。在现阶段法律氛围不浓、行政执法人员素质良莠不齐、当事人维权意识不强、相当多的行政行为存在瑕疵的情况下，仅凭行政机关单方面的材料一概粗放式地审查，而不让被执行人参与其中，难以准确把握案情发现问题，可能会造成对当事人的侵害，也不利于执行工作的顺利开展。因此建议增加以下规定：“法院对行政非诉执行案件进行书面审查，并询问被申请执行人，可以进行现场调查，对重大、复杂、社会影响较大或涉及公民重大权益或公共利益的，应当听证。”司法实践中，法院在书面审查后，通过询问被申请执行人，向相对人核实行政机关是否履行告知义务，是否交待复议等救济途径等情况，并可根据案情灵活采取可行措施，如要求行政机关提交相同类型案件的资料，进行现场调查等，对罚款金额较大（安徽省可定为个人 5000 元，单位 10000 元以上）、涉及公民重大权益的案件如房屋拆迁等案件，赋予相对人陈述申辩的权利，采取座谈、听证等方式，让申请机关和被申请人在法庭上讲事实、举证据、相互质证。

（3）统一执行机构。

前期工作多是书面审查，行政庭对行政法规更为了解，在执行中更易发现行政行为的不足，有效地防止执行偏差；行政庭熟悉案情，与当事人双方容易沟通协调，便于开展宣传教育工作，执行效率更高；非诉执行案件系属司法审查，而非审判，不违背审执分离原则，还可简化法院内部繁琐的手续，节约司法资源。

（4）因案制宜，积极稳妥地开展执行。

（5）提高行政执法人员的业务素质和法律素质。

（6）关于执行和解问题。

和解是当事人处分自己实体权利的行为，行政裁决存在自由裁量权，行政非诉执行案件也是执行案件，同样可以和解。执行和解有利于快速解决行政争议，提高行政效率和执行效率;有利于促使被执行人自觉履行义务,化解双方矛盾,实现法律效果和社会效果的统一。

教学计划

本案例可以作为专门的案例教学课进行讲授,整个案例可安排3个课时,每课时45分钟。

课堂时间安排

1. 课前计划。安排学生阅读案例及相关参考资料,熟悉整个案例流程,对案例中提出的问题进行思考。

2. 课中计划。介绍教学目的,明确讨论主题。分组讨论问题及解决对策,告知发言要求。小组代表发言,提出解决方案,并对其他小组提出的方案进行评述。教师进行引导性分析,并做最后归纳总结。

3. 课后计划。布置学生课后进一步细化了解行政非诉执行的特点和难点,了解实践中所涉及的相关法律法规。

思考题

1. 我国现行行政非诉执行案件存在哪些特点？形成该特点的原因有哪些？
2. 我国是何种非诉行政执行理论模式？是否可以借鉴域外的有利经验？

参考文献

1. 贾庆霞:《行政非诉执行案件审查与执行若干问题》,载《法律适用》2006年第7期。
2. 李月恒:《行政非诉执行案件适用和解结案的思考——兼谈对新修订〈行政诉讼法〉第六十条的理解》,载《司法审判权与执行权研究》。

撰稿人｜易玲,中南大学法学院副教授

26 CASE 某某中外合资经营企业注册设立案例

| 摘　要 |

设立外商投资企业是我国实务中吸引外资的一项重要手段。与内资企业相比，外商投资企业具有其特殊性。这些特殊性正是外商投资企业设立、运营中法律风险的易藏之处，在外商投资企业的设立过程中体现得尤为明显。而外商投资企业的设立程序也因为这些特殊性而显得十分复杂。同时，设立过程中对外商投资企业形式的选择、公司章程设计及法律风险把控都将会直接影响到外商投资企业的持续运营和发展。本文以中外合资企业的设立为例，希望通过对外商投资企业设立流程的研究，使同学们了解外商投资企业的概念、外商投资企业设立条件、所需有关法律文件，关注外商投资企业的管理机构的特殊性、外商投资企业的合同与公司章程的效力差别、投资总额及注册资本分配关系、外方提供法律文件的认可等法律问题，本案例对实践具有重要的指导意义。

| 关键词 |

外商投资企业　合资企业　外商投资企业设立条件

| 教学目标 |

本案例教学应着重让学生掌握以下几个方面内容:(1)了解和掌握如何设立外商投资企业，设立外商投资企业应具备哪些条件;(2)了解和掌握设立外商投资企业的基本流程和应当提供哪些法律文件;(3)了解和掌握设立外商投资企业过程中所需的各项文件如何编写，应注意防控哪些法律风险;(4)重点掌握中外合资经营企业设立过程中各种法律文书的使用，以及对企业后续经营过程中可能出现的法律风险如何进行防范。

教学案例主文

外商投资企业是指外国投资者在东道国境内经批准投资举办的企业，属于国际投资范畴，是利用国际投资的一种重要形式。[1] 中国的普通内资企业与外商投资企业采取分别立法模式，适用两套不同的法律体系。我国未制定一部完整的外商投资企业法，而是以单行法的形式，分别制定了中外合资经营企业法、中外合作经营企业法和外商独资企业法，并颁布了许多与外商投资企业法相配套的行政法规和规章，涉及外商投资企业的登记管理、资金管理、劳动管理、外汇管理、财务管理、进出口管理、技术引进、税收管理等，这些法律、法规、规章一同构成了外商投资企业法，在此基础上形成外商投资企业法的基本框架。

对于内资企业适用《公司法》，外商投资企业则主要适用外商投资企业法，这是我国一直采用的两套不同的法律体系。《公司法》第 217 条对外商投资企业适用公司法问题作出了如下规定："外商投资的有限责任公司和股份有限公司适用本法；有关外商投资的法律另有规定的，适用其规定。"根据该条的规定，可以看出外商投资法相关法律是公司法的特别法，《公司法》相对于外商投资企业法属于一般法，或称普通法，是以一般的事项为使用标准的，即规范公司的组织和行为的法律。外商投资企业法则是以特定的事项为使用对象的，即外商投资企业组织和活动的行为规范的法律。因此在外商投资企业设立问题上，有特殊约定的依照特殊约定，没有特殊约定的则参照《公司法》的规定来执行。

因而，外商投资企业与内资企业相比、外商投资企业内部不同形式之间相比，在设立程序、主体限制及出资要求、公司治理结构上均有不同要求。外商投资企业设立中存在的这些特殊性，也正是法律风险易藏之处。因此实践中，律师应当根据实际情况，以及当事人的交易需求建议当事人谨慎选择外商投资企业的形式。此外，在外商投资企业的设立过程中，对外商投资企业的管理机构的特殊性、外商投资企业的合同与公司章程的效力差别、投资总额及注册资本分配关系、外方提供法律文件的认可问题等法律问题的考量和风险把控也显得尤为重要。

---

〔1〕 姚梅镇：《外商投资企业法教程》，法律出版社 1990 年版，第 1 页。

一、有关项目简介

（一）中方股东方简介

某某（北京）控制技术有限公司是一家专业提供监控中心控制台产品及整体解决方案的综合服务商，公司集科技研发、规模生产、销售和服务于一体，先后取得了“中关村高新技术企业”与“北京市高新技术企业”的称号，主要从事生产控制台、计算机系统服务，软件研发，基础软件服务，应用软件服务、货物进出口、技术进出口、代理进出口等业务。

公司成立于2011年11月，公司注册资本为1500万元，法定代表人徐某。

（二）外方股东简介

某某环球有限责任公司是一家意大利的有限责任公司，主要从事发展和实施企业经营战略、工商股权的行使，对非公共控股公司财务控制等业务。法定代表人为Dandolo Guido Giacconi，意大利籍。

公司成立于2005年8月4日，公司资产总额为1万欧元、注册资本为1万欧元。

（三）设立项目公司的主要目的

中、外双方希望能够在中国境内设立一家企业，对国内的一些产业进行投资，以寻求广阔的市场空间和高成长性的项目，其目的在于将国外的一些先进管理经验和技术引入中国，同时也希望引导这些企业能够走出去，开拓海外市场，但并不想谋求这些企业的实际控制权，也无意实际参与企业的日常经营管理。中外投资方最初提出设立资产管理公司（AMC，Asset Management Companies）或投资公司的设想，律师在初步了解项目情况以及投资方的想法后，指出上述两类公司的设立有严格的市场注入条件，可能需要人民银行或者地方性政府的许可批准，也可能面临证监会有关RQFII的资格和额度的监管。总之，上述两种形式企业的设立都存在门槛高、难度大且设立周期长的困难。基于此，律师提出建议，可以通过设立经营范围中包含投资咨询、管理的中外合资企业的形式，达到当事人在中国境内进行产业投资的目的。

二、中外合资经营资企业设立的基本流程及设立条件

(一)中外合资经营企业设立的基本流程(见下图)

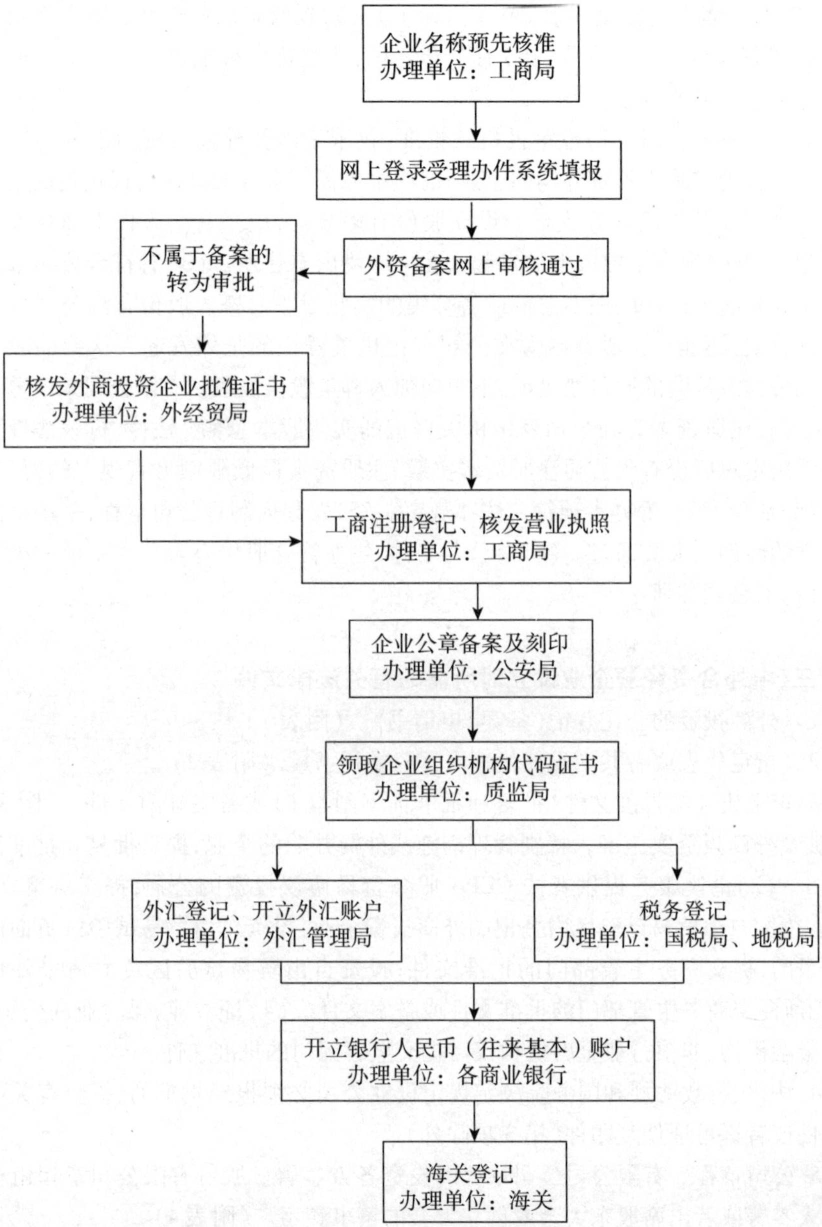

（二）中外合资经营企业的设立条件

1. 有限责任公司：(1)经审批机关批准（仅限于涉及外商投资的国家规定实施准入特别管理措施或外资并购的企业，港澳服务提供者按CEPA协议投资的公司提供）；(2)投资者符合法定人数（50个人以下）；(3)投资者出资达到法定资本最低限额；(4)投资者制定公司章程；(5)有公司名称，建立符合有限责任公司要求的组织机构；(6)有公司住所。

2. 股份有限公司：(1)经审批机关批准（仅限于涉及外商投资的国家规定实施准入特别管理措施或外资并购的企业，港澳服务提供者按CEPA协议投资的公司提供）。(2)发起人符合法定人数。设立股份有限公司，应当有2人以上200人以下为发起人，其中须有半数以上的发起人在中国境内有住所。(3)有符合公司章程规定的全体发起人认购的股本总额或者募集的实收股本总额。股份有限公司采取发起设立方式设立的，注册资本为在公司登记机关登记的全体发起人认购的股本总额。在发起人认购的股份缴足前，不得向他人募集股份。股份有限公司采取募集方式设立的，注册资本为在公司登记机关登记的实收股本总额。法律、行政法规以及国务院决定对股份有限公司注册资本实缴、注册资本最低限额另有规定的，从其规定。(4)股份发行、筹办事项符合法律规定。(5)发起人制订公司章程，采用募集方式设立的经创立大会通过。(6)有公司名称，建立符合股份有限公司要求的组织机构。(7)有公司住所。

三、中外合资经营企业设立时所需的有关法律文件

1.《外商投资的公司登记（备案）申请书》。（附表1）

2.《指定代表或者共同委托代理人授权委托书》。（附表2）

3. 审批机关的批准文件（批复和批准证书副本1）或备案证明文件。（附表3）(1)涉及外商投资实施准入特别管理措施或外资并购的企业，提交批复和批准证书副本1。(2)港澳服务提供者按CEPA服务贸易协议投资的公司，提交备案文件。(3)在中国自由贸易试验区内登记的外商投资企业，投资自由贸易试验区负面清单内项目的，提交商务主管部门的批准文件；投资自由贸易试验区负面清单外项目的，无须提交商务主管部门的批准文件或备案文件。(4)证券业、保险业的公司，银行业金融机构、非银行业金融机构仅需提交监管部门的批准文件。

4. 法律、行政法规和国务院决定规定设立公司必须报经批准的，提交有关的批准文件或者许可证件复印件（第3项除外）。

5. 公司章程。有限公司公司章程由投资各方签署。股份有限公司章程由全体发起人签署或者出席股东大会或创立大会的董事签字。（附表4）

6.《名称预先核准通知书》。（附表5）

7. 投资者的主体资格证明或自然人身份证明。(附表6)

8. 董事、监事和经理的任职文件及身份证明复印件。(附表7)

9. 法定代表人任职文件及身份证明复印件。(附表8)

10. 住所使用证明。(附表9)

11. 以募集方式设立股份有限公司的,还需提交创立大会的会议记录以及依法设立的验资机构出具的验资证明。涉及发起人首次出资是非货币财产的,提交已办理财产权转移手续的证明文件。以募集方式设立股份有限公司公开发行股票的,还需提交国务院证券监督管理机构的核准文件。(附表10)

12. 经营范围中有法律、行政法规和国务院决定规定必须在登记前报经批准的项目,提交有关批准文件或者许可证件的复印件。

四、起草有关文件时所需注意的法律问题

外商投资企业,通常是指依照中国法律规定,在中国境内设立的,由中国投资者和外国投资者共同投资或者仅由外国投资者投资的企业。外商投资企业的设立有其特殊性,一方面要满足普通企业的设立条件,另一方面还要满足我国法律法规等对其的特殊要求和限制。因此在起草外商投资企业设立所需的相关文件时,应当关注外商投资企业的特殊性,防控相关法律风险,并对企业后续经营过程中可能出现的风险进行相应防范。

(一)外商投资企业设立时应注意的特殊法律要件

外商投资企业主要指中外合资经营企业、中外合作经营企业和外资企业,即俗称的"三资"企业,以及外商投资合伙企业。中外合资经营企业是外国公司、企业和其他经济组织或个人同中国的公司、企业或其他经济组织在中国境内共同投资举办的企业。其特点是合营各方共同投资、共同经营、按各自的出资比例共担风险、共负盈亏。中外合作经营企业是指外国公司、企业和其他经济组织或个人按照平等互利的原则,同中国境内的企业或其他经济组织共同举办的,按合同约定的各方投资条件、收益分配、风险责任和经营方式等进行经营的非股权式的经济组织。企业采取灵活的组织管理、利润分配、风险负担方式,故此又称为契约式合营企业。外资企业又称外商独资企业,是指在中国境内设立的,全部资本由外国企业和其他经济组织或个人投资的企业(不包括外国的企业和其他经济组织在中国境内设立的分支机构),特点是自投资金、自主经营、自负盈亏、自享其利。外商投资合伙企业是指两个以上外国企业或者个人在中国境内设立的合伙企业,以及外国企业或者个人与中国的自然人、法人和其他组织在中国境内设立的合伙企业。根据《中外合资经营企业法》的规定,合营企业的形式是有限责任公司,是公司形式的企业。中外

合作企业组织形式可以是具有法人资格的企业,也可以是一个松散的经济联合体。外资企业也多为公司型企业。由于我国法律对不同类型外商投资企业的设立规定了不同的条件,外方投资者需结合自身情况、企业设立目的和经营范围等进行谨慎选择。

外商投资企业的设立首先应当满足一般企业的设立条件。就公司而言,我国公司设立应当符合以下条件:(1)股东或者发起人符合法定人数;(2)有符合公司章程规定的全体股东认缴的出资额,或者全体发起人认购的股本总额或者募集的实收股本总额;(3)依法制定公司章程,章程应当载明:"本章程与法律法规不符的,以法律法规为准",章程的经营范围条款中应当注明"以工商管理机关核定的经营范围为准";(4)有公司名称,建立符合公司要求的组织机构;(5)有公司住所。除此之外,公司型外商投资企业还需满足以下特有条件:

1. 有符合要求的股东。外商投资企业中的外国投资者应为境外公司、企业和其他经济组织以及个人,应有良好的信誉,无违反中国法律、行政法规及相关规章的行为。有中方股东参与的外商投资企业中,中方投资者应为合法的公司、企业或其他经济组织。一般而言,自然人不能成为中方投资者。仅在中关村科技园区兴办的中外合资(合作)高新技术企业和上海浦东新区等一些地方,中方可以自然人身份出资。但原对外经济贸易部等2002年《关于加强外商投资企业审批、登记、外汇及税收管理有关问题的通知》第5条第2、3款规定:"原境内公司中国自然人股东在原公司享有股东地位1年以上的,经批准,可继续作为变更后所设外商投资企业的中方投资者;暂不允许境内中国自然人以新设或收购方式与外国的公司、企业、其他经济组织或个人成立外商投资企业。"商务部2009年《关于外国投资者并购境内企业的规定》第54条规定,"被股权并购境内公司的中国自然人股东,经批准,可继续作为变更后所设外商投资企业的中方投资者",第55条规定,"境内公司的自然人股东变更国籍的,不改变该公司的企业性质"。可见,法律允许企业变更等使中方个人消极地成为股东,但不允许自然人作为中方投资者进行外商投资企业设立。

2. 有符合要求的出资。外国企业或者个人应当以可自由兑换的外汇或中国法律允许的非货币财产出资,如实务、知识产权、土地使用权、股权等。例外情况下可以人民币出资,即外商经批准可以用从中国境内举办的其他外商投资企业获得的人民币利润、从已投资的外商投资企业的清算后的依法分配所得人民币和转股所得的人民币出资。合营企业中,外国合营者作为投资的技术和设备,必须是适合我国需要的先进技术和设备。外商投资合伙企业中,外国普通合伙人以劳务出资的,应当向企业登记机关提交外国人就业许可文件。[2]

此外,外国投资的出资比例需符合一定要求。外资企业由外国投资者投入全

---

〔2〕 参见《外商投资合伙企业登记管理规定》第15条。

部资本；中外合资经营企业要求注册资本中，外国合营者的投资比例一般不低于25%；具有法人资格的中外合作企业，外方投资者投资一般不低于注册资本的25%；其他企业则无明确比例要求。外商投资企业经营范围涉及特定行业、对出资比例有限制规定的，从其规定。如《外商投资产业指导目录》在限制类对外资比例作出了49%、50%等不同要求。

注册资本方面，2013年《公司法》确定了注册资本认缴制，并取消了最低注册资本数额限制。2014年商务部《关于改进外资审核管理工作的通知》对外商投资企业注册的审核事项作出重大改革，取消了对外商投资首次出资比例、货币出资比例和出资期限的限制；允许投资者自主约定认缴出资额、出资方式、出资期限；取消了一般行业外商投资企业的最低注册资本限制。法律、行政法规以及国务院决定对特定行业注册资本最低限额另有规定的，从其规定。

3. 从事的经营项目应符合国家规定。外商投资企业与普通企业设立的明显不同在于前置审批程序。申请外商投资企业登记应首先取得商务部门的批复和许可文件，如从事的经营项目属于行政法规或国务院规定须经审批的，无论是工商登记前置审批项目还是照后审批项目，均应在获得相关部门批准后依批准的内容开展经营活动。因此，在设立外商投资企业时，应当首先确定外商投资项目的类别。

外商投资项目分为鼓励类、允许类、限制类和禁止类，鼓励类、限制类和禁止类的外商投资项目规定在《外商投资产业指导目录》，未列入《外商投资产业指导目录》的项目为允许类外商投资项目。对于限制类，外商投资企业应当取得相应审批；对于禁止类，外商投资企业不得从事相关产业投资；标注"限于合资""限于合作""限于合资、合作""中方控股""中方相对控股"和有外资比例要求的项目，不得设立外商投资合伙企业。

2016年10月8日，商务部发布的《外商投资企业设立及变更备案管理暂行办法》（以下简称《暂行办法》）明确了外商投资企业设立变更的备案制。对于不涉及国家规定实施准入特别管理措施（"负面清单"）的，外商投资企业按照规定提交相应文件办理设立备案手续即可；涉及国家规定实施准入特别管理措施的，应按照外商投资相关法律法规办理审批手续。同日，商务部条约法律司负责人对《暂行办法》的解读明确：外商投资准入特别管理措施范围按2015年《外商投资产业指导目录》中限制类和禁止类，以及鼓励类中有股权要求、高管要求的有关规定执行。由此，不涉及准入特别管理措施的外商投资企业适用属地管辖原则，应向企业所在地最基层一级的有权地方工商部门办理工商登记注册，涉及准入特别管理措施的外商投资企业则执行级别管辖原则，不同类型、规模的企业向被授予相应核准登记权的工商部门申请工商登记注册。

根据《暂行办法》第37条，《自由贸易试验区外商投资备案管理办法（试行）》废止。在自贸区设立外商投资企业的,按照《暂行办法》试行备案制。但是《自由贸易试验区外商投资准入特别管理措施》(即自贸区的"负面清单")并未同时废止。根据商务部外商投资综合管理信息系统的提示,自贸区负面清单仍然对自贸区内外商投资企业适用。因此,在设立外商投资企业时,应特别注意,自贸区内外实行不同的"准入特别管理措施"清单。

(二)外商投资企业类型的选择

本案例中的外方投资者到中国设立外商投资企业是为了进行产业资本的投资,而非直接设立工厂等实业经营。如果外方投资者欲进行金融资本的投资,则需取得QFII资格且面临的监管甚严。如果外方投资者欲进行产业资本的投资,则有多种公司类型供选择。

外商投资的投资性公司系指外国投资者在中国以独资或与中国投资者合资的形式设立的从事直接投资的公司。公司形式可为有限责任公司或股份有限公司。2015年商务部《关于外商投资举办投资性公司的规定》第3条指出,设立投资性公司应符合以下条件:

1. 外国投资者资信良好,拥有举办投资性公司所必需的经济实力,申请前一年该投资者的资产总额不低于4亿美元,且该投资者在中国境内已设立了外国投资企业,其实际缴付的注册资本的出资额超过1000万美元,或者外国投资者资信良好,拥有举办投资性公司所必需的经济实力,该投资者在中国境内已设立了十个以上外商投资企业,其实际缴付的注册资本的出资额超过3000万美元。

2. 以合资方式设立投资性公司的,中国投资者应为资信良好,拥有举办投资性公司所必需的经济实力,申请前一年该投资者的资产总额不低于1亿元人民币。

3. 申请设立投资性公司的外国投资者应为一家外国的公司、企业或经济组织,若外国投资者为两个以上的,其中应至少有一名占大股权的外国投资者符合第1条的条件。

除此之外,投资性公司的注册资本中至少应有3000万美元作为向其投资新设立的外商投资企业的出资,或作为向其母公司或关联公司已投资设立外商投资企业(已依法办理完毕股权转让手续)未缴付完毕的出资额的出资,或增资部分的出资,或用于设立研发中心等机构的投资,或用于购买中国境内公司股东的股权(不包括投资性公司母公司或其关联公司已缴付完毕的出资额形成的股权),且投资性公司可使用的贷款额与已缴付的注册资本额成比例关系。[3]

可以看出,投资性公司相对于普通类外商投资企业具有较高的设立条件。且

---

〔3〕 参见《关于外商投资举办投资性公司的规定》第9条。

根据商务部《外商投资企业设立及变更备案管理暂行办法》第 32 条，投资类外商投资企业（包括投资性公司、创业投资企业）视同外国投资者，需遵循有关备案和实施准入特别管理措施的规定。因此，本案中投资者最终选择设立了投资管理类公司，方便注册登记和日后经营。

（三）外商投资企业设立时投资总额与注册资本的关系

外商投资企业中有投资总额和注册资本两个概念。投资总额是指按照外商投资企业合同或章程规定的生产经营规模需要投入的基本建设资金和生产流动资金的总和。注册资本是指为设立外商投资企业在工商行政管理机关登记的各方认缴的出资额之和。投资总额包括注册资本，但是投资总额与注册资本差额部分可以由投资者以股东借款的方式投入，或者由外商投资企业向境内外金融机构贷款。该差额部分通常也是外商投资企业在国内外市场进行融资的额度限制。即投资总额为注册资本与对外负债之和。实践中不少外商因不清楚投资总额与注册资本的关系，往往将二者数额等同填写，实际上为日后扩大经营发展设置了一定障碍。外商投资企业可以用足政策，依法设定投资总额，合理确定注册资本金额，享受相应的便利与优惠。

国家工商局《关于中外合资经营企业注册资本与投资总额比例的暂行规定》第 3 条详细规定了投资总额与注册资本的比例关系：(1) 投资总额在 300 万美元以下（含 300 万美元）的，其注册资本至少应占投资总额的 7/10；(2) 投资总额在 300 万美元以上至 1000 万美元（含 1000 万美元）的，其注册资本至少应占投资总额的 1/2，其中投资总额在 420 万美元以下的，注册资本不得低于 210 万美元；(3) 投资总额在 1000 万美元以上至 3000 万美元（含 3000 万美元）的，注册资本至少应占投资总额的 2/5，其中投资总额在 1250 万美元以下的，其注册资本不得低于 500 万美元；(4) 投资总额在 3000 万美元以上的，注册资本至少应占投资总额的 1/3，其中投资总额在 3600 万美元以下的，注册资本不得低于 1200 万美元。中外合作经营企业、外资企业的注册资本与投资总额比例，参照该规定执行。如遇特殊情况不按该比例规定执行的，需由商务部会同国家工商局批准。

但应当注意，外商投资企业的对外负债应符合外汇管理的有关规定。国家外汇管理局及其分局为全国外债登记和管理部门。外商投资企业可以根据企业经营的需要向境内银行借入外汇资金，也可以直接向境外银行或企业借入外汇资金，借款单位应在正式签订合同后 15 天内，到外汇管理部门办理《外债登记证》，取得《外债登记证》和核准件后借款合同方能生效履行。外商投资企业举借的中长期外债累计发生额和短期外债余额之和应当控制在审批部门批准的项目总投资和注册资本之间的差额以内。办理外债登记手续时所需材料主要包括：营业执照复印件、批准证书复印件、境内注册会计师事务所出具的验资报告复印件、批准证书复印件、境内注册会计师事务所出具的验资报告复印件、借款合同正本、董事会决议正本、外汇登记证、境内机构外债签约情况表、加盖申请单位公章的业务申请表以及外汇局要求的其他资料。

(四)外商投资企业的特殊公司治理结构问题

如前所述,外商投资企业可以体现为不同的企业形式,即法人型企业、合伙企业或松散经济联合体等。在公司型外商投资企业中,公司治理结构是非常值得注意的问题。

1. 董事会中心主义

根据《公司法》的规定,有限责任公司的股东会是公司的最高权力机构,股东会会议由股东按照出资比例行使表决权,体现了公司资合性的特点。然而,外商投资企业不论是否具有法人资格或采取有限责任公司的形态,通常均不设立股东会,也不设立监事或监事会,只设立董事会或相当于董事会的联合管理委员会或执行董事,企业的组织机构相对于一般的有限责任公司要简单得多。有限责任公司不设股东会,董事会是公司的最高权力机构,决定公司的一切重大事项,即董事会中心主义。显然外商投资企业的董事会兼备《公司法》中股东会和董事会的双重职权,而且权力明显大于《公司法》中规定的董事会的权力。之所以外商投资企业有如此特殊的规定,是因为从我国外商投资企业的实际出发,虽然外商投资企业也是公司形式,但是股东人数很有限,一般不超过两三家,就直接规定了董事会为外商投资企业的最高权力机构。

另外,根据外商投资企业法的规定,各投资方委派董事的人数并不完全取决于其出资的比例,投资方之间可以协商确定各自委派董事的人数。董事会在行使表决权时,每一董事的投票权是平等的,决议通过与否完全依赖于获得多少董事的支持,与出资比例并无必然关系。之所以这样规定,不仅是由于外商投资企业法没有规定股东会,还因为本着中外投资各方共同管理企业的精神,即不完全按照出资比例硬性分配,而是通过协商适当分配董事名额,使各方的董事名额不致因出资比例的大小不同而差距过大。《中外合资企业法》还特别规定董事会会议应当有2/3以上董事出席方能举行,实际上是要求董事会应当有中外投资者各方董事的一定人数参加,确保董事会决议能反映各方的共同意见,否则,董事会会议的决议应为无效。

从上述两点可以看出,在公司治理结构方面,外商投资企业的架构与现代公司的基本制度不一致,董事会作为公司治理的中心更易演变出合营各方之间的矛盾,出现公司僵局甚至解散的情况。如根据法律规定,外商投资企业中召开董事会的职权由董事长享有,则可能出现合资企业的小股东利用担任董事长的便利控制大股东,独揽公司经营大权甚至损害公司利益的情况。即使大股东委派的董事知道情况后要求召开董事会,也会因为无召集董事会的职权受到限制。

2. 董事的产生方式

我国《公司法》规定,外商投资的有限责任公司和股份有限公司适用本法;有关外商投资的法律另有规定的,适用其规定。实践中,因绝大多数外商投资企业在组织形态上采取的均为有限责任公司形式,故《公司法》的相关规定也适用于外商投资企业。根据《公司法》的规定,公司的非职工董事由股东会"选举"或"更换",但我国外商投资企业法对董事产生方式有特殊规定。

《中外合资经营企业法》第6条第1、2款规定:"合营企业设董事会,其人数组成由合营各方协商,在合同、章程中确定,并由合营各方委派和撤换。董事长和副董事长由合营各方协商确定或由董事会选举产生。中外合营者的一方担任董事长的,由他方担任副董事长。董事会根据平等互利的原则,决定合营企业的重大问题。董事会的职权是按合营企业章程规定,讨论决定合营企业的一切重大问题:企业发展规划、生产经营活动方案、收支预算、利润分配、劳动工资计划、停业,以及总经理、副总经理、总工程师、总会计师、审计师的任命或聘请及其职权和待遇等。"《中外合作经营企业法》第12条规定:"合作企业应当设立董事会或者联合管理机构,依照合作企业合同或者章程的规定,决定合作企业的重大问题。中外合作者的一方担任董事会的董事长、联合管理机构的主任的,由他方担任副董事长、副主任。董事会或者联合管理机构可以决定任命或者聘请总经理负责合作企业的日常经营管理工作。总经理对董事会或者联合管理机构负责。合作企业成立后改为委托中外合作者以外的他人经营管理的,必须经董事会或者联合管理机构一致同意,报审查批准机关批准,并向工商行政管理机关办理变更登记手续。"

因此,与普通企业不同,外商投资企业的董事由投资者"委派"而非"选举"产生,且在经营管理机构的组成上存在一定的特殊性。当然,在外商独资企业中,由于只有一位股东,董事的产生方式可以为"任命"。与此相应,在设立外商投资企业时,应当注意在发起协议或公司章程中明确董事产生方式和席位分布,保障各投资方在董事会的权力平衡,使董事会决议更多地反映各方的共同意见,以降低企业日后经营和决策风险。

3. 外国人任职问题

根据1998年劳动和社会保障部办公厅《关于加强外国人在中国就业管理工作有关问题的通知》规定,来中国投资的外籍投资者,不直接参与企业经营管理的,不视为在中国就业,不持职业签证。未持职业签证入境,需在华常驻参与企业经营管理活动的外商投资企业外方投资者、法人代表或外方高级管理人员(外籍总经理、副总经理、厂长和副厂长),凭企业的批准证明、营业执照副本和外国人就业许可证书，申请办理职业签证及外国人就业证。

对于参与企业经营管理，在企业担任管理职务的外国人，外商投资企业应当与劳动者订立劳动合同，并应当根据需要办理就业许可、职业签证、就业证、居留证等手续。就业证是外籍人士在中国劳动权益获得保护的基础。单位在雇佣外籍员工时应当遵守相关规定，经当地劳动行政部门批准，办理就业证等有关手续。未办理就业证的，将面临罚款等处罚。

（五）外商投资企业设立时有关税收优惠政策的问题

我国在实行对外开放政策初期，长期面临资金、技术、市场等的供给短缺，为了吸引外资以及促进国民经济发展，国家在土地、税收、外汇等方面给予外商投资企业多种优惠，形成外商投资企业特有的政策优势。然而，随着内资企业和外商投资企业所得税并轨，外商投资企业享有的优惠正逐渐消失。按照1991年《外商投资企业和外国企业所得税法》的规定，外商投资企业所得税税率为30%，地方所得税率为3%，但对设立在特定地区和特定行业的外商投资企业减征收企业所得税，且对于鼓励外商投资的行业项目，省级人民政府可以决定免征、减征地方所得税。[4] 2008年《企业所得税法》施行后，外商投资企业作为居民企业按照25%的税率缴纳企业所得税，与普通企业采取相同的税率和税率优惠政策。如外商投资的高新技术企业减按15%的税率征收企业所得税。

但是近年来中央政府对外商投资企业的税收优惠逐渐减少，地方政府为招商引资、促进经济发展，地方性的特殊优惠政策仍然存续。然而根据法律规定，免税权力仅由中央政府享有，地方政府无免税权，地方政府提供免税优惠的协议将被认定为无效。故实践中，地方上多采取财政补贴的方式对外商投资企业提供优惠，即“先征后返”。2014年，国务院出台《关于清理规范税收等优惠政策的通知》，要求清理不合规的税收优惠政策，对违法违规的优惠政策坚决予以取消，并明确指出应当坚持税收法定原则，未经国务院批准，各地区、各部门不得对企业规定财政优惠政策。因此，外商投资企业在设立时，既应将地方税收优惠作为设立的考虑因素，也应注意税收优惠政策的合法性和可操作性，以保证享受优惠政策。外商投资企业在与地方政府沟通时，应当审查税收优惠政策是否属于违背上位法的税收优惠政策、未经批准或超越时限的不合规政策等，如果属于无效政策，应当及时与政府部门协商，根据合法有效的税收优惠政策重新签订协议。

（六）外商投资企业设立时有关外方法律文件的公证问题

外商投资企业设立时通常需提交中外文两种文本，具体程序上文已明确，此处

---

〔4〕 参见《外商投资企业和外国企业所得税法》第5、7、8、9、10条。

不再赘述。根据2006年《关于外商投资的公司审批登记管理法律适用若干问题的执行意见》的规定,申请外商投资企业设立登记时,向审批和登记机关提交的外国投资者的主体资格证明或身份证明应当经所在国家公证机关公证并经我国驻该国使领馆公证。如中国与投资方所在国无外交关系,则由于中国和投资方所在国均有外交关系的第三国使领馆先行认证,再由中国驻该第三国使领馆予以认证。香港、澳门和台湾地区投资者的主体资格证明或身份证明应当依法提供当地公证机构的公证文件。

教学指导手册

教学对象及目标

本案例可供法学、金融学教学使用,主要适用于民商法学硕士、金融法学硕士、法律硕士、金融学硕士(资本市场方向)的案例教学课程使用。

本案例教学应着重让学生掌握以下几个方面内容:(1)了解和掌握如何设立外商投资企业,设立外商投资企业应具备哪些条件;(2)了解和掌握设立外商投资企业的基本流程和应当提供哪些法律文件;(3)了解和掌握设立外商投资企业的过程中所需的各项文件如何编写,应注意防控哪些法律风险;(4)重点掌握中外合资经营企业设立过程中各种法律文书的使用,以及对企业后续经营过程中可能出现的法律风险如何进行防范。

教学内容

1. 什么是外商投资企业?

外商投资企业是一个总的概念,包括所有含有外资成分的企业。外商投资企业,是指依照中华人民共和国法律的规定,在中国境内设立的,由中国投资者和外国投资者共同投资或者仅由外国投资者投资的企业。其所称的中国投资者包括中国的公司、企业或者其他经济组织,外国投资者包括外国的公司、企业和其他经济组织或者个人。

依照外商在企业注册资本和资产中所占股份和份额的比例不同以及其他法律特征的不同,可将外商投资企业分为四种类型:

第一种合资经营型企业,是由中外合营各方共同投资、共同经营,并按照投资比例共担风险、共负盈亏的企业。其主要法律特征是:外商在企业注册资本中的比例有法定要求;企业采取有限责任公司的组织形式,故此种合营称为股权式合营。

第二种合作经营型企业,中外合作各方通过合作企业合同约定各自的权利和义务的企业。其主要法律特征是:外商在企业注册资本中的份额无强制性要求;企业采取灵活的组织管理、利润分配、风险负担方式,故此种合营称为契约式合营。

第三种完全外资型企业,其主要法律特征是:企业全部资本均为外商出资和拥有,但不包括外国公司、企业和其他经济组织在中国境内设立的分支机构。

第四种外商投资型合伙。其是指两家以上外国企业或者个人在中国境内设立的合伙企业,以及外国企业或者个人与中国的自然人、法人和其他组织在中国境内设立的合伙企业。

2. 设立公司型外商投资企业的设立条件如何?

设立外商投资有限责任公司,应当具备下列条件:(1)股东符合法定人数;(2)股东出资达到法定资本最低限额;(3)股东共同制定公司章程;(4)有公司名称,建立符合有限责任公司要求的组织机构;(5)有公司住所;(6)经政府审批机关批准设立。

设立外商投资股份有限公司,应当具备下列条件:(1)发起人符合法定人数;(2)发起人认购和募集的股本达到法定资本最低限额;(3)股份发行、筹办事项符合法律规定;(4)发起人制定公司章程,采用募集方式设立的经创立大会通过;(5)有公司名称,建立符合股份有限公司要求的组织机构;(6)有公司住所;(7)经政府审批机关批准设立。

3. 我国商务部关于外商投资举办投资性公司在设立条件方面有何特殊规定?

根据商务部《关于外商投资举办投资性公司的规定》(商务部令 2004 年第 22 号),在我国申请设立投资性公司应符合下列条件:(1)外国投资者资信良好,拥有举办投资性公司所必需的经济实力,申请前一年该投资者的资产总额不低于 4 亿美元,且该投资者在中国境内已设立了外商投资企业,其实际缴付的注册资本的出资额超过 1000 万美元,或者外国投资者资信良好,拥有举办投资性公司所必需的经济实力,该投资者在中国境内已设立了十个以上外商投资企业,其实际缴付的注册资本的出资额超过 3000 万美元;(2)以合资方式设立投资性公司的,中国投资者应为资信良好,拥有举办投资性公司所必需的经济实力,申请前一年该投资者的资产总额不低于 1 亿元人民币;申请设立投资性公司的外国投资者应为一家外国的公司、企业或经济组织,若外国投资者为两个以上的,其中应至少有一名占大股权的外国投资者符合本条第1款第1项的规定。

4. 外商投资企业设立登记时应提供哪些法律文件?

(1)《外商投资的公司登记(备案)申请书》。

(2)《指定代表或者共同委托代理人授权委托书》。

(3)审批机关的批准文件(批复和批准证书副本1)或备案证明文件;①涉及外商投资实施准入特别管理措施或外资并购的企业,提交批复和批准证书副本1;②港澳服务提供者按CEPA服务贸易协议投资的公司,提交备案文件;③在中国自由贸易试验区内登记的外商投资企业,投资自由贸易试验区负面清单内项目的,提交商务主管部门的批准文件;投资自由贸易试验区负面清单外项目的,无需提交商务主管部门的批准文件或备案文件;④证券业、保险业的公司,银行业金融机构、非银行业金融机构仅需提交监管部门的批准文件。

(4)法律、行政法规和国务院决定规定设立公司必须报经批准的,提交有关的批准文件或者许可证件复印件(第③项除外)。

(5)公司章程(有限公司公司章程由投资各方签署,股份有限公司章程由全体发起人签署或者出席股东大会或创立大会的董事签字)。

(6)《名称预先核准通知书》。

(7)投资者的主体资格证明或自然人身份证明。

(8)董事、监事和经理的任职文件及身份证明复印件。

(9)法定代表人任职文件及身份证明复印件。

(10)住所使用证明。

(11)以募集方式设立股份有限公司的,还需提交创立大会的会议记录以及依法设立的验资机构出具的验资证明。涉及发起人首次出资是非货币财产的,提交已办理财产权转移手续的证明文件。以募集方式设立股份有限公司公开发行股票的,还需提交国务院证券监督管理机构的核准文件。

(12)经营范围中有法律、行政法规和国务院决定规定必须在登记前报经批准的项目,提交有关批准文件或者许可证件的复印件。

5. 自2016年10月1日起,哪些外商投资企业仍继续实行审批登记制度?

仍实行审批登记制度的外商投资企业有以下三类:

第一,涉及特别管理措施的。根据《国家发展改革委商务部公告》(2016年第22号)的规定,特别管理措施适用范围为:《外商投资产业指导目录》限制类和禁止类,以及鼓励类中有股权要求、高管要求的项目。此外,涉及外资并购设立企业或者变更的,仍按现行有关规定执行。

第二，涉及外资并购设立及变更的。根据《关于外国投资者并购境内企业的规定》第2条规定，外国投资者并购境内企业系指外国投资者购买境内非外商投资企业（以下简称境内公司）股东的股权或认购境内公司增资，使该境内公司变更设立为外商投资企业；或者外国投资者设立外商投资企业，并通过该企业协议购买境内企业资产且运营该资产；或外国投资者协议购买境内企业资产，并以该资产投资设立外商投资企业运营该资产。

第三，在中国自由贸易试验区内，投资自由贸易试验区负面清单内项目的。

外资被授权局在办理上述外商投资企业设立、变更登记时，应依法收取商务主管部门的批准文件；涉及特别管理措施以及设在中国自由贸易试验区内并投资自由贸易试验区负面清单的外商投资企业在合法存续期间申请注销登记的，外资被授权局应当收取商务主管部门的批准文件。

6. 外商投资企业投资总额和注册资本的缴纳方面应当注意的问题有哪些？

外商投资企业注册资本与投资总额的比例规定是：

合营企业投资总额（万美元）	注册资本占投资总额比例	注册资本最低额（万美元）
300及300以下	7/10（70%）	《公司法》最低要求
300至1000	1/2（50%）	>210
1000以上至3000	2/5（40%）	>500
3000以上	1/3（33%）	>1200

中外合资经营、合作经营和独资经营企业均需按上述比例规定执行。如遇特殊情况不按该比例规定执行的，需由商务部会同国家工商局批准。

房地产企业投资总额1000万美元以上的注册资本占投资总额的比例不低于50%。

7. 外商投资企业公司治理结构安排方面应当注意哪些问题？

在公司章程方面应注意以下问题：（1）外资企业的公司章程与一般的内资公司并无很大差别，但又有别于一般内资公司，章程的生效及修改都需审批机关的批准。（2）鉴于外资企业的特殊性，尤其是外资公司享有一定的税收优惠或经营优惠，许多“假外资”借BVI、百慕大或香港、澳门特区的离岸公司设立境内的外商投资企业，因此，在正式的公司章程背后，通常订立“隐名投资协议”，即实际控股股东为境内的公司或个人。（3）外商投资企业尤其是合资企业，应当在章程中明确一些重要的事项，即"相对记载事项"和"任意记载事项"，以利于日后纠纷的解决及保护小股东的利益：如公司向其他企业投资或担保事项；在僵持不决或者公司发生严重亏损、经营困难时，明确强制清盘细则；明确各股东对公司财务、管理的人员安排；明确股东的决策参与权及投票权。

在公司的组织机构方面应注意以下问题：(1)中外合资、中外合作的有限责任公司：董事会是公司的权力机构，其组织机构（法定代表人、董事、经理、监事的产生办法）由公司根据《中外合资经营企业法》《中外合作经营企业法》《公司法》通过公司章程规定；外商合资、外商独资的有限责任公司：股东会或者股东是公司的权力机构，其他机构由章程规定。(2)由以上规定可以得出，董事会无论是作为权力机构，还是股东/股东会作为权力机构，其运行及决策还是应当遵循《公司法》的规定。(3)对于董事会成员的组成，合资、合作一般由各方在合资或合作合同中约定，并将该选举或产生的方式记载于公司章程，行使公司经营决策的权力；外商独资的董事会由股东会/股东直接委任，也可直接任命一名执行董事，董事会/执行董事的重要职能是：决定一些重要的生产经营活动，召集股东会议，聘任经理；另外执行董事也可兼任经理，执行董事与经理都可作为公司的法定代表人，无国籍之限制。(4)无监事会等监督机构方面的要求。

8. 外国投资者委派的公司外籍董事应符合哪些条件，并办理哪些手续？

根据1996年劳动部、公安部、外交部、对外贸易经济合作部联合发布和2010年人力资源和社会保障部修订的《外国人在中国就业管理规定》，用人单位聘用外国人须为该外国人申请就业许可，经获准并取得《中华人民共和国外国人就业许可证书》后方可聘用。外国投资者委派的公司外籍董事应当持职业签证入境（有互免签证协议的，按协议办理），入境后取得《外国人就业证》和外国人居留证件，方可在中国境内就业，被委任为公司董事。

建议课堂计划

本案例可以作为专门的案例教学课进行讲授，整个案例可安排4个课时，每课时45分钟。如下课堂设计，仅供参考：

课前计划：安排学生阅读案例及相关资料，熟悉外商投资企业设立的目的、基本原则、基本程序以及主要内容，对外商投资企业设立中可能存在的法律风险及其相关问题在课前有个全面的了解。

课中计划：介绍教学目的，明确讨论主题；分组讨论问题及解决对策，告知发言要求；小组代表发言，提出解决方案，并对其他小组提出的方案进行评述；教师进行引导分析,并做最后归纳总结。

课后计划:布置学生课后进一步了解并掌握外商投资企业设立的程序、主要内容及其可能出现的各种法律风险,并掌握应对上述法律风险的基本方案。

思考题

1. 什么是外商投资企业？外商投资企业的类型有哪些？各有何法律特征？
2. 外国投资者在选择外商投资企业类型时,主要有哪些参考因素？
3. 设立外商投资有限责任公司和股份有限公司,应当具备哪些条件？
4. 外商投资企业设立登记时,应提交哪些法律文件？
5. 哪些外商投资企业需要提交前置审批文件或证件？
6. 外商投资企业在我国申请设立投资性公司应符合哪些条件？
7. 哪些外商投资企业在设立时需要我国商务主管部门审批？
8. 哪些外商投资企业在设立时仅需向商务主管部门备案即可？备案管理的性质是什么？是否是外商投资企业办理其他手续的前置条件？
9. 外国投资者并购境内非外商投资企业完成后,外商投资企业发生的变更事项,如不涉及国家规定实施准入特别管理措施的,是否需要进行备案？
10. 什么是企业的投资总额？我国对外商投资企业注册资本与投资总额的比例有何要求？如有特殊情况,应如何确定？
11. 外商投资企业公司治理结构安排方面应当注意哪些问题？
12. 外商投资企业遇有隐名股东时,主要会面临哪些法律风险？可有哪些措施化解上述风险？
13. 外商投资企业,尤其是合资企业,有哪些重要事项应当在章程中明确？
14. 外商投资企业遇有公司僵局时,主要有哪些有效救济措施？
15. 外国投资者委派的公司外籍董事应符合哪些条件,并办理哪些手续？

参考文献

1. 赵旭东:《公司法》,中国政法大学出版社 2013 年版。
2. 王利明:《民法学》(第六版),中国人民大学出版社 2015 年版。
3. 陈小君:《合同法学》(第三版),中国政法大学出版社 2007 年版。
4. 王开定、祁铮、黄荷编:《外商投资法律政策指引与重点解读》(第二版套装上下册),中国法制出版社 2016 年版。

撰稿人 | 艾茜,中央财经大学法学院副教授
陈飞,中央财经大学法学院副教授

图书在版编目(CIP)数据

法律硕士教学指导案例. 非诉法律业务卷. Ⅰ / 全国法律专业学位研究生教育指导委员会编. -- 北京 : 法律出版社, 2018

ISBN 978-7-5197-2241-8

Ⅰ. ①法… Ⅱ. ①全… Ⅲ. ①调解(诉讼法)-案例-中国-研究生-教学参考资料 Ⅳ. ①D920.5

中国版本图书馆 CIP 数据核字(2018)第 086955 号

法律硕士教学指导案例 · 非诉法律业务卷 Ⅰ
FALÜ SHUOSHI JIAOXUE ZHIDAO ANLI · FEISU FALÜ YEWUJUAN Ⅰ

全国法律专业学位研究生教育指导委员会 编

责任编辑 陈 慧
装帧设计 凌点工作室

编辑统筹 法律教育出版分社

出版 法律出版社
总发行 中国法律图书有限公司
经销 新华书店
印刷 三河市兴达印务有限公司
责任印制 沙 磊

开本 710 毫米×1000 毫米 1/16
印张 33.25
字数 630 千
版本 2018 年 6 月第 1 版
印次 2018 年 6 月第 1 次印刷

法律出版社/北京市丰台区莲花池西里 7 号(100073)
网址/www.lawpress.com.cn
投稿邮箱/info@lawpress.com.cn
举报维权邮箱/jbwq@lawpress.com.cn
销售热线/010-63939792
咨询电话/010-63939796

中国法律图书有限公司/北京市丰台区莲花池西里 7 号(100073)
全国各地中法图分、子公司销售电话:
统一销售客服/400-660-6393
第一法律书店/010-63939781/9782
西安分公司/029-85330678
重庆分公司/023-67453036
上海分公司/021-62071639/1636
深圳分公司/0755-83072995

书号:ISBN 978-7-5197-2241-8
定价:79.00 元